日本が戦った九つの戦争

上木嘉郎

高城書房

序言

二〇一五年は、様々な意味で大きな節目の年である。日清戦争、日露戦争、太平洋戦争・日中戦争の終結の日から丁度一二〇年、一一〇年、七〇年を迎える年である。それだけでなく、日鮮修好条規につながった江華島事件から一四〇年、日本の中国大陸への進出の橋頭堡《きょうとうほ》となった対華二一カ条要求から一〇〇年、日ソ国交回復を実現した日ソ基本条約の締結・日本におけるラジオ放送の開始・普通選挙法の公布から九〇年、核兵器の誕生と広島・長崎への投下から七〇年、朝鮮戦争勃発から六五年、日韓基本条約の調印と発効から五〇年、ヴェトナム戦争の終結の日から四〇年、東西ドイツ統一から二五年を迎える年でもある。

この節目の年の幕明け早々に、イスラム過激派組織「イスラム国」（ＩＳ）による二人の日本人人質の殺害事件が、日本社会を震撼させたが、この事件の受け止め方、対応の仕方如何によって、日本国の将来の進路に大きな影響を及ぼす可能性を孕《はら》んでいる。平和呆けした日本社会に警鐘を乱打し、その覚醒を促している、との受け止め方が最も真摯な受け止め方ではないかと筆者は考える。そもそも、戦争の起源については、農業生産と鉄器の使用が始まり、その生産力の向上に伴って物資や富の蓄積が生まれると、その蓄えられた物資や富を巡る争奪のために、集団と集団との間の戦争が始まる、というのが、世界の通説と言ってよい。日本列島の場合、それは紀元前三世紀から紀元三世紀にかけての弥生《やよい》時代であるが、国家が形成されて、国と国との間で行われた戦闘を、本書では、戦争と捉えている。

いつの時代も、いかなる国の国民といえども、圧倒的に平和を願う国民が多いと思われるが、にもかかわらず、国家は何故に戦争に突入してしまうのか、国民の願望と国家の権益と正義との乖離《かいり》は何故に生ずるのか。ひたすら諸国民が平和を祈念し、願望しさえすれば、国際社会の平和は実現し、持続することができるのか、はたまた、威丈高《いたけだか》に戦争抑止力を誇示すれば、本当に戦争を予防することができるのか、「究極の武力」と言われ、地球上に一万六〇〇〇発も存在しながら、広島・長崎への投下以降一度も実戦に使われたことのない核兵器は、そもそも抑止力たり得るのか、などの基本命題について、戦後の日本人は、国民的論議を避けてきたのではないか。

第二次世界大戦終結から四〇周年の一九八五（昭和六〇）年五月八日、西ドイツのワイツゼッガー大統領が、連邦議会での演説で、「過去に目を閉ざす者は、現在も見えなくなる」と述べ、歴史を直視することの重要性を説き、大きな国際的反響を呼んだが、「過去に目を閉ざす者は、現在も見えなくなり、況《ま》してや未来も見通せなくなる」とも言えるのではないか。このような視座を明確に持たない限り、「戦後七〇年の節目の年」というお題目を唱えるだけで、日本人は、この「節目」の年を徒過《とか》してしまうことになりはしないか。戦後生まれ世代が、人口の八割を占めるに至った今日、この点の憂慮は深い。二〇年前の村山談話や一〇年前の小泉談話を継承し維持するか否かの議論の前に、過去の戦争の歴史全体を的確に認識することを踏まえて、国民的論議のもとに、日本がこれまで戦った戦争の歴史の総括をすることが不可欠なのではないか。節目を迎えるのは、日中戦争・太平洋戦争だけではないのである。日本の侵略と植民地支配の反省と謝罪をどのような表現で国際社会に対して発信するか、という次元の問題に矮小化されてしまうのではないか。

ところで、本論に入る前に、恥を忍んで、名もなき筆者が何者であるのかという素性について開陳しておきたい。

筆者は、先の大戦の終戦の年、一九四五年の一〇月に、この世に生を享けて、次の誕生日を迎えれば七〇歳となる。呱々《ここ》の声を挙げたのは、中国東北部の遼寧省《りょうねいしょう》（当時は奉天省《ほうてんしょう》）本溪湖市《ほんけいこし》和平街《わへいがい》で、同じ遼寧省の鞍山《あんざん》市と並んで中国有数の鉄鋼生産地帯であった。父は、明治最後の年、一九一二（明治四五）年に熊本県に生まれ、地元の高等小学校を卒業後、しばらく実家の農業の手伝いをしたのち福岡県の小倉製鉄所に勤務していたが、近衛内閣が満州開発総合五カ年計画を閣議決定し、満州重工業開発株式会社（いわゆる「満業《まんぎょう》」）が発足した一九三七（昭和一二）年、鞍山の昭和製鋼所に派遣されることとなり、二五歳の筋骨隆々の青年は、意を決して中国大陸に渡ったのである。満州事変の首謀者であった陸軍参謀本部の石原莞爾第一部長が主導した五カ年計画は、二五億円を投入して（参考一九三七年の日本政府歳出予算二七億円）、鉄鋼・石炭・電力・車輌・兵器・自動車・飛行機など重工業を重点的に育成し、対ソ戦に耐えられるような国力をつけ、併せて日本への資源・資材の供給基地をめざしたものである。いわゆる満業は、日産コンツェルンの総帥鮎川義介《あゆかわぎすけ》率いる日本産業株式会社（日産）が二億二五〇〇万円を出資し、満州国が同額相当の現物で出資した半官半民の国策会社で、満州国の現物出資は、南満州鉄道株式会社（満鉄《まんてつ》）から分離した工場や鉱山であり、満鉄の鉄鋼部門であった鞍山の昭和製鋼所は、いわゆる満業の傘下に入った。満業が、五カ年計画遂行の太宗を担うことになったのである。五カ年計画では、一九三五年当時の鉄鋼生産能力が年間約四〇万トンであったのを一九四一年までの四年間で銑鉄四五〇万トンに引き上げることを目標としており（参考一九三六年の日本の銑鉄生産高は二二三万トン）、この鉄鋼大増産計画を担う技術者の一員として父は動員されたということになる。五カ年計画を実質的に指導したのは、商工省から満州国政府に出向し、実業部次長と総務庁次長を兼ねた典型的革新官僚である岸信介《きしのぶすけ》（戦後の首相で、安倍晋三首相の母方の祖父）であった。岸は、鮎川義介とは縁戚（鮎川の従兄弟の娘が岸の長男の嫁）という関係であり、更に、当時の満鉄総裁松岡洋右《まつおかようすけ》は岸の叔父の義兄であった。俗に「三スケ」とも「満州三角同盟」とも呼ばれ、岸を軸とした縁戚関係にある人脈によって、このプロジェクトは推進されたのである。その後、鞍山の昭和製鋼所は溶鉱炉の増設により生産能力を高め、一九四二年には、一七〇万トンの生産能力をもつに至った。

その間、紀元二六〇〇年記念式典が大々的に催された一九四〇（昭和一五）年一一月に、父は次女に恵まれ、この子に紀元二六〇〇年の御代《みよ》に因んで「二六代《ふむよ》」と命名した。ところが、二六代は、一九四五年八月一五日、日本敗戦の日に忽然として四歳で夭折した。日本国の歴史と命運を共にしたこの次女の夭折と日本国の敗戦という冷厳な現実を、両親は如何に受け止めたか、その五年前に長女明美《あけみ》を僅か一歳で失っていただけに、その心境は想像を絶する。この悲劇から二カ月後に、両親にとって唯一の男子として生まれたのが筆者である。

明けて一九四六（昭和二一）年七月頃から、全面的な国共内戦に突入すると、父は、共産党軍（八路軍《はちろ》）に協力して生き抜くことを決意した。その決意は悲壮なものであったに違いないが、決意の動機は、筆者には杳《よう》として知れない。緒戦は、蒋介石率いる国民党軍が圧倒的に優勢で、国民党軍の圧迫を受けた八路軍は、遼寧省桓仁《かんじん》（高句麗《こうくり》の古都丸都城《がんとじょう》のあった地）から中朝国境を画する長白《ちょうはく》山脈に入って厳寒の長白山脈を縦走し、四七年の正月は、北朝鮮の長白で迎え、長白から図們江《ともんこう》（長白山脈から東流して日本海に注ぐ大河）を渡って恵山《けいざん》に出て、恵山からは鉄道、それも無蓋車《むがいしゃ》を乗り継いで、清津《せいしん》（日本海に面した港湾工業都市で、戦前は日本製鉄の清津製鋼所があった）、図們（中露朝三国の国境の接点）、牡丹江《ぼたんこう》（戦前は関東軍の東部満州の拠点。今は対露貿易額が中国最大の都市）を経て一月中旬には黒龍江省北東部の佳木斯《チャームス》に達した。この行程の中でも最も苛酷な行程は、桓仁から長白までの行程であった。それは、零下二〇度以下に下がる極寒の長白山脈を、婦女子は馬車に乗り、男子は徒歩で一日に七～八里も昼夜の別なく踏破する旅であったという。乳幼児は、綿入れの「ねんねこ半纏《はんてん》」に包まれて母親の背に負われる身であったが、母親の背で息を引き取る子が続出したという。筆者も、ご多分にもれず肺炎に罹ったが、無医地帯なるが故に、母が、ニンニクをすりつぶして小麦粉に混ぜて練った物をボロ布に塗って左脇下に当てて施したニンニク湿布によって、一命をとりとめたのである。幼少の頃から、この話を母から聞かされた筆者にとって、ニンニクは命の恩人であり、筆者は効用を深く信じるニンニク愛好家となった。ニンニクは、今や日本人の半分が罹る癌の予防に最も有効な食品と信じて疑わない（現に、アメリカは連邦政府がニンニクをその頂点にあるものとして明確に位置付けている）。

ところで、佳木斯は、中国で最も気温が低く、当時「北大荒《ほくたいこう》」と呼ばれていた三江平原《さんこうへいげん》（黒龍江、松花江《しょうかこう》、ウスリー河の三河川が流入する肥沃な大平原で当時は大部分が低湿地）の中心地である。この佳木斯が、上木一家の中国大陸での最北上地点となった。佳木斯には三カ月程逗留して父はアルコール工場で働いた後、約二〇〇キロ南下して、黒龍江省の牡丹江に近い炭鉱地帯の中心地である鶏西《けいせい》市の城子河《じょうしか》炭坑の技術者として勤務することになった。以後、帰国するまでの約六年間、上木一家は鶏西の日本人居留区域に定住することになった。

炭坑技術者として強制抑留された父は、模範労働者として表彰されたこともあり（その際、記念品として授与されたソ連製の毛布を、母は後生大事に現在も貴重品として保蔵している）、人民裁判の恐怖は去らなかったものの、貧しいながらも安定した生活を送り、筆者は、五歳の時から寄宿制で複式学級の日本人学校に学ぶことができた。公的行事の際は、毛沢東《もうたくとう》、スターリン、金日成《きんにちせい》将軍や中国共産党を称える歌を唄わされ、『白毛女《パイモウニョ》』などの人民革命賛美の映画を観賞させられた。同じ年頃の中国人の子供たちと屈託なく遊ぶこともしばしばであったが、正月ともなると、異郷の地で淋しく正月を迎えた日本人独身青年にその孤独を癒すがごとく可愛がられて、アルコール度数四五度ないし五五度ぐらいの高粱《こうりゃん》原料の白酎《パイチュウ》の洗礼を受けて酩酊してしまったこともあった。

待望の内地引き揚げの話が伝わってきたのは、一九五〇（昭和二五）年六月からの朝鮮戦争が停戦交渉に入り、一九五二年四月にサンフランシスコ講和条約が発効して日本が独立を達成してしばらく経った頃であったように思われる。上木一家六人は、第三次帰国団約四六〇〇人の中の一家族として、鶏西駅を出発し、牡丹江、ハルピン、錦州《きんしゅう》、天津《てんしん》を経て、一九五三（昭和二八）年五月一一日、天津郊外の塘沽《タンクウ》新港から「興安丸」に乗船して中国大陸に別れを告げ、五月一五日午前に舞鶴《まいづる》港に入港し、正午までに祖国の土を踏むことができた。両親が親しく付き合っていた日本人女性の中には、中国人男性と結婚して子を複数生《な》していることから、やむなく内地引き揚げを断念し、泣く泣く別れを惜しんだ方もいた。日本人居留区域での最後の盛大な送別会に出席して帰宅する途上、零下二〇度以下に冷えた夜中一二時過ぎに、父が珍しく酩酊して、人通りもなく凍結した道路上に体重二〇貫（七五キロ）の体を横たえて動かなくなったときは、この世も終わりかと思った。三交替勤務制の炭坑地帯なるが故、折しも炭鉱に向かって通りかかった一人の中国人労働者が父を抱き起こして自宅まで送り届けてくれたので、九死に一生を得た。上木一家は、戦後八年近く満州の地にあったが、一家離散することなく、筆者も命を保ち、残留孤児になることも免れ、無事全員が祖国の土を踏めたのは、僥倖に恵まれたというほかない（筆者が定住した鶏西の周辺が残留孤児の発生密度が最も高い地域である）。

黄土で染まったような色の黄海《こうかい》から出航して、玄界灘の荒々しい波濤を越えて、舞鶴に着いた時に見た松の鮮やかな緑は、今も脳裡に焼き付いている。舞鶴に着いた時、筆者は初めて目にする内地の景観に興奮して「興安丸」の甲板で欣喜雀躍していたため、某全国紙に掲載された上木一家の一枚の帰国家族写真には、筆者と同じ年頃の男の子が替え玉として写ってくれて辻褄が合わされたくらいである。

祖国日本で定住することになったのは、父の出身地である熊本県下益城郡当尾村《しもましきぐんとうのお》であった。この村は一年半後に昭和の市町村大合併の一環として近隣三町村と合併して松橋町《まつばせ》になり、平成の大合併で周辺の町村と合併して宇城市《うき》となったが、この地域は、かつて豊臣秀吉の朝鮮の役の際の主役の一人である小西行長《ゆきなが》の所領であり、関ヶ原の戦いの後には、もう一方の主役である加藤清正《きよまさ》の所領に加増され、更に、その嫡子加藤忠広《ただひろ》の改易により細川忠利《ただとし》（細川幽斎《ゆうさい》の孫）に引き継がれた地域である。

一三世紀に遡れば、蒙古襲来の際、文永の役・弘安の役ともに出陣し、国宝『蒙古襲来絵詞』を制作した御家人竹崎季長《たけざきすえなが》の出身地は、松橋町の最南端にある集落・竹崎である。その『蒙古襲来絵詞』の中で、安達《あだち》泰盛《やすもり》（第八代執権北条時宗の岳父で鎌倉幕府の御恩奉行。竹崎季長にとって文永の役での先駆けの勲功を認めて地頭職に起用してくれた最大の恩人）に次いで立派な武将として描かれている伊予の河野水軍《こうのすいぐん》の第二六代棟梁河野通有《みちあり》が、弘安の役の際、博多湾の志賀島《しかのしま》（西暦五七年に後漢の光武帝から倭奴国王《わのなのこくおう》が受けた金印が発見された島）の戦いで、モンゴル軍の大艦を奇襲し敵将を生け捕りにするという軍功を挙げた恩賞として、伊予山崎荘、肥前神埼《かんざき》荘小崎郷のほか、何と肥後下久久《しもくぐ》村が与えられているのである。この久久村こそ、筆者の住む集落久具《くぐ》であり、久具は、古来戦略上の要衝の地であったようである。

久具は、わが国最後の内戦である西南の役の際も、激戦の舞台となり、一八七七（明治一〇）年三月末、久具を中心とした薩摩軍の防衛ラインが、八代日奈久《ひなぐ》に上陸し、北進した官軍の背面攻撃によって崩されると、間もなく薩摩軍は五〇日余にわたった熊本城攻囲も空しく、その包囲網を解いて撤退せざるを得なくなり、その後は、薩摩軍は完全に戦いの主導権を失ったのである。

二〇世紀の初頭、一九〇二（明治三五）年は、一月に日英同盟が締結され、日露の対立が深まりつつあった年であるが、その一一月、明治天皇が、帝国陸軍の雄である第六師団（司令部・熊本）の陸軍特別大演習を統監すべく、熊本県に山県有朋《やまがたありとも》や乃木希典《のぎまれすけ》を随伴して行幸された際、演習の二日目に久具に隣接する小高い豊福《とよふく》台地に統監のため駐蹕《ちゅうひつ》（天皇が乗物を止めて一時滞在すること）されたのも、古来戦略上の要衝の地であったという久具の地理的特性によるものであろう。明治天皇が駐蹕された地域一帯は、これに因んで「御野立《おのだち》」と呼称されている。日本女性史学の草分けである高群逸枝《たかむれいつえ》は、当時八歳で久具に住んでおり、尋常小学校の師弟とともに明治天皇を奉迎申し上げただけでなく、その二年二カ月後、即ち、一九〇五（明治三八）年一月、日露戦争における旅順陥落の直後に御野立で行われた「駐蹕之碑」除幕式の際は、既に二里ほど離れた守富《もりどみ》村（現熊本市南区富合町）に移住していたにもかかわらず、遠路をいとわず出席して感想文を残している（『愚文集』）。

なお、戦後九州初のマラソン単独大会は、一九四七（昭和二二）年一二月七日（西郷隆盛の誕生日）、熊本市花畑《はなばた》町（加藤清正が一七世紀初頭に熊本城を築城した際に花畑屋敷を造成した地）を起点・終点とし、「御野立」で折り返すコースで行われた金栗賞朝日マラソン大会であった。この大会は、第八回までは、マラソンの普及と選手の底辺拡大のため、毎年コースを変えて行われたが、一九五五（昭和三〇）年の第九回大会からは、「朝日国際マラソン大会」と名称を変え、一九五七年の第一一回大会から福岡市で定着して行われるようになり、日本初の国際マラソン大会として数々の世界の強豪が出場する大会となった。その原点は、「朝鮮の役と日露戦争」にあり、「マラソンの父・駅伝の母」ともいうべき金栗四三《かなくりしぞう》の面目躍如たる企画の所産である。金栗翁が日本人として初めてオリンピック大会に出場した第五回ストックホルムオリンピック大会が開かれた一九一二年に、父が生まれているので、筆者の金栗翁に対する思慕と敬愛は、格別に深いものがある。

極め付きは、一九五六（昭和三一）年に松橋町の二代目町長に就任した中山寧人《なかやまやすと》は、終戦時に陸軍参謀本部少将（陸士三三期・陸大四一期恩賜の軍刀拝受・航空兵）であったが、日中戦争における南京《なんきん》攻略戦の当時は、中支那《なかしな》方面軍（司令官松井石根《まついいわね》大将）の最少壮の参謀少佐として、一九三七（昭和一二）年一二月一〇日から二〇日まで南京城内（城壁の全長三三キロメートル、城内面積は東京の山手線の内側の面積に匹敵）におり、一二月一三日の南京城陥落、一七日の南京城入城式の後に城内に入った松井司令官と三日間、一緒に行動し、二一日に上海《しゃんはい》に帰った稀有な人物であったことである（いわゆる南京大虐殺事件があったのは一二月一三日以降であったとされている）。中山は、一九四七年五月から始まった極東国際軍事裁判において、松井被告の弁護側証人として証言しているが、判決では、中山の証言は全く無視され、二〇万人以上の虐殺があったとの認定に立脚して、松井被告は絞首刑に処せられた。

因みに、時は巡って一九七七（昭和五二）年九月、筆者が、農林水産省から鹿児島県に出向して、赴任の挨拶のため県下の各市町村を巡行した際、出水《いずみ》郡東町《あずま》（現長島町）の飯尾裕幸《いいおひろゆき》町長に、終戦時に陸軍参謀本部において中山寧人少将の直属の部下（陸士四六期・陸大五二期・当時大尉）であったことを告げられ、その奇遇に驚嘆したことがある。その飯尾町長は、その翌年一二月頃、県庁を訪ねて筆者にトラフグの種苗生産施設の設置につき協力要請をされ、筆者が専任要員として水産学部出身の若手技術者の採用を条件に即座に応諾したところ、その翌年の四月には、鹿児島大学水産学部卒の初々《ういうい》しい青年を二人も一挙に採用されたのには、筆者は、またまた驚嘆し、感激した。これが世界初のトラフグの種苗生産施設の整備であり、東町において世界初のトラフグの完全養殖が成功し、トラフグ養殖の健全経営が確立した。飯尾町長は、その他の面でも辣腕を発揮され、就任時に一人当たりの町民所得が鹿児島県九六市町村の中で九一位であったものを、一九八九（平成一）年度には一気に上から一〇位以内に押し上げられた。情報の収集と活用が巧みで、決断が速く、強力なリーダーシップを遺憾なく発揮された賜物である。今、東町は、世界一の高品質のハマチの養殖地帯となっているが、それはトラフグの養殖が失敗したからではなく、東町の環境条件のもとでは、ハマチの養殖の方が相対的に収益性が高かったからであり、トラフグの完全養殖技術は長崎県など他の地域に伝播して行った。いずれにしても、東町は、飯尾町政のもとで豊かで希望に満ちた島に大変貌を遂げた。東町は、第一次産業を中核とした内発型の地域振興の鑑《かがみ》と言えよう。エリートコースを歩んだ旧軍人の中にも、戦後、飯尾町長のように出身地に戻って民生面で抜群の活躍をした人士も数多《あまた》いたのである。陸軍の俊秀であった飯尾町長は、太平洋戦争開戦時に、陸軍省の枢機《すうき》を司《つかさど》っていた軍務局勤務であったが、開戦日は知らされておらず、戦争突入はやむを得なかったとしながらも、「大戦略なき開戦」という基本的な過《あやま》ちを犯した、と町長の末期において論断している。

話はやや前後するが、筆者は、結局、第二の故郷である松橋には大学に進学する一九六五（昭和四〇）年四月まで一二年間足らずしか住んでいない。その間、上木一家は一貫して貧しい生活を余儀なくされた。中国大陸の生活に比して貧富の格差が大きいという実感があったため、貧しさの実感が増幅されていたのではないかと思う。子供心に、国政選挙のたびごとに共産党候補の当選者の増減に秘かに一喜一憂し、どの選挙区には何という共産党議員がいるかを覚えていた。また、貧しさの根源に、父の処遇があると思っていた。父は、日本国では、どの職場にいても遂に今言うところの「非正規労働者」から脱却できなかったのである。正義感の強い父は、遅い引揚者故に、中国共産党に真っ赤に洗脳されているというイメージを背負って渡世せざるを得なかったのである。

大学に入って、筆者は、一年生の時に農林省に入ることを志したが、四年生の夏になると、農林省への入省に失敗した場合のことを考えて、就職活動の一環として当時の富士製鉄の門をたたいた（翌年、八幡製鉄と合併して新日本製鉄となることが内定していた）。留年を許される環境条件に無かったからである。富士製鉄の面接試験に臨むと、永野重雄《ながのしげお》社長が直々に願書を基に口頭試問をされ、様々な質問を浴びせてこられた。まず、満州から随分遅く昭和二八年に引揚げて来たようであるが父親は満州でどういう仕事をしていたのか、帰国後はどういう仕事についているのかを訊ねられた。父は満州では鞍山・本溪湖の昭和製鋼所に勤め、戦後は鶏西で炭坑技術者として強制抑留されたこと、帰国後は、日給月給の労働者であったことを筆者が率直に答えると、永野社長は、君の父親みたいな人であれば、わが社を訪ねてくれれば僕が必ず採用したのに、と言われたことには、感激した。日本にも我が父を認めてくれる人がいるのが嬉しかったのである。次に、永野社長は、一転して厳しく追及してこられた。自分は、今まで何万人もの人の口頭試問をしてきたかわからないが、これまで我が社を第二志望と願書に書いてきた者は一人もいなかった。第一志望の農林省と鉄鋼会社たるわが社は直接何の関係もないのに第一志望と第二志望に並べてきたのはどういう料簡《りょうけん》なのだ、と。筆者は、苦し紛れに、「鉄鋼は産業の米」という言葉もあります、私は、わが国の縁の下の力持ち的仕事がしたいのです、と答えた。その後も、永野社長の追及の手は緩められることはなかったが、最後に、念を押された。農林省が採用すると言ったら、願書通り、農林省に行くのだな、と。筆者は、勝手ながらそう致します、と答え、面接は終わった。それでも、富士製鉄は、程なく採用内定通知をしてくれた。農林省が筆者を採用することを内定すると、辞退の挨拶に行ったが、富士製鉄の武田豊《たけだゆたか》人事担当取締役（後の新日鉄社長・会長）は、君の農林省での健闘を祈ると、励ましていただいた。懐の深さに痛み入り、感謝した。

ところが、一九九五（平成七）年七月、入省して丸二六年が経過した段階で、突如として、筆者は農林水産省大臣官房に行政官にふさわしくない人間との烙印を押されて、行政職の世界から追放され、研究所に放擲《ほうてき》された。永野社長との一件があるだけに猶更《なおさら》行政官として最善を尽くしてきたつもりであった筆者にとって、屈辱の極致である。

翌八月には、夏季休暇を利用して、広島原爆投下のあった八月六日に照準を合わせて東京・松橋間を五日間で自転車で踏破することにした。八月四日に東京を進発して、途中アクシデントもあったが、とにかく予定通り広島に到達し、翌七日は午前二時に原爆ドームの傍らにある元安橋《もとやす》をスタートして、八月八日午後六時に松橋まで踏破することができた。当時、これ以外に気を紛らす方策を見出すことができなかったのである。二年半後には、本意ならざる研究所での生活に終止符を打ち、一九九八（平成一〇）年三月末で退官し、郷土熊本で国政選挙を目指したが、武運つたなく見事に失敗した。

二〇〇六（平成一八）年八月、今度は長崎原爆投下の日に照準を合わせて、自転車で九州一周を踏破することにした。即ち、長崎に原爆を投下したB２９がテニアン基地を発進した時刻に自宅を出発して、長崎の爆心地に原爆投下した時間までに到達することを目標にして走り、五分前には爆心地に到達して黙祷を奉げることができた。翌一〇日は、朝二時に平和祈念像前を出発し、途中、蒙古襲来の際に築かれた石塁《せきるい》を見ながら、福岡県の宗像《むなかた》まで走り、二日目は大分まで、三日目は宮崎まで、四日目は鹿児島まで、五日目は松橋までと順調に走り、無事帰還することができた。九州一周駅伝は、サンフランシスコ講和条約が発効した一九五二（昭和二七）年に、平和国家への願いを込めて長崎の平和祈念像前からスタートして一〇日間で九州を一周する世界最長距離の駅伝として発足している。筆者は、一九五六（昭和三一）年五月、小学五年生の時から、些《いささ》かなりとも我が引揚者家族の家計の足しにと思い、西日本新聞の配達を三年間続け、西日本新聞主催の九州一周駅伝の際は、応援旗を作って沿道の人々に配っていたのである。往年の名選手広島庫夫《ひろしまくらお》らが活躍した時代であり、その後も日本の長距離陣をリードする名ランナーを数多く輩出した。この駅伝も、金栗翁が中心になって企画されたもので、戦後の時代状況を反映した見事なコース設定となっているのに感服した。この駅伝が四年前に廃止されたのは、如何にも痛恨の極みであり、日本長距離陣の衰退を招くに違いないと憂慮する。なお、九州一周駅伝が始まった一九五二年から、全国高校駅伝大会は、フルマラソンと同じ距離を七区間に分けて競う大会に変わったが、この年の大会では、金栗翁の母校である玉名《たまな》高校が制覇していることを付言しておく。

そもそも、筆者が、自転車による遠行を初めて敢行したのは、一九九〇（平成二）年のことである。それは、その年の二月一〇日から一一日にかけてで、二月一一日は建国記念日であり、東京・箱根間を往復し、往路の九割超は箱根駅伝コースであった。この時のテーマは、紀元二六〇〇年の御代に生まれて日本国の敗戦の日に夭折した次姉の二六代の鎮魂と、一九二〇（大正九）年に箱根駅伝を創始した立役者である金栗翁の追悼と、筆者が一九五四（昭和二九）年三月に初めて当尾小学校の学芸会に二年生の一員として参加した際の役である「足柄山の金太郎」に対する表敬であった。特段のテーマなしには、一〇〇キロメートルを超えるような距離の「ママチャリ」自転車による走破はまず不可能であろう。特に、二六代の夭折無かりせば、約二カ月後に生まれた筆者の生存は危うく、また、罷《まか》り間違えば残留孤児になっても不思議でない境遇に一時置かれていただけに、筆者は、子供心にも次姉の分まで生きなければならないと思っていたのであり、この思いは終生もちつづけるであろう。二〇年前から現在も愛用している「ママチャリ」は、地球一周四万キロメートルを優に超える約五万キロメートルをすでに走破しているが、いずれの遠行の場合も（一回の最高日数は連続五日間）、常に独特のテーマを抱きながら走破しているのである。一回と三分の一を除いて同走者なしの一人旅であるが、一度も予定が狂うことなく完走できたのは、テーマが筆者を鼓舞してくれているからであると自得している（一日最高の走破距離は、三二〇キロメートル）。

このように筆者の半生を回想してくると、我ながら「戦争の申し子」と自認してしまうのである。一方、周囲を見渡すと、日本が戦った戦争の通史がこの世にないのではないかと思うようになった。軍事史の通史は多分存在するのだと思うが、一国全時代の通史などというものは老大家の仕事の領域だというアカデミズムの通念に呪縛《じゅばく》されて正統派の学者がこれを敬遠してきた結果ではないかと揣摩《しま》憶測《おくそく》してしまう。「蟷螂《とうろう》の斧《おの》」と嘲弄《ちょうろう》される所業かもしれないが、自分のような本格派の歴史学者とは程遠い在野の一介の歴史学徒だからこそ、日本が戦った戦争の通史に挑戦するにふさわしいのではないかと勝手に思い込んだのである。不完全極まるものであっても、無いよりも有って戦争全体の実像に少しでも肉薄できれば、それはそれで意味のあることではないか。所詮、完璧を期しても百年河清《かせい》を待つが如きことになるのが落ちである。不完全であっても、これまで折りに触れて勉強してきたことを総合的・体系的に集大成することが大事である。叩き台があってこそ、認識も論議も高次のものに進化していく契機となり得るのであるから、叩き台となり得る集大成を目指そう。この世には、知識も才覚も優れた人士が数多おられるのだから、筆者の集大成が少々お粗末なものであっても、これを叩き台にして進化させて下さるに違いない。その進化したものを国民的に共有できるようになれば、現状よりも国際社会に共感と信頼と宥和をもたらすきっかけになるのではないか。歴史に学ばなければ、未来への展望も希望も開けてこない。国のバックボーン（国柄）も曖昧模糊としたものになる。戦争の歴史は、歴史の極致である。文字通り、戦争は、人間の生死と国家の存亡を賭けたものであるから。

端的にいえば、以上のように考えたのが筆者の執筆の動機である。執筆に当たっての基本原則を敢えて披歴しておくと、①先学の諸賢の研究成果に基づいて客観的叙述に徹すること。従って、新たなる史実の発見などは最初から期待しないでいただきたい。筆者の解釈、評価、想像にわたる部分は一見して分かるように表現する。②本書を執筆するために新たに文献を求めないこと。経済的理由もあるが、叩き台が百年河清を待つが如きことになる恐れがあるからであり、叩き台の作出が目標なるが故に粗製乱造の誹《そし》りを免れれば良しと割り切ったのである。筆者の本棚にある現有勢力を最大限に活用する。③基本的に編年体で構成すること。ただし、事象の体系的・総合的な把握に努めるために時点を遡ったり、先走ったりすることはあり得る。④白村江《はくそんこう》の戦から太平洋戦争に至る九つの戦争のそれぞれについて、（一）背景と経緯、（二）経過、（三）影響、の三部構成とすること。（一）と（三）については、その捉える範囲は基本的に筆者の価値観に基づくほかはない。（二）については基本的な流れの把握に重きを置き、精細なる経過は、軍事史の専門家の優れた成果に委ねた。ただし、日中戦争および太平洋戦争の経過の中で、関連して捉えるべき欧州戦争の経過にも敷衍して叙述し、日中戦争の影響については、便宜、太平洋戦争の影響と一括して捉えることとした。⑤時点は年月日が明らかとなっているものは、年月日を記述すること。「日」を記述することにあまり意味がないと思われるものは割愛した。

いずれにしても、本書は全面的に先行研究の成果に依存している。先学諸賢に深く敬意と感謝の念を抱くものであるが、本文では、個別に引用箇所を明示することなく、巻末に主要参考文献として列挙させていただいた。御寛恕を賜りたい。

本書が、日本が戦った戦争に関する認識の国民的共有の契機となれば、筆者にとって、これに優る喜びは無い。筆者とともにマラソンを走るような気分で、戦争の歴史めぐりの旅に発っていただければ幸いである。フランスの思想家・数学者・物理学者パスカルは、一六七〇年、その著『パンセ』において、神なき人間の悲惨を説き、信仰の偉大な力を称えるとともに、「人間は考える葦である」と喝破したが、筆者は、「人間は足で考える動物である」と揚言したい。

本年一月一三日、スリランカを訪れたフランシスコ・ローマ法王は、広島・長崎への原爆投下に言及し、「人類史上、最も恐ろしい惨事」と述べたが、いかなる人も、いかなる国も、残虐非道のことをなし得る可能性を秘めた存在であることに謙虚に思いを致し、それを未然に防ぐ手立てを確立することに人類の英知を結集することが急務であり、そのためには、それぞれの国民が戦争の歴史に関する認識を共有することが大前提となろう。

二〇一五（平成二七）年一月三一日

目　次※日本が戦った九つの戦争

第一章　白村江の戦い

白村江の戦い進行図

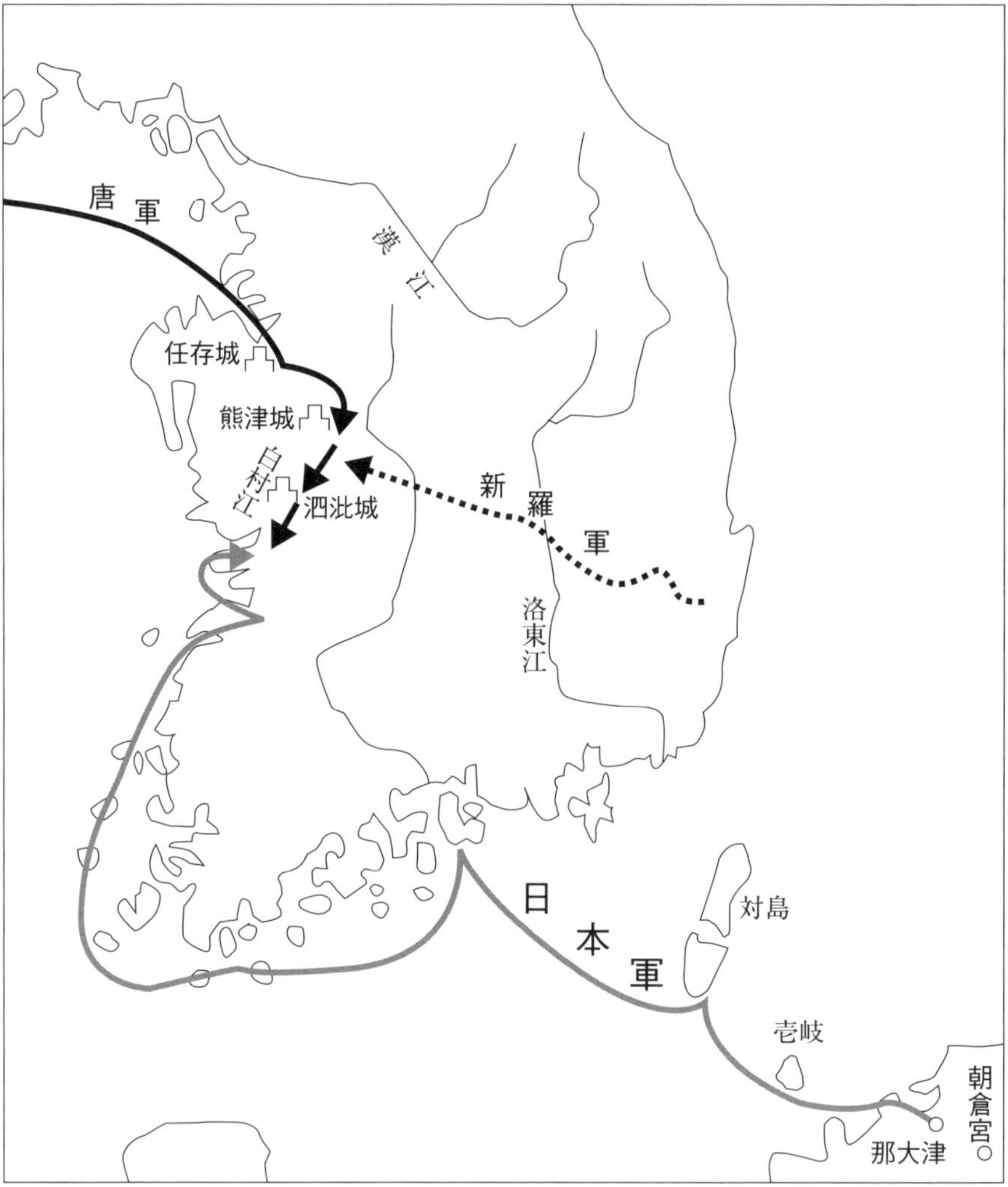

大化の改新により成立した中大兄皇子《なかのおおえのおうじ》と中臣鎌足《なかとみのかまたり》を中心とする大和朝《やまとちょう》政権は、唐・新羅《しらぎ》連合軍との戦いに敗れて滅亡した百済《くだら》王朝の遺臣・鬼室福信《きしつふくしん》から、百済王朝復興支援の要請を受け、六六一年九月以降、大勢の救援軍を朝鮮半島に派遣したものの、六六三年八月、白村江《はくそんこう》で唐の水軍と戦って大敗を喫した。

一　白村江の戦いの背景と経緯

有史以来の朝鮮半島との交流

人類は、狩猟採集の生活から農耕牧畜の生活に入るにつれ、食料を求めて山野河海を移動する生活から食料の栽培や飼養の適地に定住する生活に移行し、外敵の侵入防止や水利その他の目的のため行動の統制の必要から、家族を超えて氏族社会の形成ないし部族国家の形成、更には統一国家の形成へと進展していく。

日本列島では、①中国の『漢書《かんじょ》』地理志《ちりし》に、「夫れ楽浪《らくろう》海中倭人《わじん》有り　分かちて百余国を為す」と記された紀元前一世紀ごろの氏族分立時代、②中国の『後漢書《ごかんじょ》』東夷伝《とういでん》に、「倭の奴国《なのくに》、奉貢朝賀《ほうこうちょうが》す、（中略）光武賜ふに印綬《いんじゅ》を以てす」と記され、一七八四（天明四）年に福岡県博多湾の志賀島《しかのしま》で発見された金印で有名な紀元五七年（以下「紀元」を略す）の倭の奴の国の時代、③中国の『魏志《ぎし》』倭人伝に、三〇余国を統合する女王として推戴された耶馬台国《やまたいこく》の卑弥呼《ひみこ》が魏帝に「親魏倭王《しんぎわおう》」に任じられ、金印・紫綬を賜ったと記された二三九年の邪馬台国の時代、④朝鮮半島と中国大陸を画する鴨緑江《おうりょくこう》北岸の集安《しゅうあん》にある高句麗《こうくり》の広開土王《こうかいどおう》碑に、広開土王が、三九六年、百済に親征して治世最大の戦果を挙げ、四〇〇年、新羅の要請を受けて救援軍を派遣し倭人を撃ち、四〇四年、親征して倭と海上で戦ったと記された「倭」（人）の朝鮮半島南部地域への進出時代、⑤中国の南朝の『宋書《そうじょ》』倭国伝に記されたように、四一三年から四七八年にかけて、いわゆる「倭の五王」の讃《さん》・珍《ちん》・済《せい》・興《こう》・武《ぶ》（それぞれ応神《おうじん》天皇又は仁徳《にんとく》天皇又は反正《はんぜい》天皇・允恭《いんぎょう》天皇・安康《あんこう》天皇・雄略《ゆうりゃく》天皇に擬せられている）が少なくとも九回にわたって中国の東晋《とうしん》（三一七〜四二〇）および南朝の宋《そう》（四二〇〜四七九）に使者を派遣し、興隆する高句麗に対抗して朝鮮半島における倭国の国際的地位の向上を図った時代を経て、遅くとも六世紀後半には日本列島に統一国家が成立したとみられる。

有史以前から国家統一までの過程で、朝鮮半島から、潮流と風向を利用した「海上の道」を通って、絶えず日本列島に向けて人の往来ないし移住や文物の流入があった。朝鮮半島は、アジア大陸の東端に位置しており、地勢的に北から狩猟・遊牧民族、西から漢民族の侵入圧力を受けやすい特性があり、その上、長期にわたり間歇《かんけつ》的に噴出する半島内部での覇権《はけん》争いが半島から日本列島への移住ないし亡命に拍車をかけた。朝鮮半島からの人の往来・移住とともに、時代を追って新しい石器・土器・青銅器・鉄器などの道具の伝来や稲作の伝播などが進み、これらが日本列島の農業生産力の発展と人口扶養力の増大につながり、文化の発展と国力の増強に寄与した。

特に、四世紀後半以降、百済との関係が密になり、駿馬《しゅんめ》と太刀をもたらした学者阿直岐《あちき》や「論語」、「千字文」を伝来し仁徳天皇の皇太子時代の師となった学者王仁《わに》は、百済からの渡来人である。五五二年、釈迦金銅仏・仏教経論を伝えたのも百済の聖明王《せいめいおう》であっただけでなく、五八八年、わが国最初の本格的な仏教寺院である法興寺《ほうこうじ》（今の飛鳥寺《あすかでら》）の造営が蘇我氏により開始され、六〇六年に、その金堂に丈六《じょうろく》の釈迦如来坐像（今の飛鳥大仏）を完成させるのも百済からの渡来人司馬達等《しばたつと》の孫の鞍作《くらつくり》の止利仏師《とりぶっし》であり、六二三年に完成した法隆寺金堂の釈迦三尊像も止利仏師の傑作である。法隆寺の百済観音に象徴される工芸技術や織物技術、溜池灌漑技術など幅広い分野の先進的技術が百済からの渡来人によってもたらされた。

なお、京都太秦《うずまさ》にある同時代の広隆寺《こうりゅうじ》の半跏思惟《はんがしい》像（弥勒菩薩《みろくぼさつ》）は、新羅風の木製仏像であり（同時代の仏像はほとんどがクスノキ製であるのに対し、アカマツ製）、ドイツの哲学者カール・ヤスパースが、「人間実存の最高の姿」と絶賛した。

蘇我氏の権勢と百済との親交

国家統一の過程で、大和朝廷の財務と外交を掌握して中国大陸や朝鮮半島の文化の移入に努め、主導的立場を確立したのが蘇我《そが》氏である。蘇我氏は、六世紀前半以降、稲目《いなめ》・馬子《うまこ》・蝦夷《えみし》・入鹿《いるか》と代々大臣《おおおみ》に就任し、物部《もののべ》氏、大伴《おおとも》氏などの豪族を抑えるとともに、その娘を代々の天皇の后妃《ごうき》に入れて外戚《がいせき》の地位を確保することにより、その権勢は皇室を凌《しの》ぐほどになった。しかも、蘇我氏は対外的には親百済勢力の最右翼であった。

日本の最初の海外留学生は、五八八年に、戒律を学ぼうと志して、朝鮮半島南西部の百済に派遣された善《ぜん》信尼《しんに》ら五人の若い尼たちであった。善信尼は、司馬達等の娘で止利仏師の叔母に当たり、わが国最初の尼僧であった。仏教の信仰篤い大臣蘇我馬子が、大連《おおむらじ》の物部守屋《もりや》を滅ぼして権力を掌握した後、善信尼らを百済に派遣したのである。善信尼らは、百済留学中に、中国大陸における二七〇年ぶりの全土統一に成功した隋王朝の誕生の息吹きも感得しながら、五九〇年に帰国して、その後、桜井寺（後の豊浦寺）に住んで多くの尼を指導し、仏教の興隆に尽力した。

五九三年、用明《ようめい》天皇の皇子で英明の誉れ高い聖徳太子《しょうとくたいし》が、伯母にあたる大和朝廷初の女帝推古天皇（在位五九二〜六二八）の摂政として国政全般を任《まか》せられた。太子は、冠位一二階の制定、一七条憲法の制定などの国内改革を成し遂げ、『天皇紀』、『国紀』など国史の編纂を行うとともに、対外的には、二七〇年ぶりに中国大陸全土の統一に成功した隋との国交を開き、六〇〇年以来五回にわたって遣隋使を派遣した。隋の第二代皇帝煬帝《ようだい》の治世の六〇七年に第二回遣隋使として派遣された小野妹子《おののいもこ》は、六〇八年三月に、時あたかも東都の洛陽《らくよう》（長安《ちょうあん》に対し東方にあるので東都といい、長安を西都とも称した）に滞在していた煬帝に謁見し、「日出《ひい》づる処《ところ》の天子《てんし》、書を日没《ひぼっ》する処の天子に致《いた》す、恙無《つつがな》きや」との国書を奉呈した。大和朝廷の国家観念の高揚がそこには顕示されている。この天皇が「日出る処の天子」として、「日没する処の天子」としての皇帝と独立対等な地位にあるかのような呼称を用いた国書を読んだ煬帝は、『隋書《ずいしょ》』では、「悦《よろこ》ばず」と書いている。中華思想の国の皇帝の反応としては、もっともであろう。

一方、朝鮮半島との関係では、はじめは専ら百済と、のちには高句麗とも結んで新羅を封じ込める方向を目指したが、新羅の勢力は侮《あなど》りがたく、晩年には親百済を軸としつつも新羅との協調も図らざるを得なくなった。聖徳太子が摂政であった二九年間（五九三〜六二二年）、蘇我馬子が一貫して大臣の地位にあり、推古天皇も聖徳太子も蘇我氏との間で極めて濃厚な血縁関係にあったことから（聖徳太子は父方も母方も蘇我氏系、推古天皇の母方も蘇我氏系）、蘇我氏の専横を抑止することはできても、蘇我氏の権勢を封殺するには至らず、親百済という対外政策の基調も変えることはできなかった。

大化の改新

六一八年、中国大陸では、三度にわたる高句麗遠征に失敗した隋王朝が、建国後わずか三〇年足らずで滅亡して、唐王朝が興り、東アジアは激動の時代に入った。その後まもない六二二年、聖徳太子が薨去《こうきょ》すると、蘇我氏の専横ぶりが復活し、その独断専行が目に余るようになった。そのような状況の中で、小野妹子が二度目の遣隋使として六〇七年に渡航するに当たり、学生《がくしょう》又は学問僧として随行し、長期間にわたって隋・唐両王朝の政治体制や対外政策の動向をつぶさに見聞してきた僧旻《そうみん》が六三二年に第一回遣唐使船で帰国し、更に帰途新羅に立ち寄った高向玄理《たかむくのくろまろ》が六四〇年に帰国し、彼らは新羅の動向を含めて、中大兄皇子や中臣鎌足らにつぶさに帰朝報告した。

六四五年六月、遂に、中大兄皇子や中臣鎌足が中心となってクーデタを決行し、百済一辺倒で独断専行を恣《ほしいまま》にしてきた蘇我入鹿を誅殺《ちゅうさつ》し、女帝皇極《こうぎょく》天皇の同母弟である孝徳《こうとく》天皇の即位、皇極天皇の長子である中大兄皇子の皇太子として即位、中臣鎌足の内大臣就任など新体制を創出した。この大化の改新体制のもとでは、中大兄皇子が皇太子として実権を握るとともに、わが国で初めて「大化」という元号を制定し、唐帰りの僧旻と高向玄理を国博士《くにのはかせ》として任命し、いわば改新政府の最高政治顧問として重用した。わが国初の元号「大化」の制定は、改新に符節を合わせた人心の一新を企図したものである。朝鮮や中国との通交に意欲満々の改新政府は、この年一二月には、都を飛鳥《あすか》（現在の奈良県高市郡明日香《あすか》村付近）から、外交使節を迎え入れる客館が置かれていた難波《なにわ》（現在の大阪市中央区付近）に移した。この難波豊碕宮《とよさきぐう》の造営は、七年後の六五二（白雉《はくち》三）年に完成するが、その二年後の六五四（白雉五）年一二月には、都は、飛鳥の地に舞い戻った。唐の太宗による度重なる高句麗遠征と唐・新羅の連携強化などの朝鮮半島を巡る国際情勢の緊迫化に伴い、外敵の侵攻があった場合の安全を考慮した中大兄皇子が内陸の飛鳥への遷都を主張したのである。これを聞き入れなかった孝徳天皇は、その年一〇月、難波豊碕宮で崩御された。

大化の改新政権は、国内的には、唐王朝の律令制にならった公地公民制に基づく中央集権的支配体制を打ち立て、対外的には、激動する東アジア情勢の中で対朝鮮半島政策としては百済一辺倒から脱却して全方位外交的に対応することを目指したのである。改新政権樹立直後の六四六年九月には、国博士・高向玄理を善《ぜん》徳《とく》女王治世下の新羅に派遣し、翌六四七年には、高向玄理は新羅の宰相金春秋《きんしゅんじゅう》（後の武烈《ぶれつ》王）を伴って帰国した。金春秋は、倭国の新羅に対する支援を要請したに違いないが、倭国の親百済の姿勢は遂に変わらなかった。このため、金春秋は、倭国からの支援をあきらめ、翌六四八年には、唐王朝を訪ね、唐の太宗に「天兵を借りて百済を滅ぼしたい」と要請し、太宗は、援軍派遣を応諾した。

三世紀以降の朝鮮半島における諸勢力の興亡

高句麗全盛時の三国の形勢（4世紀末）

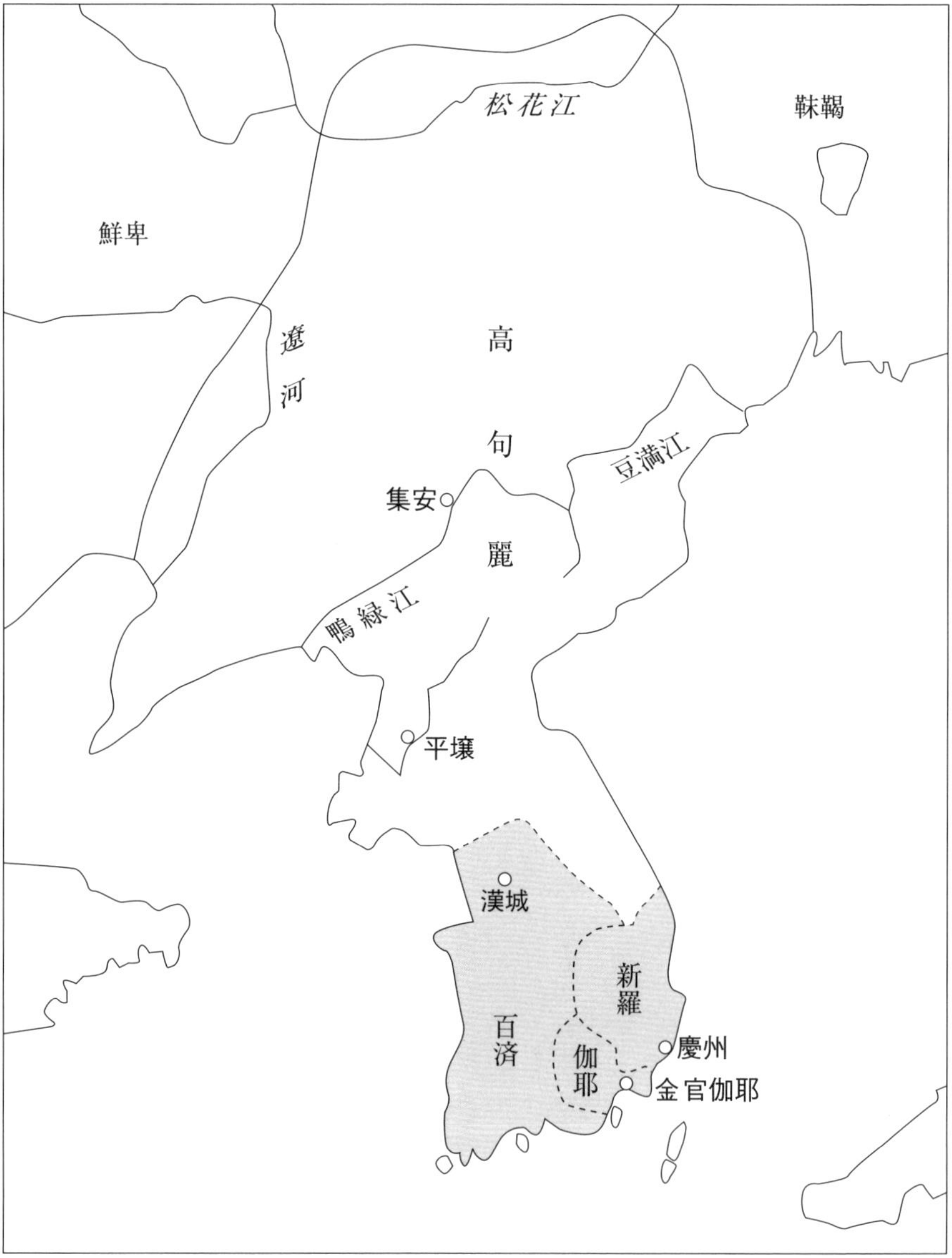

日本列島が三〇余国に分かれていて、これに耶馬台国の女王卑弥呼が君臨した三世紀前半、朝鮮半島の勢力配置はどうであったか。その頃、朝鮮半島を俯瞰《ふかん》すると、まず北部に、ツングース系の扶余《ふよ》の一支族が建立した「高句麗」が、中国東北部の南部にまたがって盤拠《ばんきょ》していた。次に、その南の現在の北朝鮮の黄海道・平安道方面に「楽浪郡・帯方《たいほう》郡」が中国大陸の植民地的存在としてあった。その楽浪郡・帯方郡の南方に「馬韓《ばかん》・弁韓《べんかん》・辰韓《しんかん》」があり、朝鮮半島南部は三韓鼎立《ていりつ》時代であった。

四世紀に入ると、まず、高句麗が動き、三一三年、楽浪郡を滅ぼし、翌三一四年、帯方郡を攻略し、中国大陸勢力を駆逐して朝鮮半島北部の大半を席捲《せっけん》し、中国東北部にまたがる広域国家になった。次に、馬韓は、半島の南西部、現在の京畿道から全羅道にかけて五〇余国に分かれていたが、五〇余国中の一国である伯済《はくせい》が母体となって成長し、四世紀前半、馬韓地域を統一して現在の京城《けいじょう》の漢山城に都をおいて国号を「百済」と称した。更に、辰韓は、半島の南東部、現在の慶尚道の東部に一二カ国に分かれていたが、その一国である斯盧《しろ》が、四世紀中ごろ辰韓地域を統一して慶州《けいしゅう》に都をおいて国号を「新羅」と称した。半島の南岸部の現在の慶尚道を中心に全羅北道東部にまたがる地域に一二カ国に分かれていた弁韓は、四世紀には更に分立してこの地域は「伽耶《かや》」と呼ばれるようになった。この地域で最有力の金官《きんかん》国は倭国と親密な関係にあったが、中央集権国家を形成することなく、やがて、この地域全体が新羅と百済に領域を分割されて六世紀半ばには消滅した。

高句麗・百済・新羅の三強時代

このようにして、四世紀半ばに、朝鮮半島には高句麗・百済・新羅の三強時代が現出した。これは、中国大陸において統一王朝たる西晋《せいしん》（西晋）王朝（二六五～三一六）が三一六年に滅亡して五胡六国時代と呼ばれる分裂時代に入り、中国大陸の朝鮮半島への圧力が低下したことによるところが大きい。三国相互間では、建国の時期、国勢の強さ、文明の発達のいずれにおいても、当初は高句麗が優位にあり、百済がこれに続き、新羅が後塵を拝していた。

　三九一年、高句麗に第一九代国王として好大王《こうたいおう》（広開土王）が即位した。好大王は、倭国と連携して急速に成長する百済に掣肘《せいちゅう》を加えるため、三九六年、大軍を率いて親征し、治世最大の戦果を挙げ、百済の漢山城を攻略した（これを契機に、百済は太子を倭国に人質に差し出すなど倭国との連携強化を加速した）。四〇〇年には、新羅からの救援要請を受けて、五万の大軍を派遣して倭軍と戦い、倭軍を退却させた。その四年後にも、好太王は、親征して帯方郡の故地で倭と戦った。これらの好太王の業績は、四一三年に好大王の後を継いだ長寿王《ちょうじゅおう》が、その翌四一四年、当時の王都である集安（中国大陸と朝鮮半島との境界をなす鴨緑江中流域北岸にある現中国吉林《きつりん》省通化《つうか》市集安）に建立した高さ六・三メートルの巨大な「好大王の碑」の碑文に刻まれている（碑文の「倭」は必ずしも大和朝廷ないし日本を意味するとは限らないとする有力説がある）。長寿王は、四二七年には、集安から平壌《へいじょう》に遷都して南進路線を一層鮮明にした。

　高句麗による南進路線の圧迫を受けた百済は、四七五年、京城の漢山城にあった王都を去って南下し、錦《きん》江《こう》のほとりの熊津城《ゆうしんじょう》（現在の忠清南道公州《こうしゅう》）を王都として復興した。この熊津城を拠点として、百済の武《ぶ》寧王《ねいおう》（在位五〇二～五二三）は、五一二年とその翌年、分立していた伽耶諸国のうち半島南西部を奪取し、しだいに東進して半島東南部、つまり現在の慶尚南道方面に迫っていった。また、武寧王に関して特筆すべきは、五一三年から倭国に対し五経博士《ごきょうはかせ》（儒教の五つの経書に精通した学者）を送り始めたことである。五経博士は、三年ごとの交替で来倭し、中国の経学《きょうがく》（『詩経《しきょう》』、『易経《えききょう》』、『書経《しょきょう》』、『礼記《らいき》』、『春秋《しゅんじゅう》』に関する学問）を伝えた。当時の官僚の養成のためには、経学の履修が不可欠であったのであり、大臣の蘇我稲目が、武寧王に五経博士の派遣を要請したようである。次いで、日本への仏教伝播で名高い聖明王《せいめいおう》（武寧王の子・在位五二三～五四）の時代になると、高句麗の圧力が再び強まったため、五三八年、錦江を少し下って泗沘《しひ》城《じょう》（現在の忠清南道扶余《ふよ》）を王都として新たな体制固めを図った。そこで国力を蓄えた聖明王は、五五〇年、高句麗に対し全面的な反転攻勢をかけ、翌五五一年には、七六年ぶりに漢山城の奪回に成功した。しかし、その翌年には、奪回したばかりの漢山城を「漁夫の利」の如く新羅に略取されてしまったため、再度奪回すべく、今度は新羅に立ち向かったが、五五四年、武運つたなく新羅の地で戦死した。

三国の中で最後発の新羅は、法興王《ほうこうおう》（在位五一三～四〇）時代に、内政面では、生産基盤を整備し、軍事組織を置き、統治機構を強化するとともに、対外的には、五三二年、倭国と親密な関係にあった伽耶諸国の中の最有力国金官国を併合したのをはじめ、半島西海岸に向けて徐々に伽耶諸国を侵奪して行った。次の真《しん》興王《こうおう》（在位五四〇～七六）は、半島横断作戦を敢行し、五五二年、高句麗と百済の争闘の隙をつき漁夫の利を得て漢山城一帯を占領したのに続き、五六二年には、金官国に代わって伽耶諸国の盟主になっていた大伽《だいか》耶《や》国を陥落させた。この結果、半島最南端に位置していた伽耶諸国は完全に消滅した。ここに、六世紀後半の朝鮮半島は、文字通り完全に高句麗・新羅・百済の三国鼎立時代に入ったのである。この段階では、倭国の盟友百済は三国の中で最劣勢となっていた。

隋・唐の高句麗遠征と朝鮮半島の流動化

五八九年、中国大陸に西晋王朝以来二七〇年ぶりに統一国家たる隋王朝が成立し、朝鮮半島三国にも激震が走った。緊張感に満ちた情勢の中で、隋と直接国境を接する高句麗が最初に動き、五九八年、遼西《りょうせい》（中国大陸の遼河《りょうが》の西部）に侵攻した。これを契機に、中国内に「高句麗討つべし」の世論が沸騰した。六〇四年、隋の初代文帝が没すると、皇太子楊広《ようこう》が即位して煬帝《ようだい》（在位六〇四～一八）と呼ばれた。煬帝は、まず、北方のトルコ系遊牧民族・突厥《とっけつ》を支配下におさめ、東都洛陽の建設、全長一五〇〇キロに及ぶ大運河

（永済渠）の開削、科挙の制度の創設などを精力的に断行した段階で、愈々満を持して、六一一年二月、高句麗征討を決意した。

その実行のため、開通したばかりの大運河を利用して南方の江南の物資を現在の北京付近に運ばせるとともに、全国の兵に動員令を下し、六一二年正月から前後三回にわたって連年、高句麗遠征軍を派遣した。だが、大遠征は大失敗であった。特に、六一二年の遠征は、煬帝が水陸合わせて一〇〇万を超える大軍を率いて親征したが、遼東城《りょうとうじょう》（現遼寧省遼陽市《りょうねいしょうりょうようし》）で前進を阻まれ、莫大な損害を蒙って帰還した。高句麗は、「清野《せいや》の計」（軍隊と民衆が平地から食糧を残さず撤退して山城に籠り、敵に食糧を与えない戦術）を駆使し、複雑な地形を利用した徹底抗戦を展開し、隋の大軍の八〜九割を潰滅した。

隋は、高句麗遠征で国力を消耗したので、中国本土で農民の反乱が起きると、やがて六一八年、自滅し、煬帝の孫恭帝《きょうてい》から禅譲《ぜんじょう》を受けた李淵《りえん》（高祖。在位六一八〜二六）が唐王朝を樹立した。唐王朝が成立すると、朝鮮半島の三国は、揃って唐の冊封《さくほう》を受け、この冊封体制のもとで平穏な国際環境が整ったかに見えた。しかし、六四一年、義慈王《ぎじおう》（在位六四一〜六一）が百済の国王に即位すると、早速、翌六四二年、百済は、新羅に大規模な侵攻を開始した。片や、高句麗では、宰相・淵蓋蘇文《えんがいそぶん》が榮留王《えいりゅうおう》を殺害して宝蔵王《ほうぞうおう》を擁立するというクーデタが起こり、専制体制が確立すると、翌六四三年には、高句麗は、これまで対立関係にあった百済と連合して、新羅へ侵攻した。

この頃、新羅は、善徳女王《ぜんとくじょおう》（在位六三二〜四七）、真徳女王《しんとくじょおう》（在位六四七〜五四）と二人の女王が立て続けに即位し、これを宰相金春秋と大将軍金庾信《きんゆしん》が支える体制であった。この女王を権力の核に据えた体制は、内外の危機的状況に対応するため、女王の持つカリスマ性が期待されたものと考えられている。この時代は、日中韓三国ともに女権優位時代であった。女権のリアリズムというべきか、高句麗・百済連合軍の攻勢を受けた新羅は、唐に救援を求めた。

救援を求められた唐の太宗（在位六二六〜四九）は、本来中国の地である遼東（中国大陸の遼河の東部）を高句麗から奪還するとの大義名分のもとに、高句麗征討を決意した。しかし、唐の太宗の高句麗遠征は、六四四年、六四五年、六四七年と三度にわたったが、隋の煬帝のジンクスを破れず、いずれも高句麗の徹底抗戦の前に失敗した。高句麗は、隋・唐のたび重なる侵攻に直面して、よく耐えたものの、さすがにその国力は疲弊せざるを得なかった。

朝鮮半島三国間の対立は一段と激しくなり、それぞれ自国の生き残りをかけて国内勢力の結集と対外連携の模索に全力を挙げた。六四五年の大和朝廷における「大化の改新」のクーデタも、その目的は、百済一辺倒で専権横暴の弊害の多い蘇我氏支配体制の廃絶を図るとともに、対外的に、国力を充実して、唐・新羅連合軍の圧力に対応可能な柔軟反応戦略体制ともいうべき体制を確立することにあったのである。

唐の太宗が高句麗征討に失敗した翌年の六四八年、新羅は、真徳女王が即位し、宰相金春秋が唐の都長安に赴き、臣従を誓うとともに唐の援軍派遣を要請し、太宗の応諾を得て帰国した。金春秋は、帰国後数年の間に、唐の位冠制度の導入、儒教による国家教育の開始、唐の年号使用などの「唐化政策」を実施した上、六五四年、自らが武烈王《ぶれつおう》（在位六五四〜六一）として即位した。このような新羅の唐との連携強化と軍備増強に危機感を抱いた高句麗と百済は、六五五年、連合して新羅北辺の三三城を占領した。他にも国境を侵犯する事件が相次ぎ、新羅は、その都度、唐に対し援軍派遣を要請した。

百済の滅亡と復興の悲願

国内的には、「貞観《じょうがん》の治《ち》」と後々まで称えられる名君の誉れ高い唐の太宗も、高句麗遠征に失敗して失意のうちに六四九年に没して、その後、高宗《こうそう》（在位六四九〜八四）が即位した。高宗は、六五五年に、武氏を皇后に迎えて則天武后《そくてんぶこう》としたうえ、六六〇年、遂に、高句麗征討は後回しにして、まず新羅と連合して百済を征討する決断をし、三月、歴戦の勇・蘇定方《そていほう》を熊津道大総管《ゆうしんどう》とする水・陸一〇万の大軍を朝鮮半島めざして出陣させた。これに五万の新羅軍が連合して電撃作戦を開始したため、百済軍は衆寡敵せず、泗沘城・熊津城とともに落とされて、七月一八日、降伏した。唐軍の大総管蘇定方は、百済の義慈王と王子の隆《りゅう》ら多数の捕虜を引き連れて東都の洛陽に凱旋し、ここに百済王朝は滅亡した。

百済滅亡の直後、義慈王降伏から一カ月ほどで、百済の復興を図るべく、百済王族の鬼室福信《きしつふくしん》と僧の道琛《どうちん》が、現在の忠清南道礼山《れいざん》にある任存城《にんそんじょう》で挙兵した。鬼室は、一挙に、周辺の二〇余城を統率し、泗沘城より西方一帯を中心に、百済復興の根拠地を作り上げた。翌年には、百済の遺民を結集しつつ、二〇〇余城を傘下に収めて、その勢力は泗沘江の東方や南方にも拡大した。大和朝廷には、早くも、鬼室福信挙兵の一カ月後の六六〇年九月には、使者が到来し、百済復興のための出兵と当時倭国にいた義慈王の王子豊璋《ほうしょう》の帰還を要請してきた。倭国としては、罷《まか》り間違えば大帝国唐の侵攻すら招きかねない重大局面であった。

この重大局面に直面した大和朝廷の態勢は、斉明《さいめい》天皇を中大兄皇子、大海人皇子《おおあまのおうじ》、中臣鎌足らが支える体制であった。斉明天皇は、はじめ舒明《じょめい》天皇（在位六二八〜六四一）の皇后であったが、舒明天皇の崩御とともに即位して皇極天皇となり、推古天皇以来の第二代女帝になった。六四五年の大化の改新とともに、皇極天皇は、皇弟の軽《かる》皇子（孝徳天皇）に譲位されたが、孝徳天皇が六五四年に崩御すると、翌年、六二歳で重《ちょう》祚《そ》して斉明天皇となっておられたのである。この譲位も重祚も、天皇史上、前例のない破天荒《はてんこう》なことであった。斉明天皇には、大后としての威厳が備わっていたとされ、その即位も、譲位も、重祚も、内外の危機的状況の下で皇位継承を巡る争いを避けようとする当時の大和朝廷の指導者層の深謀遠慮が込められていたとみられる。その斉明天皇が、これまで友好関係を保ってきた百済からの要請にこたえて救援軍を派遣するか否か、相手が巨大な唐・新羅連合軍であるだけに、国家の存亡を賭けた決断を迫られたのである。

二　白村江の戦いの経過

六六〇年一二月、六八歳の老女帝・斉明天皇は、百済からの要請を受けて悲壮な覚悟のもとに即座に百済復興のための救援を決意された。天皇は、明けて六六一年一月六日には中大兄皇子、大海人皇子や中臣鎌足らを引き連れて海路九州に向かわれた。難波津《なにわつ》（大阪湾旧淀川河口にあった港）を発った船は、熟田津《にぎたつ》石湯行宮《あんぐう》（現愛媛県松山市道後温泉《どうごおんせん》辺りの浜辺。「行宮」は仮の皇宮の意）を経て博多の磐瀬行宮《いわせあんぐう》に入り、更に筑後川中流域の朝倉橘広庭《あさくらたちばなひろにわ》宮（現福岡県朝倉郡）に進んだ。しかし、七月二四日には、斉明天皇が朝倉橘広庭宮で疫病のため突然崩御され、中大兄皇子が、皇太子の地位にとどまって称制《しょうせい》（天皇の死後皇太子または皇后が天皇に即位せずに実質的に天皇の政務を執ること）され、対朝鮮戦略の指揮を執った。八月には、安曇比羅夫《あずみのひらふ》（北九州沿岸部を拠点とした当時最大の水軍の軍将）や阿倍比羅夫《あべのひらふ》（瀬戸内海を根拠地とし、安曇氏に次ぐ勢力の水軍の軍将）を中心とした救援軍の編成を行い、九月には、安曇比羅夫らが船一七〇艘、兵五〇〇〇余人を率いて百済の王子豊璋を護送して朝鮮半島に帰還させ、翌六六二年五月には、二万七千の大救援軍を派遣した。

　しかし、ここで百済復興勢力に内部分裂が起こり、折角の大和朝廷による援軍増派の効果を減殺した。まず、鬼室福信が、挙兵の同志・道琛の存在感が高まると、これを憎み殺害した。明けて六六三年になると、今度は王子豊璋が鬼室福信の謀反の心を疑って殺害した。挙兵の闘将二人が倒れたため、百済復興勢力の士気は、にわかに衰微した。その鬼室福信が倒れた頃、主力である第三次救援軍が博多湾を進発して朝鮮半島に向かっていた。日本列島から派遣された兵力は、すでに上陸している部隊を含めて総勢約四万であったという。

唐軍は、陸戦を新羅軍に任せ、専ら海戦を引き受けた。唐の総司令官・劉仁軌《りゅうじんき》が率いる戦船七〇隻は、白《はく》村江《そんこう》（朝鮮半島南西部の錦江《きんこう》の河口の群山《ぐんさん》港付近で、現在の忠清南道の最南端辺り）で倭国船四百隻の北上を待ち受けていた。もっとも、中国の戦船と倭国船では、その規模・構造・性能ともに格段の優劣の差があった。倭国船が到着すると、八月二七日、二八日の両日、海水を赤く染め上げるほどの激しい海戦になり、倭国船は潰滅、大敗した。百済の王子豊璋は、白村江の近くの城で新羅の名将金庾信に包囲されて籠城していたが、間もなく、その城も陥落し、高句麗へと小舟で逃げ延びた。かくて、百済王朝復興の夢は潰《つい》え、倭国軍は、惨敗という結果に終わった。

三　白村江の戦いの影響

大和王朝の国土防衛体制の構築と亡命者の受け入れ

唐と新羅の武力の脅威を痛切に認識して大和の飛鳥に復帰した中大兄皇子らは、唐・新羅連合軍の日本列島への逆襲に備え、矢継ぎ早に国土防衛の体制を整備した。白村江の戦いの翌六六四年には、対馬《つしま》・壱岐《いき》・筑紫《つくし》にいわば辺境防衛軍として防人《さきもり》（遠江《とおとうみ》以東の東国から任期三年で徴兵された兵士で、もとは「岬守《みさきもり》」と呼ばれたが唐の制度である「防人」の漢字をあてたもの）と烽《のろし》（山頂などに置いて敵の来襲などの変事を急報する軍事用の通信施設）をおき、当時「遠《とお》の朝廷《みかど》」と呼ばれた筑紫の太宰府《だざいふ》が、その指揮に当たり、太宰府周辺には防衛用土塁《どるい》を築造し、水をたたえて、水城《みずき》と称した。六六五年には、長門《ながと》の関門海峡をおさえる地に山城を築くとともに、太宰府の防護を図るためその周辺に山城である大野城《おおのじょう》と基肄城《きいじょう》を築いた。六六七年には、最前線の対馬に金田城《かねだじょう》、瀬戸内海の守りの要として讃岐に屋嶋城《やしまじょう》、大和と河内《かわち》（現在の大阪府の東南部）の境にある高安山《たかやす》（標高四八八メートル）に高安城を築くことにし、更に、築城年が未確定であるが、太宰府や大野城・基肄城に対する兵器や食料の供給基地として肥後（現熊本県菊池市）に鞠智城《きくちじょう》（敷地五五ヘクタール）を築いた。いずれも朝鮮式の山城《やまじろ》であり、百済からの亡命者の進言を受け入れ、その技術を活用したものに違いない。なお、筆者は、肥後の鞠智城に関し、その命名者は「白村江の戦い」における惨敗が我が智慧の足らざるところに起因することを猛省し、今後、智慧を鞠《はぐく》む決意を城の名称に込めたものと解しており、その「鞠智」が、「天下の米所」なるが故に「米」の文字に拘《こだわ》り、いつの頃か転化して「菊《きく》池《ち》」と言われるようになったのではないかと考えている。因みに、大西郷（西郷隆盛）の故地は菊池郡七城であり、大西郷は、終生「菊池の一統」であることを誇りとして抱き続けていた。

六六七年三月、あわただしく都を飛鳥から近江（現滋賀県）に移したのも、人心の一新を図るとともに、唐・新羅の侵攻に対してより安全な地として国防上の見地から近江を選択したものである。

中大兄皇子らは、敗戦処理の一環として、百済からの亡命者の受け入れに鋭意努力した。日本の水軍は、朝鮮半島から撤退するに当たって、百済の有力者三〇〇〇人を随伴したが、六六五年に亡命してきた百済の官人四百余人を近江国神前《かんさき》（神崎）郡に、翌六六六年にも、百済の官人二千人を東国に、六六九年には、百済の官人七百余人を近江国蒲生《がもう》郡（滋賀県南東部）にそれぞれ入植させた。百済からの渡来人は、割り当てられた地域の開発に足跡を残したのみならず、近江国蒲生郡に入植した鬼室集斯《きしつしゅうし》（鬼室福信の一族）が学識頭《ふみのつかさのかみ》（現在の文部大臣兼大学総長に相当）に任用されるなど、学識能力に応じた冠位が授けられ、七世紀後半の律令国家や飛鳥・白鳳《はくほう》文化の形成期に法制の整備その他の分野で指導的役割を果たした人士が多い。

律令制国家の開始

六六八年一月、中大兄皇子は、ようやく即位して天智《てんじ》天皇（在位六六八～七一）となられ、皇弟の大海人皇子が皇太子となった。皇太子のままでの称制は、天皇史上、中大兄皇子が唯一の例であるが、称制七年にして初めて即位されたのは、中大兄皇子が主唱した大化の改新の目的の一つであった対外的な対応という面で、国力を挙げて実行した百済救援に失敗した責任を自ら重く受け止め、また、批判勢力を納得させるための時間を必要とした結果であると考えられる。それだけ、白村江の戦いの敗戦の意味は重大であったのである。

天智天皇即位の年に、近江令《おうみりょう》が定められた。しかし、皇太子時代以来一貫してかけがえのない側近であった中臣鎌足が、病に倒れ、天皇は、鎌足の家に行幸して親しく病気を見舞い、更に大織冠《だいしょっかん》と大臣《おおおみ》の位を授け、藤原の姓を賦与されたが、その甲斐もなく六六九年、他界した。鎌足を中心として律令制の編纂作業を進めていただけに律令の編纂は一頓挫した。

六七一年に天智天皇が崩御された後、六七二年、皇位継承を巡って、天智天皇の寵愛を受けていた大友《おおとも》皇子を中心とする近江朝廷方の勢力と、吉野に隠遁《いんとん》していた大海人皇子を中心とする吉野方の勢力の角逐は、「壬申《じんしん》の乱」と呼ばれる内乱に発展した。一カ月にわたった壬申の乱は吉野方の勝利に帰し、大海人皇子は、この年、飛鳥浄御原《あすかきよみはら》宮を造営し、翌六七三年に即位して天武《てんむ》天皇（在位六七三〜八六）となられた。

天武天皇は、本格的な律令《りつりょう》国家の樹立に邁進された。六八一年二月、皇后（後の持統天皇）はじめ主だった臣下を大極殿に召集して飛鳥浄御原律令の編纂を命じられた。律令は、六八一年以降、逐次編纂されてゆき、天武天皇の崩御後の六八九（朱鳥三）年六月に飛鳥浄御原令《あすかきよみはらりょう》は施行された。

多数説によれば、「日本」という国号と「天皇」の称号は、この飛鳥浄御原令で公式に定められた。「日本」という国号も「天皇」という称号も、いずれも、七世紀初頭の遣隋使が持参した倭国の国書にある「日出る処の天子、書を日没する処の天子に致す、恙無きや」という文言の延長線上にあり、白村江の戦いでの敗戦に打ちひしがれた民心の一新と、大陸の大帝国と対等の関係にある自立した国になるのだという独立自尊の気概が鮮明に覗える。

天武天皇の皇后は、天皇の没後皇后のまま称制を布かれ、長男である草壁王子が六八九年に薨去すると、翌六九〇（持統四）年一月、即位して持統天皇（在位六九〇～九七）となられた。持統天皇は、六九四年、長安・洛陽という中国の都城様式を採り入れた藤原京に遷都された。従来の宮室が天皇一代に限って使われたのに対して、持統・文武・天明の三代・一六年にわたって使われ、その造都には、律令国家建設を強く志向した天皇の情熱が込められている。

七〇二（大宝二）年、三〇年余りにわたり断絶していた唐との国交が再開されて遣唐使が派遣された。この時の使者粟田真人《あわだのまひと》は、国名を「唐」から「周」に変えていた女帝則天武后（在位六九〇～七〇五）に対し、それまでの「倭国」を「日本国」に変えて初めての使者として「日本国の使者」を名乗り、国号の変更を明言した。則天武后は、この国名の変更を認め、以後、中国大陸の王朝の正史は「倭人伝」、「倭国伝」ではなく、「日本伝」とするようになった。「日本」という国号は、まずアジアの世界によって公式に認められるようになったのである。なお、この時の遣唐使の一行には歌人としても名高い山上憶良《やまのうえのおくら》も加わっており、唐に在って本国日本を憶う歌として、次の歌が『万葉集』に収められている。

いざ子ども早く日本へ大伴の御津の浜松待ち恋ひぬらむ

統一新羅の確立

百済を滅ぼし、倭国を撃退した唐・新羅連合軍は、六六六年、高句麗の権臣泉蓋蘇文の死亡をきっかけに生じた高句麗の内部分裂を奇貨として、翌年から水陸軍を展開して包囲網を狭め、六六八年には、高句麗の首都平壌を包囲すること一カ月余り、九月に高句麗は降伏し、朝鮮半島で最大の版図《はんと》を誇った高句麗は、ここに滅んだ。倭国では、大和の飛鳥から近江に遷都し、中大兄皇子が即位して天智天皇となり、近江令を制定した年である。高句麗の遺民の一部は、倭国に逃れ、たとえば武蔵国高麗郡《こま》（現埼玉県飯能市、日高市）に移住して、高麗《こま》神社、高麗《こま》川などの名称にその名残りを留めている。

唐は、百済の故地に熊津《ゆうしん》都督府を、高句麗の故地に安東《あんとう》都護府を、新羅の故地に鶏林《けいりん》大都督府をおき、それぞれの現地人を登用して羈縻《きび》政策（武力を用いずに有力者を懐柔して自治を許し、間接的に異民族を統治する政策）によって統治を行い、朝鮮全土の支配を目論んだ。しかし、三国を統一するために唐と連合を組んだ新羅は、唐の羈縻政策による支配に猛然と反発し、百済と高句麗の故地と遺民の掌握に腐心しながら、唐軍を敢然と駆逐した。その結果、唐は、六七六年、熊津都督府と安東都護府を、朝鮮半島からはるか西方の遼河流域にある現在の中国遼寧省撫順《ぶじゅん》市と遼陽市付近に移さざるを得なかった。遂に、朝鮮半島に統一新羅の時代が実現した。統一新羅は、唐に倣《なら》い全国を九州に分けて郡県制を布き、中央集権化を図った。金城（現在の慶尚北道慶州）を都とした統一新羅時代は約二四〇年続いた。その後、朝鮮半島に登場するのが高麗王朝である。

第二章　文永・弘安の役（元寇・蒙古襲来）

蒙古襲来（元寇）

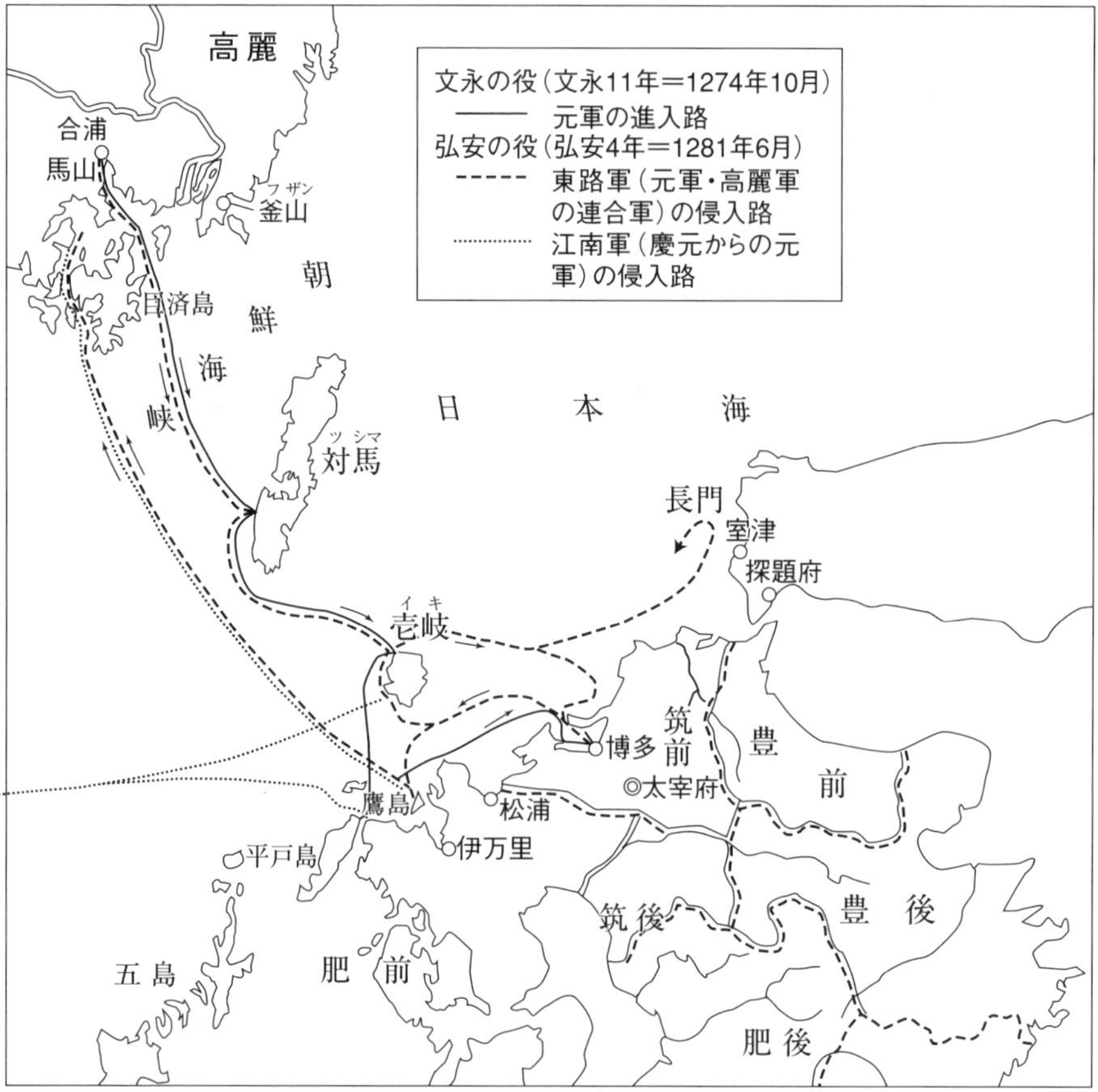
文永の役（文永11年＝1274年10月）
元軍の進入路
弘安の役（弘安4年＝1281年6月）
東路軍（元軍・高麗軍の連合軍）の侵入路
江南軍（慶元からの元軍）の侵入路
高麗
合浦
馬山
釜山《フザン》
巨済島
朝
鮮
海
峡
日　本　海
対馬《ツシマ》
長門
室津
探題府
壱岐《イキ》
筑前
博多
豊
前
◎太宰府
鷹島
松浦
伊万里
平戸島
筑後
豊　後
五島
肥　前
肥後

朝鮮半島の高麗《こうらい》を支配下に収めた元《げん》のフビライが、日本に入貢《にゅうこう》を求めて拒否されたため、一二七四（文永一一）年と一二八一（弘安四）年の二度にわたり大軍勢の遠征軍を派遣し、対馬・壱岐を侵略して博多に迫ったが、二度とも、西国御家人《さいごくごけにん》の必死の奮戦と、折しも襲った暴風雨により撤退を余儀なくされた。

一　文永・弘安の役の背景と経緯

チンギス・ハンのモンゴル統一と版図拡大

モンゴル高原は、アジア大陸の北東部を占め、アルタイ山脈の東、シベリアの南、ゴビ砂漠の北、大興安嶺山脈の西に広がる高原である。この高原には、紀元前三世紀ごろから、匈奴《きょうど》、柔然《じゅうぜん》、回紇《かいこつ》（ウイグル）、突厥《とっけつ》、契丹《きったん》（遼《りょう》）などの諸国が興亡してきた。一二世紀末、モンゴル高原は、女真《じょしん》族が建てた金《きん》帝国の支配下にあったが、その中でモンゴル族が力をつけ始め、「蒼《あお》き狼」の子孫といわれるテムジンが諸部族を統一して一二〇六年、チンギス・ハンと称した。当時、中国大陸は、一一二六年、金帝国が北宋を滅ぼして以来、淮河《わいが》以北の華北を支配し燕京《えんきょう》（現在の北京）を都とする金帝国と淮河以南の地を支配し臨安《りんあん》（現在の杭《こう》州《しゅう》）を都とする南宋とに分断されていた。

一二一一年、チンギス・ハンは、モンゴル高原から華北に侵入し、モンゴル族の存亡をかけて金帝国征討作戦を開始した。金帝国は、その直前、一二〇六年から一二〇八年にかけての南宋の北伐作戦を撃退して押し戻したものの、契丹族の反乱、黄河の大氾濫とそれに伴う大飢饉などで国力が低下していた上、権力中枢における内紛も加わり、緒戦を除いて有効な反撃もできず、一二一五年、燕京を中心とした河北の地を放棄して講和した。モンゴルの拡大第一戦は、ほとんど無傷のうちに大勝利を得た。

一二一九年、チンギス・ハンは、精強な騎馬軍団をもって西域征伐（征西）に乗り出した。第一の標的は、サマルカンド（現ウズベキスタン共和国東南部の中心都市）を首都とするホラズム王国である。ホラズム王国は、中央アジアのアラル海に注ぐアムダリア河の下流域に興り、イランを席捲《せっけん》して更にイラクのバグダードをうかがうほどの強盛を示していたトルコ系イスラム王朝であったが、この頃、内部分裂の危険も抱えていたため専守防衛に徹していた。これに対し、モンゴル軍が、周到かつ巧妙な調略工作を駆使しながら要塞を順次落していくと、ホラズム王国は、サマルカンドを中心とする中核地帯を放棄して退却した。ホラズムは、その後の反撃、奪還の機会をうかがっていたに違いないが、モンゴル軍が疲れを見せず、統制のとれた展開をするのを見て、二度と中核地帯に帰還することはなく、開戦後ほぼ二年で、ホラズム王国は事実上解体した。

その後、モンゴル軍は、アムダリア河を南に渡って、現在のイラン北東部を中心にアフガニスタン・トルクメニスタンにまたがるホラーサン地方に侵攻した。しかし、対ホラズム作戦と異なり、前もっての調略工作が十分施されていなかったためか、強烈な抵抗を受ける場面が多く、一敗地にまみれる戦闘局面も出てきたため、チンギス・ハンは、深入りせずに見切りをつけて、一二二五年、モンゴル本土に帰還した。

翌一二二六年、チンギス・ハンは、十分な休養をとることもなく、西夏《せいか》征討作戦に乗り出した。西夏が、モンゴル軍の征西への軍隊出動要求を拒絶したことに対する「懲罰」としての征討作戦であった。西夏は、モンゴル本土のすぐ南、現在の寧夏回族《ねいかかいぞく》自治区を中心に建てたチベット系タングート族の国で、東西交易によって繁栄し、独特の「西夏文字」を作るほどの文化国であった。西夏掃討作戦は順調に進んだ。ところが、チンギス・ハンは、一二二七年、西夏陥落を目前にして、金朝の拠点都市・京兆《けいちょう》（現西安）まで指呼の間にある陝西省《せんせい》の六盤山《ろくばんざん》の野営地で客死した。西夏の都・興慶《こうけい》が開城したのはその三日後のことであった。

チンギス・ハンの帝王としての二一年間は、最初の五年間を除いて、専ら征服戦争で明け暮れ、その版図は、アジア東北部からアジア西南部に拡大した。その版図拡大の過程で、契丹族をはじめ、トルコ族、ウイグル族、ソグド族などが続々とモンゴル陣営に帰順した。帰順した異民族の中で有能な人物は公平に登用し実力主義で優遇する度量を示したため、多人種・多言語・多文化の国家として発展した。モンゴルの精強な騎馬軍団は無敵の軍隊というイメージが広がった。

モンゴルの勢力圏、東欧にまで拡大

チンギス・ハン没後三〇余年の間、モンゴル皇帝の地位は、オゴタイ（チンギスの三男）、グユク（オゴタイの庶長子）、モンケ（チンギスの四男トルイの長男）と引き継がれた。その間、一二三一年、第二代皇帝オゴタイは、一二一五年以来黄河の南側の河南省《かなん》と陝西省に逃げ込んでいた金朝を包囲する作戦を展開し、一二三四年には金朝を撃滅した。

一二三六年から、オゴタイ・ハンは、バトウ（チンギスの長男ジュチの二男）を主将に、征西を再開した。バトウ軍は、中央アジアのカザフ大草原からヴォルガ河を越え、ドナウ河口部まで及ぶキプチャク大草原を制圧し、一二三七年には草原の周辺部にあるモスクワを占領した。更に、一二四〇年にはキエフ（現ウクライナ共和国首都）を占領し、ポーランドのシレジア地方やハンガリー草原を制圧した。一二四一年、オゴタイ・ハンが他界し、帰還命令が届いたため、そこで、東欧進攻は中断した。バトウは、帰還の途中ヴォルガ流域に腰を据えて居残り、一二四三年、カザフ大草原にキプチャク大草原を加え、ヴォルガ河河口域のサライに都を置いて建国したのがキプチャク汗国である。このキプチャク汗国は一四八〇年まで存続した。

一二五三年から、第四代皇帝モンケは、フラーグ（チンギスの四男トルイの三男）を総司令官として、西南アジア征討作戦を展開した。一二五六年には、刺客の恐怖で中東の諸君主やヨーロッパ十字軍を震え上がらせ、「暗殺教団」の異名をとっていたイスマーイール派（シーア派の一分派）教団の本拠地を攻略し、一二五八年には、サラセン帝国のアッバス朝の首都バグダードを攻略した。約六百年続いたサラセン帝国とイスラム世界の最高権威カリフの存在も消滅させた。引き続いて着手したシリア進攻の最中に、一二六〇年、第四代皇帝モンケが急逝したとの報が入ったため、全軍に帰還命令が発せられ、フラーグの遠征は中断した。フラーグは、西北イランの地まで戻ってきたとき、次兄フビライの即位の報に接したので、その地にとどまり、イラン・小アジア（地中海と黒海に囲まれた地域で現トルコ共和国の主要部分）を中心にマラガ（後にダブリーズ）に都を置いて建国したのがイル汗国である。イル汗国は、一三九三年、サマルカンドを都とするチムール帝国に滅ぼされるまで、存続した。

一方、モンゴルの鉾先は東にも向けられた。朝鮮半島を一〇世紀初めから支配していた高麗王朝に対するモンゴル軍の侵攻は、一二三一年から五四年にかけて六回に及び、高麗全土が蹂躙された。高麗は、都を開京（現開城）から朝鮮半島の西海岸にある江華島《こうかとう》に移し、島の周りを水軍で固めて抗戦すること三〇年近く、一二五九年、遂にモンゴルに投降するに至った。

このようにして、第四代皇帝モンケの治世までに、モンゴルの勢力圏は、既にユーラシア規模に達し、東は北中国・朝鮮半島から西はロシア・東欧・地中海東岸にまで及んでいた。

第五代皇帝フビライの偉業

一二六〇年のはじめ、先帝モンケのすぐ下の弟であるフビライがモンゴル第五代皇帝に即位した。

フビライは、一二五三年、フラーグの征西と同時平行的に、雲南《うんなん》・大理《だいり》遠征を命じられていた。雲南・大理は、軍事的には南宋国を横合いと背後から脅かす戦略上の貴重な位置にあり、その上、経済的には東アジアで日本と並ぶ金・銀の産地であった。この遠征は、東チベットを経由し、いくつもの大河を越え千仞《せんじん》の谷を越えた行軍で、華北からの四十万頭の軍馬はほとんど失われ、兵のうち一〇人に八、九人は疫病で倒れたとされ、大損害を蒙った。大損害を蒙りながらも、一二五四年、ひとまず雲南・大理方面を制圧すると、フビライは、南宋国攻撃には向かわず、さっさと内蒙古草原の一角、金蓮川《きんれんせん》の本営に帰還し、腰を据えて動かなくなった。中国経略の困難さを熟知していたフビライの参謀陣は、南宋国の接収に関し長期戦を考えていたのである。短期決戦を望んでいたモンケは、フビライを疑い、一二五六年から南宋国親征を決断し、モンケ自身が中央軍を率いて陝西省の六盤山から四川の最前線まで進出した。四川の山城群の攻略に難渋したところで、一二五九年九月、モンケは炎暑の中で急逝した。その後、四川のモンケ直属の中央軍が解体してしまった時点で、フビライ軍がモンゴル最大の軍事力になったことが、フビライが皇帝に即位する決定的要因となった。

フビライは、末弟アリク・ブケとの足かけ五年間にわたる帝位継承戦争に圧勝して、一二六四年七月、揺るぎなき覇権を確立した。覇権を確立したフビライは、用意周到な検討を踏まえて二つの大事業に着手した。一つは、大都《だいと》（現在の北京）の建設で、完成までほぼ四分の一世紀を費やした。大都の中央に積水譚《せきすいたん》という都市内港を築造し、その積水譚から東郊五〇キロメートルの通州《つうしゅう》まで人工の運河である通恵河《つうけいが》でつなぎ、水運のキー・ステーションである通州からは、江南の中心都市杭州までいわゆる大運河でつなぎ、渤海湾の海港である直沽《ちょくこ》（現天津）までは人工の運河である白河《はくが》でつなぐという壮大かつ効率的な水運ネットワークをフビライの治世中に完成させた。大都は極めて機能性の高い都市として形成されたので、元朝滅亡後も、明朝第三代皇帝永楽帝による一四二一年の金陵《きんりょう》（現南京《なんきん》）からの遷都以来、大都は一貫して首都であり、中華民国時代の一時期を除いて、中華人民共和国の首都として現在に至っているのである。もう一つは、大都の建設の着手とほぼ同時に進めた南宋接収作戦である。

一二六八年から進めた南宋接収作戦では、最大の攻撃目標である漢水中流域の要衝、襄陽《じょうよう》と樊城《はんじょう》を三年近くも包囲した末、一二七一年六月、漢水を北上してきた南宋の范文虎《はんぶんこ》率いる水陸一〇万の機動部隊と決戦となったが、これを徹底的に粉砕した。更に、襄陽と樊城に籠城していた名将呂文煥《ろぶんかん》率いる南宋軍も一二七三年二月には陥落し、ここに、南宋の命運は半ば尽きた。この襄陽・樊城攻略の際に登場した新兵器が、「回々砲《かいかいほう》」（投石機）である。わざわざイル汗国からイスラム技術者を呼び寄せて作らせた代物で、その威力は頑丈な城壁を打ち破るほど凄まじかった。なお、フビライは、降伏した南宋の呂文煥、范文虎などの将軍を処罰しないどころか殊遇《しゅぐう》をもって報いた。この殊遇に感激し、モンゴルの実績・能力主義に魅力を感じた呂文煥たちは、フビライのブレインとして立ち働くことになる。

他方、一二七〇年、朝鮮半島では、高麗がモンゴルとの了解のもとに都を江華島から開京（開城）に戻したが、六月、これに反対して高麗の精鋭軍である三別抄《さんべつしょう》軍が反乱を起こした。三別抄軍は、自分たちこそ正統の高麗王朝と主張し、拠点を首都と称しつつ全羅南道の珍島《ちんとう》、済州島《さいしゅうとう》と移動しながら、高麗・モンゴル軍に激しく抵抗を続けた。しかし、一二七三年四月、高麗軍を主力に高麗・モンゴル連合軍が兵一万で済州島に総攻撃をかけると、さしもの三別抄軍の反乱も完全に鎮圧された。

一二七一年一一月、フビライは、モンゴルの国号を大元と定め、大都（北京）を都とした。その二年後の一二七三年末までに、元帝国は、華北を支配していた金帝国を滅ぼし、江南を支配していた南宋帝国を事実上「死に体」に追い詰め、朝鮮半島の高麗王朝を服属させ、その反乱軍（三別抄軍）も鎮圧して、東北アジア全体をほぼ勢力下に収めた。元帝国は、東北アジアから東ヨーロッパにまたがる空前の大帝国を形成するに至ったのである。

鎌倉幕府・北条政権の専制体制

片や、一三世紀の日本は鎌倉時代にあたる。源頼朝により、一一九二（建久三）年に本格的武家政権として開かれた鎌倉幕府は、頼朝が一一九九（正治元）年に没すると、将軍職は、順次、長男の頼家《よりいえ》、次男の実朝《さねとも》に引き継がれたが、いずれも政治力に乏しく、一二一九年、源氏の将軍は三代で絶えた。そのあとは摂家《せっけ》将軍（摂政・関白に任ぜられる近衛《このえ》家・九条《くじょう》家から出た将軍）二代、親王将軍（宮将軍）四代が立ち、いずれも「傀儡将軍」であった。一方、一二〇三（建仁三）年に、源実朝がわずか一二歳で三代将軍に就くと、北条時政《ほうじょうときまさ》（源頼朝の正妻北条政子《まさこ》の実父）が幼い将軍の後見役として執権に就任して以来、北条氏が代々執権職を世襲し、幕府の実権を掌握した。

第二代執権の北条義時《よしとき》の時代に、一二二一（承久三）年、公家勢力の挽回を企図して、後鳥羽上皇を中心として幕府討滅の軍を起こしたが、幕府に大敗した（承久《じょうきゅう》の乱）。この承久の乱の結果、幕府は朝廷方の公卿《くぎょう》・武士の所領を大量に没収し、これを御家人たちに恩賞として分け与えたため、新補地頭《しんぽじとう》が全国に設定され、幕府の影響力と統制力が一段と高まった。また、京都に六波羅探題《ろくはらたんだい》を設けて朝廷・公家勢力に対する監視を強化したので、幕府権力は著しく強化された。

第三代執権の北条泰時《やすとき》は、一二二五（嘉録元）年の評定衆《ひょうじょうしゅう》の設置により政務・裁判の公正迅速化を図り、一二三二（貞永元）年には幕府の基本法典として御成敗式目《ごせいばいしきもく》（貞永式目《じょうえいしきもく》）を制定するなどにより、御家人を中心として合議に基づく執権政治体制を確立した。

第五代執権の北条時頼《ときより》は、一二四七（宝治元）年、源頼朝の挙兵以来、平家追討、承久の乱平定などで幾多の戦功を立て、鎌倉幕府の重臣として北条氏への忠誠も格別厚かった三浦氏（三浦泰村《やすむら》）を、外戚安達《あだち》氏（安達景盛《かげもり》）と謀って排斥した（宝治《ほうじ》合戦）。それまで、北条氏は、幕府の重臣豪族である梶原景時《かじわらかげとき》、比企《ひき》能員《よしかず》、畠山重忠、和田義盛らを順次失脚に追い込み、あるいは討伐してきていたが、この宝治合戦における三浦氏の討伐により、最終的に北条氏の専制的政権基盤を確固としたものにしたのである。

しかし、対外関係では、東アジアとの間で活発な貿易と文化の交流が行われながら、正式な外交関係は開かれていない孤立国となっていた。

鎌倉幕府の対外強硬姿勢

一二六八（文永五）年正月一日、モンゴル第五代皇帝フビライの国書と高麗の国書を携えた高麗の使節一行が、九州の太宰府に到着した。大宰府の鎮西奉行小弐資能《ちんぜいぶぎょうしょうにすけよし》は、高麗使節を太宰府に留めたまま飛脚を鎌倉幕府に送り、鎌倉幕府は、二月七日には外交権を持つ京都の朝廷にこれを伝達した。フビライ国書の内容は、モンゴル皇帝と日本国王の上下関係を前提としつつも、今後両国の友好関係を築いて親睦したいとの趣旨（通好しなければ日本を攻めるとの威嚇を含む）であり、高麗国書も、モンゴルに使者を派遣し、好《よしみ》を通ずることを勧める趣旨であった。朝廷では、繰り返し評定が行われたが、結局、幕府の意向の影響を受けて、返書を送らず使者を帰国させるとの結論に達した。高麗の使節は、モンゴルへの使節派遣も返書も実現できず、空しく、七月一八日、高麗の都に帰還した。翌一二六九年の秋にも、高麗の使節が太宰府に来たが、今度は朝廷が返書を作成したにもかかわらず、幕府が強硬で返書を拒絶し、高麗使節は、またも空しく帰国した。朝廷の外交権は完全に形骸化した。

一二七一年（文永八）九月一九日、フビライの国信使・張良弼《ちょうりょうひつ》の一行百余人が、高麗の開京経由で筑前博多の今津《いまづ》浜に着いた。張良弼は、フビライの国書を持参して上京し直接朝廷に届けたい、と主張したが、太宰府の鎮西奉行小弐資能はこれを認めなかったため、良弼は国書の本物を写した副書を鎮西奉行に手渡した。この国書は、「度々の国書に対し返書が全くない。来る一一月までに返書がなければ、出兵を準備する」という期限付き最後通牒的恫喝を含んだ内容であった。このモンゴル使節の覚悟のこもった来日によっても幕府の姿勢は揺るがず、翌一二七二年一月、張良弼一行は空しく帰国した。

当時、モンゴルとも高麗とも正式の国交関係がない日本に対する再三にわたるフビライの外交使節派遣は、鎌倉幕府の揺るぎない強硬姿勢のまえに、ことごとく失敗した。

幕府では、第一回のモンゴル国書が到来した直後、一二六八年三月、北条時宗《ときむね》が第八代執権に一八歳で就任した。時宗は第五代執権時頼の嫡子で、一四歳の時から第七代執権政村《まさむら》（第二代執権義時の子で、第三代執権泰時の弟）の補佐役の連署《れんしょ》になっていたが、モンゴルの国書到来という未曽有の非常事態に直面して、六四歳の老練政村の再度の連署就任と併せて、幕府の統帥体制の強化を図ったのである。

北条時宗は、フビライの第一回国書の到来の時から、モンゴル軍の侵攻を迎え撃つ覚悟を固めていた。北条氏は、かつて政子が南宋からの帰来僧である栄西《ようさい》に帰依《きえ》して以来、臨済宗に深く傾倒しており、北条時頼・時宗父子も臨済宗を深く信仰して精神的支柱としていた。その身辺には、建長寺《けんちょうじ》の開山となった蘭渓道《らんけいどう》隆《りゅう》をはじめ南宋からの渡来僧（亡命僧）が多く、これらの渡来僧が総じてもっていた厳しいモンゴル観に少なからず影響を受けたことは否定できない。一二七八年に蘭渓道隆が亡くなると、北条時宗は、新たな精神的支柱を求めて南宋の高僧を招聘することにしたが、それに応じて翌一二七九年に来日したのが、後に円覚《えんがく》寺《じ》開山となる無学祖元《むがくそげん》である。無学祖元は、温州《おんしゅう》（現福建省）の雁蕩山能仁寺《がんとうざんのうにんじ》で元軍の兵に侵入され、刃《やいば》を首に押しつけられながら、端座して一偈《げ》を唱えていたところ、元兵は無学を斬れずに立ち去ったという逸話の持ち主であった。

他方、第一回モンゴル国使が帰国する前、早くもフビライは高麗に対し戦艦一〇〇〇艘を建造し、軍勢の実数を報告するよう命じていた。この命令を受けた高麗は、一二六八年七月には、船一〇〇〇艘を建造したこと、及び兵一万を備えたことをフビライに報告した。フビライは、この高麗の報告の真否の検閲をさせるとともに、慶尚南道から日本に至る道筋の視察をさせる、慶尚南道に屯田《とんでん》軍を派遣するなど、日本遠征の準備を着々と進めていたのである。しかし、フビライは、一二六八年から長期戦覚悟で南宋接収作戦に着手していたこと、一二七〇年六月に朝鮮半島で三別抄軍の反乱が起こり、その鎮圧作戦に思いのほか時日を要したことから、この二つの作戦が一段落するまで、日本遠征の実行を手控えたものと思われる。

一二七一（文永八）年九月、鎌倉幕府は、九州に所領をもつ東国《とうごく》御家人に対して、蒙古人が襲来するという風聞があるので、早速九州内の所領に下向《げこう》して異国防御にあたるようにとの命令を発した。差し迫ったモンゴル軍の来襲に応戦するには、九州在住の御家人だけでは不足とみた幕府が、軍事力の補強を図ったのである。翌一二七二年二月、九州の防備をさらに固めるため、鎌倉幕府は九州の御家人に対し、九州北部の筑前《ちくぜん》・肥前《ひぜん》の沿岸警備のため警固《けいご》にあたるよう命令した。いわゆる「異国警固番役」の始まりである。

二　文永・弘安の役の経過

文永の役

一二七四（文永一一）年一〇月、東アジアの完全制圧を目指して、元軍の日本遠征が決行された。一〇月三日、総勢四万が九〇〇艘に分乗して、高麗の慶尚南道の合浦《がっぽ》（馬山《まさん》）を出発し、六日には対馬に、一四日には壱岐に襲来した。対馬、壱岐を完膚なきまでに蹂躙した元軍は、更に肥前松浦地方を侵略して東進し、一九日には博多湾に姿を見せ、翌二〇日未明、博多湾西部にある百道原《ももちばる》や今津《いまづ》から上陸を開始した。

元軍は、船から降り、馬に乗り、旗を掲げて攻めかかった。太鼓をたたき、銅鑼《どら》を打ち、紙砲《しほう》・鉄砲《てっぽう》（いずれも火薬を用いた飛び道具で、鉄砲は炸裂弾《さくれつだん》）を放って戦闘の開始を告げた。元の大将軍は、高い場所にいて、攻めるべき時は責鼓《せきこ》をたたき、兵を引くべき時は逃鼓《ちょうこ》を打って進退を指揮した。元軍は、勇猛で遊牧民らしく自在に馬を走らせ、その放つ短い矢のヤジリには毒が塗ってあった。その戦法も、大将の指揮のもとに、大勢で一度に押し寄せてきて殺したり、生け捕りにしたりする集団戦で、源平合戦の時代と変わらない一騎打ちによる日本軍の個人戦とは全く異なっていた。このような日本軍が見たこともない武器、装備、戦法に、日本軍は当惑したり、驚愕したり、畏怖したり、呆然としたりして、多くの武士が討たれた。

元軍は、上陸した博多湾西部から中央部の赤坂方面に進撃した。一方、博多湾東部の筥崎《はこざき》付近に集結していた日本軍主力が中央部に向け西進してきたため、鳥飼《とりかい》や赤坂（現在の福岡市中央区鳥飼・赤坂）付近で日本軍と遭遇し、激戦が展開された。国宝『蒙古襲来絵詞《えことば》』を制作したことで著名な肥後の御家人竹崎季長《たけざきすえなが》の主従わずか五騎による先駆《さきが》け猛進や、その日の日本軍大将であった小弐景資《かげすけ》（鎮西奉行小弐資能の次男）の弓矢による馬上の敵将射落し、など日本の武士たちの勇敢なる活躍もあったが、総じて元軍が優勢で、日本軍は、太宰府の水城《みずき》まで退却した。白村江の敗戦直後の六六四年、唐・新羅連合軍の侵攻を想定した大宰府の防護のため、大和朝廷が築造した土塁・水濠である水城が、六〇〇年余りの時を経て橋頭堡的役割を果たしたことになる。しかし、博多の街や筥崎神社は、元軍により焼き払われた。

その日は、日没とともに元軍は船舶に引き揚げ、夜、元軍総司令官・副司令官・高麗軍司令官が今後の作戦について協議した。協議の席上、高麗軍司令官が決死の覚悟で戦い続けるべしと主張したのに対し、元軍総司令官が引き揚げるべしと主張し、結局、協議が整わなかったが、予想以上の日本軍の抵抗により弓矢が払底するという兵站上の問題もあって、撤退を決した。

翌日の一〇月二一日朝、博多湾海上には、湾口部の志賀島に座礁した一艘が見えるのみで、元軍の船影は見えなかった。元軍は、博多湾から撤退の途中、折からの暴風風に遭遇し、多くの船が沈没して甚大な被害を蒙った。いわゆる文永の役はここに終結した。日本軍は、兵器も戦法も異なる元軍の猛攻を辛うじて凌《しの》いだのである。

再襲来に備えた態勢の強化

文永の役後、鎌倉幕府は元軍の再襲来に備えて着々と対策を講じた。

まず、一二七五（文永一二）年二月、異国警固番役を本格的に制度化した。九州九カ国を筑前国と肥後国、肥前国と豊前国、豊後国と筑後国、日向国・薩摩国・大隅国の四グループに分け、春夏秋冬三カ月ごとに交代して異国警固の軍役を課したものである。その対象は九州御家人、九州に所領をもつ東国御家人のみならず、地頭がいない本所領家《ほんじょりょうけ》一円地に住む非御家人武士も加えられた。同じ年の五月には、九州に接する長門《ながと》国の警固につき長門国だけでなく周防《すおう》・安芸《あき》・備後《びんご》三カ国も結番して要害の警固に当たり、異賊が襲来した際は相互に防戦すべきことを命じた。

また、一二七五年末には、九州を中心とした守護の再編成を断行し、得宗《とくそう》専制体制を強化した。伝統的な有力御家人の守護を更迭して、北条一門やその関係者を新守護に任命した。特に異国警固の拠点となる九州・長門・周防の新守護は、すべて北条氏関係者が当てられた。この結果、それまで九州の守護を数カ国ずつ分担していた少弐（武藤）・大友・島津の三氏は、ほぼ本国一国の守護に限定されていった。また、この年、九州の武士らに動員命令の厳守を命じ、臨戦体制を固めつつあった。

更に、翌一二七六（建治二）年三月、鎮西奉行は、九州各国に対し、分担地を割り当てて、博多湾沿岸に石築地《いしつきじ》（防塁《ぼうるい》）を築造せよとの命令を発した。東は香椎《かしい》から西は今津に至る約二〇キロメートルの海岸に、高さ約二～三メートル、基底部の幅約三メートル、海側は絶壁状の石塁が築かれ、一応、この年の一〇月には完成した。この年、長門に長門探題が置かれ、以後代々北条一族が派遣され、異国警固のため中国地方一円を支配する体制が整備された。

フビライの再征意欲と鎌倉幕府の強硬姿勢

中国大陸では、一二七六年正月、南宋が首都臨安（現杭州市）を開城して元に降伏した。前述したように、元軍は、一二七三年二月の南宋の軍事拠点・襄陽を巡る攻防で樊城を陥落させ、これで南宋の命運は半ば尽きたに等しかったのであるが、一二七五年三月、更に長江下流域に進撃して南宋の大軍を破り、二五〇〇艘の南宋水軍を壊滅し、首都臨安に迫った。ここに、南宋の宰相賈似道《かじどう》は誅殺され、南宋は実質的に滅亡した。フビライは、遂に中国統一に成功した。

この臨安陥落直後に、フビライは日本再征を臣下に諮ったところ、契丹人の耶律希亮《やりつきりょう》が、「北宋の中国統一以来三〇〇年ぶりに戦争が治まったのだから数年待つべきである」との進言をしたので、ひとまず日本再征を延期した。

一二七九年二月、フビライは江南の泉州《せんしゅう》・陽州《ようしゅう》など四州に戦艦六〇〇艘の建造を命じた。そして、海に熟練した南宋の降将・范文虎に日本再征につき諮ったところ、范文虎はもう一度日本招諭《しょうゆ》の使者を派遣すべきことを具申した。実は、その四年前の一二七五年に、元の杜世忠《とせいちゅう》が日本招諭使として派遣され、一行は、従来の使節が度々阻まれた太宰府を避けて長門国室津《むろつ》（現山口県豊浦《とようら》郡豊浦町）に上陸し、長門から京都を目指したが、幕府は、一行を京都に立ち寄らせずに鎌倉に送り、竜の口《たつのくち》（神奈川県藤沢市）で首を刎《は》ねてしまっていたのである。しかし、この范文虎の具申に基づいて派遣された使者も、この年六月に博多に上陸後、またしても斬られた。文永の役後、鎌倉幕府の対モンゴル姿勢は更に強硬になっていたのである。フビライの外交使節派遣は再び失敗し、日本再征は不可避の状況に至った。フビライは、同じ六月に、高麗に戦艦九〇〇艘の建造を命令し、戦争準備を加速した。

翌一二八〇年八月、フビライは、第一次日本遠征の際の元軍総司令官、副司令官、南宋の降将范文虎、高麗の忠烈王《ちゅうれつおう》らを召集して日本再征の作戦会議を開き、大略、次の基本方針を決定した。その上、日本遠征の大本営として、フビライの女婿でもある高麗の忠烈王を長官とする征東行省《せいとうこうしょう》（征日本行省）を設けた。

① 東路軍《とうろ》（元・高麗連合軍）四万は、第一次日本遠征の元軍総司令官と副司令官が率いて、高麗の合浦（現馬山）から出発する。

② 江南軍《こうなん》（旧南宋軍）一〇万は南宋の降将范文虎が率いて江南の慶元《けいげん》（寧波《ねいは》）から出発する。

③ 両軍は、壱岐で合流する。

翌一二八一年二月、フビライは日本出征を命じた。東路軍と江南軍は六月一五日に合流することになっていた。

弘安の役

一二八一（弘安四）年五月三日、第二次日本遠征（弘安の役）のため、東路軍四万は、九〇〇艘の戦艦に分乗して高麗の合浦（現馬山）を出発した。『八幡愚童訓』によれば、東路軍は、日本で居住するための生活用具や農耕するための鋤・鍬を積み込んでいたという。

東路軍は、約半月、巨済島《きょさいとう》に停泊後、五月二一日、対馬に上陸、対馬を制圧した後、壱岐に向かい、壱岐を制圧後、六月六日、博多湾口部の志賀島《しかのしま》に到着した。博多湾沿岸に延々と築かれた防塁に九州の少弐氏、大友氏、菊池氏、島津氏などの軍勢が「蟻のごとく」ひしめいている状況を見て上陸は容易ならずと判断し、手薄とみられる志賀島付近に停泊したのである。日本軍は、抜け駆け、夜討ちの禁止令が出ていたにもかかわらず、争うようにして停泊した東路軍の船に接舷し、夜討ちをかけた。しかし、東路軍は船を鎖で結んで防御し、押し寄せてくる日本軍に大船から石弓《いしゆみ》（投石機）を投じたため、日本軍の小船の多くが打破された。文永の役では参戦の機会がなかった伊予の河野水軍の第二六代棟梁・河野通有《こうのみちあり》は、一族郎党を率いて奮戦し、石弓で右肩を撃たれながらも、大将とおぼしき敵将を捕虜にして帰還する、などの活躍もあったが、総じて船での戦いでは日本軍は苦戦を強いられた。しかし、東路軍も、日本軍の猛烈な抵抗のみならず、上陸できないまま艦船に留まるゆえの悪疫にも苦しみ、志賀島での戦闘を六月一三日で切り上げて、壱岐島に引き返した。東路軍の一部は、六月八日から、長門（山口県西部）にも攻撃をかけたが、長門探題を中心に異国警固をしていた中国・四国の御家人に上陸を阻止され、これも壱岐島に引き返した。

一方、江南軍は、総勢一〇万、戦艦三五〇〇艘という大軍で、外洋を航海する船団としては、世界史上最初で最大の超大型艦隊であった。この江南軍は、当初予定の総司令官が出発直前に病気になったため、出発が遅れ、六月一八日から下旬にかけて、順次、慶元（寧波）を出発した。壱岐島で東路軍と六月一五日に合流する計画が、出発時点ですでに狂っていたのである。七月に入って、江南軍は平戸から五島にかけて続々と到着した。そこに壱岐島にいた東路軍が移動してきて、七月下旬、ようやく両軍は合流し、博多を目指すための諸準備を整えた上、七月二七日、鷹島《たかしま》（長崎県北松浦郡鷹島町）に移動した。これに対し、七年前の文永の役で多大な犠牲を強いられた地元の松浦党《まつらとう》（肥前松浦地方に組織された武士団の連合体で水軍として有名）が憎悪と報復の念に燃えて、得意の海戦による激闘を繰り広げたのをはじめ、日本軍は猛烈な海上攻撃を波状的に展開した。

いよいよ全面対決の火蓋が切られようとするその時、七月三〇日から翌閏《うるう》七月一日にかけて、元軍が集結していた鷹島付近を台風が急襲し、元軍は潰滅的な打撃を蒙った。これが、「神風」の襲来として後々まで語り継がれた。元・高麗側の記録によると、特に江南軍の被害が大きく、一〇万人のうち六、七万人は帰還できなかったという。

江南軍一〇万人の大部分は、旧南宋の職業軍人であり、鍬や鋤を積み込んだ移住希望者であった。将軍たちやわずかな数の監視役のモンゴル人兵士たちは、破壊を免れた艦艇に乗り替え、旧南宋の職業軍人たちを見捨てて逃げ帰った。モンゴルにとって、江南軍の編成は、旧南宋水軍の活用という目的のみならず、厄介《やっかい》者払《ものばら》い的側面ももっていたのではないか。

それにしても、当時の中国船は、船尾舵や羅針盤とともにその性能は世界最先端の水準にあって、日本船とは雲泥の差があったのであり、しかも、江南軍の船には、「回々砲」と呼ばれた投石機と石弾が大量に積み込まれていたのであるから、この江南軍の船が無事博多湾に侵入していれば、戦闘の帰趨は全く異なった展開になったに違いない。「回々砲」は、元が難攻不落と言われた南宋の襄陽・樊城を攻撃した際、わざわざイル汗国から技術者を招いて作らせた代物で、その打ちだす弾丸は頑丈な城壁を撃ち破り、樊城はひとたまりもなく陥落したのであるから、九州の御家人たちが営々として築いた博多湾岸の石築地も用をなさなかった蓋然性が高い。

台風通過後、博多付近に集結していた日本軍の兵の多くが、先を争うように伊万里《いまり》から鷹島付近に駆け付け、閏七月五日から、生き残った元軍兵に対して猛追撃をかけた。捕虜になった数万の元軍は、八角島《はっかくじま》（博多）に連行され、蒙古・高麗・漢人は、ことごとく那珂川《なかがわ》河畔で処刑され、唐人（旧南宋人）は、命を助けられたが奴隷にされたという。この残敵掃討戦は閏七日には終わり、日本最大の国難であった元寇は、本土への侵略を許すことなく、終結を迎えた。この弘安の役で、元の海軍戦力の三分の二以上が失われた。

なお、モンゴルの襲来は、北からも行われていた。フビライが、覇権を確立した年、即ち一二六四年に、モンゴルはサハリン（樺太《からふと》）に犬橇《いぬぞり》隊を送り、「骨嵬《こつかい》」（アイヌ）を征討した。サハリンの原住民である狩猟民族ギリアークは既にモンゴルに服属していたが、蝦夷《えぞ》（北海道）を本拠とするアイヌがサハリンに進出してギリアークと対立したので、ギリアークから援軍を求められたモンゴルはアイヌを征討したのである。

これにより一旦鎮圧されたものの、サハリンのアイヌは、たびたび叛乱を繰り返したので、一二八四年から一二八六年にかけて毎年冬になるとモンゴルによる大規模な征討が行われた。鎌倉時代に入って以来、蝦夷は、陸奥の豪族安倍《あべ》氏の子孫といわれる安藤《あんどう》氏が、津軽の十三湊《とさみなと》に本拠地を置き、蝦夷管領《かんれい》として管理していたが、モンゴルによるサハリン征討の四年後、一二六八年に、安藤氏の当主安藤五郎が、アイヌの反乱により殺害されると事件が起こった。蝦夷でのアイヌの反乱が、サハリンでモンゴルから受けた圧迫の撥ね返りなのか、安藤氏の苛政によるものかは、不分明であるが、その後も、蝦夷でのアイヌの蜂起はたびたび起き、権力基盤の弱体化した鎌倉幕府を動揺させた。

三　文永・弘安の役の影響

民族意識の高揚と「神国」「神戦」「神風」

全く偶然の大暴風雨によって元軍は壊滅的な打撃を受け、日本国は、対馬・壱岐など島嶼を蹂躙されたものの、本土を元軍の馬蹄にほとんど踏みにじられることなく未曽有の危機を乗り越えた。歴史始まって以来最大の外敵の侵入という存亡の危機に直面して、日本列島に息づく人々に、貴賤を問わず否応なしに「日本国」という国、「日本人」という民族を意識させる現実的契機となった。この意味で、蒙古襲来という「国難」は、日本人の国家意識や民族意識の高揚をもたらしたといえよう。また、弘安の役終了直後から、「神国日本国」を守る「神風」という声が、異国降伏の祈祷を盛んに行った寺社をはじめ、到るところの寺社から一斉に沸き起こった。祈祷のおかげで、神風が吹き、神威によってモンゴル軍を撃退し、神国日本を守ったのだと吹聴された。異国降伏の祈祷は、異国を覆滅する「神戦」と主張され、神戦の功績に対する恩賞要求の根拠とされた（神領興行《しんりょうこうぎょう》）。

他方、一二六〇年に、『立正安国論《りっしょうあんこくろん》』を書き、北条時頼にも北条時宗にも上進した日蓮は、「念仏（浄土宗、浄土真宗）は無間地獄《むげんじごく》の業《ごう》、禅宗は天魔《てんま》の所為《しょい》、真言は亡国の悪法、律宗は国賊の妄説」と他の諸宗をことごとく糾弾し、その廃絶を主張し、「人々が悪法（悪宗）に帰依しているので、善神が国を捨て国土を去る」と断じ、他の諸宗を取り締まらなければ「他国侵逼《たこくしんぴつ》（外国の侵略）の難《なん》が起こる」と警鐘を乱打し、須《すべか》らく「法華経《ほっけきょう》」に帰依すべきことを説いていたが、弘安の役の帰趨が明らかになると、失意のどん底に陥り、弘安の役の翌年一〇月、他界した。しかし、時とともに「神国」、「神州」、「神州不滅」、「神風」などの幻想は増幅され、遂に太平洋戦争まで日本人の意識を捉えて離さなかった。無謀な戦争突入、残酷な特攻隊の投入などの政策決定の根底には、この幻想が横たわっていたことは否めない。

川添昭二によれば、日本におけるモンゴル襲来の研究には三つの高揚期があり、その第一は、幕末の西洋列強による外圧の時代、第二は、日清・日露戦争の時代、第三は満州事変から太平洋戦争にかけての時代であり、いずれも、外圧が極度に高まったり、外国との戦争に突入・遂行している時代であるという。

元の野望と鎌倉幕府の危機意識

弘安の役の後も、元は、日本招諭（呼び寄せて帰順させること）や征服の野望を捨てたわけではなく、招諭のための使者を派遣したり、高麗に戦艦の建造を命じたり、征東行省の改廃を繰り返したりした。最後に日本招諭のために派遣された元の使者は、フビライの没後五年の一二九九（正安元）年一〇月に来日した禅僧一山一寧《いっさんいちねい》であった。一寧は、普陀落山《ふだらくさん》（現在の浙江省にある船山群島で、観音菩薩の霊場）で修業した臨済宗の僧で、元は、鎌倉幕府が仏教、特に臨済宗に傾倒しているので、禅僧を派遣するのが効果的と考えたのである。ところが、一寧は、国書を第九代執権北条貞時《さだとき》に届けることはできたものの、使命を果たすことはできず、元軍の再々征を警戒した幕府によって伊豆半島の修禅寺《しゅぜんじ》（現伊豆市修善寺町）に幽閉された。しかし、一寧は、大師号をもつ高僧であり、一寧の教えを乞う僧が続出したため、貞時は、程なくして幽閉を解き、鎌倉の建長寺住職として迎えた。更に鎌倉の円覚寺や京都の南禅寺の住職を務め、臨済宗の興隆に大きく寄与した。その門下から雪村友梅《せっそんゆうばい》など五山文学を代表する文人墨客を多数輩出した。また、朱子の新註を伝え、日本朱子学の祖とも伝えられた。一寧は、能筆家としても知られ、南禅寺で没した。

一山一寧の来日を最後に日本招諭の使者は来なかったが、三度目のモンゴルの襲来を現実のものとして受け止める危機意識は、鎌倉幕府から去ることはなかった。弘安の役終了直後から、九州全体に対し、石築地の修築役や異国警固番役の励行を指示し、警戒を怠らないように命令していた。更に、一二九三年には、承久の乱のあと六波羅探題を置いたのと同様に、異国警固番役を統括指揮し、所領紛争の裁判や敵対者の処罰などの強大な権限を有する機関として鎮西探題《ちんぜいたんだい》を博多に置き、北条兼時（時宗の甥で六波羅探題を務めてきた実力者）を初代探題とした。戦時態勢を継続したのである。

元や高麗の使者が来日したり、元軍襲来の風聞が立ったりするたびに、朝廷や幕府に緊張が走り、主要寺社に対し異国降伏の祈祷を命令した。当時、異国降伏の祈祷も現実的な戦いと認識され、「神戦」という言葉で表現された。このような命令に基づく行為は特別な奉公であるので、先の二度の対モンゴル戦の際の戦功ないし奉公と併せて、御家人や寺社に対する恩賞ないし徳政をいかに施すかが、御恩と奉公の関係を存立の基盤とする鎌倉幕府の最大の悩みの種となっていった。幕府が、両合戦で新たに領地を獲得したわけではないので、恩賞地の確保が難しかったのである。しかも幕府の対応は、寺社に対する対応（神領興行・寺領興行）を常に優先する傾向があったため、御家人の不満を一層募らせる結果を招いた。

霜月騒動と平禅門の乱

一貫して対モンゴル強硬路線を貫いた執権北条時宗は、文永の役と弘安の役の戦間期に当たる一二七八年に、元寇の戦没者追悼の目的をもって瑞鹿山円覚寺《ずいろくさんえんがくじ》の建立に着手し、弘安の役の翌一二八二年に竣功し、無学祖元を開山としたうえ、一二八四（弘安七）年四月四日、三四歳の若さで病死した。時宗の後半生は、モンゴル問題との格闘に明け暮れた壮烈な半生であった。しかし、時宗の創建した円覚寺では、元寇の戦没者は日本軍の武士と元軍の兵士を分け隔てなく供養しているという。

三カ月後の七月七日、時宗の嫡子貞時がわずか一四歳で第九代執権に就任すると、貞時にとって外祖父であり、幕府の重鎮である安達泰盛が政権運営を主導することになった。安達泰盛が幕府の直面する政局を安定させるために展開した政治は、「弘安徳政」と呼ばれた。「弘安徳政」の眼目は、九州の御家人と寺社の権利保護（失われた所領の回復）にあったが、これを契機に、得宗被官（執権北条氏嫡流に直属する家臣）の権利を主張する得宗被官の筆頭で「内管領」と称した平頼綱《たいらのよりつな》との対立が顕在化した。

翌一二八五年一一月一七日、平頼綱は、安達泰盛の子宗景《むねかげ》に謀反の企てありと称して泰盛邸を急襲した。泰盛をはじめ安達氏の主だった人々は自害し、安達氏に味方して討ち死にした有力御家人は五百余人に上った。

肥後の守護代安達盛宗《もりむね》（肥後守護は父の泰盛であったので、盛宗が実質肥後守護）も博多で討たれた。この「霜月騒動《しもつきそうどう》」と同じ頃、モンゴル合戦で前線総司令官的役割を果たした大将であった少弐景資《かげすけ》が、自分の指揮下に奮戦しながら恩賞にあずかれず不満を持った筑前の御家人たちを糾合して筑前国岩門《いわと》（現福岡県筑紫郡那珂川町）で挙兵し、兄の筑前守護少弐経資《つねすけ》と肥前守護の北条時定《ときさだ》（北条時頼の弟で得宗の分身ともいえる人物）の率いる大軍によって鎮圧されるという事件（岩門合戦《いわとかっせん》）が起こった。霜月騒動や岩門合戦の敗者の没収地も、御家人などの恩賞配分の財源となった。

この一連の騒動を通じて幕政の実権を握った平頼綱は、幕政を壟断《ろうだん》し、賄賂は横行し、裁判は遅延し、その上、執権の存在を無視するかのような挙に及んだ。このため、成人した執権貞時は、頼綱の嫡子宗綱《むねつな》を味方に引き入れて天誅《てんちゅう》を加える機会を虎視眈々と窺っていた。一二九三（正応六）年四月一三日、鎌倉をマグニチュード七・一クラスの関東巨大地震が襲い、死者が二万三千余人に及ぶ大混乱の真只中、貞時軍は、頼綱邸を襲撃し、頼綱を誅殺した（平禅門《へいぜんもん》の乱）。これにより、幕府内の権力闘争は、一応鎮静化し、安達派御家人は復権した。

一二九四年一月二二日、フビライは八〇歳で没した。フビライの生涯は建設と闘争に明け暮れた毎日であった。彼は日本征服と世界制覇の野望は持ち続けていたに違いない。しかし、身内のカイドウ（第二代皇帝オゴタイの孫）の長期にわたる執拗な反乱に悩まされたほか、一二八三年の占城《せんじょう》（現ヴェトナム南部）の征討、一二八四年から翌年にかけてと一二八七年の二度にわたる安南《あんなん》（交趾《こうし》。現ヴェトナム中部）の征討は、いずれも首都の制圧に成功したものの奥深く引き込まれた遊撃戦で撃退され、最晩年の一二九三年に敢行したジャワ遠征でも撃退されるなど、三度目の日本遠征に踏み切る余裕がなかった。一二七六年の南宋陥落後、元が行った海上からの侵攻は、すべて失敗に終わった。陸上戦闘が得意で、異民族の起用・活用も巧みであったモンゴル族も、海上戦闘においては、内陸草原の遊牧騎馬民族としての限界を打破できなかった。

このようにフビライは、海からの「侵略」には、ことごとく失敗したが、東シナ海から東南アジア・インド洋を経てペルシャ湾に至る海上ルートは、モンゴル艦隊により航海の安全が確保され、モンゴルは、自由貿易主義の旗の下に種々の貿易振興政策を展開したため、アジア全域にわたる海洋貿易の活況がもたらされた。フビライ時代の三〇年を経て、モンゴルの軍事拡大路線は終焉を迎えた。そして、世界は、当分の間（約半世紀）、空前の規模での平和共存と経済的繁栄を享受する時代に入った。

荘園年貢上納の不納化と永仁の徳政令

蒙古襲来は、荘園の経営に大きな影響を与えた。軍事動員や異国警固番役・石築地修築役、兵糧米などが本所一円地（荘園の領主・領家の上位にある名義上の所有者が単独で地域一体的に支配している土地）にも賦課されたため、九州を中心とした西国の荘園は多大な影響を受けた。たとえば、京都の最勝光院《さいしょうこういん》領荘園の九州に三カ所あった荘園のうち、肥後国神倉庄《かみくら》（熊本市の白川左岸、水前寺、建軍界隈）からは、本来の年貢の半分程の年貢が上納されていたが、残りの二カ所からは全く上納されなくなっていた。このように北部九州の荘園は、異国警固のために、荘園年貢上納が不納化される事例が多かった、本所たる寺社・権門勢家《けんもんせいか》の不満は募っていった。

一二九七（永仁五）年三月、執権貞時は、御家人の窮乏を救済するため、いわゆる「永仁《えいにん》の徳政令」を発動した。それまでの売買・質入れ地の無償返還と貸借関係の破棄を命ずる法令である。モンゴル合戦の恩賞地の配分は、文永の役後の一二七五年・一二七八年の二回、弘安の役後の一二八六年・一二八八〜九〇年の二回行われていたが、所詮、領土が拡大したわけではないので、恩賞地が十分でなく御家人の不満を残す結果となった。そのうえ、その後引き続く異国警固番役や石築地修築役の勤仕のため御家人の生活は疲弊し、窮乏の一途をたどっていたのである。

しかし、この徳政令は借上《かしあげ》（高利貸商）らの猛烈な反発を受け、却って金融の道を失った御家人たちの不満を増大させた。永仁の徳政令は、前述した幕府内における権力の争奪の連続と相まって、御家人の幕府に対する信頼と忠誠心を著しく低下させ、鎌倉幕府崩壊の大きな要因となった。

貿易と文化交流の盛行

文永・弘安の役＝元軍の日本遠征は、あくまで、政府間戦争であって、両戦役の合間にも、民間の貿易や文化交流はおおらかに展開していたのである。つまり、フビライの時代は、政経分離・自由貿易を基調とする時代であった。文永の役からわずか三年しか経っていない一二七七年に、日本商船が渡航し、黄金をもってきて銅銭を求めたところ、フビライは、わざわざ詔を発して歓迎の意を表した。また、一二七八（弘安元）年七月、建長寺の開山であり、北条時頼・時宗の精神的支柱であった蘭渓道隆が入滅すると、時宗は、蘭渓の弟子二人を中国に派遣して、蘭渓に代わる名僧を探させた。その結果、「俊傑の禅伯」として招聘したのが無学祖元である。祖元は、翌一二七九（弘安二）年六月に来日、時宗の禅宗の師として時宗の人間形成に多大な影響を与えるとともに、弘安の役の翌年一二月には、円覚寺の開山となった。弘安元年から二年という時期は、軍事的には元が日本再征のため戦艦の建造に着手しているという緊迫した時期であるが、その最中にも禅僧たちを乗せた貿易船が、日本と元との間を往来していたのである。

モンゴルの三度目の日本遠征の可能性が消えた一四世紀になると、寺社造営料唐船（大寺社の造営に要する莫大な費用を貿易の利潤で調達するために派遣される貿易船）が盛んに渡航し、莫大な利益を挙げた。北条実時《さねとき》（義時の孫）が建立した金沢文庫《かなざわぶんこ》がある称名寺《しょうみょうじ》や北条時頼が建立した建長寺の造営（再建）に係るものが代表的例である。称名寺船や建長寺船と称されたような船には商人とともに多数の僧侶が便乗した。また、中国文化への憧れを背景に、日元貿易船によって書籍、絵画、陶磁器をはじめ実に多彩な「唐物《からもつ》」と称される文物が日本に受容された。明治時代になるまでの日本と中国大陸との交流の歴史の中で、モンゴル時代が最も交流が活発な時代であった。

マルコ・ポーロの『東方見聞録』

イタリアのヴェネツィアの商人にして旅行家であるマルコ・ポーロは、商人である父や叔父とともに、一二七一年、アジア各地を見聞する旅に出かけた。彼らは、陸路、天山南路を経て、一二七五年にはモンゴルの夏の都である上都《じょうと》（現在の河北省張家口《ちょうかこう》市近郊の商業都市）に到達し、フビライとの会見に成功し、エルサレムから持参した聖なる油と教皇からの書簡をフビライに手渡した。文永の役の翌年のことであった。三人は、フビライの政治官に任命され、特に、マルコ・ポーロは、イタリア語のほか、フランス語・トルコ語・モンゴル語・中国語の四カ国語を操《あやつ》れたので重用され、中国国内はもちろん、東南アジア各地にも出張し見聞を広めるとともに、イスラム商人や中国商人などとの交流の中で様々な情報を入手した。彼らは、一七年間中国に滞在したのち、一二九二年、泉州《せんしゅう》（福建省の台湾海峡に面する港湾都市）から出航して、海路、シンガポール、セイロンを経由してペルシャ湾口のホルムズに上陸し、陸路を黒海沿岸のトラブゾンに出て、地中海に入り、一二九五年にヴェネツイアに帰国して、二四年間にわたるアジアの旅を終えた。

帰国後三年にして、マルコ・ポーロは、ジェノヴァとの戦争に志願して捕虜となり、投獄されて、一二九九年に釈放されるまでの間に、囚人仲間に話した旅の話を、職業的著述家のルスティケロ・ピサが口述筆記したのが『東方見聞録《とうほうけんぶんろく》』となった。

『東方見聞録』は、ヨーロッパに日本を紹介した最初の本である。中国大陸から一五〇〇海里（約二五〇〇キロメートル）にある巨大な島をジパングと称し、端的にいえば、ジパングは、黄金の豊かな島、白く美しい肌の人が住む島、赤い真珠や宝石のとれる島、と紹介され、極めて魅力的で豊かな島との印象を与えている。一五世紀末から一六世紀にかけての「大航海時代」を導く書ともなり、アメリカ大陸の発見というコロンブスの快挙は、『東方見聞録』に書かれている黄金の国ジパング・日本を目指した望外の結果であった。

この書は、フビライの日本遠征についても次のように書いている。

「どこよりも富める島で、フビライ・ハーンはこの島を領有したく、大艦隊を率いた二人を泉州、杭州から出航させた。この島に上陸し、多くの平地や部落を占領したが、二人が争っているうちに台風に遭遇した。一部の兵隊は小島に逃れ、後に本島に移り、町を占領したが、長く保つことはできなかった。」

史実とかなり懸け離れている部分があるように思われるが、ユーラシア規模の帝国を築いたフビライでさえ、その富に魅せられ、フビライでさえ、その領有を果たせなかったところに、日本の富の豊かさと軍事的強靭さが、そこはかとなく滲《にじ》み出ている。『東方見聞録』の記事が、一六世紀の初頭までヨーロッパ社会の日本認識やアジア認識を主導した。

第三章　文禄・慶長の役（壬辰・丁酉倭乱）

文禄の役（壬辰倭乱）

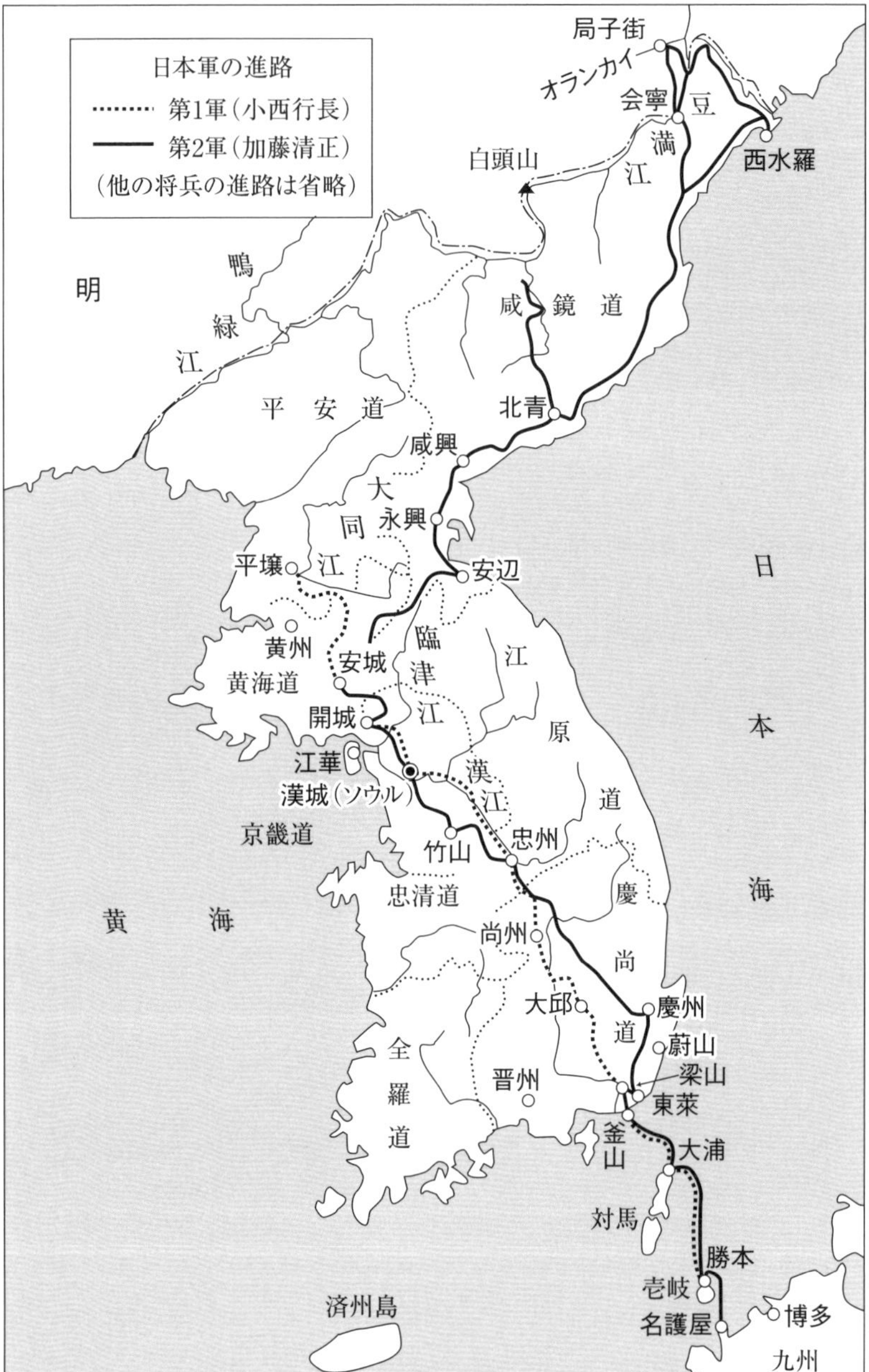
日本軍の進路
第1軍（小西行長）
第2軍（加藤清正）
（他の将兵の進路は省略）
局子街
オランカイ
会寧
豆
満
江
西水羅
白頭山
明
鴨
緑
江
咸
鏡
道
平　安　道
北青
咸興
大
同
江
永興
安辺
平壌
黄州
安城
黄海道
臨
津
江
開城
江
原
道
江華
漢城（ソウル）
漢
江
京畿道
竹山
忠州
忠清道
慶
尚
道
尚州
黄　海
日
本
海
大邱
慶州
蔚山
梁山
東萊
釜
山
全
羅
道
晋州
大浦
対馬
勝本
壱岐
済州島
名護屋
博多
九州

豊臣秀吉が、明国の征伐を目的として、朝鮮に服属と明への先導を要求して起こした侵略戦争で、一五九二（文禄元）年四月、朝鮮半島の釜山浦上陸をもって開始し、一五九八（慶長三）年八月の豊臣秀吉の死を契機に終結した。

一　文禄・慶長の役の背景と経緯

豊臣秀吉による天下統一

群雄割拠の戦国時代にあって天下統一を志した織田信長《おだのぶなが》が、その大志実現を目前にして、一五八二（天正一〇）年六月二日夜明けの頃、京都本能寺に宿泊中、重臣明智光秀《あけちみつひで》に襲撃され、自刃して果てた。この時、豊臣秀吉《とよとみひでよし》は、毛利《もうり》氏征伐のため備中高松城《びっちゅうたかまつじょう》包囲中であった。織田信長が、本能寺に宿泊したのは、五年前から毛利氏と対戦していた秀吉からの求援に応じて、備中に向けて自ら出陣するためであった。この本能寺の変の報を受けた秀吉は、急遽、毛利輝元《てるもと》と講和して、京都に取り急ぎ大軍を率いて復帰、六月一三日には京都山崎《やまさき》の合戦で明智光秀軍を圧倒した。

主君織田信長の弔《とむら》い合戦である山崎合戦を制した豊臣秀吉は、その年一〇月一一日から五日間にわたって、自ら施主となって、京都紫野《むらさきの》の大徳寺で信長の葬儀を壮大かつ厳粛に執り行った。これによって信長の後継者としての秀吉の評判が高まる一方、信長の三男信孝《のぶたか》を擁する柴田勝家《しばたかついえ》（織田家第一の宿老）と信長の次男信雄《のぶかつ》を擁する豊臣秀吉との対立が深まった（信長の長男信忠《のぶただ》は、本能寺の変の際妙覚寺《みょうかくじ》に籠り、明智軍と奮戦の末、自刃）。翌一五八三（天正一一）年四月二一日、琵琶湖の北東岸にある賤《しず》が岳《たけ》付近で秀吉は柴田勝家軍を破り、二四日、勝家は居城である越前国北庄城《きたのしょうじょう》（福井県福井市）で秀吉方の軍勢に包囲される中、自刃して決着した。やがて、織田信孝も自刃し、秀吉の全国制覇の基礎が築かれた。この一五八三年七月には、三年前に一向宗徒《いっこうしゅうと》が信長に明け渡した石山本願寺の跡地に、本拠地として大坂城の築城に着手し、三〇余国から数万人の人夫を動員して三年を費やして完成させた。

いずれ秀吉が天下人の地位を献上してくれるものと期待していた織田信雄は、秀吉が自ら天下人への道を歩み始めたのを見て騙《だま》されたと悟り、父信長の最も忠実な同盟者であった徳川家康《とくがわいえやす》に秀吉退治の相談を持ちかけた。秀吉より六歳若い家康は、遠江《とおとうみ》浜松を居城として、本能寺の変後、本来の三河・遠江・駿河に加えて旧武田領であった甲斐と信濃を領有するに至っており、秀吉の天下統一の最大の障壁となっていた。織田信雄は、居城を伊勢長嶋《ながしま》に置いて、伊勢、伊賀、尾張を領有しており、家康の領地と相隣関係でもあった。家康と信雄の密約を偵知した秀吉は、一五八四（天正一二）年三月、尾張に出陣、小牧《こまき》・長久手《ながくて》で家康・信雄連合軍と対峙した。なかなか勝敗が決着しないまま対陣が長引いたため、秀吉は、羽柴秀長《はしばひでなが》・蒲生氏郷《がもううじさと》・筒井順慶《つついじゅんけい》・藤堂高虎《とうどうたかとら》らに信雄領を攻略させて、信雄の戦意を失わせ、一一月一一日、信雄との間で家康に断りなく和議を結び、家康の交戦の大義名分（織田信雄の援助）を失わせることによって、一一月二一日、家康と講和して、この小牧・長久手の戦を終結させた。その後、家康の次男於義丸《おぎまる》を秀康《ひでやす》と名乗らせて秀吉の養子にしたり、秀吉の妹を離縁させて「朝日姫」と名乗って家康に嫁がせたり、秀吉の実母を家康のもとに人質として送ったり、考えられる限りの懐柔策を尽くして家康を大坂に上らせ、帰服させたのが一五八六（天正一四）年一〇月末のことであった。

一五八五（天正一三）年六月、その二年前に四国全土を制圧していた土佐の長宗我部元親《ちょうそかべもとちか》が秀吉に敵対したので、弟の羽柴秀長を総大将として大軍を派遣し、七月には元親を降伏させ、元親には旧領の土佐を安堵した。さらに、阿波を蜂須賀家政《はちすがいえまさ》に、讃岐を仙石秀久《せんごくひでひさ》・十河存保《そごうありやす》に、伊予を小早川隆景《こばやかわたかかげ》に与えるとの四国の国割りをして、四国を平定した。この四国平定と同時に、秀吉は朝廷における関白職に就任して権威を獲得し、一〇月には、「惣無事令《そうぶじれい》」を広布し、これ以上の戦争をやめよと全国に宣言した。

　隣の九州では、豊後の大友宗麟《そうりん》から薩摩の島津義久《よしひさ》の圧迫を訴えられた秀吉が両者の調停に乗り出した。ところが、島津氏が調停を拒絶したため、一五八七（天正一五）年三月、秀吉は、二〇万の大軍を自ら率いて九州に出陣した。当時九州全体を制圧する一歩手前まで達していた全盛期の島津義久も、秀吉の大軍の前にはかばかしい抵抗もできず、弟の島津義弘《よしひろ》は抗戦意欲満々であったものの、五月には島津義久が降伏した。秀吉は、島津一族に薩摩・大隅・日向の旧領を安堵し、さらに、肥後一国を佐々成政《さっさなりまさ》に、筑後を立花宗茂《たちばなむねしげ》に、筑前を小早川隆景に、豊前六郡を黒田孝高《よしたか》（官兵衛）に与えるなどの九州全体の国割りを行い、七月には大坂に帰還した。佐々成政は、織田信長の家臣で猛将として名高く、一五七五（天正三）年以来、信長に越中を宛《あて》がわれて富山城主となっていたが、まず本能寺の変の後には、柴田勝家に属し、次に、小牧・長久手の戦いの際は徳川方の織田信雄に与し、二度にわたって秀吉に敵対した人物であったので、四国平定後、一五八五（天正一三）年八月、秀吉が大軍を率いて富山城に迫ったため、漸く秀吉に降伏して、越中は前田利家に与えられ、織田信雄の命乞《いのちご》いのとりなしによって佐々成政には越中の一郡を与えられたというういわくつきの武将であった。そのような佐々を、敢えて難治の国で名高い肥後の領主として起用した秀吉には、相当の深謀遠慮があったに違いない。

　秀吉は、一五九〇（天正一八）年三月、北条氏政《うじまさ》・氏直《うじなお》親子の征伐を決意し、京都を出陣した。北条親子が、上野《こうづけ》国沼田城領（群馬県沼田市界隈）を巡る信濃上田の真田幸昌《さなだゆきまさ》との紛争に関して秀吉が発した停戦命令に違反した動きをしたためである。関東最大の勢力である北条氏に対し、秀吉は諸大名を動員し軍事力と圧倒的な物量作戦で小田原城《おだわらじょう》を包囲攻撃し、七月半ばには小田原城を開城させた。秀吉は、すぐに奥州に向かい会津城で奥州の国割りをして、八月半ばには帰京の途についた。小田原城攻めで秀吉に従った徳川家康には、北条氏の故地である関八州が与えられ、以後、家康は江戸を居城とした。ここに秀吉の全国制覇が完成した。山崎合戦から八年がかりで実現した壮挙であった。

秀吉の「唐入り」野望

秀吉は、九州平定以前から全国制覇の次の目標を「唐入《からい》り」（明国征伐）においていたと思われる。それは、先に述べた九州平定後の国割りでの武将の配置に示されているとともに、肥後一国を与えられた佐々成政を、肥後国衆《くにしゅう》五二人による一揆《いっき》（肥後の国衆一揆）誘発および鎮圧失敗の責めを負わせて切腹させた後に、一五八八（天正一六）年五月、子飼いの勇将である加藤清正と渉外に長《た》けた朝鮮通の小西行長を二人セットで肥後の北部と南部に配置したことに如実に表れている。また、この二人は小田原征伐への出陣も免除されている。

秀吉は、唐入りの前提として、九州征伐の頃から対馬の宗《そう》氏を通じて李氏朝鮮の服属を要求した。それまで、一四〇四（応永一一）年、室町幕府の第三代将軍足利義満《あしかがよしみつ》が、一〇年前に九歳の嫡子義持《よしもち》に将軍の座を譲り、出家していたが、依然として幕府の実権を握り続け、「日本国王源道義」（道義は義満の法名）名義で、使節を李氏朝鮮に派遣することによって両国間で正式の国交が成立していた。以後、室町幕府が倒れるまでの間、「日本国王使」の派遣は六〇余回にのぼり、朝鮮からは返礼として「回礼使《かいれいし》」（一四二八年からは「通信使」）が派遣され、足利将軍（日本国王）と朝鮮国王は対等の関係であった。

室町幕府倒壊後も、耕地狭小のため朝鮮半島に近い地理上の特性を生かして朝鮮との交易に依存せざるを得ない対馬の宗氏としては、宗氏の領主としての地位を安堵する条件として突きつけられた秀吉の要求といえども、とてもそのまま取り次ぐわけにはいかない。宗氏は、大いに困惑した。

中国との関係では、民間の商業ベースの交易が盛んであった宋・元の時代と打って変わって、九世紀末以来途絶えていた朝貢《ちょうこう》貿易が、復活していた。明朝は、「海禁《かいきん》」政策（民間の対外貿易を禁止する政策）をとり、朝貢貿易に一本化しようとする厳しい対外貿易管理政策をとった。明朝の第三代皇帝永楽帝《えいらくてい》（在位一四〇二～二四）の熱心な朝貢貿易振興策の中で、足利義満は一四〇四（応永一一年）年五月、永楽帝から勘合《かんごう》符《ふ》（貿易許可証）を得て、朝貢関係を結ぶと同時に、義満は、永楽帝から「日本国王」に封《ほう》ぜられ、形式上、明を宗主国《そうしゅこく》として服属する冊封《さくほう》関係を結んだ。遣隋使・遣唐使の時代は、朝貢関係のみで冊封関係は結ばず独立国としての矜持《きょうじ》を保っていたのであるが、永楽帝は、義満に倭寇《わこう》禁圧と恭順を期待し、義満は、巨万の富をもたらす大陸貿易の許可を得るという実益中心の現実主義に甘んじたのである。その後、一五〇年近く、勘合符を携帯した遣明船（勘合船）による日中貿易が続いた。応仁の乱が始まった一四六七（応仁元）年から、船三隻・一〇年一貢に制限され、一五二三（大永三）年五月、大内氏と細川氏が派遣した朝貢使節同士が、浙江省寧波で朝貢の順番を争って暴力沙汰を引き起こす（寧波争貢事件）など大内・細川両氏が利権を争ったが、大内氏が勝ち、大内義隆が一五五一（応永二〇）年に家臣の陶晴賢《すえのはるかた》に滅ぼされるまで、大内氏の独占に帰していた。

　大内氏は、仏教伝来で有名な百済の聖明王の第三子琳聖《りんせい》太子の子孫を名乗り、大内義隆の時代になると、本拠を周防の山口に置きながら、長門・周防・安芸・備後・石見・筑前・豊後七カ国を兼領する西国随一の大名となり、明・朝鮮との貿易を独占するとともに、一五二六（大栄六）年、勘合貿易で提携していた博多の商人神屋寿禎《かみやじゅてい》が大内氏治下の石見《いわみ》（現太田市）に銀山を発見したのを契機に、石見銀山開発に乗り出し、一五三三（天文二）年、「灰吹法《はいふきほう》」という製・精錬技術により本格的な開発に着手した。一五三〇年代には、日本から朝鮮に大量の銀が流入し始め、四〇年代に中国に大量の銀が流入し始めるのは、まさに石見銀山の開発と、中国国内の銀需要の高まりによるものである。

毛利元就《もうりもとなり》は、はじめ大内義隆に属したが、一五五五（弘治一）年、大内義隆を倒した陶晴賢を倒し、出雲の尼子《あまご》氏も滅ぼし、中国地方一〇カ国のほか、豊前・伊予の一部を領有する戦国大名に成長した。もちろん、石見銀山の開発権も陶晴賢経由で引き継いだのであるが、秀吉が毛利攻めに遠征した一五七七年からの五年間の時代は、元就の長男毛利輝元が支配するところとなり、それを吉川《きっかわ》氏の養子になっていた次男元春《もとはる》と小早川《こばやかわ》氏の養子となっていた三男隆景《たかかげ》が支える態勢になっていた。

秀吉は、毛利攻めの五年間に、内偵により、難攻不落の毛利勢の経済基盤に、石見銀山の産する厖大な銀と明・朝鮮との交易による巨大な利益が寄与するところ大なることを見てとり、「唐入り」の野望を胚胎させたに違いない。石見銀山開発に導入された「灰吹法」の製・精錬技術は、その後、但馬の生野《いくの》銀山や佐渡《さど》の金・銀山などにも導入され、一時期は、世界の銀生産量の三分の一は日本が担い、その大半を石見銀山が占めたといわれる。石見銀山の最盛期は、一六世紀から一七世紀であり、銀山発見から丁度四〇〇年の一九二六（昭和元）年に閉山した。日本は、マルコ・ポーロのいわゆる「黄金の国」ならぬ「銀の王国」であったのである。

なお、「北虜南倭《ほくりょなんわ》」は、明代を通して明政府を悩ませた難題であったが、北虜のモンゴルの度重なる侵入に対する防備を厚くするための財政負担の増嵩は、明朝財政を圧迫した。一五世紀半ばから、北辺防備用の軍糧の銀納化が行われ、一六世紀半ばになると、徴税の公平化・簡素化による税収の確保を図るため、田賦、徭役などの各種税目・役目を銀に換算して一条にまとめ、銀で納付させる「一条鞭法《いちじょうべんぽう》」が導入・普及され、益々、中国国内の銀需要は高まり、中国は全国的に銀不足に見舞われるようになっていた。因みに、現在、万里の長城として残っている城壁は、モンゴルを中心とする遊牧民族の侵入を防ぐため、ほぼ一五世紀の半ばから明代に築造または補修されたものであり、東は河北省の山海関《さんかいかん》から西は甘粛省の嘉峪関《かよくかん》に至るまで約二四〇〇キロメートル近くの切れ目のない土壁の長城を完成した。

李氏朝鮮の興隆

李氏朝鮮は、北方での軍事行動と倭寇撃退において軍事指導者として台頭し国政の実権を掌握した李成桂《りせいけい》（太祖。在位一三九二～九八）が、一三九二年、高麗の恭譲王《きょうじょうおう》から禅譲を受けて開いた王朝である。日本では南北両皇統の合一が実現した年であり、秀吉が天下統一した頃は、建国後二〇〇年を閲《けみ》していた。首都は、旧勢力の風気の強い開城（高麗の首都）を避けて漢城（京城）に移し、周囲二〇キロメートルに及ぶ城壁が築かれた。李朝は、朱子学を指導原理として、科挙によって両班《ヤンバン》（祖先に科挙合格者をもつ父系血縁集団たる特権身分階級で、文班と武班の両班に分けられていた）出身者を官僚に登用する中央集権的統治体制を確立していった。

李朝前半の二〇〇年は比較的平和で安定した時代であった。特に、第四代世宗（在位一四一八～五〇）から第九代成宗（在位一四六九～九四）にかけての時代は後世、李朝の黄金時代とみられた。李朝最高の明君とされる世宗の時代には、朝鮮の領域の北辺は鴨緑江《おうりょくこう》と豆満江《とまんこう》に達し、文字通り朝鮮半島全体を覆うものとなった。そういう外延的拡大とともに、一五世紀から一六世紀にかけて南部の全羅《ぜんら》・慶尚《けいしょう》両道を中心に農地開発が著しく進展した。特に、朝鮮半島の西海岸は、世界でも有数の干満の差の激しい地域であり、干満の差を利用した干拓と、そこでの水田造成が活発に進められた。このような農地開発は両班たちの経済基盤をなすものであった。また、『農事直説』のような農書も編纂され、中部地方まで水田二毛作が行われるようになり、綿作も全国的に普及するようになった。このあと綿製品は重要な輸出品として登場することになった。田植え期の降雨の不安定な朝鮮では、稲作の主流は田植えを行わない直播《じかまき》法であったが、一六世紀には半島南東部の慶尚道では田植え法が普及し始めていた。

文化面では、成宗の時代に様々な文化事業が一斉に花開いた。特に、俊秀の学者を集めて集賢殿という機関を設け、集賢殿の学者の努力により、一四四三年には朝鮮独特の表音文字ハングルを創製し、その三年後には、その解説書である『訓民正音』を民間に配布し、急速に民衆に普及定着して行った。ハングルは、緻密な音声学的研究に基づいて子音字と母音字の基本文字を作り、子音字と母音字を組み合わせて一つの音節を表す表記法をとった極めて合理的な文字である。いわば、アルファベットと漢字の作字の原理の折衷方式である。

朝鮮は世界で初めて金属活字を作った国である。一四五〇年頃、ドイツのグーテンベルグが鋳造活字による印刷技術を完成するが、これに先立って朝鮮では、高麗の伝統を受けて一四〇三年に鋳字所を設け、金属活字の鋳造に成功していた。銅活字が国家の手で何度も作られ、活字本が多数出版されただけでなく、木版本の印刷も地方の役所・寺院・書院などで盛んに行われた。これらは、ハングルの普及と印刷文化の活況に大いに寄与した。

李氏朝鮮の対日政策

一四〇四（応永一一）年、足利義満の時代に日朝間の正式の国交関係が成立したが、朝鮮側からすれば、日本の倭寇鎮圧への期待も大きかったのである。倭寇による襲撃・略奪・殺戮は、南北朝から室町初期（一四世紀後半から一五世紀前半）と戦国時代（一六世紀中盤）、つまり、日本の動乱期が最も激しかったのである。李氏朝鮮は、室町幕府との間で正式の国交を成立させただけでなく、倭寇懐柔策として、一四一九（応永二六）年、富山浦《ふさんぽ》（現在の釜山《ふざん》付近）、薺浦《しょうほ》（現在の馬山《まさん》付近）、塩浦《えんぽ》（現在の蔚山《うるさん》付近）の三浦を開き、そこには使節接待のための迎賓館として「倭館」が置かれ、日本人の寺も数カ所ある日本人街が形成されていった。

やがて、五千人を超える日本人が三浦に入るようになり、その大多数は貿易が目的であった。室町幕府や守護大名が求めたのは、大蔵経《だいぞうきょう》をはじめとする経典《きょうてん》類と仏画・仏具であり、新たに建立した寺院に納めるためであった。その他では、織維品・人参・蜂蜜・虎豹《こひょう》皮製品などであった。織維品は、はじめ苧布（からむし）・正布（麻布）・綿紬《わたつむぎ》であったが、一五世紀後半から綿布に移行した。朝鮮国内で綿の生産が伸びるとともに、日本国内で、あたたかくて肌ざわりの良い高級衣類として珍重されたからであり、日本の需要の高まりに応じ切れず、朝鮮側はいかに輸出を抑制するかに苦心したほどであった。一六世紀半ばに、遂に日本に綿の種子と栽培法が伝わり、三河などで栽培が始まるが、日本国内自給体制が確立する一八世紀の中ごろまで、朝鮮からの綿布の輸入は続いた。日本からの輸出品の太宗は銅であり、石見銀山の本開発が始まった一五三〇年代後半からは、これに銀が加わった。

これに対し、朝鮮は、日本との貿易をあくまで「外交使節の派遣」という形式に固執したため、その接待や食糧、薪炭などの提供の負担は膨大になり、それは民衆への負担に転嫁された。「外交使節の派遣」という形式に固執したのは、物事の道理をわきまえない「外夷」を手なづけ、「礼」を教えることによって秩序を保とうとする「外夷羈縻策《がいいきびさく》」に基づいていたからである。一種の小中華思想である。しかし、一五世紀半ば以降、日朝貿易は爆発的に増加し、これに伴う接待等の負担が朝鮮の財政を圧迫するようになると、一五世紀末から朝鮮は貿易を制限するようになった。

一五一〇（永正七）年四月、三浦に居住する日本人が貿易制限に反旗を翻し、対馬の宗盛順《もりのぶ》の援助を受けて三浦を襲い、朝鮮の役人たちを殺害した。この「三浦の乱」の結果、朝鮮は、日本との国交を断った。その後、対馬の宗氏は関係修復に努めた結果、一五一二（永正九）年、交渉が妥結し、壬申《じんしん》約条が取り決められた。しかし、その内容は、三浦の居留民を認めず、往来の港は三浦のうち対馬から最も近い薺浦に限り、宗氏の貿易船を半減とするなど大幅に日朝関係を制限するものであった。それ以降、周防・長門・筑前など七カ国を領し、石見銀山を擁する大名大内義隆が、一五三八（天文七）年、朝鮮に使節を送り、高麗《こうらい》螺鈿経《らでんきょう》箱《ばこ》入り大蔵経・新註五経・漏刻《ろうこく》（水時計）などを求める、など数回遣朝使《けんちょうし》を派遣したほかは、宗氏が独占的に日朝貿易に当たっていたのである。

対馬の宗氏の苦肉の策

九州平定を成し遂げ、全国統一を目前にした秀吉は、次の目標を「唐入り」（明国征伐）に置いて、その前提として一五八七（天正一五）年、朝鮮国王に入貢つまり上洛・服属を促すよう対馬の宗義調《よししげ》に命じた。朝鮮との交易に依存している対馬の島主宗氏にとって死活問題である。困惑した宗義調は、秀吉の命令をそのまま伝えることができず、新しい統一政権ができたので、その統一政権を祝賀する使節（通信使）を派遣してほしいとすり替えて朝鮮と交渉することとした。対馬の正使である外交僧景轍玄蘇《けいてつげんそ》（博多の聖福寺《しょうふくじ》の住持）が朝鮮政府と交渉した結果、朝鮮政府は、倭寇の活動を鎮静化させるためにも適切と判断し、黄允吉を正使、金誠一を副使とする通信使を派遣すると決定した。

朝鮮の通信使一行は、一五九〇（天正一八）年七月、京都に到着したが、折しも、秀吉は小田原征伐で現地に出陣中であった。一一月になって、ようやく、通信使は、三年前に完成したばかりの聚楽第《じゅらくだい》で秀吉の閲見を受けることができた。通信使が伝達した朝鮮国王の国書は、室町時代に足利将軍を日本国王としてきた慣例に従って、秀吉を「日本国王殿下」とし、その天下統一を祝賀するとともに、速やかなる国交回復を希望したものであった。ところが、秀吉は、朝鮮通信使を服属使節と思い込んで、みずからを生誕の奇瑞《きずい》による「日輪《にちりん》の子」であると強調したうえ、天下・異国・異域の統一は日輪の子たる秀吉の天命であるとし、「大明国を征伐する道案内をせよ」（征明嚮導《せいみんきょうどう》）との趣旨の返書を通信使に渡した。通信使は、外交僧玄蘇を通じて返書の修正を交渉したが、秀吉の外交感覚は改まらなかった。朝鮮国王を国内の戦国大名の一人と同等と見る感覚から脱却できなかったのである。そこで、秀吉の近臣で朝鮮通の小西行長と宗義智《よしとし》（小西の娘婿）は、当時、明との国交も断絶しているのを奇貨として、外交僧玄蘇に「関白が大明国に入朝するに際して貴国にその案内役をつとめてもらいたい」との趣旨であると弁明させて通信使を帰した。

李氏朝鮮の党争と秀吉の決断

秀吉は、朝鮮からの再度の使節が来るのを待ったが、一年待っても来なかった。日本側の返書の内容やその弁明の仕方にも問題があったが、朝鮮側にも大きな問題があった。

李氏朝鮮は、一五世紀末、黄金時代が終わって、「希代の暴君」とされる燕山君《えんざんくん》（治世一四九四〜一五〇六）の治世になると、「勲旧派《くんきゅう》」（建国に功績のあった功臣の子孫や歴代国王の即位に功績のあった勢族の子孫）と「士林派《しりん》」（勲旧派の腐敗を批判して道徳政治の実現を主張した地方の地主層出身の新興勢力）の対立が激しくなり、度重なる士禍《しか》（士林派に対する弾圧事件）を経て、一五六七年、宣祖（在位一五六七〜一六〇八）の即位に伴って士林派政権が誕生した。ところが、一五七五年、この士林派が朝廷内の主導権を巡って年少士類の者と年老高位の者に内部分裂し、士林派の先輩たちが「西人」（その領袖沈義謙の家が京城の西にあったことに因む）、後輩たちが「東人」（その領袖金孝元の家が京城の東にあったことに因む）に分かれて「党争」が始まった。これ以降、「党争」は李氏朝鮮の宿痾《しゅくあ》となり、李朝が滅びるまで果てしなく官僚の派閥争いが続いた。秀吉の返書を持ち帰った正使の黄允吉は西人に、副使の金誠一は東人に属していた。一五九一（天正一九）年三月、帰朝復命の席上、西人たる黄が、秀吉による兵禍を警告し兵禍を防ぐ対策の必要を指摘したのに対し、東人たる金は、それは人心を動揺させる説であり恐れるに足りないと主張した。当時朝廷内部で東人が優勢であったため、副使の説が通ったのである。秀吉のもとに再度の使節が来ないはずである。

しかも、勲旧派の奢侈や腐敗を厳しく批判した士林派は、国際的視野が狭く、貿易政策においても厳しく制限する立場をとり、銀の密輸に対しても厳罰主義をもって臨んだ。朝鮮は、もともと金・銀を豊富に産する国であったにもかかわらず、敢えてその採掘を禁じてまで、国際的に流通する銀と国内経済の関係を断ち切り、自給自足体制を固守しようとした。秀吉の現実的な経済重視の路線と妥協する可能性は少なかった。

一五九一（天正一九）年八月、朝鮮出兵の意を決した秀吉は、黒田孝高、小西行長、加藤清正ら九州の諸大名に対し、肥前松浦半島の突端にある名護屋《なごや》（現在の佐賀県鎮西町）に秀吉の大本営として御座所（名護屋城）の普請を命じた。恐ろしく豪奢な御座所であったという。年末には、秀吉は、六年間その座にあった関白職を秀次《ひでつぐ》（甥で養子）に譲り、自らは「太閤《たいこう》」と称し、外征が本気であることを天下に顕示した。

二　文禄・慶長の役の経過

文禄の役

一五九二（文禄元）年正月五日、秀吉は朝鮮出兵のための大動員令を発した。名護屋に終結した大名は一五〇、将兵は約三〇万に上り、名護屋城の留守部隊を別として、九州・中国・四国の諸大名の兵力約一六万を第一軍から第九軍まで九軍に編成した。日本軍は、三月から、順次名護屋を進発した。小西行長を筆頭に対馬の宗氏・肥前の松浦氏・有馬氏・大村氏らで構成された第一軍は、七百余隻の船に分乗して四月一三日早朝、釜山に上陸、短時間で釜山城を落し、翌日は東莱《とうらい》城を落し、その後、新羅王朝時代の旧都である慶州、尚州、忠州と進軍した。四月一七日には加藤清正を筆頭に肥前の鍋島氏・肥後の相良《さがら》氏らで構成された第二軍が、更には、黒田長政を筆頭に豊後の大友氏らで構成された第三軍、毛利吉成《よしなり》を筆頭とする第四軍も、順次、釜山に上陸した。

四月二九日、忠州で、先行した第一軍と追尾した第二軍が落ち合い、軍議を開いて、首都漢城《かんじょう》（現在の京城）入り作戦を協議した結果、二つのルートに分かれて攻略することに決した。五月二日、小西率いる第一軍が東大門から、三日、加藤率いる第二軍が南大門から漢城に入城した。いずれも全く無抵抗での首都入城であった。釜山上陸からわずか二〇日目である。緒戦において、日本軍が朝鮮側のさしたる組織的反撃を受けず次々と各城を攻略できたのは、李朝側が不意を突かれたことと、日本軍の鉄砲の威力によってであった。李朝建国以来二百年の泰平に安住していた朝鮮軍は、鉄砲の銃声に怯《おび》え、日本刀の切れ味に恐れをなして敗走を重ねた。当時、朝鮮軍には「フランキ」と呼ばれたポルトガル人がもたらした青銅製の大砲はあったが、小銃がなかった。これに対し、日本の種子島銃《たねがしまじゅう》は、精巧さといい威力といい、当時世界一であったという説もある。朝鮮軍は、尚州と忠州の前線には大将軍を出動させたにもかかわらず、小西率いる第一軍に一蹴された。その敗戦の報を聞いて、日本軍が漢城に入城する前に、国王宣祖も官僚も公家も漢城を脱出して、中国と鴨緑江を挟んで接している義州《ぎしゅう》を目指して逃げ、明の救援を期待したのである。

第一軍と第二軍は、漢城から北上して臨津江《りんしんこう》を渡り、高麗王朝の旧都・開城《かいじょう》に入ったが、そこに、後続の宇喜多秀家《うきたひでいえ》、毛利輝元、黒田長政、福島正則、長宗我部元親などが追いついて到着した。若輩ながら、幼少の頃から秀吉の養子となり官位も最上である宇喜多秀家が、首位将軍として諸将会議を開いた。秀家は、秀吉がいずれ渡海するが、渡海するまでの間、諸将が朝鮮八道の各道を分担して道内の討伐、懐柔に当たるようにとの秀吉の命令を伝え、クジ引きで分担を決めることにした。加藤と小西は出陣の当初から先鋒と定められていたことから、北方の咸鏡道《かんきょうどう》か平安道かのクジ引きとなり、加藤が咸鏡道、小西が平安道と決まった。他の六道は、黒田長政が黄海道、毛利吉成が江原道《こうげんどう》、毛利輝元が慶尚道、小早川隆景が全羅道、福島正則・長宗我部元親が忠清道、宇喜多秀家が京畿道《けいきどう》と決まった。諸将はそれぞれ分担区域に向かって別れた。

日本軍は、朝鮮半島に上陸後二カ月間は快進撃を展開したが、日本軍の北進を背後から阻止したのは、各地で決起した義兵《ぎへい》部隊（在野の両班地主や前職官吏、僧侶などが指導者となって組織された民衆のゲリラ部隊）の活躍とともに、制海権を握った水軍の役割が大きかった。全羅道左水師李舜水《りしゅんすい》は、慶尚道右水師の来援の要請を受けて、首都漢城が落城した日と同じ五月二日に、慶尚道海域に出陣し、まず五月七日、巨済島《きょさいとう》玉浦《ぎょくほ》の海戦で籐堂高虎の水軍を覆滅、続いて合浦《がっぽ》、泗川《しせん》の海戦で連戦連勝した。更に七月八日には全羅道右水軍と合流し、閑山島《かんさんとう》の海戦で脇坂安治《わきさかやすはる》の水軍に壊滅的打撃を与えた。日本水軍は、李舜水が用いた一部鉄甲張りの戦艦「亀甲船《きっこうせん》」の威力に翻弄され、陸路を北進した日本軍への西海からの食糧や武器弾薬の補給は不可能になった。文永の役（壬辰倭乱）時の軍事力は、陸戦では鉄砲を有した日本軍が上回り、海戦では火砲に優る朝鮮軍が上、というのが今日の軍事家の通説である。

開城を発った加藤清正率いる第二軍は、安城《あんじょう》で第一軍と別れ、東北の咸鏡道を目指した。開城から一六日を要して永興府《えいこうふ》に着いたところで、鍋島・相良両氏は、留まって、漢城にいる宇喜多秀家の指示を待つことにして、加藤軍勢約一万だけが、朝鮮の王子二人の生け捕りを目指して更に北上した。加藤軍は、五〇余日かかって国境間近の会寧府《かいねいふ》まで進むと、首尾よく朝鮮の王子二人を捕虜にすることができた。鍋島・相良氏と別れた永興府より少し南下して咸鏡道の南端の安辺《あんぺん》まで引き上げてきたのは、もう一五九二年の年の暮れに近かった。

一方、安城で第二軍と別れ、北西に進路をとった小西行長率いる第一軍は、六月一六日高句麗王朝の旧都である平壌《へいじょう》を占領すると、そこで進軍を停止していた。小西は、講和のきっかけをつかむことを優先していたから無闇に進まないのが得策と判断したのであろう。ところが、七月一五日の夜、突如、明軍五千が喊声《かんせい》を挙げて平壌に駐屯する第一軍に攻めかかった。油断しきっていた第一軍は、狼狽しながらも、鉄砲を乱射して立ち直り、何とか辛うじて明軍を撃退することができた。しかし、第一軍は明軍を追撃することなく、和平交渉に入るため、小西行長は、義州に逃れていた朝鮮国王に威嚇の書を送った。ところが、朝鮮国王は、恐怖はしたが、一層熱心に明の朝廷に救援軍を送ってくれるよう嘆願した。来援の要請を受けた明政府では賛否両論があったが、折しも、この年勃発した黄河中流域の寧夏《ねいか》の反乱を鎮圧するため遠征していた将軍李如松《りじょしょう》が北京に凱旋してきたこともあって、李如松を派遣軍司令官として援軍を派遣することを決定した。一二月末に、李如松は、明軍四万三千を率いて結氷した鴨緑江を渡り、朝鮮軍八千と合流した。越冬経験と準備の乏しい日本軍にとって最も苦手の冬将軍の到来の季節であった。

明けて一五九三（文禄二）年正月五日、李如松自ら率いる明・朝連合軍約五万が、小西ら日本軍一万五千が守る平壌の出城である牡丹台城《ぼたんだいじょう》に押し寄せ、明軍は、大砲（フランキ）と火箭《かせん》（火矢）という日本人の知らない新兵器を持って攻めたので、日本軍は大苦戦となり、平壌に退却した。平壌で、この日を含めて三日間戦闘が続けられたが、明軍の勢いますます強く、小西ら第一軍は、平壌に火を放ち、煙にまぎれて漢城まで南走した。第一軍の平壌での敗戦は、在朝鮮の日本軍諸将を震撼させた。

当時、漢城には石田三成《いしだみつなり》、増田長盛《ますだながもり》、大谷吉継《おおたによしつぐ》の三人の朝鮮奉行が派遣され、司令部を組織していたが、協議の結果、各地の諸将に漢城への集結を命じた。

一月二六日、平壌を奪還して勢いに乗る明・朝連合軍一二万は漢城奪還を目指して南進し、漢城の北二〇キロメートルの碧蹄館《へきていかん》に押し寄せた。これに対し、漢城駐屯の小早川隆景、宇喜多秀家、立花宗茂らが猛反撃し、李如松将軍は負傷し、戦意を喪失して開城に帰ってしまった。しかし、全羅道巡察使権慄《ごんりつ》は、朝鮮軍のみで漢城奪回を図ろうとして、漢城からわずか一二キロメートルの漢江《かんこう》下流にある幸州山城《こうしゅうざん》に立て籠もって陣を構えたので、二月一二日、宇喜多秀家を総大将とする三万人余りの日本軍が包囲攻撃したが、猛反撃を受けて敗退した。この「碧蹄館の戦」が文禄の役中の最大規模のもので、これに日本軍が勝利したことが、明に講和を真剣に考える契機を与えた。日本軍にも、平壌の戦いと幸州山城の戦いにおける敗北によって和議の機運が持ち上がった。

明は、遊撃将軍という肩書の沈惟敬《ちんいけい》を派遣して、小西行長と会談し講和の道を模索させた。小西・沈会談の結果、四月一八日以降、日本軍は漢城から引き揚げて朝鮮半島東南端の慶尚道に撤退した。日本軍諸将は、ここに踏みとどまり、秀吉からの指令に従って、蔚山から釜山に至るまでの沿岸に、一六カ所の砦を築いた。一方、和議の前提条件として、明側から講和使節を日本へ派遣することになっていたが、明の遼東軍務経略（総指揮官に相当）宋応昌《そうおうしょう》は、配下の謝用梓《しゃようし》と徐一貫《じょいっかん》を和議締結のための明使節と詐称して、日本の軍営に送り込んだ。

五月一五日、明の偽りの講和使謝用梓、徐一貫の二人は、小西行長、石田三成らの案内で、名護屋城に着いた。内心では、この外征が失敗であったことに気づき面目が立つ条約を結べるなら大いに講和をしたい秀吉は、至れり尽くせりの歓待をした。偽講和使とは知らず、六月二八日、その帰国に際し、秀吉が提示した講和七条件は、次のようであった。

一　明皇帝の皇女を日本天皇に降嫁させる
二　勘合貿易を復活させる
三　日明両国の大臣は友好の誓詞を交わす
四　朝鮮八道のうち南四道を日本に割譲する
五　漢城と北四道を朝鮮に返す代わりに朝鮮は王子と大臣を人質として送る

六　捕虜にした二人の朝鮮王子は返す
七　朝鮮の大臣は日本に永久に背かないことを誓う

随分、高飛車な内容である。明の偽講和使は、翌二九日、名護屋を離れ、朝鮮に帰還したが、講和七条件が明皇帝に伝えられた形跡は無い。しかし、加藤清正の捕虜となっていた二人の朝鮮王子は、小西に引き渡され、小西から沈惟敬に引き渡された。六月二日のことである。小西は、沈惟敬と謀って、小西の腹心内藤如安《ないとうじょあん》を秀吉の降伏使節《こうふくしせつ》に仕立て、秀吉を日本国王に冊封していただきたい、さすれば明へ入貢する、という内容の偽関白降表《かんぱくこうひょう》を持参させて、明皇帝のもとに派遣することにした。

六月二四日、日本軍総勢五万余は、全羅道から慶尚道に入る要衝である晋州城《しんしゅうじょう》を包囲し、猛攻を仕掛けた。前年の初冬、細川忠興《ただおき》らが一万三千余の大軍で晋州城を攻めて多大な犠牲を払いながら後退せざるを得なかったことがあり、これを残念がった秀吉が再度晋州城を陥落させせよとの厳命を下したのである。しかも、この攻城では、敵の降伏を許さず、全て斬れとの秀吉の命令であった。明との和議を有利に展開するためには軍事的優位を誇示する必要があるとの判断に立った命令であろう。晋州城攻撃は在韓日本軍の諸将総出陣ともいえる一戦で、籠城軍の頑強な抵抗に苦戦したものの、六月二九日、晋州城陥落に成功した。しかし、日本軍も晋州城を守り続けて包囲されることに一抹の危険を感じ、間もなく晋州城を放棄して慶尚道南岸一帯に倭城を築き、長期駐屯の構えを見せた。

戦間期と日明講和交渉

その後、一五九三（文禄二）年も暮れ、翌九四年、九五年も講和の交渉ばかりで過ぎ、朝鮮南部に駐留を続ける日本軍にとって、戦闘もなければ講和の実現もない空しい日々が続いた。このような状況の下で、一五九三年の冬、後世有名になる「加藤清正の虎退治」伝説などが生まれた。虎の皮、塩漬けされた肉や内臓が盛んに名護屋に送られたが、この頃、秀吉は、すでに名護屋から引き上げて大坂に帰っていた。この年八月、側室淀君《よどぎみ》が後の秀頼《ひでより》となる第二子拾丸《ひろいまる》を生んだという報せがあって、秀吉は大急ぎで大坂に帰って、その後、名護屋に復帰することはなかった。翌九四（文禄三）年、秀吉は、京都伏見の桃山に邸宅的城郭として豪奢で雄大な伏見城を完成させ、ここを本拠として政務をとり始めた。翌九五（文禄四）年七月には、非行を理由に関白秀次に切腹を命じ、その妻妾三〇余人も三条河原で斬った。拾丸可愛さの余りの惨劇である。

話はやや遡るが、一五九四年四月、朝鮮軍義僧兵将でもある名僧松雲大師《しょううんたいし》が、加藤清正を訪れ、秀吉の講和条件の内容を問いただしたのに対し、清正は明皇帝の公主降嫁、朝鮮南四道の割譲などであると述べ、さらに七月、再び清正を訪ねた松雲大師は、小西行長が明と折衝している講和条件は封貢要求であることを清正に伝えた。それまで行長らが進めている明との講和条件は秀吉が示した七条件であると信じていた清正は、初めて事の真相を知った。

一方、行長が派遣した偽の降伏使節内藤如安は、この一五九四年一二月、北京に至り、明皇帝萬暦帝（在位一五七二〜一六二〇）の朝見を受け、明側が示した①釜山浦周辺に駐屯する日本軍は帰国すること、②秀吉は冊封のほか貢市（朝貢貿易）を求めないこと、③日本は朝鮮と修好し、ともに明の属国となり他国を侵犯しないこと、の和議三条件を受け入れた。これにより、明皇帝は秀吉を日本国王に冊封することとし、冊封正使に李宗城《りそうじょう》、副使に楊方亨《ようほうきょう》が任命された。

冊封正副使は一五九五年一月三〇日に北京を発ち、副使楊方亨は一〇月には釜山の日本軍営に到着したが、冊封使派遣の条件である朝鮮から日本軍の完全撤退がなされていなかった。特に、清正は、秀吉からの命令がなければ撤退せぬと称して動かなかったのである。

明けて一五九六（慶長元）年一月末、行長は、沈惟敬とともに明冊封使を迎えるための手はずを整えるために、一時帰国した。この時、行長は、清正が和議を妨害したと秀吉に讒訴《ざんそ》した。四月一九日、行長は釜山に戻るが、その間に、秀吉には別の講和条件ありとの風聞を耳にした冊封正使李宗城は、四月二日、宗義智、松浦鎮信《まつらしげのぶ》らに、その内容についてただしたところ、宗義智は、朝鮮南四道の割譲、明公主の降嫁などであると答えた。この秀吉の講和条件では明皇帝の許可は下りるはずはなく、その上、秀吉には冊封を受ける意志はないとの風聞もあり、進退極まった李宗城は、この日夜半に逃亡した。この結果、五月下旬、明皇帝は楊方亨を冊封正使に任命し、日本に滞在していた沈惟敬を副使に任命した。

一方、四月中には、加藤清正には、小西行長の讒訴に基づく秀吉からの召還命令がきた。朝鮮の石垣の構築法に興味を抱いていた清正は、釜山近くの西生浦《せいせいほ》の本陣にいて、西生浦付近の各地に築城している最中であった。清正は、命令を受けた後も、しばし悠然と築城の研究と普請を続け、その完成を見ると、本城を鍋《なべ》島直茂《しまなおしげ》に、支城を相良長毎《さがらながつね》に預け、六月九日、少数の兵を率いて釜山を発ち、帰国の途についた。七月二八日、大坂に着いた清正には、しばらくして、秀吉から、重く謹慎あるべきこととの沙汰《さた》が下された。

閏七月一三日、マグニチュード七クラスの巨大地震が畿内を襲った（伏見大地震）。当時、日本最大の建築物であった方広寺《ほうこうじ》の大仏殿も、奈良の東大寺大仏の三倍もの大きさの木造大仏も倒壊した。完成したばかりの邸宅的城郭・伏見城（桃山城）も大破損し、伏見城内で数百人の圧死者が出た。この時、加藤清正は、謹慎蟄居《ちっきょ》中の身でありながら、伏見城に一番乗りで駆け参じ、これに感激した秀吉の勘気《かんき》が解けた。秀吉に余人をもって代えがたい忠誠心と行動力が認められて謹慎解除になった清正は、翌一五九七（慶長二）年一月半ば、兵船を率いて、先に駐屯していた慶尚道西生浦城に帰着した。

大地震の余燼《よじん》冷めやらない一五九六年八月二九日、楊方亨を正使、沈惟敬を副使とする明皇帝の冊封使が大坂に到着した。九月一日、早速、秀吉は、大坂城内で引見した。しかし、明皇帝の勅書は、秀吉を日本国王に任じ冊封のみを許すとの内容で、朝鮮南四道の割譲どころか、朝貢貿易（勘合貿易）すらも認めない、講和七条件を全く無視した屈辱的なものであった。秀吉の面目はとても立たない。秀吉は激怒し、明の冊封使を追い返した。日明の講和交渉は完全に決裂した。

慶長の役

一五九七年二月、秀吉は再度の朝鮮出兵を諸将に命じた。慶長の役（丁酉の再倭）の開始である。今度の出兵は、全軍一四万余で、講和条件にあった朝鮮南四道（京畿道・忠清道・全羅道・慶尚道）の割譲を実力で強行することを目的としていた。動員した諸大名に恩賞を与えるためには、国内に配分する余地はないので、秀吉にとって朝鮮南四道の奪取が不可欠であった。

日本軍は、総大将の小早川秀秋《ひであき》（秀吉の養子で小早川隆景の養子）が釜山浦に陣を構え、軍全体を左軍と右軍に分け、慶尚・全羅・忠清三道に進撃することとした。左軍は、宇喜多秀家を大将とし、小西行長を先鋒とし、島津・蜂須賀・長宗我部氏らの諸将で編成され、慶尚道の泗川を経て全羅道の南原に向かい、八月一五日、南原城の陥落に成功した。右軍は、毛利秀元《ひでもと》を大将とし、加藤清正を先鋒とし、浅野・黒田・鍋島氏らの諸将で編成され、慶尚道の軍事・交通上の要衝である黄石山城《こうせきさんじょう》を攻略して全羅道の全州に侵入した。

ここで南原城から北上してきた左軍と右軍が合流して、八月二五日、軍評定が行われた（全州軍議）。軍評定の結果、軍勢を水陸に分け、毛利秀元・加藤清正・黒田長政らの右軍は忠清道へ北進し、左軍の宇喜多秀家は軍を返して慶尚南道の閑山島に向かい、小西行長は全羅南道の順天方面、島津義弘は全羅南道の海南方面に向かって、それぞれの地域への駐屯を図ることになった。右軍は、第一次出兵で踏み込めなかった全羅道を蹂躙し、その北部にある忠清道に進出した。しかし、九月八日、右軍の黒田長政軍が忠清道の稷山《しょくざん》まで北進し、首都漢城を目指す気配を見せたところ、稷山で待ち構えていた明軍がこれを阻止したのを契機に、日本軍の進撃は頓挫した。それに、朝鮮は、「清野《せいや》の計」（日本軍が利用できる家財食糧などを撤去させる戦術）を駆使したため、日本軍は遠方に出て戦うことができなくなった。九月九日、忠清道鎮川《ちんせん》に右軍の諸将が集結して軍評定が行われた（鎮川軍議）。その結果、この季節は漢城の南を流れる漢江の氷上渡河が不可能であることから、漢城に布陣する明軍と戦うことは不利であり、来春を期して漢城攻略態勢を固めるべき、との結論に達し、右軍の諸将は、一旦慶尚道南岸のそれぞれの城に引揚げることになった。九月一五日、右軍の諸将は、鎮川を発ち、一〇月八日頃、慶尚道南岸の諸城（毛利秀元は釜山、加藤清正は蔚山《うるさん》、黒田長政は梁山《りょうざん》）に帰着した。

一方、藤堂高虎・加藤嘉明《よしあき》・脇坂義治らの日本水軍は、七月一四日からの慶尚道南岸における巨済島海戦で朝鮮水軍に壊滅的打撃を与えた後、陸上からの全羅・忠清道への進出と呼応して全羅道水域に進出してきた。しかし、このとき、八月、朝鮮朝廷は、政敵の陰謀で失脚して当時一兵卒として従軍させられていた李舜臣を、再び三道水軍統制使（三道は慶尚・全羅・忠清道）に起用して、起死回生を期した。李舜臣は、藤堂高虎、加藤嘉明、脇坂安治らの率いる一三〇隻の水軍を全羅道最南端の鳴梁《めいりょう》海峡に誘引して、九月一六日、この鳴梁海戦において奇跡的な勝利を収め、再び制海権を確立した。日本軍は、制海権の喪失により海上輸送が脅かされ、糧食の補給に苦しむことになった。この年、朝鮮各地は飢饉に見舞われたので、朝鮮軍の陸における「清野の計」の駆使と海における制海権の確立は、日本軍にとって兵站《へいたん》の面で重圧となった。

一五九七（慶長二）年一二月二二日早朝、明・朝連合の大軍勢が不意に蔚山城攻撃に押し寄せてきた。蔚山城は、一一月から秀吉の命により加藤清正が浅野幸長《ゆきなが》（浅野長政の嫡子）らとともに拠点として築城に着手し完成を急いでいた城で、普請半ばでの襲撃であった。日本軍は籠城戦を強いられ、極寒の中で水・兵糧は尽き、弾薬は乏しく、全滅寸前に陥った。ここで、一二月二八日、明軍務経理（副総指揮官に相当）楊鎬《ようこう》は、一計を案じた。「清正が降伏すれば、城中の日本人は死を免れるだけでなく、朝廷に奏上して、清正を褒賞し官を与えるよう取り計らう」との勧告状を作成し、それを、かつて清正の家臣であった降倭《こうわ》岡本越後守（沙也可《さやか》）と宇喜多秀家の家臣であった降倭田原七左衛門に持たせて、清正と面談させた。窮地に陥っていた清正は、この和談に応じようとする構えを見せたが、浅野幸長は「敵情、量り難し」として、和談を必死に阻止し、会談延期を明側に通告した。この時間稼ぎが功を奏し、明けて一五九八（慶長三）年正月一日、毛利秀元らの援軍が明・朝連合軍の背後を衝いたので、加藤清正らは、救援軍と連絡を取ることができることとなり、四日、明の楊鎬は全軍を撤退させたので、ようやく籠城から解放された。

因みに、「降倭」とは、戦闘の際、朝鮮軍または明軍の捕虜になった日本人や自ら朝鮮側または明側に投降した日本人をいう。沙也可の場合、加藤清正軍の先鋒として従軍していたが、大義のない出兵を否定し、朝鮮の礼儀正しい風習を見、盛んな中華文物を慕って、配下とともに朝鮮側に投降し、鉄砲を知らなかった朝鮮軍に鉄砲・火薬の製法を伝授して日本軍と戦って功労を立てたため、朝鮮国王から官職を受け、金忠善《きんちゅうぜん》を名乗った。金忠善は朝鮮の役後も朝鮮に仕え、その子孫は慶尚北道友鹿洞《ゆうかどう》の地域で繁栄し、その友鹿村に住んで現在に至っている。

蔚山の戦の後は、明軍も恐れて攻勢に出ず、日本軍も消極的になって進退両難に陥った。このため、在朝鮮諸将の多くは、釜山近くに撤収しようと言い出した。これに対し、加藤清正と毛利秀元は反対であったので、秀吉の指令を仰ぐこととなり、使者が蔚山から伏見城まで僅か二四日で往復して、二月二五日、秀吉の指令を伝えた。「左翼は順天に、右翼を蔚山に、中間を泗川に置き、城々を堅固に築造して油断なく滞陣せよ。来年にはさらに軍勢を送るぞ」というのが、その指令の内容であった。これが実質的に外征に関する秀吉の最後の指令となった。左翼の順天城は、全羅南道の東南隅に近く、前から小西行長が守備していた。右翼の蔚山城は、慶尚南道の東海岸に近く加藤清正が守った。中間の泗川城は、慶尚南道の南岸に近く島津義弘が守り、この三拠点の中間のいくつかの城市は、ほかの諸将が守った。

一五九八（慶長三）年九月二八日夜半、明軍は島津義弘が守る泗川城に押し寄せ、一〇月一日早朝、明軍二〇万が、猛烈な総攻撃をかけた。島津軍はわずか四千で劣勢であったが、敵陣中の火薬桶が爆発して敵軍が動揺混乱したのに乗じて態勢を立て直し、反撃に転じ、薄暮の中、明軍を潰走させた。

この直後に内地から秀吉の死を告げる使者が来た。秀吉は、この年三月一五日、京都の醍醐の三宝院で莫大な費用をかけて愛児秀頼とともに豪勢な花見の宴を催した直後から病魔に侵されはじめ、八月五日から病状は悪化し、前田利家と徳川家康の指揮のもとに秀頼を盛りたててくれるよう遺嘱しながら、八月一八日に、波乱に満ちたその生涯を閉じていたのである。その辞世の歌は次の通り。

つゆとをち　つゆと消へにし我身かな　難波のことも　夢のまた夢

一〇月一五日、徳川家康ら五大老からの撤兵指示があり、日本軍の撤兵は一二月までに終了した。日本軍の撤兵は、総じて比較的平穏に進んだが、朝鮮半島南西部の全羅道で一大激戦があった。李舜水率いる朝鮮水軍が、明の水軍の加勢を得て、順天城から引き揚げようとする小西行長軍を待ち構える一方、陸上では明・朝連合軍が順天城を完全に包囲していた。島津義弘は、小西軍救援のため巨済島から五百隻の水軍を派遣して、一一月一八日、明・朝連合水軍五百隻との間で露梁《ろりょう》海峡において一大激戦を展開し、その隙に小西軍は順天城を脱出することができた。

李舜水は、この露梁海戦中、銃弾で左脇を射抜かれて戦死した。「党争」に翻弄されながらも祖国のため勇戦敢闘して戦没した李舜水は、第二次世界大戦後、「救国の英雄」として京城と釜山に銅像が建立され、その功績が顕彰されている。豊臣秀吉と李舜水の死とともに、前後七年にわたる朝鮮侵略は終わった。最後の小西軍と島津軍が釜山港を撤退したのは、一一月二六日であった。

三　文禄・慶長の役の影響

徳川の平和

朝鮮出兵は、豊臣秀吉の死とともに空しく終結した。秀吉は臨終の際《きわ》で、五大老と五奉行を枕元に呼び寄せ、万事、徳川家康と前田利家の指揮のもとに、愛児秀頼（当時五歳）を盛りたててくれるよう切望したという。秀吉の生前、政務は浅野長政と石田三成を中心とした五奉行（浅野長政・石田三成・増田長盛・長束《なつか》正家《まさいえ》・前田玄以《まえだげんい》）が担当し、五大老（徳川家康・前田利家・毛利輝元・宇喜多秀家・上杉景勝《うえすぎかげかつ》）は、五奉行の上に位し、秀頼の後見と五奉行の顧問が任務であった。しかし、秀吉の死後は、徳川家康が秀吉の政務の本拠であった伏見城で政務をとり、前田利家が大坂城で豊臣秀頼を後見補佐し、実質的に五奉行の職権を奪った。大失政に終わった秀吉の朝鮮出兵に対し一貫して距離を置いてきた家康の政治姿勢、関東二五〇万石という圧倒的な所領、秀吉にも敗戦したことがない赫々たる軍歴、秀吉と対照的な重厚質実な性格に集まる人望、などからみて実力第一人者は家康であった。しかも、家康に次ぐ実力者で、秀頼の後見として家康との対立関係の調整に当たっていた前田利家が、早くも一五九九（慶長四）年三月、没したので、家康の威望はますます高まった。

このような情勢の推移に伴う秀頼の実母淀君の危機感、焦燥感の高まりに呼応して、秀吉の側近中の側近であった石田三成が、その意を体し反対勢力の糾合に腐心した。しかし、朝鮮出征の期間中、小西行長と組んで一貫して講和第一主義であった石田三成に対し、加藤清正、福島正則、黒田長政、加藤嘉明ら秀吉子飼いの武将の反発が強烈であったのが災いした。かねて三成が親しく交わっていた伊達政宗《だてまさむね》、上杉景勝《うえすぎかげかつ》、毛利輝元、島津義弘らは、いずれも太国の領主ではあったが、豊臣家にとっていわば外様的存在であり、三成が秀吉の懐刀《ふところがたな》的存在であったが故にお家安泰のために三成に迎合していたに過ぎない。かくて、三成の多数派工作は奏功せず、慶長の役の総大将であった小早川秀秋らの寝返りなどもあって（五大老の一人である毛利輝元も推されて豊臣方の主将として大坂城にいたが、関ヶ原に参陣して指揮をとることはなかった）、一六〇〇（慶長五）年九月一五日、天下分け目の関ヶ原の戦いで徳川方の東軍が勝利し、徳川氏の覇権が確定的となった。

文禄・慶長の役で主力となった九州の諸大名のうち、豊臣方の西軍に属したのは肥後の小西行長、薩摩の島津義弘、文禄の役の最中に秀吉から「豊後の臆病者」と罵《ののし》られて改易《かいえき》されていた大友義統《よしもと》（大友宗麟の嫡男）の三人のみであった。そのうち、最後まで関ヶ原で勇戦した島津義弘だけが本領を安堵され、三成の盟友・小西行長は処刑されて肥後は加藤清正のほぼ単独所領となり、大友義統は、家康方の黒田官兵衛（孝高。長政の父）と細川忠興の残留家臣団に豊後・石垣原《いしがきばる》の戦いで敗北し、戦後江戸に幽閉され、大友家は大名としては断絶した。

その三年後に、家康は征夷大将軍となって江戸幕府を開き、一六一四年（慶長一九）一〇月の大阪冬の陣と翌年四月の大坂夏の陣で豊臣家を滅亡させて、天下統一を完成、以後二五〇年の「徳川の平和」を現出した。後世、天下統一の年の元号が元和元年であるので「元和偃武《げんなえんぶ》」（戦争をやめて平和になること）と称された。

朝鮮文化の伝播

朝鮮撤兵の際、日本軍諸将は、朱子学者の姜沆《カンハン》、有田焼の始祖李参平《りさんぺい》、薩摩焼の宗家沈寿官《ちんじゅかん》らの陶工、石工など多様な人材を連れ帰った。

朱子学者姜沆は、一五九七（慶長二）年八月の全羅道南原城を巡る攻防戦の際、戸曹（大蔵省に相当）軍糧調達のために従事官として現地に派遣されていたが、藤堂高虎率いる水軍の捕虜となって連行され、その後、藤堂の居城・伊予大洲城から京都の伏見に移送され、伏見で相国寺《しょうこくじ》の禅僧藤原惺窩《せいか》と交友を結んだ。姜沆は、七歳で『孟子』を一晩で暗誦し、八歳で『通鑑綱目』に通暁したといわれる大秀才であり、朝鮮朱子学の精密な体系化を成し遂げた李退渓《りたいけい》の学統を継承した第一級の学者官僚である。藤原惺窩は、姜沆を師として朱子学を学び、京学派を起こして日本近世朱子学の祖となり、徳川家康に重んじられた。幕府儒官林家の祖林羅山《はやしらざん》は、この藤原惺窩の高弟の一人である。姜沆は、家康の意を受けた対馬の宗氏が朝鮮との国交を回復するために行った俘虜送還の一環として、一六〇〇（慶長五）年四月に帰国し、朝鮮政府に秀吉死後の日本の内情と国交回復の意向を伝えると、一切の官職を辞して、故郷に蟄居し、約三年間の日本での見聞と対日国防策を論じた『看羊録《かんようろく》』を残した。徳川時代初期の日本儒学の書籍の大部分は、朝鮮本であった。藤原惺窩や林羅山が儒学について講義するときは、大概、朝鮮本をテキストとして用いた。林羅山は、儒学のみならず、医学、天文学に至るまで、朝鮮本から学んだ。

有田焼の始祖李参平は、肥前藩主鍋島直茂が朝鮮撤兵の際、連行した陶工で、帰化して金ケ江《かねがえ》三兵衛という名前が与えられ、一六一六（元和二）年、有田東部の泉山で白磁石の石場を発見し、泉山の陶石を使って有田の天狗谷《てんぐだに》で初めて白磁器を焼いた。これが日本で初めての白磁器生産である。その影響は加賀の九谷焼などにも及んでおり、その功績は極めて大きい。

薩摩焼の宗家沈寿官は、全羅道の南原城の戦の際、捕縛されて、一五九八（慶長三）年、島津義弘が慶長の役から帰還する際連行された陶工である。串木野の島平に上陸したが、関ヶ原の戦いの後、苗代川《なえしろがわ》に移されて陶工として保護を加えられ、後に士分に取り立てられ、一子相伝で代々創意工夫を凝らして独特の薩摩焼を創出した。幕末の一八六七（慶応三）年のパリ万国博覧会には薩摩藩単独で出品し、絶賛を博した。現在も第一五代沈寿官が活躍中である。

当時、千利休《せんのりきゅう》や古田織部《ふるたおりべ》に代表される茶の湯が活況を呈してきた時代状況を反映し、出征した多くの武将は陶工を連行して陶磁器産地を起こした。豊前の細川忠興の上野焼《あがのやき》、筑前の黒田長政の高取焼《たかとりやき》、長門の毛利秀元の萩焼《はぎやき》などがその例である。

熊本城や名古屋城の築城を手掛け、「築城の名人」、「石垣の名人」とうたわれた加藤清正は、朝鮮から石工を連行し、発見や運搬に困難が伴う大石を使うことなく、堅固で独特の曲線を描く朝鮮式石組工法を応用駆使して、築城事業のみならず堰堤《えんてい》、石塘《いしども》などによる治水・利水・干拓事業を盛んに行った。

また、日本軍は、撤兵に際して朝鮮から活字を持ち帰り、活字印刷術を起こして、活字文化の興隆に寄与した。その成果の一つとして、一六一四（慶長一九）年には、朝鮮活字で大蔵経（一切経《いっさいきょう》ともいう。仏教聖典の総集）が印刷された。当時の朝鮮の活字技術は、世界最高水準のものであった。

朝鮮の役の記憶

秀吉は、「乱暴してはいけない、放火や人攫《ひとさら》いをしてはいけない、地下人《じげびと》（庶民）に対して勝手な労働をさせてはいけない、違反すれば厳罰に処する」との軍令を出しており、緒戦においては日本軍の規律は厳正を保っていた。しかし、戦争が長期化するに伴い、日本軍に厭戦気分が高まり、その上、朝鮮水軍の活動が活発化して輸送路が脅かされ糧食が欠乏してくると、軍規は乱れ、掠奪、放火、破壊などが横行するようになった。

更に、一五九七年八月の南原城の戦の前後から、日本軍による朝鮮人鼻切り行為が横行するようになった。これは、この年、秀吉が、朝鮮に陣を構える将兵に対して、明朝軍の将兵を討ち取った場合、大将の首はそのまま切り取り、兵卒の場合はその鼻を削《そ》ぎ、戦功の証《あか》しとして自らのもとに送るように指示したことによる。削いだ鼻の数の多さが戦功の証しとなったため、鼻切りは、非戦闘員である老若男女にも及び、時には、生きたまま鼻を削ぐこともあった。秀吉のもとに届けられた鼻は、京都方広寺の前に埋めて鼻塚（「耳塚」と一般に呼ばれている）を築き、秀吉の外交ブレインでもある五山第一位相国寺の住職・西笑《せいしょう》承兌《しょうだ》を供養導師として施餓鬼《せがき》を行った。

一九一〇（明治四三）年の日韓併合後、朝鮮総督府の御用紙『京城日報』の指導に当たった徳富蘇峰《とくとみそほう》は、その著書『近世日本国民史』の中で「朝鮮の役は、その発動の張本人たる秀吉とその子孫に禍《わざわい》をもたらした。そして、それだけでなく、今日に至るまで、その禍を（後世に）残した。日本が、朝鮮を併合しつつ統治する上で最も困難を感ずることの一つは、朝鮮の役の記憶だ。およそ、あらゆる朝鮮人は、みんなこの朝鮮の役を記憶している。その上、朝鮮のあらゆる地方には、朝鮮の役を記憶させるべき石碑とか、額とか、墳墓とか、書籍とか、口碑伝説とか、が数え切れぬ程ある。これらの記念物を逐一湮滅《いんめつ》しようとしても、到底手のつけようがない程沢山ある。」（筆者口語訳）と慨嘆している。一〇〇〇年以上も前の五二八年に新羅王朝法興王が首都慶州に創建し、その後も大規模に拡充されていた仏国寺《ぶっこくじ》も、文禄の役でその大部分を焼失した（一九七二年再建）。そのほか、多数の文化財が日本軍によって破壊された。特に長期にわたって占領された慶尚道の被害は大きく、田野の六分の五が荒廃したという。三〇〇年経った時点で残った「朝鮮の役の記憶」が、四〇〇年経った今日の時点で風化したり、雲散霧消したりしているはずがないと考えるのが自然であろう。

素早い国交回復と朝鮮通信使の派遣

徳川家康の朝鮮との国交回復に向けた行動は素早かった。日本軍が朝鮮半島から引き揚げた翌年の一五九九（慶長四）年には、早くも対馬の宗氏に朝鮮との国交回復の意図を伝えている。朝鮮との国交と貿易の再開に活路を求めるほかない対馬の宗氏は、先に述べた朱子学者姜沆ら捕虜の送還などを通じて、秀吉没後の日本の政情と和親の意向を伝え、懸命に局面打開を図った。

一六〇四（慶長九）年八月、朝鮮から僧惟政《いせい》（松雲大師。一〇年前の一五九四年の四月と七月に加藤清正を訪ね、講和条件を糺した高僧）らの使節が派遣され、宗氏に案内された使節は京都に上り、翌年、新たに征夷大将軍となった徳川秀忠の謁見を受けたばかりでなく、駿府《すんぷ》に隠居していた家康がわざわざ伏見に出てきて、家康の謁見も受けた。家康は、壬辰のとき（朝鮮の役のとき）、自分は関東にいて軍事には全く関わっていない、朝鮮と自分との間には讐怨《しゅうおん》は無い、和を通じることを請う、と相国寺の禅僧西笑承兌を通じて表明し、使節は、俘虜一三九〇人を連れて帰国した。この使節は、朝鮮側では、「探賊使《たんぞくし》」と称しており、日本の内情を探偵するための使節で、正使ではない。にもかかわらず、徳川幕府からその功績を評価されて、宗氏は、肥前田代領内に所領の加増を受け、以後一〇万石の格式をもって処遇され、外交僧玄蘇には紫衣《しえ》が授与された。

ところが、一六〇六（慶長一一）年、朝鮮は、家康がじきじきに国書を送ること、戦争中に先王の陵墓を暴いた賊を送致すること、の二つを講和のための条件として要求してきた。国交回復の遅れを憂慮した宗氏は、偽の国書と偽の賊を仕立ててこれに対応した。朝鮮政府は、これを敢えて受け入れて、一六〇七（慶長一二）年、「回答兼刷還使《さつかんし》」として正使一行四六七人を派遣した。ここに、徳川幕府は朝鮮との国交回復に成功した。家康の熱意とともに、朝鮮側にも、この当時、北方の女真族のヌルハチ（清朝の創始者・太祖）が近隣の部族を統合して強盛になりつつあり、この脅威に対応するためにも早期に日本との関係を安定化させる必要に迫られたという背景があった。

朝鮮からの「回答兼刷還使」は、その後二回、一六三六（寛永一三）年からは「通信使」と名称を変えて九回、江戸時代を通じて通算一二回、将軍の代替わりやその他の慶事の祝賀に際し外交儀礼として派遣された。毎回三〇〇～五〇〇人の一行が原則として江戸まで往復したが、そのための幕府の財政負担は毎回一〇〇万両もの巨額に達した。通信使が来日する度に、両国の第一級の文人学者が参加して儒教を談じ、漢詩を唱和し、作詩を競う文化交流が展開された。朝鮮からの文人学者は、製述官として随行した申維翰《しんいかん》（『海游《かいゆう》録《ろく》』を著したことで著名）、成琬《せいわん》、李礥《りけん》などであり、日本からは、新井白石《あらいはくせき》、室鳩巣《むろきゅうそう》、林述斎《じゅっさい》などが参加した。

最後の一八一一（文化八）年の通信使（徳川家斉の一一代将軍職襲位を慶賀する使節）は、財政窮乏の折柄、幕府から派遣された接待役の大名（正使は小倉藩主小笠原忠固《ただかた》、副使は竜野《たつの》藩主脇坂安董《やすただ》）により対馬厳原《いずはら》で応接され、以後、通信使の派遣は途絶えた。一方、徳川幕府の正使が朝鮮に赴くことはなく、片面的な外交関係であった。このことが、一方的な通信使の派遣を「藩属の礼」とみなし、朝鮮国王を将軍と同等以下の存在とみる明治維新政府の対朝鮮認識に繋がっていった。

対馬藩独占の対朝鮮貿易

一六〇九（慶長一四）年、日朝貿易を再開するために、己酉約条が結ばれた。開港地は釜山の倭館《わかん》に限定され、対馬の宗氏が日朝貿易を独占することになった。しかも、対馬藩が派遣する使節は釜山の倭館止まりで、朝鮮政府の出先機関である東莱府《とうらいふ》との交渉に限定され、内陸旅行は許されなかった。被侵略体験に基づく朝鮮側の警戒心が如実に表れている。かくして、江戸時代の日朝間の外交と貿易は、対馬藩と東莱府が、それぞれの政府の出先機関として、その実務を処理する体制となった。対馬藩と東莱府との間では、密接な使節の往来と貿易をめぐる交渉が展開された。

雨森芳洲《あめのもりほうしゅう》は、木下順庵《きのしたじゅんあん》の門下で新井白石や室鳩巣とともに儒学を学んだ俊秀であるが、木下順庵の推薦により、一六九三（元禄六）年、二五歳で対馬藩の真文役《しんぶんやく》（外交文書を取り扱う役職）に就任し、一七五五（宝暦五）年、八八歳で対馬に没した。雨森は、その間、長崎で中国語を学び、釜山で朝鮮語を学んで、その著『交隣提睡《こうりんていすい》』の中で、互いに欺かず、争わず、真実をもって交わる「誠信外交」を唱えた。誠信外交を貫くためには、相手国の事情や人情を知る必要があり、そのためには、相手国の言葉を学ぶ必要があるとして、朝鮮語の入門書も数冊著した。逆にいえば、それまで誠信外交ならざる外交が、日朝間で如何に跳梁跋扈していたかを物語っている。江戸時代中期随一の国際感覚をもった外交官・雨森芳洲の躍動は、申維翰の『海游録』でも活写されている。

対馬藩は、毎年、「年例使《ねんれいし》」として八回貿易を目的とする使節を派遣するほか、朝鮮国王に対する慶弔、徳川・宗氏の慶弔報告、通信使派遣の要請と送迎など重要な外交案件を解決するための臨時使節を随時派遣した。東莱府からも、頻繁に「訳官《やくかん》」が使節として対馬に派遣され、対馬藩は、毎回、六〇～一〇〇人規模の使節一行を丁重に接遇した。このような使節の往来は幕末まで続いた。日本からの輸出品は、銀・銅その他の鉱産物が太宗をなし、朝鮮からの輸出品は、朝鮮人参・綿布それに中国産の生糸・絹布が中心であった。

琉球（沖縄）の対外関係への影響

因みに、朝鮮出兵が琉球（沖縄の別称）と明との関係にいかなる影響を及ぼしたかを見てみる。明の建国の祖である洪武帝（朱元璋）は即位後間もなく、一三七二年、琉球に使節を派遣して朝貢を促した。これに対し、当時の琉球の三大勢力である山北・中山・山南は、早速それぞれ明に入貢した。その後、中山の覇者尚巴志《しょうはし》が、山北・山南を支配下に入れて、一四二九（永享元）年、統一王朝を樹立し、明との間で安定的な朝貢・冊封関係を築いた。二年一貢、毎回二〜四隻の進貢船が福州（福建省）に入港し、その後陸路を首都北京に赴いたほか、皇帝即位時などの臨時の入貢もあり、明の時代に実に一七一回も進貢し、明との進貢貿易国の中で断然進貢回数が多かった。明の朝貢システムにおいては、民間の交易を禁止し（海禁）、海外貿易を国家の管理下に置き、貿易は、朝貢使節の往来に付随して行われる形態が取られた。琉球は、南シナ海と東シナ海を結ぶその位置を利用して、日本、中国、朝鮮のほか、シャム（現在のタイ）、安南（現在のヴェトナム）、ジャワ（現在のインドネシア）、マラッカ（現在のマレーシア）など東南アジア諸国と盛んに交易を行った。明の海禁政策により中国商人の海外進出が阻まれていたこの時代、中国商品を大量に入手できる琉球商人は、この海域における中継貿易の主役であった。

ところが、一五九二年、文禄の役に際し、豊臣秀吉が島津氏を通じて琉球に対し兵糧の供出を命じたところ、尚寧王《しょうねいおう》は、これに応ぜず却って明に傾いた。更に、関ヶ原の戦いの後、一六〇六（慶長一一）年以降、島津義弘が再三にわたって、徳川政権成立慶賀の来聘使《らいへいし》上洛を促したにもかかわらず、これに応じないばかりか、幕府が琉球を通じて日明貿易の復活を図ったのに対しても、尚寧王は積極的に対応しなかった。明とも、朝鮮とも独自の外交チャンネルをもつ尚寧王なるが故の度重なる頑迷な対応であったのであるが、これに対し、義弘の跡を継いだ島津家久《いえひさ》は一六〇九（慶長一四）年、幕府の許可を得て、大軍を率いて琉球に侵攻した。尚寧王は無抵抗でなす術《すべ》もなく降伏した。

薩摩藩は、琉球征服後、それまで琉球の一翼をなしていた奄美諸島を薩摩藩の直属地としたが、尚王朝体制は温存しつつ、貢納を課して那覇に在番奉行《ざいばんぶぎょう》を置いて実質的に琉球を支配した。一方、尚王朝は、その後も、明（のちに清）との間で朝貢・冊封関係を続け、日明（清）両属関係のもとで、明治時代初期の琉球処分を迎えることになる。

女真族(満州族)の朝鮮への侵攻と国土の荒廃

秀吉の朝鮮出兵の直前、女真族(満州族)のヌルハチが、一五八八年、建州女直《じょちょく》を統一した。その後、周辺の海西女直などの諸部族を統合して、その勢力を強大化するとともに、その過程で、一五九九年、「満州文字」を創始することによって民族のアイデンティティーを高め、独特の軍事・行政制度として「八旗《はっき》」の制度を確立し、一六一六年正月、ヌルハチは、汗位に就くとともに、国号を金(普通「後金」という)とした。その二年後、一六一八年四月から、ヌルハチは、明との正面対決に出陣した。

明との正面対決に乗り出す前に、一六〇五年、ヌルハチは、早くも朝鮮に対して友好関係を求める書簡を送って来た。一方、明の方も、朝鮮への出兵要請をする動きが出てきたため、朝鮮政府は、対応策を決められないまま時間を徒過しているうちに、一六一八年、ヌルハチ率いる二万の女真軍は、明の遼東における拠点・撫順城を攻撃して陥落させるとともに、明との国交を断絶したことで、事態は一気に緊迫してきた。この撫順城陥落に危機感を抱いた明が、女真軍鎮圧のため朝鮮に一万の出兵を要請してきた。これに対し、朝鮮は内部の意見対立はあったものの、最終的には、壬辰倭乱(朝鮮の役)の際の国恩に照らしても明からの出兵要請を拒むことは困難との判断で、一万の動員を決定した。翌一六一九年三月、女真軍と明・朝連合軍は撫順の東方にあるサルフで大会戦を交えた。明軍は一〇万以上の大動員をしたのに対し女真軍の兵力は半分ぐらいであったが、二日間の激戦の末、女真軍の圧倒的勝利に終わった。

サルフの大会戦の後、一六二三年三月、「明を助けて女真と戦うべし」との外交路線を大義名分とする勢力が、クーデタを起こし、明の国力の衰退と女真の強盛に鑑み両者の一方につくことを避ける外交方針をとってきた光海君を廃して、仁祖が王位に就いた。その四年後の一六二七年、女真軍三万が、朝鮮に攻め入り、仁祖は江華島に居を移し、防戦に努めたものの、女真軍の敵するところではなかった。その前年にヌルハチの死亡に伴い跡を継いだホンタイジ（太宗）としては、明との戦いに全力を挙げるためにも、朝鮮の去就向背を明らかにさせる必要があったのである。

一六三六年、ホンタイジは、国号を「大清」と改め、満州族（女真族）、モンゴル族、漢族三者共同の君主として君臨する「皇帝」の位に就き、その勢いは、ますます盛んになり、中原地帯への進出も視野に入ってきた。そこで、ホンタイジは、再度、朝鮮に使者を派遣し、兵力を送って清とともに戦うべきことなどを要求した。これに対して、朝鮮政府の対応策は和戦両論で意見が分かれたが、仁祖の決断で、清の侵攻に備えるべく全国に動員令を発したのを契機に、一六三六年一二月、太宗ホンタイジ自らが、清軍一三万の大兵力を率いて朝鮮に攻め入った。朝鮮軍の主力は京城の南方にある南漢山城に立てこもって徹底抗戦を図ったが、清軍の圧倒的な兵力の前にあっけなく敗北した。

女真族は、朝鮮族にとって最も近く隣接する異民族であり、長期にわたって支配と同化の対象である「夷《い》狄《てき》」と目してきた関係にあった。それだけに、二度にわたる女真族の侵攻とそれへの屈服は、一三世紀におけるモンゴル族の六度にわたる侵攻とそれへの屈服以上に、朝鮮族にとって大きな衝撃であった。このとき以降、朝鮮は、かつての「夷狄」である清に対し、定期的に朝貢使節を派遣し、また国王の即位に際しては、冊封使の派遣を清に求め、国王任命の儀式を行った。

一六世紀末の秀吉の朝鮮侵略とそれに引き続く一七世紀前半の女真族の二度にわたる朝鮮侵攻は、朝鮮の民衆と国土に大きな損害をもたらした。人命の損傷と国土の荒廃である。壬辰倭乱直前に朝鮮政府が把握していた耕地は一〇〇万結ほどであったが、戦後には三〇万結に減少するありさまであった（結は徴税のための面積単位）。凄まじい荒廃である。

この戦禍を克服するため、朝鮮では、一七世紀から一八世紀にかけて、水田作において裏作の不可能な直播法から裏作の可能な田植法に全国的に転換することにより、一年二作の集約的な土地利用を通じた農業生産力の飛躍的増大を実現し、畑作においても中部地方で二年三作式の集約的な土地利用を確立した。その際、牛耕と犂《すき》の発達、地力維持作物である豆類の積極的な導入が大きな役割を果たした。

第四章　日清戦争

朝鮮南部における東学党の乱に端を発した朝鮮をめぐる日本と清国との戦争で、一八九四（明治二七）年七月、豊島沖海戦で開戦し、平壌・黄海・威海衛などで日本軍は勝利し、翌一八九五（明治二八）年四月、下関講和条約の締結で終結した。

一　日清戦争の背景と経緯

明治維新と軍備体制の確立

一八五三年七月のアメリカの東インド艦隊提督ペリーの率いる黒船四隻の来航を契機として、鎖国を国是として幕藩体制のもとで二〇〇年有余の間「徳川の平和」を享受してきた日本列島は、一挙に激動の時代に突入した。即ち、巨大な砲艦による威嚇を背景としたアメリカの開国要求に対し、十分な海防策（国防体制）を構築していなかった徳川幕府は、開国の是非を諸藩に異例の諮問を行うとともに、朝廷に来航を奏上したが、国論を統一できないままに、翌五四年二月に再来航したペリーの威迫の前に、翌三月、幕府は、開国を受け入れ、日米和親条約を締結し、以後、英・蘭・露など各国と和親条約を締結した。

専制支配に自信を失った幕府は、発言力の強い水戸藩、越前藩、薩摩藩、土佐藩などの雄藩との連携を図る雄藩提携策や、朝廷の伝統的権威に結びついて幕藩体制の再強化を図る公武合体策により、危機を突破しようとするものの、五六年に初代アメリカ総領事として下田に着任したハリスの威嚇を含んだ要求に屈して、五八年七月、日米修好通商条約の調印を余儀なくされた。その条約勅許の問題や将軍の継嗣の問題を巡って国論の分裂は深まり、尊王論と攘夷論が結合して反幕運動として尊王攘夷運動が激化した。この尊王攘夷運動は、六〇年の井伊直弼《いいなおすけ》（彦根藩）大老による安政の大獄の断行によって、水戸、越前、薩摩、長州、土佐藩の下級武士を中心として一層激化したが、その間、越前、水戸、薩摩、土佐など雄藩の藩主及びその側近らの公武合体による幕政改革の運動もあり、江戸と京都を巡る天下の情勢は、混迷を深めた。六三年八月、前年の八月の生麦《なまむぎ》事件（神奈川・生麦で、藩主島津久光の行列に無礼を働いたとの理由でイギリス商人が薩摩藩士に殺傷された事件）の犯人処罰と賠償金支払いを要求して七隻のイギリス東洋艦隊が鹿児島湾に来航し、薩摩藩が要求を拒否したため、砲撃し、薩摩藩も応戦したが、双方ともに損害が大きく、この薩英戦争を通じて薩摩藩は攘夷の不可能であることを悟り、薩英関係は急速に親密化した。これを機に尊王攘夷運動から脱皮した薩摩藩は、会津藩などと連携して公武合体路線を採り、九月の文久の変及び翌六四年八月の蛤御門《はまぐりごもん》の変によって、尊王攘夷派勢力の最強硬派である長州藩及び尊攘派七公卿を京都から一掃した。その直後、六四年九月の四カ国連合艦隊による下関砲撃（前年六月から七月にかけて、攘夷の実行として長州藩が下関海峡を通過する外国艦船を砲撃した報復として、英米仏蘭四カ国により下関の砲台を攻撃・陥落）を通じて、長州藩も洋式兵器の威力と攘夷の不可能を悟って、開国論に転じ、四カ国を主導したイギリスと親交関係を結ぶに至った。

　その後、六四年一一月からの第一次長州征伐で幕府に屈服した長州藩では、かつての尊攘派の高杉晋作らが奇兵《きへい》隊を組織して、六五年一月に挙兵し、保守派を追放して藩政を掌握して藩論を倒幕に転換させた。一方、二次にわたる幕府の長州征伐の過程で、幕政改革を疎《おろそ》かにしながら専ら長州征伐に固執して体面と体制を保とうとする幕府の姿勢に限界を見極めた薩摩藩の西郷隆盛、大久保利通を中心とする勢力は、公武合体路線から転換して「雄藩連合による倒幕」に藩論を統一して、土佐藩の脱藩志士である坂本竜馬、中岡慎太郎らの斡旋やイギリスの後援もあって、六六年三月、薩長連合盟約を成立させ、第二次長州征伐への出兵を拒否した。外様《とざま》雄藩にこぞって出兵拒否された幕府の第二次長州征伐は、同年七月から開戦したが、幕府軍は統制がとれておらず、士気も低かったので九月には撤兵を余儀なくされ、幕府の威信は完全に失墜した。

六七年一月に第一五代将軍に就いた徳川慶喜《よしのぶ》は、土佐藩の公議政体・大政奉還論を受け入れることにより、幕府勢力を極力温存することを画策して、一一月、大政奉還を朝廷に奏請したが、事前に倒幕の密勅を受けていた薩長両藩は、翌一二月に挙兵し、翌六八（明治元）年一月に「王政復古の大号令」を受けて、戊辰戦争に突入した。薩長を中心とする官軍は、同月、鳥羽伏見の戦いを一日で制圧、五月には江戸城無血開城、七月には東京上野の彰義隊（残存幕臣抵抗勢力）を壊滅、一一月までに東北の奥羽越列藩同盟の諸藩を激戦の末に制圧、翌六九年六月までに北海道の函館戦争を鎮圧して、日本全国を平定した。

江戸城無血開城の一月前の六八年四月に、明治天皇は、「五箇条の御誓文」を発布して、内には公議世論、外には開国和親を闡明《せんめい》し、この御誓文を基に、六月には、政体書を公布して、中央政府の太政官制を制度化した。太政官は七官に分かち、立法権を議政官に、司法権を刑法官に、行政権を行政官、軍務官など他の五官に分掌させ、三権分立の建前を採った。翌六九年三月、薩長土肥四藩主から版籍奉還、即ち土地・人民を朝廷に返上する建白書が出されたのを皮切りに他の各藩主から版籍奉還が行われ、これを前提に、七一年四月、薩長土三藩から兵一万を徴集して天皇直属の親兵《しんぺい》を組織し、東京を固め、更に、西郷隆盛・木戸孝允・板垣退助・大隈利通が薩長土肥の代表として参議に就任し、準備万端を整えた上で、同年八月には廃藩置県を断行した。これにより藩体制が解体され、東京・大阪・京都の三府には知事が、三〇二県（翌年一月には七二県に廃合）には県令が中央から派遣され、中央集権体制が確立された。

藩体制の解体に伴い、七一年一〇月には東京・大阪・鎮西（熊本）・東北（仙台）に鎮台《ちんだい》を置き、諸藩藩兵の解隊と鎮台常備兵への再編成を行った。翌七二年四月には兵部省を廃して陸・海軍二省を置くとともに、近衛《このえ》条例を制定して親兵を廃し近衛兵を置き、翌七三年一月には名古屋・広島に鎮台を増設した上で、同月、徴兵令を発布して常備軍制度を確立した。国民の義務としての徴兵制度には、官公吏・戸主・その後継ぎなどに対する広範な免役規定や代人の制が定められていたが、徴兵に反対する血税一揆や徴兵忌避が各地に起こった。その後、七九年、八三年と改正が行われ、八九年の明治憲法の制定と同年の徴兵令の本格改正により国民皆兵の原則が確立した。七七年、明治維新政府が直面した最大にして最後の内乱・西南の役に際して、農民出身を含む鎮台兵は、士族兵たる薩摩軍に対峙して善戦健闘し、徴兵制の有効性を立証した。

大院君の鎖国・攘夷政策

一八六三年、李氏朝鮮王朝の末期、当時一一歳の高宗（在位一八六三〜一九〇七）が即位すると、その実父が大院君《だいいんくん》の称号を与えられて実権を掌握した。大院君は、断固武力を用いても外国の侵略を撃退する鎖国・攘夷の方針をとり、実際、一八六六年には、アメリカの「シャーマン号」を座礁させて焼き払い、フランスの東洋艦隊七隻も撃退した。一八七一年四月には、「シャーマン号」の報復目的で攻撃してきたアメリカ艦隊五隻も江華島で撃退し、八道四郡に「斥洋碑《せきようひ》」を建てて、国威を誇示し、攘夷の士気を鼓舞した。

しかし、大院君の鎖国・攘夷の対象はキリスト教国である「洋夷」であって、日本は「交隣国」とみなされていた。明治維新が成立すると、江戸時代に新しい将軍の襲位を告知してきた慣例にならって、維新政府は、一八六八（明治元）年一二月、将軍から天皇への王政復古を告知する国書を伝達する使節を釜山に派遣したが、朝鮮側の東莱府（対日外交出先機関）は、「皇」とか「勅」の用語は、伝統的に宗属関係にあった中国の皇帝に対してだけ使うものであり、伝統的に対等の交隣関係にある国同士に使うべきでないとして、国書の受理を拒否した。朝鮮側は文字の改定を要求したが、日本は朝鮮の「国王」に対する日本の「皇帝」を固執して譲らず、その後、二国間のやりとりには進展が見えなかった。

日清修好条規と副島外交

一方、中国との関係では、一八七三（明治六）年三月、外務卿副島種臣《そえじまたねおみ》が、特命全権大使として、軍艦

「龍驤《りゅうじょう》」に乗り込んで横浜を発ち上海に向かった。「龍驤」は、当時日本海軍最強の軍艦であり、清国に対する威圧を意図した軍艦の初の海外派遣であった。副島の任務は、清朝第一〇代皇帝・同治帝の親政・成婚慶賀のための天皇の親書を届けるとともに、一八七一（明治四）年に締結された日清修好条規批准書の交換と、その締結直後に暴風で台湾に漂流した琉球島民五四人が台湾の先住民「生蕃《せいばん》」に殺害された事件（台湾事件）の糾明《きゅうめい》にあった。四月、副島は天津で北洋大臣李鴻章《りこうしょう》との間で日清修好条規批准の交換を済ませた。この日清修好条規は、最恵国待遇条項がなく、領事裁判権を相互に認め合うなど、欧米列強諸国から強要された不平等条約と異なり対等な関係で結ばれた初の条約である。

批准書の交換の後、副島は、北京に赴いて詩文の交換を通じて漢学の素養の博識ぶりを評価され、同治帝への謁見に成功するとともに、六月、清国総理衙門《そうりがもん》（外務省に相当）に副使である外務大丞柳原前光《だいじょうやなぎはらさきみつ》を派遣して、台湾事件と絡めて、清国と朝鮮・琉球との関係につき協議・打診を行わせた。この協議・打診の過程で、二点が明らかになった。一つは、清国の台湾支配は台湾全土にわたるものでなく、台湾の生蕃（清国の教化に服さない民）は「化外《けがい》の民《たみ》」であり、清国の統治外の存在であると清国側は認識していること、もう一つは、朝鮮国王は清国皇帝から冊封を受けているが、朝鮮国内の統治及び戦争と平和の問題は朝鮮国の掌中にあると認識していること、である。副島は、台湾の「生蕃」地域に対する日本軍の攻撃は正当化されること、仮に日本が朝鮮を攻撃しても清国は介入しない（琉球に関しても同様の論理が成り立つ）との確信を得た。七月下旬、副島は、凱旋将軍のように意気揚々と帰国した。

なお、その前の年七月、横浜港に停泊中のペルー船籍の「マリア・ルス号」から中国人苦力が海上に飛びこんでイギリス船に救助されるという事件があった。イギリス公使から要請を受けた副島外務卿は、神奈川県権令《ごんれい》大江卓《たく》を通じて、横浜港からの出港停止と中国人苦力の下船を命じたところ、神奈川県に設けられた特設裁判所において、船長側弁護人は、移民契約を盾に不服を申し立てたのに対し、大江裁判長は、移民契約は奴隷契約であり、人道に反する契約は無効と断じ、中国人苦力二三一名の全員解放を条件に出港を許可した。解放された中国人苦力は、九月、中国に帰還した。このマリア・ルス事件の処理により、副島は、清朝政府から謝意を表されるとともに、正義人道の人としての国際的支持が集まっていた。この問題は、これで終わらず、ペルーは、一八七三年、国際仲裁裁判に訴え、第三国であるロシア帝国が仲裁に当たることとなり、アレキサンドル二世は、日本の措置は一般国際法に反せず妥当なものとして、ペルーの訴えを斥《しりぞ》けた。

日韓両国における明治六年の政変

副島外務卿留守中、日本と朝鮮との関係は悪化の一途をたどっていた。対馬藩を介して築かれてきた過去三百年の日朝両国の先例に従うべしとの頑迷固陋《がんめいころう》で高飛車な大院君の態度に、外務省は怒り心頭に発し、今となっては我が居留民を全部引き揚げさせるか、武力に訴えてでも修好条約に調印させるか、二つに一つであり、裁断を仰ぎたいと閣議を求めた。この朝鮮問題に関する閣議は、六月一二日と八月一七日の二回開かれ、その閣議における議論の詳細は省くが、西郷隆盛参議を全権大使として朝鮮に派遣することに決し、その発表は岩倉遣外使節帰朝後ということになった。当時、日本国内では、朝鮮半島が欧米列強、とりわけロシアの支配下に入ることが直ちに日本の脅威になることが危惧され、それを未然に防ぐためには、朝鮮を万国公法（国際法）的秩序に取り込むことが不可欠との認識が主流であったのである。

九月一三日、岩倉具視《いわくらともみ》遣外使節一行が帰国し、翌一〇月一三日、遣外使節帰りの大久保利通《おおくぼとしみち》と清国帰りの外務卿副島種臣を同時に参議に追加任命した上で、翌一四日、一五日と連日閣議を開いた。岩倉が内治優先の観点から、大久保が対外関係では樺太問題の解決こそ急務との観点から、強烈な反対論を展開したものの、論議の過程で四人の参議（板垣退助《いたがきたいすけ》、後藤象二郎《ごとうしょうじろう》、副島、江藤新平《えとうしんぺい》）が西郷支持、三人の参議（大久保、大隈重信《おおくましげのぶ》、大木喬任《おおきたかとう》）が岩倉支持であることが明らかになり、主宰者である太政大臣三条実美《さんじょうさねとみ》は、再度、西郷の朝鮮派遣の決を採った。大久保は、直ちに参議を辞任した。

ところが、一〇月一九日、三条は人事不省に陥り、二〇日、明治天皇は、太政大臣が職務不能の場合は右大臣がこれに代わるという規定に従って、岩倉に太政大臣代理を務めるよう大命を下した。二三日、岩倉は、朝鮮使節派遣に対する反対理由を記した意見書を上書し、天皇の裁断を仰いだ。翌二四日、天皇は、岩倉の意見に賛成との裁決を下された。維新政府は決裂し、西郷、板垣、後藤、副島、江藤の五人は参議を辞して下野した。この論争は、俗に「征韓論争」と称されているが、論争の本質からすれば、「遣韓使節派遣論争」と称すべきものである。西郷は、幕末における長州征伐や戊辰戦争の場合と同様、名分なき出兵（無名の師）を潔しとしなかったのであり、第一義的には、交渉による平和的解決、交渉による国交正常化を目指していたのであり、武力の発動は、韓国の対応の仕方如何で判断する構えであった。

朝鮮では、日本の政変に踵《きびす》を接するように、七三年一一月三日、約一〇年間采配を振るってきた鎖国・攘夷主義者大院君が退けられ、国王高宗の后閔妃《びんび》の一族が政権を握り、開国政策に舵を切った。この日韓における政変が、日韓国交開始への道を開く端緒になった。

台湾出兵と千島樺太交換条約

明けて一八七四（明治七）年五月、陸軍中将西郷従道《つぐみち》率いる日本軍三六〇〇が長崎を出帆して台湾南部に上陸し、翌月、生蕃の本拠地を攻略して、生蕃征討作戦はひとまず完了した。この作戦は、前年の政変に伴う陸軍内部の不満や不平士族の反政府エネルギーをこれ以上放置できないと判断した大久保参議が主唱した開国後初の海外派兵であった。台湾は清国の領土であるとする英国、米国の強硬な抗議があったにもかかわらず、強行された台湾出兵に対し、清国も台湾に軍艦二隻を派遣して、「台湾は琉球とともに清国の版図《はんと》である、速やかに撤兵すべし」と再三にわたり日本に撤兵を求めた。

こうして深まった対立を打開すべく、八月一日、明治天皇は大久保利通を全権弁理大使に任じ、清国派遣を命じた。軍艦「龍驤」に乗って、八月三〇日に天津近郊の大沽港《タークー》に上陸して、九月一〇日に北京に乗り込んだ大久保は、熱弁をふるうものの、協議は難航し決裂寸前までいったが、日清間の戦争が自国の対清貿易の障害となることを懸念したイギリス公使ウェードの斡旋仲介により、一〇月末日に日清間で和議が成立した。清国は、日本の征蕃を義挙と認め、償金五〇万両を払うこととなり、消極的にではあるが、清国に日本の琉球領有を承認させて撤兵した。とりわけ軍備が整わない清国が譲歩せざるを得なかったのである。台湾出兵によって清国の危機感は著しく高まり、軍備強化の動きがにわかに加速し、北洋海軍の建設も始まった。清国は、日本軍撤兵後は、朝鮮に武力行使するおそれがある、と朝鮮政府に警告した。

明けて一八七五（明治八）年五月、日本政府は、ロシアとの間で樺太・千島交換条約を調印した。樺太は、一八五四（安政元）年に締結された日露和親条約では、日露共有として両国民の雑居地としたが、南下するロシア人との紛争が頻発した。これに対処して積極策に出る軍事上、財政上の余裕が日本側にない以上、これを放棄すべしとの開拓長官黒田清隆《くろだきよたか》の樺太放棄論を容れ、その代償として得撫島《うるっぷとう》以北の千島列島を日本領とした。併せて、樺太の日本人資産の賠償、オホーツク海・カムチャッカの日本人漁業権の承認などが取り決められた。

江華島事件と日朝修好条規

朝鮮の閔氏政権は、大院君の極端な鎖国攘夷政策を修正して開化策を志向し、台湾出兵後の清国政府からの警告も一つの契機として、日本から派遣された使節との交渉に応ずるようになった。しかし、この交渉も間もなく暗礁に乗り上げたため、日本政府は武力示威で事態の打開を図った。一八七五（明治八）年九月二〇日の江華島事件である。日本の測量艦「雲揚《うんよう》」が朝鮮半島西岸の江華島沖に投錨して、艦長自らがボートに乗り込んで淡水（飲料水）を求めて上陸地点を探るべく、江華島の砲台前を航過しようとした時、突然小銃が乱射され、砲台の火が吹いた。翌未明、日本側は攻撃を開始し、短時間の激戦の末、砲台を破壊し、南の永宗島《えいそうとう》を占領した。

日本側死者一名、朝鮮側死者三五名、捕虜一六名で、事件は小競り合い程度のものであったが、日本政府はこれを重大事件に発展させた。特命全権公使森有礼《もりありのり》を北京に派遣して、朝鮮と密接な関係を有する清国の動静を探らせるとともに、難航する日朝交渉打開のため清国の調停を依頼させる一方、朝鮮へは特命全権弁理大臣を派遣することにした。翌一八七六（明治九）年一月六日、特命全権弁理大臣に任命された陸軍中将兼参議の黒田清隆は、軍艦二隻、輸送船三隻、海兵三小隊総勢八〇〇人を率いて朝鮮に向かった。武力示威を背景としたにもかかわらず交渉は長引いたが、二月二六日、ほぼ日本側原案通りの内容で日朝修好条規が調印された。この条約では、「朝鮮ハ自主ノ邦ニシテ日本国ト平等ノ権ヲ保有セリ」として、朝鮮を独立国として、清国との宗属《そうぞく》関係を否認して清国の介入を断ち切り、釜山など三港の開港、日本の一方的な領事裁判権などを規定した。日本に有利な不平等条約であり、朝鮮にとって初の開国条約である。日朝修好条規交渉の過程で、清国は敢えて干渉しなかった。

琉球処分と清国の危機意識

一八七九（明治一二）年四月、琉球藩が廃止され、沖縄県を設置した。明治維新政府は、一八七一（明治四）年七月に全国一斉に断行した廃藩置県に当たり、琉球を鹿児島県管轄下におき、翌七二（明治五）年には、琉球国を琉球藩と改めて政府直轄下におき、国王尚泰《しょうたい》を藩王として華族に列するとともに、その外交権を剥奪した。更に、七四（明治七）年五月の台湾出兵を通じて、清国政府に琉球人を「日本国属民」と認めさせ、また、間接的ながら「日本国の琉球領有」を認めさせた明治政府は、翌一八七五（明治八）年七月、琉球藩に対し清国との朝貢・冊封関係の停止、明治年号の使用、藩政改革を一方的に命令した。これに対し、琉球藩は抵抗を続け、一八七七（明治一〇）年末に初代日本国駐在の清国公使として着任した何如璋《かじょしょう》は、琉球の事態は朝鮮に波及しかねないと危惧し、翌年一〇月、日本政府に強く抗議を申し入れた。琉球と清国の絆を断ち切る決断をした日本側はいよいよ態度を硬化させて、翌一八七九年三月、約八〇〇人の軍隊・警察の圧力のもとに首里城《しゅりじょう》を接収し、四月、沖縄県令を置き、旧藩王一族を東京に移住させた。

琉球を沖縄県に編入する一連の政治過程を「琉球処分」といわれているが、琉球処分は清国にとって衝撃であり、旧藩王一族から琉球王国の再興を訴えられた清国政府は、琉球処分を承認せず日本に抗議し、日清の外交関係は緊張した。この年六月から八月にかけて訪日したアメリカの前大統領グラント将軍の提案もあって、日清両国は、翌一八八〇年一〇月から琉球帰属を巡って直接交渉を開始し、日本は八重山群島と宮古島の清国所属を提案したが（そこで琉球王国の再興）、清国はこれを承諾せず、この問題は、日本側の沖縄への実効支配が進む中、未解決のまま放置された。

朝鮮の開国体制の本格化

朝鮮は、新羅の統一以来、一貫して中国の歴代王朝と朝貢・冊封関係を持ち続け、中国は宗主国として朝鮮半島で優位を保ってきた。首都北京の防衛のためには東三省の保全が必要であり、それには朝鮮半島を保全することが何よりも必要と認識する清国にとって、一八七四年の台湾出兵、七五年の江華島事件、七六年の日朝修好条規の調印、七九年の琉球処分は、日本の朝鮮侵略に対する警戒感を増大させる要因となった。

そこで、清国が新たに展開した外交戦略は、朝鮮に西洋列強と条約を結ばせることによって、日本の恣意的な朝鮮進出を牽制しようとするものであった。この外交戦略に基づく清国側の度重なる説得の結果、朝鮮政府もようやくアメリカと条約を結ぶ方針に転じた。一八八一（明治一四）年の末、朝鮮からの使節が天津の北洋大臣李鴻章を訪れたのをきっかけに、協議した結果、アメリカとの実質的な条約交渉は、天津で李鴻章の主導のもとに行い、まとまった条約案の調印は朝鮮で行うという手順が決まった。翌一八八二年三月に始まったアメリカとの条約交渉は、五月、朝鮮の仁川済物浦《じんせんさいもつほ》で調印にこぎつけた。これが朝米修好通商条約であり、その後、一八八六年までの間に、同様の条約が、順次イギリス、ドイツ、イタリア、ロシア、フランスに拡大し、朝鮮は否応なしに開国体制に突入したのである。

壬午事変

一八八二（明治一五）年七月二三日、京城で朝鮮軍兵士が蜂起した。壬午《じんご》事変である。朝鮮国王高宗と王妃閔妃は近代化計画の一貫として日本公使館付武官を近代部隊創設の顧問として迎え、日本式の軍事訓練を施すことになったが、軍制改革に反感を抱いた兵士たちが蜂起し、兵器庫に乱入して武器弾薬を奪い、監獄を襲撃して政治犯を釈放し、日本公使館付武官官舎を急襲して殺害した上、日本公使館を包囲して日本人皆殺しを叫んだ。花房義質《はなぶさよしもと》公使は、公使館に火を放たせた後、公使館から脱出した。

翌二四日、暴徒は王宮に殺到して十数人の政府高官を殺害したが、閔妃は危機一髪で王宮から逃れた。国王高宗は、反乱軍の側に立った大院君に執政への復帰を依頼し、大院君は、九年ぶりに執政の座に返り咲いた。日本政府は、イギリスの測量船に救助されて命からがら帰国した花房公使に、軍艦四隻と陸軍歩兵一個大隊をつけて朝鮮に帰任させ、朝鮮政府に暴挙の責任を問うとともに、日朝間の通商規則などについても要求を通させようとした。

一方、山中に隠れていた閔妃から書簡で清国に暴動鎮圧のため軍隊の派遣を要請するよう迫られた高宗は、密使を派遣して清国の北洋大臣李鴻章に軍隊派遣を要請した。李鴻章は、朝鮮に対する清国の宗主権回復の好機と判断して即座に軍艦三隻、商船六隻からなる清国艦隊を朝鮮に派遣した。先に京城に到達した花房公使が大院君政権と交渉に入ったが、朝鮮側が遅延策に出たため業を煮やした花房は京城を退去し、関係決裂をにおわせて要求受諾を迫った。花房と入れ替わりに京城に入った清国軍は、大院君を拉致して中国に送致し、反乱軍を鎮圧して高宗・閔妃政権を復活させ、その上で朝鮮政府に花房公使との交渉を再開させ、八月三〇日、済物浦条約を結ばせた。戦争の危機を孕んだ日・朝・清間の緊張状態は、ひとまず解けた。清国艦隊は李鴻章から不必要に日本軍と事を構えてはならないとの指示を受けていた。反乱軍を鎮圧した清国軍は、そのまま京城に駐留して親清政権の後ろ盾となった。更に、清国は、朝鮮政府の内部に顧問を送りこんで、その従属化を強化した。

日本も、この壬午事変を契機として、翌一八八三年（明治一六）度から、歳出の二〇パーセントを超えて軍事費を増大させた。この軍事費の増大は清国を仮想敵国としたものであり、日清の対立は、海防の重要性を改めて浮上させ、一八八三年度の海軍費は前年度の倍近くに増えた。

甲申事変

一八八四（明治一七）年一二月四日、朝鮮独立党は、日本公使館の武力を頼りに親清政権打倒のクーデタを決行した。甲申《こうしん》事変である。壬午事変以後、二つの党の対立相克が鮮明になっていった。清国を宗主国と仰ぎ、大変革に反対し、閔氏一族と密接な関係にある事大党と、清国からの独立を唱え、日本の近代化を範として急進的な変革を主張する独立党である。勢力としては清国軍の後ろ盾を得た事大党が圧倒的に優勢であった。折しも、この年六月から北ベトナムでフランスと交戦状態（清仏戦争《しんふつせんそう》）に入った清国が朝鮮に介入する余裕がないのを見越して、独立党の金玉均《きんぎょくきん》、朴泳孝《ぼくえいこう》らが、今こそ政権を奪取する好機と判断し、日本公使竹添進一郎《たけぞえしんいちろう》と謀ってクーデタを決行したのである。独立党は、親清政権の高官を殺害し、竹添率いる日本軍約一五〇名は王宮を占拠して呼応し、一旦政権を樹立したが、京城駐在の司令官袁世凱《えんせいがい》率いる清国軍が日本軍の七倍の勢力で攻撃を仕掛けると、日本軍は王宮から撤退し、新政権は三日にして崩壊した。金玉均や朴泳孝は日本に亡命し、独立党は、ほぼ壊滅し、閔氏政権が復活した。

明けて一八八五（明治一八）年二月、日本政府は、甲申事変の善後処理のため、参議兼宮内卿伊藤博文を特派全権大使として清国に派遣した。四月初めから、伊藤は天津で北洋大臣李鴻章と交渉を開始し、二週間の難渋な談判の末、四月一八日、天津条約が調印された。この条約は、四カ月以内の両軍の朝鮮撤退、軍事教官の派遣停止、将来の出兵の際の相互事前通告の三カ条からなる。特に第三条は、一方の派兵は必ず他方の対抗派兵を促すところとなり、リスクを考えれば、武力の発動に相互抑止の効果をもった。現に、この後一〇年間は朝鮮を巡る日清間の紛争は顕在化することはなかった。

なお、伊藤博文と李鴻章の交渉が佳境に入る直前の三月、福沢諭吉は、『時事新報』に「脱亜論」を発表した。八〇年代前半から金玉均らの朝鮮急進開化派（独立党）の人士と接触するようになった福沢は、朝鮮は日本と連帯し西欧を範として脱亜し、近代化すべきであるとの朝鮮改造論を抱懐し、金玉均らに献身的サポートをしてきたが、その一派による政変が失敗に帰したことに対する挫折感と焦燥感と憤慨を吐露したものであった。

清国の北洋艦隊の建設と強化

一八八六（明治一九）年八月一三日、清国の北洋海軍が、長崎に寄港した際、清国の水兵の乱行がきっかけで日本の警察隊と北洋海軍の水兵が衝突、市街戦さながらの乱闘事件（長崎事件）が起こった。対清開戦の輿論が沸き立ったが、日本政府は隠忍自重《いんにんじちょう》、戦争回避に努めた。一八七四年の台湾出兵と一八七九年の

「琉球処分」で、日本に対する警戒感を高めた清国の北洋大臣李鴻章は、同年以降、北洋艦隊の建設に鋭意取り組んでいたのである。一八八〇年には、天津水師学堂を設けて海軍士官の養成をはじめ、一八八五年一一月には、主力艦としてドイツで建造された七千トン級の装甲艦二隻「定遠《ていえん》」と「鎮遠《ちんえん》」を購入し、早速、翌年に入って、軍事的デモンストレーションを兼ねて巡洋艦を率いて、朝鮮の釜山・元山、ロシアのウラジオストーク、日本の長崎を歴訪したのである。

両艦は、当時東洋一の堅艦と称されており、これに対し当時日本海軍には三千トン級の鋼鉄艦「扶桑《ふそう》」が一隻あるのみであった。この時点での海軍力は、清国がはるかに優位であったのである。この事件の二年後には、北洋艦隊が編成され、提督丁汝昌《ていじょしょう》が艦隊司令官に就任し、更にその二年後には遼東半島の旅順《りょじゅん》の軍港が完成し、山東半島の威海衛《いかいえい》とともに北洋艦隊の二大根拠地となった。この五年後の一八九一年にも、北洋艦隊は再度日本訪問を行い、長崎港と東京港に入港して艦上招宴、巨砲実演など示威運動を展開した。本来の海軍財源二千万両が西大后の還暦を祝う頤和園《いわえん》の造園とその改修に流用されなければ、もっと精強な北洋艦隊にすることができたという説もある。

師団制と山県有朋の「利益線」論

一八八八（明治二一）年六月、日本は、鎮台《ちんだい》制を廃止して師団《しだん》制を設けた。一八七三年に置かれた六鎮台（東京・仙台・名古屋・大阪・広島・熊本）は、一定地域における農民の暴動や士族の反乱の鎮圧を主な任務とした「治安維持軍」であったが、一八七七年の西南戦争の後、大規模な武装反乱は無くなったため、外的脅威に備えて有事に機動的に即応できる「国土防衛軍」とするため師団体制へ改編したのである（宮城の護衛と儀仗を任務とした近衛軍も師団に改編されたので七個師団となった）。陸軍の軍備計画では、この師団への改編に伴う部隊拡充のほかに、海岸砲台・要塞の構築に重点が置かれた。

一八八二年から始まった松方正義大蔵卿による徹底した歳出凍結と紙幣の整理によるデフレ政策が功を奏し、一八八六年ごろには、円の国際的評価は回復しており、低利の海軍公債を発行できるようになっていた。そこで、一八八六年から一八八九年までに海軍公債を四回発行し、その実収高は、一七〇〇万円に上った。松方デフレ政策の遂行中は酒・煙草の間接税の増税分の七五〇万円だった陸海軍費が、大幅に増加され、陸海軍の軍備拡充が急速に進んだのである。

師団制採用から二年後、一八九〇（明治二三）年一二月六日、山県有朋首相は、歴史上最初の帝国議会で行った施政方針演説の中で、「主権線」と「利益線」という用語を使い、国境という「主権線」の安危に密着の関係がある区域、即ち「利益線」の保護を国家方針として掲げ、「利益線」確保のための陸海軍増強の必要を強調した。山県演説は、「国土防衛軍」の枠を超えて、更に外征をも可能とする軍備拡張路線を鮮明に打ち出したところに重要な意味があった。

東学党の乱の勃発

一八九四（明治二七）年二月、朝鮮半島の南部、全羅道で東学党《とうがくとう》が蜂起して朝鮮政府に対する反乱を起こした。東学党は、没落両班である崔済愚《さいさいぐ》が一八六〇年に創唱した新興宗教で、教義は、儒教・仏教・道教を折衷したもので、西学たるキリスト教を排撃し、平等と現世利益を約束する教理が農民の心を捉えた。東学農民運動は、全羅道全体に広がり、更に忠清道、京畿道に拡大し、五月二八日には、全羅道の首府全州を陥れて京城に進撃する気勢をみせた。一八八四年の甲申事変後、日清両国軍が撤退した状況下で、東学農民軍は政府軍を圧倒する勢いであった。自力で鎮圧できなかった朝鮮政府は、六月三日、清国援兵を要請した。

日本公使館から打電情報を受けた第二次伊藤博文内閣は、六月二日、閣議を開いて、居留民保護のための混成一個旅団の朝鮮派兵と衆議院解散を決議した。この派兵決定は、済物浦条約に定める在外公館の保護規定を法的根拠としたものであるが、八日夜まで秘匿された。五日には、歴史上最初の大本営が参謀本部内に設置され、参謀総長有栖川熾仁《ありすがわたるひと》親王を総責任者とした。国内的には、この日から正式に、戦時体制に入ったことになる。六月六日午後、第五師団（広島）の歩兵一個大隊・工兵一個小隊合わせて約一千名を宇品《うじな》港から先発させた。一方、朝鮮政府からの援兵要請公文を受け取った清国の北洋大臣李鴻章は、すぐさま六月六日、北洋陸軍の歩兵二千名、山砲八門の部隊を全州に近い忠清道牙山《がざん》に海路派遣した。翌七日には、両国は天津条約に基づく出兵の相互通告を行った（行文知照）。一〇日と一一日には、残りの混成旅団の部隊が、九隻の輸送船（日本郵船からの傭船）に分乗して宇品港を出発し、一六日には、混成旅団の仁川上陸は完了した。清国陸軍の上陸のわずか四日後であった。一八九〇（明治二三）年一一月の帝国議会発足以来、議会と政府の対立が続く日本の内政は紛糾しており、とても朝鮮に出兵する余裕はあるまいと観測していた清国にとっては、まさに想定外の迅速な対応であり、誤算であった。

ところが、東学党の反乱そのものが、六月一〇日、東学党と朝鮮政府との間で全州和約が結ばれて収束し、平安が回復した。東学農民軍は、この和約の成立で解散したため、日本軍約四〇〇〇名の混成旅団が駐兵を続ける合理的理由がなくなった。六月一〇日に海軍陸戦隊とともに京城に帰任した大鳥圭介《おおとりけいすけ》駐韓公使は、欧米諸国公使の疑惑と圧力の中で、清国・朝鮮国から撤兵要求を迫られた。そこで、陸奥宗光外相の主導で、日本は、清国側に対し共同で朝鮮の内政改革の指導を行うとの提案をつきつけたが、六月二一日の清国政府の回答は全面的拒否であった。この回答を受けた翌二二日、御前会議を開いて、内政改革の協定実現まで撤兵しない、混成旅団残部隊の派兵を実行する、の二点を決めた。同時に、陸奥外相は大鳥公使に打電して、仁川に滞留中の混成旅団先発部隊を京城に進出させた。翌二三日朝、汪鳳藻駐日公使に内政改革の協定提案が送付された。

六月二六日、大鳥公使は、朝鮮国王に謁見し内政改革の必要を力説した上、二八日、朝鮮政府に対し、朝鮮は果たして自主独立国なのか、それとも清国の属国なのかを翌二九日を回答期限として照会した。二九日まで無回答のため、三〇日、返答を請求したところ、朝鮮は自主国である、清軍は要請しての援兵であるから撤兵を要求することはできない、との回答があった。この朝鮮政府の回答は、清軍の駐兵と干渉が朝鮮の自主独立を定めた江華条約に違反している、と日本側が唱えて清国との開戦理由とする言質となった。

日本国内では山県有朋、松方正義をはじめ元老たちも次々と戦争支持を表明したが、明治天皇は第三国に介入の機会を与えるのではないかと危惧して開戦に乗り気でなかった。現に、ロシアが李鴻章の依頼を受けて調停を申し出てきた。日本は申し出に謝意を表し、事情が許し次第速やかに半島から撤去すると明言した。イギリスも調停案を日清両国に提示したが、清国政府がこの調停案を拒絶した。日本政府は、七月一一日、清国政府がイギリス調停案を拒否したことを非難して、日清交渉を打ち切り、清国との関係を断つことを閣議決定した。

七月二〇日、大鳥公使は、朝鮮政府に対し、朝鮮の自主独立を侵害する清軍を退去させよと申し入れた。回答期限付きの最後通牒であった。最終回答期間の七月二二日夜半に届けられた朝鮮政府の回答は、改革は自主的に実施する、乱は治まったので日清両軍は撤兵してくれ、という二カ条であった。

二　日清戦争の経過

豊島沖海戦と成歓・牙山の戦

一八九四年七月二三日午前二時、京城南郊外の龍山《りゅうざん》から出発した日本の混成旅団の二個大隊は、京城電信局の電線を切断した上、午前五時、王宮に接近すると突然朝鮮兵が発砲した。日本軍は応戦して約三時間の

日清戦争関係略図

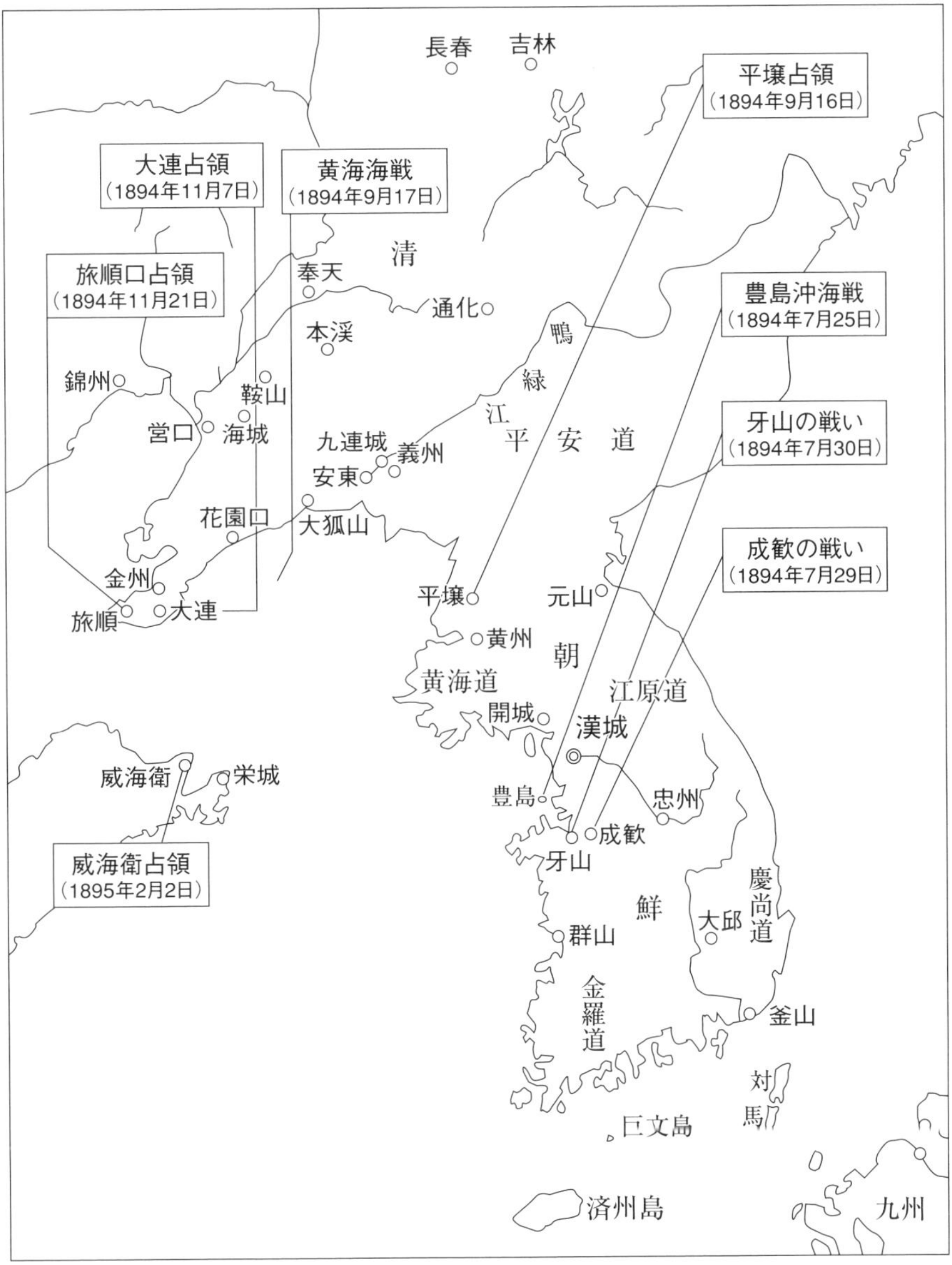
長春
吉林
平壌占領
（1894年9月16日）
大連占領
（1894年11月7日）
黄海海戦
（1894年9月17日）
旅順口占領
（1894年11月21日）
清
奉天
通化
本渓
鴨
緑
江
豊島沖海戦
（1894年7月25日）
錦州
鞍山
営口
海城
九連城
義州
安東
平
安
道
牙山の戦い
（1894年7月30日）
花園口
大狐山
成歓の戦い
（1894年7月29日）
金州
旅順
大連
平壌
元山
黄州
朝
黄海道
江原道
開城
漢城
威海衛
栄城
豊島
忠州
成歓
牙山
威海衛占領
（1895年2月2日）
慶
尚
道
鮮
大邱
群山
金
羅
道
釜山
対
馬
巨文島
済州島
九州

銃撃戦の末、朝鮮兵を城外に駆逐し、代わって王宮の守備についた。朝鮮国王は父の大院君に政局の運営を委ねた。大院君は大鳥公使を引見し、国王が国政改革の全権を自分に委任したこと、そして、今後いかなる措置を取るに当たっても、事前に必ず大鳥公使と協議することを約束する、と告げた。更に、七月二五日、大院君は清韓条約の廃棄を宣言し、大鳥公使は、大院君政権から清軍撃退の依頼状を受領した。

七月二五日、日清間の最初の衝突が豊島《ほうとう》沖で起こった。二三日、佐世保軍港から朝鮮西海方面である群山《ぐんざん》沖に向けて次々と出港した連合艦隊第一遊撃隊が、牙山《がざん》揚陸のため豊島沖に現れた清国巡洋艦一隻、砲艦二隻、輸送船一隻と遭遇し、双方が約三千メートルに接近した時、清国巡洋艦が発砲した。日本側は、艦長海軍大佐東郷平八郎（薩摩藩出身）が指揮する巡洋艦「浪速《なにわ》」他二艦が応戦し、清国巡洋艦は大破して戦場離脱、砲艦一隻は自爆、砲艦一隻は降伏、清国軍を載せた輸送船一隻は撃沈という結果となった。豊島沖海戦である。

七月二九日、最初の陸戦が成歓《せいかん》で戦われた。第五師団（広島）の陸軍少将大島義昌《よしまさ》（長州藩出身）率いる混成旅団が京城を出発し牙山に向かって南下する途上、成歓で清国軍と遭遇し、清国軍を壊滅的に敗走させ、三〇日、牙山を占領した。成歓・牙山の戦いであり、日本陸軍にとって幸先の良い緒戦であった。

日清両国の宣戦布告と国情

八月一日、日清両国は宣戦布告の詔書を発表した。日本にとって、大失敗に終わった豊臣秀吉の朝鮮出兵以来三百年、日本の軍隊が外国と海外で初めて交える一戦であり、挙国一致の戦争熱が高揚した。啓蒙主義者福沢諭吉が主宰する『時事新報』社説は、日清の戦争は、世界の文明の進歩のために止むを得ざる戦争であり、文明を旗印として徹底的に戦わねばならないと強く主張した。福沢は、清国の朝鮮干渉を文明の普及を妨げる許しがたい暴挙と考えており、中国人も、この戦争をきっかけに文明の恩恵に浴することができるのだと考えていた。福沢は、八月二一日、最有力財界人である三井八郎右衛門・岩崎久弥《ひさや》・渋沢栄一《しぶさわえいいち》、華族の東久世通禧《ひがしくぜみちとみ》らと、国民に軍資金献納を呼び掛ける報国会の結成を決め、自らも一万円献納を発表した。後に反戦論者として知られる内村鑑三は、「朝鮮戦争の正当性」と題した英語の論文で、朝鮮戦争は正義の戦いであり、東洋の進歩の擁護者である日本の勝利を望まない者がどこにあろうかと喝破《かっぱ》した。

これに対し、清国は、意思統一が行われないままに戦争に突入した。すでに老境に入って国力を熟知していた北洋大臣李鴻章や長年摂政として実権を掌握していた西大后らが戦争回避論であったのに対し、五年前から親政を始めた光緒帝《こうしょてい》や皇帝側近の中央官僚は主戦論であった。軍資金の不足を口実に開戦を躊躇する李鴻章に対し、皇帝側近の戸部尚書《こぶしょうしょ》（財務大臣）は財政をやりくりして、七月一一日、三百万両もの大金を北洋陸師・水師に交付した。このため、李鴻章は戦争回避に徹することができず、さりとて戦力集中投入もできず、結果として中途半端な援軍の逐次増派となり、戦術・戦略上の失敗を犯した。

八月二六日、日韓攻守同盟が調印された。日朝両国が協力して清国軍を朝鮮国境外に撤退させ、朝鮮国の独立自主を強固にし、日朝両国の利益を増進すべきことを規定した。二期に分けた大本営の作戦大方針では、第二期は、「渤海湾頭」で清国に戦場を求め、清国と雌雄を決することを戦争戦略としていたので、この攻守同盟は、後顧の憂い無く作戦第二期に移行するために必要不可欠であった。

大本営の広島移駐と平壌陥落

清国に宣戦を布告してから一カ月半を経過した一八八四年九月一五日、明治天皇は、広島に到着され、大本営は広島の第五師団司令部に移された。そもそも大本営は、戦いを指揮する君主の幕舎を意味するが、戦時における天皇直属の最高統帥機関である。戸部良一によれば、天皇は、大本営の軍議に常時出席された。就寝時以外、天皇は常時軍装で、就寝の際も、特別の寝所でなく御座所の椅子やテーブルを片づけ、そこに寝台を持ちこんだ。前線の将兵と同じ体験を自ら望まれたからという。広島への大本営の移駐は、伊藤博文首相の進言によるものといわれ、朝鮮半島などで戦う部隊との連絡を密にするためであったが、天皇親征のイメージを国民に強く植え付ける大きな演出という側面もあった。

この大本営が広島に移駐した九月一五日払暁、山県有朋大将（長州藩出身）率いる第一軍約一万二千人（第三・第五・第六師団で編成）が、清国陸軍約一万五千人が集結していた朝鮮北部の平壌の陣地を包囲攻撃した（平壌会戦）。清国軍の抵抗は頑強であったが、残る城塞の城門を開いて日本軍が殺到すると、総司令官を含む清国兵の大半は、平壌を放棄し、清国との国境の鴨緑江の方へ逃げた。このようにして翌九月一六日、朝鮮における清国軍最後の拠点であった平壌は陥落した。この後の戦場は清国の領土に移った。

黄海海戦

平壌陥落の翌九月一七日午後一時ごろ、朝鮮半島の西、遼東半島の東南の黄海で、連合艦隊司令長官である伊東祐亨《いとうすけゆき》中将（薩摩藩出身）率いる軍艦一二隻と、丁汝昌提督率いる清国軍艦一二隻が砲火を交えた。黄海海戦である。日本の連合艦隊は、イギリスの海軍大佐から学んだ新戦術で高速の艦隊運動を展開し、五時間にわたる激戦の末、清国は、巡洋艦四隻撃沈、一隻が戦場離脱ののち擱座《かくざ》破壊と、軍艦一二隻中五隻を失ったほか、主力艦「定遠」、「鎮遠」と巡洋艦一隻が大破するという敗北となった。威容を誇った装甲砲塔艦「定遠」、「鎮遠」も大破して辛うじて旅順口に退却した。日本連合艦隊は、旗艦「松島」と砲艦一隻が大破したが、損壊一隻で、撃沈された艦船はなかった。この結果、朝鮮近海はもとより、清国北洋の制海権は日本海軍の掌握するところとなった。黄海海戦が終わった後、山県有朋は、井上馨宛てて「平壌陥落は実に以外の結果」、「海戦大捷《だいしょう》是亦予想の外」と率直に予想外の勝利であったと伝えている。しかし、黄海海戦の時点で、日本海軍は北洋艦隊に比べて、「定遠」、「鎮遠」のような巨大艦はないものの、主力艦の平均時速において一ノット速く、平均船齢において二年新しく、砲の発射速度において四〜六倍速いという優位に達していた。一八八六年以来の軍備増強の成果である。

遼東半島攻略とシビリアン・コントロール

九月半ばの平壌陥落と黄海海戦により、朝鮮半島からの清軍駆逐と朝鮮近海及び北洋における制海権の掌握という二つの前提条件を達成したので、朝鮮半島を確保するという第一期作戦は終了した。いよいよ大本営は、第二期作戦に入ることとし、遼東半島攻略のため、大山巌《おおやまいわお》陸軍大将（薩摩藩出身）を司令官とする第二軍を、第一師団（東京）と第六師団（熊本）所属の混成第一二旅団で編成した。遼東半島攻略が使命である第二軍は、一〇月二四日、遼東半島南部の花園口《かえんこう》に上陸し、以後一一月六日、金州城《きんしゅうじょう》を占領、七日、大連《だいれん》を占領した後、二一日未明から北洋艦隊の根拠地旅順《りょじゅん》を攻撃し、正午ごろには周囲の砲台などを占領した。旅順の要塞は、巨万の財と一〇数年の時日を費やして構築され、世界三大要塞の一つとして知られていたが、一旦諸砲台が陥落すると清国軍の抵抗は意外にも脆《もろ》く崩れ、難なく占領できた。旅順要塞を半日で陥落させた第二軍は、二一日午後から旅順市街に入城して、付近の残敵掃蕩作戦を始め、一一月二五日頃まで続けられた。そこで、捕虜や婦女子、老人を含む非戦闘員を大量殺害する事件が発生した（犠牲者の数については諸説あるが、秦郁彦説によれば二〇〇〇名を超えない）。戦死した戦友の鼻を削《そ》ぎ、眼を抉《えぐ》り、腹を裂いた清国兵の凌辱行為に対する憤激と報復感情がこの虐殺の引き金となったのである。この旅順虐殺事件は、欧米の新聞等で報道され、懸案の条約改正問題への悪影響が懸念されたが、事件は曖昧のうちに終わった。

一方、山県有朋率いる第一軍も、第二軍の遼東半島上陸とほぼ同時に、鴨緑江を渡河して清国領内に侵入、一〇月二六日には、九連城《きゅうれんじょう》を占領、その後、遼東半島北部の鳳凰城《ほうおうじょう》、大狐山《だいこざん》を制圧、更に一八九五年三月初めまでの間に、牛荘《ぎゅうそう》、営口《えいこう》、田荘台《でんそうだい》などを次々と攻略し、遼東半島北部をほぼ完全に制圧した。途中、一一月の初めの段階で、山県は、余勢を駆って山海関を越えて北京に攻め込もうとする策を含め三策を大本営に献策したが（山海関は、万里の長城の最東端で、山海関より北は関外、南は関内と呼ばれ、山海関越えは象徴的意味を持つ）、いずれも大本営に却下された。この回答に不服な山県は一一月二五日、陸上交通の要衝・海城《かいじょう》の攻撃を第三師団（名古屋）の師団長桂太郎（長州藩出身）に命じた。大本営の意向を無視した山県の行動に対し、伊藤博文首相は、現時点では早期講和こそ最優先すべしとして、天皇に山県の第一軍司令官更迭を進言し、一二月八日、勅許を得て帰国させた。シビリアン・コントロールが健全に機能していたのである。以後、第一軍司令官には、第五師団長（広島）の野津道貫《のづみちつら》中将（薩摩藩出身）が就いた。件の海城を巡る攻防は、厳寒の冬を越して二月末まで続けられ、清国軍は五回にわたって海城奪回を試みるなど日清戦争を通じて最も長期にわたって清軍の戦闘力が発揮された戦場となった。一時、戦局逆転の可能性すらあったが、その逆転は、早期の戦争終結を望む清国大本営の反対によって実現しなかった。

山東半島威海衛における北洋艦隊の潰滅

内地に留保していた第二師団（仙台）と第六師団（熊本）の残部隊を補強した第二軍は、一八九五（明治二八）年一月二〇日、山東半島北岸の栄城湾《えいじょうわん》に上陸した。清国の北洋艦隊には、黄海海戦後もなお「定遠」・「鎮遠」の装甲砲塔艦二隻をはじめ、巡洋艦六隻などが残存しており、旅順攻略を達成した第二軍に、もう一つの根拠地である威海衛《いかいえい》の攻略が命じられたのである。威海衛は、旅順にも増して大規模な軍港で、堅固に要塞化されていた。二月二日、第二軍は威海衛軍港の陸域にある要塞を占領した。これに呼応して、日本連合艦隊は、威海衛軍港内に停泊中の清国北洋艦隊軍艦八隻の封鎖に成功し、二月五日からの魚雷発射、艦砲射撃により、九日正午頃には北洋艦隊は潰滅し、一二日には遂に降伏した。威海衛における日本軍の魚雷発射は、世界初の魚雷攻撃であった。この成功体験が、のちの真珠湾攻撃への伏線となっている。

北洋艦隊の丁汝昌提督は、威海衛海域にある艦船、砲台、兵器を差し出す代わりに、清国の部隊及び外国人顧問の安全の保証を求めた上、二月一六日、漢詩一篇を作り、毒を仰いで自決した。丁提督の死を知った伊東祐亨司令長官は、艦隊に命じて一斉に半旗を掲げさせるとともに、輸送に適した清国艦船一隻を、丁提督の棺を搭載し、清国人を収容するために充てることを認める異例に寛大な処置をとり、棺を搭載した艦船が出港する際には、旗艦「松島」から葬儀の礼砲である分時砲を発射させる、など武士道精神をしめやかに発露した。このことはロンドンの『タイムズ』紙にも報道された。

台湾占領

一八九五年三月二三日、歩兵一個旅団が、台湾攻略の前進基地として、台湾西方の澎湖諸島《ほうこしょとう》に上陸占領した。台湾占領作戦は、当初、威海衛攻略作戦と同時並行的に進める予定であったが、第一軍が遼東半島北部の海城を巡る攻防で苦戦したため遅れ、台湾譲与を講和条件に入れるためには、講和交渉が正式に始まるまでに占領が必要で、台湾島に属する澎湖諸島の占領は、その条件を満たすためであった。

その後五月一〇日、海軍軍令部長の海軍大将樺山資紀《かばやますけのり》（薩摩藩出身）が台湾総督に任命され、五月二四日、広島宇品港を出発して南下、六月二日、台湾及び澎湖諸島を接収した。一方、五月二九日、北白川宮能久《きたしらかわのみやよしひさ》親王率いる近衛師団が台湾北部の要衝・基隆《キールン》に近い澳底《おうてい》に上陸し、六月三日、基隆を占領した。六月七日未明、省都台北《たいほく》を無血開城し（台湾は、福建省台湾府であったが、一〇年前の一八八五年、隣接する福建省から独立して台湾省となっていた）、六月二五日までに台湾北部の鎮定は大方完了した。更に、近衛師団は、抗日義勇軍の頑強な抵抗とマラリアなどの熱帯病に苦しみながら南進し、八月末までに台湾中心部の台中《たいちゅう》、彰化《しょうか》を陥落させた。一〇月になると、一〇日に混成第四旅団が、一一日には第二師団（仙台）がそれぞれ台湾南部に上陸し、中旬には近衛師団と併せて三方面の軍が台南城《たいなん》を包囲攻撃する態勢ができた。一〇月一九日深夜、抗日義勇軍は、軍服を脱ぎ捨てて変装し、台湾を離れ福建省厦門《アモイ》に逃げたので、一〇月二一日、日本軍は平和裡に台南市内に入城し、台湾全島の占領は完成した。途上、近衛師団長能久親王は、マラリアに罹《かか》り、一〇月二八日、台南で薨去した。かつて戊辰戦争の際、奥羽越列藩同盟の盟主に擁立された能久親王は、皇族として初の海外での殉難者となった。

日本は、約七万六千人（うち軍人約五万人）の兵力を投入し、戦死者一六四名、戦病死者四六四二名の犠牲を出し、中国人兵士・住民一万四千人を殺害して、台湾を獲得した。最も強く抵抗したのは、先住民である高山族《こうざんぞく》と、台南府を拠点に頑強に戦った劉永福《りゅうえいふく》将軍である。劉将軍は、一八八四年の清仏戦争で黒旗軍《こっきぐん》を率いてフランス軍を駆逐した英雄として知られており、台湾でもその本領を発揮して執拗な抵抗を続けた。その過程で、住民を巻き込んで戦われるゲリラ戦が極めて激しく残虐であったため、また、住民との間の敵と味方の区別がつかないため、双方に住民を含めた虐殺行為が頻発した。

三　日清戦争の影響

下関講和条約

末期的症状を呈していた老大国とはいえ、日本の兵力の約四倍の総兵力を擁する清国を、その敵地で日本が打ち破ったことの意味は大きい。日清戦争では、訓練、装備、士気等ほとんどあらゆる面で、日本軍が清国軍を上回っていたといってよい。「弱き」朝鮮の独立を助け、清国の「非道」を挫くと表明された戦争目的の明快さが、日本軍の将兵の士気を鼓舞する大きな要因であった。

三月一九日、門司に上陸した李鴻章率いる清国全権代表団は、翌二〇日、対岸の下関の春帆楼《しゅんぱんろう》で日本国全権伊藤博文首相・陸奥宗光《むつむねみつ》外相と講和協議に入った。李鴻章はまず休戦条約を求めたが、日本側が苛酷な条件を提示したため、李鴻章は熟考のための数日の猶予を求め、三日間の猶予期間が与えられた。二四日の協議では、李は、まず休戦の提議を撤回し、代わりに講和条約の談判に入りたい旨申し入れた。伊藤は、明日、条約案を提出すると約束して会談を終え、李が旅館へ帰る途中、暴漢《ぼうかん》(自由党の壮士)にピストルで狙撃されて顔面を負傷した。この暗殺未遂事件が第三国の戦争介入を招きかねない、などの影響を恐れた陸奥は、二八日、休戦条約の草案を携えて病床の李を訪ね、李は喜んでこれを受け入れた。三〇日、休戦条約は調印され、調印の日から三週間すべての両国陸海軍は休戦することになった。かくして暗殺未遂事件の影響を最小限に食い止めた。

四月一日、日本側は李鴻章に講和条約案を送達した。その後、厳しい条件を巡って両国間の修正協議が行われたが、日本側が最終的に若干の譲歩をして、四月一七日、講和条約は調印された。条約の主な内容は、①清国は朝鮮を完全な独立国であることを認める、②清国は遼東半島・台湾・澎湖諸島を割譲する、③清国は庫平銀《こへいぎん》二億両(三億円)の賠償金を支払う、である。

三国干渉

下関講和条約調印から六日後の四月二三日、ロシア、ドイツ、フランス各国公使が、日本政府に対し、遼東半島の領有は、清朝の都を危うくし、朝鮮の独立を有名無実にし、極東の平和に対する障碍《しょうがい》をなす、故に放棄することを勧告する、という申し入れをした。三国干渉である。李鴻章は、講和交渉をしている最中に、その経過を列国に通報して、干渉を働き掛けており、講和条約の調印も、干渉があるとの情報をドイツから得た上で行ったのである。干渉は地政学的に利害関係の最も深いロシアの主導で行われた。しかも武力示威も怠りなく、講和条約批准交換の地である煙台《えんだい》に三国の軍艦が集結していた。三国の武力を背景とした干渉の前に日本は承服するほかはなく、五月五日、日本政府は、遼東半島すべてを放棄する、ただし下関条約そのものは予定通り批准交換し、かつ遼東半島還付に対する賠償金を取る、と三国に回答した。講和条約の批准交換は五月八日に山東半島北部の煙台で行われ、別途一一月一八日、北京で遼東半島還付条約を結び、清国は三〇〇〇万両の償金を払うことになった。三国干渉に伴う遼東半島還付は、戦勝に沸き立つ日本国民にとって冷水を浴びせられたも同然で、「臥薪嘗胆《がしんしょうたん》」が深く日本国民の意識に刻み込まれた。口惜しさと裏腹の対露報復の怨念が、日露戦争への伏線となっていく。

台湾統治

多大の犠牲を伴った戦闘の結果として、日本は台湾領有という大きな戦果を得た。台湾は、四国の二倍程度の面積の島で、一九世紀に入って糖業と茶業を中心に開発が進められていたが、台湾自体の資源開発のみならず、「将来の南方進出の拠点」として重要と位置付けられていた。これは、政府と軍部の共通認識であったばかりでなく、広く民間にも共有された認識であった。一八九五年一一月、日本軍は、全台平定を宣言したが、実際には同年一二月には、台湾東北部の宜蘭《ぎらん》が包囲され、翌年元旦には台北城が襲われるなど、各地で先住民の高山族が蜂起し、日本統治への抵抗は一九〇二年まで続いた。その間、殺戮された「土匪《どひ》」（土着民で、集団で暴行・略奪を行う賊）は約一万一千人に及んだ。

台湾総督府は、「保甲制度《ほこうせいど》」という民衆相互監視制度を布き、連座制に基づく治安維持を図った。台湾総督は、初代樺山資紀（薩摩藩出身。日清戦争時は海軍軍令部長）、第二代桂太郎（長州藩出身。日清戦争時は陸軍第三師団長）、第三代乃木希典（長州藩出身。日清戦争時は陸軍歩兵第一旅団長）と続き、一八九八年三月、陸軍中将児玉源太郎《こだまげんたろう》（長州支藩の徳山藩出身。日清戦争時は陸軍所管事務政府委員）が第四代総督として赴任すると、内務省衛生局長であった後藤新平（仙台藩出身。日清戦争終結時は臨時陸軍検疫部事務官長として児玉源太郎の部下）を民政局長（のち民政長官）に起用して、一九〇六年六月までの八年間に台湾統治五〇年の基礎を築いた。即ち、児玉総督は、徹底した「土匪」対策を講ずる一方、土地調査や人口調査を実施して土地台帳や戸籍台帳を整備するとともに、中央銀行としての台湾銀行制度の確立、農業水利事業や品種改良事業による農業の振興、鉄道網・道路網の整備や港湾の修築などの産業インフラの整備、公衆衛生事業などを推進し、民生の安定向上に多大な成果を挙げた。戦後、一時「台湾の奇跡」と称されたこともある急速な経済成長を遂げ、アジアＮＩＥＳと称される新産業国家として国際的に注目された台湾の経済発展の基礎は、この児玉総督時代に築き始められたといっても決して過言ではない。

臥薪嘗胆に基づく「戦後経営」

遼東半島還付の償金三千万両（約四五〇〇万円）を加えた約三億四五〇〇万円の清国賠償金は、日清戦争直前の年間歳出が約八〇〇〇万円であった日本にとって、その四倍以上の臨時収入をもたらした。また、臨時軍事費の支出でみると、日清戦争の戦費は約二億円であるので、それを償って余りある収入であった。

「臥薪嘗胆」の四字に集約して国家の全力を対露報復戦争にかけることを課題に、政府が「戦後経営」として企画したものは、一八九六（明治二九）年度に始まる一〇カ年で総経費八億円を要する巨大なものであった。その眼目は、第一に陸海軍の軍備拡張であり、第二に、官営製鉄所の設立、官営鉄道の建設、電信電話事業の拡充であり、第三に、航海奨励法や造船奨励法による民営補助制度の創設である。総じて軍拡を主眼に、軍拡を支える産業育成と植民地経営、更には担税力の増強を狙ったものであった。この『戦後経営』計画に基づく一八九六年度歳出は、日清戦争直前の二倍になり、更に翌年度は二億円台に突入している。歳出に占める軍事費の割合も一八九〇年代後半は四割を超えた。

「戦後経営」の財源は、清国の賠償金、増税、国債発行に求められた。日清戦争前は一貫して政府の増税策に反対してきた板垣退助、河野広中《こうのひろなか》らが主導する民党の雄・自由党は、方針転換して、伊藤内閣と提携して蜜月関係に入り、日清戦争後初の第九議会において、大幅な積極予算案と増税法案（営業税法、酒造税法、登録税法、葉煙草専売法）の成立などに協力した。提携の代償として、翌一八九六年四月一四日、板垣退助が、伊藤内閣の内務大臣として入閣した。この年三月、この自由党の藩閥政府との提携に対抗して、大隈重信が主導する立憲改進党が中心となって他の小政党を糾合して、進歩党を結成し、責任内閣の完成、国権拡張、財政整理を三大政治綱領として掲げた。超然主義の藩閥政府に対抗して民権と民力の伸長の主張に偏した民党から脱却して、緊迫する東アジア情勢の中で「戦後経営」に積極的に参与する民党への変身を図ったものである。

一八九六年三月には、陸軍省は、一八八八年五月以来の七個師団（近衛師団＋六個師団）体制を一挙に拡大して一三個師団（近衛師団＋一二個師団）体制に増強することとした。これに基づき、第七（旭川）、第八（弘前）、第九（金沢）、第一〇（姫路）、第一一（善通寺）、第一二（久留米）の六個師団が増設され、これまであった第一（東京）、第二（仙台）、第三（名古屋）、第四（大阪）、第五（広島）、第六（熊本）と合わせて、各都道府県に一個の歩兵連隊（平時三千人）を置くことができるようになり、県庁所在地かその周辺に連隊の兵舎が設けられた。

翌一八九七年三月一七日、日本が金本位制に移行できたのも、清国からの賠償金のおかげといってよい。この年六月一日、兵器・弾薬の自給体制と「産業の米」たる鉄鋼の安定供給体制の確立を目指して、官営八幡製鉄所が設立され、一九〇一年一一月から操業を開始した。日本は、これらを通じて、本格的な資本主義工業国としての道を歩み始めた。

ヨーロッパの「黄禍論」と日本国内の「国語」論

日清戦争の時期に、ドイツ皇帝ウィルヘルム二世は、画家クナックフスに黄禍論《こうかろん》を一枚の絵の中に描かせ、この絵には「ヨーロッパ人よ、汝の神聖な財産を守れ！」という題が付けられていた。この絵は、ロシアのニコライ二世に贈られ、その複製画がアメリカのマッキンリー大統領にも送られた。やがて、これが「黄禍の図」となり、丁度それが下関条約や三国干渉という時期と重なり、ヨーロッパ中に流布され、大きな影響を与えていくことになった。「黄禍論」は、端的に、白色人種の西洋文明によって開化した黄色人種の日本人が、さらに独自に文明化を進めて、やがてヨーロッパの白色人種に矛先《ほこさき》を向け、禍《わざわい》をもたらすのではないか、というものであり、日本脅威論である。ウィルヘルム二世の直接的意図は、「黄禍」を強調することによって、フランスと組んでドイツと対立するロシアの関心と勢力を極東に釘づけにすることにあったようであるが、その後、対象は日本人に限らず、人種差別政策として移民排斥などの局面でも広範な影響を与えた。

文豪夏目漱石は、日清戦争終結の翌年一八九六年の七月からイギリスに留学するまでの四年余りの間、熊本の第五高等学校の英語教師をしていたが、その授業の中で「欧米人が白人と称して威張るのは可笑《おか》しいではないか。僕らは黄色人種だから何故に下等なのか。諸君、金は黄、銀は白だな。金は銀より上等だ。それでは、黄色人種は白色人種より一段と優れていると何故言えないのか」と黄色人種のために気焔《きえん》を吐き、それを聴講していた学生の中に、後に「ブラジル移民の父」と呼ばれるようになる上塚周平がいた。

国語学の泰斗《たいと》上田万年《かずとし》は、日清戦争の真っ最中の一八九四年一〇月、「国語と国家と」と題して講演を行った。今こそ四〇〇〇万人の日本国民には日本語という国語がなければならない。国語がなければ日清戦争で中国に勝ったとしても中国語、漢語の世界から日本は脱却できないのではないか。また、外国人が内地に雑居し始めたときに日本語できちんと対応できるだろうか。これが、言語学研究のためのヨーロッパ留学から帰国して間もない当時の上田の問題意識の核心であった。人種があり、歴史があり、言語があって、これらが三位一体《さんみいったい》になったときに「日本国民」が生まれるという基本認識をもつ上田は、「国語」としての日本語の確立に心血を注いだ。上田は、話し言葉による国民の言語の定着を狙って、帝都東京の教育のある人たちの話す言葉を「標準語」として措定して、方言を全て宥和統一することを提案した。この標準語を創出しない限り、「日本国民」の創出ができないのみならず、日清戦争で台湾を獲得しても、植民地支配ができないという問題意識も伴っていた。

列強の中国分割

遼東半島還付金を含めた清国の賠償金二億三千万両は、当時の清国の歳入総額の約三年分に相当した。この賠償金の支払いに困窮した清国は、一八九五年七月六日、ロシアとフランスから一億両の共同借款を受け入れたのを手始めに、イギリスとドイツから、一八九六年と九八年の二回にわたって、総額二億七百万両の共同借款を受け入れ、その担保として関税・塩税・厘金《りきん》（貨物通過税）を充てた。この措置によって、これらの外国銀行は中国の外国貿易と交通運輸の命脈を掌握することになった。

三国干渉と借款によって恩を売った露独仏三国は、九六年から九八年にかけて、ロシアは黒龍江省・吉林省を貫く東清《とうしん》鉄道、ドイツは山東半島を東西に貫く膠済《こうさい》鉄道、フランスは広西の龍州から雲南の鎮南関《ちんなんかん》までの鉄道の敷設権を獲得した。イギリスも天津・鎮江《ちんこう》間の津鎮《しんちん》線、広州・九龍間の広九《こうきゅう》線、上海・南京間の滬寧《こねい》線の敷設権を獲得し、一八九八年までに欧米諸国が獲得した鉄道敷設権は一万三〇〇〇キロ余に達した。しかも、鉄道敷設権は、多くの場合、沿線における鉱山開発権を伴っていた。

更に、一八九七年秋にドイツ人宣教師二人が山東省で殺害されたのを機に、ドイツ艦隊が膠州湾を占領したのに対抗して、ロシア艦隊が旅順港に侵入し、翌年三月に、ドイツが膠州《こうしゅう》湾を、ロシアが旅順・大連港を租借した。これに対抗して、イギリスが同年六月から七月にかけて香港の九龍半島と山東半島の威海衛の租借権を、フランスが翌九九年一一月に広州の租借権を獲得した。列強は、租借地（軍事基地）と鉄道を軸に自国権益を排他的に確保する勢力範囲を設定し、この圏内においては他国に権益を譲渡しないことを清国に承認させた。日本も植民地・台湾の対岸である福建省の権益を他国に与えないことを清国に承認させた。一八九八年四月からの米西戦争《べいせいせんそう》のためアジア進出に遅れをとったアメリカは、一八九九年九月、中国の主権尊重・領土保全・機会均等を骨格とする「門戸開放宣言」を発して、中国全域に対する自由な経済進出を対中国政策の原則とした。

これらの列強による中国の分割の端緒となったのが一八九六（明治二九）年六月三日、ニコライ二世のモスクワでの戴冠式に出席した李鴻章が、ロシア外相ロバノフ・蔵相ウィッテとの間で調印した露清《ろしん》秘密同盟条約である。この条約では、日本が中国・朝鮮・極東のロシア領土を侵略した場合の相互援助を約し（日本を仮想敵国とした攻守同盟）、清国は三国干渉による遼東半島還付の見返りとしてロシアに中国東北部を通過してウラジオストークに至る東清鉄道の敷設を認めたのである。日清戦争の敗戦を挽回するためには「親露」路線に徹するほかないとの大局判断に基づくものであろうが、この条約が、ロシアの勢力を東三省（黒竜江・吉林・遼寧省）に引き入れ、日露戦争・満州事変の出発点をなし、ひいては日中戦争を惹起《じゃっき》する原因となった。一八九一年五月に着工したシベリア鉄道は、一八九四年に締結された露仏同盟に基づきフランス資本の資金供与を受けながら、その完成が急がれたが、バイカル湖周辺とアムール河（黒龍江）沿線の地形が急峻で難工事のため多大な時間を要するので、中国東北部を貫通する東清鉄道が短絡線として実現すれば、シベリア鉄道の開通は早まり、ロシアの東北アジアへの輸送力は飛躍的に高まる効果が期待された。満《マン》州里《チュウリ》・哈爾濱《ハルビン》・綏芬河《すいふんが》を結ぶ東清鉄道が、最後の大興安嶺《だいこうあんれい》トンネルの完成により開通し、シベリア鉄道と連結したのは、まさに一九〇四年二月であり、日露戦争勃発の直前であったのである。

清国における「変法」運動

一方、清国国内では、最近まで中国文化圏内の東アジアの一小国と考えられていた日本に敗戦した衝撃は大きく、康有為《こうゆうい》・梁啓超《りょうけいちょう》・譚嗣同《たんしどう》ら少壮の下級官僚・知識人が主導する「変法《へんぽう》」運動が、日清戦争直後から俄かに活発化した。彼らは、日本の明治維新と同様の政治制度の改革によってのみ富国強兵を図れると主張し、清国の政体を立憲君主制の近代国家に変える運動を展開した。一八八九年二月以来親政を開始していた光緒帝に期待を寄せた彼らは繰り返し上書を提出し、一八九八年六月一一日、光緒帝は「国是を定める詔」を発し変法の推進を公布した。「戊戌《ぼじゅつ》の変法」である。以後、彼らは矢継ぎ早に新法・新制度を布告したが、官僚の大多数は、これを無視し、実行されたのは京師大学堂《きょうしだいがくどう》（のちの北京大学）の創立だけだった。

九月二一日、西大后を擁する守旧派のクーデタで光緒帝は幽閉され、譚嗣同ら変法派六名は処刑された。康有為・梁啓超は、日本公使館や宮崎滔天《みやざきとうてん》の援助で日本に亡命し、戊戌の変法は「百日維新《ひゃくにちいしん》」に終わった。

変法運動の挫折の最大の要因は、民衆的基盤を欠いた点にあったが、守旧派のクーデタ成功の決め手は、変法派のシンパと目されていた袁世凱（日清戦争後ドイツ陸軍をモデルに天津近郊で組織した新建陸軍を掌握していた）の寝返りであった。変法派から政権を奪還した守旧派は一層反動の傾向を強め、袁世凱は李鴻章に代わる軍閥の巨頭への道を歩んでいった。

閔妃暗殺事件と朝鮮のロシアへの傾斜

日清戦争最中の一八九四年一〇月に朝鮮公使に就任した井上馨は、朝鮮政府の内政改革に腐心したが、その内政改革は却って朝鮮側の反発を招いた。しかも、九五年五月、ロシアが三国干渉に成功し日本に遼東半島を還付させると、閔妃はロシア公使夫妻と俄かに親しくなり、ロシアの後ろ盾を得た閔妃一派は、同年七月、親日勢力を追放して政権を奪回した。外相、農商務相、内相など重要閣僚を歴任した上で、勇躍、朝鮮に公使として乗り込んだにもかかわらず、行き詰まった井上は、失意のうちに自ら公使解任を請願した。

後任公使に起用されたのは、みずから「吾輩《わがはい》は外交の事は素人であり、不得手である」と語る三浦梧楼《みうらごろう》陸軍中将であった。三浦は、長州出身の国権主義者で武断的な軍人であり、陸軍内で非主流に属していたが、行き詰まった朝鮮問題の打開にその手腕を期待されて、同年九月一日に、京城に着任した。三浦は、着任早々、親露派を排除するため、公使館一等書記官杉村濬《すぎむらしゅん》、朝鮮政府軍事顧問岡本柳之助《おかもとりゅうのすけ》（元陸軍少佐。一八七八年八月の竹橋事件の首謀者）らと謀議してクーデタを計画した。一〇月八日未明、岡本柳之助の総指揮のもと、安達謙蔵《あだちけんぞう》率いる『漢城新報《かんじょうしんぽう》』社員をはじめとする民間壮士（大陸浪人）六〇数名・日本軍守備隊・日本公使館警察が、親日派将校率いる朝鮮軍訓練隊と合流し、京城郊外に隠棲中の大院君を担ぎ出して景福宮《けいふくぐう》に乱入し、閔妃を殺害し、大院君を中心に親日政権を作らせた。この閔妃暗殺事件は、反日親露の空気を一変させるべく、三浦公使を中心として、大院君派と閔妃派との宮廷内抗争と見せかけて画策し実行した独断専行であった。しかし、アメリカ人軍事教官とロシア人電気技師が現場間近で目撃していたため、真相が明らかになった。国際非難を恐れた日本政府は、外務省政務局長小村寿太郎《こむらじゅたろう》を朝鮮に派遣し、一〇月一七日には、三浦公使を解任して小村を弁理公使に任命し、三浦ら四八人を召還し広島の監獄に収容した。翌九六年一月、軍人八人について第五師団の軍法会議で無罪とされ、広島地方裁判所での予審の結果、閔妃を殺害したことに関しては証拠不十分として、三浦以下全員免訴となった。釈放された三浦らは、朝鮮を親露派から親日派に転換させた英雄として、万歳三唱の中で凱旋する結果となる国民的雰囲気であった。

朝鮮国内では、閔妃暗殺事件によって、ますます反日感情が高まったところに、親日開化派の金弘集《きんこうしゅう》政権が、一二月三〇日に出した断髪令が、朝鮮民衆の反日感情に拍車をかけ、反日義兵闘争が激化した。翌一八九六年二月一一日には、義兵闘争討伐のため出動して手薄になった政府軍の虚を突いて親露派が、仁川に停泊中のロシア軍艦の将兵の助力を得て、クーデタを強行し、金弘集政権を倒し、国王高宗をロシア公使館に移した。国王高宗は、一年後に王宮に戻るまで、ロシア公使ウェーバーの保護下にあった。朝鮮政府は、ますますロシアを頼るようになり、ロシアが清国に代わって朝鮮に大きな影響力を有することになった。ロシアは、一〇月には軍事顧問を、その一年後には財政顧問を朝鮮政府に派遣した。

一八九七年二月にロシア公使館から王宮に戻った国王高宗は、八月一五日に、独自の元号を「光武」とし、一〇月一二日には、皇帝即位式を挙行し、「大韓帝国」を国号とすると宣布した。朝鮮は、それまで中国の年号を使用し、中国の皇帝に対し朝鮮国王を称してきたが、日清戦争での清国の敗北を機に、国内に独立思想が高まり、中国との伝統的な事大関係・宗属関係を清算することとし、中国皇帝をはじめ各国君主と同格の独立国の元首であることを宣言したものである。

第五章　日露戦争

一九〇四（明治三七）年二月から翌〇五年七月にかけて、朝鮮と満州（中国東北部）の権益の確保を巡って、日本が、英米の支持のもとに、南下政策をとるロシアを相手に、朝鮮・満州・日本海・黄海・樺太で戦い、海戦では日本が完勝し、陸戦では日本が優位に終戦に持ち込んだ戦争。米国のルーズベルト大統領の斡旋によるポーツマス講和条約で、①朝鮮における日本の優越権の承認、②中国の同意を条件とした関東州の租借地、長春・旅順間の鉄道の日本への譲渡、③南樺太の日本への譲渡、④沿海州漁業権の日本国民への許与、などが認められたが、賠償金の支払いは認められなかった。

一　日露戦争の背景と経緯

ロシア帝国の成り立ち

一二三六年からのチンギス・ハンの孫バトウによるユーラシア大陸西部遠征の結果、モンゴル族は、一二四三年、ヴォルガ河の下流域に広がるキプチャク草原にキプチャク汗国を建国した。バトウは、ヴォルガ河下流のサライ（アストラハンの北一三〇キロメートルほどの地点）に首都を置き、ロシア諸侯はその公国支配権につきサライのバトウの承認を要するという間接支配の仕組みをとった。ヨーロッパが「ルネッサンスの二百年」といわれた時代に、スラブ民族は、「タタールのくびき」といわれるモンゴル支配の二四〇年に甘んじ、ヨーロッパ世界からの相対的孤立と文化的後退を余儀なくされた。

しかし、一四八〇年、モスクワ大公国のイワン三世が、武力を背景に「タタールのくびき」支配から脱して自立を達成し、初めて「全ロシアの君主」、「ツアーリ」を名乗り、東ローマ帝国（一四五三年滅亡）の後継者を任じ、ギリシア正教の擁護者となった後の成長発展は目覚ましいものがあった。イワン三世の孫で「雷帝」といわれたイワン四世は、一五四七年、「ロシア帝国」を国号とし、正式に「ツアーリ」（皇帝）

と称し、トルコ系のカザン汗国とアストラハン汗国を順次併合した後、一五八二年、コサックの首長イエルマークを起用して同じくトルコ系のシビル汗国を攻略したのを手始めに、東経六〇度に位置するウラル山脈を越えた東方計略（シベリア進出）を展開した。ロシア帝国のシベリア征服欲の源泉は、「走るダイヤモンド」といわれたシベリアの森に生息する黒貂《くろてん》の毛皮にあり、黒貂の毛皮はパリなどで売りさばいて高い利益をもたらした。

ロマノフ王朝の凄まじい膨張体質

一六一三年、イワン雷帝と縁戚関係にある名門貴族ロマノフ家のミハイル・ロマノフが帝位に就き、ロマノフ王朝を開いた。日本では、伊達政宗が支倉常長《はせくらつねなが》を遣欧使節として派遣し、徳川幕府が、キリスト教を禁止した年のことである。ロマノフ王朝三〇〇年の歴史の中でも、特に、ピョートル大帝の治世（一六八九～一七二五）に、国力が急速に伸張し、新首都サンクト・ペテルブルグを中心として西欧化を急速に進めるとともに、清国との衝突を避けるため一六八九年、ネルチンスク条約を締結して外興安嶺《がいこうあんれい》以北をロシアの領土とし、一六九五年には、東のフロンティアはカムチャッカ半島に達した。ピョートル大帝の時代からの二〇〇年間で、ロシアの領土は平均すると一日につき四〇〇平方キロメートルの割合で増加したという（東京都の面積は約二二〇〇平方キロメートル）。凄まじい膨張体質である。一七世紀前半にフロンティアがオホーツク海岸に達してからは新たにラッコなど海獣の毛皮が、一八世紀に入るとレナ河流域を中心とした金・銀などの鉱物資源が征服者の事業意欲をかき立てた。

一七七八（安永七）年以降は、国後島《くなしり》以南の日本列島にロシア船が通商を求めて来航するようになったが、徳川幕府は一六三九（寛永一六）年以来の鎖国の方針を堅持し、却って一八二五（文政八）年には異国船打払い令を発令した。一八五四（安政元）年の日露和親条約と一八七五（明治八）年の樺太・千島交換条約で日露の国境は確定した。即ち、樺太全島がロシア領、千島列島全体が日本領となった。

一九世紀後半に入ると、東シベリア総督ムラヴィヨフの活躍により、ネルチンスク条約で清国に譲った外興安嶺以南、黒龍江以北の地を実力で取り返し、一八五八年、愛琿《あいぐん》条約を結んで、これをロシア領とし、更にウスリー河以東の沿海州の地を中露の共管地とした。内憂外患で東北に治安警備の手が回らない清国の隙をついた措置であった。二年後の一八六〇年には、アロー号事件で北京に攻め込んだ英仏連合軍と清国とを調停して和議をまとめた報償として北京条約を結び、中露共管地になって間もない沿海州の地をロシア領とした。愛琿条約と北京条約の結果、ロシア帝国と清国との東部国境は、ロシア側の領土が黒龍江以北、ウスリー河以東の地と画定した。

一方、ロシアは、一八六八年から七五年にかけて、東経六〇度のウラル山脈の南に位置するアラル海の南部に分立していた中央アジア（西トルキスタン）のボハラ・ヒヴァ・コーカンドの三汗国を順次保護国とし（コーカンド汗国は併合）、その勢力は清国の西部国境に肉薄した。勢い、隣接するイリ地方で起きた回教徒の反乱の討伐を名目に駐留したロシア軍と陝甘《せんかん》総督左宗棠《さそうとう》率いる清国軍とが一触即発の危機に瀕したが、一八八一年、双方譲歩してイリ条約を結び、ロシアはコルゴス河以東の地を清国に返還し、清国は償金を払うこととなった。アジア大陸の奥地からオホーツク海沿岸に至るまで約八千キロに達する国境で、清国はロシア帝国の圧迫のため大幅な譲歩を強いられたのである。

一六世紀半ばまで、ヴォルガ河の西方に逼塞していたスラブ民族のロシアは、約三五〇年間で、ヴォルガ河を越え、ウラル山脈を越えて、バルト海から太平洋に達し、二〇〇もの民族を抱え込む広大な多民族国家となった。

ウラジオストーク軍港建設とシベリア鉄道の敷設

ウスリー河以東の沿海州を獲得したロシアは、一八六一年には早速ウラジオストークの軍港建設に着手し、一八七三年には完成させ、日本海から太平洋に通ずる軍事拠点を確保した。一八九一年五月には、ヨーロッパ本国とウラジオストークを結ぶシベリア鉄道の建設に着手し、東西の起点チェリャビンスクとウラジオストークの双方から工事が始まった。フランス資本の援助も受けて一九〇一年一〇月には、モスクワとウラジオストークを一三日で結ぶシベリア鉄道が開通した。約七四〇〇キロメートルに及ぶシベリア鉄道建設の決定的動機は、ユーラシア大陸を横断する鉄道の開通により、陸軍を短期日で大量にウラジオストークに、更には東アジアに動員できることとなり、イギリス海軍の制海権を無力化し、中国におけるイギリスの通商的権益や外交的優位を脅かすという軍事的政治的経済的思惑であった。一九世紀末、シベリアには移民の洪水が押し寄せた。シベリア鉄道の開通、レナ河流域の金採掘の本格化に伴う「黄金熱」、移住手続きの簡素化などが、大きな移民の流れを作りだしたのである。因みに、一九世紀末シベリアの金産出額は、ロシア全体の約七五％を占めていた。

ロシアの満州への進出と日本の反撥

日清戦争の結果、下関講和条約により日本に割譲することになった遼東半島について、一八九五年四月に独仏両国とともに三国干渉を行って清国に還付させたロシアは、同年七月に、講和条約に基づく賠償金の支払いに窮した清国に対し、フランスとともに共同借款を供与することで重ねて恩を売り、翌九六年九月には、露清密約により、黒龍江省・吉林省を貫く東清鉄道の敷設《ふせつ》権を獲得した。更に、一八九八年三月には、旅順・大連の租借権とハルビン・旅順間の南満州鉄道の敷設権を獲得した。ロシアは、長年の夢であった太平洋に通ずる不凍港を手に入れたのである。

しかし、血であがなって獲得した遼東半島を三国干渉で還付させられた上、その要衝である旅順・大連をロシアが租借したことに対し、日本国民の憤激が高まり、ナショナリズムが激しく燃え上がった。日本は、朝鮮に対するロシアの脅威を取り除き、ロシアに奪われた遼東半島の権益を取り返そうとして中国大陸への進出の意欲を燃やすことになった。その根源は、清国の西大后や李鴻章が、日本を抑え込むために、夷を以って夷を制するという中国の伝統的な外交政策をとり、ロシアの援助を求めロシアを引き入れた三国干渉にあった。

義和団の乱の勃発とロシア軍の全満州占領

一八九八年六月からの戊戌《ぼじゅつ》の変法《へんぽう》が百日維新に終わり、挫折して間もなく、翌九九年三月、山東省西部で義和団が蜂起し、ドイツ軍と衝突した。

山東省は、日清戦争賠償金の保障として日本が三年間軍事占領していた地域であり、九八年にはドイツが膠州《こうしゅう》湾を、イギリスが威海衛《いかいえい》を租借して、外国の侵略の焦点となっていた地域であった。その上、ドイツ人宣教師が軍事力を後ろ盾にして強引なカトリックの布教を進めたため、これに反発して、呪文を唱え拳法を武器とする白蓮《びゃくれん》教系の秘密結社義和団が勃興し、貧農をはじめ底辺の民衆に反キリスト教の勢力を広げていた。

ドイツなど列強の要求により山東巡撫に就任した袁世凱が新建陸軍によって山東の暴動を鎮圧すると、義和団の主力は、「扶清滅洋《ふしんめつよう》」（清国を扶《たす》け外国を滅ぼす）の標語を掲げて河北省に転進し、一九〇〇年六月には、首都北京に進出して、ドイツ公使と日本公使館員を殺害し、北京の公使館地域を五六日間にわたって封鎖した。六月一三日、北京に孤立した外交団と居留民を救うため列強は天津から出兵した。これに対し、六月二一日、清国は義和団を義賊《ぎぞく》とみなして宣戦布告したので、ドイツ、日本、イギリス、アメリカ、フランス、ロシア、オーストリア、イタリア八カ国は連合軍を組織した。約三万六千名の連合軍は、天津を攻略し、八月一四日には義和団と清国軍を破って北京に入城し、攻囲を解いた。

和平交渉の結果、翌一九〇一年九月、北京議定書を結び、清国は①四億五千万両の賠償金を支払う、②北京に中国人の居住を認めない公使館区域を設定して各国軍の駐屯を認める、③北京から山海関までの鉄道沿線要地に各国の駐兵権を認める、④北京・天津間の砲台を撤去する、などの厳しい義務を課された。八カ国連合軍の主力は日本軍であった。イギリスは南アフリカのブーア人の反乱に、アメリカはフィリピンのアギナルドらの独立戦争に手を焼いていて余裕がなく、朝鮮と東三省を巡ってロシアと対立していた日本は、イギリスとアメリカの支持を必要としていたため、地の利を得て二万二千人の大軍を派遣し、鎮圧に大きな役割を果たすことによってその存在感を高めた。また、日本軍は、連合軍の中で最も規律が厳正という評価を受け、鎮圧後も速やかに撤兵するなど些《いささ》かもアジア侵略の疑惑を招かないよう細心の注意を払った。

一方、義和団の勢力は、一九〇〇年六月以降満州にも達し、東清鉄道の破壊や守備兵との衝突などロシアの権益を排除しようとする動きが強まったため、七月、ロシアは出兵を開始した。北から侵入したロシア軍は、ハルビン、吉林、瀋陽などの要地をことごとく占領し、一〇月には全満州を占領した。翌年九月に北京議定書が締結され、義和団の乱を鎮圧した列強の軍隊が北京から撤兵した後も、ロシアは満州から軍隊を撤収しなかった。朝鮮の安全のため満州に重大な関心を持つ日本は、華北でロシアが優位を占めることに危惧を持つイギリスと連携して、ロシアに強硬な抗議を行ったが、ロシア軍は依然として居座り続けた。

日英同盟の締結

一九〇一（明治三四）年六月に成立して間もない桂太郎内閣にとって、このロシアの満州占領にいかに対処するかは、初めて明治維新第二世代が担う政権として喫緊《きっきん》の要務であった。

当時、日英同盟論と日露協商論の二つの議論があった。桂首相、小村寿太郎外相らの第二世代指導者たちと元老山県有朋が唱える日英同盟論は、ヨーロッパの強国イギリスと連携してロシアを牽制するという考え方である。これに対し、元老伊藤博文や井上馨が唱える日露協商論は、ロシアとの平和的協調の中で、日本が満州に対するロシアの優越的地位を、ロシアは朝鮮に対する日本の優越的地位を相互に認め合うという考え方である。北京議定書調印直後の九月一一日、桂・伊藤・井上・山県の四者会談で、伊藤をロシアに派遣して日露協商の交渉を、林薫《はやしただす》駐英公使に日英同盟の交渉をそれぞれ開始させ、両国には他の交渉を秘密に進めるという二股交渉の方針が定まった。

一一月に入ると、イギリスとの交渉が急速に進展したので、一二月、山県以下五人の元老と桂首相、小村寿太郎外相、山本権兵衛海相の八人が出席した元老会議において、日英同盟案を推進すべきことが決定された。派遣先の伊藤も最終的には日英同盟案を先に進めることに同意して、翌一九〇二年一月三〇日、日英同盟協約はロンドンで調印された。

その内容は、①清国または韓国において保護すべき財産が侵された場合、日英両国はその特殊権益を保護するために必要な措置をとる、②日英両国のうちの一国が、その利益保護のために第三国と戦端を開いた場合、他の一方は中立を守る、③戦争になった場合、別の一国が敵方に味方した場合には、もう一つの同盟国が参戦する、と規定し、有効期間は五年であった。日本は、世界最強国で、過去何度にもわたって日本に屈辱を与え続けた国イギリスに対等の同盟国と認められたことになる。日英同盟は、イギリスにとって「光栄ある孤立」から脱却した初の同盟であった。一九〇一年の時点で日本と英露仏の海軍力を戦艦・巡洋艦・駆逐艦等を含めて比べると、日本二〇万トン、イギリス一七万トン、ロシア一二万トン、フランス八万トンで、ロシアとフランスが協力するとイギリスを上回ってしまうので、極東に海軍力を割く余裕のないイギリスにとって、日本の海軍力は魅力であったのである。日本は「パックス・ブリタニカ」を支えるアジアの軍隊となったのであり、イギリスは日本にそれ以上の役割を期待していなかった。

ロシア軍の満州からの撤兵不履行

○二年四月八日、ロシア政府は、日英同盟の圧力と列強の非難を受けて満州撤兵協約に調印した。三期に分けて、最初の六カ月以内に奉天省（遼寧省）の西南部から、次の六カ月以内に奉天省の残部と吉林省から、最後の六カ月以内に黒龍江省から、撤兵するとの内容であった。ロシア政府の穏健派ウィッテ蔵相、ラムズドルフ外相らが、日英同盟の成立を見て、日本との戦争を避けるためにニコライ二世を説得した結果とみられる。

しかし、ロシアは、一〇月八日に第一次満州撤兵は履行されたが、翌〇三年四月八日までに、旅順・大連を含む第二次満州撤兵は履行されなかった。ロシアは、撤兵を履行しないどころか、清国政府に対し撤兵と引き換えに清国が果たすべき七カ条の要求を突き付けたほか、却って満州に兵力を増強する気配すら見せた。第二次満州撤兵期限の一カ月後、ロシア国内に政変が起き、ニコライ二世の信任が厚い元近衛騎兵連隊大尉ベゾブラゾフが宮廷顧問官に任命され、このベゾブラゾフや極東総督アレクセーエフ提督ら強硬派がロシア政府内で発言力を強めて実権を握り、ウィッテら穏健派の発言力は低下したことが、第二次撤兵以降の不履行の主たる要因とみられる。

対露交渉の基本方針の決定

○三年四月二一日、桂首相と小村外相は、元老伊藤博文を促して、元老山県有朋の京都の別邸無隣庵《むりんあん》を訪れ、対露交渉の基本方針について論議した。折しも、清国駐在公使と韓国駐在公使から、ロシア軍が鳳凰城《ほうおうじょう》方面で活動を開始し一隊が鴨緑江岸の森林を占領しようとしているとの電報が届いた。

四者会談の結論は、「ロシアの満州及び東アジアにおける行動は、韓国の存立を脅かし、日本の政策と相容れない。日本は満州については譲歩してもいいが、韓国については戦争を賭してでも我が要求を貫徹すべきである」との基本方針のもと対露交渉を始めることが決められた。満韓交換論に基づく「開戦を決意した上での和平交渉」の開始である。六月二三日には、御前会議が開かれ、伊藤、山県、大山、松方、井上の五元老と桂首相、小村外相、寺内陸相、山本海相の四大臣が出席して、対露交渉の基本方針として四月の四者会談の結論を確認した。

七月一三日には、桂首相と元老山県の画策により、政友会総裁であった元老伊藤は枢密院議長に任命され、当時枢密院議長であった西園寺公望《さいおんじきんもち》が入れ替わりで政友会総裁となった。対露開戦に極めて慎重な態度を堅持してきた元老伊藤博文は、統治の前面に立つ時代を終え、第一線を名実ともに第二世代に譲ってその後援に回り、桂首相は、戦争に向けての強力な布陣を構築することに成功する。

対露強行論の沸騰

〇三年六月一〇日、東京帝国大学の七人の法学博士が、桂首相に対露政策に関する建議書を提出した。七博士は、ロシアがすでに満州への侵略を着々と進めてきた事実を指摘した上で、日本の現在の軍事的優位を維持できるのはせいぜい一年以内のことであり、満州還付の問題を根本的に解決するために、今こそ千載一遇の好機であり、断固たる措置を取らなければならない、満州問題を解決しなければ韓国は消える運命にあり、韓国が消えれば日本の防衛は危機に瀕する、と主張した。満州問題の解決には、戦争も辞さない対露強硬外交が必要だと政府を督励したのである。

第二次撤兵期限の四月八日前後から、日本国内では対露強硬論が広がり、まず、『東京朝日新聞』、『読売新聞』など多くの新聞が強硬外交推進の主張に転じ、八月には、開戦論に批判的だった『時事新報』や『中央新聞』も開戦論に転じ、第三次撤兵期限の一〇月八日を過ぎてもロシアが撤兵しないことが明白になると、『毎日新聞』や黒岩涙香《るいこう》主宰する『萬朝報《よろずちょうほう》』も開戦やむなし論に転じ、一〇月下旬には徳富蘇峰の『国民新聞』も開戦やむなし論になった（徳富は七年前に一年有余にわたる欧州漫遊の中で、ロシアの巨大な怪物ぶりを目の当たりにしており、開戦に慎重であった）。八月九日には、貴族院議長近衛篤磨《あつまろ》、玄洋社《げんようしゃ》長頭山満《とうやまみつる》らは、対外硬同志会を対露同志会に改称し、近衛が会長となって対露強硬論を唱え、明確に対露開戦を要求していく。

日露交渉の決裂

〇三年七月二八日、小村外相がロシアに駐箚《ちゅうさつ》する栗野慎一郎公使に訓電を発して、日露交渉は開始した。八月一二日には、栗野公使はラムズドルフ外相に日本の六カ条から成る協商案を手渡したが、五二日間待たされて一〇月三日、ロシアの最初の対案がローゼン駐日公使から小村外相に手渡された。ロシアの対案は、日本の協商案を完全に拒否したに等しいものであり、到底日本の呑《の》めるものではなかった。小村外相は、ローゼン公使と四回会談し、双方の提案を調整して協定の基礎を案出しようと努力したが、ローゼンは、いかなる変更をする権限も与えられていないと回答したので、一〇月三〇日、小村は、一一カ条から成る日本修正案をローゼンに手渡した。日本は満韓双方に五〇キロメートルずつの中立地帯を設定することで譲歩した。この日本修正案に対するロシアの対案は、四〇日以上も待たされて一二月一一日に届いた。ロシアの新たな対案は以前にも増して一方的なものであり、日本側は、ロシアの外交的儀礼の欠如に屈辱感を覚えつつも、一二月二一日、再度の修正案を送付した。年が明けて〇四年一月六日、日本の再度の修正案に対するロシアの対案が、ローゼンから小村に手渡された。瑣末な問題についての譲歩はあったが、肝心の問題での譲歩は全くなく、もはや交渉の余地なしとの結論に達した。しかし、海軍の配備がまだ完璧でなかったので、時間稼ぎとして一月一三日、最後の修正案がロシア側に提示された。最後の修正案の言葉使いが挑発的で、最後通牒の響きを帯びていることにロシア側は気づいたが、ロシア側の回答は例によって遅く、開戦前に日本に届かなかった。

対露交渉は、都合四回にわたる文書による応酬が重ねられたが、その間、交渉が決裂した場合に備えた開戦の準備が進められた。ロシア側の態度に一貫しているのは、日本に対する軽侮であり、満州を独占し韓国にも干渉しようとする大国主義であった。

日本の開戦決定

〇四年一月三〇日、伊藤、山県の二元老と桂首相、小村外相、山本海相の三大臣が出席した元老会議が開かれ、開戦慎重派であった伊藤も、一刀両断の決断をすべき時が来た、との認識を示し、元老と内閣の見解の開きは解消した。この元老会議の結論を受けて、二月四日、御前会議が開かれ、対露交渉断絶と軍事行動採用を決定した。二月六日、栗野駐露公使は、ロシア外相に対し「帝国政府はロシアとの交渉を断絶し、韓国の自由と領土保全を維持するために必要と思われる行動を取ることを決議した」と通告した。事実上の宣戦布告である。同日、ロシアは、動員令を布告した。

日本政府と日本国民は、三国干渉の屈辱を受けた後、「臥薪嘗胆」を合言葉に、乏しい経済力を対露戦争の準備に最大限注入し、〇三年には、一三個師団と野砲・山砲六三六、二〇万人を満州に展開できる陸軍を整備した。海軍は、戦艦、巡洋艦、駆逐艦等合わせて二〇万トンを超える軍艦を整備し、イギリスに発注した「香取《かとり》」「鹿島《かしま》」が間に合わず、イタリアから購入したばかりの重巡洋艦「春日《かすが》」、「日進《にっしん》」で間に合わせた。これに対し、ロシアの陸軍は、約二百万人の動員力を有し段違いに強力だが、シベリア鉄道の輸送力に依存せざるを得ないハンデイがあった。海軍は、ウラジオストークと旅順を拠点とする太平洋艦隊のほか、バルト艦隊と黒海艦隊があるが、バルト艦隊と黒海艦隊の戦闘参加には時間を要する。

日本陸軍は、戦争に勝つ見込みは五分五分と見込み、海軍は、勢力の半分を失うことを覚悟したが、残りの半分が敵を壊滅すると信ずる、という悲観的見通しであったにもかかわらず、開戦を決意したのは、ロシアの引き延ばし戦術で時間を徒過すれば、日本側の不利に作用するとの判断があった。ロシアの戦力が東アジアに集中する前に日本から戦端を開くべであるとの大局判断である。

御前会議があった二月四日の夕刻、伊藤枢密院議長は、セオドア・ルーズベルト大統領とハーバート大学の学友であり、伊藤のもとで日本帝国憲法の調査・起草に当たった金子堅太郎を呼び寄せて、将来、講和の調停を依頼するため大統領と常時接触するよう申しつけ、金子は、二月二四日、渡米のため出帆した。渡米直前に金子が児玉源太郎陸軍参謀次長に勝つ見込みの有無を聞いたところ、児玉は、「率直に言って勝算は成立しない。まず五分五分である。軍事的に解決見込みはない。第三国の調停によって解決するほかはあるまい。そのために緒戦に大勝する必要があり、迅速な兵力集中により（ロシアの）第一、第二兵団を各個撃破する」と答えている。

金子の出帆と同じ二月二四日に、仙台藩の藩費留学生としてアメリカ留学の経験があり語学が達者な日銀副総裁高橋是清は、戦費調達のため横浜を出発し、外債募集に奔走した。開戦当初、日本の勝利を予測する人はほとんどいなかったため難渋《なんじゅう》した。

二　日露戦争の経過

日本連合艦隊の奇襲と仁川上陸成功

○四年二月六日、日露交渉断絶の通告の日に、日本連合艦隊の主力は、ロシア太平洋艦隊の集結する旅順港に向けて佐世保軍港を出港した。当時、ロシア太平洋艦隊の戦艦六隻、巡洋艦一一隻のうち戦艦全隻と巡

日露戦争関係略図

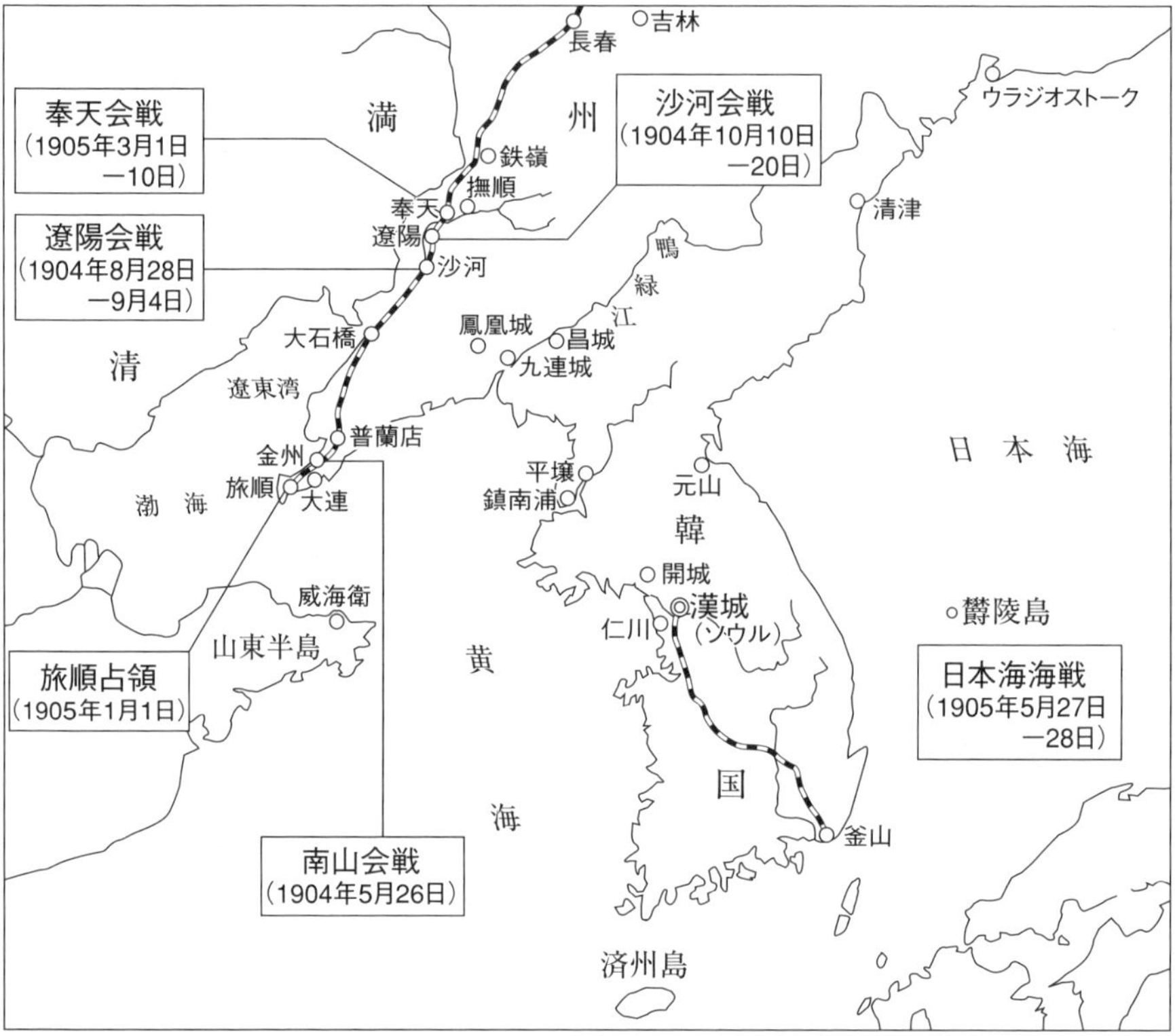
吉林
長春
ウラジオストーク
満
州
奉天会戦
(1905年3月1日
ー10日)
沙河会戦
(1904年10月10日
ー20日)
鉄嶺
撫順
奉天
遼陽
沙河
清津
遼陽会戦
(1904年8月28日
ー9月4日)
鴨
緑
江
鳳凰城
昌城
大石橋
九連城
清
遼東湾
普蘭店
金州
旅順
大連
渤 海
平壌
鎮南浦
日 本 海
元山
韓
開城
漢城
(ソウル)
仁川
威海衛
鬱陵島
山東半島
旅順占領
(1905年1月1日)
黄
日本海海戦
(1905年5月27日
ー28日)
国
海
釜山
南山会戦
(1904年5月26日)
済州島

洋艦六隻が旅順に、巡洋艦四隻がウラジオストークに、巡洋艦一隻が仁川《じんせん》にいた。二月八日、日本駆逐艦部隊は旅順口でロシア艦隊に奇襲攻撃をしかけ、戦艦二隻と巡洋艦一隻を大破した。翌九日、連合艦隊司令長官東郷平八郎（薩摩藩出身）は、旗艦「三笠」以下一五隻を旅順口に進航させて砲撃を加えたところ、その後ロシア艦隊は旅順港内に釘付け状態になった。

一方、同じ二月八日、第一二師団（小倉）の先遣隊の韓国揚陸の護衛に当たった日本海軍第二艦隊は、仁川港沖でロシアの巡洋艦一隻、砲艦一隻と遭遇、激しい砲撃戦の末、ロシア艦二隻とも撃沈した。日本艦隊は、この緒戦の勝利で何ら損害を被ることなく制海権を確保した。このため、二月八日から翌日未明にかけて、日本陸軍の先遣隊は仁川に無事上陸し、翌九日には、漢城（京城）に入城した。それ以降、黒木為楨《ためもと》大将（薩摩藩出身）率いる第一軍は陸続《りくぞく》として仁川に上陸し、漢城以南の朝鮮半島制圧に成功する。

日露両国の宣戦布告と旅順港封鎖

○四年二月一〇日、日露両国は互いに宣戦布告し、翌一一日、日本は宮中に大本営を置いた。韓国政府は、早々と一月二一日に、戦時局外中立を宣言していたが、二月八日、日本は戦闘行動を開始してこれを黙殺しただけでなく、二月二三日、日本政府は早くも韓国政府との間で「日韓議定書」を結び、韓国の独立と領土の保全を約束し、王室の安全を守ると明記した上で、日本軍の韓国駐屯と韓国の協力を韓国に認めさせた。この議定書により、日本政府は軍略上必要な地点を臨時収用することもできるとされるなど韓国を事実上の支配下に置くことに成功した。なお、中立宣言の国際法的裏付けは弱く、清国も、○四年二月一二日、中立宣言していたが、日露両国は、清国の領土を主戦場として日露戦争を戦った。

二月二四日、連合艦隊は旅順港閉塞作戦を敢行した。使い切った廃船に石やセメントを積み込んで旅順港の入り口で自沈させ、旅順港に停泊するロシア艦隊を封じ込めて無力化したうえで、陸上から砲撃を加えて潰滅する作戦である。廃船を敵の砲台の前で沈めるのであるから、決死の作戦である。この作戦は、この二月二四日の第一次、三月二七日の第二次、五月三日の第三次と執拗に追求されたが、いずれも失敗に終わった。しかし、第二次閉塞作戦で「福井丸」の広瀬武夫（豊後岡藩竹田出身）少佐と杉野孫七《まごしち》一等兵曹が壮烈な戦死を遂げると、もとロシアのサンクト・ペテルブルグにある日本公使館付武官であった広瀬少佐は「海の軍神」と仰がれ、『広瀬中佐』は文部省唱歌として歌われることになるとともに、東京・万世橋駅前にその軍功を顕彰するため広瀬と杉野の銅像が建立された。その後、連合艦隊は機雷設置による封鎖に切り替えた。

旅順港閉塞作戦が始まった二月二四日に、ロシア太平洋艦隊司令長官に就任した名将マカロフ提督が旅順の艦隊の指揮を執ることになったとき、ロシア艦隊の乗員の士気は俄然盛り上がった。マカロフは、その著書『海軍戦術論』が世界各国で翻訳され、東郷平八郎や秋山真之《さねゆき》（松山藩出身）作戦参謀中佐も精読していたといわれ、実戦の経験も豊かな提督であった。しかし、着任間もない三月三一日、マカロフ提督座乗する旗艦「ペトロパブロフスク」が日本軍の機雷に触れて爆沈し、戦死すると、ロシア側は急に消極姿勢に戻り、それ以降、旅順港に逼塞《ひっそく》して出撃しようとしなかった。明星《みょうじょう》派の詩人・石川啄木は、マカロフ提督戦死の直後、その死を悼む詩を発表している。

第一軍、鴨緑江渡河作戦に成功

雪解けを待って朝鮮半島を北上した第一軍前衛部隊は、〇四年三月下旬には満州との国境を画する鴨緑江左岸の義州《ぎしゅう》に到着し始めた。黒木大将率いる第一軍は、近衛師団・第二師団（仙台）・第一二師団（小倉）から成り、上陸地の仁川から開戦時には漢城付近に集結していた。漢城から北進を開始した第一軍主力は、〇四年三月中旬には平壌《へいじょう》を陥れ、三月一四日には、大同江河口の鎮南浦《ちんなんぽ》に上陸した第二師団と合流して、更に北上して鴨緑江左岸の義州に向かったのである。義州で中朝国境の鴨緑江《おうりょくこう》を渡り、右岸の安東《あんとう》から主戦場予定地の遼陽《りょうよう》に向かう計画であった。

五月一日、鴨緑江にかけられた仮橋を渡って第一軍は進撃を始め、当時世界最強といわれたロシア陸軍との最初の本格的な会戦に遭遇した。この鴨緑江渡河作戦に参加した日本第一軍の兵力はロシア軍の二倍の四万もあり、ロシア軍を後部から包囲することができたので、大会戦とはいえない会戦ではあったが、ロシア軍の新兵器・機関銃に悩まされつつも、日本軍が、中国大陸本土における世界一の大陸軍国ロシアとの一騎打ちの戦いで勝利したことの経済的効果は大きかった。戦費調達のため、この年二月二四日横浜を出発した日本銀行副総裁高橋是清は、外債の募集に大変苦労していたが、この鴨緑江渡河作戦で日本軍が世界一の大陸軍に勝利したというので日本株は暴騰し、五月には、ロンドンとニューヨークで外債一〇〇〇万ポンドの発行に成功した。その後、外債の発行による戦費調達は軌道に乗り、翌〇五年七月までの間に、戦費のほぼ半額の八億円を外債で調達することができた。

第二軍、大消耗戦・南山の会戦に勝利

〇四年五月五日、奥保鞏《おくやすかた》大将（小倉藩出身）率いる第二軍が、遼東半島南部の大連湾付近の塩大澳《えんだいおう》に上陸した。第二軍は第三師団（名古屋）・第四師団（大阪）・第六師団（熊本）から成り、遼東半島南部に上陸後、南山《なんざん》・金州《きんしゅう》を攻略して、これも遼陽に向かう計画であった。第二軍は、上陸地の塩大澳から南下して、五月二六日朝、金州半島の咽喉に当たる要衝の地・南山への攻撃を開始した。南山のロシア軍を攻略することによって旅順要塞のロシアの大軍を孤立させる必要があったのである。南山のロシアの要塞には、野戦砲一一四門と機関銃が据えられており、塹壕、鉄条網、地雷を備えた近代的な陣地が構築されていた。日本軍は、ロシア軍の三倍に当たる三万六千の兵力を投入し、海上からは連合艦隊が援護射撃を行ったが、戦況は

一向に好転せず、全兵力を投入して必死の突撃を繰り返した結果、夜に入ってようやく突破口を開き、砲弾が尽きたロシア軍は旅順方面に撤退し、日本軍は占領に成功した。南山の会戦は、わずか一日の戦闘であったにもかかわらず、四四〇〇人の死傷者を出し、世界で最初に行われた近代消耗戦であった。

黄海海戦と蔚山沖海戦

第二軍の南山の会戦の勝利を受けて、五月三一日、日本軍は、旅順要塞攻略のため第三軍を編成し、乃木《のぎ》希典《まれすけ》大将（長州藩出身）が司令官に任命された。第三軍は、第一師団（東京）・第一一師団（善通寺）から成り、旅順要塞攻略の後、これも遼陽に向かう計画であった。乃木大将は三年近く現役を退いており、しかも攻城戦は得意でないと目されていたので、第三軍司令官に起用されたのは意外とする向きもあった。六月六日、第三軍は、大連に上陸し、六月末に第九師団（金沢）を加えて補強した上、七月二六日、ロシア軍防御陣地の攻撃に着手し、ロシア軍を旅順港の要塞近くまで圧迫した。このため、ウィトゲフト提督は、ようやく旅順港内にいる全艦隊を率いてウラジオストークに向け出港することを決心した。

八月一〇日、第三軍の陸上からの圧迫を受けてロシア艦隊が旅順港を出港するのを待機していた日本艦隊は、機雷海域を通り抜けたロシア艦隊との遭遇戦に突入した。日本艦隊は勇敢に迎撃し、戦艦四隻など一〇隻のロシア艦船を旅順に封じ込めることに成功し、ウィトゲフト太平洋艦隊長官は戦死した。黄海海戦は日本海軍の勝利に終わり、日本は黄海の制海権を獲得した。その四日後の八月一四日、ウラジオストークにあったロシア艦隊支隊の巡洋艦三隻は、連合艦隊の遊撃隊である上村艦隊に蔚山《うるさん》沖の海戦で撃破され、日本海の制海権も完全に日本側が握った。この黄海海戦と蔚山沖海戦の敗戦にかんがみ、八月二四日、ロシア政府は、バルチック艦隊（第二太平洋艦隊）を極東に遠征させることを決定する。

話はやや遡るが、八月二二日、第一次日韓協約が調印された。五月三〇日に、元老会議が韓国を実質的に保護国化するという対韓方針ならびに対韓施設綱領の決定を行っていたが、八月六日から駐韓公使林権助《ごんすけ》が韓国政府と交渉を行い、韓国政府は、日本政府の推薦する財政顧問・外交顧問を置き、その意見を聞くこと、今後外国との一切の重要案件は予め日本政府と協議することが規定された。財政顧問には大蔵省主計局長目賀田種太郎が、外交顧問には、駐米日本公使館顧問のアメリカ人スティーブンスが就任した。

遼陽会戦

遼陽会戦に突入する前に、日本陸軍の七個師団と二個旅団が満州に集結したのを機に、〇四年六月二〇日、満州軍総司令部が創設され、参謀本部の大山巌（薩摩藩出身）参謀総長が総司令官に、同じく参謀本部の児玉源太郎（徳山藩出身）参謀次長が総参謀長に任命された。更に、六月三〇日、野津道貫《のづみちつら》（薩摩藩出身）大将を司令官とし、第五師団（広島）と第一〇師団（姫路）から成る第四軍が編成され、満州への兵力の集中が図られていた。当初参加する予定の第三軍が旅順攻略に苦戦して遼陽会戦に参加できなかったが、第一軍・第二軍・第四軍が満州第二の都市遼陽に集結したことになる。黒木・奥・野津の三大将が率いる日本軍の兵力は約一二万五千人に対し、元陸相クロパトキン将軍率いるロシア軍は二二万余人、両軍の参加兵力の規模において、遼陽の会戦はアジア戦史上空前の大会戦であった。

八月二八日、日本軍は、遼陽城に突入した。ロシア軍の抵抗も激しく、日本軍・ロシア軍ともに約二万人の死傷者という大損害を出して、九月三日、ロシア軍は総退却したが、日本軍は、弾薬不足のため追撃できず、翌四日、遼陽を占領した。

八月三一日未明からの遼陽の南西部にある首山堡《しゅざんほ》を巡る激戦で、歩兵第三四連隊の橘周太《たちばなしゅうた》（肥前藩長崎出身）少佐が壮烈な戦死を遂げ、「陸の軍神」として「海の軍神」広瀬少佐とともに仰がれるようになった。日本軍は、遼陽の会戦では優勢勝ちではあったものの、日露戦争開戦以来の連戦戦勝を重ねたのである。

日ソ両国の兵力増強と沙河の会戦

しかし、日本軍の破竹の勢いも遼陽の会戦あたりまでで、激烈な戦闘のため、兵士の戦死傷も予想よりはるかに多く、北に向かって追撃する余裕はなく、兵員補充の必要に迫られた。

〇四年九月、山県参謀総長と寺内正毅陸相との協議により、急遽、①第一三師団から第一六師団までの四個師団を増設するとともに、②徴兵令を改正して、それまで現役三年、予備役四年、後備役五年の兵役であったのを、後備役の兵役期間を二倍の一〇年に延長し、三七歳までの入営（現役）経験者を召集することにした。後備歩兵四八個大隊（四個師団分）の編成が可能となったが、すでに能力以上の兵力編成であり、年齢の高い後備役兵や未教育兵を六五万人余も召集しなければならなかった。一方、遼陽の会戦が行われた後、ロシア側は、この年二月に開通した東清鉄道を通して兵力を増強した。東清鉄道で戦場に送り込まれた兵員は、実に一二九万人を超えた。当時の人口が日本の四六〇〇万人に対しロシアは約三倍の一億三〇〇〇万人、常備兵力が日本の二〇万人に対しロシアは二〇〇万人と底力が段違いなのである。

遼陽の大会戦の後、日本軍もロシア軍も、兵力と弾薬等の補給のため、それぞれ遼陽と沙河《さか》付近で暫時対峙していた。遼陽から奉天を目指す日本軍は、一〇月一〇日、沙河で、初めて先制攻撃を仕掛けてきたロシア軍に応戦し、ほぼ一〇日間にわたり戦って日本軍は勝利したものの、双方とも大損害を出した。死傷者はロシア側四万一千人、日本側二万人である。日露開戦と同時に極東のロシア陸海軍総司令官に任命されていた極東総督アレクセイエフ（先帝アレクサンドル三世の庶子）が、この沙河の会戦での敗退を機に、陸軍総司令官をクロパトキン将軍に譲った。沙河の会戦は、ロシアの攻勢を食い止めた日本軍の勝利ではあったが、日本軍は追撃する能力は無かった。兵員と弾薬の不足はいかんともしがたく、戦闘力の回復に努めるほかなかった。

三回の総攻撃による旅順要塞攻略

旅順要塞の攻略に当たっていた第三軍は、〇四年一〇月二六日から三一日まで、二回目の旅順総攻撃を強行したが、三八三〇人の損害を出して再び失敗した。

旅順要塞は、一八九八（明治三一）年二月にロシアが清国から旅順を租借した直後から八年間にわたって構築した要塞で、二〇万樽のコンクリートで塗り固め、旅順港を背に山の尾根伝いに二五キロメートルに及ぶ防御線をもった堅固な要塞であった。第一回の旅順総攻撃が、八月一九日に、開始されたが、二四日までに死傷者一万六〇〇〇人を出して退却していた。八月二七日、第一回総攻撃の失敗の検証の結果、東京湾や下関などの砲台に据え付けてある二八センチ榴弾砲一八門を使うことを決定し、急遽これを取り寄せた。第二回総攻撃では、この巨砲の威力を駆使したにもかかわらず、またも攻略に失敗したのである。

三回目の総攻撃は一一月二六日から始まったが、今回は、一一月二八日から、攻撃目標をそれまでの東鶏冠山と二龍山の中間地点から二〇三高地に変更して、二〇三高地に攻撃を集中することにした。更に、一一月二九日、満州軍総司令部の児玉総参謀長が一時指揮をとることになって、一二月五日、遂に二〇三高地の攻略に成功した。二〇三高地からは旅順港をつぶさに俯瞰でき、第三軍は港内のロシア艦隊に的確に砲撃を加え、一二月二二日には、艦隊はほぼ全滅した。明けて一九〇五年一月二日、旅順の防衛司令官ステッセル将軍が降伏を申し出、五日に、乃木・ステッセル両将軍が水師営《すいしえい》で会見した。

三回にわたる総攻撃によるロシア軍の死傷者は三万一〇〇〇人を超え、日本軍の損害はその二倍に近かった。この三回にわたる旅順攻略戦による日本軍の被害が多かったことに関し、戦後、乃木将軍に対する批判が起こったが、児玉源太郎は、一貫して「旅順は、乃木でなければ、落とせなかった」と乃木を擁護した。

多大な犠牲を払いながらも、第三軍が二〇三高地の攻略・極東艦隊の壊滅・旅順の陥落に成功した結果、日本連合艦隊は、バルチック艦隊との決戦に備えて、日夜訓練に専念できることになった。

バルチック艦隊の大迂回と「血の日曜日事件」

〇四年一〇月一五日、北ヨーロッパのバルト海のリバウ軍港を出発し、地球をほぼ半周して極東の戦場に向かう遠征に乗り出したバルチック艦隊は、アフリカ南端の喜望峰《きぼうほう》（ケープタウン）を迂回してインド洋に向かう途中、一二月二五日の朝、アフリカで、ロシア陸海軍が誇る旅順要塞と旅順の極東艦隊が全滅したことを知った。その後、ロシアの同盟国フランスの植民地マダガスカル島に寄港し、一カ月以上滞在して、日本海軍との戦闘に備えて乗組員の訓練に励んだ。

一方、旅順陥落の影響は、ただちにロシア国内に波及した。〇五年一月一九日、ロシア皇帝暗殺未遂事件が起きた。三日後の二二日には、悪名高き「血の日曜日事件」が起きた。聖職者ガボンに率いられて一〇万人もの労働者がゼネストで首都サンクト・ペテルブルグの市街を行進し、皇帝への請願のため冬宮（エカテリーナ二世時代に造営された離宮で現在エルミタージュ美術館）に向かったデモ隊に向けて、皇帝ニコライ二世は軍隊に発砲を命じて、二千人もの死傷者を出した事件である。ロシア民衆のツアーリ（皇帝）に対する信仰は大きく揺らぎ、ロシア第一次革命の発端となった。ストライキの波はやがて全ロシアに広がっていった。

日露の総力戦・奉天の大会戦

明けて〇五年二月、大山満州軍総司令官は、奉天付近での全軍を挙げた作戦を指示し、この会戦が「最重要中の重要なる会戦」であると訓示して、大打撃を与えることを求めた。日本陸軍は、第一軍から第四軍まで、司令官は黒木・奥・乃木・野津大将が勢ぞろいした総力戦であった。

二月下旬から、奉天会戦の火蓋は切られた。日本軍は、旅順から二八センチ榴弾砲六門を運び、二月二七日から、この巨砲を用いた攻撃を開始した。命中精度はあまり良くなかったが、ロシア軍の士気に大打撃を与えることに成功した。三月一日、日本軍は全面的攻勢に入り、三月八日、大山総司令官は「全力を挙げて追撃し、撤退中の敵を潰滅せよ」と命令を発したが、翌九日夜、クロパトキン司令官は、包囲と潰滅を避けるため退却を命じた。日本軍には、兵員の疲労、弾薬の不足などで追撃する余力がなく、ロシア軍の北方への遁走を許してしまった。翌一〇日、日本軍は奉天を占領、一六日には鉄嶺《てつれい》を占領して、二〇世紀に入って世界最大規模の奉天会戦は終わった。参加兵力は日本軍二五万、ロシア軍三二万、死傷者は日本軍七万名、ロシア軍六万名で、ロシア軍はこのほかに二万名の捕虜を出した。

兵力規模において劣り、兵員体格においても平均身長で一〇センチ、平均体重で二〇キロ劣る日本陸軍が、世界最強と目されたロシア陸軍と正面から対決し優勢勝ちを収めたことは世界の驚異であった。奉天会戦の最終日三月一〇日は、日本が第二次世界大戦に敗れるまで「陸軍記念日」として祝われた。

しかし、ロシア軍は、奉天から北方に退却することによって陣容を立て直すことに成功した。クロパトキンの後退戦略は、秋までに五〇万人の大軍をハルビン付近に集結して、一挙に日本軍を粉砕することを狙っており、この段階で、ロシアは絶対に和議を求めず講和への意向を全く持っていなかった。ロシア陸軍の脳裡には、一八一二年の対ナポレオン戦争（のちに「第一次大祖国戦争」と呼ばれた）において、退却しながらも、焦土作戦とパルチザン攻撃と冬将軍の威力により、ナポレオン遠征軍を完膚《かんぷ》なきまでに撃退した祖国の栄光の記憶が蘇《よみがえ》っていたに違いない。

これに対し、日本軍は動員能力、武器調達能力が枯渇し、戦費調達も次第に苦しくなってきていた。奉天会戦終結直後、満州軍総司令官大山巌は、大本営に対し、満州軍は守りに入るのか、あるいは更に進撃するのか、明確な方針を立てるよう迫った。その後、満州軍総司令部と参謀本部との議論の応酬があり、遂に児玉総参謀長が上京して速やかに講和すべきことを説き、その効果があって四月八日の閣議で、「持久の策を立てるとともに事情の許す限り講和を目指す」ことが決定された。

日本海海戦

奉天会戦が終わった時点で、ロジェストヴェンスキー提督率いるバルチック艦隊は、まだアフリカ東海岸沖のマダカスカル島に停泊中であった。〇五年三月一七日、バルチック艦隊は遂にマダカスカル島を出発して、スマトラの西端を目指して北東に進路をとり、四月一四日、仏領インドシナのカムラン湾に停泊した。ここで第三太平洋艦隊と合流して三八隻の大艦隊となって、五月一四日、ウラジオストークに向けて北上を開始した。日本連合艦隊にとって、バルチック艦隊が、より近い日本海を通るか、太平洋を迂回するか、日本海の場合、対馬海峡から入るか朝鮮海峡から入るか、太平洋の場合、ウラジオストークに向かうのは津軽海峡からか、宗谷海峡からかが大問題であった。東郷司令長官は、日本海説をとり、朝鮮半島南部の鎮海湾《ちんかい》に連合艦隊を集結させていた。

五月二七日午前三時半、五島列島北西方面を哨戒に当たっていた日本郵船の「信濃丸」から、「敵艦隊二〇三地点に見ゆ。対馬東水道に向かうもののごとし」との打電を受け、連合艦隊は「敵艦見ゆとの警報に接し、連合艦隊は直ちに出動、これを撃滅せんとす。本日晴朗なれども波高し」との第一報を大本営に送り、鎮海湾を出航、対馬海峡に向かった。沖ノ島付近でバルチック艦隊の艦影を捉えた旗艦「三笠《みかさ》」は、Z旗を掲げて、「皇国の興廃この一戦にあり、各員一層奮励努力せよ」という信号を全艦に送り、バルチック艦隊との決戦に突入した。

バルチック艦隊三八隻は、旗艦「スヴォーロフ」を先頭に二列艦隊で進んできた。連合艦隊は、それを左舷前方に見ながら一列縦隊で急速に接近し、距離八〇〇〇メートル、すでに「スヴォーロフ」の主砲の射程距離に入ったとき、先頭を切っていた旗艦「三笠」は突然、左舷回転し、バルチック艦隊の進路正面を斜めから丁字形に遮るようにして進んだ。「丁字戦法」である。続く第一戦隊、第二戦隊の戦艦、巡洋艦が同一地点で左舷回転した。これを見てバルチック艦隊は猛烈な砲撃を開始し、旗艦「三笠」は集中砲火を浴び、続く各艦にも砲弾が命中炸裂したが、これに耐えて、丁字形を描き切り、ロシア艦隊の頭を抑え、包囲攻撃する形になった。今度は、連合艦隊の大砲が一斉に火蓋を切った。連合艦隊の砲撃は正確で、砲弾の爆発力は凄まじく、集中砲火を浴びた旗艦「スヴォーロフ」は、たちまち大火災を発生、ロジェストヴェンスキー提督も弾片で頭に重傷を負って戦闘力を失った。連合艦隊の砲撃開始三〇分後には、ほとんど勝敗を決した。翌五月二八日も残敵掃討が行われたが、最後に残った戦艦「ニコライ一世」以下五隻も、遂に降伏の信号を送り、日本海海戦は終わった。五月二七日は、日本が太平洋戦争で敗れるまで、「海軍記念日」として祝われた。

バルチック艦隊三八隻中、撃沈二〇隻、捕獲五隻で、逃亡を図った艦も途中で沈没したりして目的地であるウラジオストークに逃げ込んだのはわずか巡洋艦一隻と駆逐艦二隻だけであった。戦死者は四八三〇人、捕虜はロジェストヴェンスキー提督以下七〇〇〇人であった。これに対し、連合艦隊は水雷艇三隻を失っただけで戦死者も一一〇人であった。

日本海海戦は、日本連合艦隊の完勝であった。完勝の要因はいくつかある。①艦艇の性能が優れていた。連合艦隊の主力艦の平均速力が一五ノット（最高速力は戦艦一九ノット、巡洋艦二〇～二三ノット、駆逐艦三〇ノット）であるのに対し、バルチック艦隊は老朽船が多く一〇ノットで、運動能力に格段の差があった。②砲撃の命中力も威力も優れていた。連合艦隊の主力砲の三〇センチ砲では砲塔の旋回、砲身の俯仰《ふぎょう》、弾薬の供給装填などがすべて水圧式で行われたのに対し、バルチック艦隊の大砲操作は手動式が少なくなく、正確さとスピードに雲泥の差があった。連合艦隊は、下瀬雅允《まさちか》博士が開発した下瀬火薬を装填した砲弾を使用したが、下瀬火薬の砲弾は著しい破壊力を示した。ロシア軍の砲弾は命中しても三分の一は不発弾だったという。③ほとんど地球を半周する一万五千マイルの長途の航海を経て日本海に乗り込んだバルチック艦隊は、ロジェストヴェンスキー提督以下疲れ切っていたのに対し、連合艦隊は、この年一月の旅順陥落以来、対馬水道付近でこの一戦に照準を合わせた訓練を重ね、東郷司令長官以下自信に満ちていた。日露戦争開戦時、連合艦隊司令長官には別の人物が有力と目されていたのであるが、山本権兵衛海相が東郷平八郎を司令長官に指名したので、明治天皇から、なぜ東郷を起用したのかと御下問を受けた山本は、「東郷は、若い時から強運の男でございますから」と答えたという。④連合艦隊の士気は、明治初年からの徴兵制のもとで培われた祖国防衛意識、三国干渉以来のロシアに対する敵愾心、ロシアの満州・朝鮮への進出に対する危機感などから高く維持された。兵士の理解力や判断力も、明治初年の学制発布以来の教育制度のもとで涵養されていたが、ロシア兵士にとって、日露戦争は、戦争の大義が理解できず士気が高まらない戦争に終わった。

三　日露戦争の影響

ポーツマスの講和

日本海海戦で日本が完勝したことは、アメリカのセオドア・ルーズベルト大統領を感激させ、（百年前の一八〇五年一〇月、ネルソン提督指揮するイギリス艦隊がフランス・スペイン連合艦隊を撃破し、ナポレオンのイギリス本土上陸の野望を砕いた）「トラファルガー海戦以上に偉大な勝利」と絶賛させた。

日本政府は、早くも〇五年五月三一日に、高平小五郎駐米公使に訓電を発し、ルーズベルト大統領に日露両国間の講和を斡旋するよう要請した。ルーズベルト大統領は、駐露アメリカ大使にロシア皇帝の説得を命じた後、六月九日、正式に日露両国に戦争を終結させ、講和交渉を行うよう勧告した。開戦時以来、金子堅太郎特使が常時、大学同窓のルーズベルト大統領と良好な接触を保ってきた効果である。この提案を、日本は翌一〇日には受諾し、ロシアも一二日受諾した。ロシアは、革命の前兆が大都会ばかりでなく地方都市にも拡大し、専制体制のままで戦争を継続することは困難という状況に至っていたのである。「黄禍論《こうか》」を唱えながら盛んに対日戦争を煽動していたドイツのウィルヘルム二世までが従兄弟のニコライ二世に和平を勧める様相になっていたのである。

講和交渉を有利に展開するために、ルーズベルト大統領からも示唆があった樺太占領作戦は、微妙なタイミングで粛々と展開された。七月二四日、第一三師団（高田）の主力が上陸を開始し、同月末には防備が手薄な樺太のロシア軍を降伏させ、八月一日には樺太全土を占領した。この軍事行動が、日露戦争中当事国の領土で行われた唯一のものであった。

講和会議の開催場所は、米国東海岸ニューハンプシャー州の軍港ポーツマスと決まり、全権代表は、日本側が小村外相と高平駐米公使、ロシア側がウィッテ元蔵相とローゼン駐米大使（前駐日公使）と決まり、八月一〇日から、講和会議は始まった。まず、すでに六月三〇日に閣議決定していた日本政府の講和条件を小村全権が示し、一二カ条にわたる条件を逐条審議することになった。講和条件一二カ条は、アメリカ大統領とイギリス政府にも日本全権から通知された。八月一二日に開かれた第二回講和会議では、ウィッテ全権が逐条的に回答文を示したが、要約すれば、日本側の要求の大半は呑むが樺太の割譲と賠償金の支払いには断固として反対した。その後、一四日から一八日まで連日粘り強い交渉が行われたが、樺太割譲と賠償金問題で暗礁に乗り上げた。ウィッテは賠償金の要求に屈するよりは戦争の継続を選ぶ、とまで断言した。

そこで、小村全権の依頼を受けた金子特使は、ルーズベルト大統領と会見して援助を請い、要請を受けた大統領は、八月二一日、ロシア皇帝ニコライ二世に親電を発して、善処を求めている。二三日の第八回講和会議では、小村全権が、樺太を北緯五〇度線で分割し、以北はロシアに還付し、ロシアはその代償として一二億円を支払うという妥協案を提示したが、ウィッテ全権は、北樺太還付の代償金は賠償金にほかならず絶対に承知できないと明言した。ここで、ルーズベルト大統領は再び斡旋に乗り出し、一二億円を六億円に引き下げる提案を示し、二五日には、再びロシア皇帝に親電を発している。二六日に開かれた第九回講和会議では、斡旋の効果は現れず成果なく終わった。

ロシア側は、講和交渉中も満州への軍隊の集結、軍備の増強を続けていたが、その増強ぶりについて報告を受けた皇帝が強気になったため、一時硬化したと伝えられる。一方、日本側は、八月二八日、御前会議と閣議が開かれ、「たとえ償金・割地の二問題を拋棄《ほうき》するの已《や》むを得ざるに至るも、この際講和条約を成立せしむること」を確認し、小村全権に訓令を発した。二九日に開かれた第一〇回講和会議で、小村全権は、償金要求を放棄する提案をし、ウィッテ全権が、二三日に日本側が提示した妥協案に対する回答として、樺太南部の割譲に同意する旨の覚書を提示して、日露間の講和は事実上成立した。ルーズベルトは、翌〇六年、戦争終結に努力した功績によりノーベル平和賞を授与された。

九月五日、ポーツマスの海軍工廠《こうしょう》内で日露講和条約の調印式が行われた。講和条約の主な内容は①日本の韓国における政治・軍事・経済上の優越権および指導・監理・保護を行う権利の承認、②日露両国は一八カ月以内に鉄道守備隊を除き全軍隊を満州から撤退、③関東州租借地および東支鉄道南満州線（長春・旅順間の南満州鉄道）を清国の同意を得て日本に譲渡、④北緯五〇度以南の樺太島および付属島嶼を日本に譲渡、

④沿海州漁業権を日本国民に許与、などで、賠償金無しである。ロシア側の論理は、長期化すれば負けるはずのない戦争なのに、途中で和平を結ぶのであるから、賠償金の支払いの必要は全くない、ということであった。

臥薪嘗胆の反動と日比谷焼打ち事件

「臥薪嘗胆」を合言葉に全力を挙げてロシアと戦っただけに、日本国民は賠償金や領土に対して大きな期待を持っていた。講和条約の結果が公表されると、日本国内に激しい抗議の声が上がった。政府の弱腰を罵倒し、開戦を督促した東大法学部中心の七博士は、今度は屈辱的な講和を結んだとして政府を弾劾し、償金三〇億円、沿海州全部の割譲など強硬な要求を呼号して反対運動を煽った。

ポーツマス講和条約が調印される〇五（明治三八）年九月五日には、講和問題同志連合会が中心となって、東京日比谷公園で国民大会を開催し、「一〇万の忠魂と二〇億の負担を犠牲にしたる戦勝の結果は、千《せん》歳拭《ざいぬぐ》うべからざる屈辱と列国四囲の嘲笑とのみ、ああ果たして誰の罪ぞや」という激越な調子の非難・弾劾文を決議した。警察が一般市民の入園を許さなかったため、集まった約三万人の市民が、警官隊と衝突、大会終了後、民衆は暴徒化して、翌六日にかけて、外務省、内相官邸、警察署、教会、講和賛成を唱えていた国民新聞社などを焼き打ちした。警察では鎮圧ができず、六日に戒厳令が布かれて軍隊が出動、死者一七名、負傷者二千名、検束者二千名を出して収束した。この日比谷焼打ち事件は、やがて横浜、名古屋、大阪、神戸などに広がり、屈辱講和反対という民衆運動として展開され、講和反対・閣僚問責が各地の大会で決議された。

ロシア側の降伏の意思表示があったわけではなく、一方、日本の経済力が底をついていたこと、兵力の補充も限界に来ていたこと、下級将校が勇敢に進撃して戦死した結果、その補充が容易でないこと、など日本の戦争継続能力がほぼ限界に達していたという意味で、日露戦争は日本の「完全な勝利」でなかった。にもかかわらず、国民は、厳しい報道管制のもとで「連戦戦勝」の事実以外は知らされていなかったため、これらのことが理解できず、「臥薪嘗胆」の合言葉のもと長く強いられた辛抱《しんぼう》の反動として、激しい不満となって噴出したものと考えられる。

桂園時代の到来と政党内閣への道

立憲政友会は、日露開戦を目前にした〇三（明治三六）年七月から、伊藤博文に代わって西園寺公望が第二代総裁に就任していたが、戦争中、桂内閣の臨時軍事費や増税案をほとんど原案通り成立させるなどの協力をしただけでなく、講和条約後の日比谷焼打ち事件をはじめとする講和反対運動には加わらず、事態を静観する態度に終始した。桂内閣は、日比谷焼打ち事件後の混乱に区切りをつけ、終戦に伴う日露・日清・日韓関係などの戦後体制の確立に大方の道筋をつけた段階で、〇五（明治三七）年一二月二一日、総辞職した。憲政史上最長の四年半にわたり政権を維持した桂太郎は、初めて元老会議を経ることなく、後継首班に立憲政友会総裁の西園寺公望を指名し、第一次西園寺内閣が発足した。

この後、桂と西園寺が交互に政権を担う「桂園《けいえん》時代」が七年間続く。「情意投合《じょういとうごう》」とか「もたれあい」に基づく協力・提携関係によって藩閥と政党が政権を「たらい回し」した桂園時代は、ある意味では憲政史上もっとも安定した時代であった。戦費調達のために戦時中に臨時増税として行った非常特別税も、第一次西園寺内閣のもとで期限が撤廃されて恒久税化された。軍事上の要請と能率化の見地から長年懸案であった鉄道の国有化も、三井・三菱ら財閥資本の猛烈な反対にもかかわらず（三菱の創業者・岩崎弥太郎の女婿である外相加藤高明を辞任させた）、〇六（明治三九）年三月、第一次西園寺内閣のもとで断行し、私鉄一七社から総額四億八千万円で買収して国有化した。以後、鉄道の九〇％が国有となった。

一九〇〇（明治三三）年一〇月に成立した第四次伊藤博文内閣は、外相・陸相・海相以外の閣僚はすべて立憲政友会所属という立憲政友会に基礎を置いた初の内閣であったが、閣内不統一のため僅か七カ月で瓦解《がかい》していた。その立憲政友会が、「挙国一致」での日露戦争の遂行と、その戦後経営の過程で、政権担当能力を備え、現実に即した責任政治を展開しうる政党として成長を遂げたのである。この日露戦争と桂園時代に涵養した統治能力と政党基盤が、一八（大正七）年九月に第三代総裁原敬が組織した本格的な政党内閣の誕生に結実した。原は、公・候・伯・子・男爵のいずれの爵位をもたず、衆議院に議席をもった政党党首が就任した初の首相であった。「平民宰相」と呼ばれて期待を集めたゆえんである。

戦費調達のための大増税と地租の地位の変化

日露戦争は、人的にも物的にも大消耗戦であった。戦死者は約八万四千人である。戦費は、臨時軍事費と各省の臨時事件費の支出を合わせて一七億円を上回り、日露戦争前の歳出のピークが一九〇〇（明治三三）年の二億九千万円であるから、国家財政規模の六年分近くに相当した。この戦費調達のため、地租を筆頭に所得税・営業税・酒税・砂糖消費税を非常特別税として増税し、更に相続税を新設し、煙草 塩の専売制度を拡大して、歳入増を図ったが、歳入の不足分は外債六億九千万円、内債六億二千万円で賄った。内外債の元金と利子は税金によって償還されなければならないから、税収の太宗を占める地租の負担者である農村地主をはじめ国民の生活は圧迫された。

特に、地租は実に戦前の約一・八倍に増税されていたから、無賠償講和に対する反発は強烈であった。もっとも、日露戦争前に一石一二円であった米価は戦後一五円に高騰しており、定額金納制のもとでの地租実質負担額は戦前の一・六倍程度に緩和され、その後も米価の騰勢はほぼ一貫したため緩和された。しかし、〇九（明治四二）年は豊作のため米価は低落の一途をたどったため、地主の怨嗟《えんさ》の声が高まり、翌一〇年二月、第二次桂内閣は、地租率を地価の百分の五・五から四・七に引き下げざるを得なかった。明治末年の一二年には、戦前の約一・二倍程度に負担増は緩和された。この後は、国税収入に占める地租の地位は低下する一方で、所得税中心の税制に変貌してゆく。それは産業革命の進行に伴う産業構造の変化を反映したものでもあった。

帝国国防方針の策定と軍部の軍拡要求

〇七（明治四〇）年四月に、「帝国国防方針」が策定された。

この国防方針において、「帝国の国防は露米仏の順序を以て仮想敵となし主として之に備う」ことを明らかにし、日露戦争で大陸（朝鮮・満州）に重要な権益を獲得したことに基づき、その権益防衛のために攻勢戦略を打ち出した。敵国の日本本土侵攻の脅威に備えた従来の防勢戦略から明確に一歩踏み出したのである。所要兵力については、陸軍は平時二五個師団、海軍は戦艦八隻・装甲巡洋艦八隻（「八・八艦隊」と呼ばれた）とされたが、長期的目標であり、具体的な完成時期が明示されたものではなく財政的な歯止めがかかっていた。陸軍は、日露戦争前の一三個師団体制（平時一五万人）から、日露戦争中の四個師団の増強とこの年の二個師団の増強により一九個師団体制（平時二五万人）とすでに大幅に増強されていた。海軍も、敗戦国ロシアから戦利艦を獲得し、少なくとも量的には不足は感じられなかった。このため、日露戦争後しばらくは、陸海軍ともに軍拡要求に自制的であった。

しかし、〇六（明治三九）年末にイギリスで竣工した最新鋭艦「ドレッドノート」（一二インチ砲一〇門搭載・速力二一ノット）の出現が、その圧倒的な攻撃力と速力とによって、既存の戦艦を旧式化し、その実勢力を低下させてしまったのを契機に、日本海軍は、この「弩級《どきゅう》」戦艦、更には「超弩級」戦艦に追いつくための軍拡要求を掲げるようになった。

この海軍の軍拡要求は、陸軍を刺激し、一〇（明治四三）年の韓国併合と翌年の辛亥革命勃発によって、大陸で陸軍の果たすべき役割は拡大したことを大義名分にして、一三（大正二）年度予算の策定に当たり、国防方針に示された師団増設計画のうち、朝鮮に駐屯すべき二個師団の増設を要求した。時の第二次西園寺内閣（政友会内閣）が、この二個師団増設要求を財政的見地から拒絶し、予算化の一年延期で妥協を図ろうとしたのに対し、一二年一二月二日、上原勇作（日向藩出身・薩摩藩出身の野津道貫大将の女婿）陸相が帷幄上奏（陸海軍大臣・参謀総長・軍令部長が内閣の了解を経ないで所管事項につき天皇へ直接上奏できる制度）を行って天皇に単独辞表を奉呈し、しかも陸軍は後任陸相を出そうとしなかったので、一二月五日、西園寺内閣は閣内不一致を理由に総辞職した。

この年七月三〇日に明治天皇が崩御された四カ月後に、軍部の跳梁跋扈が早くも始まったのである。帷幄上奏の背景には、陸軍費が数年にわたり海軍費を下回っていたことに対する反発があり、上原陸相の背後には、長州閥の田中義一軍務局長がネジを巻いており、山県有朋や桂太郎がにらみを利かせていた。この帷幄上奏権と軍部大臣現役武官制（陸海軍大臣を現役大・中将に限り任命する制度）の合わせ技で政友会内閣を葬り去った軍部の独走と横暴を契機に、閥族打破を唱える「第一次憲政擁護運動」が巻き起こされ、次の第三次桂内閣もわずか五〇日で倒された。「大正の政変」である。

日米関係の軋みの始まり

〇五年七月二七日、日露講和交渉が開始される直前に、ルーズベルト大統領の特使として来日したタフト陸軍長官と桂首相との間で、秘密覚書が交わされた。桂・タフト協定と呼ばれるもので、日本はアメリカのフィリピン統治を承認し、アメリカは日本の韓国に対する優越的支配を承認し、極東の平和維持は日・米・英三国の協力によることなどを規定し、韓国併合に至る布石となった。

九月初めには、アメリカの鉄道資本家で「鉄道王」の異名をとったハリマンが、「世界一周鉄道」の構想を引っ提げて来日し、駐日アメリカ公使グリスコムの援助により元老たちと接触し、日本の財政難につけ込んでその野望を実現しようとした。一〇月一二日、ハリマンは、南満州鉄道の共同管理に関し、桂首相との間に予備協定の覚書を作成したが、一〇月一五日、アメリカから帰朝した小村外相の「一〇万の流血と二〇億の財幣とを犠牲にして贖《あがな》い得た南満州鉄道をアメリカの資本の為に献上することは到底国民の忍ぶ能わざるところ」との猛反対論で挫折し、二三日には破棄通告がなされた。ハリマンの策謀は、その後も執拗に展開され、究極は、〇九年一一月六日、国務長官ノックスが提案した満州鉄道中立化案として日本政府に突き付けられた。要するに、満州における日本とロシアの鉄道は、日・露・英・米・独・仏の六大国の資本によるシンジケートが買収し、共同管理するというものである。これに対し、日本はロシアと組み、イギリスの了解も得て拒絶した。

また、〇六年三月には、日本軍が占領した満州における日本官憲の行動は、門戸開放・機会均等主義に反するとして注意喚起する書簡が、米国代理公使から西園寺首相に届いた。英国大使からもほぼ同じ時期に同じ趣旨の書簡が届いた。ポーツマス条約の付属約款によれば、日露両軍は一八カ月以内に満州から撤兵することになっていたにもかかわらず、日本軍は撤兵するどころか、各地に軍政署を設けて長く居座ろうとする態度を示していることに対する抗議であった。戦勝国の軍人の横暴が露呈しつつあったのである。

アメリカ国内では日露戦争後、日本人移民の排斥運動が表面化するとともに、日本の軍事的脅威を指摘する「黄禍論」が噴出した。現実の政治面においても、早くも〇七年には、アメリカ海軍は日本を仮想敵とした戦争計画「オレンジプラン」を作成した。一八九八年の米西戦争によってフィリピン・グアムを獲得して西太平洋に進出したアメリカは、日清戦争によって日本が獲得した台湾とバシー海峡を挟んでわずか三〇〇キロメートルで隣接することとなり、日露戦争での日本の勝利は、アメリカにとって日本の脅威を際立たせることになったのである。以上見てきたとおり、日米の蜜月関係は、ポーツマス条約締結時が頂点で、その後は緊張・対立関係に転換した。

日英同盟の強化と英露対立から英独対立へ

まだポーツマスで講和交渉が進行中の〇五年八月一二日に、第二次日英同盟協約がロンドンで調印された。日露戦争中、イギリスは様々な形で日本に援助したが、中でも武器弾薬と石炭の供給が重要で、それなくしては日本は戦争を継続できなかった。また、ロシア艦隊を発見するたびに日本に通報し、黒海艦隊がダーダネルス海峡（黒海と地中海を連結する海峡）を通過するのを阻止する形で協力する態勢をとった。〇二年締結の日英同盟協約の有効期限は五年で、まだ三年余りしか経過していないこの時点で、同盟関係を強化する目的で有効期限一〇年の新たな日英同盟が締結された。

主な改正点は、①両国のうち一方が他国と戦争を始めた場合には、他の一方は直ちに参戦して戦争も講和も協同・協議して行うこととなり、②清韓両国に限られていた条約の適用範囲にインドが加えられ、③日本の韓国に対する指導・監理・保護の権利が承認された。ロシアが巨額の費用で鉄道を建設し、インド国境へ五〇万人を超える軍隊を速やかに移動させることが可能となった今、イギリスはロシアがインドに与える脅威に危惧を抱いていた。一方、日本にとって日英同盟は、復讐戦を企てるロシアの意欲を削ぐ最善の方策であり、「黄禍」の旗印の下に日本と敵対するヨーロッパ連合を形成しようとする露仏両国の企みを阻止する有効な方策と認識されていた。新協約は、イギリスのインド領有と国境防衛措置を日本が承認することと引き換えに、日本の韓国支配をイギリスが承認するとともに、両国の軍事「攻守同盟」関係を明確にしたものである。新協約が締結された直後、バルフォア首相は総辞職を発表したが、総辞職前に東京の英国公使館を大使館に昇格させた。仏、独、伊、米国もこれに倣《なら》った。これは、日本国が欧米で一等国として認められたことを象徴する出来事であった。

一九世紀を通じて、イギリスとロシアは地球的規模で覇権を争ってきたが、日露戦争でロシアが敗れ、日本と協約を結んで協調関係に転ずると、イギリスは、ロシアの国力がペルシァ湾以西に指向すると想定し、〇七年八月、英露協商を締結した。英露協商では、ペルシャ・アフガニスタン・チベットにつき両国の勢力範囲を確認し、〇四年四月の英仏協商と相まって、国力伸張著しい新興国ドイツ帝国を英仏露三国が包囲する三国協商体制を構築した。英露協商の成立を機に、世界史は、英露の対立から英独の対立に軸を転換して、展開することになった。

韓国併合

〇五（明治三八）年一一月二日に特派大使に任命された枢密院議長伊藤博文は、明治天皇の親書を携えて韓国を訪れ、韓国に保護権を確立することを目指して、高宗皇帝と直談判した。日米間の桂・タフト協定、日英間の第二次日英同盟協約、日露間の講和条約によって、日本による韓国の保護国化につき米英露三国の承認を取り付けた日本国政府は、一気に韓国に対する保護権の確立の具体化に突き進むことにしたのである。再三にわたる皇帝との直談判の外、日本側（伊藤特派大使、林権助公使、長谷川好道韓国駐箚軍司令官）と韓国側閣僚との会談も行われたが、何ら結論を得るに至らなかった。このため、調印予定日の一一月一七日には、韓国駐箚軍の騎兵連隊・歩兵一大隊・砲兵中隊を出動させて威圧を加えたうえ、韓国皇帝御前会議で強硬な姿勢を貫き、その日の夜、王宮での会談で皇帝の要望を容れて伊藤がささやかな加筆訂正することで、韓国保護条約（第二次日韓協約）は調印された。この条約で、日本は韓国の外交権を掌握し、京城に駐在する統監が一切の外交事務を統括することを規定した。

一二月二一日には、初代統監に伊藤博文が就任した。統監には、保護条約で定められた韓国外交の管理、韓国皇帝に内謁する権利（皇帝に直接会って要求をつきつける権利）の外に、韓国駐劄軍の使用を命じる権限までが与えられていた。翌〇六年二月には、京城に統監府が置かれ、開港地その他要地に日本理事官を配置し、統監の指揮の下、従来の領事の職務を一切執行するようになった。

保護条約成立直後から、韓国国内で激しい憤懣の声が上がり、韓国皇帝も政府要人も条約破棄を目指す運動を展開したが、その頂点をなすのが〇七（明治四〇）年六月、オランダのハーグで開かれた第二回万国平和会議への勅使三名派遣であった。「朝鮮密使事件」である。皇帝の密勅を受けた使者三名が、親韓的アメリカ人の手引きで平和会議に参加し、朝鮮に対する日本の侵略政策を暴露し、諸外国の支援を受けようとしたが、露・英・米・仏の全権に外交権の無い密使の参加を拒否され、皇帝の作戦は失敗した。

この皇帝の策謀を到底看過できない伊藤統監は、七月一八日、林董《ただす》外相を伴って高宗皇帝を訪ね、退位を求めた。伊藤は、「かくのごとき陰険なる手段を以て日本の保護権を拒否せんとするよりは、むしろ日本に対して宣戦せられる方が捷径《しょうけい》でありましょう」と恫喝したという。翌七月一九日、高宗皇帝は退位し、知的障害を抱える皇太子（純宗）の帝位継承を公表した（正式就位は八月二七日）。

七月二四日には、伊藤統監と李完用《りかんよう》首相との間で第三次日韓協約が調印された。この協約では、韓国の内政権は統監の指導監督の下に置かれ、法令制定・重要な行政決定・高級官吏の任免は統監の承認・同意を必要とし、統監の推薦する日本人を韓国官吏に任命し、統監の同意のない外国人雇用は禁じられた。同時に調印された非公表覚書（秘密協定）で、各級裁判所や中央・地方官庁への日本人の全面的任用や韓国軍隊の整理を規定していた。七月三一日、韓国皇帝は、軍隊解散の詔勅を発布した。詔勅は、「軍政の刷新を図り、士官の要請に力を専らにし、他日徴兵法を発布し、強力なる兵力を具備せん」がため現在の軍隊を解散する、と述べていた。かくて、日本は韓国内政の全権を掌握するに至った。

翌八月一日、韓国軍隊の解散式が京城で開かれたところ、二個大隊が蜂起し、鎮圧までに約三時間半を要した。解散命令に伴う軍隊の反乱は全国的に広がり、兵営を脱した将兵が民衆とともに義兵を組織し、ゲリラ戦を展開した。この義兵闘争に参加した義兵は、一四万人にのぼり、これを鎮圧するため、日本軍は二万人を動員し、この八月から一一年六月までに一万七六〇〇余人の義兵の血が山野を染めた。特に〇八年がピークをなす。伊藤統監は、この義兵闘争に対する弾圧だけでなく、①韓国中央銀行の設立、②教育の振興(近代教育のための教科書編纂、識字率向上のための普通学校「小学校」など各種学校の振興)、③殖産興業(「拓殖」を目的とした国策会社である東洋拓殖会社の設立など)、④日本からの大型借款の導入などの「自治」振興策を次々に打ち出した。伊藤は、このような「自治」振興策を引っ提げて、〇九年一月初めから二月初めにかけて、純宗皇帝に陪従して極寒の南部地方、北部地方への巡察を行ったが、義兵闘争が鎮静化する兆しは見られなかった。

〇九(明治四二)年二月、伊藤統監は、純宗皇帝から天皇あての親書を携えた宮内府大臣と同行して帰国した。この機会を捉えて、四月一〇日、桂首相と小村外相は、これまで韓国の「独立富強」を標榜し、「合併論」や「併合論」を斥《しりぞ》けてきた保護国論者伊藤統監を訪ね、恐懼《きょうく》しながら韓国併合に関する方針を協議した。ところが、彼らの予想に反して伊藤は併合方針に同意した。その後、統監としての職務が三年有半を超えたことを理由に伊藤は辞表を提出し、六月一四日、副統監の曾禰《そね》荒助《あらすけ》が統監に就任し、伊藤は再び枢密院議長に就任することになった。そして、七月六日、桂首相・小村外相の主導する日本政府は、閣議決定を行い、天皇の裁可も得て韓国併合という大方針を固めた。残るのは実施時期の決定だけとなった。

七〇歳を目前にした伊藤枢密院議長は、〇九年一〇月一六日、門司を出て大連に向かい、旅順の戦跡を訪れた後、来るべき日韓併合につきロシア蔵相ココフツォフと会談するため、ハルビンに向かった。一〇月二六日午前九時、ハルビン駅に到着したところ、駅頭で朝鮮の独立運動家安重根《あんじゅうこん》の銃撃で暗殺された。安重根は、日露戦争の宣戦の詔勅には、日本の戦争目的は東洋の平和を守り、韓国の独立を全うすることにあると明言しているにもかかわらず、伊藤博文はこの天皇の聖旨を踏みにじって韓国の独立を蹂躙した故に、天皇陛下に対しても逆賊だから、殺したと殺害理由を説明した。安重根は韓国では民族的英雄として称えられた。安重根を憎みつつも尊敬した日本人が少なくなかったという。しかし、伊藤の暗殺は、韓国の併合方針の進捗に拍車をかけた。

翌一〇年五月三〇日、病身の曾禰荒助統監に代わって併合促進論者である寺内正毅（長州藩出身）が陸相兼任のまま統監に就任した。六月二四日には、駐露公使館付武官時代にロシアでの諜報活動で名を挙げた駐韓憲兵司令官明石元二郎を統監府の警務総長に兼任させ、憲兵警察制度を確立した。寺内統監は、韓国駐箚軍の京城集中を済ませた上で、八月二二日、韓国併合条約の調印式を行い、八月二九日、公表した。韓国は日本の領土とされ、韓国の国号は廃されて朝鮮となり、韓国の統治権は皇帝から天皇に譲与され、統治の最高機関として朝鮮総督府が置かれ、初代総督には陸相のまま寺内統監が就任することになった。

英米露三国をはじめ欧米列強は、日本による韓国併合を冷静に受け止めた。韓国併合直前の一〇年七月四日に調印された第二次日露協約の締結交渉に先立って、駐露大使木野一郎が、ストルイピン首相、ココフツォフ蔵相などと会談して、韓国併合問題につき打診したところ、ロシアが反対する理由も権利もない、との回答を引き出していた。この時期、日本とロシアは、協調して大陸における既得権益を相互に尊重する関係にあったのである。また、イギリスとは、日英同盟のもと友好関係にあり、一〇年五月一九日、小村外相を訪れた駐日大使マグドナルドは、韓国併合にイギリスは反対ではないが、と前置きして、実行前に併合によってイギリスが不利益をこうむることにならないよう事前調整を求めていたが、関税について、現状のまま一〇年間据え置くことで、併合条約公布の前までに調整がついていた。このようにして、韓国併合について露英両国の同意を得て、併合は進められた。

李朝五〇〇年の歴史は閉じ、日本による植民地支配の三五年が始まった。併合によって一挙に領土が一・五倍になった日本人は、大国意識を持つようになったが、日本政府は、敗戦に至るまで一度たりとも朝鮮を「植民地」とは呼ばず、「外地」と称した。韓国併合直後の日本マス・メディアは、併合賛美論で覆われた。

併合から太平洋戦争終結までの間、朝鮮総督はすべて陸海軍大将で九代にわたった（斎藤実《さいとうみのる》と宇垣一成《うがきかずしげ》は二期）。中でも、一九年の三・一独立運動の全国津々浦々にわたる大騒乱がようやく収束した直後、同年八月から第三代として就任して八年余り務め、その後再び二九年から第五代として二年近く務めた唯一の海軍大将総督の斎藤実の施政については、やや先走りになるが、行論の都合上、ここで触れておきたい。斎藤は、原敬首相と同じ岩手県の出身（斎藤は水沢、原は盛岡）で、〇五年から四年間アメリカ公使館駐在武官として多民族国家での生活体験のある軍人であった。それまでの総督二代が「憲兵政治」と揶揄される程に、憲兵警察に依存した統治に偏し、併合後わずか一年の一一年八月からは日本語を国語とする、など極端な「同化政策」を展開して、朝鮮民族の誇りを蹂躙する武断政治が三・一独立運動を招いたとの反省に立ち、「文化政治」に路線転換した。

就任後ただちに、憲兵警察制度は廃止し、普通警察制度に切り替えた。また、従来教員を含めて制服帯剣していた文官は、全て平服とした。言論、出版、集会、結社についての規制も緩和し、翌二〇年三月と四月には朝鮮語新聞『朝鮮日報』と『東亜日報』がそれぞれ創刊され、また朝鮮語による文芸雑誌も創刊され、各種の社会団体が続出した。

文教政策の面では、二二年二月には、新教育令を発布して普通学校（小学校）を四年制から六年制に、高等普通学校（中学校）を四年制から五年制に修業年限を引き上げた。官立大学の設立を推進することし、二四年には京城大学を設立した。

産業政策の面では、二〇年一二月に産米増殖計画を策定し、二〇年から一五年間に四二万七五〇〇町歩の土地改良と一三四万町歩の農事改良によって九二〇万石を増収し、そのうち八〇〇万石（一二〇万トン）を日本に移出ことを目標とした。日本窒素系資本を誘致して二六年一月には朝鮮水力電気株式会社、二七年五月には朝鮮窒素肥料株式会社を設立し、合成化学産業を推進した。

しかし、二五年一〇月一五日に、京城に天照大神と明治天皇を祭神とする朝鮮神宮を竣工したのは、日朝民族同祖論に立脚したのかも知れぬが、結果としては、異民族に国家神道を強制することとなり、植民地政策としては千慮の一失というべきである。三七年に日中戦争が始まると、創氏改名や神社参拝の強制、教育現場での朝鮮語の使用禁止など民族の誇りを傷つけ、反感を買った「皇民化政策」が強行されたが、その先駆的事例とも言える。

ロシア第一次革命と日露の協調時代

日露戦争末期の旅順攻略直後に起きた「血の日曜日事件」に端を発したロシア第一次革命は、その後全国的な展開を見せ、バルチック艦隊が日本海海戦で無惨な敗戦を喫すると、その一カ月後、〇五年六月二七日、黒海艦隊の旗艦「ポチョムキン」の水兵が反乱を起こし、オデッサ港（現ウクライナ共和国）で一一日間赤旗を掲げ続けた。この事件の衝撃は大きく、ロシアの政治と社会の動揺は、日露戦争の終結にもかかわらず全く収束の兆しを見せず、「ツアーリは退け」のスローガンが大声で叫ばれるようになった。この専制君主制打倒の動きに直面して、一〇月一七日、ニコライ二世は、やむなく言論、結社、信教の自由を宣言するとともに、国会開設を約束する詔書を発し、前蔵相でポーツマス講和会議の全権代表であったウィッテが初代首相に就任した。

翌〇六年二月から三月にかけて国会開設のための選挙が実施され、四月二三日には、国家基本法つまり憲法が発布され、外見的には立憲制が整備された。しかし「いかなる新しい法律も皇帝陛下の承認なくしては発効し得ない」との限定付きであった。このためウィッテは、憲法制定前夜に首相を辞任した。国会解散後の七月に、内相ストルイピンが新首相に任命され、土地改革に着手、一定の成果を挙げたが、一一年九月一日、キエフ（現ウクライナ共和国首都）で観劇中に狙撃されて死亡した。ストルイピン亡き後のロシア政治は支離滅裂で、一層、社会矛盾は激化し、人類史上初の社会主義国家を成立させた一七年のロシア第二次革命につながってゆく。

一方、日露戦争後の米英の資本力にものをいわせた中国進出に対抗するため、〇七年七月三〇日、第一次日露協約を締結した。この協約では、東アジアの現状維持を約し、日本の朝鮮に対する特殊権益、ロシアの外蒙古に対する特殊権益を相互に認めるとともに、秘密条項で、満州の鉄道と通信を巡る勢力範囲を南北に分け（境界線は中国吉林省の琿春《こんしゅん》と外蒙古・内蒙古の境界線を結んだ線）、北満州はロシアの、南満州は日本の勢力範囲とした。一〇年七月四日には、前年一二月にアメリカによって提起された満州鉄道中立化案を阻止するため、第二次日露協約を締結し、満州の現状維持と鉄道権益確保の協力を約した。更に、中国に辛亥革命が起きたのを契機に日露の勢力分割範囲を拡大するため、一二年七月八日には、第三次日露協約が結ばれ、北京を通る東経一一六度二七分の経度線で内蒙古を東西に分け、東部内蒙古を日本の、西部内蒙古をロシアの勢力範囲とした。これらの協約は、いずれも相互の権益を尊重して日露の協調関係を築くための秘密協定であった。日露戦争で海軍力の大部分を毀損し、国内体制の動揺が引き続くロシア側の選択として、対日宥和なしにはヨーロッパ方面の安全の確保を図り難いとの戦略判断があったものと考えられる。日露戦争後から第一次世界大戦までが、史上最も友好的な日露関係の時代であった。

満州の権益の確保

日露戦争の戦場は、大部分が清国の領土の南満州地域であったが、〇四年二月一二日に局外中立を宣言した清国は、終始、局外中立を貫いた。にもかかわらず、ポーツマス講和条約では、「清国の同意を得て」という条件付きとはいえ、頭越しで、清国の領土である関東州の租借地と南満州鉄道（長春・大連間、奉天・安東間の鉄道とその支線）の譲渡が決められた。この清国の同意を求める交渉は、小村外相が担当したが、清国は容易に認めず、難航した。長い交渉の末ようやく清国は容認し、〇五年一二月二二日、「満州に関する日清条約」に調印して決着した。翌〇六年六月には、資本金二億円の半官半民の株式会社・南満州鉄道株式会社（満鉄）が設立された。満鉄は、南満州鉄道の経営のほか、炭鉱・鉄鋼・電機・港湾などの事業も行う一大コンツェルンで、日本の満州経営の中心的役割を担った。満鉄初代総裁には、一八九八年以来、台湾総督府の民政局長（のち民政長官）として辣腕をふるった後藤新平（斎藤実と同じ仙台藩水沢出身）が就任した。

また、日本は遼東半島の租借地を「関東州」（山海関以東の地の意）と名付けて、〇五年　〇月一七日には早くも遼陽に関東総督府を設置し、翌〇六年八月一日、都督府に改組するとともに、旅順に移した。都督には陸軍将官を任じ、都督は関東州の政務を管掌するとともに駐屯部隊の指揮に当たった。この駐屯部隊は、「満州に関する日清条約」に基づき、旅順・大連の租借地と南満州鉄道の守備のため（満鉄の守備については一キロメートルごとに一五名を超えない範囲で）守備兵を置くことができることとなったもので、これが後の関東軍に発展してゆく。

日本を根拠地とした辛亥革命

日清戦争、列強の中国分割、義和団事件（北清事変）、日露戦争と屈辱的な歴史体験を経て、清国内に、皇帝専制体制を変革し真の近代国家に生まれ変わって、外国に対抗していかなければならないと考える立憲派や革命派が台頭してきた。ロシアの侵略抑止を焦眉の急とみなしていた立憲派や革命派は、日本の野心に警戒しつつも日本の日露戦争における勝利を望む者が多かった。アジアの小国である黄色人種の立憲国家・日本が、ヨーロッパの大国である白色人種の専制国家・ロシアと戦って得た勝利は、彼らの運動を鼓舞するところ大であった。

〇五年八月二〇日、孫文《そんぶん》を総理として東京赤坂で「中国革命同盟会」発会式が挙行された。当時、東京には、孫文・汪兆銘《おうちょうめい》らが率いる広東省を中心とした「興中会」、黄興《こうこう》・宋教仁《そうきょうじん》らが率いる湖南省を中心とした「華興会」、章柄麟《しょうへいりん》・蔡元培《さいげんばい》・秋瑾《しゅうきん》（女性革命家）らが率いる浙江省を中心とした「光復会」の運動家が活動しており、この秘密結社三派の大同団結による統一革命組織の確立が喫緊の課題であった。〇五年七月、孫文が欧米への遊説から二年半ぶりに東京に帰って来たのを機に、「駆除韃虜、恢復中華、建立民国、平均地権」（満州民族の清王朝（韃虜《だつりょ》）を打倒し、漢民族を中心とする国を回復し、立憲共和制の国を建設し、土地所有権を平均にする）を綱領として三派が合意し、中国革命同盟会が発足したのである。この一六文字の綱領は、民族主義・民権主義・民生主義を表すものとして、後に「三民主義」と呼ばれるようになる。

この孫文らの革命運動に対しては、宮崎滔天《とうてん》・梅屋庄吉《うめやしょうきち》、頭山満《とうやまみつる》、萱野長知《かやのながとも》、犬養毅《いぬかいつよし》らが、終始一貫、物心両面にわたって献身的な援助を傾注した。孫文の日本滞在期間は、一八九五年一一月の初来日以来、通算九年に及んだ。孫文の革命運動は、日清戦争終戦直後の一八九五年九月の広州起義以来、一六年間に一三回の武装蜂起を企て、いずれも失敗した。孫文は武装蜂起に失敗するたびに、日本を主たる亡命先にした。一八九七年の秋、日本滞在中の孫文と初めて会った宮崎滔天は、その人格と見識に惚れ込んで、大隈重信や犬養毅を紹介し、以後、終生、中国革命支援を組織する活動に献身した。特に、〇二年に刊行した滔天の著書『三十三年の夢』は、その翌年簡略化して『孫逸仙』（逸仙は、孫文の字《あざな》）として中国語版が刊行されて、中国留学生などに読まれ、革命指導者としての孫文の人物像と革命思想の普及に大きな貢献をした。因みに、夏目漱石の小説『草枕』（〇六年発表）のヒロイン那美のモデルとされる前田卓《つな》（宮崎滔天の妻前田槌《つち》の姉）は、中国革命同盟会の機関紙『民報』を約一万部発行していた民報社に住み込んで、「民報のおばさん」として革命家たちの世話を焼いて慕われ、頭脳明晰な湖南省出身の戦略家宋教仁の日記にも、たびたび登場する。

一一年一〇月一〇日、遂に、一四回目の武装蜂起である武昌起義《ぶしょう》で辛亥《しんがい》革命に成功し、翌一二年一月一日、中華民国臨時政府が樹立され、孫文がその臨時大総統に就任した。しかし、それも束《つか》の間のことであった。前年一〇月の武昌起義直後に、清王朝の内閣総理大臣に起用されていた北洋軍閥の総帥袁世凱《えんせいがい》は、清朝の統治能力に見切りをつけた英米の支持を取り付け、近代化した北洋新軍六個師団の圧力を駆使して、内部対立と脆弱な財政基盤に悩む臨時政権と取引し、孫文は、清帝の退位と共和制の実現、首都の南京への移転などを条件として、袁世凱を臨時大総統にすることに同意した。二月一二日、宣統帝溥儀《ふぎ》は、退位後も大清皇帝の尊号を廃止せず、中華民国はこれを外国君主の礼をもって遇し、歳費を支給すること、暫時、紫禁城内に居住を認めること、などの皇室優待条件を受け入れて、退位した。その二日後の二月一四日、孫文は臨時大総統を辞し、北洋軍閥の巨頭袁世凱が臨時大総統に就いた。

曲がりなりにも、清朝を打倒しアジアで最初の共和国・中華民国を作るという夢は実現したものの、間もなく、その主導権は軍閥の巨頭に握られてしまったのである。それでも、孫文や黄興に信頼された宋教仁は、政党政治による共和体制を実現するために、精魂を傾けて憲法や各種法制度の整備と民衆の啓蒙に打ち込み、自らも「国民党」を組織して、翌一三年二月の中国史上初の国会選挙で圧倒的に勝利した。しかし、その直後の三月二〇日、内閣総理大臣になる見込みの宋教仁は、共和体制を圧殺し自ら皇帝になろうとした袁世凱の放った刺客によって暗殺された。僅か三〇歳であった。これから、一〇年余りにわたって、中国は、袁世凱とその部下である段祺瑞《だんきずい》・馮国璋《ふこくしょう》・徐世昌《じょせいしょう》・黎元洪《れいげんこう》ら軍閥主導の時代が続くことになる。

いずれにしても、誇り高き中華民族は、一〇年八月に皇帝専制国家・韓国が日本に併合され、日本の植民地として隷属することになった憂き目を、身近な反面教師として受け止めたに違いない。その民族の危機認識が、辛亥革命の一大精神基盤となったと思われる。その後、一〇余年の雌伏《しふく》の時代を経て財政基盤と軍事力を備えた国民党は、北伐を開始し、国家統一に邁進することとなる。

『狂人日記』や『阿Q正伝』などの作品で知られる文豪魯迅《ろじん》は、中国革命同盟会発足の頃、仙台医学専門学校（後の東北大学医学部）に留学中であった。中国から日本への留学は、日清戦争直後の一八九六年の一三名の官費留学生の送り出しを嚆矢とし、義和団の乱の翌年〇一年以降、日本留学政策を推進したため、日本滞在の中国人留学生は急増し、日露戦争後の〇五年には、八千名となり、隋王朝の時代以来続いた科挙の制度も廃止されたため、翌〇六年には約一万八千名とピークに達した。当時の立憲派や革命派は、多少の違いはあっても、日本の明治維新をモデルにして憲法を制定し、民主主義政府を作り、近代化を進めることを目指していた。そこで、中国に近く、近代化のモデルと考えられた日本に多数の留学生が殺到したのである。

「紹興酒」で名高い浙江省紹興出身の魯迅は、日英同盟締結直後の〇二年四月に来日し、〇九年八月の帰国まで、二〇歳から二八歳まで七年半の多感な青春時代を日本で過ごした。魯迅は、講道館柔道の創始者にして、かつ、第一高等学校・第五高等学校・東京高等師範学校の校長を歴任した教育家である嘉納治五郎《かのうじごろう》が創設した弘文《こうぶん》学院普通科で二年間学んだが、弘文学院在学中に講道館柔道に入門し、清朝体制下で強制されていた辮髪《べんぱつ》を切って覚悟の程を示している。魯迅も、浙江州出身の留学生として秘密結社「光復会」の会員であったのである。〇四年四月に入学した仙台医専の解剖学の教授藤野厳九郎の学恩は終生忘れなかったが、維新を達成するためには、まず国民の精神を改革すべきであり、そのためには文学芸術を選ぶべきだと考えて、一年半で仙台医専を退学し、東京に戻り、文芸評論と欧米文学の紹介に没頭した。魯迅が最も関心を寄せた日本人作家は、『草枕』、『三四郎』から『明暗』に至るまで「中国」が生涯を通じたテーマであった夏目漱石であった。

中国革命同盟会に中国人留学生が多数参加していることを知った清国政府は日本政府に抗議した。この抗議に驚いた日本政府は、ポーツマス条約によりロシアから譲渡を受けることになっている満州に関する権益を巡る清国との交渉を有利に展開するため、〇五年一一月二日、清国人留学生取締規則を発布し、清国人留学生は、清国公使館の紹介状なしには日本の公私立学校に入学できないことにした。進歩的学生の日本留学の道は閉ざされたと受け止めた留学生たちは、中国革命同盟会の支援のもと反対運動を展開し、弾圧を受けた二千名の学生は憤然として帰国の途に就いた。「華興会」の領袖黄興と同郷の湖南省出身で『警世鐘《けいせいしょう》』などを著して天才的な革命家といわれた陳天華《ちんてんか》は、一二月八日、中国人の覚醒を促す遺書『絶命書』を残して東京大森海岸で死をもって抗議した。湖南省人には、「支那の大西郷」の異名をとった黄興、中華民国初の内閣総理大臣就任を目前にして暗殺された宋教仁をはじめ、毛沢東《もうたくとう》、劉少奇《りゅうしょうき》、朱熔基《しゅようき》など激情型の戦略家が多い。この中国人留学生に対する弾圧は、大失政というべく、その後の日中関係の展開に大いなる禍根を残した。

因みに、日露戦争で、極東の小国日本が世界最大の陸軍強国ロシア帝国に勝利したことは、一九世紀を通じて欧米諸国の軍事力・資本力・商業力に傍若無人に蹂躙されたアジア人に歓喜の声をもって迎えられ、大きな希望をもたらした。中国の孫文のみならず、トルコのケマル・アタチュルクやインドのマハトラ・ガンジー、ネールらの指導者に、世界を征服した白人といえども最早無敵ではないという教訓を与えたという。日本は、多くのアジアの思想家・活動家にとって憧憬《しょうけい》の的《まと》となり、遊学の地となった。

明治天皇の崩御

日露戦争の途中から、明治天皇に糖尿病の兆候が現れ、一一年頃から病勢が進み、一二年七月三〇日、遂に明治天皇は崩御された。日露戦争で先祖から受け継いだ日本国が滅亡するのではないかと御宸襟《しんきん》を悩まされ、眠れない夜が続いたという。

一八五二年九月二二日、孝明天皇と公卿中川忠能《ただやす》の娘慶子《よしこ》との間に生まれた明治天皇は、一八六〇年九月二八日には皇太子になられたが、皇室の経済的困窮のため、立太子式は行われていない。一八六七年一月九日、明治天皇は満一四歳で即位され、一八六八年一〇月二三日に「明治」と改元された（この時に、一世一元と定められた）。その後、山岡鉄舟《てっしゅう》、高崎正風《まさかぜ》、元田永孚《えいふ》、加藤弘之らの厳しい帝王教育を受けて、明治天皇は偉大な君主に成長された。

一八六八年一月の王政復古の大号令を渙発《かんぱつ》されたのに始まり、三月の国是五箇条の御誓文の発布、一一月までの戊辰戦争の勝利、一八六九年五月の京都から東京への遷都と七月の版籍奉還、一八七一年八月の廃藩置県、一八七三年一月の徴兵令と七月の地租改正、一八七七年の西南の役の鎮定、一八八五年一二月の内閣制度の発足、一八八九年二月の帝国憲法の制定、一八九〇年一〇月の教育勅語の発布と一一月の帝国議会（国会）の開設と、足早に東京を中心とした近代的で中央集権的な立憲君主制度を確立した。その間、一八七〇年四月の東京駒場野《こまば》での連隊操練を観閲した（天覧大操練）時以来、天皇は、宮中大奥の暗闇から出て公衆や軍人の面前に姿を現す存在に変貌された。一八七二年五月から四九日間にわたって西郷隆盛が供奉して行われた近畿・九州地方の巡幸をはじめ全国津々浦々にいたる度重なる明治天皇の巡幸は、観兵式・観艦式や操練（演習）の統監、陸軍士官学校・陸軍大学校・東京帝国大学の卒業式への出席などと相まって、天皇と民衆や軍人との絆を結ぶ機縁となり、国民の目に見える存在としての天皇は、国家と国民を統合する上で大きな象徴的意味をもった。「文明開化」と「殖産興業」を通ずる「富国強兵」という国是を標榜する明治国家の元首として、公の場では和服を着用されることは極めて稀《まれ》で、使命感と義務感からその流儀を一貫されたことに典型的に現れているように、自らに厳しく元首としての責任と義務の遂行に当たられたため、伊藤博文ら政治指導者との信頼関係もきわめて厚く、治世が進むにつれてその威光・威厳は高まっていった。

明治国家の大命題は、「憲法制定」と「条約改正」にあった。後者の「条約改正」は、一八八五年までの太政官制時代から政治上の大命題であり、一八七一年一一月からの二年近くにわたる岩倉遣外使節も最大の目的は「条約改正」にあったのであるが、一八八五年に内閣制度が発足した後も、歴代内閣は、鹿鳴館《ろくめいかん》での舞踏会をはじめとした欧化政策を揶揄されながらも懸命に努力したものの、欧米列強の壁は厚かった。帝国主義の時代における不平等条約の改正は、国内法制の整備による法治主義の確立だけでは実現しなかった。日清戦争と日露戦争という国運を賭けた戦争を閲《けみ》してようやく「条約改正」は実現した。不平等性の一つである治外法権の撤廃は、日本政府が日清戦争の開戦を決意した時点から、日清戦争に関しイギリスの後援を得てロシア・フランスの干渉を排除するために、条約交渉が急速に進展して、一八九四年八月の宣戦布告直前に、妥結に至ったのである。残る一つの懸案である関税自主権の確立は、日露戦争に勝利し、韓国を併合した翌年の一一年二月になって実現した。結局、帝国主義時代における条約交渉の決め手は、国力であったのであり、戦争遂行能力はその国力の最も確かな物差しであったのである。

しかし、明治天皇は決して好戦主義者ではなく、明らかに武断派ではなかった。西南の役勃発の直後は、あらゆるものに無気力の症状を見せ、国家元首としての公務を果たすことも拒まれた。日清戦争の宣戦の詔勅の公布直後も、「今回の戦争は朕素《ちんもと》より不本意なり、閣臣等戦争の已むべからざるを奏するに依り、之を許したるのみ」と土方久元《ひじかたひさもと》宮内大臣に胸中を開陳されている。日露戦争を前にして明治天皇が歌われた御製「四方の海皆はらからと思ふ世に　など波の立ち騒ぐらむ」は、平和愛好の歌であり、開戦直後も伊藤博文枢密院議長に対し、「今回の戦いは自分の志にはない。けれども、ここに至ったら、どうしようもない。若し、ロシアに負けるようなことになったら自分はどうやって先祖に対して、また国民に対して謝《あやま》ったらいいだろうか」と憂慮を示された。

一八五四年の開国以来わずか半世紀で、得体の知れない東アジアの端っこにある小さな島国から、「アジアの眠れる獅子」といわれた世界最大の人口を擁する清国と世界最強の陸軍国といわれたロシアを立てつづけに打ち負かして一等国に躍進した国の元首としての明治天皇は、外国でも、イギリスのヴィクトリア女王（在位一八三七〜一九〇一）などと並んで偉大な君主として高く評価されていた。崩御後も、世界中の新聞がこぞって故天皇を称《たた》える追悼記事を掲げた。

第六章　第一次世界大戦

一九一四年六月のサラエボ事件（オーストリア皇太子夫妻がバルカン半島のボスニア州都サラエボでセルビア人青年に暗殺された事件）を契機として、七月、オーストリアがセルビアに宣戦布告、八月、オーストリアと同盟関係にあるドイツがオーストリア側に立って、セルビアの保護者と任ずるロシアおよびロシアと協商関係にあるイギリス・フランスがセルビア側に立って、それぞれ宣戦布告を交わして世界大戦に発展。更に、日本・ルーマニア・ギリシア・アメリカおよび戦後の領土拡大の約束を得て独墺との三国同盟を破棄したイタリアが英仏側に参戦する一方、独墺側にはトルコ・ブルガリアが参戦し、世界の強国すべてが参加した大戦となった。一七年四月のアメリカの参戦により英仏側の戦力が独墺側の戦力を上回るようになり、一八年一一月にはドイツが降伏して決着がついた。翌年六月、パリ講和会議でヴェルサイユ条約が締結された。

日本は、中国における利権の拡大を目指して、一四年八月、日英同盟を理由に英仏側について参戦、山東省のドイツ利権と独領南洋諸島を占領、翌一五年五月、中国に対華二一カ条要求を承認させさせるとともに、一八年八月には、ロシア革命干渉戦争の一環として、英米仏とともにシベリアに出兵し、四年二カ月にわたって日本軍はシベリアに駐留した。

一　第一次世界大戦の背景と経緯

ドイツ帝国の成立と鉄血宰相ビスマルク

プロシアの国王ウィルヘルム一世によって一八六二年九月、首相に任命されたビスマルクは、シュレスヴィッヒ・ホルスタインを巡るオーストリア帝国との対立から、一八六六年六月、普墺《ふおう》戦争に踏み切り、わずか七週間で圧倒的な勝利を収めて、翌六七年、北ドイツ連邦を成立させてドイツ統一の礎石を築いた。

プロシア主導によるドイツ統一を恐れたフランス帝国のナポレオン三世は、当時空位であった隣国スペインの王位を巡り、プロシアのホーヘンツォルレン家から将来にわたってスパイン王位に就かないと約束せよとの電報をウィルヘルム一世に送った。このことをビスマルクが公表すると、ドイツの世論は憤激でわきかえり（エムス電報事件）、これに対し、一八七〇年七月一九日、フランスは宣戦布告し、普仏《ふふつ》戦争が始まった。当時フランス軍はヨーロッパ随一という定評があったが、プロシア軍はモルトケ将軍指揮のもとに電撃作戦を展開し、フランスの戦略拠点セダンとメッツを攻囲し、九月二日にはセダンを開城し、ナポレオン三世は降伏し、捕虜となった。二日後の九月四日、フランスは第三共和制を宣言し、なおパリ籠城で抗戦したが、翌七一年一月二八日、パリは開城され、五月一〇日にはフランクフルトで講和条約が結ばれ、フランスは賠償金五〇億フランを払いアルザス・ロレーヌを割譲した。

その間、ビスマルクは、南ドイツ四カ国の政府と合併交渉を続け、七〇年一〇月には南ドイツ四カ国はプロシアと合併することに決し、七一年一月一八日、ヴェルサイユ宮殿鏡の間でウィルヘルム一世の戴冠式が行われ、ここにドイツ第二帝国が成立した。四月一六日には、ドイツ帝国憲法が発布され、ビスマルクが帝国宰相に就任した。

スラブ民族のオスマントルコ支配からの離脱

一九世紀後半に入ると、オスマントルコの支配下にあったスラブ民族の独立運動が昂揚し、これに対するトルコの鎮圧運動をきっかけに、南下を企図するロシア帝国がスラブ民族の保護を名目として、一八七七年四月、ロシア・トルコ戦争（露土戦争）を開始した。トルコは敗退し、翌七八年三月のサン・ステファノ条約で、セルビア・モンテネグロ・ルーマニアの独立が承認された。このスラブ民族の盟主ロシアの南下に対し、イギリス、オーストリア等が反発し、この対立に、ドイツ帝国の宰相ビスマルクが調停に乗り出して、ベルリン会議を開き、同年七月、サン・ステファノ条約の修正条約としてベルリン条約が締結された。ベルリン条約においても、セルビア・モンテネグロ・ルーマニアの独立が認められたが、セルビアに隣接してセルビア人が多数派住民であるボスニア・ヘルツェゴヴィナをオーストリア帝国が管理することになった（オスマントルコの領土で、行政権はオーストリア帝国が行使）。

世紀が改まった一九〇八年七月、青年トルコ党のサロニカ革命が成功してオスマン帝国の専制政治は一旦倒されるが、この混乱に乗じて、同年一〇月、ブルガリアが独立するとともに、オーストリア帝国は、ボスニア・ヘルツェゴビナを併合した。汎スラブ主義のバルカン半島における尖兵たるセルビア人にとって、スラブ系住民が圧倒的多数を占めるボスニア・ヘルツェゴヴィナを一体として独立するのが悲願であり、アドリア海への出口を確保することも久しい願望であっただけに、承服しかねる内容であった。

ビスマルクの外交政策と社会政策

ドイツ帝国の「鉄血宰相」の異名をとるビスマルクは、ロシアとフランスに囲まれてその中間にあるのがドイツ帝国であるとの認識を外交の基本においた。一八七三年六月、オーストリア・ハンガリー皇帝、ロシア皇帝、ドイツ皇帝の間で三帝協定を成立させたのをはじめ、八二年五月には、イタリア王国とオーストリア・ハンガリー帝国との間に三国同盟を成立させ、更に翌八三年には、ルーマニア王国とオーストリア・ハンガリー帝国との間でも三国同盟を成立させ、フランス以外のヨーロッパの主要国と同盟を結び、あるいは友好関係を保つ「ビスマルク体制」を完成させた。

ビスマルクは、内政では、労働者に対し「アメとムチ」の政策をとり、七八年一〇月には、社会主義者鎮圧法を制定して社会主義運動を弾圧する一方、八三年五月には労働者の医療保険法を成立させ、翌八四年には労働者の災害保険法を成立させ、八九年には老廃疾者保険法を成立させ、当時世界で最も充実した社会保障政策を整備した。しかし、皇帝ウィルヘルム一世が世を去ると、程なく一八八八年六月、ウィルヘルム二世が襲位し、社会政策でビスマルクと対立し、社会主義者鎮圧法の改正案が議会で否決されたのを契機に、九〇年三月、ビスマルクは辞任願を提出し、ビスマルクの時代は終わった。

英仏露の三国協商体制とドイツの対抗策

ビスマルクが下野した翌年、一八九一年八月から九四年一月にかけて、ドイツ帝国を中核とする三国同盟に対抗するため、ロシア帝国とフランス共和国との間に露仏同盟が締結された。七三年に結んだ三帝協定の当事者であるロシアのアレキサンドル二世・ドイツのウィルヘルム一世が世を去り、推進者であるビスマルクが退陣したのを契機に、その後の国際情勢の推移を見極めた上での露仏の結託であった。露仏同盟は、軍事面での提携にとどまらず、経済面でも九一年五月に着工したロシアのシベリア鉄道に対してフランス資本の巨額の援助が行われた。

一方、〇四年八月、イギリス王国とフランス共和国は、ドイツ帝国に対抗してこれを包囲するため、エジプトにおけるイギリスの、モロッコにおけるフランスの優越権を相互に認め合って、英仏協商を締結した。更に、一九世紀を通じてイギリスとロシアは地球的規模で覇権を争ってきたが、日露戦争でロシアが敗れ日本と協約を結んで協調関係に転じると、イギリスは、ロシアの国力がペルシャ湾以西に指向すると想定し、〇七年八月、英露協商を締結して、ペルシャ・アフガニスタン・チベットにおける両国の勢力範囲を確認した。ここに英仏露の三国協商体制が成立し、独・墺・伊の三国同盟に対抗し、ドイツ帝国を包囲する体制が出来上がった。

他方、ドイツ帝国のウィルヘルム二世は、ビスマルクの退陣とともに、国内では和解を、対外的には信用の形成を目的に「新航路」政策を採ったといわれるが、実際には、雇用を確保し、成長を維持し、福祉を実現していく上で、積極的な世界強国政策を展開する必要があるとの状況認識の下、一八九八年三月、第一次艦隊建設法を制定し、世界との通商の手段として、また先行するイギリスの海上支配に対抗する手段として、大艦隊建造に乗り出した。二年後には、第二次艦隊建造計画を策定し、イギリスの対独警戒心を惹起した。更に、イギリスが、一八九〇年以来、南アフリカのケープタウン・エジプトのカイロ・インドのカルカッタを結ぶ鉄道を建設（三C政策）しようとしていたのに対抗し、九八年、ドイツのヴィルヘルム二世は自らトルコを訪問して、バクダード鉄道の敷設権を獲得し、ドイツのベルリン・トルコのビザンチン・メソポタミアのバグダードを結ぶ鉄道を建設（三B政策）して、インド洋進出を目論んだ。

第一次・第二次バルカン戦争

オスマントルコの支配下にあったバルカン半島には、セルビア人・クロアチア人・スロヴェニア人・マケドニア人・モンテネグロ人・ブルガリア人などの南スラブ民族の外、ギリシア人・ルーマニア人・アルバニア人が住んでおり、ハンガリー人・トルコ人・ドイツ人もおり、宗教的にもカトリック・イスラム・ギリシア正教に分かれていた。一八世紀末から一九世紀にかけて、「瀕死の病人」と称されたオスマントルコ帝国の衰退が一層明白となり、これに伴ってバルカン諸民族の独立運動・解放運動が昂揚してきた。諸民族は、それぞれ古代や中世の王国に歴史的根拠を求めて独立を主張したが、この動きにヨーロッパ列強は世界分割を目指して介入し、いわゆる「バルカン問題」、「東方問題」が危機的状況を迎えることとなった。

一二年五月、ロシア帝国の仲介でセルビア・ギリシア・ブルガリア・モンテネグロの四国がバルカン同盟を結成し、同年一〇月、バルカン同盟がオスマントルコ帝国に宣戦して第一次バルカン戦争が始まった。動員兵力が劣るオスマントルコの敗北が一三年春までに明白になると、ヨーロッパ列強が介入し、五月にロンドン条約が締結され、列強はアルバニアの独立を承認した。当然のことながら、バルカン同盟諸国の不満は残り、バルカン諸国の関心は、オスマントルコが撤退し権力の空白地帯となったマケドニアに向けられ、このマケドニアを巡ってブルガリア・セルビア・ギリシアの領土的野心が衝突した。

早速一三年六月、ブルガリアがセルビア・ギリシア両国を攻撃することによって第二次バルカン戦争が始まった。モンテネグロ・ルーマニア・オスマントルコがセルビア・ギリシア側について参戦し、ブルガリアの大敗が明白になると、八月にはブカレスト条約が結ばれて、この地域の再分割が行われた。敗戦国ブルガリアは、戦勝五カ国に領土を割譲し領土の大半を失った。セルビアはコソヴォ等を獲得した。

二次にわたるバルカン戦争を通じて、バルカン諸国はいずれも領土的不満を残すこととなり、緊張関係は一層高まり、バルカン半島は真に「ヨーロッパの火薬庫」と化した。第一次・第二次バルカン戦争は第一次世界大戦の導火線といわれたゆえんである。

サラエボ事件

一九一四年六月二八日、オーストリア・ハンガリー帝国の皇位継承者フェルディナンド大公夫妻が、バルカン半島のボスニアに駐留する帝国軍の演習を観閲するため、ボスニアの中心都市サラエボを訪れたところ、南スラブの統一を目指す「青年ボスニア」に属するセルビア人の発射した凶弾で命を奪われた（サラエボ事件）。「青年ボスニア」に属する若い刺客は七人おり、命中させたセルビア人のほかクロアチア人もムスリムもいたのであるが、オーストリア・ハンガリー帝国政府はサラエボ事件後、七月二三日、背後で糸を引くのはセルビア王国だと非難して最後通牒を突きつけた。人口四三〇万人のセルビア王国と人口五一〇〇万人のオーストリア・ハンガリー帝国との間の戦争は、一撃のもとに決着をつけられるとの陸軍参謀総長をはじめとする強硬論が優位に立ち、七月の初め、同盟国ドイツのウィルヘルム二世のオーストリアを無条件で支持するとの確約を得た上で、最後通牒に踏み切ったのである。ドイツは、セルビアの守護者を自任するロシアおよびロシアと同盟関係にあるフランスが参戦しても、そのリスクは引き受けられると判断したのであろう。因みに、新興ドイツ帝国の銑鉄生産は一三年には一九三一万トンに達し、英仏の合計一五六三万トンをはるかに超え、ロシアの四六三万トンを加えて、ようやく均衡する状態であった。なお、ドイツは、列強が介入する前に既成事実を積み重ねるため、行動を急ぐようオーストリア・ハンガリー帝国に圧力をかけることを忘れなかった。七月二五日、オーストリア・ハンガリー帝国はセルビアに国交断絶を通告し、二八日宣戦した。同盟国ドイツも、八月一日に対露宣戦、三日に対仏宣戦を行った。

以後一六年までの間に、トルコ・ブルガリアが独墺側に立って参戦し、ロシア・フランス・イギリス・日本・モンテネグロ・ルーマニア・ギリシア・イタリア（当初中立宣言、一五年五月に三国同盟を廃棄後）がセルビア側に立って参戦した。南スラブ系でありながら、ブルガリアが独墺側に立って参戦したのは、第二次バルカン戦争でセルビアなどに割譲させられたコソヴォなどの領土の恢復を目指したからである。

二　第一次世界大戦の経過

シュリーフェン計画とマルヌの奇跡

ドイツの参謀総長シュリーフェンが作成した攻撃作戦計画は、「シュリーフェン計画」として知られる。この計画では、フランスとロシアを敵国として想定し、まず西部でフランス軍に対して先制攻撃に出てこれを六週間で殲滅し、次に動員が遅れるであろうロシア軍の進出の後に東部で決戦を勝負するという電撃的な短期決戦計画であった。ドイツ軍主力は、このシュリーフェン計画に沿って、一四年八月、開戦早々、西部国境に集結し、二週間で一六〇万の兵員がケルンのライン川鉄橋を渡って中立国ベルギーに侵入した。そこからフランスに進撃し、開戦後一カ月間はほぼ計画通りに破竹の勢いで進撃した。

しかし、ドイツ・フランス国境に展開したフランス軍を背後から包囲、降伏させるため、九月初めにパリまで七〇キロのマルヌ川流域に到達したところ、フランスは、政府がパリからボルドーに疎開するとともに、緒戦に敗退した軍団・師団司令官一四〇名を罷免するなどにより防衛陣を立て直し、パリ防衛のため全力を挙げて反撃に転じた。このため、「不敗のドイツ軍」も遂に後退し、開戦一カ月半でシュリーフェン計画は破綻した。このマルヌの会戦におけるフランス軍の反撃の成功は、戦史上まれな「奇跡」といわれている。

イープルの会戦と化学兵器の登場

同じ一四年一〇月末、イギリス海峡を望むフランス・ベルギー国境近くのイープルで、ドイツ軍左翼は再度の突進を敢行し、これに対し迎え撃つイギリス軍を主体とした連合国軍は頑強な反攻を展開、一カ月近くにわたる会戦の末、連合国軍がイープルを奪還した。

　このイープルの会戦を含め、短期決戦での決着の不可能を悟ったドイツ軍は、九月初めのマルヌの会戦における後退以降、持久を図るため塹壕《ざんごう》の構築に着手し、双方ともに敵の後背を突こうとして、一四年末まで、スイス国境からイギリス海峡に至る長大な前線がフランス領土内に形成された。塹壕の総延長は、最終的に双方合わせて約四万キロに及び、地球一周に相当する。この前線が一旦形成され、前線の両側に双方の塹壕が掘りめぐらされ、双方が塹壕に立てこもりながら対峙する状況が生まれると、戦局は全くの膠着《こうちゃく》状態に陥った。

　なお、イープルを挟む南北四〇キロの地帯は、第一次大戦中三度にわたって、熾烈《しれつ》な攻防が繰り返された要衝である。二度目は、一五年四月から約一カ月間戦われ、ドイツ軍が奪還に成功した。この会戦では、人類史上初めて塩素を使用した大規模毒ガス攻撃が行われた。この塩素ガス兵器を開発したフリッツ・ハーバーの妻クララは、この年、毒ガス使用に反対して幼子を残したまま拳銃自殺をしたが、本人は、一八年、アンモニア合成法の開発の業績が認められてノーベル化学賞を受賞したことで知られる。三度目は、一七年七月から三カ月半戦われ、イギリス人・カナダ人主体の混成連合国軍が勝利したものの、両軍で五〇万人を超える犠牲者を出し、街は全くの廃墟と化した。この会戦で、人類史上初めてマスタードガスが投入され、マスタードガスは、イープルの地名に因んで「イペリット」と呼ばれるようになった。

東部戦線とお荷物のオーストリア軍

一方、東部戦線においては、ロシア軍の動員と進撃が予想以上に早く、開戦後二週間も経たないうちに、ロシア軍は防備の薄いドイツの東南部に侵入した。ドイツ軍の参謀総長モルトケは、急遽《きゅうきょ》予備役にあった老将軍ヒンデンブルグを起用し、ベルギー戦で戦果を挙げた参謀ルーデンドルフを派遣して応戦し、一四年八月末から九月上旬にかけてタンネンベルグ、マズール湖周辺の戦いでロシア軍を壊滅させた。ロシア軍は捕虜一二万を含む二五万人を失って本国に敗走し、ヒンデンブルグは、一躍「救国の英雄」と称揚された。ドイツと同盟関係に立つオーストリア軍は、小国セルビアへの侵攻に失敗し、八月末にはセルビア全土から追放されただけでなく、ロシア軍との戦いでも一カ月で死傷者三〇万、捕虜一〇万を出して、ガリツィア東部を占領される始末であった。オーストリア軍は、人員・構成・兵器・士気とも列強の中で最も劣悪である上、多民族構成の軍隊のため一一もの言語を使用しなければならず、そもそも近代戦を戦う能力が無かった。一四年末までに一〇〇万人近い損害を出したオーストリア軍は、その後ドイツの支援を仰ぐことになった。

ガリポリの悲劇

一四年一〇月には、トルコ軍が、同盟国側（独墺側）に立って参戦し、戦域はバルカン半島から中近東へと拡大した。翌一五年三月、イギリスの海軍大臣チャーチルは、軍令部総長をはじめとする海軍制服組の反対を押し切って、トルコのダーダネルス海峡の制圧作戦を決行した。トルコのダーダネルス海峡に主力艦隊を突入させ、一挙に首都コンスタンチノープルを占領してトルコを崩壊させ、背後からドイツを突くという戦略構想であった。イギリス海軍の最新・最強の戦艦「クイーン・エリザベス」を先頭に二二隻の弩級《どきゅう》戦艦が、海峡に敢然突入したものの、海峡入り口付近で三隻の巨大戦艦が、ケマル・パジャ（後の近代トルコ建国の父ケマル・アタチュルク）の指揮するトルコ軍の機雷と両岸からの砲撃、機銃掃射《きじゅうそうしゃ》の餌食《えじき》となり、イギリス海軍は作戦続行を断念した。しかし、イギリスは、この作戦の失敗に懲《こ》りることなく、ダーダネルス海峡の西にのびるガリポリ半島に陸軍を上陸させ、これを占領して海峡の制圧を図る作戦に切り替えた。ガリポリ半島南端に主力のイギリス陸軍第二九師団を上陸させ、この主力の進路を援護する目的で、半島北部にＡＮＺＡＣ部隊（オーストラリア・ニュージーランド軍団）を上陸させ、両々相まってローラーのごとく半島を北上して海峡を制圧しようとしたが、待ち構えていたトルコ兵による高所からの十字砲火の的となり、撤退までの八カ月間、イギリス兵もＡＮＺＡＣ兵も狭隘な海岸に釘付けになったまま砲撃と病魔に苦しみ続けたという。八カ月の作戦期間中、投入された兵力は五〇万を超え、そのうち二〇万の死傷者を出したという。「ガリポリの悲劇」として人々の記憶に留められることになった。

一五年五月、西部戦線が膠着状態に入ったため、ドイツ軍は東部戦線に兵力を投入し、オーストリア軍がロシア軍に占領されていた東ガリツィアを奪還したのをはじめ、八月にはロシアが領有していたワルシャワを占領して一一月にはポーランドの独立を宣言し、年末までに、ドイツ軍を主力とする同盟軍は、オーストリア軍が侵攻に失敗していたセルビアの占領に成功した。このように東部戦線では、強力なドイツ軍の奮戦とトルコ軍の善戦により一五年末の時点では同盟国側が明らかに優位に立っていた。ただし、オーストリア軍は、もはや攻撃戦力たり得なくなっていた。

日本の参戦と迅速な進撃

アジアでは、中華民国が早々と一四年八月六日には第一次大戦の局外中立を宣言した。翌八月七日、三日前にドイツに対し宣戦布告していたイギリスのグリーン大使が、第二次大隈重信内閣の加藤高明外相に英国政府の覚書を提出して日本の参戦を要請した。大隈内閣は、同日午後一〇時に閣議を開いて、翌八日、「英国の請求に応じ、ドイツに対し開戦することに決定した」とイギリスに申し入れた。ところが、八月一一日、イギリスは、日本の軍事行動が拡大して太平洋にも及ぶことを警戒するアメリカや自治領（オーストラリア・ニュージーランド）の意向を顧慮して、日本の申し入れを正式に謝絶した。しかし、日本は、「日英同盟協約の予期せる全般の利益を防護する」との大義名分の下、対独開戦の方針を改めず、八月一五日に、同二三日正午期限の最後通牒を発した。日本の参戦動機は、極東におけるドイツ権益の獲得と中国における利権の拡大であった。

八月二七日には、海軍が膠州湾を封鎖し、九月二日には、陸軍第一八師団（久留米）が中国の山東半島北岸から上陸を開始した。山東半島に上陸した日本陸軍は、ただちに攻略目標たるドイツの租借地青島《チンタオ》に向かわず、まず西に進んで山東鉄道（青島と済南《チーナン》を結ぶ鉄道でドイツが一九世紀末に着工し、一九〇四年に完成させたもの）全線を占領した。そのうえで、一〇月三一日からの総攻撃により一一月七日には青島を占領した。中国は、山東鉄道の占領は明白な中立違反として日本に抗議するとともに、アメリカのウィルソン大統領に訴えながら、一一月一八日、日本軍の撤退を要求した。一方、日本海軍は、ドイツが領有していた西太平洋のマリアナ、パラオ、カロリン、マーシャル諸島などのミクロネシアの島々に進攻し、九月から一〇月一四日にかけての非常に短期間の戦闘で全島を占領した。これらのドイツ領の島々は、アメリカがアジアに向かって太平洋を横断して来る際のルート上にある戦略的に重要な地点でもあり、サイパン島などにはドイツの海軍基地があった。これらの島では、後の太平洋戦争の際、日米で死闘が展開されることになる。一四年一一月以降は、日本軍は、地中海において連合軍の要請に応じて兵員輸送に従事するという協力にとどまり、それ以上の連合軍への加担はしなかった。

対華二一カ条の要求

明けて一五年一月七日にも、中国から日本軍撤退要求が繰り返されたため、同月一八日、日本政府は、中国に対して二一カ条の要求を突き付けた。その内容は、（一号）山東省における日本の特殊権益要求四項目、（二号）南満州・東内蒙古に関する要求七項目、（三号）漢冶萍《かんやひょう》公司に関する要求二項目、（四号）福建省沿岸の不割譲要求一項目、（五号）中国政府各機関・警察・軍隊への日本人顧問招聘など七項目、以上五号二一カ条から成っていた。この要求は、第一次大戦で欧米列強の中国に対する圧迫が後退したのに乗じて、加藤高明外相が主導して、中国における日本の権益を拡大するため、弱体な中国の袁世凱政権に対し露骨に強要したものである。

この要求は、たちまち国際問題化し、米英も反対し、中国国内でも反日・排日の運動が巻き起こり、中国政府は無論強硬に拒否した。しかし、日本政府は、五月七日、中国側を最も刺激し、紛糾した第五号の七項目だけを削除して最後通牒を突きつけ、五月九日、袁世凱は屈服して受諾した（条約調印は五月二五日）。これで、いわゆる二一カ条問題は一応解決したが、アメリカは、既に締結され、または今後締結される条約等で、中国の領土的保全や門戸の開放に反するものは承認しないとの覚書を日本に手交した。これが、アメリカの「不承認政策」の嚆矢とされる。五月九日は中国の「国恥記念日」となり、中国人民の民族主義は激しく盛り上がり、国権回復運動が展開された。一五年には、東京だけでも五千人の中国人留学生が学んでいたが、多くの留学生たちがアメリカに転進した。

日本政府は、このような情勢を奇貨として、一五年六月には長年の懸案であった陸軍の二個師団増設案と海軍の拡張費予算を成立させた。二個師団は、いずれも常駐師団として朝鮮におかれ、第一九師団は北部の羅南《らなん》に、第二〇師団を南部の龍山《りゅうざん》に師団司令部がおかれた。日本陸軍は、二一個師団体制となった。

大消耗戦ヴェルダンの戦

一六年二月二一日、ドイツ軍は、一二〇〇門の大砲で一〇時間にわたって一〇〇万発の砲弾をヴェルダン要塞群に撃ち込んだ後、火炎放射器部隊を先頭に要塞群に突進した。ドイツ軍の参謀総長ファルケンハインは、すでにこの時点でドイツの勝利は困難と判断していた。しかし、ドイツが負けないことを敵に納得させ、継戦意欲を挫《くじ》くことに目標を置いて、フランスがその威信を保つ上でも決して譲れない防衛拠点ヴェルダンの要塞を攻撃し、フランス軍に多大な出血を強いて、勝利を諦めさせ、イギリスとフランスを分断する作戦を断行したのである。フランス軍は、ドイツ軍の猛攻に屈することなく要塞を死守し、以後九カ月間、幅三〇キロ、奥行き六、七キロの狭い地域で、両軍の凄惨な戦闘が間断なく続いた。八月から、フランス軍は反撃に転じ、すべて失地回復した一六年一二月一六日、戦闘は打ち切られた。ファルケンハインは参謀総長を辞任し、フランス軍の司令官ペタン将軍は、「ヴェルダンの英雄」として名声を博した。ヴェルダンは、フランス東北部のロレーヌ州のミューズ川の流域にある古くからの要衝であり、八四三年、当時のフランク王国を三分割して現在のフランス・イタリア・ドイツ三国の原基を形成したヴェルダン条約が締結された由緒ある地でもある。そのヴェルダンで、両軍が二千万発以上、一三六万トンの砲弾を消費し、戦場はクレーターに覆われた月面さながらの世界になったという。ヴェルダンの戦いは、人的にも典型的な消耗戦であり、両軍合わせて七〇万人の死傷者を出した。この戦争では、飛行機が大規模に参加し、トラックによる輸送も活躍した。

ソンムの戦と戦車の登場

一六年七月一日、ヴェルダンから二〇〇キロほど離れた北フランスのソンム川流域で、イギリス軍を主体とした連合国軍の攻撃が開始された。イギリスは、ダーダネルス海峡のガリポリの敗退を契機に、それまで守って来た兵役志願制をこの年一月に独身男性を対象とした徴兵制に切り替え、塹壕線の膠着状態を何としても打開すべく、ヴェルダン戦に固着しているドイツ軍の勢力分散を狙って、ソンムに二五個師団を投入する大攻勢を決断したのである。イギリス軍総司令官ヘイグの戦法は、砲兵隊による準備砲撃の後、白兵突撃による正面突破を敢行するというものであった。塹壕から飛び出したイギリス歩兵が、砲撃で無人地帯と化した戦場を横一列で敵陣に向かって突撃してゆくと、深い塹壕に砲撃を避けて待ち構えていたドイツ兵の一斉射撃を受け、イギリス軍は、この日一日で、死傷者六万人を出し、参加した兵士の半数、将校の四分の三を失った。このような無益な攻撃が四カ月も続き、連合国軍は二五〇万の兵員を、ドイツ軍は一五〇万の兵員を投入し、連合国軍は六二万（うちイギリス軍五〇万）、ドイツ軍は四二万の死傷者を出したにもかかわらず、双方とも決定的な成果は無く、連合国軍がわずか一一キロ前進するにとどまった。この戦争後半には、イギリス軍が新兵器の戦車を初めて投入したが、投入数も少なく効果は限定的であった。

ドイツ海軍のUボートによる攻撃

ところで、海軍の動向は如何であったか。まず、大英帝国の屋台骨であったイギリス海軍は、一四年一一月、制海権を握り、ドイツに接する北海を交戦海域と宣言し、機雷を敷設した。更に、イギリス海軍が停船させ、臨検できるように中立国の船舶にドーヴァー海峡を通るように指令した。翌一五年二月、ドイツは、イギリス側の海上封鎖に対抗して、イギリス周辺を交戦海域と宣言し、侵犯船をUボート（潜水艦）で攻撃すると警告した。三カ月後、ニューヨークからリヴァプールに向かっていたイギリス客船「ルシタニア号」がアイルランド沖を航行していたところ、無警告で魚雷によって撃沈され、乗客の六割以上、一一九八人が死亡し、その中に一二八人のアメリカ人が含まれていた。アメリカの世論はドイツ非難の声を強め、ウィルソン大統領は強い調子の抗議文をドイツに送りつけた。更に三カ月後、今度はニューヨークに向かっていたイギリス客船「アラビック号」が撃沈されアメリカ人二人が犠牲となった。駐独大使の厳しい抗議に対し、ドイツは、非戦闘員の生命を危うくすること、客船を無警告で撃沈することはないという「アラビック誓約」を発表し、アメリカ側も了承した。しかし、翌一六年三月、ドーヴァー海峡を航行していたフランス船「サセックス号」が撃沈され、アメリカ人の死者は無かったが、ウィルソン大統領は、今後ただちに客船への攻撃を中止しなければ、国交断絶もありうるとの強硬な文書を送り、ドイツは、五月に入って国際法上のルールに従うとの「サセックス誓約」を公表した。アメリカは、第一次大戦開始早々、一四年八月四日、モンロー主義の伝統を守って大戦における中立を宣言していたのであるが、このような状況の悪化に対し国防を強化しようという動きが高まってきた。

ユトランド沖の海戦

一六年五月三一日から翌日にかけて、ユトランド半島の西方沖の北海で、第一次大戦における最初にして最後の英独主力艦隊による決戦、ユトランド沖海戦が繰り広げられた。第一次大戦前、建艦競争に鎬《しのぎ》を削って来た両国海軍は、開戦後、その活躍が期待されたにもかかわらず双方とも地味で退屈な海上封鎖に従事し、イギリス艦隊がトルコのダーダネルス海峡制圧作戦に出陣したときを除き、主力は軍港に釘づけになっていた。しかし、イギリス海軍の海上封鎖によりドイツの戦略物資の輸入が枯渇するようになり、ドイツは、膠着状態に陥っている戦局を打開するため、イギリス艦隊との決戦を交え、イギリスの海上封鎖を打破し、海外からの戦略物資の輸入の円滑化を企図した。ユトランド沖開戦前夜における両国海軍の戦力は、ほぼ三対二で数的にはイギリスの優位は明らかであったが、ドイツにはスピードと潜水艦との協働という強みがあった。ユトランド沖海戦は、双方合わせて二五〇隻の艦船が出動し、敵艦を視界に捉えて主砲を用いて撃ち合う古典的艦隊決戦の最後となる海戦であった。緒戦はドイツ艦隊が優勢であったが、終盤にイギリス艦隊が盛り返し、結局、イギリス側が艦船一四隻と六〇九四人の戦死者を失ったのに対し、ドイツ側は艦船一一隻と二五五一人の戦死者を失ったにとどまった。しかし、残った戦力はイギリス艦隊が優位を保ったのであるから相撃ちと評価すべきところ、英独ともに、開戦後大々的に戦果を発表するとともに海戦の勝利宣言を行った。世界最強といわれたイギリス艦隊と互角の戦闘を展開したドイツ海軍の士気は昂揚したが、イギリス海軍の制海権は揺るがず、ドイツの主力艦隊は、ユトランド沖海戦後、再び港に釘付け状態に戻った。

ドイツの無制限潜水艦作戦とアメリカの参戦決定

一方、一連のドイツ海軍による英仏船に対する攻撃に触発されて、アメリカでは国防を強化しようとする動きが強まった。一六年六月には国家防衛法が成立し、正規陸軍を倍増するとともに、国防軍（平時は州兵軍だが非常時には正規軍に編入される予備軍）も四四万人にすると定められた。八月には軍艦建造法も制定され、海軍も増強されることになった。当時のアメリカ世論は、戦争に参加することには反対だが、国の備えを固めることには賛成であった。このような世論を反映して、その年の大統領選でウィルソンは接戦ながらも再選を果たし、一六年末、交戦国双方に平和を呼び掛けた。明けて一七年一月二二日には、ウィルソン大統領は「勝利なき平和」演説をし、どちらも決着をつけずに勝利なき平和を達成すべきことを訴え、平和のための仲介の労をとる態度を示した。

しかし、その九日後の二月一日、ドイツは、無制限潜水艦作戦を宣言した。この作戦は、イギリスとフランスの周辺および地中海全域を対象として、全船舶を無警告で潜水艦が攻撃し撃沈するというものである。ドイツは、東部戦線の勝利と国民の疲弊を前に、戦前の国民の大きな期待に反してユトランド沖海戦以外に大した活躍を見せてない海軍が、最後の切札としてこの作戦を発動することにより、勝利への貢献をアピールしようとしたものといわれている。ウィルソンは、その二日後の二月三日、アメリカがドイツと国交を断絶するに至ったことを言明するとともに、ドイツが無制限の攻撃を現実に行えば、アメリカの海員および市民を守るために必要な措置を採ると断言した。その後程なく、アメリカは、商船武装法を制定したが、アメリカ商船は武装したとはいえ潜水艦攻撃には十分対抗しえず、三月中旬には、五隻が撃沈された。折しも、その数日前の三月一二日にロシアで「二月革命」が起こり、三百年続いたロマノフ王朝の専制政治は崩壊した。ロシアの帝政は、第一次大戦の疲労と緊張で国中に厭戦気分が漂い、崩壊する危機に瀕していたが、三月八日の「国際婦人デー」に、労働者階級の婦人たちのデモ行進がゼネストに発展し、首都の中心部に進出した労働者たちと皇帝の軍隊の兵士たちが交歓し、兵士たちが叛乱を起こすと、三月一五日、皇帝は退位し、自由主義的な「臨時政府」が代わって政権についたのである。

連合国はすべて民主主義を守るために戦っているといえる状態になり、アメリカが参戦する大義名分が整った。かくて、アメリカは、宣戦布告の権限を有する議会の圧倒的多数による可決を経て、四月六日、ドイツに対して宣戦布告した。なお、アメリカ参戦の一大契機となったドイツの無制限潜水艦作戦は、一七年前半には多大な戦果を挙げたが、七月に入ると、連合国側が投入した護送船団方式が効果を発揮し、その戦果は急速に低下した。

アラビアのロレンスとイギリスの三枚舌外交

中東では、一七年一二月、アレンビー将軍指揮するイギリス中東派遣軍が、エジプトからシナイ半島を横断し、トルコ軍を追ってパレスチナに向け進撃し、聖都エルサレムを占領した。十字軍がエジプト王サラディンに奪取されて以来七三〇年ぶりに、一七世紀の清教徒革命の立役者オリバー・クロムウェルの末裔アレンビー将軍により、キリスト教徒の手に聖都を奪還することに成功したのである。その九カ月前にイギリス軍はバクダードを攻略しており、翌一八年一〇月には、アラブ軍とともにダマスカスに入城し、アラビア半島からトルコ軍勢力を駆逐した。インドとともに、ジブラルタルとスエズという地中海の両端をすでに押さえているイギリスにとって、この地域の支配は、「インドへの道」をより完全に確保することを可能とするとともに、二〇世紀の燃料の主力となると見込まれる「石油」の確保に直結する大英帝国の栄光復活への一大ロマンであったのである。アレンビー将軍の指揮のもとにエルサレムに入城するイギリス軍の中に、「アラビアのロレンス」ことトマス・エドワード・ロレンスもいた。

ロレンスは、オックスフォード大学卒業後、考古学者として遺跡調査に従事するかたわらアラビア語を学んでいたが、大戦勃発とともに、参謀本部所属の情報将校としてカイロの陸軍情報部に配属され、アラブ人を聖地メッカの族長フサインの許《もと》に結集させトルコへの反乱に立ち上がらせる工作に従事、一七年七月には、わずか五〇騎のアラブ・ベドウィンのラクダ部隊を率いて、古来、「神の奇跡なくして横断は不能」とされた灼熱《しゃくねつ》のネフド砂漠を越え、陸路長躯してアラビア半島の西の付け根の要港アカバの背後に出て、難攻不落とされたアカバ湾要塞の奇襲に成功した。こうして、「砂漠の反乱」を率いる英雄「アラビアのロレンス」の名は、全中東、全世界に響き渡ることになっていた。その後、ロレンスのアラブ軍団はスエズ運河からガザに進出し、アレンビー率いるイギリス正規軍に合流して、エルサレム奪還に貢献したのである。

しかし、彼は、情報将校なるが故に、この時点で、一五年七月に当時のエジプト総督マグマホンがメッカの族長フサインとの間で、アラブ人がイギリス軍に協力してトルコ軍への反乱に立ち上がったならば、戦後、トルコ支配下にあったアラブ人の独立国家建設を認めるという約束をした「マクマホン書簡」の存在も、一六年五月に、イギリス政府とフランス政府が戦後、トルコ支配下のアラブ領を両国で分割領有することを密約した「サイクス・ピコ協定」の存在も知っていた。この帝国主義丸出しの恥ずべき二枚舌外交に対し、アラブ独立の理想に燃えた二九歳のロレンスは、エルサレム陥落の後、マホメットの直接の継承者がウマイヤ朝サラセン帝国の首都と定め、アラブ・イスラムの正統権威を示す象徴の地ダマスカスを四〇〇年ぶりにトルコから奪還すべく、アラブ騎兵軍団を叱咤した。トルコ軍の抵抗の少ないシリア砂漠をダマスカスに向けて急進したアラブ騎兵軍団は、一八年一〇月、アレンビーより一日半先んじてダマスカス入城を果たした。しかし、ロレンスのアラブ軍団がダマスカスに向けて疾駆している最中の一七年一一月には、イギリス外相バルフォアは、戦後パレスチナの地にユダヤ人国家の建設を約束する書簡をロスチャイルド男爵に送っていた。この約束は「バルフォア宣言」といわれ、戦争遂行のために不可欠な資金を英米の有力ユダヤ人金融家からスムーズに調達するためになされたものとされているが、ロレンスの理想を蹂躙し、アラブ人・フランス人・ユダヤ人に対し矛盾した約束を使い分けたイギリスの三枚舌外交が、今日まで、中東地域の確執、パレスチナ問題の混迷の根源となっている。

ロシア一〇月革命とブレスト・リトフスク講和条約

一七年一一月六日、ロシアの首都ペトログラードで、ソビエト派の労働者と兵士とからなる「赤衛隊」が武装蜂起して首都を制圧し「一〇月革命」が開始した（当時のロシアはユリウス暦を用いており、ユリウス暦はグレゴリオ暦より一三日遅れていたので、一〇月革命と称された）。翌七日、ケレンスキー首相率いる臨時政府は打倒され、レーニン率いるボルシェビキ（ロシア社会民主労働党）がソビエト政府を組織した。

二月革命勃発時にスイスにいたレーニンは、ドイツ軍によって急遽用意された「封印列車」に乗せられて、四月初めにペトログラードに戻っていた。この封印列車を仕立てたのは、ドイツ首席参謀次長のルーデンドルフで、ロシア革命を更に持続させてロシアを混乱させ、戦争から脱落させようと目論んだのである。レーニンは、帰国早々「四月テーゼ」を発表して、戦争の停止、臨時政府に対する非協力、ソビエト政府樹立の目標の三点を明確に主張していた。

ソビエト政権が最初に取り組んだのは、停戦、つまり休戦協定の締結であり、連合国側の抗議をはねつけてドイツに休戦交渉を申し出た。一二月、ドイツとの休戦協定が調印され、その後ドイツはブレスト・リトフスクでの講和交渉に応じた。ドイツは武力の圧力のもと厳しい講和条件を突きつけ、ボルシェビキ内部の対立、分裂の危機もあり、講和交渉は難航したが、レーニンが中央委員会で強く受諾を迫り、一八年三月三日、ブレスト・リトフスク講和条約が調印された。民族自決の名のもとに、旧ロシア帝国から、フィンランド、バルト地方（現在のエストニア・ラトビア・リトアニアのバルト三国の地域）、ポーランド、ウクライナ、トルコ隣接の南ロシア地域（ザカフカス）を分離するという過酷な内容であった。レーニンは、ロシア革命の貫徹のために、ロシアの領土の四分の一を割譲するという大決断を敢えて行ったのである。この年一月、ボルシェビキは、共産党と党名を改称していたが、この条約締結後三月、国境線の変更に伴う国防上の安全の観点から、首都をペトログラードからモスクワに移した。

なお、一八年一一月、ドイツ帝国が敗戦とともに崩壊すると、ソビエト政府は、早速、懲罰的講和条約であるブレスト・リトフスク条約を破棄し、一九年六月のヴェルサイユ条約では、ドイツは、ブレスト・リトフスク条約の失効を受け入れた。ソビエト政府は、大穀倉地帯であるウクライナとザカフカスを取り戻した。

最後の決戦と休戦協定

一七年四月のアメリカの参戦と一二月のロシアの戦線離脱は、第一次世界大戦の膠着した戦局に大きな転機をもたらした。連合国側にとって、すでに世界最大の経済大国であり、かつ人口でもイギリスの二倍になっていたアメリカの参戦は、老大国ロシアの戦力離脱を考慮に入れても、救世主が登場したのも同然であり、一方、同盟国側にとっては、ロシアの戦線離脱によって東部戦線の兵力を西部戦線に転進させる余裕が出てきた。かくて第一次世界大戦の帰趨は、西部戦線によって決着することが必然となった。アメリカの兵力増派能力が高いことから、これ以上戦争を長引かせれば勝利は無く、革命の可能性が高まると悟っていたドイツは、東部戦線から三〇個師団以上を転進させることにより短期決戦を目指した乾坤一擲の春季攻勢に打って出ることにした。

一八年三月二一日、北フランスのサンカンタンを中心とするイギリス軍戦線を六六〇〇門の大砲により砲撃し、ドイツ軍最後の大攻勢「ミヒャエル作戦」が開始された。ドイツ軍の攻勢は六月までは成功し、一時はマルヌ川に達しパリに迫ったため、パリ市民一〇〇万人はパニックに陥ってパリを脱出したほどであった。

しかし、四月に、指揮系統の統一を図るため連合国総司令官にフランス元帥フォシュが就任し、更に五月からアメリカ軍が本格的に前線に投入され、毎月二五万の兵士がアメリカから輸送されるようになると、遂に西部戦線の勢力均衡は破れ、七月半ばの第二マルヌ会戦から、連合国軍は俄然攻勢に転じ、ドイツ軍は、各前線で退却が続いた。この退却の過程で、ドイツ軍は、それまで例を見ない三〇万人の投降者を出した。

九月一四日、オーストリアが講和交渉を求める声明を発表し、同月三〇日、ブルガリアも休戦して脱落すると、もはや勝利の見通しが無くなったと認識したドイツは、一〇月三日、即時休戦要請と講和の用意の通牒をウィルソン大統領に送った。この年一月にウィルソンによって提唱された「一四カ条」には無併合無賠償の原則が掲げられており、この原則に沿って講和条件が定められることを期待する思惑からであった。一一月一一日、ドイツは休戦協定に調印して第一次世界大戦は終結した。

休戦協定調印の直前に、見通しが無いのにもかかわらず艦船を出撃させてイギリス海軍に決戦を挑もうとした上層部の判断に対してキール軍港の水兵が起こした反乱が、労働者たちと連携して各地に波及し、ドイツ革命に発展した。一一月一〇日、皇帝ウィルヘルム二世はオランダに亡命してドイツ帝国は崩壊した。皇帝が退位した瞬間から、首都の実質的な権力は急進社会主義者の手中に移り、ロシア一〇月革命の再来かと思わせる様相を呈したが、バイエルンで一時的に社会主義共和国が成立したものの、指導者が暗殺されると、たちどころに崩壊した。

踵を接するように、オーストリア・ハンガリー帝国の皇帝カール一世も、一一月一一日、退位し、帝国は崩壊し、六四〇年余りの伝統を誇る名門王家ハプスブルグ家は廃絶した。

シベリア出兵

話はやや遡るが、一八年に入ると、英仏両国は日本に対してしきりにシベリア出兵を要請してきた。

この年一月に、チェコ独立を目指して、戦争以前からロシアに居住していた、あるいは開戦後ロシアの俘虜となっていたチェコ人やスロヴァキア人によって約五万人のチェコ軍団が組織され、西部戦線の連合国側に参戦すべく移動し始めたところ、武器を巡る小競り合いから、シベリア鉄道沿線に集結していたチェコ軍団とソビエト軍との全面的対立に発展した。成立して間もないソビエト政権への干渉の機会を虎視眈々と狙っていた英仏両国は、「チェコ軍団の救出」を絶好の名目として干渉行動に着手したのである。日本は、元老山県有朋の反対もあり、英仏両国の要請に対し慎重に構えていたが、七月に入って、アメリカからもチェコ軍団救援のため共同出兵を提案されると、八月二日、シベリア出兵を宣言し、八月一二日、ウラジオストークに進駐した。出兵に当たり、日・米・英・仏四国は、総兵力二万八千（うち日本一万二千）の協定を結んだが、日本は、三カ月後には協定を無視して七万二千の大兵力を送り込み東部シベリアを占領した。

しかし、この干渉は一九年秋には、失敗が明白となり、二〇年一月には、アメリカは出兵の目的は達成されたとして撤兵を通告し、六月までに米・英・仏三国は撤兵した。日本だけは、駐兵を続けたのみならず、二〇年三月に、アムール川（黒龍江）の河口都市ニコラエフスクの日本軍が、武装解除を要求する赤軍と衝突し、さらに五月には赤軍による日本兵士・居留民の虐殺事件が発生した（尼港《にこう》事件）。これに対し、日本軍は、報復と賠償の保障として北樺太を占領するとともに、ウラジオストークとハバロフスクへの駐兵を継続した。これに対するソビエト政権と人民の抵抗や列強の不信感、日本国内の反対世論が高まり、漸く加藤友三郎内閣の下で、二二年一〇月二六日までにシベリアからの撤兵を完了し、二五年一月二〇日、日ソ基本条約の締結による日ソ国交回復とともに北樺太から撤兵した。戦費一〇億円と三五〇〇名の犠牲者を費やした出兵は、何も得るところなく、反感と不信感、国際的悪評のみを残して終わった。

シベリアからの撤兵が遷延した背景として、第一に出兵直後に成立した原内閣の陸相が、長州出身の軍人で、日清戦争従事後ロシアに留学してロシア通となり、積極的な大陸政策の主導者である田中義一であったこと、第二に原敬自身、非薩長出身でありながら、夫人は旧薩摩藩士の長女であったこと、第三に原が陸奥宗光（紀州藩出身であるが明治維新後は伊藤博文の引立てによりその地歩を築いた）や伊藤博文・井上馨などの長州藩出身元老の知遇を得て栄達した政治家であったこと、などが無視できないであろう。シベリア撤兵問題は、明治憲法下における政党内閣の文民統制の限界を示す原初的事例であった。

三　第一次世界大戦の影響

パリ講和条約

一九年一月一八日、パリで戦勝国側二七カ国だけが参加して、講和会議が始まった。当時の日本は、前年九月、シベリア出兵に伴う米騒動を契機に初の本格的政党内閣として登場した原敬内閣の時代で、首席全権として元老西園寺公望、次席全権として牧野伸顕《のぶあき》枢密顧問官（元外相）らが派遣され、随員として、後に首相となる近衛文磨、吉田茂、芦田均らが加わった。日本は、米・英・仏・伊四カ国とともに、重要事項を決定する最高会議のメンバーとなったが、日本全権団に与えられていた訓令が、第一に、山東省のドイツ利権と赤道以北の太平洋にあったドイツ領諸島を獲得すること、第二に直接利害関係のない問題には一切関与しないこと、第三に連合国と共通の利害関係のある問題には協調することの三点であったので、直接的に利害のかかわる事項以外は、ほとんど発言することなく、実質は、米英仏の三大国の主導で会議は進められた。

会議は、前年一月にアメリカ大統領ウィルソンによって提唱された、民族自決・無併合無賠償・国際組織の確立などの一四カ条の原則を基礎に始められたが、仏国の首相クレマンソー、英国の首相ロイド・ジョージなど戦勝国の利害追及が激しく、六月二八日、ヴェルサイユ宮殿でドイツとの間で調印された講和条約は、結局、ウィルソンの一四カ条とはかなり異なるものになった。

この条約により、ドイツは、①アルザス・ロレーヌ地方のフランスへの返還、主要な炭田・工業地帯であるザール地方の一五年間にわたる国際管理、東プロイセン（ポーランド回廊）のポーランドへの割譲、委任統治の形式による一切の旧植民地の剥奪、などの領土縮小②徴兵制の禁止、空軍保有禁止、陸軍・海軍兵力の小規模限定（陸軍は一〇万人規模）など戦闘能力の大幅削限、③巨額の賠償金の支払い（この段階で暫定的に戦前の金平価で二百億マルク、二年後のロンドン会議で一三二〇億マルクと決定）、という極めて苛酷な条件を受諾させられた。ドイツを永久に弱体化させるための「懲罰的講和」が押しつけられたのである。

朝鮮の三・一独立運動と中国の五・四運動

パリ会議において、山東半島のドイツ権益については、中国が一七年二月にドイツに宣戦した以上は直接中国に還付されるべきものとの主張をして譲らなかったが、日本はこの要求が通らなければ国際連盟規約の調印を見合わせるとの強硬姿勢を示したため、ウィルソン大統領は折れ、日本の要求は通った。中国代表は、講和条約への調印を拒否したため、結局、山東問題は、日中間では未解決のままワシントン会議まで持ち越された。また、西太平洋のドイツ領であった南洋諸島について、日本は委任統治権を得た。

パリ会議において、日本の要求が認められそうな形勢となった一九年五月四日、中国では、北京大学を中心とする数千人の学生が天安門広場に集結して反日・抗日の気勢を挙げ、軍警と衝突した。この事件を契機にいわゆる五・四運動は、労働者・市民を含めて全国的に拡大し、日本商品ボイコット運動やストライキが相次いだ。この勢いに押されて、中国政府はヴェルサイユ条約の調印を拒否し、親日官僚を罷免した。この五・四運動に力を得た孫文は、この年一〇月一〇日、秘密結社中華革命党を改組して中国国民党を結成した。

この中国での五・四運動に先立ち、朝鮮では、この年三月一日、三・一独立運動が勃発した。ロシア革命や民族自決主義など世界の動きに触発された朝鮮の知識人・学生などが、三月一日、京城で独立宣言を発表、この市民大会と、日本によって王位を奪われた李王朝元高宗の葬儀に集まった民衆が合流して独立万歳を叫ぶ大示威運動となった。この運動は、ただちに朝鮮全土に拡大し、参加者は二千万人を超えた。これに対し、日本は軍隊・警察による武力鎮圧を強行し、多大の犠牲者を出して四月中にはほとんど鎮圧した。

この三・一独立運動の参加者の一部は、長白山脈や間島《かんとう》地方（現在の吉林《きつりん》省内の延辺《えんぺん》朝鮮族自治州）など朝鮮・中国の国境地帯で武力闘争の根拠地作りを開始した。後に、抗日独立運動に参加した金日成《きんにちせい》は、これらの根拠地を拠点とした抗日パルチザンのゲリラ戦の指揮の中から頭角を現し、第二次大戦中はソ連で活躍し、戦後は四八年三月、ソ連の支援を受けて朝鮮民主主義人民共和国（北朝鮮）を樹立した。

三・一独立運動の指導者金九《きんきゅう》は、上海に亡命して一九年四月には大韓民国臨時政府を樹立し、二七年には国務総理となって、二八年には韓国独立党を組織した。更に日中戦争が泥沼化する過程で、臨時政府は蒋介石政権とともに重慶に移り、四〇年には韓国光復軍《かんこくこうふく》を組織し、太平洋戦争が勃発すると、四一年、大日本帝国に宣戦布告した。しかし、韓国光復軍は、連合国軍の一翼として戦闘に参加したことも、対日ゲリラ戦を展開したこともなかった。この韓国光復軍の参戦の実績の欠如が、四五年八月に日本が無条件降伏した後の韓国の分断に大きく影響した。

アメリカ不参加の国際連盟発足

ウィルソン大統領は、その提唱した「一四カ条」が十分に実現しなかったものの、常設の国際組織の確立として国際連盟が認められたことに満足して、ヴェルサイユ条約に調印した。一九年七月、ウィルソンは英雄の凱旋さながらに歓迎を受けて帰国したが、条約批准の権限を持つ上院は、野党共和党が多数を占めており、アメリカの主権が制限されることになるなどを理由として、審議を長引かせたため、九月、ウィルソンは直接国民に訴えるべく全国遊説の旅に出た。しかし、ウィルソンは一〇月、脳出血で倒れ、一一月、上院は批准を否決した。国際連盟は、原提案国の参加なき発足という異例の事態になった。だが、ウィルソンには、国際連盟の提唱者としてノーベル平和賞を授与された。

更に、連合国側は、一九年九月から二〇年八月までの間に、敗戦国オーストリア・ハンガリー・ブルガリア・トルコとの間で、順次別々にパリ近郊のサンジェルマン・トリアノン・ヌイイー・セーヴルで講和条約を結んだ。これらの条約により、①オーストリア・ハンガリー帝国は解体され、オーストリアは小国となり、ハンガリー・チェコスロヴァキア・ユーゴスラヴィアが独立し、バルカン半島の付け根にあるトリエステはイタリアに割譲された、②ブルガリアも領土を縮小し、一部をユーゴスラヴィアとギリシアに割譲した、③トルコは領土を大幅に縮小し、バルカン半島の領土の一部をギリシアに割譲し、シリア・パレスチナ・メソポタミア地方はフランスとイギリスの委任統治領となった、という結果に終わった。

四つの帝国の解体と民族国家の成立

第一次世界大戦を通じて、四つの帝国が解体され、多数の民族国家が成立した。即ち、ハプスブルグ家のオーストリア・ハンガリー帝国、ロマノフ家のロシア帝国、ホーエンツォルレン家のドイツ帝国、オスマン家のトルコ帝国が解体され、民族自決の原則に基づき、これらの旧領地にポーランド、オーストリア、ハンガリー、チェコスロヴァキア、ユーゴスラヴィア、フィンランド、エストニア、ラトヴィア、リトアニアといった国が誕生した。海外の領土全部と本土の土地の一三%を失ったドイツには、一九年二月にワイマール共和国が発足した。

戦時中に社会主義革命が進行したロシアには、紆余曲折を経て二二年一二月にロシア共和国・ウクライナ共和国、ベラルーシ共和国、ザカフカス共和国（アゼルバイジャン、グルジア、アルメニアの三つの独立共和国から成る）の四ソビエト共和国から成るソビエト社会主義共和国連邦（ＵＳＳＲ。以下「ソ連」と略称）が成立した。一方、当時、中東地域あるいは中国や朝鮮でも民族自決が掲げられたが、その期待は裏切られ、オスマントルコの領土であった中東地域には、英仏両国による委任統治領が設定された。いずれも、戦勝国の当座の国益追求の結果である。

国際連盟の発足と新渡戸稲造

二〇年一月二〇日、国際連盟が史上初の国際平和維持機構として発足した。当初、パリ講和会議における最高会議のメンバー五カ国、つまり米・英・仏・伊・日を常任理事国に予定していたが、アメリカが上院の批准拒否により不参加となったため、他の四カ国を常任理事国として発足した。発足時の加盟国は、社会主義国ソ連と敗戦国ドイツを排除したこともあって、四二カ国にとどまり、ヨーロッパ国家以外では、ラテンアメリカ諸国二〇カ国、アジア六カ国、アフリカ二カ国であり、ヨーロッパ中心の構成であった。米・ソ・独三大国が参加しない国際連盟は、当初から組織基盤が弱く、その後、二六年九月にドイツ、三四年九月にソ連の加盟が認められ、加盟国は六〇カ国に達したが、以後、脱退、除名等で加盟国は減少に転じ、この面から果たす役割に限界があった。また、最高の意思決定機関は総会で、全会一致を原則とするだけでなく、常任理事国に意思決定における何らの優越的地位も付与されてないという組織運営上の限界、更には、軍事制裁権能を持たず、経済制裁権能のみにとどまるという権能上の限界もあった。

それでも、二〇年のフィンランド・スウェーデン間のオーランド諸島の帰属を巡る紛争や二五年のギリシア・ブルガリア間の紛争など小規模・限定的な紛争では調停機能を発揮した。しかし、三一年の満州事変や三五年の第二次エチオピア戦争など大国が当事者となった紛争では問題解決能力の限界を露呈した。

日本は、国際連盟発足とともに、四常任理事国の一角を占め、ヨーロッパの大国以外では唯一の常任理事国となり、国際社会の中で一等国として地歩を築いたのである。しかも、事務総長ドラモンド（英国）のもとで新渡戸《にとべ》稲造《いなぞう》が事務次長に就任し、二六年まで務めた。新渡戸は、一九〇〇年にアメリカで英語による『武士道』を出版し、セオドル・ルーズベルト大統領らに深い感銘を与えたといわれ、終生「太平洋に橋を架けん」との気概を持ち続けた。彼は、オーランド諸島帰属問題の解決その他に多大な貢献をした。国際連盟発足時の内閣は原敬内閣で、この内閣には多面的な側面があったが、特に、シベリア出兵に伴う米騒動の全国的展開によって辞職を余儀なくされた寺内正毅《まさたけ》内閣（「非立憲」内閣と揶揄されていた）の直後に成立した内閣であると同時に、明治維新の戊辰《ぼしん》戦争に際して「朝敵《ちょうてき》」とされた奥羽越《おううえつ》列藩同盟二五藩の地が輩出した初の首相（原は盛岡藩出身）という側面があった。対米英協調を第一次世界大戦後の外交政策の基軸とした原内閣のもとで、原首相と同じ盛岡藩出身で、滞米生活が長く夫人もアメリカ人の新渡戸は、国際連盟事務次長に最適任の人物であった。

しかし、シベリアに共同出兵した米英仏三国が、二〇年六月までに撤兵を完了したにもかかわらず、日本はその後も駐兵を続け、その上、尼港事件を口実に北樺太を占領し、最終的に撤兵を完了したのは、二五年一月であったことは、国連事務次長新渡戸にとって精神的重圧であり続けたに違いない。

海軍軍拡とワシントン体制の成立

一四年六月、発足して間もない第二次大隈内閣は、軍備と財政・外交との調整を図るため、首相・外相・蔵相・陸相・内相・陸軍参謀総長・海軍軍令部長で構成する防務会議を設置した。この防務会議設置後程なく、第一次世界大戦が勃発したため、この防務会議で、陸軍を二五個師団に、海軍を戦艦八隻、巡洋戦艦八隻のいわゆる八・八艦隊に拡充する軍拡を決定した。この決定を受け、第一次世界大戦も追い風となって、翌一五年六月、長年の懸案であった陸軍の二個師団増設を決定し、第一九師団を朝鮮北部の羅南に、第二〇師団を朝鮮南部の龍山に配置するとともに、海軍拡張費予算を成立させた。一方、アメリカは、一六年八月の軍艦建造法の制定以来、軍艦の増強に努めていたが、戦後、日本とイギリスの双方を想定敵国として大海軍の建設に乗り出し、イギリスも、二一年二月、巡洋戦艦四隻の建造を決定し、三大海軍国の建艦競争が本格化した。その結果、軍事費が各国の財政の重圧となり、二〇年頃、英米両国でも歳出の二割を超え、日本に至っては四割以上にもなった。

このような情勢のもとで、海軍の軍備制限と太平洋・中国に関する問題を協議するため、二一年七月、この年ウィルソンに代わってアメリカ大統領に就任したハーディングはワシントン会議を提唱した。ハーディングの提唱は、アメリカ議会の海軍軍縮の国際会議を要望する決議に基づくものでもあったが、審議の対象に太平洋と中国の問題を加えたのは、第一次大戦中の日本の膨張傾向に抑制を加えようとするものであった。

ワシントン会議は、原首相が東京駅頭で暗殺された直後の一一月一二日から開催され、日米のほか、英・仏・伊・蘭・ベルギー・ポルトガル・中国の七カ国が参加した。会議の冒頭、米国全権が、主力艦の建造計画を一切放棄して英米両国を各五、日本三、仏伊両国を一・六七の割合で思い切った軍縮を行おうという爆弾提案を行った。加藤友三郎首席全権は、日本の国力を考慮して、太平洋の防備を現状のまま維持することを前提にアメリカ提案の比率を受諾することを決意した。一九年の銑鉄生産量は、米国三一五一万トン、英国八一六万トンに対し、日本約六〇万トンと雲泥の差があった。にもかかわらず、全権団随員の加藤寛治海軍軍令部長をはじめ反対論も強かったが、海軍の実力者加藤首席全権が押し切って、米・英・日・仏・伊の五大海軍国の間で海軍軍縮は妥結したのである。

ワシントン会議では、海軍軍縮のほか、太平洋地域に関する四カ国条約や中国に関する九カ国条約などが結ばれた。日・英・米・仏四カ国で結ばれた四カ国条約は、太平洋地域に関し、相互の権利尊重と紛争処理方法などを規定し、現状維持を基調としたものであった。しかし、アメリカは、軍事同盟の性格をもつ日英同盟が日本の膨張政策を助長しているとしてイギリスに日英同盟の廃棄を求めた。他面、日露戦争後の日英同盟は、日本にとって、ロシアに対する抑止からドイツに対する抑止を意図したものに転化していたが、第一次世界大戦の結果、その意味を失いつつあった。また、日英同盟は本質的に軍事同盟であるので、日米戦争を仮定すれば、英国は日本側に立って参戦する義務を負うこととなるという意味で、アメリカにとっては危険な存在でもあった。更に、一一年七月に改定された第三次日英同盟の期限は、一〇年とされ、この年に満了することになっていた。このような事情から、この四カ国条約の発効に伴い、日露戦争前の一九〇二年以来二〇年間日本外交の基軸をなした日英同盟は、遂に廃棄された。そして、日英同盟締結時に出現した日英米対ロシアの対立の構図は、日英米対ドイツの対立の構図を経て、ワシントン会議以降、米英中対日本の対立の構図に転回し、日本の国際的孤立の時代が始まった。

中国に関する九カ国条約は、中国の主権、独立、領土の保全の尊重、商工業における門戸開放・機会均等の樹立・維持などが規定され、列国の既得権益に関する現状維持を前提に成立したものであった。中国の山東省問題については、米英の調停により、膠州湾租借地の返還、日本からの一五年借款による中国側の山東鉄道買収、鉱山事業の日中合弁化が日中間で合意された。対華二一カ条要求問題については、日本側が、最も国際的評判の悪く、中国側を最も刺激した二一カ条中の第五号（追加的希望項目・七項目）に関する留保を撤回するとともに、満蒙借款と南満州の外国人顧問招聘に関し日本が有する優先権を放棄するとの譲歩をして、日中間で合意された。ワシントン会議において成立した諸条約は、第一次世界大戦後の東アジア・太平洋地域における国際秩序の枠組みを規定したものであり、この枠組みは、ワシントン体制と呼ばれた。

陸軍の軍縮

二一年一一月四日の原敬首相暗殺後、組閣の大命は原の盟友高橋是清に降り、高橋が後継内閣を組織した。二二年六月六日、高橋内閣が内閣改造問題に関し閣内不統一のため総辞職すると、ワシントン会議首席全権であった加藤友三郎海軍大将が組閣した。ワシントン会議で大規模な海軍軍縮が実現すると、陸軍軍縮要求の国内世論が俄然高まり、国会では軍縮決議案が上程され圧倒的多数で可決されていた。このような背景のもと、加藤内閣の陸相山梨半造は、二二年、陸軍軍縮に踏み切り、翌二三年も小規模の軍縮を実施した。この二回にわたる山梨軍縮によって、約六万人の将兵（約五個師団分の人員に相当）と一万三千頭の軍馬が削減された。二三年九月一日、関東大震災が起こると、その復旧・復興を優先する政府は、行財政整理の一環として改めて陸軍軍縮を提起した。

更に、二四年六月一一日、加藤高明内閣が成立すると、加藤内閣の与党護憲三派（憲政会・政友会・革新倶楽部）は、六個師団削減、在営期間の短縮、軍部大臣武官制の廃止という合意を成立させた。このような政府内外の軍縮要求に応える形で、加藤高明内閣の陸相宇垣一成《うがきかずしげ》は、二五年五月、それまでの二一個師団から一七個師団へ四個師団を削減する軍縮に踏み切った。廃止された師団は、第一三師団（高田）、第一五師団（豊橋）、第一七師団（岡山）、第一八師団（久留米）であり、山梨軍縮と比べて社会的影響は圧倒的に大きかった。宇垣軍縮は、四個師団の削減（人員三万四千人と軍馬六千頭の整理）の代わりに、戦車隊、飛行連隊、高射砲連隊、通信学校、自動車学校などを新設して軍備の近代化を図り、陸軍予算額はほとんど変らなかったことに特色があった。

山梨軍縮・宇垣軍縮を通ずる三度の軍縮の結果、日本陸軍は平時兵力の約三分の一を削減した。これだけの大軍縮であったので、軍内部から大きな抵抗や反発を招くことは避けられなかった。戦時の動員に備えて多くの予備役将校を育成するとともに、師団削減によってポストを減らされた現役将校の救済のため、二五年四月から、中学校以上の諸学校で現役配属将校による軍事教練が実施された。また、翌二六年には、義務教育を終えた青少年を対象とした軍事教練を行う機関として青年訓練所が開設された。ここでの軍事教練を通して国民の間に軍に対する理解を広め、国防知識を普及させ、第一次世界大戦から引き出された教訓、

「国防の国民化」を図ろうとしたのである。このように四個師団廃止に伴う影響を緩和するための措置を講じてもなお、宇垣軍縮は潜在的に陸軍内に反宇垣の底流を作り、政党政治に対する反発の一因ともなった。

大正デモクラシーと普通選挙法の成立

二五年三月二九日、加藤高明護憲三派内閣が提出した普通選挙法案が成立し、五月五日、公布された。

一四年四月、シーメンス事件によって第一次山本権兵衛内閣が退陣した直後の「中央公論」で、丸三年の欧州留学を終えて前年七月に帰国した東京帝国大学教授吉野作造は、時代の要請を、普通選挙制と議院内閣制の二点に絞って論述した。五月には、吉野は、雑誌「太陽」で、イギリス・モデルを念頭に、政党内閣制（議院内閣制）の効用は、二大政党制のもとでなければ発揮できない旨を力説するとともに、非政友三派連合を基礎とする第二次大隈重信内閣の成立を歓迎すると断言した。それは、非政友三派が連携を維持するだけでなく、将来の二大政党対立の原型形成を期待するとともに、国民の輿望する普通選挙制を断行して地主政党的性格の強い政友会の政治支配を終わらせることを大胆に提唱したのである。

吉野が期待した二大政党対立の原型形成は、一五年三月の総選挙で大隈内閣の与党三派（立憲同志会・無所属団・中正会）が総議席三八一の中で二四四議席を獲得して実現したが、長くは続かなかった。即ち、英・独・仏・露などの欧州大国が第一次世界大戦の総力戦を強いられている時、火事場泥棒的参戦にとどまった日本では、一六年頃から輸出が急増し、いわゆる大戦景気が到来し、その結果、所得税を中心に政府税収が急増した。このため、翌一七年には日本近代史上初めて所得税が地租を上回った。また、大戦勃発時の一四年には一石十六円台だった米価が、一八年には二倍の一石三二円台となり、定額金納制の地租の下で、大戦景気は地主も潤わせた。このような経済が好調で、農村地主が富裕化した状況下で行われた一七年四月の総選挙では、前年一〇月に発足した超然内閣（政党員を一人も閣僚に容れない内閣）たる寺内正毅内閣の与党となっていた政友会（総裁原敬）が四八議席を増やして第一党に進出し、前年一〇月の寺内内閣成立直後に立憲同志会を中心に中正会・公友倶楽部が合同して結成した憲政会（総裁加藤高明）は、七六議席を減らして衆議院過半数を割って第二党に転落した。

話はやや前後するが、一六年一月、吉野は、『中央公論』で、「憲政の本義を説いてその有終の美を済すの途を論ず」を発表し、「民本主義」論を展開して大正デモクラシー運動の理論的支柱となった。民本主義論は、天皇制を容認し主権論を欠くものの、政治は、一般民衆のために、一般民衆の意思に基づいて、行われなければならないと主張する点において、普通選挙制と二大政党制の実現を中核としたものであった。

衆議院の選挙権者は、一八九〇年七月の第一回総選挙が行われた際には直接国税（地租・所得税）一五円以上の納税者で二五歳以上の男子に限られており、有権者は約四五万人で、当時の総人口三九九二万人の一・一％に過ぎず、有権者の大部分は農村地主であった。この選挙権の制限規定を直接国税一五円から一〇円に緩和する選挙法の改正は、一九〇〇年三月に、治安警察法の公布直後に行われ、更に、一九年二月には、直接国税一〇円から三円に大幅に引き下げるとともに、従来の中選挙区制から小選挙区制に変える選挙法の改正が行われた。その結果、総人口五五四七万人のうち三〇六万人（五・五％）が有権者となった。一九年二月の原敬政友会内閣のもとで行われた選挙法改正は、一八年後半から高まった普通選挙運動に対処するための当面の選挙権拡張に過ぎず、現にその公布直後から、普通選挙運動は更に高まりを見せた。

二〇年二月に、憲政会、国民党、普選実行会から三者三様の普通選挙法案が国会に提出されると、原首相は敢えて議会解散に踏み切り、五月に行われた総選挙では、与党政友会は、総議席四六四議席中、二七九議席を得て圧勝した。一九年二月の納税要件の一〇円から三円への引き下げによっては、所得税の免税点の関係から、その範囲の所得税納入者は増加しなかったので、有権者の大半は依然として農村地主であり、しかも、いわゆる大戦景気の最後の年の二〇年に行われた普通選挙問題を争点とした総選挙では、積極政策の政友会に有利であり、同時に導入した小選挙区制が威力を発揮し、政友会の圧勝に帰結した。このような大局観に基づいて、「平民宰相」と称揚された原敬は、巧妙に普通選挙運動を葬り去った。普選即行を求める国民集会は、この総選挙以後急速に姿を消し、代わって、第一次大戦末期に社会主義国家を樹立したロシア革命に新時代像を求める学生達が増加し、手間・暇がかかる普通選挙運動よりも、労働者と農民が武装して一気に支配階級を打倒する社会主義革命方式に若者のロマンはかき立てられ、若者たちは社会主義運動に奔走するようになった。

二一年一一月に原敬が暗殺され、その後を継いだ高橋是清内閣が、翌二二年六月に内閣改造に失敗して総辞職し、政友会を与党として、海軍の長老加藤友三郎が超然内閣を組織したが、翌二三年六月、加藤首相が病死したため、同じく海軍の長老山本権兵衛が超然内閣を組織した。この第二次山本内閣も、同年一二月、無政府主義者難波大助による摂政裕宮(後の昭和天皇)狙撃事件(虎の門事件)の責任を負って総辞職すると、貴族院に基礎を置く枢密院議長清浦圭吾《けいご》が、翌二四年一月、政友会二八七議席のうち官僚派一四九名が政友会を脱党して結成した政友本党を与党として、超然内閣を組織したが、これを機に第二次護憲運動が本格化し、護憲三派(憲政会・政友会・革新倶楽部)は、「特権勢力の専制阻止」と並んで、「政党内閣制の確立」、「普選断行」という議会主義のスローガンを掲げた。清浦内閣は、護憲三派を切り崩すために議会を突如解散したが(懲罰解散)、五月に行われた総選挙では、護憲三派が二八一議席を獲得して圧勝となり、六月、第一党となった憲政会総裁の加藤高明が、護憲三派で組織する内閣の首相となった。この内閣は、文相内田良平(貴族院)、陸相宇垣一成、海相財部彪《たからべたかし》を除いて、全閣僚が政党人であり、本格的政党政治が確立するとともに、普通選挙運動を葬り去ってきた政友会の総裁高橋是清にも、普通選挙法に賛成する以外の途は残されていなかった。かくて、翌二五年五月には、治安維持法の制定の直後に、男子普通選挙制が成立した。世論の反対の強かった治安維持法の制定は、普通選挙法の成立と引き換えに実現したのである。

大正デモクラシー運動の旗手吉野作造が掲げた普通選挙制と二大政党制は、二五年八月の憲政会単独内閣である第二次加藤高明内閣の成立によって（田中義一総裁率いる政友会は政権離脱）、曲がりなりにも実現した。政権交代可能な二大政党制による政党政治は、普通選挙制の下で、三二年の五・一五事件による犬養毅政友会内閣の倒壊まで続いたが、六年半の短命に終わり、その後は、軍部の政治的進出が本格的に始まった。

パリ不戦条約

二七年、フランスの外相ブリアンがアメリカの国務長官ケロッグに米仏条約を提案し、これに対しケロッグが主要国間の国際条約として締結すべきと主張したのを契機として、不戦条約締結交渉が始まった。その内容は、第一条で「国際紛争の解決のために戦争に訴えることを不法とし、その相互関係において国家の政策の手段としての戦争を放棄すること」を各締約国人民の名において厳粛に宣言し、第二条で紛争の平和的解決を約する、というものである。二八年四月、条約への参加を要請された日本は、交渉の途中で主要国の間で本条約が自衛権を否定するものでないことが確認されたので、日本は特に留保なしに条約に参加した。八月二七日、パリで、英・米・仏・独・日など一五カ国が不戦条約に調印し、のち参加国は六五カ国に増えた。

不戦条約は、制裁条項を欠いたため実効性のない道義的宣言であったが、第一次世界大戦後の軍縮と不戦の機運を反映した画期的な条約であった。何よりも、不戦条約を境に、侵略戦争に対する国際的糾弾の重みが大きく変わった。日本国内では、野党の民政党（二七年四月に田中義一政友会内閣が発足した直後の六月一日、政友会に対抗するために、憲政会と政友本党とが合同して結成）が、第一条の「人民の名において」という字句が天皇主権の帝国憲法と矛盾するという理屈で政友会内閣を攻撃し、結局、政府は、この部分は日本国に限り適用されないとの宣言をして事なきを得た。

ロンドン海軍軍縮条約と統帥権論争

二九年一〇月、イギリス外相から日・米・仏・伊を翌三〇年の一月にロンドンに招き、海軍の軍縮会議を開きたいとの招請状が届いた。国際協調と緊縮財政に取り組んでいた民政党の浜口雄幸を首班とする日本政府は、速やかに、参加を回答した。首席全権は、元首相の若槻礼次郎とし、財部彪《たからべたかし》海相と駐英大使、駐ベルギー大使を全権と決め、一一月二六日の閣議で、①補助艦（巡洋艦・駆逐艦・潜水艦）合計で対米七割を確保する、②大型巡洋艦で対米七割を確保する、③潜水艦の現保有量（七万八千トン）を確保する、との三大原則を決定した。ロンドンでの軍縮会議では、対米七割を要求する日本と、六割台を主張する英米両国間との激論が続いた。三〇年三月一四日に至り、全権団は、補助艦全体で対米六九・七五％（大型巡洋艦六〇・二三％、軽巡洋艦及び駆逐艦七〇・一五％、潜水艦五万二七〇〇トンで一〇〇％）の比率で妥協したい旨述べて政府の訓令を請うた。政府内では、海軍軍令部の加藤寛治《かんじ》部長、末次信正《すえつぐのぶまさ》次長が反対したが、海軍省首脳と加藤・末次を含めた軍令部首脳が参集して、兵力量の決定権が政府に存することを確認の上、四月一日、請訓案を基礎にした回訓を閣議決定した。この政府回訓に基づき、四月二二日、ロンドン海軍軍縮条約は調印された。

これに対し、加藤軍令部長は、閣議の翌日の四月二日に、帷幄上奏《いあくじょうそう》して、反対表明をしたため、政友会や右翼団体が猛然と反対声明を出し、その直後の第五八回帝国議会では統帥権論争が重大化した。政友会は、犬養毅総裁が先頭に立って、兵力量の決定は統帥事項であるから、政府が海軍軍令部の同意なしに軍縮条約を調印したことは統帥権干犯《かんぱん》であり、憲法違反であると政府を攻撃した。枢密院でも平沼騏一郎《きいちろう》や伊東巳代治《みよじ》らが抵抗を試みたが、政府は、兵力量の決定は内閣の輔弼事項であり、内閣の責任において統帥機関の意見を聞いて条約調印の決定はできると主張して、押し切り、一〇月二日、政府はロンドン海軍軍縮条約の批准に成功した。

「統帥権の独立」とは、作戦・用兵を担当する軍令機関が政府から分離独立して天皇の直属の機関として機能することを意味し、西南の役の翌年、一八七八（明治一一）年一二月に、参謀本部が政府（太政官）から独立して天皇直属の機関として置かれたことに始まる。一八八五年一二月、太政官制が廃され、内閣制度が発足したときも、この参謀本部の位置付けは変わらず、内閣職権の規程により統帥事項は内閣総理大臣の管掌外にあることが明らかにされた。一八八九年二月に制定された大日本帝国憲法では、軍に関して第一一条に「天皇ハ陸海軍ヲ統帥ス」とあって天皇の統帥大権を、第一二条に「天皇は陸海軍ノ編制及常備兵額ヲ定ム」とあって天皇の編制大権を明定し、一方、第五五条では「国務各大臣ハ天皇ヲ輔弼シ其ノ責ニ任ス」とあって国務大臣の天皇への輔弼責任を定めている。憲法上、「統帥権の独立」を明示的に認めた条文はどこにもないが、これを否定する条文もない。そこで、右に述べたような経緯に鑑み、事実上、統帥権の独立は憲法上も容認されたものとして運用されてきた。元来、統帥権の独立の目的は、軍政（軍事行政）と軍令（作戦・用兵）の分離、政治と軍事の分離による軍の専門的一元的効率性と政治的中立性の確保にあったが、時代の変遷とともに、軍部は、純粋の作戦・用兵に係る事項以外も統帥事項（軍令事項）として主張し、剰《あまつさ》え、編制大権に係る事項まで統帥権の範囲として主張し、統帥権干犯として第五五条の内閣の輔弼を排除するようになったのである。憲政の確立のために一生を捧げてきた犬養毅が、野党政友会の党首として浜口内閣を統帥権干犯として弾劾したのは党利党略以外の何物でもなく、軍部の暴走と独裁を助長し、憲政の危機をもたらす一大汚点を残すこととなった。

加藤軍令部長は批准前の六月一〇日に単独上奏して辞表を提出した。条約締結を推進した財部海相は、批准の翌日辞職した。身命を賭してロンドン海軍軍縮条約の成立に尽力した浜口雄幸首相は、発効を目前にした一一月一四日、右翼の佐郷屋留雄《さごやとめお》に東京駅頭で狙撃され、翌年八月、死去した。

この統帥権論争をきっかけに、軍部を中心として軍事クーデタをも容認する国家改造運動が顕在化してくる。軍部の根底には、総力戦に備えるための軍備の近代化への焦りと、軍縮に走りがちな政党政治への不信があった。軍部は、時の政府が軍の意向に沿わない決定しようとすると、それがあたかも統帥権干犯に通ずるかのような政府批判を展開するようになった。

また、ロンドン海軍軍縮問題は、海軍に条約派と艦隊派という二つの派閥を生むことになり、海軍省と軍令部との力関係にも注目すべき変化が生じた。即ち、条約締結を推進した財部海相の辞職とともに、海軍省次官の山梨勝之進《かつのしん》、軍務局長堀悌吉《ほりていきち》（山本五十六《いそろく》の同期で盟友）ら条約派が現役を退かされることになり、以後加藤寛治、末次信正ら艦隊派（背後には東郷平八郎元帥がいた）が組織の中枢に進出することになった。元来、海軍では、海軍省が軍令部に対し常に優位にあったが、海軍省の優位が揺らぎ始めた。

ドイツのワイマール体制と超インフレ

一九年一月、第一次世界大戦の敗戦国ドイツでは、初の男女普通選挙と比例選挙による国民議会選挙が実施され、第一党となった社会民主党を中心とした連立政権が成立し、社会民主党の党首エーベルトが大統領となった。ワイマールで開かれた国民議会において、七月三一日、新憲法が可決された。いわゆるワイマール憲法である。ワイマール憲法は、国民主権、議会制民主主義のほか、さまざまな社会権の保障についても規定し、当時、世界で最も民主的な内容を盛ったものであった。しかし、国土が縮小したばかりか、連合国から一三二〇億マルクという膨大な賠償金を課されたドイツは、一九二〇年代初めの数年間、経済的に深刻な苦境に立たされ、悲惨な状況に陥った。即ち、凄まじいインフレに見舞われ、ドイツ経済は混乱の極に達した。ドイツが賠償金支払いに行き詰まり、賠償金の支払い猶予を訴えると、フランスは、二三年一月、ドイツの産業の中枢ルール地方を占領したため、更にインフレに拍車がかかり、同年一一月には、実に四兆二千億マルクが一ドル（戦前は四・二マルクが一ドル）という天文学的な数字のインフレ状況になった。この時、ドイツ政府は通貨改革を断行し、土地など不動産を担保にし、それまでの通貨の一兆倍の価値をもつ新通貨「レンテンマルク」を発行することとした。一年後にはインフレは一応収束した。

ドイツの賠償問題

ドイツは、この「レンテンマルクの奇跡」によって、復興への道を歩み始めたが、賠償問題が解決しなければ、ドイツ経済の本格的な再建は不可能であった。そこで、ドイツ政府は、賠償支払いが行き詰まった二二年夏から、最大の経済力をもち、しかも英仏などに戦時債権（対英四二億ドル、対仏六八億ドル、対伊二九億ドル）を有しているアメリカに賠償問題に取り組むよう要請していたが、二四年に至り、アメリカはヨーロッパ市場を維持するために賠償問題に介入することを決断し、パリでの専門家会議に、著名な銀行家ドーズとジェネラル・エレトリック社の取締役会議長であったヤングの二人の民間人を派遣した。

二四年四月には、ドイツの支払い能力とドイツ経済の安定を考慮した「ドーズ案」がまとめられた。それは、賠償総額を変えずに、一年目は支払額を一〇億マルクに縮小し、その後しだいに増加して五年目には本来の年額二五億マルクにするもので、同年九月から実施されることになった。併せて、ドイツ経済の順調な発展を通じて賠償支払い能力を確保するため、いわゆる「ドーズ公債」の発行により民間資本の導入を図ることとし、八億マルクの大半がニューヨーク市場で起債された。この結果、二四年には、世界経済はうまく回転するようになり、世界の貿易高は数量的に戦前を上回るようになった。ドイツ経済も急ピッチで成長し始め、翌二五年には戦前の賃金水準に戻り、二七年には国民純生産が戦前の水準を上回るに至った。この功績で、ドーズは二五年にはノーベル平和賞を受賞し、アメリカの副大統領に就任した。

しかし、ドーズ案では賠償総額を変えず当面の支払い年額を縮小したため、支払い完了がはるか後の時代まで続くこととなり、ドイツ側に不満が残ることとなった。そこで、ドーズ案による通常支払いが始まるはずの二八年、新たな専門家会議を開くこととなり、二九年六月に始まったハーグでの会議では、アメリカのヤングが議長となり、以前の欧米五カ国のほかドイツと日本も参加して協議した。同年八月にまとまった「ヤング案」では、賠償総額を以前の約四分の一に当たる三五八マルクに切り下げ、年支払額も第一年目一七億マルク、その後増えてもドーズ案の二五億マルクに達しないものとなり、最終支払いも、ヨーロッパ諸国のアメリカへの戦債支払いと同じく、一九八七年ということとなった。「ヤング案」は、翌三〇年一月に発効した。しかし、前年一〇月二四日（いわゆる「暗黒の木曜日」）、ニューヨーク株式市場の大暴落に端を発した世界大恐慌のもと、ドイツ経済を動かすうえで重要な役割を果たしていたアメリカの資本が相次いで引き上げられ、ドイツ経済は再び崩壊の危機に立たされた。

ドイツ政府は、三一年六月初め、この苦境の脱出のためには、賠償の過重負担から逃れるほかない、との声明を発表した。前年九月の総選挙で、ヴェルサイユ条約の破棄とワイマール体制の打破、ユダヤ人の排斥を標榜するヒトラー率いるナチス（国家社会主義ドイツ労働者党）が、九倍増の一〇七議席を獲得して一躍第二党に進出していたが、ドイツ政府が、そのナチスの基盤を崩すために画策した声明でもあった。これに対し、アメリカのフーヴァー大統領は三一年六月二〇日、「フーヴァー・モラトリアム」を提唱し、関係七カ国会議を経て八月から発効した。このモラトリアムは、ドイツの賠償だけでなく、フランスなどのアメリカへの戦債支払いも一年間猶予するものであったが、あくまで「猶予」であって、「免除」ではなかった。従って、このモラトリアムは、ただちにドイツの銀行を救済することにならなかった。しかし、その後の事態の推移の中で、ドイツの賠償もヨーロッパ諸国の戦債支払いも、公式には未処理のまま事実上消滅した。

ドイツとソ連の密かな連携

一方、ドイツは、内戦は終結したものの経済再建のため賠償問題に苦しんでいたソ連と密議し、二二年四月、ラパロ条約を締結して、相互に賠償請求権を放棄するとともに、最恵国待遇を定め、外交関係を再開した。以後、ドイツとソ連の秘密の軍事協力関係は進み、ヴェルサイユ条約で再軍備を禁じられていたドイツは、航空機や潜水艦などの生産をソ連において行うこととなり、ソ連はドイツから軍事技術を学び軍需産業の建設を援助してもらおうとした。このような両国の秘密の軍事協力関係は、ヒトラーが政権につく三三年まで継続した。

因みに、二四年には、イギリス、中国、フランス、イタリア等がソ連を承認し、ソ連と日本との国交樹立は、日ソ基本条約が締結された二五年一月のことであった。対ソ国交樹立を主導したのは、初代満鉄総裁であり、外務大臣の経験もある後藤新平であった。後藤は、二二年二月のワシントン条約により日本が国際的孤立を招いた状況のもとで、極東における日本の利権を確保するためにはイデオロギーの問題にとらわれずにソ連と国交を正常化して、ソ連を国際秩序に引きずり込む必要があると考えたのである。その後、二八年一月二三日、日ソ漁業条約に調印して、北洋漁業の法的根拠を確保するとともに、翌二九年九月五日には、日ソ北樺太石油利権契約に調印した。後者は、二五年の日ソ基本条約において、当時、シベリア出兵の延長線上で保障占領していた北樺太からの日本軍の撤退と引き換えに、ソ連側が供与を認めた北樺太の天然資源の利権について、その具体化を図ったものである。

一方、賠償問題に関し「ドーズ案」が成立し、ヨーロッパ経済が一応安定の見通しがついた段階で、ドイツの外相シュトレーゼマンは、アメリカの資金の流入を確保しフランスのラインラント撤退を実現するため、二五年、フランスとの国境について安全保障条約を締結することを英仏に提案し、同年一二月、ロカルノ条約が調印された。ロカルノ条約によって、ドイツはヴェルサイユ条約の西部国境の現状維持を保証し、アルザス・ロレーヌの返還を断念することを確認したので、フランスは予定より早くラインラントから撤退することになった。ドイツは、ロカルノ条約に基づき、二六年九月には国際連盟に加盟し、常任理事国となり、国際社会に復帰することができた。ロカルノ条約はヨーロッパの緊張を緩和し、平和への展望を開いたと評価され、シュトレーゼマンはフランスのブリアン外相と共に同年のノーベル平和賞を受賞した。シュトレーゼマンは、二三年から二九年に死ぬまで外相を務め、ヴェルサイユ条約の負担軽減とドイツの国際社会への復帰に努力したが、賠償問題に関する「ヤング案」が承認される前に世を去った。シュトレーゼマンを失ったドイツのワイマール体制は危機に陥った。

第七章　満州事変

満州国地図
N
国境
ソビエト連邦
興安北省
ブラゴヴェシチェンスク
黒河
興安東省
孫呉
黒河省
ハバロフスク
満州里
嫩江
ハイラル
龍
江
省
北安
黒龍江
松花江
東安省
扎蘭屯
ノモンハン
北安省
佳木斯
（樺川）
チチハル
林甸
虎林
弥栄
千振
モンゴル
人民共和国
泰康
綏化
東安
密山
興安南省
濱江省
三江省
王爺廟
ハルビン
興凱湖
綏芬河
白城子
牡丹江
牡丹
江省
洮南
東寧
内蒙古
万宝山
新京特別市
（長春）
吉林
琿春
ウラジオ
ストーク
鄭家屯(双遼)
延吉
通遼
公主嶺
吉林省
四平
間島省
開魯
興安西省
四平省
通化省
奉天(瀋陽)
柳条湖
赤峰
通化
撫順
大栗子
錦州省
熱河省
奉天省
承徳
錦州
営口
湯崗子
安東省
葫蘆島
安東
新義州
日本海
山海関
北京
中華民国
金州
関東省
平壌
旅順
大連
天津
朝　鮮
黄　海

一九三一年九月、中国東北部の遼寧省の瀋陽（奉天）に近い柳条湖《りゅうじょうこ》で、南満州鉄道が日本の関東軍の謀略により爆破されたのを発端として、若槻《わかつき》内閣は不拡大方針を採ったにもかかわらず、関東軍は東北三省（満州）を占領し、翌三二年三月には、満州国を樹立した。熱河《ねつが》省も満州国の領土と主張する関東軍は、三三年二月、熱河作戦を展開し、長城線を突破して北平（北京）付近まで進出したが、三三年五月、塘沽《タンクー》停戦協定を結んで終結した。

一　満州事変の背景と経緯

満州問題に関する協議会

○五年九月のポーツマス条約の追加約款によれば、日露両軍は一八カ月以内に満州から撤退することになっていた。しかし、日本軍は、撤兵に着手するどころか、各地に軍政署を設けて、長期にわたって満州を軍政地域にするかのような姿勢を示していた。これに対し、○六年三月、英米の大公使から西園寺公望《さいおんじきんもち》首相兼外相に厳しい抗議の書簡が寄せられた。日本は、機会均等・門戸開放主義を掲げてロシアによる満州の独占に反対し、英米の協力を得て、ロシアに戦勝したのだから、その主義に反することは速やかに止めるべきであるとの論旨である。西園寺首相兼外相は、四月一五日から一カ月にわたり、外務省・大蔵省の高官を随行させて、満州の実情を視察して帰国した。

西園寺は、帰国して間もない五月二二日、伊藤博文韓国統監の要求に基づき、「満州問題に関する協議会」を開催した。協議会には、伊藤・山県・井上・松方・大山の五人の元老と政府、軍の首脳八人が一堂に会した。伊藤が議論の主導権を握り、今のまま放任すれば、列国の物議《ぶつぎ》を醸《かも》し、延《ひ》いては韓国の安定にも悪影響を招来する恐れが大きいので、軍政署は断然廃止して地方行政は清国官憲に一任すべきだと主張した。

西園寺首相、山本権兵衛《ごんべえ》海相、桂太郎陸相、山県有朋《やまがたありとも》枢密院議長が伊藤説に大体賛意を表した後、児玉源太郎陸軍参謀総長が、諸外国の感情はそんなに悪くはない、などと反論すると、伊藤は、その発言をさえぎって大激論となった。伊藤は、満州方面における日本の権利はロシアから譲り受けた遼東半島租借地と鉄道以外にはない、満州は決して日本の属地ではない、純然たる清国の領土の一部であるから、満州行政の責任は清国に負わせるべきだと主張して譲らなかった。西園寺首相は、結論として、関東都督府の機関を平時組織にし、軍政署を順次廃止することとし、全会一致で協議会を閉じた。陸・海軍に対する文民統制が貫徹し、当面、陸軍による満州の積極経営は抑制された。

日本の満州経営と満蒙権益

このような経緯を経て、日本の満州経営は、関東都督府《ととくふ》、南満州鉄道株式会社（満鉄）、領事館（奉天）の三本柱によって行われることとなった。関東都督府は、〇五年九月二六日に遼陽に置かれた関東総督府に代えて、〇六年九月一日、旅順に置かれ、長官である関東都督には陸軍大将・中将を任じ、関東州（ロシアから受け継いだ遼東半島の租借地）の政務を管掌するとともに、満鉄業務の監督と駐屯部隊の指揮に当たった。満鉄は、同年六月に、ロシアから引き継いだ鉄道（大連・長春間、奉天・安東間）とその支線、鉄道付属地、撫順《ぶじゅん》・煙台《えんだい》炭鉱などの付属事業を経営する半官半民の株式会社として設立され、翌七年四月から開業した。本社を大連に置き、初代総裁には、児玉源太郎台湾総督の下で一八九八年三月以来民政局長（後に民政長官）として植民地統治の基礎を築いた後藤新平が就任した。後藤は、台湾総督府在勤時代の腹心らを随伴して、重用したので、満鉄は植民会社的色彩が強くなってゆき、最盛期には八〇余りの関連会社を持つに至った。

当時の日本の満州権益は、日露戦争後の〇五年一二月に締結された「満州に関する日清条約」を直接の根拠としているが、その後、清国政府は満州統治を強化したため、条約による日本権益の実質化が直ちに進行したわけではなく、清国による利権回収の要求を排除しつつ行う必要があった。一方、ロシアとの間では、一九〇七年七月、一〇年七月、一二年七月と三次にわたる日露協約の締結を通じて、両国の勢力範囲を分ける南北、東西の境界線を画定し、日本の勢力範囲は、「南満州及び東部内蒙古」となった。南北の境界線は、日本海側の琿春《こんしゅん》から、吉林《きつりん》を経由して内蒙古と外蒙古の境界線を結んだラインであり、内蒙古の東西の境界線は、北京の経度である東経一一六度二七分のラインとし、この線より東の内蒙古を日本の特殊利益地域とした。

これらの協約は、〇九年の米国の満州における鉄道中立化提案や、一二年の清朝の崩壊と中華民国の成立を契機として、日露両国が、英米に対抗して共闘するため、中国問題を巡ってはお互いに勢力範囲を認め合ったものである。第三次日露協約によって「満州」問題は、「満蒙」問題に発展したが、問題の本質は、満州の権益であれ満蒙の権益であれ、清国ないし中華民国という独立国の主権の下にあるものであったということである。

度重なる満蒙独立運動の画策

満州即ち中国東北部は、「大清龍興《だいしんりゅうこう》の地」ともいわれ、女真《じょしん》族の一首長ヌルハチが身を起こして全土を征服して、清朝を起こす基礎を固めた地である。その清朝最後の第一二代皇帝であった宣統帝溥儀《ふぎ》は、〇八年一二月、わずか三歳で即位し、一一年一〇月一〇日に始まる辛亥革命によって、翌一二年二月一二日、帝号を保ち、年金を得て紫禁城に住むことを条件に退位した。この二月には早くも、満州や華北に派遣されていた日本陸軍の高山公通《きみみち》大佐（陸士旧一一期）、桜井清助大尉ら軍人と川島浪速《なにわ》ら民間の政客（大陸浪人）が結託して、参謀本部と連絡をとりながら、第一次満蒙独立運動が着手されている。清朝の復辟《ふくへき》運動を中国分割に利用しようという構想の下に、満州に清朝の皇族である粛親王《しゅくしんおう》を皇帝とする独立国を樹立して満蒙を中国から分離しようとする陰謀である。彼らは、一二年二月二日、粛親王を密かに北京から脱出させ、二月一七日には粛親王は奉天（瀋陽）に到着し、彼らの陰謀は成功するかに見えた。しかし、奉天の落合謙太郎総領事が外務省に打電して注意喚起したところ、二月二二日、内田康哉《こうさい》外相から、復辟運動に関係した日本人の行動は是認できない、穏便な方法で取り締まれ、との返電が届き、この総領事の努力と外相の決断によって、第一次満蒙独立運動は挫折した。

だが、陸軍と外務省の中国政策に関する対立はますます顕著になっていった。翌一三年初めに関東都督府参謀長に就任した福田雅太郎《まさたろう》少将（陸士九期）は、日本が満州で発展を企図する限り、平和的手段をもって円満に解決する見込みはないとの認識の下、川島浪速らの大陸浪人と組んで満蒙独立運動を進めた。これに対し、外務省は阿部守太郎《もりたろう》政務局長を中心に、外務省による大陸政策の一元化を要求し、関東都督府の軍人と川島浪速らの大陸浪人による陰謀を阻止しようとしたため、阿部局長は、この年九月に暗殺された。

更に、一五年に、袁世凱の帝政に反対する第二次大隈内閣の方針のもと、川島浪速が予備役の日本軍人と組み、軍需品御用商人として大倉財閥を築いた大倉喜八郎らの資金援助を受けて推進した第二次満蒙独立運動も、一六年六月の袁世凱の急死に伴って、大隈内閣の方針が変更され、援助も打ち切られたため、これまた失敗した。満蒙の独立運動は、三一年の満州事変の勃発に至るまで、その後も陸軍の公然・非公然の支援を受けて執拗に続けられた。

対華二一カ条要求と反日運動の高揚

一四年七月、第一次世界大戦が勃発すると、日本は、八月にドイツに宣戦布告し、一一月までに、ドイツ領南洋諸島と山東半島のドイツ租借地及び山東鉄道を占領した。その上、第一次世界大戦で欧米列強の中国に対する圧迫が一時後退した「力の空白」に乗じて、中国における日本の権益を拡大するため、一一月七日の青島攻略の翌日に閣議決定して、翌一五年一月一八日、正式に中国の袁世凱政権に対し二一カ条要求をつきつけた。この二一カ条要求に関する日中交渉は二月二日から開始し、双方とも強硬な姿勢を譲らず、五月四日に至って一旦決裂した。五月七日、日本は最後通牒を発し、五月九日、袁世凱政府は受諾を回答した。最後通牒を受諾した五月九日は、中国の「国恥記念日」となり、「国恥歌」も作られて歌われた。

五月二五日、二一カ条要求のうち南満州及び東部内蒙古に関する要求七項目は、「南満州及び東部内蒙古に関する条約」として調印された（他の要求項目も問題ごとに条約として調印）。この条約のポイントは、①旅順・大連の租借権および南満州鉄道・安奉《あんぽう》鉄道の期限を九九カ年延長すること、②南満州および東部内蒙古における日本人の建物の建設権、土地の賃借権・所有権の取得を認めること、③同地域における日本人の自由な居住・往来、商工業の営業を認めること、などであった。

この年三月から、上海、広東などで日貨排斥（日本製品ボイコット）運動が始まっていたが、五月に入ると中国各地で排日運動が激化した。この年、東京だけでも五千人の中国人留学生が学んでいたが、二一カ条要求は多くの留学生たちをアメリカへ転進させた。中国国民の反日感情は亢進し、両国間に大きな禍根を残すことになった。

関東軍の発足

一九年四月、原敬内閣は、南満州の防衛と関東州租借地の行政を担当してきた関東都督府を廃止し、文官を長官とする関東庁と関東軍司令部に分離した。

この制度改革は、軍の任務を軍事だけに限定し、一般行政は文官に任せることにねらいがあった。しかし、日露戦争で獲得した南満州鉄道および遼東半島租借地（関東州）の守備を任務として発足した関東都督府陸軍部は、台湾軍・朝鮮軍・支那駐屯軍と並ぶ「関東軍」（「関東」は万里の長城の東端である山海関以東の地を意味した）という独立の在満軍事機関として発足したのである。軍司令部は旅順に置かれ、満州事変までは、南満州鉄道を保護するための独立守備六個大隊と、内地から二年交代で派遣されてくる駐剳《ちゅうさつ》一個師団とが、関東軍を構成した。関東軍は、次第に在満軍事機関として満州の権益を軍事力によって保護する役割を担うようになり、さらに対ソ戦略を遂行する機関としての性格を併せ持つようになっていった。これに伴い、司令部も三四年三月には旅順から首都新京（長春）に移転し、編成や兵力も肥大し、四一年の太平洋戦争開戦時の編成は一三個師団、兵力は七三万人に膨れ上がっていた。

ワシントン会議と国権回収運動

二一年一一月から翌年二月にかけて九カ国が参加して開催されたワシントン会議において、海軍軍縮問題などと並んで、山東問題と二一カ条問題が議論された。

山東問題と二一カ条問題は、日本側の主張により多国間交渉の議題とせず、日中の直接交渉により解決することになった。山東問題については、米英の調停により、結局、山東鉄道は日本からの一五年借款により中国側が買収し、鉱山は日中合弁とすることで決着した。二一カ条問題についても、これも米英の調停により、日本側が、①満蒙借款の優先権を四国借款団（二〇年一〇月に結成された米英仏日四国による対中国借款団）に提供する、②南満州の外国人顧問招聘に関する優先権を放棄する、③二一カ条の第五号の七項目（中国をあたかも属国視した項目で中国の憤激を招いた）に関する留保は撤回する、との譲歩をして決着した。つまり、一五年五月二五日に日中間で調印された「南満州および東部内蒙古に関する条約」により日本が拡張した権益は、ワシントン会議において基本的に確認され、列強にも認知されることになった。

一九年五月の五・四運動以来急速に台頭してきた中国の民族運動は、二〇年代、満蒙、とりわけ満州においては、排日による「国権回収運動」として展開された。二三年の旅順・大連回収運動（不当な圧力によって強制された条約は無効との根拠）、二四年の関東州裁判権と満鉄付属地教育権の回収運動、土地・家屋商租の禁止と回収の運動のほか、森林伐採権や鉱山採掘権の否認、関東軍の撤兵、満鉄の接収など日本の満蒙権益の根幹に及ぶようになっていった。その上、二〇年代に入ると、毎年約八〇万人から一〇〇万人の中国人が、長城を越えて満蒙に移住してきており、二三年から三〇年までの純増人口約二八〇万人、三〇年には中国人の総計約三〇〇〇万人に達していた。これに対し、三〇年当時の在満日本人は多く見積もっても二四万人に過ぎず、日本人は相対的に劣勢に陥りつつあった。現地日本人居留民の危機感はつのっていった。

張作霖の跳梁跋扈

張作霖《ちょうさくりん》は、はじめ馬賊（馬に乗って荒らしまわる群盗）の頭目であったが、一二年以来の袁世凱《えんせいがい》指導下で頭角を現し、一九年までに、奉天を根拠地として満州全部を支配下におく軍閥に成長していた。二〇年七月には、親日派の安徽《あんき》派軍閥（段祺瑞《だんきずい》）と親英米派の直隷《ちょくれい》派軍閥（曹錕《そうこん》、呉佩孚《ごはいふ》）の間で安直戦争があり、奉天派軍閥（張作霖）が直隷派に加担したこともあって、直隷派の勝利に終わり、直隷派と奉天派の連合政権がしばらく北京政府（当時の中国の正統政府）を支配していた。しかし、やがて直隷派と奉天派の対立が深まり、二二年四月には第一次奉直戦争があり、直隷派が勝利し、奉天派は満州に撤退した。満州で様子をうかがっていた張作霖は、二四年九月、直隷派に戦いを挑んだ。しかし、直隷派がやや優勢で、呉佩孚が勝利して満州に殺到することが予測されたが、直隷派の武将である馮玉祥《ふぎょくしょう》が同年一〇月にクーデタを起こしたため、呉佩孚の軍勢は総崩れとなって、張作霖の勢力は無事であった。実は、馮玉祥のクーデタは関東軍の出先の土肥原賢二中佐（陸士一七期）の謀略によるものであった。

　このようにして張作霖は第二次奉直戦争に勝利したが、関内（華北地方）に勢力を伸ばしていたため、今度は馮玉祥と対立した。二五年一一月、第二次奉直戦争の論功行賞に不満をもっていた張作霖の武将郭松齢《かくしょうれい》が、河南・熱河・察哈爾・綏遠の華北四省を支配する馮玉祥と組んで、張作霖に対して叛旗を翻して奉天に向かって進撃した（郭松齢事件）。これに対し、日本側は、一二月一五日、満鉄沿線及びその周辺での戦闘を禁止する旨を両軍に通告したところ、郭・馮連合軍の満州への侵入は阻止され、郭松齢は敗れて射殺された。馮玉祥も敗退し、張作霖は九死に一生を得た。実は、郭松齢事件の背後には、ソ連が、日本の影響下にある張作霖の力を排除するため、二四年から二五年にかけて、馮玉祥に対し、資金援助、軍事顧問団の派遣、軍学校の建設などの軍事援助を手厚く行ったという事実があった。その馮玉祥と国民党からの働きかけもあって、郭松齢は張作霖に対し兵を挙げたのである。何故、ソ連がこの時期に馮玉祥に手厚い軍事援助をしたのか。二四年九月、満鉄理事松岡洋右《ようすけ》が、第二次奉直戦争の最中という緊急の事態につけ込んで、張作霖との間で洮南《とうなん》―昂昂溪《こうこうけい》線建設に関する協定の調印にこぎつけたが、この鉄道は、対ソ戦を想定した場合における戦略上重要な布石となるが故に、ソ連の勢力範囲を侵すものと受け止められたのである。郭松齢事件で九死に一生を得た張作霖は、翌二六年四月、呉佩孚、馮玉祥を攻めて北京に入り、二七年六月には、北京政府大元帥となった。

第一次国共合作と蒋介石の台頭

一方、南方には、一九年五月の五・四運動に力を得た孫文が同年一〇月にそれまでの秘密結社中華革命党を改組改称し、三民主義を基本綱領とした国民党があった。孫文率いる国民党は、二〇年五月、一七年九月に樹立した広東軍政府（旧国会議員、南方軍閥、中華革命党で構成）を離脱して、広東政府を成立させた。孫文は、二二年四月に第一次奉直戦争が始まったのを機に、広東省を中心とする西南軍閥を動員して直隷派の呉佩孚を討ち北京政府を統合すべく、北伐を開始したが、同年六月、西南軍閥の離反に遭《あ》い、孫文は広州から放逐《ほうちく》され、北伐は失敗した。二三年五月、コミンテルン（一九年三月、レーニンの指導のもとに成立した共産党の国際組織）が、北伐に失敗した孫文に国民党への軍事上・財政上の援助を申し出たのに対し、孫文は、まず、中国共産党員が個人的に国民党へ加入することを認めるとともに、この年八月から蒋介石《しょうかいせき》をモスクワに派遣し、ソ連の党組織と軍事組織の視察を入念に行わせた。その上で、二四年一月、広州で国民党第一回全国代表者大会を開き、国民党の方針を「連ソ・容共・扶助農工」に転換し、反帝国主義、反軍閥による中国の解放と統一、即ち国民革命を目指すこととした。第一次国共合作である。

このような過程を経て成立した第一次国共合作であるが、二四年六月には、国共合作の要《かなめ》となる機関として、広州の近郊の黄埔《こうほ》に軍官学校を設立し、校長にモスクワ帰りの蒋介石、政治部副主任に共産党の周恩来《しゅうおんらい》を起用し、ソ連から軍事顧問を迎えた。黄埔軍官学校は、革命のために自己犠牲をいとわない軍人の養成を目指し、二年足らずのうちに二三〇〇人の軍幹部を養成した。同年一一月、孫文は、日本を訪れ、神戸で大アジア主義を鼓吹《こすい》し、日本が欧米と行動を共にするではなく中国と連携すべきことを説いた後、北京に行き、二五年三月、北京で客死した。孫文の死後、黄埔軍官学校出身者を背景とした蒋介石が国民党を率いて、同年七月、広東で国民政府を樹立した。

国民党軍による北伐の開始

二六年七月、蒋介石は、国民政府軍事委員会主席の権限により北伐動員令を発し、国民党は、蒋介石を総司令として広東から北伐を開始した。当時、北伐軍に立ちはだかる軍閥は、漢口《かんこう》方面に湖南・湖北の二省を支配する呉佩孚《ごはいふ》、南昌《なんしょう》方面に浙江・江蘇・福建・安徽・江西の五省を支配する孫伝芳《そんでんぽう》、北京政府を支配する張作霖がいた。北伐軍は、一一月までに、長沙《ちょうさ》、漢陽《かんよう》、漢口、武昌《ぶしょう》、南昌と次々に重要拠点を陥落させた。この北伐軍の進撃を見て、それまで蒋介石との関係が協調的で良好であった張作霖は、孫伝芳支援に転じ、張作霖を総司令とする安国軍を組織し、北伐軍と敵対することになった。しかし、北伐軍の進撃はなお続き、翌二七年三月には上海、南京に進出した。

この間、二七年二月には、共産党員を含む国民党左派を中心に武漢《ぶかん》国民政府が樹立され、同月、上海においては、共産党・国民党左派の指導により八〇万人を組織した大規模なゼネストがあり、三月には、南京において同じく共産党・国民党左派による列国領事館に対する襲撃があり、英米軍がこれに対し長江上の軍艦から報復砲撃するなどの混乱があった。四月に入って、蒋介石は、上海で反共クーデタを敢行し、共産党を弾圧して、武漢の国民政府に対抗して四月一八日、南京に国民政府を樹立した。第一次国共合作は、二四年一月から三年三カ月で崩壊したのである。この二七年一月に漢口と九江の英国租界が中国の軍民の力で武力奪回されたのを見て危機意識をもったアメリカが、三月三〇日、蒋介石に財政援助を約束したことが、蒋介石の反共クーデタの背景にあった。

この結果、二七年五月には、南京国民政府は、江蘇・浙江・福建・広東、広西・安徽・四川の七省を支配下に置くようになり、蒋介石は国民革命軍総司令の大権を付与された。このような蒋介石の反共の動きに北京の張作霖も同調し、四月には張作霖の指示の下に、ソ連大使館、共産党支部、中東鉄路事務局、極東銀行の捜索がなされた。七月には、国民党左派の汪兆銘も共産党と断絶して南京国民政府に合流した。ソ連は二七年末、中国と断交した。

このような中国における一連の軍閥の抗争と北伐を巡る騒乱に対し、護憲三派（憲政会・政友会・革新倶楽部）で組織した加藤高明内閣と若槻礼次郎内閣の幣原《しではら》外相は、一貫して英米協調・内政不干渉を基調として忍耐強く対処した。

第一次山東出兵と東方会議

二七年五月二八日、蒋介石率いる国民革命軍（北伐軍）と、張作霖率いる安国軍の軍事衝突の可能性が高まると、発足して間もない田中義一内閣は、居留民保護の目的で、旅順に駐屯していた関東軍三〇〇〇名を派遣して、第一次山東出兵を行った。日本による出兵の後、英米両国も華北の治安維持のためとの名分で出兵を行った。二四年六月から二七年四月まで担当した加藤高明内閣（第一次内閣は護憲三派内閣、第二次は憲政会単独内閣）と若槻礼次郎内閣（憲政会単独内閣）を通じて、一貫して外相の地位にあった幣原喜重郎の外交政策を「軟弱外交」と罵《ののし》り、「国威の失墜」を招いたと非難してきた政友会の田中内閣としては、幣原外交とは違った積極的な対中国政策の姿を国民の前に示す必要があったのである。この第一次山東出兵は、細心の注意を払って衝突を避け、九月八日には撤兵を完了した。

次いで、田中内閣は、国民革命軍の北伐の進行に対処すべく大陸政策を根本的に検討するという鳴り物入りで、二七年年六月二七日から一〇日間にわたって、東方会議を開いた。東方会議は、田中首相をはじめとする閣僚のほか、中国に駐在する外交官や陸海軍当局者を招集して開かれ、「対支政策綱領」を決定した（もっとも、田中首相兼外相が出席したのは初日と最終日だけで、森恪《つとむ》外務政務次官が会議を取り仕切った）。「対支政策綱領」では、満蒙と中国本土を区別しつつ、①中国本土については中立的態度で臨むが、日本の権益並びに在留邦人の生命財産が脅かされる場合には断固として自衛の措置をとり、これを擁護すること、②満蒙に対しては日本の特殊地位を尊重し、政情安定の方途を講ずる者を支持し、援助するとともに、万一動乱が満蒙に波及した場合は、これを防護し、かつ、内外人安住発展の地として保持せられるよう機を逸せず適当の措置に出ること、が決められた。端的にいえば、中国本土においては、蒋介石による中国の統一を妨害せず既得権益と在留邦人は断固として守るということであり、満蒙については、張作霖を援助して、日本の権益を守るだけでなく更に発展させるということであった。

この「対支政策綱領」が決まると、間もなく七月二〇日、田中首相は、政友会の山本条太郎を満鉄社長（後に総裁）に、副社長に松岡洋右《ようすけ》を起用した。山本は、三井物産の社員として中国に二〇年在勤した中国通であり、しかも、この年二月から三月にかけて、政友会総裁田中義一の要請を受けて森恪・松岡洋右と共に激動の中国を視察し、蒋介石とも秘密会談をしてきた人物である。山本は、赴任すると直ちに張作霖と交渉を開始し、一〇月一五日には、満蒙五鉄道建設請負に関する契約を結んだ。この契約は、満蒙五鉄道について日本が建設を請け負うこと、そのための借款をすること、満鉄の脅威となる鉄道を建設しないことなどを内容としていた。張作霖は強く抵抗したが、張作霖を支持する代償として強要され、拒めなかった。この五鉄道の請負契約は、吉林《きつりん》―五常《ごじょう》線を除いて、二八年五月までに締結された。

二七年七月三一日から八月四日にかけての徐州の戦いで、蒋介石率いる北伐軍は、張作霖率いる安国軍に敗れ、一旦、江南に退却した。蒋介石は、八月一三日、下野を宣言し、折しも東京から帰った芳澤謙吉中国駐在公使に会って田中首相の内意を伝え聞き、九月末、日本を訪れ、一一月五日、田中首相と会談した。この会談で、田中首相は、中国を統一し得るのは蒋しかない、しばらく南方の勢力をまとめ、北方の軍閥同士の対立には関与しない方が得策だと述べ、共産党を抑圧することを希望した。蒋介石は、張作霖を援助せず、南方を援助するよう要請した。その後、蒋介石は、翌二八年一月、国民革命軍総司令に復帰した。

第二次、第三次山東出兵

二八年四月七日、蒋介石は北伐を再開した。これに対し、四月一九日、田中内閣は、居留民保護を名目として五〇〇〇名の第二次山東出兵を決定した。二〇日には天津の支那駐屯軍から歩兵三個中隊が、二五日には熊本の第六師団の一部が青島に到着、第六師団の部隊は、済南《さいなん》駐在武官の要請に応じ、二六日には、独断で済南に進撃した。（この措置は参謀本部の追認を得たが、出先の軍が独断専行するという悪しき先例を作った）。五月一日には国民革命軍は済南に入り、一触即発の状況になった。五月三日朝、国民革命軍の一部が日本人経営の商店に略奪を加えたことをきっかけに、軍事衝突に発展した。一旦、停戦協定が成立したが、日本の要求に対して満足できる回答が得られないとして、五月八日から日本軍は済南城を攻撃し、一一日、これを占拠した（済南事件）。この間、五月八日、田中内閣は一個師団の増派を決定し、合計一個師団半の大軍で華北を制圧しようとした。第三次出兵である（この閣議決定の裏に、現地駐在武官による居留民殺害の誇大報告と陸軍省の「大量虐殺」発表による国民煽動があった）。また、この間に、満鉄社長山本条太郎は、張作霖と談判して吉会《きっかい》（吉林—会寧《かいねい》）、長大《ちょうだい》（長春—大賚《だいらい》）両鉄道の建設請負契約の締結に成功している。中国では日本に対する怒りが爆発し、各地で排日運動が激化し、中国政府は、国際連盟に提訴した。五月一七日になって日本軍は撤兵を開始したが、遅々として進まず、翌二九年三月、済南事件に関する協定が締結され、日本軍は、ようやく山東から撤兵を完了した。

許し難い存在と化した張作霖

その後、北伐軍は、さらなる混乱を避け、迂回して北京を目指した。事態の推移を注視していた田中内閣は、北伐軍の圧倒的優位により張作霖の敗北は時間の問題となったと判断し、二八年五月一八日、蔣介石と張作霖の双方に対し「戦乱が京津《きょうしん》地方に進展し、その禍乱が満州に及ばんとする場合は、帝国政府としては、満州の治安維持のため、適当にして有効な措置をとる」と通告した。要するに、北伐軍の満州への進入は認めない、ということである。これに対し北伐軍側は反発し、関係国も批判したが、日本に対する積極的な行動には出なかった。

田中首相の命を受けた芳澤駐華公使は、同じ五月一八日、張作霖に対し奉天に引き揚げるよう説得に努めた。関東軍は、司令部を旅順から奉天に移して、満州に逃げ込む張作霖軍を武装解除する事態に備えた（もっとも、張作霖軍の引き上げが北伐軍の追撃を伴わず整然と行われた場合は、武装解除は強行しないことになっていた）。

田中首相は、日露戦争当時、満州軍参謀として総参謀長児玉源太郎のスタッフであったが、処刑されそうになっていた張作霖の生命を助けたという因縁から、終始、張作霖を傀儡として利用できると信じ、張作霖と満鉄を通じた北満進出と対ソ国防を考えていた。しかし、張が軍閥として勢力を増すにつれて、打通《だつう》（打《だ》虎山《こさん》―通遼《つうりょう》）線を開通させて満鉄本線を迂回し得る併行線ルートを確保する、戦費調達と称して紙幣を乱発し、日本の綿糸布輸出業者に大打撃を与える、大将軍を自称して北京に乗り込み、国民革命軍を打破して中国全土の支配を目指すとの迷夢を抱く、などの日本の国益に反する行動が目立つようになり、軍部にも外務省にも、張作霖は許しがたい存在に映るようになった。

また、北伐軍の軍事力は強く、張作霖を援助したり、操縦したりすることでは、もはや日本の満蒙における権益を守ることはできないので、満州を直接日本の支配下に置かねばならない、との認識が陸軍内に台頭してきていた。北伐軍の北京入城を目前にした、この時期こそ、「千載一遇の好機」と捉えた勢力が陸軍内にあった。

張作霖爆殺事件と北伐の完成

二八年六月三日、北伐軍に敗退した張作霖は北京を引き揚げた。その張を乗せた特別列車が、六月四日早朝、北京と奉天を結ぶ京奉線と満鉄線が交差する皇姑屯《こうことん》で爆破され、張は即日死亡した。爆破計画の首謀者は関東軍高級参謀の河本大作《たいさく》大佐（陸士一五期）、現場指揮者は関東軍独立守備隊中隊長の東宮鉄男《とうみやかねお》大尉（陸士二七期）、爆薬仕掛けの実行者は朝鮮軍龍山《りゅうざん》工兵隊から分遣されていた桐原貞寿《さだとし》中尉（陸士三五期）であった。河本は、二一年から二三年まで北京で公使館付武官補佐官、二四年八月まで参謀本部の支那課支那班長などを歴任した人物である。河本は、張作霖の爆殺により満州の治安を攪乱させ、混乱に乗じて関東軍を出動させ、満州を中国本土から切り離して満州を日本の直接の支配下に置こうとしたのである。しかし、張作霖の長男の張学良《ちょうがくりょう》は、張作霖の喪《も》をしばらく発表せず、重傷というままにして日中の軍事衝突を回避した。河本の謀略は、空振りに終わった。

爆殺の五日後の六月九日、北伐軍は北京に入城した。ここに、二六年七月に始まった蔣介石による北伐は約二年で完了し、北京は北平と、直隷省は河北省と改められた。蔣介石は、北京で客死した孫文の遺体に敬意を表し、首都南京に遺体を運び、壮大な霊廟《ていびょう》・中山陵《ちゅうさんりょう》で祀《まつ》った。七月二五日には、アメリカは、南京の国民政府に対し中国の関税自主権を承認したうえ、一一月になると、国民政府を承認した。一二月には、英仏も国民政府を承認した。

一二月二九日午前七時を期して、全満州の官衙《かんが》に国民党の青天白日旗がひるがえり、国民政府への忠誠を表明した。ここに、国民党による中国統一は成立した。張作霖の爆死後、張学良が国民政府と結んで展開した抗日・反日の運動により、国民党の勢力は満州に広く深く浸透し、国民党による中国革命は、東三省の「易幟《えきし》」（旗を易《か》えて服属する意思を示すこと）という形で一応の決着を見た。ただし、易幟後も、張学良の東北政権は、政治的にも軍事的にも財政的にも国民政府に対し自立していた。

翌二九年六月三日、日本も、遅れ馳《ば》せながら、田中内閣のもとで国民政府を承認した。三〇年五月六日、浜口雄幸民政党内閣のもとで日中関税協定が成立し、中国の関税自主権を認めた。幣原外相は、更に中国に対し治外法権の撤廃に進む用意があった。

張作霖爆殺事件の処理と天皇の激怒

張作霖爆殺事件について、日本陸軍は中国国民党のスパイが犯人だと声明し、政府も「満州某重大事件《ぼうじゅうだいじけん》」

と称しただけで真相を公表せず、闇《やみ》に葬《ほうむ》ってしまおうとした。田中首相は、憲兵司令官に調査を命じ真相を把握したうえで、漸く二八年一二月二四日、昭和天皇に拝謁して、「事件には遺憾ながら帝国軍人関与せるものがあるものの如く、目下鋭意調査中なるも、もし事実なりとせば、法に照らし、厳然たる処罰をいたします」と内奏した。しかし、時間の経過とともに、陸軍部内にも閣内にも、真相公表と厳罰に反対する意見が強くなった。閣内では、小川平吉《へいきち》鉄道相、久原房之助《ふさのすけ》逓信相、山本悌二郎《ていじろう》農林相らが反対した。彼らは、この年二月の総選挙（普通選挙法による最初の総選挙）で与党の政友会が衆議院での優位を保てず、真相公表と厳罰による更なる政友会の不人気を恐れていたのである。直接処罰の権限を握る白川義則陸相（陸士一期）も、当初厳罰の意向であったが、陸軍部内の反発が強かったため、翌二九年三月二七日、河本らの犯行であるのは間違いないと天皇に内奏したものの、五月二〇日、内閣に提出した事件調査の最終報告書では、日本軍人関与の事実は認められないとした。このような陸軍の強硬な姿勢と事件を穏便《おんびん》に済ませたい閣僚の意向に引きずられて、田中首相も妥協に転じた。

六月二七日、田中首相は、天皇に「関東軍は爆殺には無関係だが、警備上の手落ちにより責任者を行政処分に付す」との事件処理方針を上奏した。これに対し、あらかじめ、元老西園寺公望、牧野伸顕《のぶあき》内大臣、鈴木貫太郎侍従長（海軍大将で妻は昭和天皇の年少期の哺育係）ら宮中側近と対応を協議していた天皇は、「首相の陳《の》ぶるところ前後全く相違するではないか。辞表を出してはどうか」と強い語気で言い、更に田中が言い訳をしようとしたところ、天皇は言い訳など聞きたくないと激怒して奥に入り、鈴木侍従長に対し、「田中総理の言うところは、ちっとも分らぬ。再び聞くことは自分はいやだ」ともらされた。田中は、一旦退出した後、再び参内して鈴木侍従長にとりなしを乞《こ》うたが、果たせなかった。田中は、衝撃を受け、天皇の信任を失ったとして、七月二日、総辞職した。その前日の七月一日、責任者の行政処分が発表され、関東軍の満鉄守備区域における警備上の手落ちを理由として、関東軍司令官村岡長太郎中将（陸士五期）を予備役編入、高級参謀河本大作大佐を停職とした。

天皇は、陸軍を統制できずに食言した田中首相を辞任させると同時に、軍法会議にかけず行政処分で済ませる事件処理を容認されたのである。戦後、四六年三月から四月にかけて口述された、いわゆる『昭和天皇独白録』において、昭和天皇は、本事件を振り返って、田中首相の上奏に対する自らの発言を「若気の至り」と反省し、「この事件あって以来、私は内閣の上奏する所のものは仮令《たとい》自分が反対の意見を持っていても裁可を与える決心をした」と述べておられる。立憲君主制においては、輔弼責任を有する内閣が一致して決めたことは仮に天皇が不賛成であっても裁可するのが憲法の常道である、との元老西園寺の忠告もあって、この事件以降、昭和天皇は「君臨すれども統治せず」の精神を旨としたとされる。

なお、首謀者河本大作は、事件の直前の二八年四月二七日、参謀本部の荒木貞夫《さだお》第一部長と松井石根《いわね》第二部長（ともに陸士九期）に書簡を送り、北伐を利用して満蒙方面で内部の崩壊を企図することが極めて切要であるので、満蒙方面で多少策動する必要があるとの中央の意思を内示してくれないかと慫慂《しょうよう》している。また、田中首相による二八年一二月の天皇への内奏後、二九年一月から六月にかけて、岡村寧次《やすじ》、永田鉄山《てつざん》（ともに陸士一六期）、東条英機《ひでき》（陸士一七期）らの二葉《ふたば》会グループは、毎月会合をもって、河本事件の処理につき鳩首協議《きゅうしゅきょうぎ》をしている。このような一連の動きをみると、張作霖爆殺事件は、河本大作の単なる独断専行ではなく、少なくとも陸軍中央の黙許《もくきょ》の下に敢行されたものであり、事件の処理に当たっては、陸軍中央は、軍紀の厳格な維持よりも陸軍の体面・利益を優先させた。陸軍大将であり、陸軍大臣を二度務めた田中義一首相でさえ、このような陸軍の動きをコントロールできなかったことは、その後の陸軍の思考様式、行動様式に大きな影響を与え、禍根を残した。田中義一は、総辞職後三カ月も経たない二九年九月二九日、狭心症の発作で急逝した。

石原莞爾の満蒙領有論と国家改造論

張作霖爆殺事件の首謀者河本大作が、停職処分を受けて退役するに当たり、「後任にはこの男しかいない」と推薦し、その推薦により二八年一〇月に関東軍作戦参謀に就任したのが、石原莞爾《かんじ》（陸士二一期）である。翌二九年五月には、板垣征四郎《せいしろう》（陸士一六期）が関東軍高級参謀として着任した。板垣は、一七年八月、雲南省昆明《こんめい》に駐在したのを振出しに、漢口、北京、奉天などに勤務した支那通軍人であるばかりでなく、石原とは漢口で同勤であった。この板垣と石原の二人が中心となって、満蒙問題は武力による解決以外に解決の道はないとの前提に立って、満蒙領有計画につき組織的に研究を進めていった。

満州事変の最大の主役となる石原莞爾は、第一次世界大戦後、ドイツ留学を命じられ、二三年から約二年半ドイツに滞在して主に戦争史の研究をした。その研究の中で、戦争には決戦戦争（殲滅《せんめつ》戦争）と持久戦争（消耗戦争）の二つがあり、これまで決戦戦争と持久戦争が交互に繰り返されてきたとし、持久戦争であった第一次世界大戦以後の将来の戦争は決戦戦争となり、殊《こと》に一都市を一挙に破壊する大量破壊兵器とそれを運搬する飛行機が出現したことにより、次に来るべき決戦戦争は世界最終戦争となるであろうと考えた。その時期は飛行機の無着陸世界一周が実現したときであり、その当事国は西洋文明を代表するアメリカと東洋文明の中心たる日本であり、その世界最終戦争の結果、世界文明は統一され絶対平和の時代が訪れる、というのが石原の世界最終戦論であった。しかし、日本はまだ世界最終戦争を遂行する状況にはなく、東洋文明の盟主となるためには、支那をはじめ東アジアを兵站《へいたん》基地として、ソ連を打倒しなければならず、そのためには何としても満蒙の領有に着手しなければならないと考えた。しかも、東洋の盟主となるための戦争は、持久戦であるので、国民の動員や経済封鎖への対応を含め政戦両略《せいせんりょうりゃく》の一致が必要不可欠であり、そのためには軍部独裁政権を樹立することが必須であると考えた。このように、石原の思想では、満蒙領有論と国家改造論は密接に結びついていた。

陸軍エリートによる国策研究会

石原は、帰国後、陸軍大学校教官として教鞭《きょうべん》をとりながら、木曜会《もくよう》（陸士二一期の鈴木貞一《ていいち》らが中心となり、陸士二一期から二五期の中堅幕僚を構成員として二七年一一月に結成した国策研究会。石原、鈴木のほか、二三期の根本博、二五期の武藤章らもメンバー）に参加し、二八年一月の第三回会合において「我が国防方針」と題した報告を行い、持論の世界最終戦論の骨格を述べた上、日米決戦に備えて中国に進攻し根拠地とすることを提言していた（この会合には二葉《ふたば》会の永田鉄山や東条英機も出席していた）。二八年三月の木曜会第五回会合では、「帝国自存のため満蒙に完全なる政治的権力を確立することを要す」との方針を決定したが、それは満蒙領有を意味するものであった。また、二九年五月、木曜会に先んじて二三年から結成されていた二葉会（陸士一六期の永田鉄山・岡村寧次《やすじ》・小畑敏四郎《としろう》らを中心として、一五期から一八期の佐官クラスで結成され、派閥解消・人事刷新・軍制改革・総動員体制の確立を目指した結社。一五期の河本大作、一六期の板垣征四郎・土肥原《どひはら》賢二、一七期の東条英機、一八期の山下奉文《ともゆき》もメンバー）と正式に合流して、一夕会《いっせき》となった。陸士一五期から二五期の、省部（陸軍省と参謀本部）の中枢にあって陸軍を動かしていた幕僚層の大きな団結が成立したのである。その一夕会は、陸軍人事の刷新とともに、「満蒙問題の解決に重点を置く」ことを決議していた。

満州青年連盟の結成とその活動

二八年一一月、満州青年連盟が結成された。この年、蒋介石の率いる国民革命軍の北伐の進行に対し、日本は、第二次山東出兵、済南事件、第三次山東出兵、張作霖爆殺事件を引き起こし、益々中国人の排日運動、民族主義の高揚が見られるようになったのに伴い、満州に進出している日本人は、在満住民三千万のうち一％にも達しない弱小民族として、存亡にかかわる危機と受け止めた。また、この年二月二〇日、日本国内では普通選挙法に基づく最初の総選挙が行われ、成年男子すべてがその意見を国政に反映することができるようになったことが、満州在住日本人には、疎外感をもって受け止められた。このような状況の中で、日本人の窮状打開と言論の活性化を図るため、大連新聞社が模擬議会として満州青年議会を企画、その第二議会で満州青年連盟の結成が決議されたのである。満州青年連盟は、日中の共存共栄と大和民族の限りなき満蒙発展を高らかに謳いあげて、満鉄の青年社員と中小企業経営者合わせて約三千名が参加し、満鉄衛生課長の金井章次《かないしょうじ》が理事長となった。

しかし、結成後も、二八年一二月の東三省における張学良による青天白日旗の掲揚、二九年七月に結成された遼寧省国民外交協会の日本に対する根源的な国権回収要求、日本人に対する土地・家屋の商租禁止と従前に商租した土地・家屋の回収、など日本の満州権益は次第に狭められ、現地日本人の危機感は募っていった。

満州青年連盟は、このような危機的状況を打開するため、三一年初めから、新満蒙政策確立運動に着手し、排日の実情を訴えるパンフレットの作成と配布、三次にわたる母国への遊説隊の派遣などの世論喚起工作を進めた。その過程で、青年連盟は、「日中の共存共栄」から「民族（五族）の協和」に基本理念を昇華させ、それは満州国建国の基本理念として生かされ、建国後は三二年七月に設立された満州国唯一の公認政治団体・満州国協和会の淵源となった。因みに、世界的音楽指揮者・小沢征爾《せいじ》の父小沢開作は満州青年連盟の中心的指導者の一人であり、征爾の名は、板垣征四郎と石原莞爾から一字ずつ取って付けられたものという。

中国民族主義に基づく国権回収運動の激化

その満州で、二九年五月二七日、張学良が国権回収運動の一環としてハルピン（哈爾濱）のソ連総領事館を強制捜査し、七月一一日には、中東鉄路（東清鉄道）の実力による回収を断行した。これに対し、七月一七日、ソ連は国交断絶を通告し、一〇月には、極東シベリアを守備範囲として新設したばかりの特別極東軍が、大規模な軍事攻勢に出て、張学良軍を圧倒した。結局、中国側が屈服し、一二月二二日、原状回復を基調とするハバロフスク和議が結ばれた。この事件の解決のために、浜口民政党内閣の幣原外相は、中国から依頼を受けて仲介に動いていたドイツとともに中ソ二国間交渉を斡旋し、アメリカの不戦条約適用による調停介入を防いだ。

この中ソ衝突事件を通じて、日本は、ソ連の軍事力が革命期の混乱を脱して相当な水準に達していることと、反帝国主義を唱えるソ連といえども容易に帝国主義的権益を手放さないこと、が分かり、一部の軍人などは、権益擁護は結局実力によるしかないとの信念を固めた。一方、満州では、国権回復運動の一環として、満鉄の勢力を殺ぐため、二〇年代半ばから、満鉄包囲網の建設が唱えられていたが、満鉄に打撃が大きいと考えられた打通線（打虎山―通遼）が二七年一一月、吉海《きっかい》線（吉林―海竜《かいりゅう》）が二九年五月から営業を開始するに至った。二本とも満鉄の併行線であり、北満の大豆という最も重要な貨物を満鉄は失うことになった。さらに張学良は、遼寧省の交通・軍事上の要地・錦州の西南の葫蘆島《ころとう》に大規模な港湾を建設すべく、オランダの会社に請け負わせて、三〇年七月、盛大な起工式を挙行した。その完成の暁には、満鉄と大連港が打撃を受けることが必至であった。すでに二九年度の満鉄は、創立以来の赤字に転落し、人員整理を迫られるようになっていたので、日本の満蒙経営の中心である満鉄に対する中国民族主義の攻勢は、日本側にとって座視できないものとなっていた。

満蒙は我が国の生命線

二一年にわずか四一歳で外務省を退官して満鉄理事に就任し、二七年七月から満鉄副社長（後に副総裁）の地位にあった松岡洋右は、満鉄を辞して、三〇年二月二〇日に行われた総選挙で山口二区から当選し政友会の代議士となった。同年一二月からの通常国会で、松岡は、代議士として初の演説を行い、幣原外相の進めてきた対英米協調外交への批判演説の中で、「満蒙は我が国の生命線である」と獅子吼《ししく》した。この松岡演説を受けて、盟友の森恪代議士が、「二〇億の国費、二〇万の同胞の血をあがなってロシアを駆逐して獲得した満蒙は、我が国の生命線」と呼号し、国民感情を煽った。

また、三一年三月三日、参謀本部第二部長の建川美次《たてかわよしつぐ》（陸士一三期）は、在郷軍人会（非常の際に召集されて国防に当たる義務のある予備役・後備役にある軍人の組織）本部評議会で講演した中で、満鉄に並行する線路は敷設しないとの厳格な取極めがあるにもかかわらず中国はこれを無視して線路を作った、日本は満州において商租権を得る規定が条約書に厳存しているにもかかわらず中国側はこれを認めようとしない、など中国は条約違反をする無法の国である、と非難した。この建川の演説は、当時陸軍の在郷軍人会が国防思想普及講演会などを全国で開いて、さかんに国民を煽動した際の種本として利用された。当時、師団司令部の所在地における陸軍主催の講演会は、政党の講演会よりはるかに盛会であった。

三月事件

三〇年一一月に東京駅で狙撃されて重傷を負った浜口首相が幽鬼のような姿で帝国議会に登院した三一年三月一〇日、その日に陸軍の秘密結社、桜会を中心とするクーデタ計画が不発に終わった。いわゆる「三月事件」である。

桜会は、橋本欣五郎《きんごろう》（陸士二三期）が、三年間トルコ駐在武官として勤務し、ケマル・アタチュルク率いる青年トルコ党によるトルコ革命に深い感銘を受けて帰国して間もない三〇年九月に、中佐以下の現役将校有志を募って結成した十数名の組織で発足した。発足後一年足らずの間に一〇〇名前後に膨れ上がり、国家改造を目的とし、そのためには武力行使を辞さないと申し合わせていた。橋本欣五郎、長勇《ちょういさむ》（陸士二八期）ら桜会幹部が中心となり、大川周明らの民間右翼と組み、一万人の大衆を動員して議会を包囲し、混乱に乗じて戒厳令を布き、陸相宇垣一成を首班とする軍部独裁政権を樹立する、というクーデタ計画であったが、計画の不備と宇垣陸相ら軍首脳の反対で失敗し、事件は闇に葬られ、首謀者は処分されなかった。この事件には、前年一一月の東京駅における浜口首相狙撃事件以後の政局の行き詰まりを打開すべく、宇垣陸相の腹心とみられた小磯国昭《こいそくにあき》軍務局長（陸士一二期）、建川美次参謀本部第二部長ら高級幕僚が関与していた。この事件以降、高級幕僚は国家改造運動から手をひいた。宇垣は、人望を失い、翌四月、病気を理由に陸相を辞職した。浜口首相も、四月一三日、病勢悪化のため総辞職を余儀なくされ、若槻礼次郎が第二次内閣を組織した。軍閥の跳梁跋扈の時代の始まりでもある。

満州事変前夜

板垣征四郎と石原莞爾を中心とした関東軍の満蒙領有計画は、二年近くかけて周到に練り上げられ、三一年四月頃には、ほぼ熟してきており、これから一年ほどかけて世論工作をすることが重要とされていた。同年五月、石原は、たとえ政府が動かずとも「関東軍の主動的行動により回天の偉業を成し得る」として、関東軍の独断的謀略による武力行使を示唆していた。ところが、六月二七日、兵要地誌調査（軍事探偵）のため内蒙古の洮南《とうなん》地方を旅行していた参謀本部の中村震太郎《しんたろう》大尉（陸士三一期）が張学良指揮下の中国軍人に逮捕殺害されるという事件が起こった。踵を接するように七月二日には、朝鮮人農民と中国人農民とが衝突した万宝山《まんぽうざん》事件が勃発した。朝鮮人の満州への流入が本格化したのは、一〇年八月の日本による韓国併合以後であるが、長春（新京）郊外の万宝山の荒地を所有者の承認なしに租借した朝鮮人農民三〇〇余名が、灌漑のために水路を開鑿《かいさく》したところ、その水路が中国人の土地を横切ったため、朝鮮人農民を日本帝国主義の手先とみなした中国人農民は水害の恐れありとして反対し、その後その中国人の要請により中国官憲が朝鮮人農民に即時退去を要求していた。七月二日に至り、中国人農民五〇〇名による襲撃が行われた。この事件は、日本側が誇大に報道したため、七月四日には平壌で万宝山事件の報復暴動が起こるなど、朝鮮各地で中国人が一〇〇名以上殺害されるという事件に発展した。中村大尉事件と万宝山事件を契機に、幣原外交の弱腰を非難し、断固満蒙の権益を守るべしとの国内世論が高まった。

この世論昂揚の根底には、二九年一〇月からの世界大恐慌に巻き込まれ、剰《あまつさ》え、冷害や凶作に追い打ちをかけられ、奈落の底に突き落とされた感のあった日本経済にとって、「最後の突破口」は満蒙をおいて外にないとの期待が多分にあった。この三一年、農家の平均年所得は二九年の半分以下に激減し、窮迫した農村では娘の身売りが続出して「娘地獄」と呼ばれる事態が出現した。二九年四月、小津安二郎監督の映画「大学は出たけれど」が世に出て、大卒失業者の急増と没落インテリ階層の不安という世相を反映して一つの流行語となっていたが、この三一年には、東京帝国大学法学部卒業生の就職率はわずか二六％と史上最低を記録し、農漁村の「欠食児童」が二〇万人を突破し、「親子心中」が続出し、労働争議の件数は戦前期の最高となる、という惨憺たる社会経済状況にあった。浜口・若槻民政党内閣の金解禁と緊縮財政に固執した金融財政政策は、このような社会経済状況を打開できないどころか、深刻化させる一方だった。この年八月四日、南次郎（陸士六期）陸相は、軍司令官・師団長会議で満蒙問題の重大化を警告し、その積極的解決を強調して物議をかもした。

九月一五日、関東軍が軍事行動を起こしそうな気配があるとの情報が、奉天総領事からもたらされ、陸軍中央は参謀本部の建川第一部長を派遣して決行を思いとどまらせようとした。一方、参謀本部のロシア班長橋本欣五郎中佐が、関東軍司令部に計画露見と早期決行すべきことを暗号で打電した。打電を受けた関東軍は、九月一八日に到着した建川をそのまま料亭に誘って酔いつぶれるまで歓待し、当初予定した決行日を急遽繰り上げて決行した。

二　満州事変の経過

柳条湖事件と若槻内閣の不拡大方針

三一年九月一八日午後一〇時二〇分、奉天（瀋陽）の北方の柳条湖《りゅうじょうこ》で満鉄の線路が爆破された。鉄道爆破は、年来の満蒙領有計画を達成すべく関東軍作戦主任参謀石原莞爾らによって周到に準備された作戦が実行に移されたものであったが、奉天特務機関は、これは「暴戻《ぼうれい》なる支那部隊」による仕業《しわざ》であり、守備兵がかけつけて交戦中だとして、旅順の関東軍司令部に派兵を求めた。八月下旬に旅順に赴任したばかりの関東軍司令官本庄繁（陸士九期）は、事前に事情を知らされていなかったため一旦ためらったが、石原参謀の説得を受けて、一九日の午前零時半ごろ奉天への派兵を了承し、午前三時半に自ら兵を率いて出発、正午に奉天に到着したとき、すでに奉天は占領されていた。関東軍は、一日で、この奉天をはじめ営口《えいこう》、長春など南満州の一八都市を一気に占領した。

実は、事変勃発前、七月から九月にかけて、蔣介石は、約三〇万の国民党軍を率いて、江西省で第三次剿共戦《そうきょう》（共産党包囲作戦）を戦っていたばかりでなく、事変の五日前の九月一三日には、国民党軍は広東派と広西派から成る反蔣連合軍と湖南省で戦っていた。剿共戦は、前年の三〇年一二月から開始したものであるが、中国共産党・紅軍の抗戦に苦戦を強いられており、蔣介石は、内戦への対応に追われて余力のない状況にあった。事変勃発一カ月前の八月一六日には、蒋介石は、東三省の実質的な支配者で東北辺防軍司令官《とうほくへんぼうぐんしれいかん》の地位にあった張学良に対して、日本軍が今後どのように挑発しようとも我が方は抵抗せず努めて衝突を避けるべきだと諭《さと》すところがあった。その張学良は、事変当時、華北の石友三《せきゆう》軍が起こした反乱に対処するため、東北辺防軍の精鋭一一万五〇〇〇名を率いて、関内、つまり、長城以南にいた。蒋介石と張学良が本拠地を離れ、対応困難な時期を狙って、満州事変は、計画的に引き起こされたのである。

東京では一九日午前七時から参謀本部で陸軍省部の会議が開かれ、関東軍の軍事行動を是認し、兵力増派に傾いたが、午前八時過ぎ、林銑十郎《せんじゅうろう》朝鮮軍司令官（陸士八期）から兵を動かしつつあるとの連絡が入った時は勅令なしに兵を動かすことは罷《まか》りならぬとして、これを中止させた。外務省には、奉天総領事から軍部の計画的行動と断じた情報が入っており、幣原外相は若槻首相を訪ねて臨時閣議の開催を求めた。閣議は午前一〇時から開かれ、南次郎陸相は関東軍の自衛という立場をとり、朝鮮軍派遣を提案するつもりであったが、幣原外相に謀略ではないかと言われ、派兵の提案はできなかった。その結果、金谷範三《かなやはんぞう》参謀総長（陸士五期）から関東軍に対しては、一八日の行動については是認するものの、これ以上事態を拡大しないよう、局地解決の方針が伝えられた。

朝鮮軍の独断越境と満蒙独立国家構想の浮上

参謀総長から不拡大方針を伝えられた関東軍は、苦慮した。しかし、省部の中堅層は拡大を支持しているものと確信し、吉林に不穏な情勢があることを理由に本庄司令官を説得して、二一日午前三時、関東軍は吉林に出兵した。この吉林の不穏な情勢も、関東軍の自作自演によるものであった。また、同じ二一日午後一時、朝鮮軍が独断で国境線である鴨緑江《おうりょくこう》を越えて満州に進出したという報に接し、関東軍は不拡大方針を無視して行動を始めた。関東軍の兵力は、内地から二年交替で派遣される駐箚《ちゅうさつ》師団と六個大隊の独立守備隊を合わせた約一万四千名にすぎず、事変を拡大し満州全域の拠点を制圧するためには、量的支援が不可欠であった。張学良率いる兵力約一九万に反撃の隙を与えないために、石原らの幕僚は、あらかじめ朝鮮軍の神田正種《まさたね》参謀（陸士二三期）らと示し合わせて、朝鮮軍の混成旅団を急派する計画を立てていた。

しかし、南陸相は、九月二〇日、二一日の連日の閣議において、幣原外相、井上蔵相の反対により、増派の了承は得られなかった。このような状況の下で、二一日、朝鮮軍司令官による独断越境がなされたのである。翌二二日の閣議でも、朝鮮軍出兵について南陸相が許可を求めたのに対し、またも幣原外相、井上蔵相が強く反対したが、南陸相が朝鮮軍はすでに満州に入ってしまったと端無《はしな》くも吐露したところ、若槻首相が、すでに出てしまったのだからと事後承認を与え、朝鮮軍派兵の特別軍事費を支弁することとした。

この閣議決定を受けて、昭和天皇は、金谷参謀総長に「私はあくまで拡大に反対であるから、今後は慎んで戦争を早く終らせるように」と命令した。実は、この日、金谷参謀総長は、自己の責任で関東軍増援の裁可につき帷幄《いあく》上奏（統帥事項について参謀総長などが大元帥たる天皇に直接上奏すること）する決心をしていたが、奈良武次《たけじ》侍従武官長（陸士一一期）と鈴木貫太郎侍従長が、閣議決定のない増派要求は、たとえ総長の帷幄上奏によっても天皇は承認しないはずだとして、取り次ぎを拒絶していたのである。関東軍は朝鮮軍の独断越境を喜び、その後も朝鮮軍の増援は続いた。

同じ九月二二日、すでに満鉄沿線と吉林を制圧した関東軍は、三宅光治《みつはる》参謀長（陸士一三期）以下、土肥原賢二特務機関長（陸士一六期）、板垣、石原、片倉衷《ただし》大尉（陸士三一期）らによる幕僚会議を開き、年来の満蒙領有計画を断念し、「満蒙問題解決策案」を作成し、本庄司令官の同意を得て、陸相・参謀総長に意見具申を行った。その内容は、「我が国の支持を受け、東北四省（遼寧・吉林・黒龍・熱河省）及び蒙古を領域とし、宣統帝（清朝最後の皇帝溥儀）を頭首とする支那政権を樹立し、在満蒙各民族の楽土たらしむ」

との方針の下に、「国防と外交は新政権の委嘱により日本帝国において掌理する」というもので、いわば「満蒙独立国家」構想に限りなく近いものであった。元来、満蒙問題の軍事的解決を主張して関東軍の行動を結果的に黙認した形になっていた参謀本部の建川第一部長でさえ、満蒙領有論に猛烈に反対したため、事変不拡大方針をとる陸相や参謀総長を納得させるためには、この程度の譲歩もやむを得ないと判断したものであろう。

蒋介石の国際連盟提訴

三一年九月二四日、政府は、満州事変に関する第一次声明を発表し、鉄道の安全、邦人の生命財産の安全が保障されるならば、軍隊は満鉄付属地内に撤退させると述べた。

当時、南京国民政府の主席であり、陸海空軍総司令であった蒋介石は、「攘外必先安内」つまり国内統一を最優先として、共産党包囲掃討作戦と国民党内反蒋連合軍との二つの内戦に集中しており、対外的には無抵抗主義を採っていた。従って、関東軍とは自ら戦う意思も交渉する意思も有せず、三日前の九月二一日に、国際連盟理事会に提訴していた。九月二四日に開かれた連盟理事会において、日本代表は、満州において領土的野心を有しないとの日本政府声明を朗読し、連盟ではなく、日中直接交渉にゆだねられたいと主張すると、スティムソン米国国務長官は、日本国政府の主張を支持し、英国代表のセシルも、「日本軍の撤退が開始された以上、もはや連盟理事会の任務は終わった。今後は両当事国間で問題の解決を図られるべきである」として、議論を閉じた。九月三〇日、連盟理事会は、日本軍の速やかな満鉄付属地への撤兵を勧告する決議を採択して、二週間休会した。

満蒙問題解決策と一〇月事件

関東軍の次の制圧目標は、ハルピン（哈爾濱）であったが、右のような状況の下では、とてもハルピン進出の内外の承認は得られそうもなかった。ハルピンは北満州であって、未だかつて一度も日本の勢力範囲であったこともないところであり、国際関係に配慮せざるを得ない政府や陸軍中央は、ハルピン進出に消極姿勢だったのは当然であった。しかし、それまで若槻内閣の事変不拡大方針に同調していた陸軍中央は、九月三〇日に至り、満蒙に中国本部から独立した政権を樹立する方針を決定し、幣原外交とは異なる路線を歩み始めた。そこで、関東軍は、九月二二日の「満蒙問題解決策案」を再検討し、一〇月二日、「満蒙を独立国とし、之を我日本帝国の保護の下に置き、在満蒙各民族の平等なる発展を期す」と方針を改めて、「満蒙問題解決策」を決定した。ここに、諸民族の平等を目指す独立国家の建設という方針が明確にされた。もし、政府がこの方針を受け入れない場合は「在満軍人有志は一時日本の国籍を離脱して目的達成に突進する」との脅迫めいた決議が、付帯してなされている。

丁度、この頃、いわゆる十月事件（錦旗革命《きんきかくめい》事件ともいう）とも近接し、この決議は政府・軍首脳に対し重大なる圧力を与えたことは想像に難くない。十月事件は、三月事件で失敗した桜会の橋本欣五郎、長勇らが中心となって、満州事変と呼応して国内改造を行うことを目的として、民間右翼大川周明、西田税《ちから》、北一輝《いっき》らと組み、閣議を襲撃して全閣僚を暗殺して、対ソ強硬論者の荒木貞夫（陸士九期・当時教育総監部本部長）を首班とした軍部独裁政権を樹立しようとするものであった。しかし、橋本らは、幕末の志士気取りで、待合《まちあい》で豪遊し、情報が漏れて、一〇月一七日、憲兵隊に検束された。

テロによるクーデタを共同謀議した橋本らは軍法会議にかけられることもなく、橋本が二〇日、長らが一〇日の謹慎処分を受けただけであった。一〇月下旬に南次郎陸相が十月事件について閣議に報告した内容は、「今回の事件は、単に憂国慨世《ゆうこくがいせい》の熱情から出たもので他意は無かった。ただ、これを放置しておくと外国の策謀に利用され、また軍規を破る行為ともなりやすいので、保護の目的で収容した」というものであった。「憂国慨世の熱情」が動機であれば何事も許されるかのような空気が陸軍を支配していたと思わざるを得ない。陸軍中央自体が、統帥権の独立の美名の下に、閣議決定と異なる方向を独断で推し進める組織と化している限り、橋本らの行為を厳罰に処する名分が立ちにくくなっていたのである。日本の政治家と国民の中には、軍人に脅迫され、生命の危険に怯《おび》えるものが増えていった。

錦州爆撃と厳しい国際反響

三一年一〇月四日、関東軍は、「満蒙在住三千万民衆のため共栄共存の楽土を実現せん」と声明し、張学良軍と対決する決意を示した。当時、張学良率いる東北軍約一九万の兵力のうち、主力約一一万は、華北の石友三軍が起こした反乱に対処するため（この石友三軍の反乱も日本側特務機関が買収工作により起こさせたものであった）、張学良とともに長城線以南の華北に結集しており、残留部隊も各地に散在していた。張学良自身は北平（北京）で病気療養中であり、蒋介石の無抵抗主義に符節を合わせて戦火の拡大を避けるため、東北軍に無抵抗・撤退を命じていたのである。一〇月八日、関東軍の飛行隊は、錦州《きんしゅう》（遼寧省西南部の要衝の地）に対する爆撃を敢行した。既に九月二三日、張学良は、奉天にあった東北辺防軍司令長官公署と遼寧省政府を錦州に移転させていたが、関東軍は、錦州が将来反撃の根拠地となることを恐れて、錦州爆撃に踏み切ったのである。満鉄付属地から遠く離れた錦州を関東軍の飛行隊が二五キロ爆弾七五発を投下して爆撃し、非戦闘員まで殺害したことの反響は大きかった。

この錦州爆撃によって、日本が主張していた自衛行動という正当化の根拠が失われ、それまで日本に対して同情的であった国際連盟の加盟諸国は、関東軍の蛮行に驚き、かつ怒った。一〇月二四日の国際連盟理事会には、日本に対し一一月一六日までの期限付き撤兵勧告決議案が提出されたが、日本の反対で不成立になった（理事会決議は全員一致が必要）。また、前年のロンドン海軍軍縮会議を通じて旧知の間柄である若槻首相を信頼していたアメリカのスティムソン国務長官も、一〇月八日の錦州爆撃を契機として態度が変わり始め、一〇月九日には、国際連盟に対し権威と圧力を用いるよう要請した。これを受けて、国際連盟は、一〇月一五日、アメリカをオブザーバーとして理事会に招請することにした。国際連盟設立を建議しながら加盟しなかったアメリカを理事会に招請したのは、日本の満州での行動を抑制するためには、アメリカの力を借りざるを得ないと理事会諸国は考えるようになっていたのである。

一方、日本国内の世論は、九月二三日朝刊の「朝鮮軍、満州出動」との大々的報道あたりから、朝日、毎日をはじめ大新聞は軍部をバックアップする論調が主流となり、マスコミは、軍部の宣伝機関と化したかのような観を呈してきていた。このような世論の高まりは、軍部の積極的な世論喚起、世論操縦が功を奏した面もあったが、根底には、二九年秋以来の世界恐慌により、資本主義日本の国民経済が行き詰まり、国民がその解決を満蒙に求めたという経済的背景があった。このような軍部支持の世論の盛り上がりを背景に、関東軍は、国際連盟理事会が期限付き撤兵勧告決議案を採決（日本の反対で不成立）した一〇月二四日の同じ日に、これに挑むかのように、「満蒙問題解決の根本方策」を決定し、「新国家建設運動は表面あくまでも支那人の手に依り行うも内面的には今一層強力なる支持を与え、これを促進」するとの方針を確認した。具体的には、関東軍の「内面的支持に依り迅速を旨として」、遼寧、吉林、黒龍江の三省による「連省統合を行い、ここに我要求条件を容認する新国家の樹立を宣言せしむ」との手順を進めることにした。

一〇月二六日、なおも二国間交渉を求める若槻内閣は、満州事変に関する第二次声明を発表し、「日中平常関係確立の基礎大綱」五項目を提示した。この提案を見て、蒋介石や汪兆銘からの信頼が厚かった北京大学教授・胡適が、行政院副院長の宋子文《そうしぶん》（蒋介石の義兄）に書簡を送って本案での交渉開始を進言する、練達の外交官・顧維鈞《こいきん》も蒋介石に対し本案による交渉で行き詰まりを打開すべきことを意見具申する、などの動きがあったが、結局、国民政府首脳はこれらの意見を容れず、あくまで連盟での解決を求めた。一方、一〇月二四日の国際連盟の対応、一〇月二六日以降の国民政府の反応を注視していた関東軍は、一一月七日、満州について「民族自決」論による東北四省を領域とする独立国家建設を決意した（「満蒙自由国設立案大綱」）。そのための軍事戦略は、中東鉄路の北の北満州と張学良の根拠地・錦州を軍事的に制圧することが焦点となる。

天津での日中両軍衝突と溥儀担ぎ出し工作

三一年一一月八日、天津で日中両軍が衝突し、日本租界と中国管轄地域一帯に戒厳令が布かれた。

関東軍は、一〇月一〇日、あらかじめ奉天特務機関長土肥原賢二大佐を天津に派遣して、騒擾《そうじょう》誘発及び溥《ふ》儀担《かつ》ぎ出しのための工作に当たらせていたが、この日、天津の朝鮮人街で暴動を起こさせることに成功し、天津駐屯の日本軍の出動にこぎつけたのである。清朝最後の皇帝溥儀は、二四年一一月、直隷軍閥馮玉祥により一切の特権を剥奪されて、日本公使館に逃げ込み、二五年二月以来、天津の日本租界にかくまわれながら、日本の保護の下に復辟《ふくへき》（清朝の復活）の情熱を燃やし続けていた。そこに土肥原大佐が現れて、満州の地に建設される新国家の元首としての就位を溥儀に勧説《かんぜい》し、どんなに遅くても一一月一六日までに満州に着くようにと釘を刺した。溥儀は、三日後の一一月一一日、戒厳令下の天津を脱出し、郊外の塘沽《タンクー》から満州に向かい、一三日に遼寧省南部の営口に着いて関東軍に保護された。その後、旅順に護送されて、約三カ月間軟禁状態に置かれた。実は、溥儀が天津を脱出する一〇日前の一一月一日、幣原外相は、天津総領事あてに、溥儀擁立工作を中止させるよう努力せよとの訓令を発していたのであるが、土肥原大佐は、天津総領事の諫止《かんし》を無視して、一一月一六日に予定されていた国際連盟理事会の開催までに、既成事実を作ってしまう挙に出たのであった。

北満州の占領とリットン調査団の発足

三一年一一月一八日、関東軍は黒龍江省の省都チチハルを占領した。

北満州の黒龍江省には、反日派の有力者馬占山《ませんざん》が約一万の黒龍江軍を率いていた。関東軍は、馬占山によって鉄道が爆破されたという理由で、チチハルに出動したところ、一一月四日には関東軍と黒龍江軍の衝突が起こり、激戦の末、関東軍はチチハルを占領し、政治工作によって黒龍江省の独立を宣言させることに成功した。一〇月下旬に、アメリカからの問い合わせに対し、日本政府はチチハルには進出しないと答えていた手前、軍中央は一刻も早く引き返すよう命令したが、関東軍は、これを無視して既定路線を突っ走った。

中東鉄路（東清鉄道）をはじめ北満州に権益を持つソ連の対応はどうであったか。ソ連は、二八年から始まった第一次五カ年計画推進の過程にありコルホーズ農業の危機と工業化始動の困難な時期に直面していたため、混乱の極みにあり、完全に内向きの対応に終始した。即ち、ソ連は、一〇月二九日、満州問題への不干渉を声明するとともに、その後、関東軍が中東鉄路で中ソ国境付近まで軍隊を輸送することを許可し、馬占山軍追撃のためチチハルにおける中東鉄路横断を許可するなどの譲歩を日本側に対し行っていた。更に、一二月二一日、外務人民委員（外相に相当）リトヴィノフは、外相就任のため国際連盟から帰国途上の芳澤謙吉に対し、不可侵条約締結を提案する、など極めて慎重な対日宥和的政策をとったのである。翌三二年二月には、関東軍は、黒龍江省最大の都市で、帝政時代以来ロシアが相当な投資をしてきたハルピンを占領したが、この時もさしたる抵抗や混乱は無かった。このようにして、関東軍は、わずか五カ月で満州の全域を軍事占領下においたのである。

一二月一〇日、国際連盟理事会は、満州問題に関する決議案を可決し、「調査し、報告する」という権限のみを与えられた調査委員会の設置が決まった。翌三二年一月一四日、英米仏伊独の五カ国から調査委員各一人（うち米仏の調査委員は現役軍人）が任命され、イギリスのリットン卿が委員長となった。幣原外相は、この国際連盟理事会決定の前に、国際連盟に対し、満州および中国本土を視察し実情を理解してもらうことを要請していたが、リットン調査団の派遣として実現され、これが、軍部と政友会に軟弱外交と罵倒され続けた幣原外交の最後の仕事となった。

犬養毅内閣の登場

三一年一二月一一日、若槻内閣は総辞職し、二日後の一三日、犬養毅《いぬかいつよし》内閣が成立した。

満州事変の収拾方針を確立できないばかりでなく、事変直後の九月二〇日にイギリスが金本位制を停止したために経済政策も破綻をきたし、若槻内閣の政権運営が行き詰まると、一一月下旬から、安達謙蔵《あだちけんぞう》内相が、政友会反主流の久原房之助らと結んで協力内閣構想を打ち上げた。行き詰まった政局を打開し、軍部の進出を押さえるために、政友会と連立して政権を運営していく大連立構想を提案したのである。当選一四回を重ね、「選挙の神様」とも呼ばれた安達の得意とする政治手段は、自党の勢力を伸張させるために、他党と連携し、合従連衡《がっしょうれんこう》を繰り返すことであり、立憲同志会の結成、憲政会の結成などの局面で、この政治手法を駆使し、元祖バルカン政治家ともいうべき存在であった。疲労困憊していた若槻首相は一時この協力内閣構想に乗ったが、政友会主流が反対であったのみならず、井上蔵相、幣原外相らの反対で閣内不統一に陥り、総辞職のやむなきに至った。

犬養毅は、二五年、普通選挙法の成立とともに、代議士としての使命は果たしたとして一旦政治家を引退していた。ところが、普選法施行後初の二八年二月の総選挙で、地元の岡山の犬養信者たちが勝手に立候補手続きをして当選させてしまった。その翌年の九月に、政友会総裁田中義一が狭心症で急死した後の総裁候補として、床次竹次郎《とこなみたけじろう》と鈴木喜三郎の二人が争ったが、双方譲らず、党の分裂が避けられない情勢となったので、一八九〇年の第一回総選挙以来一七回連続当選で、憲政本党、立憲国民党、革新倶楽部と少数政党の領袖として冷や飯ばかり食ってきた犬養を、選挙の顔として担ごうとする動きが出てきた。犬養担ぎ出しを主導したのは、二七年の東方会議を外務政務次官として仕切り、松岡洋右と盟友関係にある森恪であった。七四歳で政友会総裁に就いた犬養に、最大野党の党首として、憲政の常道に則って、組閣の大命が降下したのである。

この時、犬養七六歳。犬養内閣の最初の仕事は、浜口民政党内閣の下で三〇年一月に行われた金輸出解禁の後始末であった。そのために犬養は高橋是清を蔵相に起用し、高橋蔵相は就任すると直ちに一二月一三日、金輸出再禁止を断行した。たちまち日本の輸出は順調に伸び始め、物価は暴落から上昇に転じ始め、景気も明るい兆候を見せた。

犬養は、明治時代以来長年中国問題に深い関係をもっており、孫文をはじめとして国民党要人と太いパイプを維持してきた大アジア主義の政治家である。したがって、事変解決のために彼なりの構想を持っていた。それは、満州が中国の領土であることの承認を前提として、日露戦争以降日本が条約上の権利として獲得した権益を保全しつつ、経済における日中合作を実現すべく、中国の宗主権の下で満州に新たな自治政権を樹立するというものであった。要するに、犬養は満州国建国に反対であって、何とか既存の国際秩序と両立可能な事態収拾策を模索していたのである。犬養は、組閣して間もない一二月二〇日頃、旧友萱野長知《かやのながとも》を、特使として南京に派遣した。萱野長知は、筋金入りの大陸浪人であるが、孫文の臨終に招かれた唯一の日本人であり、国民党元老の居正《きょせい》の娘を養女にしていた。萱野特使は、居正を通じて孫科《そんか》（孫文の息子）行政院長ら国民党要人と会談を重ね、話し合いが煮詰まってきた段階で、犬養に暗号で長文の電報を送った。しかし、犬養からの返電は無かった。森恪内閣書記官長（現在の内閣官房長官に相当）が察知して握りつぶしたのである。このようにして犬養首相の秘密工作は頓挫し、暴露され、陸軍を憤激させた。犬養は、組閣に当たって、関東軍の暴走を押さえるため、革新派将校たちに人気の高い荒木貞夫中将（陸士九期）を陸相に起用し、犬養擁立の立役者であり軍人と親しい森恪を内閣書記官長に起用したが、彼らは、暴走の抑止に何の役に立たなかっただけでなく、獅子身中《しししんちゅう》の虫となったのである。

錦州占領

明けて三二年一月三日、関東軍は錦州を占領した。すでに前年一一月には、奉天・吉林・チチハルと東三省の政府所在地は関東軍によって陥落していたため、張学良率いる東北軍の軍事拠点は錦州のみとなっていた。前年一二月二八日に進撃を開始した関東軍は、全く抵抗を受けず錦州への無血入城を果たした。翌四日の朝日新聞は、「平和の天子の如く旭日《きょくじつ》を浴びて皇軍入城す」と華々しく謳いあげ、万歳、万歳の報道が日本国中に満ち溢れた。

一月七日、錦州占領に逸早く反応して、アメリカのスティムソン国務長官は、非合法手段によってもたらされるべき一切の結果は承認することができないとの声明を発表し、不戦条約と九カ国条約について日本の注意を喚起した。要するに、日本軍の行動はもはや自衛とは認められない、侵略戦争であると厳重抗議をしたのである。しかし、スティムソンの期待に反してイギリスはこれに追随しなかった。前年暮れからの犬養首相と南京国民政府の孫科政権との間の秘密交渉も、この錦州占領により完全に挫折した。内閣の目指す事変解決の方向と関東軍のそれとは全く背馳《はいち》していたのである。

スティムソン声明の翌日の一月八日、天皇は、関東軍に対し勅語を発した。勅語では、事変勃発後、関東軍将兵が自衛のため迅速に行動し、寡勢《かせい》にもかかわらず敵を圧倒し、寒さに耐えて討伐を果たして警備の任務を全うし、チチハル、錦州等で氷雪を衝《つ》いて奮闘し、皇軍の威武《いぶ》を宣揚したことを称賛した上で、「朕深くその忠烈を嘉《よみ》す。汝《なんじ》将兵、益々堅忍自重《けんにんじちょう》、以て東洋平和の基礎を確立し、朕が信倚《しんい》に対《こた》へんことを期せよ」と締めくくられている。勅語は、陸軍省の担当官が起案し、侍従武官長が天皇の裁可を受けて発表されるものであるが、結果として、天皇が、関東軍の満州における暴走を是認し、称揚したことになった。この勅語は、軍部の増長と日本の国際的孤立を促進する以外の何物でもなかった。

第一次上海事変

三二年一月一八日、中国大陸最大の国際都市・上海の共同租界で托鉢をして歩いていた日蓮宗僧侶が中国人数十人に襲われ、一人が死亡し三人が負傷するという事件が起こった。この事件をきっかけとして、一〇日後の二八日に日中両軍が衝突する事変に発展した。「第一次上海事変」である。この事件は、列強の利害が集中する上海で兵乱を起こして、国際世論の注意を満州国建国から逸《そ》らせ、併せて上海における排日運動の高まりを抑圧しようとの目論見の下、関東軍の板垣首席参謀らに要請された上海公使館駐在武官補佐官の田中隆吉《りゅうきち》少佐（陸士二六期）が、男装のスパイ川島芳子（清朝の皇族粛親王の娘として生まれたが、辛亥革命後、大陸浪人川島浪速の養女となり、「東洋のマタ・ハリ」という異名があった）に工作資金を渡して仕組んだ謀略であったという説がある。

上海は、アヘン戦争の結果を受けて、一八四二年七月の南京条約により開港した国際交易都市で、一八四八年以降、英米仏の租界が形成され、一八六三年には、イギリス租界とアメリカ租界が合併することにより共同租界が誕生し、共同租界には、中国と最恵国条項を含む条約を結んだ国であれば進出可能となった。日本人は、一八七〇年代から上海に進出をはじめ、二〇世紀に入って日本人の進出は急増し、一九一〇年代末には上海における外国人最大勢力になっていた。この当時の上海は、列強の対中国投資の七割以上が集中した極東最大の都市で、アジア金融の中心地でもあった。この頃、満州事変を契機に上海では日貨排斥（日本商品ボイコット）運動が再び激化しており、これに対応して上海居留邦人二万五〇〇〇の過半を占める中小商工業者層を中心として、排日運動根絶のための日本軍の干渉を求める熱望が高まっていた。

上海事件が勃発した一月二八日に折しも開かれた国民党中央政治会議は、対日交渉に失敗して退陣した孫科の後任行政院長に汪兆銘を、軍事委員会委員長に蒋介石を選出し、汪が政治外交を、蒋が軍事を管掌する汪・蒋体制が発足した。中国側は抗日意識の強い広東系の第一九路軍三万三五〇〇名、日本側は主力の海軍特別陸戦隊の固有兵力と佐世保・呉両鎮守府からの増派兵力を合わせて約二七〇〇名で、明らかに日本側が劣勢であった。三日後の一月三一日、第三艦隊司令官野村吉三郎中将率いる航空母艦二隻、巡洋艦二隻、駆逐艦四隻、及び陸戦隊約七〇〇〇人が到着し、更に、二月二日には第九師団（金沢）及び久留米を中心とする混成二四旅団の派遣を決定した。劣勢挽回のための陸軍兵力の増派を巡って、高橋蔵相の財政上の理由による反対や、真崎甚三郎《まさきじんざぶろう》参謀次長（陸士九期）・小畑敏四郎作戦課長ら皇道派将佐官の対ソ戦略を強調した反対もあったが、陸軍省軍事課長永田鉄山らの統制派が押し切って、二月二三日、第一一師団（善通寺）と第一四師団（宇都宮）の二個師団約三万名の増派を決定した。三月一日に両師団が参戦した日本軍は、中国軍を租界の境界二〇キロの外に後退させることに成功し、三月三日、日中両国は事実上停戦した。三月三日は、二月一八日の第一次上海事変の勃発を受けて、国民政府が改めて満州事変を含めた日中紛争全体を国際連盟に提訴し直したために開催されることになった国際連盟臨時総会の開催予定日であり、まだ戦闘が続いていれば、経済制裁が決議される恐れさえあったのである。上海派遣軍の司令官白川義則大将（陸士一期・元陸相）は、この日までに中国軍を撃退して停戦に持ち込む最善の努力をしたことが認められ、天皇はこの報告をいたく嘉納された。

しかし、その白川司令官は、四月二九日、停戦協定の調印式を目前にした天長節の祝賀会で、反日朝鮮人テロリストの投げた手榴弾で爆死し、駐華公使重光葵《しげみつまもる》（後の「ミズーリ号」上での降伏文書調印式の際の全権、外相）も右脚を失い、第三艦隊司令官野村吉三郎中将（後の外相、第二次近衛内閣の駐米大使で真珠湾攻撃まで日米交渉を担当）も右眼を失明した。

日本軍が苦戦を続けていた最中の二月二二日、独立工兵第一八大隊（久留米）の三名の上等兵が、国民革命軍第一九路軍が上海郊外の廟行鎮《びょうこうちん》に築いたトーチカと鉄条網とクリークで守られた敵陣に突入するため、点火した破壊筒を抱きかかえて敵陣に突入し、鉄条網の破壊に成功し、突撃路が開かれたものの、三名は爆死した。この一件を皇道派の陸相荒木貞夫は、愛国美談に仕立て、三名の上等兵を「爆弾三勇士」と命名した。その直後の『東京朝日新聞』では「『帝国万歳』と叫んで吾身は木端微塵《こっぱみじん》」、『大阪朝日新聞』では「葉隠《はがく》れ主義の露《つゆ》堂々」などと報道し、その武功を称《たた》える記事が各新聞に氾濫した。更に、爆弾三勇士（肉弾三勇士）を題材とした映画や歌が数多く制作され、陸軍始まって以来ともいわれる多額の弔慰金が集まった。四一年から四五年にかけては、初等科国語教科書や文部省唱歌にも取り上げられ、軍国熱を煽る題材となった。

しかし、国際的には、第一次上海事変を起こした日本軍の、世界の関心を満州事変からそらすとの目論見《もくろみ》とは逆に、この事変を契機として、日本に対する国際世論は敵対的になり、特にイギリスの態度が、大きく変わった。それまで、イギリスは、中国に大きな権益をもっていたこともあり、英貨排斥運動の標的にされていたことから、アメリカが満州事変の九カ国条約違反を問題にしても、アメリカに同調せず、冷静な態度を維持していたのであるが、日本軍が上海を攻撃するに及んで、自らの勢力圏を侵される危険を感じ、その態度を急変させた。三月七日、イギリスのサイモン外相は、国際連盟規約及び不戦条約の原則に違反した手段により成立せしめられる一切の状態に対し、連盟加盟国は承認を与えることができないと宣言するよう提案し、三月一一日、連盟総会はこれを採択した。それでも、第一次上海事変は、現地において英米仏伊代表の斡旋によって、五月五日、停戦協定が成立し、七月一七日、日本軍が撤兵した。

血盟団事件

三二年二月九日、井上準之助前蔵相が、三月五日、団琢磨《たくま》三井合名会社理事長が射殺される、という二つのテロ事件が相次いで起こった。井上を射殺した小沼正も団を射殺した菱沼《ひしぬま》五郎も、ともに茨城県出身で、大洗《おおあらい》にある立正護国堂の行者井上日召《にっしょう》に師事し、井上を盟主として血盟団《けつめいだん》というテロ組織を結成していたので、これを血盟団事件という。

井上日召は、〇九年以来密偵などとして中国大陸を転々とした後、二〇年に帰国して日蓮宗に帰依し、日召を号して立正護国堂を建て、三一年の一〇月事件発覚後独自の行動を企て、血盟団を結成した。血盟団は、経済大恐慌で深刻な影響を受けた農村青年グループ、藤井斉《ひとし》ら霞ヶ浦の海軍青年将校グループ、四元《よつもと》義隆ら右翼学生グループ、の三つのグループから成る右翼団体で、一人一殺主義で政界・財界の要人を暗殺して、軍部による国家改造の端緒を作ろうとした。民政党幹部の井上準之助は、蔵相として三〇年一月の金解禁を断行し、緊縮財政を強行して不況を深刻化させた張本人と目されたこと、関東軍の満州事変拡大の動きに終始反対の態度であったことなどから、真っ先に血盟団の標的となったものと思われる。団琢磨については、三井財閥が、金輸出再禁止の時の円価暴落を見越してドル価証券を大量に買い入れ、巨額の利益を挙げたために、巷間に反財閥の機運が盛り上がったが、その財閥の巨頭として標的にされたものと思われる。なお、国家改造を目指す海軍青年将校の中心人物であり、かつ、農本主義者にして血盟団の同志であり、井上日召と親しかった藤井斉海軍少佐が、直前の二月五日、第一次上海事変に出征して戦死したことも血盟団員の決行の決意を促したであろう。金解禁以来の経済政策の完全な失敗に国民の欲求不満は異様に蓄積されていたので、巷《ちまた》の声は被害者に同情してテロリストを憎むよりは、テロリストの「無私」の行動に共感するものが少なくなかった。血盟団に参画していた海軍青年将校が、この直後、五・一五事件を起こすなど、血盟団事件は、軍部ファッショの口火となった。

政友会の未曾有の大勝

三二年二月二〇日、衆議院総選挙が行われ、政友会が未曾有の大勝をした。犬養内閣は、一月二一日、与党少数を理由に衆議院を解散していた。政友会は、不景気の民政党か、景気の政友会か、働きたいか失業したいか、生活の安定を望むか不安定を望むか、自主的外交か屈従外交か、などと国民に訴える選挙戦術を展開して、解散前の議席一七一を三〇一に増やした（民政党議席は二四六から一四六に激減）。国民は、経済面でも軍事面でも政友会の積極政策を支持したのである。民政党は、次期党首の有力候補であり、資金調達の上でも重要な存在であった井上準之助が直前の血盟団事件で倒れたことが響いた。この大勝利で、政局は安定し、犬養首相は信ずる政策はすべて断行できるはずであった。

満州国建国

三二年三月一日、満州国政府は建国宣言を発表した。関東軍は、国際連盟のリットン調査団が満州に到着する前に、新国家を樹立しておくことを目途として準備万端を整えた。

そのために、二月一六、一七日の両日、関東軍主導による満蒙新国家建設会議が開かれ、政体は立憲共和制、元首は執政とすることを決定し、臨時政権として東北行政委員会を組織した。翌一八日には、奉天、吉林、黒龍江の三省が中華民国から独立を宣言した（同じ日、一連の動きから世界の関心をそらすための陽動作戦として、上海における日中両軍の衝突を画策し第一次上海事変を実現）。二月二三日、その日までに、国名は満州国、首都は長春、国旗は五族協和を象徴した新五色旗と決めた上で、溥儀が二カ月余り軟禁状態におかれていた旅順に高級参謀板垣征四郎が赴いた。板垣は、溥儀と会って正式に執政就任を要請したが、清朝の復辟のみを追い求めてきた溥儀は、これを拒絶した。三千万人民が作り上げる共和国とすることが列国の非難をかわすうえで必要であること、いずれは帝政とすることを約束する、との板垣の説明にも溥儀は応じなかった。しかし、側近の鄭孝胥《ていこうしょ》らの「これは日本の既定方針で、変更の余地はありません」との説得で、溥儀は、執政の地位とともに、鉱山、港湾、鉄道、移民、国防などすべての管理を日本に委託することを承認させられた（同じ二三日、第一次上海事変のため善通寺の第一一師団と宇都宮の第一四師団に動員令が下され、満州国建国宣言をした三月一日に、両師団は上海事変に参戦した）。建国宣言の主な内容は、中華民国からの完全独立、五族協和による民族平等の原則と福祉の増進、王道主義による政治、既得権益の保証、門戸開放による産業開発などであった。

三月九日、溥儀が再三にわたる三千万民衆の推戴を受ける形で執政に就任、政府組織法など基本法制が施行され、政府首脳人事も決定され、満州国は発足した。人口は三四〇〇万人、面積は一一五万平方キロ（現在の日本の約三倍）の多民族複合国家であった。国務総理をはじめ各機関のトップは中国人を起用し、次長・次官など各機関の次位には日本人を起用して、中国人の自主的意思に基づく組織運営の形式を取りつつ、関東軍の統制の下で日本人が統治の実権を握る、という要請に適《かな》った統治形態であった。そこには、「傀儡国家」、「保護国」との国際的非難を避けるための弥縫《びほう》策や偽装策が施されていた。三月一一日、南京国民政府は満州国を否認する声明を発した。犬養首相は、満州国建国に基本的に反対で、満州国の承認は、中国に関する九カ国条約にも不戦条約にも反する恐れが大きいとの認識の下、満州国の承認を避けようとしていた。犬養が陸海軍人のテロリストに襲われた大きな原因は、この点にあったことは間違いない。

五・一五事件

三二年五月一五日、海軍の青年将校を中心とするクーデタ五・一五事件が起こり、犬養首相が凶弾に倒れた。

三〇年頃から、海軍青年将校の間に国家改造を目指すグループが形成され、かねて血盟団の盟主・井上日召や水戸郊外の愛郷塾《あいごう》の塾頭・橘《たちばな》孝三郎らと交わり、直接行動を計画していたが、右翼の大川周明の資金援助を受け、陸軍士官学校生徒の参加を得て、決起を決意し、五月一五日午後五時半ごろ、首相官邸、牧野伸顕内大臣邸、警視庁、日本銀行、政友会本部などを襲撃した。しかし、犬養首相を射殺した以外はいずれも失敗した（牧野は自邸に当時不在）。これに呼応して右翼の橘孝三郎が主宰する愛郷塾の農民決死隊が、東京周辺の変電所数カ所を襲ったが、計画が杜撰《ずさん》でいずれも失敗した。

この五・一五事件は、二度の憲政擁護運動を経てほぼ確立された政党内閣・議会政治を葬り去り、議会に基礎を置かない超然内閣時代に舞い戻らせるとともに、満州国を承認せずにいた犬養の努力を雲散霧消させた。この事件を契機に、軍部の政治的進出が本格的に始まった。一方、首謀者の三上卓《みかみたかし》・古賀清志《きよし》両海軍中尉は、禁固一五年という寛大な判決を受け、またもや厳罰は行われなかった。張作霖爆殺事件の時も、三月事件、柳条溝事件、一〇月事件に際しても、いわゆる革新将校の規律違反に対して厳罰をもって臨まなかったところに、五・一五事件の禍根があったのであるが、犯行の動機が純粋であるとか、愛国の至情に出たものであるとかの同情論ばかりで、今回も厳罰は行われなかった。公判が新聞に報道されると、国民は青年将校たちの純真さ、自らの生命を擲《なげう》って国民を救おうとした志操《しそう》に感激し、軍人だけが腐った政治を正し、行き詰まった経済を建て直してくれる、と期待を寄せる潮流が形成された。被告をほめたたえて減刑すべしとの運動が全国的に展開され、被告に結婚を申し込んだ女性も少なくなかった。

挙国一致内閣・斎藤実内閣

三二年五月二六日、斎藤実《みのる》内閣が成立した。犬養が凶弾に倒れた翌日の一六日には、政友会の後継総裁に鈴木喜三郎が決まったが、元老西園寺公望は、英米との協調に不安があり天皇親政論者である鈴木は好ましくないと判断した。しかし、政党内閣への未練も断ち難かったのか、西園寺は後継首班決定まで一二日間も迷った。組閣の大命を受けた海軍大将斎藤実は、アメリカ留学の経験があり、五代の内閣で通算八年間海相を務め、さらに朝鮮総督も二度にわたって務め、文化統治を施したと評されたキャリア、更には三〇年四月のロンドン海軍軍縮条約の締結における功績などが評価されたものと思われる。斎藤内閣には、政友会から、蔵相の高橋是清が留任、鉄道相に三土忠造が横滑り、文相に鳩山一郎が二度目の入閣、民政党から長老山本達雄が内相として四度目の入閣、拓務相に論客で鳴る永井柳太郎が初入閣と、五人の政党政治家が入閣したほかは、軍部・官僚勢力から構成され、挙国一致内閣を標榜した。陸相には青年将校や右翼に人気の高い荒木貞夫が留任し、海相には岡田啓介が田中義一内閣以来の二度目の就任をした。

満州国の承認

三二年九月一五日、日本政府は満州国を承認し、日満議定書に調印した。

国際連盟から派遣されたリットン調査団は、同年二月二九日に東京に着き、犬養首相、芳澤外相、荒木陸相らと会談し、三月一一日には上海に向かい、三月一四日以降、上海、南京、漢口、北平（北京）、大連、奉天（瀋陽）、新京（長春）、ハルピンで現地調査を行った後、再び七月四日に来日し、斎藤首相、内田外相らと会談し、更に中国に行って七月二〇日以降九月四日まで北平で報告書を作成した。

この調査団の中国での現地調査の最中、五・一五事件以後の雰囲気の中で、六月一四日、衆議院本会議において政友・民政共同提案の満州国承認決議案を全会一致で可決した。斎藤首相は、満州国承認もやむを得ないと考えて、七月六日、満鉄総裁内田康哉《こうさい》を専任外相として任命した（それまで斎藤首相が外相兼摂）。

内田は、外交官出身で、一一年八月、第二次西園寺内閣の外相として入閣以来、四内閣で六年余り外相を務め、ヴェルサイユ体制とワシントン体制成立時の外相であり、不戦条約を締結した全権でもあって、二〇年代の国際協調体制を担った重要人物であった。ところが、その内田が、三一年六月からの満鉄総裁在任中に関東軍に説得されて満州国独立・満州国承認論者になっていた。外相就任間もない七月一二日と一四日、リットン調査団に会った時も、内田は専ら国際諸条約に違反していないことを強調した上、満州国承認の意向を伝えて、全く取りつく島もない対応ぶりだったという。更に、斎藤内閣は、満州国を承認するために、日本の在満全権大使と関東軍司令官・関東庁長官とを同一人物に兼任させる方針を定め、八月八日、武藤信義《むとうのぶよし》大将（陸士三期）を初代大使兼関東軍司令官兼関東庁長官に任命した。

八月二五日の議会で、内田外相は、森恪衆議院議員の誘導的質問に対し、激しい口調で、満州国の承認については「国を焦土にしても」この主張を徹して一歩も譲らない旨のいわゆる「焦土外交」演説をして、西園寺公望ら国際協調派を驚かせた。九月四日、リットン調査団の報告書が作成されて、公表される前に、独立国家・満州国を既成事実化しておこうという企図から、九月一五日に、日本は満州国の承認に踏み切ったのである。

この満州国承認の日に、新京（長春）で武藤信義駐満大使と鄭孝胥満州国国務総理との間で日満議定書が調印された。その内容は、満州国における日本国及び日本国民の既得権益の承認、満州国に対する日満共同防衛のための日本軍の満州国内への駐屯の承認の二項目であったが、この議定書には、それ以前に交わされた協約等が付属文書として、その有効性が確認されていた。その中で特に重要なものは、満州国建国直後の三月一〇日付けの執政溥儀から関東軍司令官への書簡である。この書簡は、①国防及び治安維持の日本への委任と満州国の経費負担、②日本軍の必要とする鉄道・港湾・水路・航空路等の管理、敷設、開設の日本への委任、③日本軍隊が必要とする各種施設の便宜供与、④関東軍司令官の推挙と同意を要件とする日本人の満州国官吏への任免、の四項目にわたっていた。この書簡によって、満州国は、関東軍の基地国家となり、関東軍が意のままにコントロールすることが可能になったのである。

この年七月頃から満州国承認問題について積極論調が目立ってきていたが、承認の翌日、日本のマスコミ各紙は一斉に承認を支持した。

リットン調査団の報告書

三二年一〇月二日、リットン調査団の報告書が、ジュネーブ、北平（北京）、東京で同時に公表された。報告書は日本語で一八万字に及ぶ長文で、一〇章から成っていた。調査団の判断を示した重要な部分は、①第四章の中で、三一年九月一八日夜における日本軍の軍事行動は、正当なる自衛の措置とは認め得ない、②第六章の中で、満州国は、住民の純粋かつ自発的な独立運動によって出現したものと思考することができない、即ち、純粋な民族自決の例にならない、③第七章・第八章の中で、支那としては、この地域における日本の経済上の利益を満足させること、また、日本としては　地域の住民の変改すべからざる支那的特性を容認することが共に必要である、という三点にあった。その上で、第九章で解決のための一〇項目の原則を掲げたが、それは、日中両国の利益の両立、満州における日本の利益の承認、日中間における経済的接近の促進などであり、日本に比較的好意的なものであった。第一〇章で、理事会への提言として、単に三一年九月一八日以前の状態に戻すことは現実的でないとして、東三省（奉天省・吉林省・黒竜江省）に自治的地方政府を樹立することを提案していた。要するに、三一年九月一八日の日本の行動を自衛権発動とし、満州国独立を民族自決により説明した日本側の主張は斥《しりぞ》けられたが、日本の行動を連盟規約、不戦条約、九カ国条約違反だとした記述は報告書の中のどこにもなく、報告書の提案の内容は、犬養毅が萱野長知を通じて秘密裡に国民政府とまとめようとした解決策に近いものであった（調査団は、提案につき国民政府の事前の了解を得ていた）。

しかし、日本は九月一五日、すでに満州国を承認していたので、リットン報告書の公表の翌日の新聞は、日本の立場に全く無理解であるとして、罵詈雑言《ばりぞうごん》を浴びせた。

リットン報告書とこれに対する日中双方の意見書を受けて、一一月六日、国際連盟特別総会が開催された。中国代表は、総会が日本を連盟規約、不戦条約、九カ国条約の違反者であると宣言し、日本軍を撤退させ、満州国の解消を希望すると主張したが、経済制裁には言及せず、中国側のボイコット（日貨排斥）は違法ではないと主張した。日本側の首席全権は政友会代議士松岡洋右であった。松岡洋右は、連盟の示すべき解決策は、有効に実行できるものであり、極東の平和を完全に保持できるものでなければならないと述べ、更に、太平洋に臨む大国米ソが連盟に加盟していないことに由来する極東の不安定さを日本が担保してきたのだから、規約を厳格に日本に適用して裁くのは不当だと訴えた。その他の加盟国のうち、チェコ、アイルランドなどの小国は、概して中国側に同情的であり、イギリスなど大国は、日本との対決を避け妥協的解決を模索していた。総会は、一二月九日、リットン報告書と総会の討議を踏まえて、可及的速やかに解決案を提出するよう一九人委員会（日本以外の常任理事国四カ国と一五の小国の代表で構成された紛争審査報告機関）に求める決議を採択して終了した。

その翌日、一二月一〇日に、イギリス外相サイモンは、一九人委員会に日中両国と連盟非加盟国である米ソを入れた和協委員会を組織するとの妥協案を提示した。この妥協案に松岡洋右は受け入れる姿勢を示し（陸軍随員の建川美次も同意）、本国に妥協案受け入れの意見具申をしたが、三三年一月一七日、内田外相はこれを拒絶した。更に、一月二六日、サイモン外相は、米ソ不参加の和協委員会において、日中両国が直接交渉してはどうかとの提案をし、松岡はこれにも賛成し、連盟脱退は日本のためにならないと述べて懸命に説得したが、一月三〇日、内田外相はこれも拒絶した。日本が和協案を拒否したため、二月六日、一九人委員会は勧告案の審議に入り、二月一六日、勧告案が公表された。勧告案は、日本軍隊の満鉄付属地以外の場所からの撤収を勧告し、満州国の存在をこれまでも、今後も認めないという厳しい内容であった。

熱河作戦と国際連盟脱退

ところが、斎藤内閣は、この一九人委員会からの勧告案の公表一カ月前、三三年一月一三日の閣議で、満州国を完成させるため、満州国の領域の一部とみなしていた熱河省での関東軍の作戦を諒承していた。一月一六日には、この閣議決定を受けて、天皇は熱河作戦につき閑院宮載仁《かんいんのみやことひと》参謀総長に対し裁可を与えていた。この時点では、国際連盟は和協案作成の段階であって、斎藤内閣の認識としては、熱河問題は、満州国内における治安維持の問題であり、従って熱河作戦は新たな対外戦争ではないから、和協案で妥協できる見通しがある限り、何の問題もないという認識であった。しかし、二月六日に、国際連盟が一九人委員会による勧告案作成に移行した段階で、勧告案は制裁や除名に連動する可能性が出てきた。つまり、連盟規約第一二条では連盟理事会の報告後三月を経過するまで、いかなる場合も新たな戦争に訴えてはならない、とされ、これに違反した場合、規約第一六条により、新たな戦争に訴えた国は、全ての連盟国へ戦争行為に及んだものとみなされ、経済制裁や除名もありうることになる。

そこで、二月八日、斎藤首相は、熱河作戦は連盟との関係上実行し難いので、内閣としては同意できない、午後、閣議を開いて相談するつもりだ、と天皇に伝えた。しかし、その午後の閣議では、軍部はすでに御裁可を得ていると強く主張したため、中止の決定はできなかった。二月一一日、斎藤首相は、熱河作戦を敢行すれば連盟規約により除名される恐れがあるので、中止させたいのだが、軍部は御裁可を得ていると強く主張して中止させることができない、と苦衷を天皇に伝えた。天皇は、やや興奮して侍従武官長の奈良武次（陸士一一期）に、統帥最高命令により中止させることができないだろうか、と訊ねられたが、奈良は、閣議決定が間違ったならば内閣が天皇に頼ろうとするのは筋違いであり、閣議決定を修正すればよいのだ、と答えた。結局、政府は対外的に妥協することなく、二月一七日、熱河作戦の実施を決定し、二月二〇日、閣議は、連盟総会が勧告を採択した場合には脱退することを決定した。

二月二四日、国際連盟総会は、勧告案を賛成四二、反対一（日本）、棄権一（タイ）で可決した。松岡全権は、四面楚歌の中で総会から退場し、三月二七日、日本は正式に国際連盟脱退を通告するに至った。松岡は、全権代表に任命された最初から連盟脱退を意図していたのではなく、瀬戸際外交により日本非難を回避し、何とか連盟に残留するつもりで努力したのは確かであるが、満州国承認と熱河作戦の撤回を日本国として決断できない限り、脱退以外の道は残されていなかった。もっとも、松岡は、その前に満州国の早期承認をすべき旨の主張をしていたのであるから、全権代表になった後妥協に努力したことをもって、連盟脱退に関して免責されるものではない。日本は、国際的孤立の道を歩くことになった。松岡は、ジュネーブから直接日本に帰らず、孤影悄然《こえいしょうぜん》としてアメリカに渡ったが、日本で英雄扱いされているのを知って急遽日本に帰ると、凱旋将軍のように迎えられた。それが当時の日本の世論であった。

熱河省攻略と塘沽停戦協定

三三年二月二三日、関東軍は熱河省に進攻を開始した。

熱河省は、万里の長城以北の地で、現在の河北省・遼寧省・内蒙古自治区の一部にまたがる地域であり、アヘンの原料となるケシの産地である。三二年三月の満州国の建国宣言で、熱河省も満州国の領域として明らかにしており、関東軍はかねて熱河省は満州国の一部だと主張していた。その熱河省の南端に位置し、万里の長城の東端である山海関には、義和団事件（北清事変）後に調印された〇一年九月の北京議定書により駐兵権を得て日本軍（天津駐屯軍）が駐屯していたところ、熱河省を国民政府の統治下に編入し、満州国に対するゲリラ戦の基地に利用しようと目論んだ蒋介石が、張学良に対し三個旅団の熱河省への進出を慫慂《しょうよう》した。関東軍の動静を注視していた張学良は、蒋介石の慫慂に対して容易に応じなかったが、三二年一二月に至り、漸く熱河省に五個旅団を進駐させた。明けて三三年一月一日、日中両軍の衝突が起き、一月三日には関東軍主力の日本軍が中国軍を撃退し、山海関を占領した。二月九日、張学良は、熱河攻略を決意し、多数の正規軍を熱河省に侵入させた。これを受けて、関東軍は、二月一八日、日満共同防衛の立場から熱河征討の声明を発表し、二月二二日、二四時間以内の熱河省からの撤退を要求して、中国軍がこれを拒絶したため、二三日、第六師団（熊本）と第八師団（旭川）の二個師団に進攻を開始させたものである。

その後、関東軍は有利に戦闘を展開し、三月四日、熱河省の省都承徳《しょうとく》を陥落させ、三月七日には長城線に達した。三月九日、張学良は、敗北の責任をとって軍事委員会北平分会代理委員長を辞任し、張学良率いる東北軍は解体された。張学良に代わって、蒋介石側近の軍政部長何応欽《かおうきん》が軍事委員会北平分会代理委員長に就任して華北の軍事責任者となり、華北の旧東北軍と旧軍閥軍を整理統合して四軍団を編成し、この四軍団で河北軍を創設して、その総司令に就任した。

関東軍は、満州国の国境としての長城線を確保するための作戦を展開し、四月一〇日、遂に長城線を突破して関内（華北）に侵攻した。一月一六日の天皇の熱河作戦裁可に当たっては、関内に侵入しないこと、という条件が付されていたにもかかわらず、その長城線を越えたのである。四月一二日、小磯国昭《こいそくにあき》関東軍参謀長は、急遽、上京して陸軍中央と協議し、約四〇〇キロある長城線には壊れて通行自由な箇所が幾つもあって、長城線を確保するためには、長城線を越えた関内作戦が必要不可欠との理屈で、了解を得、天皇の裁可も得た。改めて五月三日から関内に入って河北省に本格的に侵攻した日本軍は、北京、天津まで迫った。ここで、停戦して華北地方を確保するとともに国力を養い、国民党と国家の基礎を固める方が得策と判断した国民政府は、日本軍の行動に妥協的態度を示したので、五月三一日、「塘沽《タンクー》停戦協定」が結ばれた。満州事変に伴う軍事行動は、ここに一段落を見た。

この停戦協定により、長城ラインと、河北省の延慶《えんけい》と蘆台《ろだい》を結ぶラインの間は非武装地帯（東西二〇〇余キロ、南北一〇〇キロ）と定められ、中国軍の撤退確認後、日本軍も関外（長城の北側）に撤収した。満州国は、熱河省を含めて長城線をもって中国との国境線とし、その西南側に非武装地帯という広大な緩衝地帯を抱えることになった。非武装地帯の治安維持は、中国側警察（保安隊）に任されたが、中国軍の駐留は認めず、満州国の治安と防衛を確保するという日本軍の目的はほぼ達成され、事実上「満州国の分離」を中国側に認めさせるものであった。満州事変勃発から塘沽停戦協定に至るまでの日本軍の戦死者は二五三〇人、戦傷者は六八九〇人であった。日本が満州を確保するために奉げられた犠牲者である。

この塘沽停戦協定が明らかになると、中国の新聞は、一斉に、停戦協定が中国の「領土」と「主権」を放棄させられたものとみなし、設定された非武装地帯も「万里長城」線も永遠に日本の支配下に置かれることを認めたものに等しいとして憤激の論説を掲げ、改めて反日感情が強化された。

なお、二四年一一月に清朝のラスト・エンペラー溥儀が軍閥馮玉祥に北京の紫禁城から退去させられたあと、二五年一〇月以来、清朝が所蔵していた美術品などは、紫禁城（故宮《こきゅう》）内で一般に公開されていたが、関東軍の熱河作戦の展開から関内作戦に移行する過程で、危機意識を抱いた国民政府は、三三年二月から五月にかけて、五次にわたり精選した重要文物を上海経由で南京に移送し、南京に所蔵倉庫を建て、故宮博物院南京分院を設立した。その後、三七年末の日本軍の南京に向けた進軍に伴い、戦火を避けるため、所蔵品は、更に四川省の巴川《はせん》・峨嵋山《がびさん》・楽山《らくざん》の三カ所に移送され、終戦後、重慶を経て南京・北京に一旦戻されたが、国共内戦が激化し、中華民国政府が不利となったため、四八年の秋、中華民国政府は故宮博物院の約三割の所蔵品を精選して台湾の台北に移送した。このように複雑な経緯を経て誕生したのが台北の故宮博物院である。貴重な文物を所蔵する台北の故宮博物院設立の端緒は、熱河作戦にある。

三　満州事変の影響

ソ連の戦略的対応

ソ連は、満州事変の勃発に際しても、また、関東軍のチチハル・ハルピンの占領に際しても干渉することなく、満州事変を通じて一切武力介入はしなかった。ソ連の武力介入を受けることなく満州国の建国に成功したことが、ソ連軍の軍事力や戦闘意思に対する関東軍の判断を誤らせる原因となり、三八年の張鼓峰《ちょうこほう》事件や三九年のノモンハン事件などの戦闘で惨敗することにつながった。

しかし、現実のソ連は、三一年一一月頃から、二年前に新設したばかりの特別極東軍（極東シベリアを守備範囲とする軍隊）の増強に入るとともに、満州国建国直後の三二年四月には、極東海軍を編成する（三五年には太平洋艦隊に再編）、三二年一二月には中国との国交を回復する、など満蒙を巡る情勢変化に対応してソ連の極東体制は着実に強化されていった（逆に、日本は、三一年一二月にソ連から不可侵条約の締結の提案を受けながら、これを放置し、この三二年一〇月に、些細な理由で拒絶していた）。更に、書記長スターリンは、三一年の日本の満州事変と三三年のナチス・ヒットラーの政権奪取によって東の日本と西のドイツから挟撃される恐怖を覚え、国際諜報団の東京での組織化に着手し、その一環として赤軍第四部（GRU）指揮下のスパイ・ゾルゲを、三三年九月から東京に投入し、活動を開始させた。

三三年一二月には、二八年からの第一次五カ年計画を終わり、労働者・農民に多大な犠牲を強いつつも、生産手段の生産面では目標が達成された。三四年一月から第二次五カ年計画に入り、着実に工業国として進展を遂げ、三八年に第二次五カ年計画を終了した段階で世界第二の工業国となる。五カ年計画の下で急速な工業化を進めるためには国際関係が安定している状況が有利と捉えたソ連は、ヴェルサイユ体制の打破を唱えるナチス政権への牽制上、ヴェルサイユ体制の擁護者であるイギリス・フランスへの接近を図り、三四年九月には、それまで敵視していた国際連盟に加入した。同時に、三八年の第二次五カ年計画の終了時までは、日本に対しても宥和的態度を取り、中国の抗議にもかかわらずソ連領内に満州国の領事館を設置させるなど満州国を事実上承認し、三五年三月には中東鉄路の北半分（北満鉄道）を満州国に売却した。

他方で、三三年夏以降、長大なソ満国境全線にわたり堅固なコンクリート要塞地帯を建設し始めており、三四年夏の時点で極東ソ連軍は約二三万に増強されていた（対する関東軍は、三個師団、機械化一箇旅団、三個独立守備隊など約五万に過ぎなかった）ソ連は、特に航空兵力の増強に注力しており、三三年一一月時点で、関東軍の航空兵力はソ連の極東配備機数の三七％しかなかった。その上、三五年には、ウラジオストークにＴＢＣ型重爆撃機を配備して脅威を加えた。

アメリカの戦略的対応

アメリカは、〇五年のハリマンの満鉄買収計画以来、〇九年の国務長官ノックスによる満州諸鉄道の中立化案の提起、一〇年、二〇年の二次にわたる対中国国際借款団の結成、二二年のワシントン体制による満蒙を含む中国における門戸開放・機会均等原則、満鉄併行線への投資などを通じ、満蒙に対し深い関心を払ってきていたが、二九年一〇月以来の大恐慌の深刻化に直面し、国内問題に追われて余裕のない共和党のフーヴァー大統領の下、満州事変は直接アメリカの権益を侵害するものではなかったため、当初不介入の姿勢であった。

しかし、三二年一月に関東軍による錦州占領が敢行されると、その直後に、スティムソン国務長官が、九カ国条約や不戦条約に違反する行動による結果は承認しないという趣旨のいわゆるスティムソン・ドクトリンを発したほか、国際連盟のリットン調査団に、国際連盟非加盟国でありながら、要請に応じてアメリカからも調査団員（五人のうち一人）を送り込み、三三年一月には、満州国不承認を列国に通告した。更に、三三年三月、民主党のフランクリン・ルーズベルトが、大統領に就任すると、内政面では大恐慌に対しニューディール政策を断行するとともに、外交面でも、国際連盟と距離をとった孤立主義的基調を維持しつつ、対ソ関係では積極策に転じた。アメリカの恐慌は深刻で、三三年の国民総生産は二九年の三分の一となり、四人に一人が失業者といわれた。アメリカは、伝統的に革命やクーデタなど非合法な手段で成立した政府を容易には認めない不承認政策をとって来たが、ロシア革命で成立したソ連に対しても革命後一〇数年、国交を開こうとしなかった。ルーズベルトが登場すると、満州だけに止まるならともかく、満州からさらに勢力を拡大しようとする日本の動きは危険であるので、満州に隣接するソ連と組んで日本を牽制しようと考え、更に、第一次五カ年計画の最終年を迎えて着実に工業化の進展を見せるソ連市場の取り込みは、アメリカの大恐慌からの脱却に有益と考え、わずか九日間の秘密交渉で、三三年一一月一七日、ソ連を承認し、国交を開いた。翌三四年にはそれぞれ相手国に大使館を置いた。米ソ国交回復は、日本との戦争の場合を考えて、ソ連側がアメリカに歩み寄った結果でもあり、米中ソ三国は、前年末の中ソ国交回復に引き続いて太平洋を挟んで相互の国交を回復したのである。しかし、その後、米ソは、政治的にも経済的にも軍事的にも直ちに親密になることはなく、第二次世界大戦が始まって、日独伊の枢軸国に対決する連合国体制を形成する中で、軍事的協力関係が現実化することになる。

関東軍の増長とナチスの跳梁

塘沽停戦協定によって満州の戦火は一応やみ、その後、三七年七月の盧溝橋《ろこうきょう》事件までの約四年間は、日本軍の侵略的行動や局地的紛争はあったが、日中間には本格的な軍事衝突は無く、やや平和な準戦間期ともいうべき時代に入った。しかし、自ら国際連盟脱退を通告した日本は、除名や経済制裁という不名誉を蒙ることなく、また塘沽停戦協定という形で中国との新たな関係打開の端緒を結果的につかむことになった。熱河作戦をもって一応の終結をみた満州事変の成功体験は、軍部の強硬路線を勢いづかせた。塘沽停戦協定後、その事後処理問題として日中間で交渉された鉄道・航空・通信・交易等に関する諸懸案も、軍事力を背景とする関東軍の強引な要求が通り、おおむね三四年末までには日本側に有利に決着した。本来これらの非軍事的な問題は外務省が交渉すべきであるが、専ら関東軍によって仕切られ、その無理な要求を中国側が譲歩する形で落着することとなり、外務省はそれを追認するほかなかった。このことが更に軍部の増長を誘発することになった。

なお、日本の国際連盟脱退の二カ月前の三三年一月に政権を掌握したドイツのナチス（国家社会主義ドイツ労働者党）は、元来のワイマール共和制打倒・ヴェルサイユ体制打破・反ユダヤ主義の主張を実現すべく、矢継ぎ早に一党独裁体制を確立していった。即ち、二月には、国会議事堂に火災が起こったのに乗じてワイマール憲法に基づき「民族と国家を守るための大統領緊急令」を発令して、法律の規定にかかわらず、あらゆる自由権・財産権を剥奪することを可能とし、三月には、憲法に反する法律も出せる立法権を政府に委ねる「授権法（全権委任法）」を成立させて事実上ワイマール憲法を停止し、七月には、新政党結成禁止法を制定し、夏までにはナチス以外の既成政党は解散させられて一党独裁体制を確立した。その上で、一〇月一四日には国際連盟を脱退した。日本に遅れること七カ月であったが、ヒトラーは、それ以降、ドイツの再軍備を急速に進めた。即ち、一〇月二五日に空軍について初めて指示し、三五年三月、正式に空軍を発足させ、三五年三月一六日には、再軍備を宣言し、一般徴兵制を施行した。いずれも第一次世界大戦後の国際秩序を破壊するものであった。一方、経済的には、軍需産業の振興、アウトバーン建設（自動車専用高速道路ネットワークを第二次世界大戦開戦まで三八六〇キロ開通）、各種記念施設の建設、ベルリンなど大都市改造事業などの政策によって景気は回復し、七〇〇万人近かった失業者数は三六年から急速に減った。三七〜三八年には、恐慌の後遺症に悩む世界各国を尻目に、ナチス・ドイツだけがほぼ完全雇用状態に達し、ドイツ国民多数の支持を得ることになった。

日満一体化

三四年三月一日、満州帝国が発足した。この日午前に、満州国の首都新京（長春）郊外の順天広場に設けられた天壇で、龍袍《りゅうほう》を着た溥儀が告祭《こくさい》の儀を執り行い、正午から、勤民楼において満州国陸海空軍大元帥正装の溥儀が登極《とうきょく》の儀を挙行し、式典後、即位詔書が発せられ、帝制の実施とともに、元号を「康徳」とし、国号を「満州帝国」とすることが宣示された。この後、「康徳帝」として黒檀《こくたん》の玉座に座った溥儀は、北京から来た愛親覚羅《あいしんかくら》一族と清朝旧臣たちから三跪九叩頭《さんききゅうこうとう》の朝賀の礼を受けて、皇帝となる儀式を終えた。

満州国建国から二年を経過し、しかも日本が国際連盟から脱退した後は、中華民国の立憲共和制を意識して対抗的に政体を維持していく必要は無くなっていただけでなく、人心を安定させ、満州統治に当たり国際的危機に対処して日本の国策を効率的・安定的に遂行していくためには、日本の天皇制に酷似した帝制を布き、日満一体化を図る必要があるとの判断に立脚したものである。満州国に帝制を採用し、日本と類似した国体にする方針は、かつて清朝復辟工作にも関係したことのある小磯国昭関東軍参謀長（前陸軍省軍務局長）によって推進された。三二年八月に本庄・石原らと入れ替わりで武藤信義司令官とともに着任した小磯は、その半年後の三三年二月には、熱河作戦終了後早期に帝制へ移行したい旨の照会電報を陸軍中央に打ったのに対し、陸軍中央は、時期尚早《しょうそう》との回答をしていた。しかし、小磯は、なおも中央説得工作を執拗に続け、三三年一二月には、日本政府は帝制実施を決定した。その上で、皇室に対して帝室、皇后に対して帝后、菊の紋章に対して蘭の紋章、伊勢神宮に対して建国神廟、靖国神社に対し建国忠霊廟を位置づけるという具合に、限りなく日満の一徳一心一体の形式が追求され、演出された。しかし、清朝復辟の夢を捨て切れなかった溥儀に対し、形式上、譲歩し迎合しながら、実質は、日満一体・協力同心の大義名分の下、満州国を隷従させることを企図したものであった。一方、三二年七月の星野直樹、古海忠之《ふるみただゆき》らの大蔵官僚の派遣を嚆矢として、大蔵、内務、逓信、司法の各省から有力官僚が満州国に投入され、三七年までに満州国は独立国家としての体裁を整えた。

皇道派と統制派

満州事変勃発以降、陸軍内で、荒木貞夫・真崎甚三郎系統の皇道派が急速に力をつけた。皇道派という呼称は、荒木が「皇道」という言葉を多用し、「国軍」と言う代わりに「皇軍」と言い始めたことに由来する。三一年一二月、荒木が犬養内閣の陸相に就くと、翌年一月、盟友の真崎を参謀次長に起用し、参謀総長には皇族の閑院宮載仁《かんいんのみやことひと》親王を招いたので、皇道派が陸軍省と参謀本部の両方を押さえることになった。荒木の陸相在任は三四年一月に病気で辞職するまで続くが、その間、皇道派の将官が大量に要職に進出した。陸軍次官に柳川平助（陸士一二期）、軍務局長に山岡重厚（陸士一五期）、人事局長に松浦淳六郎（陸士一五期）、軍事課長に山下奉文（陸士一八期）、参謀本部第三部長に小畑敏四郎（陸士一六期）、作戦課長に鈴木率道《よりみち》（陸士二二期）、関東軍司令官に武藤信義（陸士三期）、憲兵司令官に秦《はた》真次（陸士一二期）らを抜擢した。また、満州事変勃発時の関東軍司令官だった本庄繁（陸士九期）は、三三年四月、一一年もの長きにわたってその地位にあり、天皇の信頼を得ていた奈良武次（陸士一一期）の後任として侍従武官長となった。これらの人事は、いずれもかなり強引かつ異例の人事であったため他の反発を招いた。荒木らの観念的・精神主義的言動は、尉官クラスの隊付き青年将校の支持を集め、また、青年将校運動に同情的であったため、荒木や真崎の下では、さらなるテロやクーデタの暴発を防げないとの危惧の念が高まって来た。更に、精神主義的で政治力の弱い荒木軍政の下では、軍備拡張が進まず、この間に極東の軍備増強著しかったソ連に立ち遅れ、三四年頃には特に航空兵力における日本側の劣位（機数はソ連の三分の一以下）は顕著になっていた。

このようなことから、省部（陸軍省と参謀本部）の中堅幕僚層は離反して統制派を形成するようになった。斎藤実、岡田啓介と二代続いた海軍系内閣は、政治的発言力を強める陸軍を統御するため、三四年一月、病気で辞任した荒木の後任陸相に林銑十郎（陸士八期）を起用するとともに、参謀次長から軍事参事官になっていた真崎を教育総監に起用して皇道派の力を殺《そ》ぎ、三四年三月、軍務局長に「陸軍随一の俊秀」として知られる永田鉄山（陸士一六期）を据えて、統制派との連携を強めるようになっていった。三四年八月の人事では、秦真次憲兵司令官や山下奉文軍事課長が更迭されるなど、皇道派の没落が明らかとなった。三四年一一月には、村中孝次（陸士三七期）、磯部浅一《あさいち》（陸士三八期）ら三名の青年将校と五名の士官候補生が、荒木・真崎による軍政府を樹立するためクーデタを企てた容疑で逮捕された士官学校事件があった。この事件は、統制派の陸士生徒隊中隊長辻政信（陸士三六期）と参謀本部員片倉衷（陸士三一期）によって作為されたものとの疑いが強く、軍法会議では全員証拠不十分で不起訴、行政処分として村中、磯部両名は停職、士官候補生は退校となった。三五年二月には、村中、磯部らは、辻らを誣告《ぶこく》罪で訴え、これが黙殺されると、五月には陸相らに告訴審査促進の上申書を出し、更に七月には、三月事件と一〇月事件の真相を暴露した、激しい統制派非難の怪文書「粛軍に関する意見書」を出した。その結果、村中、磯部は、免官となった。

天皇機関説攻撃と国体明徴

三五年二月一八日、貴族院本会議で、菊池武夫議員（陸士六期）が、憲法学者美濃部達吉の書いた『逐条憲法精義』と『憲法提要』は実にけしからん、日本の国体を理解せず、それを曲げて書いている、発禁処分にすべきである、と天皇機関説を攻撃した。美濃部の天皇機関説は、国家法人説に基づき、主権は法人である国家そのものにあり、天皇は国家統治の権能を持つ最高の国家機関である、とするものであり、大正初期から学会の多数説として君臨していた。この菊池発言をきっかけに皇道派や政友会は、天皇を機関などというのは不敬であり、神聖な国体に悖《もと》るものだと攻撃した。皇道派や政友会の狙いは、西園寺公望、牧野伸顕、斎藤実、鈴木貫太郎、一木喜徳郎《いちききとくろう》ら宮中側近の穏健グループ（軍部・右翼からは「君側《くんそく》の奸《かん》」）の排除にあった。

枢密院議長の一木は、美濃部の憲法学上の師に当たる人物であり、西園寺も牧野も人間的にも学説的にも一木に近かった。皇道派の教育総監真崎は、四月二日、全軍に天皇機関説を排撃する国体明徴《めいちょう》（天皇中心の日本の国体を明らかに証すること）の訓示を通達し、更に在郷軍人会を巻き込んで政府の態度は生ぬるいと批判した。このことも皇道派に対する憂慮や警戒の一因となって、三カ月後の真崎の教育総監罷免につながった。岡田内閣は軍部や右翼に威嚇されて、八月と一〇月の二度にわたって国体明徴声明を出した。天皇自身は天皇機関説でいいではないかと言い、美濃部に対して好感をもっていたにもかかわらず、国体明徴運動は猛威を振るい、天皇機関説論者は逼塞《ひっそく》せざるを得なくなった。美濃部の著書『憲法提要』などが発禁処分となり、彼は一切の公職から退いた。同時に、天皇機関説の支持者であった一木枢密院議長、金森徳次郎《かなもりとくじろう》法制局長官も辞職した。天皇機関説問題、国体明徴声明以降、日本の自由な言論は封殺され、軍国主義化が進行した。

三四年一一月の士官学校事件とその余震で、村中、磯部両尉官が免官になった直後の三五年七月に、林陸相と永田軍務局長は真崎教育総監の更迭を決意した。七月一五日、三長官会議（陸相・参謀総長・教育総監が将官人事について協議する会議）で、林陸相と閑院宮参謀総長が真崎に教育総監の辞任を求めた。真崎がこれを拒否すると、翌一六日、林陸相は、単独で天皇に拝謁し、真崎罷免の裁可を得た。真崎更迭を巡っては、皇道派、統制派ともに怪文書に訴えて両派の対立は深まり、特に皇道派は、永田の陰謀を書き立てた。

間もなく八月の人事異動が発表され、皇道派の有力者が何人か異動させられ、その中の一人として福山連隊所属の相沢三郎中佐（陸士二二期）が台湾に赴くことになった。日頃から永田を陸軍の諸悪の根源と信じていた相沢は、台湾に行けば当分蹶起《けっき》はできないから実行は今をおいてほかは無いと決意した。剣道の達人である相沢は、研ぎ澄ました軍刀を携え、途中で伊勢神宮に参って上京し、八月一二日午前、陸軍省軍務局長室で永田鉄山を斬殺した。陸軍省軍務局長というポストは、戦前の官僚制度の中で最も強力な地位であった。特に永田はこの時期の陸軍の中心であり、今後の日本をリードすべき人物と目されていただけに、その斬殺の衝撃は大きかった。この事件は、同じ傾向の青年将校に、我々も負けてはいられないという感情を喚起した。相沢中佐事件の公判は翌三六年一月下旬から始まったが、二月一二日と一七日に、証人として出廷した橋本虎之助近衛師団長（陸士一四期）や林銑十郎前陸相は、職務上の秘密を理由に証言を拒否したため、裁判を皇道思想宣伝の場とし、相沢に対する同情を獲得しようとする裁判にかけた期待は実現する見込みが無くなった。その上、前年の一二月に第一師団（東京）の満州移駐が発表されており、移駐すれば、もう事は起こせない。第一師団に属する青年将校を中心として蹶起を決意した。その実行日は、真崎大将が相沢事件の証人として出廷する二月二五日の翌日と決した。その六日前の二月二〇日に行われた総選挙では、陸軍皇道派と結んで天皇機関説攻撃に専念してきた政友会が、国民の支持を失い、四六六議席中の二四二議席から一七一議席へと少数政党に転落していた。陸軍皇道派の青年将校の焦慮は深まった。

二・二六事件

三六年二月二六日午前五時頃、第一師団の歩兵第一連隊と第三連隊を主力とし、近衛師団の歩兵第三連隊も加わった約一四〇〇名の兵力が叛乱を起こした。叛乱軍は、首相官邸など東京市内の要所を襲撃し、内大臣斎藤実、蔵相高橋是清、教育総監渡辺錠太郎（陸士八期。真崎教育総監の後任）、予備役陸軍大佐松尾伝蔵（首相秘書官。叛乱軍が岡田首相と誤認）を殺害し、侍従長鈴木貫太郎に重傷を負わせたほか、その後四日間にわたり、警視庁・陸相官邸・陸軍省・参謀本部を占拠した。叛乱軍を率いた村中孝次・磯部浅一・安藤輝三《てるぞう》・栗原安秀・香田清貞ら陸士三七期・三八期を中心とする青年将校の目的は、皇道派（本命は真崎甚三郎）による軍部独裁政権を樹立し、「昭和維新」を断行することであり、自分たちを「尊王義軍」と称した。叛乱軍側は、軍事参事官（重要軍務について天皇の諮詢に応ずる軍長老）を通じて、宮中工作を行い、皇道派による暫定内閣樹立を目指した。午前一〇時過ぎに真っ先に宮中に参内した真崎は、海軍の盟友加藤寛治と海軍軍令部長の伏見宮博恭《ひろやす》を同道しており、皇族の伏見宮は、真崎と加藤の進言を受け入れて天皇に拝謁し速やかに強力内閣の樹立を奏上したが、天皇に拒絶された。前後して川島義之陸相（陸士一〇期）が拝謁して暫定内閣を奏上したが、これも天皇に拒絶された。そこで、親皇軍派勢力は軍事参事官会議に望みをつないだ。二六日午後一時半に宮中で開かれた軍事参事官会議には、軍事参事官の荒木、真崎、林、阿部信行（陸士九期）、植田謙吉（陸士一〇期）、寺内寿一《ひさいち》（陸士一一期）、西義一（陸士一〇期）のほか、本庄繁侍従武官長、川島陸相、参謀次長杉山元（陸士一二期）、東京警備司令官香椎浩平（陸士一二期）らが出席していた。この軍事参事官会議で文案が練られ、午後三時二〇分に東京警備司令部から出された「陸軍大臣告示」は次のようなものであった。

一　蹶起の趣旨に就ては天聴に達せられあり
一　諸子の行動は国体顕現の至情に基くものと認む
一　国体の真姿顕現の現況（弊風を含む）に就ては恐懼に堪へず
一　各軍事参事官も一致して右の趣旨に依り邁進することを申合わせたり
一　之れ以外は一に大御心に俟つ

この告示は、叛乱軍を是認し、著しく好意的である。軍と天皇の媒介の役割を担う侍従武官長本庄繁は、皇道派であり、その女婿山口一太郎は第一師団歩兵第三連隊の大尉であり、蹶起には参加しなかったものの、蹶起部隊の側にいた。また、首都の治安に責任を持つ東京警備司令官の香椎浩平も皇道派シンパであり、蹶起部隊を自らの指揮下系統にとりあえず置くことで、その行動を是認するような措置をとっていた。蹶起部隊側にとっての好条件が幾つもあった。

この成功寸前までこぎつけた青年将校の蹶起を、はじめから叛乱と断じ、断固たる対応、叛乱軍の鎮定を求めたのは、天皇である。天皇は、二六日から二七日にかけて二、三〇分ごとに本庄侍従武官長を召して鎮圧を督促している。二月二七日、本庄が天皇に対し「彼らの行為は、統帥権を犯す事甚だしきものにして、固《もと》より許すべからざるものなるも、その精神に至りては、君国を思うに出でたるものにして、必ずしも咎《とが》むべきにあらず」と言上したところ、天皇は「朕が股肱《ここう》の老臣を殺戮《さつりく》す、此《かく》の如き凶暴の将校ら、其精神に於いても何の恕《じょ》するものありや」と激しい言葉できっぱりと拒否された。また、この日、陸軍当局の鎮圧行動が進捗しないのに焦慮された天皇は、「朕自ら近衛師団を率い、これが鎮定に当たらん」との意思を示され、本庄はひたすら恐れ入るしかなかった。天皇の明白な意思を知って、多くの将官は態度を変え、この二七日の午後には戒厳令が発令され、蹶起部隊を巡る情勢は、大きく変わった。翌二八日午前五時、「叛乱部隊の占拠を認めない、直ちに原隊に帰れ」との大元帥帰順命令が出された。二八日夜、陸軍中央は叛乱軍鎮圧部隊を結成、甲府連隊や佐倉連隊などを東京に送り込んで、赤坂見附を囲んで攻撃準備を整えた。二九日午前五時には近衛、第一（東京）、第一四（宇都宮）師団二万四千名に出動命令が出されると、叛乱軍は次々に原隊に帰り、事件は終わった。

この「二・二六事件」の結果、軍部の政治的発言権が決定的になり、テロの脅しがテコとなって軍の思うままに体制が動いていくことになった。また、事件後の粛軍によって皇道派は一掃され、統制派が軍部の主導権を握った。特別軍法会議の審理は迅速で、処罰は厳しく、北一輝など民間人を含む一九人が死刑に処せられた。事件の背景には、陸大卒の省部（陸軍省と参謀本部）のエリートに対する隊付将校の反撥があると見られ、五月にはエリートの象徴であった陸大卒を示す徽章《きしょう》「天保銭《てんぽうせん》」は廃止された。

五月九日の衆議院本会議で、民政党の斎藤隆夫は、一時間二五分にわたる「粛軍」演説を行い、「何となくある威力によって国民の自由が弾圧せられるがごとき傾向を見るのは、国家の将来にとってまことに憂うべきこと」などと、軍部の政治への介入を痛烈に批判した。翌日の新聞は、「斎藤氏熱火の大論陣、国民の総意を代表」（東京日日）、「衆議院に深刻なる感銘」（大阪朝日）、「正に身を以て言論自由の範を垂れた」（読売）などと報じた。これが、新聞の本領を発揮した戦前における最後の報道となった。

満州への開拓移民

話はやや遡るが、三二年一〇月一五日、第一次満州試験移民四二三人が黒龍江省佳木斯《チャムス》に到着した。

彼らを現地で出迎えたのは、何と、あの二八年六月の張作霖爆殺事件の現場指揮官であった東宮鉄男《とうみやかねお》大尉

（陸士二七期）であった。彼は、一九年六月からシベリア出兵に参加した際、ソ連の赤軍の強さを実感し、ソ連のコサック兵をモデルとする武装農民の必要性を痛感し、ソ連への対抗策を模索し始めたという。在郷軍人で屯墾軍《とんこんぐん》基幹部隊を編成して移民させる構想を立て、関東軍作戦参謀の石原莞爾に勧説に及び、当初時期尚早として消極的であった石原を、三二年夏、遂に折伏《しゃくぶく》した。

一方、東京帝国大学農科出身の加藤完治《かんじ》は、一時内務省に勤務後、山形県立農業講習所所長などを経て、農家一戸当たり一町歩という「土地飢餓」に起因する日本農村の種々の問題を解決するためには、農村の二・三男が鴨緑江を越えて満州に移住するしか道はないとの信念をもつに至った。二七年には、茨城県の内原《うちはら》に日本国民学校を開校し、校長として農業移民を推進していた。加藤は、満州事変勃発と同時に、那須皓《ひろし》（東京帝国大学農学部教授）や橋本伝左衛門（京都帝国大学農学部教授）の支援を受けて、満州移民の実現に向けて、関東軍と拓務省に強力に働きかけた。

この東宮構想と加藤構想が合体調整されて拓務省の「一千戸移民案」となり、三二年八月三〇日の臨時議会で成立したのである。九月一日に募集通知が出され、東北・北陸・関東の一一県から集められた第一次移民四二三人は、一〇月三日、永井柳太郎拓務相の訓示を受けて東京を出発、途中、伊勢神宮に参拝して、募集からわずか四五日で北満の大地を踏んだのである。当時の農村がいかに疲弊し、農民がいかに困窮していたかを物語っている。「右手に銃、左手に鍬をもって起つ皇国の戦士」として北満の曠野に足を踏み入れた彼らは、「屯墾第一大隊」と記された兵舎に身を寄せ、東宮大尉の激励を受けた。

しかし、移民の開拓は順調に進まず、度々、匪賊《ひぞく》の襲撃を受け、戦死者も数名出た。翌三三年七月には、第二次試験移民四五五人が北満に渡って行った。第三次試験移民は、募集地域を中国・四国・九州にも広げ、移民資格も既教育の在郷軍人以外にも広げ二五九人が移住した。第四次試験移民は、募集地域を沖縄を除く全県に拡大し、在郷軍人であることを移民資格要件から外し、移民一戸当たりの土地配分面積を最小限一〇町歩と明示して募集され、四〇〇人が満州に渡った。試験移民は、反満抗日運動や匪賊の襲撃を受けながらも、三六年まで五年間続けられ、その間に、満州の治安は関東軍によって抑え込まれ、武装移民の必要性も薄れてきたのである。五年間の試験移民時代に移民した戸数は約三一〇〇戸、人数は約一万五五〇〇人であり、三三年単年のブラジルへの日本人移民数が約二万三七〇〇人であったことからすれば少ない。

しかし、ブラジルが、三四年五月に外国人移住者二分《にぶ》制限法を制定し、国ごとに、それまで移住してきた当該国の現住移民総数の二%以内を受け入れることとしたため、日本の移民枠は約二八〇〇人となり、海外移民の流れはブラジルから満州へと変化した。満州移民事業に決定的に重要な転機になったのは、終始、移民事業に批判的、消極的であった高橋是清蔵相が暗殺された三六年二月の二・二六事件であった。

二・二六事件の直後に成立した広田弘毅内閣は、三六年八月、七大国策を決定したが、七大国策の一つに満州移民政策が含まれ、これを具体化するものとして満州移民事業の本格的な展開を図るべく、「二〇カ年一〇〇万戸送出計画」を策定した。当時の日本の農家戸数は五六〇万戸、そのうち五反以下の零細農家が三五%の二百万戸、その土地を切望する零細農家の半分の百万戸（一戸当たり家族を五人として五百万人）を満州に送り、二〇年後の満州の人口を五〇〇〇万人と推定し、その一割を日本人で占め、民族協和の中核的役割を果たさせようとするものであった。また、二〇カ年を五年一期として四期に分け、移民戸数は、一〇万戸、二〇万戸、三〇万戸、四〇万戸と逓増させることになっており、翌三七年五月、第一期分一〇万戸を送り出すための満州移民第一期計画が作成された。一〇万戸のうち農業集団移民が七万戸、農業自由移民が三万戸とし、移民用地は、農業集団移民一戸当たり二〇町歩（耕地一〇町歩、採草放牧地一〇町歩）、農業自由移民一戸あたり一〇町歩として、一七〇万町歩を満州国側で準備することになった。

更に、三八年六月からは、農林省ＯＢの石黒忠篤や小平権一らが主導して、救農政策の中でも最も重視されていた農山漁村経済更生運動と連携して満州移民事業を進めることとし、「分村移民計画」を村単位で立てる方式が主流となって、満州移民数は飛躍的に増大した。三七～四一年の第一期五年間で、移住戸数約四万二六〇〇戸、入植者数約一六万五〇〇〇人であった。満州移民は、これまでのハワイ・北米・中南米への移民と異なり、開拓と農業経営の成功による夢の実現のほかに、民族協和の使命、関東軍への食糧補給などの兵站基地、兵士の供給源、国境警備などの多面的役割を担った「鍬の戦士」であった。敗戦に至るまで、二七万人の移民が送り込まれた。

第八章　日中戦争

一九三七年七月、北京郊外で起きた盧溝橋《ろこうきょう》事件を発端にして、政府の不拡大方針にもかかわらず、軍部は戦線を北支から、中支・南支と拡大し、宣戦布告のないまま、全面戦争に発展、四一年一二月の太平洋戦争の開始後は、第二次世界大戦の一環となり、四五年八月の日本の無条件降伏により終結した戦争

一　日中戦争の背景と経緯

南京国民党政権の長期戦略

蔣介石《しょうかいせき》率いる国民革命軍による北伐は、二八年六月の北京占領によって一応の完成を見ていた。しかし、中国国民悲願の真の全国統一は、三二年一月に成立した蔣介石・汪兆銘《おうちょうめい》合作による南京《なんきん》国民党政権の下、進められてはいたものの、三五年ごろは、その威令が完全に行われていたのは揚子江中流域以下のデルタ地帯だけであった。地方には、旧軍閥勢力が残存し、軍閥の領袖《りょうしゅう》は、形式的には中国国民党に所属し、中央執行委員であり、ほとんどが省政府の首席のポストを占めていた。広東省の陳済棠《ちんせいどう》、広西省の李宗仁《りそうじん》、河北省の商震《しょうしん》、察哈爾《チャハル》省の宋哲元《そうてつげん》、綏遠《すいえん》省の馮作義《ふうさくぎ》、山西省の閻錫山《えんしゃくざん》などである。内蒙古では、外蒙古のモンゴル人民共和国や満州国の独立に触発されて独立ないし自治の要求が胎動し始めていた。共産党は、国民党軍の三〇年一〇月から五次にわたる包囲攻撃を受けた末、遂に江西省瑞金《ずいきん》の根拠地も三四年九月には陥落し、翌一〇月から陝西《せんせい》省に向けて長駆、大西遷（長征）中であった。

当時の中国政府の外交は、汪兆銘・蔣介石の対日交渉路線を主流とし、水面下に、孫科《そんか》立法院長（孫文の子息）・宋子文《そうじぶん》財政部長（蔣介石の義兄）らの米ソと連携して日本に対抗する路線があった。もっとも、蔣介石の対日交渉路線は単純でなく、汪兆銘ルートによる対日交渉が失敗した場合の方策として対ソ接近も図っていた。蔣介石は、三四年七月の国民党秘密会議において、日本の中国侵略の継続は、侵略の過程で日本

は列強の権益を侵害せずに置かないから、必ず列強の干渉を招き、日中戦争は必ず世界戦争になる、との確信を演説していた。また、三四年一〇月には、外交アドバイザーとして信頼していた清華大学教授蔣挺黻《しょうていしょう》を学術調査名目で訪ソさせ、対ソ接近を図った。蔣介石の対日持久戦計画は、第一段階において、上海・南京・武漢《ぶかん》の長江流域での戦闘を行い、列強の対日武力制裁や干渉戦争を誘発し、それが無理であれば、第二段階において、雲南省や四川省など奥地経済を開発して長期持久戦を戦い、最終的には日中戦争に起因する世界戦争によって日本を敗北させる、との方針を立てていた。蔣介石は、三四年一〇月から一一月にかけて、西北・華北に続き、察哈爾・綏遠など内蒙古を視察し、地方有力者のほか、徳王らモンゴル指導者とも会見した。これらの視察は、西北・華北を国民政府の直轄とするための布石と見られた。

広田外交の矛盾に満ちた対中戦略

このような中国の情勢に、三四年七月に発足した岡田内閣の広田外交はいかに対応したか。広田弘毅《こうき》は、三三年九月、内田康哉《こうさい》外相が辞任した後任として外相に就任して以来、三八年五月の近衛内閣の内閣改造まで、林銑十郎《せんじゅうろう》内閣の四カ月を除いて、四年三カ月にわたり、外相または首相として、激動の時代の外交を担当した。広田外交の基調は、三三年一〇月の五相会議（首相・外相・蔵相・陸相・海相）で決定された対外方針にあった。その方針は、「帝国の指導のもとに日満支三国の提携共助を実現し、これにより東洋の恒久的平和を確保し、延《ひ》いては世界平和の増進に貢献する」とあり、「日満支ブロック」を打ち出し、日本主導による東アジアの平和と安定の確保を標榜《ひょうぼう》した。この場合の日本主導は、欧米を排除するアジア主義への転換、門戸開放・機会均等を基調とするワシントン体制に対する挑戦に直結しやすい論理であった。現に、三四年四月、外務省の情報部長天羽英二《あもう》が記者団を前に、中国における列強の影響力を退け日本が単独で秩序維持に当たる、という強硬な主張をした「天羽声明」に、米英が強烈に反発するという事件があった。

また、三六年末にはワシントン・ロンドン両海軍軍縮条約が期限満了となり、その頃には日本の大型巡洋艦の対米比率が低下するということ、あるいはソ連の第二次五カ年計画も完成に近づくということから、盛んに「一九三五～三六年の危機」が議論されたが、結局、日本政府は、三四年一二月にはワシントン条約の廃棄を通告し、三六年一月には第二次ロンドン軍縮会議から脱退して、三六年末には「無条約時代」に突入した。海軍軍拡時代の再開である。

一方、三五年一月元旦の記事に『東京朝日新聞』がいみじくも「幸先《さいさき》良し東亜の平和」という見出しをつけたように、この頃、東アジアの紛争の火種であった日中間の対立要因が希薄化し、平和の到来をそこはかとなく期待できる状況になっていた。広田外交は、表面上「万邦協和外交」を唱えつつ、ソ連との間では北満鉄道（ロシアが建設した中東鉄路のうち日本の南満州鉄道以北の部分）の買収交渉を粘り強く行い、三五年三月に妥結させ、中国との間では、三四年一二月には、満州国と中国との間で税関が設置され、列強に先んじて、三五年五月に、南京国民政府と大使を交換し、公使館を大使館に昇格させた。この間、中国が反日行為を取り締まるなど、対日宥和、対日妥協的な動きもみられた。

支那駐屯軍と関東軍による華北分離工作

三五年六月一〇日、梅津・何応欽《かおうきん》協定が結ばれた。この協定は、河北省からの中国軍（中央軍・東北軍）の撤退、国民党機関の閉鎖、排日活動の一切の禁止を内容とする協定であり、華北分離工作がここに始められた。

三四年に、塘沽《タンクー》停戦協定で定められた非武装地帯内で治安攪乱《かくらん》の動きがあり、更に三五年五月には、天津《てんしん》租界内で親日派新聞社社長暗殺事件があったのを奇貨《きか》として、支那駐屯軍（天津軍ともいい、一九〇〇年の義和団事件後の北京議定書に基づいて、列強の軍隊とともに、北京の公使館警備と天津経由で山海関までの鉄道守備を目的に、天津駐屯を認められた一七〇〇名程度の軍隊）が、塘沽停戦協定違反として、期限付き最後通牒を発して強硬に要求した結果、司令官梅津美治郎《よしじろう》（陸士一五期）と国民政府軍事委員会北平分会代理委員長の何応欽との間で妥結したものである。これは、国民党政府の対日融和の極致ともいうべき政策判断である。

この結果、冀東《きとう》地区（「冀」は河北省を意味し、「冀東」は河北省の東部を意味する）から一切の国民党機関が無くなったことから、関税を払わない密貿易の日本商品が、日本軍の保護を受けて公然と流れこみ、中国の民族産業に大きな打撃を与えた。密輸品の中には、満州国熱河省で精製されたアヘンが大量に含まれ、日本軍はこれによって莫大《ばくだい》な利益を挙げた。これに増長した満鉄は、華北経済開発のため、三五年一〇月、興中公司（資本金一千万円）を設立するとともに、華北経済調査を実施し、冀察《きさつ》政権と協力して鉄道建設、築港、鉄鉱石採掘、炭田開発、などのプロジェクトを計画した。しかし、いずれも国民政府の了解を得られなかったため成功しなかった。

更に、三五年六月二七日、土肥原《どひはら》・秦徳純《しんとくじゅん》協定が結ばれた。関東軍は、かねて対ソ作戦上、察哈爾省や山西省など内蒙古からモンゴルへ連なる地域が側面からの作戦のために重要と位置付けていたが、奉天特務機関員が宋哲元率いる第二九軍に逮捕された事件を好機として、察哈爾省から国民党機関と第二九軍の撤退を要求し、これを認めさせたものであり、奉天特務機関長土肥原少将（陸士一七期）と察哈爾省主席代理の秦徳純との間で結ばれた。この結果、宋哲元率いる第二九軍は河北省に入ることになり、二年後の盧溝橋事件の一方の当事者となってゆく。

支那駐屯軍（天津軍）と関東軍は、このようにして華北（黄河以北の河北、察哈爾、綏遠、山東、山西の北支五省）の自治工作という名の分離工作を進めていった。華北の総面積は、全中国の九％、日本の本州と九州を合わせたぐらいの広さであり、その人口は、八三〇〇万で全中国の二〇％を占める地域であった。しかも、元朝の首都となって以来長きにわたって中国の首都として国際的にも著名な北平（北京）をその中心とする地域である。華北の場合、満州と異なり、〇一年九月に列国と清国との間で結ばれた北清事変議定書に基づく駐兵権以外には、日本のものとして国際的に認められた権益はほとんど無かった。従って、軍事力を背景とした華北分離工作は、常に九カ国条約違反という国際的非難を受ける恐れがあった。

中国の幣制改革

このような日本軍部の華北分離工作にもかかわらず、中国側は日中関係改善の希望を捨てていなかった。即ち、三五年九月、蒋作賓《しょうさくひん》駐日大使を通じて、相互に独立を尊重する、両国は真摯な友誼を維持する、両国間の一切の事件は平和的外交手段により解決する、との三原則を提示していた。

同じ三五年九月、イギリス大蔵省派遣の特使リース・ロスが、中国へ向かう途中、日本に立ち寄って、中国の幣制改革とそのための借款供与について関係者と協議した。当時の中国の貨幣制度は、銀本位制を基本としつつ極めて複雑であって中国の発展と統一の最大の障害と一つとされていた。リース・ロスの幣制改革は、中国に銀から離れた管理通貨制度を導入することによって、近代的な貨幣制度を打ち立てようとするものであった。リース・ロスは、日本政府が幣制改革と対華援助に協力すれば中国に満州国を承認するよう勧告するという案を打診したが、広田外相は、中国政府は既に事実上満州国を承認したのも同然として、にべもなく断った。八二歳の高橋蔵相は、賛成であったが、高齢故にそのイニシアチブを期待するには無理があった。このため、イギリスは、国民政府の財政部長宋子文、中央銀行総裁孔祥煕《こうしょうき》（蒋介石の義兄。宋美齢の姉宋靄齢の夫）と協議して、中国に一千万ポンドの借款を供与することとして幣制改革案を樹立した。一一月一日、汪兆銘行政院長狙撃事件をきっかけに取り付け騒ぎが起こったことを利用し、国民政府は、一一月三日、幣制緊急令を発布して幣制改革を断行した。一一月四日より、四大銀行（中央銀行、中国銀行、交通銀行、一足遅れて農民銀行）の銀行券を法定貨幣と定め、今後の一切の支払いはこの法幣によることとし、法幣はポンドとリンクさせ、現銀（銀貨・銀塊）は使用を禁止し、すべて回収することとした。これに対し、日本は強硬に反対した。華北の中国系銀行の有する現銀は南京国民政府のもとに送られることとなり、陸軍統制派がかねてから計画していた華北経済支配が、中国の通貨統一の進展によって阻害されるからである。日系六銀行は手持ちの現銀引き渡しを拒否することに決した。しかし、日本の反対や妨害にもかかわらず、また日本側の予想に反して中国の幣制改革は見事に成功した。

幣制改革の成功は、国民党政権の権威と経済的基盤を確立し、地方軍閥政権の統合を促す上で大きな効果があった。幣制改革の前提と考えられたイギリスからの一千万ポンドの借款は、日本の反対態度が硬化するのを恐れて実際には行われなかった。しかし、幣制改革を成功させるためには外貨の裏付けが必要であったため、中国政府は米国と交渉して、中国が回収した現銀を米国に売却して為替安定資金を確保することに成功し、法幣はポンドよりもドルに依存する通貨となっていった。これを契機に、米中関係は政治的にも深まり、中国の銀の米国への売却は日中戦争時も続いていく。

「自治運動」という名の華北の「第二の満州」化

中国の幣制改革に対抗する意味もあって、天津軍は、蔣介石に必ずしも全面的に信服していない旧軍閥の領袖や親日的な有力中国人などを懐柔して「華北自治運動」という名の下、華北の「第二の満州」化工作を画策した。

三五年一一月二五日、戦区督察専員・殷汝耕《いんじょこう》を担いで、通州において国民政府から離脱する旨の自治宣言を出させた上で、冀東防共自治委員会（一二月二五日には冀東防共自治政府と改称）を成立させた。管轄地域は、塘沽停戦協定で非武装地帯とされた区域で、河北省の二二県と察哈爾省東部の三県に当たっており、満州と華北の回廊地帯である。日本側は、この殷汝耕傀儡政権を通じて日本商品に対する関税を四分の一に下げさせ、塘沽停戦協定以降活発になっていた冀東密貿易も公然と支援した。もともと関税収入は、塩税とともに中国政府の財源の太宗を占めていた（三四年の政府総税収入に占める関税収入の割合は五割超）ので、密輸の増加による関税の減収は国民政府にとって耐えがたいことであった。また、当時の中国の関税制度（海関税と称した）は特殊で、海関は、政府官庁でありながら、その運営は一八五四年の英米仏との上海海関協定により外国人に管理され、実務の主要ポストは総税務司をはじめ、英国人を主流とする外国人が占め、海関収入の大部分は英国系の香港上海銀行に預託され、対外債務や賠償金の支払いに優先的に充てられることになっていた。従って、関税収入の減少をもたらす密輸の増大は、国際的非難の的となるのは必至であった。

広田外相は、三五年九月に駐日大使蔣作賓が提示した三原則に対しては合意を与えず、一〇月四日、「日中親善三原則」の名の下に、中国側による排日の取締まり、中国側による満州国の事実上の承認、共同防共、の三項目を打ち出していたが、専ら中国側の譲歩を要求するのみで、他方では、華北自治運動の名の下に傀儡政権の樹立を画策する日本側の動きをみれば、中国側にとって、およそ措信するに値しないものであったであろう。

一一月一日に暗殺未遂事件に遭遇した汪兆銘は、一二月一日、国民政府行政院長と外交部長を辞任し、行政院長には蔣介石が、外交部長には張群《ちょうぐん》が就任した。また、幣制改革に成功した財政部長宋子文らの勢力も強まったから、国民政府内の対日交渉派は相対的に後退を余儀なくされた。

冀東自治委員会を設立させて勢いづいた天津軍は、宋哲元（北京）、韓福榘《かんふくきょ》（山東）、閻錫山（山西）、商震（河北）ら未だ必ずしも蒋介石に信服していない旧軍閥の領袖を懐柔して自治運動への参加を画策したが、奏功しなかった。逆に、中国側は、日本側の傀儡政権である冀東政権から北平・天津を守るため、一二月一八日、宋哲元を委員長とする冀察政務委員会（冀察とは河北省と察哈爾省をさす）を北平（北京）に成立させた。委員会は一七人から構成され、知日派は王克敏《おうこくびん》ら七人にとどまり、一〇人は宋哲元、張自忠《ちょうじちゅう》天津市長、秦徳純北平市長ら抗日の第二九軍関係の実力者であり、曖昧ではあるが、抗日的色彩が強い緩衝機関であった。管轄地域は北平・天津を含む河北省と察哈爾省という政治・経済・軍事的に重要な地域であり、中国側としては、近い将来、日本側の冀東政権を吸収する魂胆であった。

明けて三六年一月一三日、第一次北支処理要綱が決定され、北支五省（河北・察哈爾・綏遠・山東・山西）を対象とする華北問題の処理は支那駐屯軍（天津軍）の管掌となり、関東軍の対象地域は、満州のほか長城線以北に限定された。五月一日、天津軍司令官を関東軍司令官並みに格上げして天皇が直接任命する親補職（中将）にした。これらの措置は、独走しがちな関東軍の華北への介入を阻止する狙いもあった。五月一五日には、陸軍省は、中国側との事前協議なしに、一七七一名であった天津軍を五七七四名に増強する旨を通告した。増強の理由は、二月下旬、大西遷を終えた共産党軍が黄河を渡って突如山西省に姿を現し、山西省西部を占領したことに対抗するためと、二〜三年前からとみに華北に増加した日本人居留民を保護するためとされた。しかし、天津軍を一挙に三倍以上にも増強する真の目的は、対ソ戦備の増強にあった。中国政府は、事前協議もなく天津軍を増強したとして強く抗議し、増兵反対の学生運動も全国的に展開され、天津軍の増強は徒らに反日運動を強めることになった。

八月一一日、第二次北支処理要綱を決定し、「蘇国（ソ連）の侵冦に備え」るとともに、「日満支三国提携共助を実現」することを主眼として、つまり、対ソ軍備の増強と日満支経済ブロックの確立を目指して、華北分離政策を進めることとした。その際、満州における実践の反省に立って、民間資本の自由進出による北支経済開発の必要性を強調し、特に国防上必要な軍需資源の開発とこれに関連した交通・電力などの施設については特殊資本の導入により速やかな実現を図るとし、経済開発の実績積み上げによる自治機運の醸成を企図したと見られる。

軍部大臣現役武官制の復活

二・二六事件の直後、広田内閣が発足して一カ月程たった頃、陸軍が軍部大臣現役武官制の復活を提起し、広田内閣は、三六年四月二四日の閣議で承認し、五月一八日、勅令で制定された。

そもそも、〇一年五月に制定された軍部大臣現役武官制は、初の政党内閣であった隈板（大隈・板垣）内閣を引き継いだ第二次山県有朋内閣が、政党勢力が軍部に対し党利党略で影響力を行使する事態を排除するために設けたものであった。一三年六月、海軍の大御所的存在の山本権兵衛を首班とし、政友会を与党とする第一次山本権兵衛内閣の時に、議会で、軍部大臣現役武官制によって憲政の運用に支障をきたしているのではないかという質問が相次いで出され、与党政友会の圧力もあって、軍部大臣の任用範囲が拡張され、予備役・後備役の大将または中将の任命が可能となったが、その後も、現実には現役以外の将官が任命されたことは一度もなかった。

軍部大臣現役武官制を復活すべき理由として挙げられたのは、二・二六事件で予備役に編入された皇道派が再び陸軍に影響力をもたらさないようにするということであった。広田内閣は、さしたる抵抗もせず、これを受け入れた。議会でも政党から一言半句の反対も出なかった。しかし、軍部は、この制度の復活によって内閣に対し結束して後任大臣を出さないことで活殺自在の力を揮うことができるようになった。軍部独裁は、この制度によって着々と進められていった。

帝国国防方針の改定と軍備予算の大膨張

三六年六月八日、帝国国防方針が改定され、米ソ両国を主目標とし、中国と英国にも備えることにした。

〇七年四月に第一次西園寺公望内閣の下で初めて策定された帝国国防方針は、国際環境の変化に応じて一八年、二三年と二度改定され、三三年に改定された帝国国防方針では、仮想敵国は、第一がアメリカ、次いでソ連と中国であった。その後、三三年ごろからソ連の軍備増強が急速に進んだこと、三三年一一月に米ソが国交回復したこと、陸軍の対ソ軍備増強と海軍の対米軍備増強のために陸海軍の予算獲得競争が激化したこと、などの背景があって、世界最大の陸軍国と海軍国であるソ米両国を同時に想定敵国とする、という途方もない目標となった。満州事変時にはほぼ均衡していた日ソの兵力比は、ソ連の兵力が第二次五カ年計画の進捗で強化されたため、三五年時点では師団数で約三分の一、飛行機・戦車で約五分の一と日本の劣勢となっていた。このため、国防に要する兵力は、陸軍は平時二〇個師団（現有一七個師団。以下同じ）、戦時五〇個師団、航空一四二中隊（五四中隊）とし、海軍は主力戦艦一二隻（九隻）、航空母艦一二隻（四隻）と大幅増強することとされた。

帝国国防方針は、これまで超機密事項として公表されなかったが、広田内閣では、五相会議（首相・陸相・海相・蔵相・外相）で、帝国国防方針を基本として「国策の基準」が定められ、八月一一日、閣議決定された。この「国策の基準」では、「東亜大陸における帝国の地歩を確保するとともに、南方海洋に進出する」と新しい目標が盛り込まれ、東亜大陸のみならず南方海洋を支配下に置く南北併進構想が明確に掲げられた。その目標のため、陸軍軍備については「蘇国の極東に使用し得る兵力に対抗するを目途とし、特に其在極東兵力に対し開戦初頭第一撃を加え得る如く在満兵力を充実」し、海軍軍備については、「米国海軍に対し西太平洋の制海権を確保するに足る兵力を整備充実」することになっていた。

そのために必要な軍事費は巨額にのぼった。斎藤内閣の高橋是清蔵相は、軍事費のための公債発行を認めず、軍事予算抑制路線を採り、予算総額を三三年水準の二二億円台に収めてきた。しかし、二・二六事件後に登場した広田内閣の馬場鍈一《えいいち》蔵相は、閣議で決めた重要国策に優先的に予算を付ける方式に変え、歳入を無視して軍拡をサポートする予算編成に大転換した。このため、三七年度の予算総額は、対前年三一%増えて一挙に三〇億円の大台に乗り、軍事予算総額は、三三%も増えた。そればかりか、大蔵省は、陸軍に対して軍備充実六カ年計画、海軍に対して第三次補充五カ年計画の予算を三七年度以降に認める約束をした。この中に超巨大戦艦「大和」、「武蔵」の予算も含まれていた。

綏遠事件と川越・張群交渉の頓挫

三六年一一月一四日、徳王率いる内蒙古軍が、雑穀の豊富な産地を奪取しようとして綏遠省東部に侵入して、傅作義《ふさくぎ》率いる綏遠軍と衝突し、綏遠事件が勃発した。内蒙古の察哈爾省・綏遠省においては、二五年のモンゴル人民共和国の独立や三二年の満州国の成立に触発されて、三三年七月頃から、蒙古民族が徳王を中心として独立ないしは自治を求めて南京国民政府と対立する動きを示していたが、三五年頃から、徳王は、それまで種々の援助を供与してくれていた関東軍に積極的に接近してきた。三六年四月に至り、関東軍の指導と援助のもとに、徳王を主席とする内蒙古軍政府が察哈爾省徳化に成立し、傅作義を主席とする綏遠省政府と対立するようになった。この一一月一四日の軍事衝突は、関東軍参謀田中隆吉中佐（陸士二六期）の工作によるものであり、現地での作戦指導も田中中佐が行った。内蒙古軍は、綏遠軍に撃退され、徳王の根拠地百霊廟《ひゃくれいびょう》を占領されて、折しも一二月一二日に起こった西安事件を奇貨として綏遠事件は終結した。中国側は、綏遠軍が、関東軍の支援を受けた内蒙古軍を破ったことをもって関東軍を打ち破ったとし、日本恐れるに足らずと大々的に宣伝し、中国のナショナリズムを大いに高揚させた。

この年後半、成都事件、北海事件など中国各地で日本人や親日中国人が襲われるテロ事件が続発したので、その善後策や華北問題を巡って、九月一五日以来、川越茂大使と国民政府の張群外交部長との間で精力的に会談が行われた。途中、一〇月八日の川越・蒋介石会談をはさんで八回にも及ぶ本格的な外交交渉になったが、綏遠事件が起こったため、川越・張群交渉は一二月三日をもって打ち切られた。川越・張群会談は、日中戦争を回避する最後のチャンスであっただけに、田中隆吉の謀略は極めて重大な意味を持っている。

田中隆吉は、三二年一月の第一次上海事変の謀略を実行した張本人との説もあるが、田中主導の綏遠事件も、関東軍司令官植田謙吉（陸士一〇期）、参謀長板垣征四郎（一六期）、参謀二課長武藤章（二五期）ら関東軍首脳部の了解の下に行われていた。植田謙吉は、二九年三月から支那駐屯軍（天津軍）司令官、三四年八月から朝鮮軍司令官、三六年三月から関東軍司令官と、大陸の現地司令官をすべて歴任するとともに、途中、三〇年一二月からの第九師団（金沢）の師団長時代も、三二年、第一次上海事変に出動し、停戦交渉中の天長節爆破事件に遭遇して左脚を失った、という陸軍首脳の中でも特異な経歴の持ち主である。三九年五月からのノモンハン事件で惨敗した責任を負って、三九年九月、予備役に編入されるまで、関東軍司令官の地位にあった。

綏遠事件当時、参謀本部戦争指導課長の地位にあった石原莞爾は、一一月二〇日現地に飛来し、止め男の役を果たそうとして、却《かえ》って武藤章から「石原さん、我々はあなたが満州でやられたことをやっているに過ぎないですよ」と皮肉られ、返す言葉が無く絶句したという逸話がある。武藤は、約半年後の盧溝橋事件の際は参謀本部作戦課長として近衛内閣の不拡大方針に反して戦線拡大の強硬派であったが、太平洋戦争開戦の際は、陸軍省軍務局長として陸軍首脳の中で最強硬の日米開戦反対派であり、東条英機とは仲違いして四二年四月には近衛師団長に転じた。武藤は、四四年一一月から第一四方面軍参謀長としてフィリピン戦線にあり、極東国際軍事裁判ではフィリピンでの捕虜虐待が重要視されて、中将で唯一人絞首刑に処せられた。

日独防共協定とベルリンオリンピック

三六年一一月二五日、日独防共協定が調印された。

ドイツでは、三三年一月にナチスが政権を掌握して以来、その年一〇月には国際連盟から脱退し、三五年三月には、ヴェルサイユ条約の軍備制限に挑戦して、再軍備を宣言するとともに三六個師団の建設を決定し、急速な再軍備を進めていた。三五年の初夏に至り、ヒトラーの外交政策顧問であったリッペントロップから、駐ドイツ大使館付武官大島浩（陸士一八期）に対し、ソ連を念頭に何らかの防御同盟を結ぶ可能性について打診してきたのが端緒となった。その後、同年八月、コミンテルン（共産主義インターナショナルの略称。一九年三月、レーニンの指導のもとに成立した共産党の国際組織で、各国共産党を支部とする）第七回大会が、日独伊三国のファッシズムを批判して「反ファッショ人民戦線」の結成を決議していたことに着目し、表面上は、コミンテルンの活動を防ぐために両国が情報を交換し合って協力するという内容の協定を結んだ。秘密の付属協定で、ソ連を仮想敵国と決め、ソ連がいずれかの国を攻撃した場合、攻撃された国に不利な行動をとらないこと、及び相互の同意なくソ連との間にこの協定の精神と両立しない一切の政治的条約を締結しないこと、を約した（三九年八月、ドイツは、この条項に反してソ連と不可侵条約を結んだ）。翌三七年一一月、イタリアがこれに参加し、四年後には、日独伊三国同盟に格上げされた。この年三月には、ドイツは、第一次世界大戦後のヨーロッパにおける国際協調体制の象徴であるロカルノ条約（二五年一二月調印）を破棄して、非武装地帯のラインラントに進駐し、ナチスの国際秩序破壊の本質を露呈しつつあったにもかかわらず、外務省も海軍も日独防共協定にさほど反対しなかった。

この年八月一日から、史上最高の四九カ国・地域の参加を得て、ベルリンオリンピックが開催された（日英米仏伊は参加、オリンピックを「ブルジョアのショー」とみなしていたソ連は不参加）。初めて古代オリンピアの開催地アテネからベルリンまでの聖火リレーを行うなど、ナチスの巧みで豪華絢爛《けんらん》の演出で盛り上がり、ドイツの女性映画監督リーフェンシュタールが撮影した『民族の祭典』『美の祭典』によって世界に伝えられたオリンピックに幻惑されたわけでもあるまいが、陸軍主導で対ソ牽制の観点からドイツと提携したこの防共協定は、ベルリン・ローマ枢軸と対立する英米仏の日本に対する反発を増幅することになった。

西安事件

三六年一二月一二日、陝西省西安で、蒋介石が張学良に監禁されるという西安事件が起こった。

中国共産党は、三四年一〇月以来、江西省瑞金からの大西遷（大長征）を展開していたが、途中、三五年一月の遵義《じゅんぎ》会議において毛沢東が指導権を確立し、八月一日、抗日救国宣言を発表して抗日民族統一戦線の結成を国民党に呼びかけていた。しかし、国民党の蒋介石は、共産党討伐を第一とする政策（「先安内後攘外」）を変えず、三五年一〇月一八日に一万キロにおよぶ大西遷に成功し陝西省北部の黄土地帯に到達した共産党軍を、張学良の東北軍と楊虎城《ようこじょう》の西北軍（第一七路軍）に包囲させていた（三三年三月に東北軍は解体させられたが、同年四月から半年余りのヨーロッパ外遊から帰国した張学良は、三四年末までの間に旧東北軍の再結集を果たし、三五年一〇月には、東北軍を擁しつつ西北剿匪《そうひ》副総司令に任命されていた）。中国共産党やソ連の懐柔や勧説、煽動もあって、蒋介石の剿共作戦に不満な張学良と楊虎城は、蒋介石に「抗日第一」に転換するよう主張したが、聞き入れられず、共産党軍との戦いを手控えるようになっていた。三六年四月九日には、張学良は、延安の東方約五キロの天主堂で共産党の周恩来と秘密裡に会談することがあり、内戦停止の合意を成し遂げていた。同年一一月の綏遠事件の際は、蒋介石に対し綏遠省に出撃すべき旨の献策をしたが、受け容れられなかった。このため、一二月二日、張学良は洛陽滞在中の蒋介石を訪ねて、東北軍将兵を「撫慰」するため東北軍司令部のある陝西省の省都西安への来訪を要請した。この時を陝西省から甘粛省《かんしゅく》にまたがる地域に追い詰められている共産党軍を叩き潰す好機ととらえていた蒋介石は、東北軍の将兵を鼓舞督励する必要があると考え、この要請に応じた。要請した側と要請に応じた側の真意は同床異夢であった。

一二月一二日早朝、張学良は、八日前に専用列車で張学良とともに西安に来着した蒋介石を、西安の郊外二〇キロにあり、唐の時代に玄宗皇帝と楊貴妃が過ごした温泉地として著名な華清池《かせいち》の裏山で監禁し、蒋介石の生命と引き換えに、「内戦停止」、「一致抗日」、「抗日救国」を求めたのである。この西安事件のニュースは、折しも米婦人ウォリス（前シンプソン夫人）との結婚のために退位したイギリス前国王エドワード八世の世紀のロマンスの報道と相まって、玄宗皇帝と楊貴妃のロマンスと絡ませて、世界的ニュースとして地球上を駆け巡った。

結局、南京から飛行機で蒋介石夫人宋美齢とともに駆けつけた蒋介石の義兄の宋子文と、共産党の最強の外交官であり、黄埔《こうほ》軍官学校校長と政治部副主任として蒋介石とただならぬ関係にあった周恩来、それに張学良を加えた三者の交渉が行われ、クリスマスの一二月二五日、蒋介石と張学良の間に一定の了解が成立して、蒋介石は解放された（蒋介石夫妻はクリスチャン）。二六日には、蒋介石は、張学良、宋美齢、宋子文を引き連れて、無事、張学良の専用機で南京飛行場に帰還した。蒋介石の無事帰還は、国民の歓呼の声で迎えられ、国民政府の支持基盤の強化を国民に印象付けることになった。蒋介石の人気は、このときが絶頂であり、蒋介石の威光は真昼の太陽のように輝いていた、という。

張学良は、蒋介石とその後継者のもとで拘禁と保護を兼ねて五〇年以上におよぶ軟禁生活を送った後、釈放され、二〇〇一年にハワイで大往生を遂げた。共産党は、西安事件を通じて、張学良率いる東北軍の支配下にあった延安などの地域を編入して、根拠地を二〜三倍に拡大した。西安事件は、世界的大ニュースになった歴史の転換点であるが、日本の体制上層部の反応は、ソ連ないし中共の謀略との皮相な見方が一般的で、中国の国家統一と抗日戦線の強化にむけた趨勢の変化に対する危機意識は希薄であった。

広田内閣の総辞職と宇垣一成の組閣失敗

明けて三七年一月二三日、広田内閣は総辞職した。

総辞職の淵源は、三六年九月に、寺内寿一《ひさいち》陸相と永野修身《おさみ》海相が、陸海軍共同提案として、中央行政機構・地方行政機能・議会制度の「三改革意見」を広田首相に提出したことにあった。中央行政機構改革案は、重要国務に関する調査・統括、予算の統制按配、情報を一括してつかさどる機関を設けて首相直属とし、また、人事行政の統制刷新を図る機関を設けて首相直属とし、予算と人事を通じて首相に強力な権限を持たせ、これを操縦して総力戦体制を構築しようとするものであった。陸軍統制派の思想が色濃く表出された改革案であった。その上、議会制度改革も含まれていたため、政党は強く反発した。

明けて一月二一日、前年一一月に落成したばかりの新議事堂（資材のすべてを国産品で賄《まかな》って築造され、当時丸ビルに次ぐ規模の建物）で、政友会を代表して浜田国松議員が質問に立った。浜田は、陸海軍共同提案の「三改革意見」に関連し、軍部の政治的進出を批判したのに対し、寺内陸相が浜田の発言に軍を侮辱したような発言があったと指摘したところ、いわゆる「割腹《かっぷく》問答」に発展したのである。浜田は、自分は軍を侮辱していない、速記録を調べて、もしそのような発言があれば割腹して詫《わ》びる、もしなければ君が割腹して詫びよと陸相に迫った。切羽《せっぱ》詰まった寺内陸相は、急場を凌《しの》ぐため首相に衆議院の解散を要求した。しかし、政党出身の閣僚は解散に反対したため、広田首相は、一月二三日、遂に総辞職に追い込まれた。

一月二四日、元老西園寺公望《さいおんじきんもち》は、広田の後任首相に宇垣一成《うがきかずしげ》を推薦し、翌二五日、宇垣に大命が降下した。しかし、陸軍が後任陸相を出さなかったため、軍部大臣現役武官制が復活していたので、予備役大将の宇垣は自分で陸相を兼任することもできず、五日間にわたって奔走した末、二九日、遂に組閣を断念した。広田内閣で復活した軍部大臣現役武官制が、早速その威力を発揮したことになった。陸軍が宇垣の組閣に反対した理由は、宇垣が、かつて陸相時代に宇垣大軍縮を断行した張本人であること、対英米関係を重視する傾向があること、などからみて、当時陸軍の中堅層が喫緊《きっきん》の急務と位置付けていた対ソ戦備充実のための計画の実現が、宇垣によって阻まれる恐れがあるとの危惧をもったためと考えられる。

強硬に反対した陸軍中堅層の中心にいたのが、満州事変の立役者石原莞爾である。石原は、三二年八月、関東軍から転出した後、ジュネーブ軍縮会議随員として洋行し、三三年八月から二年間、第二師団（仙台）歩兵第四連隊長の任にあった。三五年八月から参謀本部作戦課長、三六年六月から新設の戦争指導課長、三七年一月から参謀本部第一部長心得、同年三月には作戦部長、わずか半年後の同年九月には関東軍参謀副長に転出というルートをたどったが、三五年八月からの参謀本部における二年間が、石原が陸軍内で最も光芒《こうぼう》を放ち、かつ影響力を発揮した時期であろう。石原は、作戦課長に就任すると直ぐ三五年秋には、第二次五カ年計画で強化されたソ連軍に対抗するため、在満兵力の機械化と航空戦力の強化を図るべく、満鉄の経済調査局の宮崎正義に依頼し、日満財政経済研究会を創立して調査研究を開始していた。その調査研究の結果、まとめつつあった計画の骨子は、三七年度から四一年度までの五年間に、鋼材の生産能力を二・六倍の年産一三〇〇万トン、電力を一・七倍の一二五七万キロワット、造船を一・九倍、そして兵器を二・一倍、航空機を一万機にしようとするもので、所要資金は、日満両国で八五億円というものであった。この計画は、日本と満州とを経済的に一体化しつつ軽工業主体の経済構造を重化学工業化し、軍需の要請に即応できる体制に転換させようとするもので、軍部及び政財界の上層部に一定の支持を得ていた。

この急激な生産力拡充に基づく軍備増強には、政治的・経済的な統制が不可欠であり、その実現のためには、満州事変の際、越境将軍で勇名をはせた林銑十郎を首班とする内閣の実現と満州時代の同志である板征四郎の陸相起用が望ましいと考えたのである。なお、この計画の立案作業はその後も続けられ、三七年五月、陸軍案として「重要産業五カ年計画」が決定され、六月に成立した近衛内閣に提示された。

越境将軍・林銑十郎の内閣

宇垣が組閣に失敗した後、元老西園寺は第一に平沼騏一郎《きいちろう》、第二に林銑十郎を推薦したが、平沼が辞退したため林に組閣の大命が降下した。林内閣は、政党からの入閣はただ一人で、兼任が多く、軍部の組閣方針に従って成立したロボット内閣と言われた。にもかかわらず、石原の推す板垣陸相は実現しなかった。石原の余りにも強引で出過ぎた言動が寺内寿一陸相（陸士一一期）や梅津美次郎次官（一五期）ら上層部の顰蹙《ひんしゅく》を買い（梅津は板垣の一期先輩）、林と石原の関係もその後断絶した。林内閣は、二月二日に成立し、イスラム問題の第一人者をもって任ずる林は、ムスリムではなかったが、「祭政一致」の政治を標榜した。しかし、衆議院に全く支持基盤がなく、専ら陸軍と官僚と財界に支持された林内閣に対して、民政党・政友会の反発は強く、三七年度予算が成立した段階で三月三一日、突如解散した（「食い逃げ解散」といわれた）。四月三〇日に行われた総選挙では、政友会と民政党併せて議員総数の四分の三を占めたため、五月三一日、林内閣は、なす術《すべ》もなく在任四カ月足らずで総辞職した。

ただし、英米派の佐藤尚武《なおたけ》外相の登場により、外交政策とりわけ中国政策に関しては大きな転換がなされた。佐藤は、従来の対支那外交はすべて失敗していると明言し、その行詰りを打開するためには、中国に対する優越感、侮蔑感、焦燥感を払拭して、平等の立場に立って交渉する必要があると強調した。このような政策転換は、ソ連に対する準備を進めるため、しばらく中国とは事を構えず宥和的に対処しようとする石原莞爾主導の陸軍の方針に適合的であったばかりでなく、中国側のかねてからの三原則の趣旨にも沿うものであった。四月一六日には、第三次北支処理要綱が外務・大蔵・陸軍・海軍四大臣間で決定された。この要綱では、第一に、「南京政権並びに同政権の指導する支那統一運動に対しては公正なる態度を以て臨む」とし、華北分離工作を一旦停止するとともに、今後の交渉すべき事項から、「華北」と「防共」の二項目を削除していた。第二に、華北政策について、あたかも「停戦地域の拡張、満州国の国境推進、北支の独立等の企図を有するが如き誤解」を生む従来路線を反省し、今後は厳に慎しみ、冀東政権についてはその解消を示唆した。この新外交方針を強力に推進すれば、日中戦争を回避する道は残されていた。しかし、林内閣は短命で終わった。

近衛内閣の成立

林内閣が総辞職すると、元老西園寺は、軍人の組閣に強く反対して、近衛文麿《ふみまろ》を推し、三七年六月一日、近衛に組閣の大命が降下した。近衛家は五摂家《せっけ》の筆頭で、その祖先は藤原鎌足《かまたり》にさかのぼるから、天皇家に次ぐ名門と考えてよく、文麿の父、近衛篤麿《あつまろ》は、華族界の俊秀として知られ、日清・日露戦争の前後に大陸問題に深い関心をもち、将来の日本のリーダーの一人として嘱望《しょくぼう》されていた。文麿自身も、大学卒業した翌年の一八年には、二七歳にして「英米本位の平和主義を排す」という論文を発表して、門戸開放論や人種平等論の立場から、英米は平和主義の美名のもとに、自らの利益擁護のための世界秩序を画策しているとして批判し、論壇の注目を浴びた。翌一九年には、第一次世界大戦後のパリ講和会議の首席全権となった西園寺公望に頼みこんで、随員として参加し、その後、フランス・ドイツなどの各地を視察して帰国した。帰国した翌年には、著書『戦後欧米見聞録』を刊行して華族界のホープとして知られるようになった。三三年には、貴族院議長に就任するとともに、年末には、学友後藤隆之助を主宰者とする近衛のためのブレイン集団・昭和研究会が結成された。昭和研究会は、日本で最初の本格的な知識人ブレイン集団で、蝋山《ろうやま》政道、三木清、笠《りゅう》信太郎、高橋亀吉、高木八尺《やさか》、東畑精一、稲葉秀三、勝間田清一ら一流の思想家、経済学者、官僚などがメンバーとなった。この研究会の中から、東亜共同体構想や大政翼賛会構想をはじめ様々な構想が案出されてゆくこととなる。三四年には訪米して、ルーズベルト大統領やハル国務長官と会談して、海外の人脈も広げた。三六年、二・二六事件で岡田内閣が総辞職した後、三月四日に、近衛に組閣の大命が降下した際は、陸軍皇道派に親近感を抱いていた近衛は、健康上の理由で拝辞した。それから一年三カ月後の六月四日、近衛内閣が成立した時の国民的人気は素晴らしかった。近衛の家柄・毛並みの良さ、四五歳という異例の若さ、長身で貴公子然とした風貌、政界未知数の清新さなどに国民の期待は盛り上がったのである。

近衛内閣は、広田弘毅を外相に復帰させ、陸相・海相を留任させたほか、民政党や政友会だけでなく、財界や革新官僚からの入閣者も得て成立した。初閣議後の記者会見で施政方針として掲げたのは、「国内対立相剋の緩和」であった。実は、近衛が最も深い関心をもち、首相になって最初に取り組んだのは、陸軍部内派閥の対立相剋であり、大赦《たいしゃ》の渙発《かんぱつ》による政治犯、特に二・二六事件関係者真崎甚三郎《まざきじんざぶろう》ら皇道派軍人の復権であった。近衛は、挙国一致の実現を大義名分として、この問題に大変なエネルギーを注入した。にもかかわらず、陸軍統制派ばかりか、天皇や重臣の反対により失敗し、出鼻を挫《くじ》かれた。

その上、近衛は、中国問題について格別の見識も経綸抱負《けいりんほうふ》も持ち合わせなかったため、広田三原則以来中国側が歓迎するはずのない広田弘毅を外相に起用したこと自体、中国側に日本の中国政策後退の印象を与え、失策であった。六月一八日、王恵寵《おうけいちょう》国民政府外交部長が、記者会見で、日中間の政治問題で最も緊要なものは冀察両省（河北省と察哈爾省）にある各種不自然な状態を解決することであると述べた上、互恵・平等の立場で日中国交上の新紀元を開くことを希望した。しかし、二〇日の近衛の記者会見では、華北には特に差し迫った問題は無いと言い、中国問題の解決に積極的に乗り出すという風ではなかっただけでなく、二カ月間帰国中の川越茂大使は二五日離日し、二九日帰任したが、局面打開のための新たな交渉を開始する訓令を授けられた風でもなかった。一方、当時、許世英《きょせいえい》駐日大使も帰国中であったが、二三日帰任するに当たり、蒋介石から日本との交渉をする際の訓令を明確に授けられていた。近衛内閣は、政策らしきものは何も打ち出すに至らず、無為無策のうちに日中戦争を迎えたのである。日中戦争の予測も準備もなかった。

蒋介石の長期持久戦覚悟の準備

蒋介石は、三二年の第一次上海事変を契機に、日本軍との全面対決を避け、交渉による解決方針を維持しつつ、長期持久戦を決意していた。そこで、「蒋介石の片腕」と言われた軍政部長何応欽《かおうきん》（一四年から二年間にわたり日本の陸軍士官学校に学び、卒業して一六年に帰国、二四年の黄埔軍官学校の創設に従事）に命じて、南京が攻撃された場合の抗戦計画を策定させるとともに、長期計画の策定にも着手し、同年六月には、江蘇・浙江等の七省に国防施設を準備し兵器工廠も建設することにした。更に、塘沽停戦協定が締結された直後の三三年七月の廬山《ろざん》での軍事整理会議後、長江沿岸の要塞防御工事、首都南京の各要塞間の連絡道路網の整備、航空部隊設立と防空施設の整備を指示した。

三四年からは、ドイツ人軍事顧問団のアドバイスを受けて、対日戦の準備を開始し、集中的かつ高度な軍備を進めた。一九二〇年代の終わりから、軍隊と国防産業の近代化を必要とする中国と資源の安定供給を必要としたドイツとの思惑が一致して、中独間の協力関係は進んでいたが、ナチスが政権をとると、この関係は更に強化されたのである。蒋介石は、三四年七月、廬山における秘密会議で、日中紛争は、単に日中両国の問題ではなく、太平洋及び世界の問題でもあるから、日本の対中侵略の継続は必然的に列国の干渉を招く、と演説をしていた。実際、彼の陣営には、ドイツ、フランス、アメリカ、ソ連など各国の軍事顧問団が活躍していた。中でも、ドイツは突出しており、三六年時点で、ドイツの兵器総輸出量の五七・五％を中国が輸入していた。更に同年四月には、独中借款条約を締結し、一億ライヒスマルクの借款により中国は軍需品と兵器工場を発注することにしていた。日中戦争が勃発すると、国民政府軍は、ドイツの兵器工場でつくられた武器を用い、ダイムラー・ベンツのトラックで輸送され、ドイツの顧問団に率いられて戦闘に臨んだのである。

他方、蒋介石は、妻の宋美齢（父宋嘉樹《そうかじゅ》は浙江財閥の巨頭で大富豪、長姉宋靄齢《あいれい》の夫は孔祥熙、次姉宋慶齢《けいれい》の夫は孫文、兄は宋子文、九歳の時から約一〇年アメリカに留学）を通じて、アメリカの親中派として知られたルーズベルト大統領らの首脳陣に働きかけて、三七年五月、陸軍航空隊大佐であったシェンノートを国民政府航空委員会顧問としてスカウトし、アメリカ合衆国義勇軍（フライング・タイガー）という名目でアメリカからの軍事支援を受けることに成功した。

ソ連との関係では、中国共産党がそれまでの根拠地・江西省瑞金を脱出して大西遷の途についた三四年一〇月には、ソ連との接近を図るため、外交アドバイザーとして信頼してきた清華大学教授を学術調査の名目で訪ソさせた。三五年一一月、それまで対日交渉を担ってきた汪兆銘が辞任し、一二月に汪の下で対日交渉に任じてきた康有壬《こうゆうじん》が刺殺され、対日交渉路線が瓦解《がかい》すると、三六年一月、中国共産党との関係改善を模索するため、駐ソ公使館付武官にモスクワで中国共産党代表団の王明《おうめい》らと接触を開始させた。同年八月には、コミンテルンは、中国共産党中央書記局に対し「連蒋抗日」の方針を伝え、蒋介石を日本の侵略者と同列に見るのは正しくないこと、蒋と直ちに停戦交渉に入るべきこと、などを指示した。更に、コミンテルンは、同年一二月の西安事件に際して、張学良に監禁された蒋介石を人民裁判にかけようとする共産党の毛沢東に強く反対し、蒋の解放と統一戦線の結成を求めた。

三七年初頭までに、三三年から始められていた南京・鎮江《ちんこう》・江陰《こういん》・寧波《ニンポウ》・虎門・馬尾・厦門《アモイ》・南通・連雲港《れんうんこう》の九つの要塞区の整備を完了した。なお、「蒋介石の片腕」と言われた何応欽《かおうきん》は、三三年二月に関東軍の熱河作戦が始まると、三月、張学良の後任の軍事委員会北平分会代理委員長として北平に派遣され、行政院北平政務委員会委員長の黄郛《こうふ》（浙江省出身）とともに、華北への侵攻を企てる関東軍との交渉に従事、三三年五月、塘沽停線協定を結んだ。更に二年後の三五年六月には、今度は支那駐屯軍と交渉して梅津・何応欽協定を結び、河北省からの中国軍の撤退、国民政府機関の閉鎖、排日運動の禁止を約した。何応欽は、北平駐在中の二年半余りの間、蒋介石の「先安内後攘外」の基本方針を忠実に遵守し、日本に対し大幅な譲歩を強いられながら隠忍自重《いんにんじちょう》を貫いて、三五年一二月には冀察政務委員会の成立をみて南京に戻り、軍政部長に復帰した（日中戦争が勃発すると、三八年一月には軍事委員会総参謀長に、四四年一二月には連合国中国戦区総司令に就任し、四五年八月の終戦時には、南京における降伏文書調印式で中国側代表を務め、降伏した日本兵の安全帰還に尽力した）。

三七年三月、軍事委員会参謀本部が策定した国防作戦計画では、日本軍の上海上陸を緒戦で阻止し、次いで上海・南京間を長江沿いに遡上する日本軍の攻撃を軍事要塞線の整備により全力で阻止することとしていた。同年四月には、前年末の西安事件を踏まえて、共産党の周恩来との会談で、内戦停止、抗日救国、言論の自由、紅軍の改編についての協定が成立し、第二次国共合作にまでは至っていないものの、当面、後顧《こうこ》の憂い無き状態になっていた。蒋介石は、国家統一の最後の仕上げとして、華北中央化政策（冀東の回収・冀察政務委員会の解消）の実現を図ろうとしており、三七年に入った頃から、中国側に以前より強硬な姿勢が随所に見られるようになっていた。

蒋介石は、日露戦争後の〇七年、二〇歳で東京振武《しんぶ》学校に留学し、〇九年から二年間、第一三師団の高田連隊野戦砲兵隊の将校として日本陸軍に勤務した後、一一年一〇月の辛亥革命に参加し、二三年八月からモスクワへの長期視察を終えて帰国後、二四年六月に黄埔軍官学校校長に就任し、二七年一二月に宋美齢と結婚した。蒋介石の思想的基盤は孫文、人的基盤は黄埔軍官学校と宋美齢、経済的基盤は浙江財閥にあったといわれる。

蒋介石は、日中戦争が始まるまでの間に、これだけの準備をしていたのである。

二　日中戦争の経過

盧溝橋事件

一九三七年七月七日夜、北平（北京）郊外二〇キロの永定河《えいていが》にかかる石橋・盧溝橋河畔において、日本の支那駐屯軍（天津軍）と中国の第二九軍の間で偶発的な軍事衝突が発生した。盧溝橋事件である。三五年六月の土肥原・秦徳純協定により察哈爾省から追い払われた宋哲元率いる第二九軍が北京に移駐してきていたところ、前年五月に増強された天津軍の増兵部隊の駐留地が、北京から西南四キロの地・豊台《ほうだい》と定められ、同年六月には第二九軍兵士による日本軍将校殴打事件があり、九月には日中両軍の小部隊の衝突事件があるなど、現地では一触即発の緊張状態にあった。また、河北省と察哈爾省を管轄する冀察政府は、三七年五月、「外国人に土地を売却するものは官民を問わず、一律に死刑に処す」旨の国土盗売犯死刑令を発布し、事実上日本人の経済活動を妨害する行動に出ていた。これに対し、天津軍司令官・田代皖一郎《かんいちろう》（陸士一五期）は、知中派の穏健な意見の持ち主として知られ、日中間の融和に努めていたが、事件勃発の時、重病に陥っており、七月一六日、北京の病院で死亡したのが惜しまれる。第一発の銃弾がどちらから発射されたかの真相は不明であるが、夜間演習中の天津軍の第一旅団第一連隊第三大隊の兵士が一名行方不明になって事態は緊迫し、翌八日にかけて戦闘が断続的に続いた。しかし、参謀長橋本群（陸士二〇期）以下天津軍幹部は事件不拡大に努め、九日には兵力引き離しで合意し、七月一一日には、一応停戦協定が成立した。

内閣の事件不拡大方針と陸軍の強硬姿勢

東京では、事件第一報に接した時、近衛首相をはじめかなりの人々が、また陸軍の謀略ではないかと疑いつつ、七月八日、拡大防止のため進んで兵力を発動することを避けよと命じた。七月九日、閣議で杉山陸相が三個師団の兵力を国内から出兵するよう提案したが、米内海相が不拡大、局地解決を唱えて反対し近衛も同調して、陸相は派兵案を撤回した。

ところが、翌一〇日、参謀本部は朝鮮軍と関東軍から各一個師団、内地から三個師団を基幹とする派兵案を決定した。当時、参謀総長は閑院宮載仁（皇族。三一年に総長就任）、次長の今井清中将（陸士一五期）は病気、作戦部長は石原莞爾（陸士二一期）で、参謀本部の実質責任者は石原であり、石原は、対ソ軍備増強に専念する立場から、基本的に派兵に反対であった。しかし、参謀本部でも作戦課長の武藤章（陸士二五期）や支那課長の永津佐比重《さひじゅう》（陸士二三期）は派兵論であり、陸相杉山元《はじめ》（陸士一二期）、次官梅津美次郎（陸士一五期）、軍事課長田中新一（陸士二五期）らも派兵論であった。戦争指導課長の河辺《かわべ》虎四郎（陸士二四期）や軍務課長の柴山兼四郎（陸士二四期）の石原への支持があったものの、武藤章や田中新一らの強硬な対支一撃論・暴支膺懲《ぼうしようちょう》論に押され、石原は、現地で惨劇が発生する恐れの指摘に動揺し、派兵を決断した。にもかかわらず、翌一一日朝、石原は近衛を私邸に訪ね派兵案を否決してほしいと申し入れ、石原の意を受けた外務省東亜局長の石射猪太郎《いしいいたろう》は、東京駅に赴き、広田外相に派兵案を阻止するよう要請している。

政府の華北への派兵決定と出兵声明

七月一一日に開かれた五相会議では、派兵案が議論され、杉山陸相が参謀本部決定に基づく主張をしたのに対し、米内海相が派兵は事件を拡大させ、一ないし二カ月で華中に及ぶと反対したが、結局、「あくまで事件不拡大・現地解決を強調する」、「動員後も派兵の必要が無くなったならば、直ちにこれを中止させる」との条件付きで、派兵を決定した。この決定に天皇は消極的であったが、近衛は、派兵を否定すれば、陸相は辞職する、そうすれば内閣は総辞職になり、そのあと軍部を押さえられる人物があるとは思えないと説明し、天皇の裁可を得た。その上、現地では停戦協定がまとまりかけていたにもかかわらず、政府は、華北への出兵声明を行った。そればかりか、近衛は、夜九時から三回に分けて、言論界、政界、財界の代表一〇〇名近くを招き、挙国一致、国論統一を呼びかけた。現地で停戦交渉中に、日本政府の派兵発表を知った中国側は、当然のことながら態度を硬化させたが、何とか午後八時には停戦協定は成立した。停戦協定成立の報に接して、内地からの派兵は見合すことになったが、朝鮮軍と関東軍の動員は、すでに実施に移されていた。

蔣介石の「最後の関頭」演説

七月一二日、南京の国民政府は、中央政府の同意のない現地協定は無効であると日本大使館に通知し、中央軍の北上を開始した。一七日、蔣介石は、廬山《ろざん》で、いわゆる「最後の関頭」演説を行って、「もとより和平を熱望しているが、ひとたび最後の関頭《かんとう》に至れば徹底的に抗戦するほかはない。しかし、今回の事件が戦争にまで拡大するか否かは全く日本政府と日本軍隊の態度にかかっているが、和平が絶望に陥る一秒前までも、我々はやはり和平的な外交の方法によって、この事件の解決を図るよう希望する」と述べ、徹底抗戦の決意を明らかにするとともに和平路線の希望を捨てていなかった。そして、和平の四原則は、①中国の領土保全・行政完整、②冀察政権に対する不干渉、③中央政権の冀察政権に対する人事権の確保、④冀察第二九軍の駐留地は自由たるべきこと、と明示した。このような南京政府の厳然たる態度は、冀察政権にも第二九軍にも浸透し、現地での第二九軍の行動も次第に強硬になって来た。

日本軍、北京・天津を制圧

七月二五日、北京・天津間の廊坊《ろうぼう》において電線修理中の日本軍が攻撃され（廊坊事件）、翌二六日、北京城広安門を通過中の日本軍が、城壁上から機銃掃射されるという事件（広安門事件）が起こり、にわかに緊張は高まった。翌二七日、日本政府は、二度にわたって延期してきた内地軍三個師団（広島の第五師団・熊本の第六師団・姫路の第一〇師団）の出兵に踏み切った。二八日午前五時、日本軍の総攻撃が始まって、七月二九日までに、永定河以北の北京・天津地区をほぼ制圧し終えた。その間、二九日には、日本軍の傀儡政権である冀東政権の首都通州において、いわば日本軍の同盟軍である冀東保安隊（警察部隊）が午前二時を期して一斉に叛乱を起こし、二百名以上の在留邦人が虐殺されるという事件（通州事件）が起こった。通州事件は、日本空軍の誤爆によって触発された面もあるが、妊婦の腹をえぐり、二歳の子供を射殺するなど、傀儡政権下の中国人保安隊員の面従腹背と抗日意識の根強さに起因する衝撃的で悲惨な事件であった。この残虐事件が報じられると、マスコミや世論は、「暴虐《ぼうぎゃく》支那の膺懲」に大きく傾いていった。

その後、華北では、八月から察哈爾作戦が開始され、九月には河北南部作戦、一〇月には山西作戦、一二月には山東作戦が展開され、三七年末までに日本軍は、華北五省の広大な地域の鉄道沿線を占領した。

石原莞爾らの和平工作

日本軍が北京・天津地区を制圧した七月下旬、作戦部長の石原は、杉山陸相、梅津次官に対し、このままではナポレオンのスペイン出兵のように底なしの沼にはまることとなるから、この際思い切って華北の全軍を山海関の中満国境まで後退させ、近衛首相自ら南京に飛び、蒋介石と膝詰めで両国の根本問題を解決すべきである、と進言した。これに対し、梅津次官は、華北の邦人多年の権益・財産を放棄すると言うのか、満州国はそれで安定するというのか、などと反問し、積極的な姿勢を見せなかった。石原は、なおも風間《かざま》内閣書記官長を通じて、近衛に日中首脳会談を提案した、しかし、近衛も広田外相も熱意なく、実現に至らなかった。一方、近衛は、七月下旬、杉山陸相の了解も得て、宮崎龍介（中国国民党創設者孫文の盟友である宮崎滔天《とうてん》の長男で、二七年に渡中して蒋介石と会談したこともあり、中国要人に顔が利いた）を密使として派遣しようと試みたが、陸軍の強硬派に察知されて、宮崎は神戸港で憲兵隊に逮捕され、失敗した。また、七月三〇日、天皇より近衛に対し「もうこの辺で外交交渉により問題を解決してはどうか」との示唆があったのを受けて、外務省東亜局長の石射猪太郎が中心となって、日本側がかなり譲歩した解決案を基に、外交官出身の在華紡績同業会理事長船津《ふなつ》辰一郎に託した和平工作が進められた。この「船津工作」も、日本側の腹案が中国側に伝えられる予定の八月九日に、上海で大山事件が起きたため、雲散霧消の憂き目にあった。

大山事件

八月九日、上海の公道を自動車で通行中の上海海軍特別陸戦隊の大山勇夫《たけお》中尉ほか一名が中国保安隊に射殺されるという事件が起こった（大山事件）。

上海では、南京国民政府が、三六年末頃から、三二年五月に締結した停戦協定を無視して非武装地帯に軍事施設を設け兵員を配置しており、この年七月に開かれた停戦協定共同委員会（英・仏・米・日・華で構成）でも問題視されていた。また、七月七日の盧溝橋事件以来、保安隊に偽装した中央軍の夜間演習がしきりに行われるようになり、すでに日本政府は、七月二八日、揚子江流域の全居留民の引き揚げを命令していた。この当時、上海の日本人は三万近くで中国本土（満州国を除く）の日本人の三分の一が集中していた。

八月六日には、南京最高軍事会議が全面的抗日戦を決意したという情報があり、上海総領事は、なお残留していた居留民に対し租界へ退避するよう指示していた。このように緊張感がみなぎっている最中に突発したのが大山事件である。

大山事件に対し、日本側は、犯人の処罰のほか、非武装地帯からの中国軍の撤退と軍事施設の撤去を要求したが、中国の対応は強硬であった。更に、日本側の要求により、八月一二日、停戦協定共同委員会の緊急会議が開かれたが、中国側は英米の調停を拒否した。その間、一一日に、揚子江に駐留する日本海軍第三艦隊所属の軍艦七隻が、上海の東南部を流れる黄浦江《こうほこう》に突如出現した。当時、上海方面の日本軍は、海軍陸戦隊中心の二五〇〇と手薄であったため、七隻は約一〇〇〇の陸戦隊を増派する艦船であったのであるが、この七隻の艦船の突如とした出現が、南京政府の強硬派や中国少壮軍人たちの戦意をいたく刺激した。

第二次上海事変

八月一三日、中国軍の突然の機銃掃射《きじゅうそうしゃ》により戦端が開かれて、日本海軍陸戦隊と中国軍の間で本格的な戦闘に発展し、遂に第二次上海事変に突入した。

翌一四日未明には、中国空軍は、黄浦江上の第三艦隊旗艦「出雲」に対し先制爆撃を行い、渡洋爆撃《とようばくげき》を行った木更津《きさらつ》航空部隊と中国空軍とは激しい空中戦を展開した。中国側は、上海の日本軍を攻撃する計画は、蒋介石の妻の宋美齢と国民政府航空委員会顧問に就任していた米国軍人シェンノートによって進められ、八月一〇日、蒋介石は空軍の戦闘準備が整った旨の報告を受け、一二日には国民党は国防最高会議を設置し、蒋が陸海空軍総司令に就任していた。抗日運動の中心であり、戦闘条件が自国に有利な国際都市上海への戦闘の拡大は、蒋の望むところであったのである。

日本側は、八月一四日、緊急閣議を開いて、これまでの現地解決・不拡大方針の放棄を決定し、翌一五日、日本政府は、「暴戻支那を膺懲する」旨の声明を発した。同日、海軍は、長崎県の大村基地と台湾の台北基地から新鋭爆撃機の九八式陸上攻撃機による南京渡洋爆撃を開始した。陸軍も、上海派遣軍として二個師団（名古屋の第三師団、善通寺の第一一師団）の派遣を決定した。

南京は国民政府の首都であり、中国空軍の拠点であった。ここに八年にわたる日中間の全面戦争が始まったのである。日本陸軍は、対中強硬派でさえ華北の制圧を狙っていたのであり、速戦即決作戦で永定河・保定の線まで制圧すれば矛《ほこ》を収める考えでいた。しかし、陸軍の華北における速戦即決作戦は、却って、中国側の抗戦意思を燃え立たせる結果となった。上海の日本軍兵力は海軍陸戦隊のみで手薄のため、三万近くの邦人居留民がいる上海が本格的な戦場になれば、必然的に陸軍は上海ひいては華中への参戦を余儀なくされた。日本軍は、心ならずも、蔣介石の企図する長期持久戦・消耗戦に引き込まれたのである。

一五日、中国は、総動員令を発するとともに、中国共産党は抗日救国十大綱領を発表した。二一日、中ソ不可侵条約が調印された。続いて、ソ連からは、総額一億元にのぼる借款が与えられ、九二四機のソ連製軍用機をはじめ自動車・大砲・機関銃などの兵器とソ連人パイロットが供給され、新疆経由の援蔣ルート（西北ルート）が開かれた（西北ルートは、日中戦争のほぼ全期間を通じて機能した貴重なものになった）。二二日には、共産党の紅軍三万余を国民革命軍第八路軍三個師団に改編し、蔣介石の国民党軍主導の下に戦う軍隊となった。上海に戦場を拡大することによって、局面転換を図るのが中国側のかねてからの狙いであったが、その狙いが現実のものになったのである。

二三日、呉淞《ごしょう》地区で日本陸軍の上海上陸が開始されたが、中国軍の抵抗は激しく、一日に百メートルぐらいしか前進できなかったといわれる。蔣介石は、上海地域を主戦場とすべく、中央軍の精鋭と華中・華南から集中させた軍隊を併せて三〇万を投入した。これに対し、日本陸軍は、九月一一日、上海派遣軍として三個師団（金沢の第九師団、仙台の第一三師団、東京の第一〇一師団）の増派を決定、一〇月二〇日になると、上海派遣軍のほかに、第一〇軍が編成され、熊本の第六師団、久留米の第一八師団、宇都宮の第一一四師団と広島の第五師団の一部が編入された。日本陸軍は、ソ連の脅威への対応を考慮するあまり、「兵力の逐次投入」という拙策に陥ったのである。結果として、上海地域に投入した兵力は、合計九個師団で、華北の七個師団を上回っていた。しかも、上海・南京戦に投入された兵員は、現役兵が少なく、後備役が四割強、予備役が三割弱も占めていた。このため、士気は振るわず、錬度《れんど》は低く、強姦・略奪など軍紀頽廃《ぐんきたいはい》の傾向があった。

上海戦は、三七年八月一三日から一一月一一日まで三カ月続いた。その間、九月二二日には、前年一二月の西安事件からの流れであった第二次国共合作が正式に成立した。一〇月には、華中・華南に留まってゲリラ戦を続けていた共産党の紅軍一万余も新四軍として改編され、蔣介石の指揮下に入った。

一方、上海への戦線拡大に反対であり、拡大後も用兵に消極的で兵力逐次投入という拙策を採ってしまった石原莞爾は、九月二七日、責任を問われて参謀本部作戦部長を更迭され、関東軍参謀副長に左遷された（関東軍参謀長は東条英機）。後任の下村定作戦部長（陸士二〇期）の指揮の下、一〇月二六日、漸《ようや》く難関の大場鎮《だいじょうちん》を陥落させ、更に一一月五日、杭州湾北岸に第一〇軍が奇襲上陸して、中国軍を背後から衝《つ》くに及んで、中国軍は全線で崩壊し、一一月一一日、日本軍は上海を制圧した。第一〇軍を率いたのは、三六年の二・二六事件後に予備役に編入されていた皇道派の柳川平助《やながわへいすけ》（陸士一二期）であったが、当時は匿名とされ、「覆面将軍」と言われた。因みに、五個師団を率いた上海派遣軍司令官は、松井石根《いわね》（陸士九期）であり、一〇年前の二七年一一月、苦境にあった蔣介石と田中義一首相との会談を仲介したのは親中派の松井であり、三四年に予備役に編入されていた。松井も、荒木・真崎と陸士の同期であり、親皇道派であった。

蔣介石の上海防備の要《かなめ》は、第一次上海事変後の停戦協定で非武装地帯とされていた上海西方に、ドイツから招いたフォン・ゼークト元国防軍総司令官の指導により築いた最新鋭の塹壕《ざんごう》（ゼークトライン）であった。塹壕線は、第一次世界大戦におけるソンムの戦いでドイツ軍が用いた戦法で、この塹壕戦を中心とした上海戦は、第一次世界大戦の最激戦ヴェルダンの戦い以来最も流血が多かったといわれる戦闘となった。上海地域だけで、日本側は死者九〇〇〇名余、負傷者三万一〇〇〇人余、中国側の死傷者は八万三〇〇〇人余といわれている。中国は、大きな犠牲を払ったが、列強の同情に引きつけることには成功した。日本は一撃を加えて中国の戦意を失わせることに失敗し、諸外国を「反日・侮日」に追いやった。

ただし、上海戦の開始直後の八月一四日に、中国軍機が、黄浦江上の旗艦「出雲」に先制爆撃をする際、黄浦江に面した共同租界を盲爆《もうばく》し、一千数百人が死亡、後の駐日アメリカ大使エドウィン・ライシャワーの実兄で日本古代史研究家のロバート・ライシャワーも爆死するという事故を起こしたので、アメリカは、中国に同情的ではあったが、上海戦に関しては不介入政策をとった。なお、三一年に出版されたパール・バックの小説『大地』は、ピュリツァー賞とノーベル文学賞を受賞し、上海戦のあった三七年には映画化された。二三〇〇万人のアメリカ人が映画の『大地』を観て、中国人は勤勉で忍耐強いという印象をもち、中国人への同情が高まった。

南京攻略

上海制圧の後、日本軍の目標として浮上したのは南京であった。一一月五日に第一〇軍が杭州湾北岸に上陸したとき、上海戦の大勢は既に決しており、中国軍は南京方面に敗走しつつあった。第一〇軍は、退却する中国軍を追跡して戦線を拡大していった。しかし、この時点で陸軍中央は南京占領という明確な計画を持っていたわけではなかった。南京は上海から三〇〇キロも離れており、日本に兵力の余裕はなく、攻略は容易でないとみられていた。当時、日本には、常設一七個師団に新設七個師団、合計二四個師団があったが、華北に七個師団、上海に九個師団を派遣し、満州に六個師団を置いてあるので、あとは朝鮮に一個師団、内地に一個師団があるだけだった。それに一一月一二日には、蒋介石は首都を南京から漢口・重慶に分散疎開しており（重慶等への遷都宣言は一一月二〇日）、南京攻略にどれだけの意義があるのか疑問であった。むしろ、作戦の実質的責任者である多田駿《はやお》参謀次長（陸士一五期）は最後まで南京占領に反対であった。しかし、一一月七日、上海派遣軍と第一〇軍を合わせて編成される中支那方面軍の司令官として赴任する松井石根大将は、前々から南京攻略論者であり、中支那方面軍参謀副長の武藤章は、強硬な中国一撃論者であった。第一〇軍は、一一月一五日、独断で南京を目指すと決定した。

敵国の首都を攻撃するに際しては、単に軍事的観点のみならず政治的配慮も必要であり、いわゆる政戦略の一致が要求されるが、この頃、軍部は勝手に戦線を拡大し、国務と統帥の乖離《かいり》という戦前の日本の致命的欠陥を露呈していた。法制上、内閣官制第七条により、陸相は、総理大臣に対し軍機に関する上奏事項の報告義務があったのであるが、杉山陸相はこれを怠っていたのである。近衛首相は天皇に直訴した結果、一一月二〇日、大本営が設置されるとともに、大本営と政府との連絡会議も設置され、一一月二四日には、第一回の連絡会議が開かれた。華北への派兵を決定した七月一一日に「北支事変」と命名された一連の戦闘の名称は、戦線が華中に拡大したことに伴って、九月二日に「支那事変」と改められていたが、大本営が設置されても、宣戦布告はせず、「支那事変」のままであった。宣戦布告をしなかったのは、正式に戦争となると三五年八月に制定されたアメリカ中立法の適用を受け、アメリカからの物資の輸入が難しくなるというのが大きな理由であった。その間の事情は、中国側も同様であった。

多田駿参謀次長は、現地の中支那方面軍の第一戦の突進をみて、南京攻略論を抑えきれず、遂に一一月二八日、南京攻略が決定され、一二月一日、南京攻略の大命が下された。上海から南京まで三〇〇キロを、上海派遣軍と第一〇軍は先陣の功を競い合い、一日平均四〇キロにも及ぶ猛烈な勢いで進軍した。しかし、その間、ほとんど補給はなく、物資は現地での物資の略奪に頼っており、抵抗する中国人に対する暴行・殺人が繰り返されていた。しかも、二カ月にわたる上海での悪戦苦闘で多くの戦友を失い、上海での戦いに勝てば故郷に帰れるとの期待が裏切られて兵士の心は荒みきっていた。その上、想像さえしなかった中国の官民あげての激しい抵抗に対する恐怖と投降兵を捕虜にしないという軍の方針が兵士の心を悩ませていた。

南京は、城壁で囲まれた城市で、その城市の広さは、東京の山手線に囲まれた地域とほぼ同じ広さであり、城壁の高さは約一八メートルもあった。その外側には水壕を巡らし、防衛線は三層に布《し》かれていた。しかし、防御に適した都市は、一旦敵に侵入された場合、敵の包囲網を破って軍隊が退却するのには適さない。そこで、中国軍事委員会幕僚たちは、南京死守を放棄し、ある程度の抗戦を行った後、自発的に撤退を行ったうえで、長期持久戦に持ち込むよう蒋介石に提言した。蒋介石は、首都であり、国父孫文の陵墓の地である南京で抗戦の実を示すことによってソ連の対日参戦を引き出す魂胆をもっていたため、南京戦に固執していたが、結局、南京死守を諦《あきら》め、一二月七日、自らは飛行機で南京を脱出し、一一日には撤退命令文を書いた。一二月九日未明、日本軍で最も進撃の早かった福井県鯖江《さばえ》の歩兵第三六連隊が光華門の正面まで到達し、その後続々と城壁に到達する日本軍によって包囲網が形成されつつあった。

南京事件

包囲網が完成すると城内の一般市民にも多くの犠牲者が出るので、日本軍は、一二月一〇日正午を返答期限として中国軍に対し降伏を勧告した。しかし、南京防衛軍司令官の唐生智《とうせいち》は、勧告を無視し、一二日夜から一三日の朝にかけて、約一五万の中国軍に日本軍の包囲網を破って退却を試みさせるという暴虎馮河《ひょうが》の勇の極致のような命令を発し、自らは南京陥落直前に脱出した。一三日夕刻には、日本軍が南京を制圧し、一斉に城壁を乗り越えて南京城内に進入した。この日本軍の南京入城に際して、おびただしい数の投降兵・便衣兵《べんいへい》（武器を捨てて私服で民衆に紛《まぎ》れ込んだ兵士と目されるもの）と一般市民を虐殺したといわれる南京事件が起こった。この虐殺は、右に述べたような日本軍兵士の心理と戦場の環境の下で発生したものである。その規模については、八一年以来中国政府は三〇万人以上を主張しているが、極東軍事裁判の記録では二〇万人以上、秦郁彦の所説では四万人など、依拠する資料によって大きな違いがある。戦後、松井石根中支那方面軍司令官は、極東国際軍事裁判で、南京事件の責任を問われ、絞首刑を言い渡された。また、第六師団長谷寿夫《たにひさお》中将（陸士一五期）をはじめ南京攻略戦に参加した将官四人が、南京軍事法廷で、南京事件の責任を問われ、死刑を言い渡された。中国政府は、八五年には南京郊外に「虐殺記念館」を建設し、更に二〇一四年には、一二月一三日を「南京大虐殺犠牲者への国家追悼の日」と制定するとともに、国家級の抗日戦争記念施設八〇カ所を公表し、歴史問題で日本を牽制する姿勢を崩していない。

チェック不能の臨時軍事費特別会計による軍備強化

盧溝橋事件発生から二カ月後の九月一〇日、臨時議会で臨時軍事費特別会計が設置され、二〇億円余の巨額の臨時軍事予算が簡単な審議で可決成立した。本来、臨時軍事費特別会計は、一般会計から臨時的な軍事費を切り離すことによって、軍事費の膨張による財政規律の弛緩が国の財政一般に及ぶことを防ぐ意味をもっており、他方、軍事費の支出に機動性と弾力性を賦与するため、予算単年度主義の例外として、臨時軍事費特別会計では、戦争の開始から終結までを一会計年度として必要に応じて追加予算措置を行い、決算は戦争終結後になされることとしていた。この特別会計には、基本的に陸軍費と海軍費しかなく、毎年の決算もなかったから、大蔵省主計局も実際に具体的な査定をすることができなかった。このような臨時軍事費の性格から、陸海軍は、日中戦争勃発以降に成立した臨時軍事費予算を、将来予想される対ソ戦や対米戦のための軍備充実に流用した。吉田裕によれば、太平洋戦争開戦までの臨時軍事費の総額は二五六億一八〇〇万円（現在の約二〇兆円に相当）に達していたが、四〇年度の数値でいえば、本来は日中戦争に用いられるべき戦費の七割ほどが、次の戦争の軍備充実に流用されていた。総軍事費は、三六年度の一一億円弱から、三七年度には三三億円と三倍に跳ね上がり、太平洋戦争が始まる四一年度には、一〇〇億円を超え、一般会計の歳出規模八一億円余をはるかに大きく上回るに至った。急増する軍事費を賄うためには、公債発行に依存するほかはないが、終戦時の公債発行残高は、一四〇八億円であった。

ドイツによる日中和平調停

上海攻略が終わる前から、すでに外務省は、第三国による仲裁の受け入れを模索しており、軍部の意向もあって、三七年一〇月二一日、広田外相は、駐日ドイツ大使ディルクセンに調停斡旋に乗り出すことを希望した。当時、ドイツは日本・中国の双方と友好関係にあり、ドイツにとって望ましいのは、日中が相提携してソ連を東側から脅かすことであり、日中が相争うことは最悪の事態であった。一一月二日、広田は、七つの条件、即ち、①内蒙自治政府の樹立、②満州から天津・北京までの間にわたる非武装地帯の設定、③上海の非武装地帯の拡大、④排日政策の廃止、⑤共同防共、⑥日本商品に対する関税の引き下げ、⑦外国人権利の尊重、をディルクセンに提示した。これらの条件は、これまでの日中間の紛争を日本側に有利に解決しようとするものであるが、軍事的に優位に立った日本の和平条件としては、かなり抑制的なものであった。一一月五日、駐華大使トラウトマンによって、日本の意思は中国側に伝えられた。

これに対し、蒋介石は日本側が事変前の状態に復帰するのでない限り、どんな要求も受諾できない、として受け入れなかった。蒋は、一一月三日から開かれていた九カ国会議が、より中国に有利な調停をしてくれると期待していたのである。しかし、アメリカもイギリスも日中問題に直接介入することに消極的であり、一五日に終わった九カ国会議は、日本非難声明を出しただけで、何ら有効な対日圧力を加えることができなかった。しかも、その間、一一月五日には、日本軍が杭州湾に奇襲上陸し、一一日には、上海が陥落し、一二日には、首都を南京から漢口・重慶に分散疎開し、戦況が日本優位に大きく傾いた段階で、蒋は日本の和平案を考え直した。一二月二日、蒋は、トラウトマン大使に、日本側の条件を基礎として交渉に応ずる用意があることを表明し、一二月七日、その旨がディルクセン大使から広田に伝えられた。広田の提案から一カ月が経過し、南京攻略の大命が下された後であり、南京は風前の灯火《ともしび》の状態であった。

一二月七日、広田は、中国側の和平交渉の意思を近衛首相と杉山陸相・米内海相に伝えたところ、いずれも賛成であったが、翌日になると、杉山はドイツの仲介を断りたいと言い出した。一一月初めの日本提案は、日本軍が上海戦で苦戦している状況の下で軍上層部の了解を得た上でなされたものであったが、その後の一カ月間の軍事的勝利により、ドイツの仲介に対する態度を変えたのである。南京陥落を目前にして、南京を陥落させれば中国は降伏するだろうから、中途半端な条件で和兵すべきでない、と考えたのである。中国側の和平交渉の意思を報じた日本のマスコミも、和平を歓迎するよりも南京陥落近しという戦況報道に力点があり、調停説には大いに警戒を要するとの論調であった。

首都南京が陥落すると、日本国内は、連日提灯《ちょうちん》行列や旗行列で沸き、国民の多くが、中国はこれで屈服するだろうと考えて戦勝気分に浸《ひた》っていた。このような世間の風潮もあって、軍部は益々強硬になり、和平条件は次第に加重される方向に向かった。更に、日中戦争では宣戦布告をしなかった結果、日本軍が戦闘地域あるいは作戦終了地域に対し、軍政を実施できなかったため、中国人を表面に立てて土地・財産・住民への指揮命令を行う必要があり、北支那方面軍は、一二月一四日（南京陥落の翌日）、王克敏《おうこくびん》を行政委員長とする中華民国臨時政府を傀儡《かいらい》政権として北京に樹立し、占領地軍政に準ずる実質的効果を期した。満州国方式のひそみに倣《なら》ったものであり、華中にも中支那方面軍が別に新政権を作る動きを示していたが（翌三八年三月二八日、北洋軍閥系の梁鴻志《りょうこうし》をトップに据《す》えた中華民国維新政府を傀儡政権として南京に樹立）、これらの一連の行動は、軍部の専断によって進められた。

このような動きを経て、陸軍は、①華北の特殊地帯化、②華中占領地の非武装地帯化、③戦費の賠償、④和平協定成立後の停戦協定締結、⑤日本への講和使節の派遣、⑥年内回答、などを提起した。この陸軍提起の条件を部分的に修正して、一二月二一日、最終案が閣議決定され、翌日、ディルクセンに伝えられ、更にトラウトマンを通じて中国政府に伝えられた。日本の新提案は、残り少ない期間に回答を強要し、和平協定が結ばれるまでは戦闘をやめないとするなど軍事力を背景にして無条件降伏を要求するに等しいものであり、中国側が受諾する可能性は低いものであった。しかし、一二月二六日、中国側に伝達されたのは確かである。その間、一二月二四日には、「支那事変対処要綱」が閣議決定された。本要綱では、南京政府が反省の色を示さない場合は、交渉成立を期待せず、華北に新政権の樹立を促進し、新中国の中心勢力にするとして、中国全体の「満州国化」の構想が示されていた。

近衛首相、「国民政府を相手とせず」声明

果たして、中国からは何の回答も来なかった。三八年一月一四日に至って、日本の条件が漠然としているので、より具体的な条件を知りたいという照会が、ディルクセンを通じて伝えられただけであった。日本側は、これを中国側の時間稼ぎにすぎず、和平への誠意を欠くと受け止め、翌一五日、大本営政府連絡会議を開いて、最終態度を決めることとした。この連絡会議において、陸軍参謀本部は、日本は長期持久戦に耐えず、したがって中国からの最終回答を待たずして前途の見込み薄い長期戦に移行することは危険であり、蒋政権の否認は保留し、細目一一カ条を提示して中国側の確答を待つべしと主張し、海軍軍令部もこれに同調

した。和平交渉打ち切り・戦争続行・蒋介石政権否認を主張する近衛・広田・杉山・米内の政府側と対立し、議論は白熱した。「統帥部が外相を信用しないのは政府不信任ということになる。内閣総辞職のほかはない」と米内海相が畳《たた》みかけたのに対し、四面楚歌の中で、参謀次長多田駿は「明治大帝は朕《ちん》に辞職なしといわれた。国家重大の時に政府が軽々しく辞職を口にするとは何事であるか」と声涙ともに下る調子で反駁した。午前九時半に始まった連絡会議は、夕方になってもまとまらずに夕飯休憩に入り、この休憩時に陸軍省軍務局長町尻量基《まちじりかずもと》らが参謀本部に訪れて「次長が妥協してくれなければ内閣総辞職となるが、その内外に及ぼす影響は重大である」と説き、参謀本部内にも同調者が出て、再開後、多田も遂に妥協した。

それにしても、海軍省は、当時、米内光政海相・山本五十六《いそろく》次官・井上成美《せいび》軍務局長という最強トリオでありながら、陸軍省に同調したのは、いかなる深謀遠慮によるものか不明である。連絡会議では妥協したものの、参謀本部はなお諦めず、統帥部の最後の特権である帷幄《いあく》上奏に訴えるべく（上奏対象事項が作戦用兵に関する事項ではないので、本来の意味の帷幄上奏に該当しないのであるが）、ただちに宮中に働きかけ、政府よりも先に参謀本部案の上奏を行うことを試みたが、閑院宮参謀総長が宮中に参内した時は、すでに近衛首相の上奏は終わっていた。参謀本部の努力は奏功しなかったのである。

かくして、一月一六日、近衛首相は、「帝国政府は、爾後《じご》国民政府を対手《あいて》とせず」との声明を発表し、更に追い打ちをかけるかのように一八日には、補足説明を発表して、「対手とせず」とは、「否認」とともに「抹殺」を意味するものであると述べた。この日本の高圧的姿勢で日中間の外交は断絶し、日中戦争早期解決の最後のチャンスを失ったのである。一月一八日、川越駐華大使に帰朝命令が出され、一月二〇日に許世英駐日大使も帰国した。日本の「速戦即決」の目論《もくろ》みは崩れ、戦争は次第に泥沼化の様相を呈し始めた。すでに、一六個師団、六〇万の大軍が大陸に釘づけになっていたのである。

ドイツにとって、日中が連携してソ連を東から脅《おびや》かし、牽制するのが理想の形であったが、トラウトマン調停が成立不能となった段階で、ソ連との対抗上、日中のいずれを選択するかの選択を余儀なくされた。結局、ヒトラーらナチス幹部は、共産主義への防波堤としては日本の方が頼りとなると考え、日本を選んだ。ドイツは、二月、リッペントロップが外相に就任すると、四月には中国への軍需物資の輸出を禁止し、五月には満州国を正式に承認し、軍事顧問団を中国から全面的に引き上げた。

一方、蒋介石は、近衛声明を受けて、徹底抗戦の決意を新たにし、アメリカの海軍力とソ連の陸軍力を巻き込んで、日本を打倒するという日中戦争を国際的に解決する方針を固めた。中国はソ連との軍事協定に踏み切り、三八年二月、中ソ軍事航空協定が調印された。

軍主導による円ブロック経済圏構築の画策

華北に侵攻した日本軍は、華北で円ブロックの経済圏を形成しようとした。当時、中国では三五年一一月に行ったリース・ロスによる幣制改革が見事に成功し、法幣（中央銀行・中国銀行・交通銀行の三大銀行が発行する貨幣）が統一通貨として流通するようになっていたが、これに対抗して円ブロックの経済圏を作るために、三八年三月に、北支那方面軍特務部の主導で、傀儡政権として北平（北京）に樹立した中華民国臨時政府のもとに新たな発券銀行として中国聯《れんごう》合準備銀行を設立し、その発行する聯合銀行券と法幣、日本円との間を固定レートとする「円元パー」政策を採用した。

ところが、松元崇によると、円と法幣との交換レートが実勢を無視する円高に設定されたために、いわゆる「鞘取《さやと》り」が広く発生し、その結果として、鞘取りされた分だけ、華北地域で外貨準備を管理していた蒋介石政権に外貨（正貨）を節約させ、日本に還流してくるのは日本円や聯合銀行券ばかりで、日本から大量の正貨（外貨）が華北に流出することになった。「円元パー」政策は、蒋介石政権の戦費調達を助けてやったようなものであった。それは、経済原理を弁《わきま》えない軍部の「経済戦」の敗北を意味した。

三八年五月に日銀総裁から蔵相になった池田成彬《しげあき》は、この華北における経済的な負け戦に終止符を打つべく、「円元パー」政策を放棄し、イギリスとの協調によって法幣をベースとした新たな通貨制度を創設する構想を打ち出した。この池田構想は、アメリカとの関係でイギリスのブロック経済を打破して英米との戦争を回避する最後のチャンスであったともされる。しかし、池田構想に対し、イギリスは賛意を表したが、それまで円ブロック化政策のもと華北向け輸出で潤っていた中小商工業者と軍部の反対を受けて、池田構想は頓挫した。結局、日本政府は、三九年三月、華北での法幣流通を禁止し、華北重要輸出品一二品目についての輸出入為替を聯合銀行の一元管理のもとに置くなどして強権的な問題解決を図った。

国家総動員法による戦時統制

三八年三月二〇日、国家総動員法が成立し、四月一日、公布された。この法律は、戦時に際し、国防目的達成のため国の全力を最も有効に発揮させるよう、人的及び物的資源を統制運用することを目的として、統制の内容を明示せずに、広範な統制権限を政府に委ねるもので、本来は議会の協賛を得て法律で決定されるべき事項でも、勅令や省令などで指示できることになっていた。産業界からも強い異論が出たし、ナチスの授権法に等しいとして政党の抵抗も激しかったが、人気の高い近衛内閣が押し切った。前年九月には、臨時資金調整法、輸出入品等臨時措置法、軍需工業動員法の適用に関する法律という三つの法律が、戦争遂行上の必要から生まれていた。いずれも、資金の流れ、輸出入品の流れを軍需優先の原則で統制し、または軍需工場を陸海軍の派遣する監督官の下に管理する法律である。その一カ月後の三七年一〇月二五日に創設された企画院が、これらの戦時統制経済の中心を担った。

企画院は、資源局（資源統制運用計画機関）と企画庁（内閣調査局を三七年五月、重要産業五カ年計画を担当する機関として拡大強化した機関）が、総動員体制を確立するために合体したものである。企画院は、内閣直属の総合国策企画機関として革新官僚の根拠地となったばかりでなく、資源局の時代に引き続き、企画院にも鈴木貞一（陸士二二期）らの軍人も、幹部職員として出向し、政策の調査立案に従事した。内務省の後藤文夫、吉田茂（後の首相吉田茂とは別人）、武部六蔵、大蔵省の星野直樹、迫水久常、毛利英於菟《ひでおと》、商工省の吉野信次、岸信介、椎名悦三郎、農林省の和田博雄、周東英雄《すどうひでお》、逓信省の奥村喜和男らの革新官僚は、軍部の統制派と結んで総動員体制推進のための企画・調整に当たった。

国家総動員体制提唱の淵源は、三四年一〇月に陸軍省新聞班が発行したパンフレット『国防の本義と其強化の提唱』にあった。「たたかいは、創造の父、文化の母」で始まるこのパンフレットは、国家総動員の思想に立脚した国防を中心に「国策」が構想されるべきことを主張するとともに、資本主義経済を是正する統制経済を主張するものであった。この主張は、統制派の中心人物である永田鉄山（陸士一六期）が、陸軍省軍務局長に就任して間もなく、腹心の池田純久少佐（陸士二六期）や片倉衷《かたくらただし》少佐（陸士三一期）らを中心とする中堅将校に指示した国策研究の成果であった。三八年後半から、価格統制や配給統制が強化されるようになり、「欲《ほ》シガリマセン。勝ツマデハ」の窮屈な戦時生活が始まった。

電力の国家管理と国民健康保険制度

三八年四月六日、電力管理法、日本発送電株式会社法など電力国家管理関連四法が公布された。広田内閣以来の懸案とされていた電力の国家管理が現実のものとなったのである。日本の発電は、最初は火力から始まり、次いで水力を中心として発展してきた。しかし、三八年時点では事業者数が八三〇もあって小規模な会社が乱立しており、その競争は無駄が多いと考えられた。国家管理の目的は、「安くて豊かな電力」の供給であり、国家管理の対象は火力発電所と送電設備のすべてとされ、それらは日本発送電株式会社という国策会社に一元化された。福沢諭吉の信奉者であり、自由経済の信奉者である東邦電力社長の松永安左衛門《やすざえもん》は、東京電燈の小林一三《いちぞう》とともに業界を挙げて国有化阻止のため奔走したが、戦時下の議会で民政党も政友会も全面対決する勇気はなかった。更に、四一年には、水力発電も国家管理に組み込まれることになり、配電は、全国を九つの区域に分けて行うことになった。これが今日の九電力体制の出発点である。

因みに、三八年一月には厚生省が内務省から独立した。厚生省は、戦時体制下、「健民健兵」政策のもと、戦力向上のための体力増進や衛生、軍需労働力の確保・動員・配置などの仕事を担当した。四月一日には、国民健康保険法が公布された。それまで公的医療保険制度としては、二二年に制定された健康保険法により企業雇用者を対象とした職域保険があったが、農・漁業従事者や自営業者を対象に、農山漁村への医療の普及と同時に、戦時下での健民健兵の確保という役割を担ったもので、後に強制加入になった。

徐州作戦から海南島攻略まで

三八年五月一九日、日本軍は徐州を占領した。この年二月一六日の大本営御前会議では、当分、新規作戦は行わず現状維持を図るという方針が決められていたが、四月になると、現地軍などの意見で、津浦線《しんぽ》（天津と南京の対岸の浦口《ほこう》を結ぶ幹線鉄道）の要衝・徐州を北支那方面軍と中支那派遣軍が協力して南北から包囲し、徐州方面に集結していた約六〇万の中国軍主力を捕捉殲滅《ほそくせんめつ》する目的で徐州作戦が行われた。五月一五日頃、徐州包囲体制は一応形成されたが、中国軍の現地司令官李宗仁は、一六日、徐州を放棄する決意を固め、退却命令を出したため、一九日、日本軍は徐州を占領したものの、中国軍主力殲滅の目的達成は失敗した。

この徐州占領の二日前の夕刻、八九式中戦車に乗車していた西住小次郎陸軍中尉（陸士四四期）は、戦車の進路前方に横たわるクリークの渡渉《としょう》可能な場所を探すため、戦車から下車して単身斥候《せっこう》を行って指揮官棒を水面に突き刺して地点を確認し、中隊長に報告に赴こうとした直後、背後から対岸の中国兵に狙撃されて落命した。享年二四歳。西住は、第二次上海事変に出陣して以来、五回も重傷を負いながら、一度も前線を退くことなく実に三四回の戦闘に参加して武勲を挙げたということと相俟って、「軍神」西住戦車長と崇《あが》め奉《たてまつ》られるようになり、一三〇〇発もの被弾痕の残る彼の乗車していた八九式中戦車は、靖国神社に展示された。翌三九年には、菊池寛による小説『西住戦車長伝』が東京日日新聞と大阪毎日新聞に連載されて好評を博しただけでなく、四〇年には、映画化され、主演の西住役は上原謙、主題歌の作詩者は北原白秋であった。その他にも、西住を題材にした数多くの軍歌や子供向け物語が作られた。

更に、六月一八日、国民党の拠点・漢口の攻略作戦を開始した。これに対し、中国軍は、南下する日本軍を阻止するために黄河の堤防を河南省で決壊させたため、黄河の濁流は三省四四県に及び、家屋流失などの被害者は四八〇万人に達した。日本軍は、この漢口攻略作戦に一作戦としては最大兵力を投入したのであるが、この中国軍の捨て身の作戦のため機械化部隊は行動不能となり、一挙に漢口に殺到する機を逸し、華中から揚子江沿いに西進するほかはなかった。このような苦戦の末、日本軍は、一〇月二七日、武漢三鎮（漢口・漢陽・武昌）を占領した。南京から分散疎開していた国民政府は、完全に奥地の重慶に移り、武漢三鎮の陥落により華中の支配権を完全に失ってしまった。

同じ頃、九月一九日から、外国からの補給路を断つため広東上陸作戦が行われ、一〇月二一日、広東を占領し、日本軍は、広東一帯の制海権と制空権を支配した。更に、翌三九年二月一〇日には、南シナ海の海南島も攻略した。

この三九年二月の海南島の攻略をもって、日本軍の大規模な作戦、戦略的な進攻はほぼ終わり、戦線は膠着状態に入った。このようにして、日本軍は、北は綏遠省・察哈爾省から南は海南島に至るまで、北京・天津・大同・太原・青島・徐州・南京・上海・武漢・厦門・広東など主要都市の大部分を占領した。しかし、日本軍が制圧したのは大都市を結ぶ主要鉄道沿線の「点と線」だけであり、広大な農村では中国軍のゲリラ部隊が根強い抵抗を続け、日本軍はその遊撃戦に翻弄《ほんろう》され続けた。

宇垣外交

時点はやや遡るが、日本軍が徐州を占領した直後の三八年五月二六日、近衛は、内閣改造を断行した。日中戦争が意外な長期化に陥り、経済危機も深まって来たので、外相に親英米派の宇垣一成（陸士一期）を、蔵相兼商工相に親英米で三井財閥の総帥《そうすい》池田成彬を、文相に皇道派の荒木貞夫（陸士九期）を、数日遅れて六月三日に、陸相に不拡大派と目された板垣征四郎（陸士一六期・満州事変当時の関東軍高級参謀）を起用した。近衛は、この年一月の「国民政府を対手《あいて》にせず」声明は失敗だったと考え、対中国政策を転換させようと思っていたので、宇垣の外相起用が特に重要であった。外交官以外の人物を外相に起用すること自体、戦前では珍しいことであったが、宇垣は、近衛声明の取り消しを就任の条件とし、近衛がこれを認めて外相となったのである。

宇垣の外相就任に対し、早速、蔣介石の側近で旧知の張群行政院副院長から祝電が来たのをきっかけに、宇垣は孔祥熙行政院院長（首相に相当。蔣介石の義兄・宋藹齢の夫）との接触を試み、孔祥熙の秘書と香港総領事との間で、香港で極秘の接触を開始し、日中間で虚々実々の駆け引きがあったが、結局、漢口作戦の勝利を間近にした陸軍を押さえるため日本側が蔣介石の下野にこだわり、中国側は断固譲れない一線として応じなかったので、交渉は八月末に行き詰まってしまった。そもそも、一方で漢口作戦や広東作戦など戦線を拡大しながらの和平交渉が成功する見込みはなかった。その上、内閣改造を機に梅津美次郎（陸士一五期）の後任として陸軍次官に起用されていた東条英機（陸士一七期）を先頭として、陸軍や右翼は和平交渉反対運動を起こして、宇垣外交を妨害した。

同じ頃、宇垣は、イギリスの仲介による和平の道を探るため、駐日大使クレーギーとも交渉を行っている。イギリスは、これまで中国におけるイギリスの貿易や経済活動が阻害され、差別待遇がなされていると、しばしば日本政府に対し抗議を行ってきていた。宇垣は七月二六日、クレーギーと懸案解決のための交渉を開始し、上海北部地域の原状回復、揚子江開放、上海におけるイギリス紡績工場の再開などについて話し合った。しかし、イギリス議会におけるチェンバレン首相の対日牽制発言が日本世論を刺激したため、第二回会談は八月一七日まで開かれず、結局、進展はなかった。その頃、外務省の中にも枢軸（ドイツ・イタリア陣営）寄りのグループ（戦後、親米派の外交官として活躍し、外務次官、駐米大使を務めた牛場信彦もその一人）が登場しており、彼らは革新派と称して、イギリスと交渉する宇垣に反対して連判状を突きつける始末であった。

もう一つ、宇垣外相が直面したのは張鼓峰《ちょうこほう》事件である。三八年七月初め、ソ連と満州の国境に位置する朝鮮北部の高地・張鼓峰にソ連の工兵が陣地を築き始めたのを日本側が確認したが、小磯国昭朝鮮軍司令官（陸士一二期）は、もともと領土の帰属がはっきりしていない場所であった上に、戦略的重要性がほとんどない地域であったから、放置することにした。ところが、参謀本部が敏感に反応して、いずれソ連が進出してくるに違いないと確信めいた疑念を抱き、七月一五日、朝鮮軍に対し、図們江《ともんこう》（豆満江）への進撃を命じた。図們江の下流で新国境線の確認を求める日本とこれに反対するソ連との間で小競り合いが起こった。これを機に、第一九師団の尾高《おだか》亀蔵中将（陸士一六期）は、いわゆる威力偵察を試みた。つまり、ソ連側に介入の意図があるかどうかをみるために、七月三一日、兵力を限定して戦車や飛行機を使わずに挑発、攻撃したのである。日本軍は夜襲して張鼓峰の一部山陵を占領したが、態勢を立て直したソ連軍の近代兵器による反撃を受け、ほとんど壊滅に近い損害を出して退却した。結局、日本の軍事的劣勢の中で外交交渉が行われ、日本は対ソ要求を取り下げて、旧国境線を承認した。しかし、ソ連軍にとっては、この事件は、予想以上の苦戦で、ソ連崩壊後に明らかになったロシア側資料によれば、損害は、ソ連側の方が大きく、指揮に当たった極東軍司令官ブリュッヘルは、スターリンに不首尾の責任を問われて事件が終結した後直《す》ぐ逮捕され、間もなく獄死した。日本にとっては、この事件を通じて、ソ連が当面、日中戦争に介入する可能性は低いということだけは確認できた。

宇垣外交は、正攻法で奮闘努力したものの、さしたる成功を収め得ず、九月二九日、辞表を提出し、わずか四カ月で挫折した。辞職の直接の原因は対華中央機関設置問題であった。これは、中国に関して処理すべき政治・経済・文化に関する諸政策の企画・執行や関係省庁の対中国事務の統一のため、内閣に首相を長とする機関を設置しようとするものであったが、外務省の権限を剥奪するものとして宇垣は強く反対したのである。この対華中央機関は、この年一二月一六日、興亜院として実現した。戦後、首相となった大平正芳、外務大臣・官房長官などを歴任した伊東正義、官庁エコノミスト・外務大臣を務めた大来佐武郎《おおきたさぶろう》らは、二〇歳代で大蔵省、農林省、逓信省から興亜院に出向し、蒙彊《もうきょう》連絡部（綏遠省・察哈爾省を管轄する部局。事務所は張家口《ちょうかこう》）や華北連絡部（華北を管轄する部局。事務所は青島）に属して大陸に渡り、占領地経営に若き情熱と心血を注いだのである。

英仏の宥和外交とヒトラーの裏切り

三八年九月二八日、ミュンヘンで、ドイツのヒトラー総統、イタリアのムッソリーニ首相、イギリスのチェンバレン首相、フランスのダラディエ首相による四国首脳会談が開かれた。この会議は、チェコスロヴァキアのドイツ寄りのズデーデン地方のドイツへの割譲について、肝心の当事者チェコスロヴァキア代表不在のまま、承認した。このミュンヘン会談におけるズデーデン地方割譲の承認は、三五年一〇月からのイタリアによるエチオピア侵攻に際しての英仏の宥和政策以来の外交姿勢と、ズデーデン地方には三〇〇万人近いドイツ人が居住していることを根拠としてドイツ民族統合の大義名分を掲げたヒトラーの強硬姿勢、この二つの姿勢の結合の所産であった。三六年一一月に日独防共協定の締結に成功したドイツは、その後、三七年一一月にイタリアの防共協定への参加を得ることにも成功し、ムッソリーニが、オーストリアの後見人の地位を放棄したことを受けて、三八年三月には、オーストリアに無血で侵攻し、四月の国民投票でオーストリア併合が承認され、以後、ドイツは「大ドイツ」と称するようになった。ドイツ系が大部分を占めるオーストリアの併合に対しては、ヨーロッパ国際社会は、民族自決権をヨーロッパ秩序の根本原理としている以上、抗議の声は弱かった。

この成功に元気づけられたヒトラーは、フランス・ソ連と同盟関係にある目障《めざわ》りな隣国チェコスロヴァキアに、次の標的を定めたのである。チェコスロヴァキアは、チェック人、スロヴァキア人、ズデーデン・ドイツ人の三大民族グループから成っており、ズデーデン地方には、ナチスの支援を受けたズデーデン・ドイツ党があった。ヒトラーは、戦争に持ち込んででもズデーデン地方を併合する決意をもっていたが、意外にも、イギリス、フランスがヨーロッパの戦争を回避しようとして、チェコスロヴァキアに割譲に応ずるよう圧力をかけてきた。チェンバレンが、プラハ政府の割譲の意思をヒトラーに伝えたところ、ヒトラーは、チェコスロヴァキアに対するハンガリーとポーランドの領土要求を考慮すること、即時ズデーデン地域を割譲すること、の二点を追加的に要求してきたため、プラハ政府は拒絶した。そこで、イギリスは、急遽ムッソリーニに仲介の労を求めた結果、ミュンヘン会談の開催と合意に成ったものである。

会談を終えたチェンバレンとダラディエは、帰国するや、ヨーロッパの平和を作りだしたものとして国民の熱狂的な歓迎を受けた。ヒトラーの好戦的な政策に大きな不安を抱いていたドイツ国民も、二人の外国首脳に心からの喝采を送った。ミュンヘン会談の始まる直前、ロンドンでもパリでも完全に戦争が予想されており、首都からの疎開も始まっていたのである。

しかし、ヒトラーは、ズデーデン割譲要求に際し、「これがヨーロッパにおける最後の領土要求だ」と大見得を切っていたにもかかわらず、翌三九年三月一五日、ドイツ軍はチェコに侵入して、首都プラハを占領し、残部チェコスロヴァキア（ミュンヘン会談の結果、東部のテッシェン地方はポーランドに、南部のマジャール人居住地域をハンガリーに割譲されていた）を解体した。即ち、スロヴァキアは独立させ、チェコはドイツの保護領とした。オーストリアやズデーデン地方の併合は、人種的または言語的にドイツ人に属する地域を対象としたものであったが、首都プラハを含むチェコの保護領化は外国の民族を併合したものであり、決定的な歴史の転換点となった。

ミュンヘン会談の合意が半年で踏みにじられたことで、イギリス世論はナチス・ドイツとの対決に転じ、チェンバレンも、宥和政策と大国間協議方式からの転換を決意し、軍備の拡充を急いだ。ダラディエも、ラジオ演説で「もはや戦争を覚悟するしかない」と国民に語った。チェコスロヴァキア解体の後では、ヨーロッパにヒトラーの言葉を信用する国はなくなった。

東亜新秩序建設と近衛三原則

三八年一一月三日、近衛首相は、東亜新秩序建設に関する声明を発表した。日中戦争は、目的のない戦争として始まった。日本は、「暴支膺懲《ぼうしようちょう》」（暴虐な支那を懲《こ》らしめる）のスローガンのみで、明確な目的を掲げることなく戦争を拡大していった。この声明は、戦争勃発後一年以上経ったこの時点で、戦争目的を明らかにしたうえで、この年一月の「国民政府を対手とせず」声明を軌道修正したものである。声明では、戦争の目的は「東亜永遠の安定を確保すべき新秩序の建設」にあるとし、この「新秩序」とは、日満支三国の提携を根幹に、「東亜における国際正義の確立、共同防共の達成、新文化の創造、経済結合の実現」を期することであるとし、この日本の真意を理解して「東亜新秩序の建設の任務を分担」するならば、国民政府といえども、あえて拒否するものではないと述べた。

実は、この年一月の近衛声明の翌月から、陸軍では、参謀次長の多田駿、参謀本部第八課長の影佐禎昭《かげささだあき》（陸士二六期）、支那班長の今井武夫（陸士三〇期）らが、極秘に、国民政府の亜州司長の高宗武《こりそうぶ》、蒋介石侍従室副主任の周仏海《しゅうぶつかい》ら親日派、知日派と接触して、国民党の蒋介石と並ぶ重鎮である副総裁汪兆銘を重慶から引き出して、新政権を作る構想を推し進めてきていた。この秘密交渉で、①日華防共協定の締結、②満州国の承認、③中国における日本人の居住・営業の自由と引き換えに治外法権の撤廃と租界返還への考慮、④経済合作・華北資源に関する日本への便宜供与、⑤日本居留民に対する損害補償、⑥日本側の戦費賠償の放棄、⑦協約外の日本軍の二年内の撤兵などが合意された。これを受けて、汪兆銘は、一二月一八日、重慶を脱出し、二〇日、ハノイに到着した。

一二月二二日、汪兆銘の脱出を待ち構えていたかのように、近衛首相は、いわゆる近衛三原則声明を発表した。この声明は、秘密交渉に基づく合意を踏まえて、善隣友好・共同防共・経済提携の三原則を掲げて日本側の要求を具体的に挙げ、日本側の真意は、「区々たる領土」や「戦費の賠償」を求めるものではなく、治外法権の撤廃や租界の返還を積極的に考慮するとした。日中戦争が、これまでの帝国主義的な戦争と全く性格を異にし、領土も賠償も要求しない戦争（聖戦）であることを強調したのである。しかし、事前密約の柱であった日本軍の撤兵には全く触れておらず、汪兆銘グループの失望を招いた。それでもなお、一二月二九日、汪兆銘は、近衛声明に呼応して、和平反共救国声明を発表した。重慶国民政府は直ちに汪兆銘を国民党から永久除名した。

国民党ナンバー2の重慶離脱と和平の提議は、国際的波紋を呼び起こしたものの、その波は広がらなかった。これらの声明にかかわらず、汪兆銘の腹心で必ずや汪兆銘に追随するであろうと目されていた国民党の要人たちが誰一人、汪兆銘の下に馳《は》せ参じなかったのである。汪兆銘にとっても、日本側にとっても大きな誤算であった。それればかりか、東亜新秩序声明以降の日本の対中政策は、むしろアメリカとの関係を悪化させた。これらの政策が、アメリカが一貫して主張している門戸開放の原則に真っ向から対立するものであったからである。アメリカは、それまで国民の孤立主義がまだ強かったため、日本に対する制裁に乗り出すことはなかったが、中国に対する二五〇〇万ドルの借款供与に踏み切ったうえ、一二月三〇日、いかなる国も、自国以外の地域における秩序について他国に命令する資格はない、と日本を厳しく批判した。イギリスも、直ちに追随して借款供与に踏み切った。

平沼内閣と三国同盟問題

三九年一月四日、近衛は辞表を提出した。枢密院議長の平沼騏一郎が後任首相となり、近衛は枢密院議長に就任した。平沼内閣は、近衛が枢密院議長兼任のまま無任所大臣として残ったのを含め、七閣僚が留任し、近衛延長内閣としての性格が強かった。

平沼内閣が近衛内閣から引き継いだ最大の問題は、防共協定強化問題であった。三七年一一月に日独伊三国協定になっていた防共協定について、三八年八月に至り、ドイツから、第三国からの攻撃に対する相互武力援助義務を規定した三国同盟案が提案された。陸軍はドイツ提案に好意的であったが、海軍は米内海相を急先鋒にドイツとの提携強化には反対であった。平沼内閣発足直後の三九年一月六日、ドイツは同盟締結を正式に提案してきた。もともと、平沼はドイツとの接近に反対で、防共協定はソ連のみを対象とするものに限るべきだと考えていた。しかし、ドイツからの要請と陸軍の主張に歩み寄って、一月一九日の五相会議では、「協定の対象に英仏を加えるが、その場合に与えるのは政治的経済的援助だけで軍事援助を与えるかどうかは状況による」ことを秘密諒解事項とすることで合意した。

ところが、駐独大使の大島浩（陸士一八期）と駐伊大使の白鳥敏夫（外務省革新派のリーダー的存在）は、この内容を不満として相手政府に伝えず、三月四日には、連名で秘密諒解事項の削除を提案してきた。そこで、三月二二日の五相会議では更に譲歩して、一月一九日案にドイツが応じないときは、原則的にはソ連以外の場合にも武力行使を認めるとした。ところが、両大使は、一月一九日の原案を伝えることなく最初から三月二二日の妥協案を両国政府に伝え、しかも、万一ヨーロッパに戦争が勃発した場合、日本は独伊の側に立って参戦するかどうかと両国の外相に問われた両大使は、それぞれ、もちろん参戦すると答えた。仰天《ぎょうてん》した有田八郎外相は、四月八日の五相会議で、これを取り消させようとしたが、陸相の反対でできず、結局、曖昧な訓令で間接的に取り消すことしかできなかった。更に、四月一八日の五相会議では、外相は交渉打ち切りを提案したが、これも陸相の反対で果たせず、大使更迭も果たせなかった。その後、防共協定強化問題は進展せず、五月二二日、日本を取り残して独伊軍事同盟（鋼鉄条約）が成立した。陸軍の専横と政府の秩序紊乱《びんらん》・上下顛倒《てんとう》が極まり、制御が利かなくなっていた。

平沼内閣は、特に、対中国政策に関しては近衛内閣の方針を踏襲することを言明してスタートした。三八年一二月、重慶を脱出してハノイに到着した汪兆銘は、三九年一月の近衛首相の突然の辞任によりその構想が頓挫したため、しばらくハノイに逗留していた。ところが、三月二一日、汪は、国民党の送り込んだ刺客によって狙撃を受けたため、日本側の影佐禎昭らの工作により四月にハノイを出発して、五月八日、上海のフランス租界に避難した。五月三一日に秘密裡に東京に潜入した汪は、平沼首相をはじめ近衛前首相、関係各大臣らと会談をし、新政府樹立への内諾を取り付け、六月一八日、中国に戻った。

ノモンハン事件

三九年五月一一日、満州国とモンゴル人民共和国（外蒙古）との国境地帯で、モンゴル軍と満州国軍との軍事衝突が起こり、いわゆるノモンハン事件が勃発した。

外モンゴルは、一一年一〇月の辛亥革命の直後に独立を宣言し、二四年一〇月には、ソ連の援助を受けて人民革命党がモンゴル人民共和国を樹立し、三四年一〇月には、事実上ソ連との軍事同盟を結び、三六年三月には、ソ蒙相互援助議定書を交わし、ソ連軍はモンゴルに常駐する態勢になった。満州国とモンゴルとの国境を巡っては、三二年三月の満州国の建国以来、満州国はハルハ河を国境として主張してきたが、モンゴル側は清朝時代以来の外モンゴルと内モンゴルの境界線を国境として主張し、三四年頃から国境付近で衝突事件が頻発するようになっていた。そこに、三八年年七月の張鼓峰事件で、陸軍中央が不拡大方針を採ったことに不満を抱いた関東軍は、辻政信参謀（陸士三六期）が「満ソ国境紛争処理要綱」を起草し、三九年四月、植田謙吉司令官（陸士一〇期）がこれを国境守備担当部隊に示達していた。この要綱では、「国境線が明確ならざる地域においては防衛司令官において自主的に国境を設定し」、「万一衝突せば、兵力の多寡《たか》、国境の如何《いかん》にかかわらず、必勝を期す」として、日本側主張の国境線を直接軍事力で維持確保する強硬方針が示されていた。

ノモンハン事件の発端は、五月一一日、満州国側が主張している国境線・ハルハ河をモンゴル軍警備隊が越えたのを満州国軍警備隊が撃退したことにあった。翌一二日もモンゴル軍の「越境」があり、その後も何度か「越境」があったので、五月二一日、ハイラル駐屯の第二三師団は、歩兵第六四連隊長の山県武光《やまがたたけみつ》大佐（陸士二六期）率いる山県支隊総勢約二一〇〇名を編成し、二七日から、山県支隊は作戦行動を開始したが、機械化された強力な火力をもつソ連軍の猛攻に遭遇し、死者一五九名、負傷者一一九名、行方不明者一二名を出して、三一日には一旦撤退せざるを得なかった。しかし、ここで停戦にはならなかった。ソ連側は、満州事変以来、満州国周辺において軍事力の整備を着々と進めていた。それに加えて、日本が日中戦争に兵力を張り付けていて全面戦争に突入する余力がないことを見透かしており、この際、共産主義を撲滅すると豪語しているナチス・ドイツとの一大決戦の前に、一撃を加えて日本の対ソ積極策を抑制し、アジアを安泰にしておく狙いがあった。関東軍としても、前年の張鼓峰事件に引き続いた敗戦では面目《めんぼく》が立たず、何とか威信を回復したいと考えたのである。

結局、ハルハ河沿岸のノモンハンを中心とするホロンバイル草原は、実質上、日本軍とソ連軍の代理戦争の戦場となった。ソ連軍は、五月二四日、名将ジューコフ将軍をモンゴルに派遣し、ジューコフを総指揮官として最新鋭の戦車部隊・重砲部隊、航空部隊を投入して日本軍を叩《たた》き潰《つぶ》す作戦に出た。七月二日から五日にかけて、日本軍の大攻勢が展開されたが、ソ連軍の機械化部隊に敗北した。七月末に、日本軍は再度の大攻撃の準備に着手したが、ソ連軍は八月二〇日、空軍一五〇機による猛爆を行い、更に陸上部隊が進入したため、日本軍は、モンゴル側の主張する国境線の外まで撤収した。日本側は、五万八九〇〇名が出動して、戦死七七〇〇名、戦傷など一万二一〇〇名、合わせて一万九八〇〇名と三分の一が死傷し、潰滅《かいめつ》的打撃を受けた。

ソ連側の損害は、ソ連崩壊後の統計によると、戦死九七〇〇名、戦傷など一万六〇〇〇名、合わせて二万五七〇〇名と日本側を上回っているが、国境線は、モンゴル側が主張していたラインに確定されたから、日本側が劣勢であったことに変わりはない。兵力だけでなく、兵器の質と量でもソ連側が優位であった。特に、日本軍の戦車が敵陣地の機関銃を黙らせ歩兵の攻撃を援助するために作られた軽戦車あるいは中戦車であるのに対し、ソ連軍の戦車は、戦車と戦うことを想定して作られた重戦車で、日本軍の戦車は対抗できなかった。このノモンハン事件以降、陸軍を中心として対ソ戦を想定した「北進」論は後退し、むしろ独ソ不可侵条約に倣ってソ連と中立条約を結び、「南進」に専念しようとする意見が主流となっていった。

ノモンハン事件は、参謀本部の不拡大方針にもかかわらず、関東軍が独走して敗れた戦闘だった。山県支隊を率いた山県大佐をはじめ、日本軍を率いて最前線で戦った連隊長はほとんど戦死または自決した。植田司令官・磯谷廉介《いそがいれんすけ》参謀長（陸士一六期）や各師団長は事件後に陸軍を去ったが、大本営の指示が不明確な点を衝き独断専行と下剋上を繰り返して作戦を主導した関東軍作戦参謀の服部卓四郎中佐（陸士三四期）は翌年、辻政信少佐（陸士三六期）は翌々年、参謀本部作戦課に戻って、その後も昇進をつづけた。大本営が、関東軍に作戦中止を命じたのは、欧州戦争勃発後の九月三日、モスクワで停戦協定が結ばれたのは、九月一五日であった。

世界に大衝撃を与えた独ソ不可侵条約

ノモンハン事件の戦闘の最中、三九年八月二三日に、モスクワで独ソ不可侵条約及び秘密議定書が調印された。これは、世界に大衝撃を与えた。

ヒトラーは、三六年三月に、ロカルノ条約を破棄して非武装地帯のラインラント（ドイツ西部のライン川沿岸地帯）に進駐して以来、三八年三月には、オーストリアを併合し、同年九月のミュンヘン会談でチェコスロヴァキアのズデーデン地方を併合し、三九年三月には、プラハに侵攻してチェコスロヴァキアを解体し、世界制覇の野望実現に向けて着々と歩を進めていた。次の標的をポーランドに定めたヒトラーは、ポーランドが英仏と攻守同盟を結んでいることを考慮し、独伊日の三国同盟を働き掛けると同時に、ソ連との同盟関係の構築に意欲を燃やすという二股外交を極秘裏に展開していた。対ソ接近は、ナチズムの反共主義とは矛盾するが、この二股外交は、ポーランド侵攻の目的達成のための手段という意味では何ら矛盾せず、いずれも、ポーランド侵攻の際、東からのソ連の攻勢を抑止することで一貫していた。

ソ連のスターリンも、東に向けて快進撃を続けるドイツの動向をみて、自国の安全を守るため、英仏との交渉とドイツとの交渉を二股掛けて外交を展開していた。しかし、スターリンは、ズデーテン割譲問題で英仏がソ連をつんぼ桟敷《さじき》においたままヒトラーと宥和したことを契機として、英仏に基本的疑念を抱いていた上、スターリンが求めたソ英仏三国同盟に対し、特にイギリスが及び腰で誠意と熱意が感じられなかったため、五月三日、それまで西欧との協調・協力の推進役を担ってきたユダヤ系の外務人民委員（外相に相当）リトヴィノフを解任して、スターリンの信任の厚いモロトフを後任に据え、真剣に対独接近を図った。反ファッシズムを標榜するスターリンが反共産主義を標榜するヒトラーと結託したのは、イデオロギー上の障害を越えた当面の利害関係の一致の故であった。ソ連の安全を図るうえでの利益提供が、英仏よりもヒトラーの方が多かったのである。

ヒトラーは、秘密議定書に、ポーランドの領土をソ連と二分することのほか、ドイツは、古くからロシアが深い関心をもつ係争地であるフィンランド、ラトヴィア、リトアニア、エストニア、ベッサラヴィア（現モルドヴァ共和国）に関心を持たぬことを明記したのである。ヒトラーは、ポーランド進撃の際、二正面戦争の危険を回避するための代償を提供したのである。この博打《ばくち》は、最終的には、ソ連の中欧への進出を可能にし、共産主義勢力の拡大に加担した結果となる。

ドイツは、条約調印直前の八月二一日に、日本に対しソ連との不可侵条約締結の方針を通告してきた。それまで、防共協定強化問題で、平沼内閣は五相会議を七〇数回も開いて議論してきたにもかかわらず、一片の通告のみで防共協定を蹂躙《じゅうりん》されたのであるから、平沼内閣にとって大打撃であった。

平沼内閣の総辞職と阿部信行内閣の登場

三九年八月二八日、平沼内閣は、「欧州の天地は複雑怪奇」という名台詞《せりふ》を残して総辞職した。組閣の大命は、陸軍の強力な推薦もあって阿部信行陸軍大将（陸士九期）に降下した。天皇は、陸相は、梅津美次郎（陸士一五期）か畑俊六（陸士一二期）にせよ、外相は英米外交を調整し得る者にせよ、司法相・内相は憲法に通じた者にせよ、などと異例の指示を与えた。防共協定強化問題を巡る陸軍の横暴さ、強引さに不快感をもち、今度は英米との関係改善に向かうべきとの認識が、そこに示されていた。

結局、陸相には畑俊六、海相に吉田善吾、内相に小原直が起用され、政党からの起用は二人だけで、外相には、組閣後しばらくして海軍大将の野村吉三郎《きちさぶろう》を起用した。野村は、軍人とはいえ、駐在武官としてアメリカ勤務の経験もあり、F・ルーズベルトら米国要人との親交もあり、パリ講和会議、ワシントン軍縮会議への随員としての参加など海外経験も豊富であることが評価されたものとみられるが、外務省に乗り込むと、ただちに外務省の大人事異動に踏み切り、人心一新を図った。即ち、対米協調派の谷正之を次官に据え、当時省内で台頭していた「革新派」すなわち対英米強硬派を転出させ、独伊のファッシズム体制と癒着していた駐独大使大島浩と駐伊大使白鳥敏夫を呼び戻して、後任には、中間派の来栖《くるす》三郎と天羽《あもう》英二を、それぞれドイツとイタリアの大使に送り込んだ。

欧州戦争の勃発

三九年九月一日早朝、ドイツ軍は、宣戦布告なしにポーランドへの侵攻を開始した。ドイツ国民は、戦争勃発を避けることができない災厄として迎え、第一次世界大戦開戦の時のような愛国心の高揚はなかったという。三七、三八年以降、政治指導者や各国民の多くに、いつ戦争になってもおかしくないという確信めいたものが広まっていたので、この開戦は、ドイツ国民のみならず、ヨーロッパ諸国にとっても、意外でも突然の出来事でもなかった。

九月三日、英仏は、対独宣戦布告をしたものの、ドイツの西部国境の手前で足踏みして積極的軍事行動に出なかった。このため、ドイツ軍は、机上《きじょう》作戦通りの「電撃戦」を展開することができ、ポーランドは、約二週間の後に軍事的にも政治的にも崩壊した。

ソ連は、九月一七日、ドイツ軍の武力制圧がもはや疑いを容《い》れる余地がなくなった段階になって、人種的にウクライナ人や白ロシア人など非ポーランド人が過半数を占める東部ポーランド地域の占領を開始した。九月二七日、ポーランドはドイツに降伏し、翌二八日、ドイツとソ連はポーランド分割について合意をみた。ソ連は、ポーランド分割後間もなく、東部ポーランドの地域をそれぞれウクライナ共和国と白ロシア共和国に編入するとともに、一〇月一〇日までに、ソ連軍の威圧を背景にリトアニア・エストニア・ラトヴィアのいわゆるバルト三国と軍事同盟を結び、支配下におさめた。これに伴いバルト三国に居住していたドイツ人約五〇万が立ち退《の》きを余儀なくされたことが、ソ連に対するヒトラーの怨恨の種となり、後のヒトラーの対ソ宣戦の一大要因となった。更に、ソ連は、一一月三〇日、領土割譲要求を拒絶したフィンランドに侵攻したが、フィンランドは長期にわたり勇敢に抗戦し、翌四〇年三月一二日、モスクワで講和条約が締結され、フィンランドはソ連の要求を受け入れて東カレリアなど領土の一部を割譲した。このフィンランドへの侵攻は、ソ連がナチス・ドイツに劣らず侵略的な国であるという印象を西欧諸国に与え、三九年一二月一四日に、ソ連は国際連盟から追放された。同時に、対フィンランド戦において多大な犠牲者を出したソ連軍の苦戦は、ヒトラーをして将来の対ソ戦を楽観させる要因ともなった。

その間、日本は、九月四日、欧州戦に不介入の声明を発表した。その翌日、アメリカも欧州戦に不介入中立の宣言を発した。なお、ドイツと軍事同盟関係にあるイタリアは、ドイツから独ソ不可侵条約締結の通告とそれに対する諒解を求めてきたのに対し、八月二五日、準備不足のため対英仏戦には加われないとドイツに通告しており、九月二日、ムッソリーニは中立宣言をして、ドイツの軍事的優勢が明らかになる翌四〇年六月まで参戦しなかった。

日米通商航海条約廃棄問題

阿部内閣の外交上の最大の懸案は、日米通商航海条約廃棄を阻止することであった。この問題は、平沼内閣時代の三九年六月一四日に北支那方面軍（杉山元《はじめ》司令官）が天津の英仏租界を封鎖したことに端を発し、これに抗議したイギリスとの間では、七月二四日、有田外相とクレーギー駐日大使との間で協定が成立することによって、事態は一旦鎮静化したかに見えた。しかし、アメリカ国務省は、これに反発し、七月二六日、日米通商航海条約の廃棄を通告してきた（新たな交渉が妥結しない限り、六カ月後に無条約状態になる）。アメリカでは、日本がアメリカの中国における通商権益を妨げているとして、三八年頃から、対日制裁が検討されていたが、その際、自由な通商を定めた通商航海条約が制裁の障害となることが明らかとなっていたのである。

天津租界封鎖とそれに対するイギリスの抗議を契機に、日本国内では大規模な反英運動が繰り広げられ、七月一五日には、大新聞のほとんどが参加して共同声明を発し、イギリスを糾弾し、日本の主張への協力を要求した。このような日本の国内世論の沸騰にイギリスのクレーギー大使は宥和的態度をもって対応し、有田外相との間で協定を結んだのであるが、アメリカは、これまでの検討を踏まえて対日強硬路線を明確にしたのである。三八年九月のミュンヘン会談による宥和政策が、ナチス・ドイツによって半年後に裏切られた結果、アメリカの侵略者に対する目が厳しくなっていたのである。

戦略物資の多くをアメリカに依存し、アメリカとの貿易によって経済が存立していた日本としては、無条約状態になるのを是非とも避けるべく、阿部内閣の野村外相の下で、揚子江開放問題に取り組んだ。三七年一二月の南京陥落後も、日本軍が、軍事的理由で交通の大動脈である揚子江における外国船舶の航行を禁止しながら、日本軍艦が商品の売買に従事していることに対し、諸外国が抗議していた。そこで、揚子江を開放することによって、アメリカの納得を得て、通商航海条約廃棄を免れることを企図したのである。しかし、陸軍や海軍艦隊派などと通謀した外務省内の革新派（野村外相の革新派粛清人事後もなお革新派は侮れない勢力を保っていた）の強い反対により、四〇年二月以降、南京より下流の揚子江に限定して外国船舶に開放するという姑息《こそく》な結論となってしまった。このようにして、日米通商航海条約の更新交渉は失敗し、翌四〇年一月二六日から、日米無条約時代に入った。

南京の汪兆銘政権と桐工作

東京で日本の要人と会談し、新政権樹立につき日本側の内諾を取り付けた汪兆銘は、三九年六月一八日、帰国すると、新政権樹立に向けた動きを進めた。八月二八日、国民党の正統を継ぐという主張をすべく、第六次国民党全国代表者会議を上海で開いた。しかし、参集者は限定的であったため、現実には、華北の傀儡政権・中華民国臨時政府の王克敏、華中の傀儡政権・中華民国維新政府の梁鴻志と協議し、彼らと合同して中央政府樹立を進めることになった。一一月一日、汪兆銘は、新政府と日本政府との間で締結する条約の交渉を日本側と開始したが、日本側の提案は、近衛声明の前に交わした密約から大きく後退したものであり、近衛声明の趣旨からも逸脱したものであったため、交渉は難航した。しかし、日本側も汪兆銘側も若干の譲歩をして、一二月三〇日に、「日中関係調整事項」としてまとまった。ところが、翌四〇年　月四日、これまで汪兆銘の腹心として行動を共にしてきた高宗武と陶希聖が、汪政権の傀儡化を懸念して汪と訣別し、香港に脱出して、「日中関係調整事項」の秘密事項を新聞に暴露掲載した。この離反は、新政権の発足に当たり大きな痛手であった。

しかし、ともかく、汪兆銘政権は、四〇年三月三〇日、南京に国民政府を遷都したという形式で成立した。将来の重慶国民政府との合流の可能性もにらんで国旗は青天白日旗とし、汪は、新政府の主席代理に就任した。日本側としては、汪兆銘政権との和平をきっかけとして、蔣介石の国民政府との和平に持ち込むことが汪兆銘工作の目的であったのであるが、汪兆銘政権は、南京・上海周辺地域を治めたに過ぎなかった。この年一一月三〇日、汪兆銘政権は、日本政府との間で日華基本条約を締結したが、その内容は、日本に広範な軍事・経済・政治上の特権を付与するものであり、治安回復後二年以内の日本軍の撤兵を規定しているものの、その後も引き続き特定地域に駐留する権利を日本側に認め、余りにも日本に対して迎合していた。汪兆銘政権は中国民衆の支持を集める実質を欠いていた。

このようにして、汪兆銘政権を通ずる日中戦争解決の可能性が薄くなっていく中で、三九年九月から、前参謀本部支那班長の今井武夫大佐（陸士三〇期）は、志願して、新設された支那派遣軍総司令部（南京）の参謀となり、極秘に重慶の蔣介石政権との直接交渉「桐工作」に当たっていた。三九年一二月末、蔣介石夫人の宋美齢の兄宋子文と称する人物と接触を開始して、四〇年六月には、汪兆銘政権と蔣介石政権の合作を仲介する用意があること、汪兆銘・蔣介石・板垣征四郎（当時、支那派遣軍総参謀長）による和平会談を開くことなどの提案を日本側がする段階まで進んだが、七月下旬以降、宋子文と称する人物は豹変《ひょうへん》し、最終的には、日本の満州国の承認と日本軍の華北駐兵が癌であり、これが撤回されない限り、日中間の和平はありえないと断言するに至り、四〇年九月、日本側は「桐工作」の中止を決定した。後年、この桐工作への中国側の対応は、蔣介石の工作機関・藍衣社《らんい》の仕組んだ完全な謀略であり、宋子文も偽者であったことが判明している。

共産党軍の急成長と国民党軍との亀裂の深まり

一方、三九年の日本軍は、六月に、広東省の仙頭、福建省の温州・福州という華南の沿海主要都市を立て続けに占領した後、漢口・九江付近で、国民政府の大軍と対峙しつつ、他の地域では占領地の安定確保に努め、前年一〇月の武漢攻略作戦以来一年以上にわたって大規模攻勢作戦を手控えていた。力を蓄えた中国軍は、三九年一二月一二日頃から、存在感を誇示するため全国的に展開した「冬季攻勢」の一環として、漢口奪還を目指して反撃に出た。中国側は、翌四〇年一月末まで、七〇個師団（一個師団は日本のそれより小さい）といわれる大兵力が岡村寧次司令官（陸士一六期）率いる第一一軍に肉薄し、日本側は苦戦を強いられた。第一一軍はこれを撃退したが、日本側は戦死者二一〇〇、負傷者六二〇〇という大きな犠牲者を出した。もっとも、中国軍も五万の遺棄死体を残した。

他方、日本軍の占領地域が拡大すると、それに正比例するかのように共産勢力が成長する傾向が顕著となり、共産軍の頑強な抗戦は民衆の強い支持を受け、四〇年ごろには、八路軍は四〇万に、新四軍は一〇万に成長していた。この共産勢力の急成長に国民党は大きな不安と脅威を感じ取り、三九年初めから、国民党軍が八路軍や新四軍の部隊を襲撃する事件が頻発した。両党の亀裂は、この頃を境に次第に深まっていった。

全面的物価統制と電力使用規制

一九三九年一〇月一八日、価格等統制令が公布され、同月二〇日から施行された。

戦時経済への移行は、一方で通貨の増発を招き、他方で物資不足を生じ、その結果、必然的に物価騰貴を引き起こす。九月からの欧州戦争の戦火は、上昇する日本の物価に緊急の措置を講ずべきことを強いた。そこで、物価統制の根本法規として制定されたのが価格等統制令である。価格等統制令は、国家総動員法第一九条の規定に基づき制定されたもので、単に物資の価格のみならず、運送費・保管料・損害保険料・賃貸料・加工賃も統制の対象とし、三九（昭和一四）年九月一八日における額を超えて契約し、支払い又は受領することを得ず、と規定し、「九・一八ストップ令」と呼ばれるようになった。同時に、地代家賃統制令・賃金臨時措置令・会社職員給与臨時措置令が公布施行され、地代・家賃・賃金・給与もストップまたは統制下におかれることになった。この統制令を契機として、国家総動員法体系が全面的に発動され、利潤の統制まで始められた。

一方、農民兵士の銃後の農業経営の安定と農業生産の維持を確保するため、民法の特例として農地の賃貸借規制を初めて導入し、小作権を物権化し地主の小作地取り上げを原則として禁止した農地調整法が三八年四月に公布されていたが、三九年一二月一一日には、国家総動員法に基づく勅令として小作料統制令が施行され、統制は地主制度にまで及び、小作料引き上げが停止された。更に、国家総動員法に基づく勅令として、四一年一月三〇日には、臨時農地価格統制令が公布され、地価の騰貴が自作農創設事業を阻害しないよう農地価格が凍結され、同年二月一一日には臨時農地等管理令が公布され、農地の転用統制等がなされるようになった。これらの勅令は、農村の秩序と地主小作関係の変容を迫るものであり、農地調整法とともに、戦後の農地法制の原型を形成することとなった。

三九年四月、豊富・低廉な電力供給をキャッチフレーズとして、日本発送電株式会社が全国火力発電設備の六〇％、送電線の約四〇％を擁する国策会社として発足した。当時の我が国の電力の供給構造は、「水主火従」と呼ばれ、水力発電を主体として火力発電を併用することで発電能力のマキシマムを維持する構造となっていたので、補給用の火力発電設備と送電線を既存電力会社から国策会社に出資させることにより、電力の全国的な安定供給と効率化を図ったのである。

ところが、皮肉なことに、この年は、西日本を中心に空梅雨《からつゆ》が続き、百数十年来といわれるような異常渇水となり、この異常渇水による水力発電の出力減少と、石炭の入手難による火力発電の出力減少というダブルパンチで、全国的に深刻な「電力飢饉」に陥った。このような事態に直面し、電力の使用制限を不可避とみた政府は、一〇月、国家総動員法に基づいて、電力調整令を制定した。電力不足は、その後も深刻さを増し、需要サイドに混乱を生じてきたので、四〇年二月、電力調整令の発動に踏み切り、関東は三〇％、関西は三五％の制限率で電力使用を強権的に制限した。更に、四一年には、既存電力会社の全水力発電設備も国策会社の日本発送電会社に統合され、四二年には、九社より成る配電会社への送電統制が行われるようになり、これが、戦後の九電力会社による地域独占体制につながっていった。

また、三九年は日本本土のみならず、本土への米供給基地として重要な位置を占めていた朝鮮も異常渇水のため激甚な旱害《かんがい》があり、国民消費生活に大きな打撃を与えた。この年ころから、「贅沢品《ぜいたくひん》よさようなら」と言われる世相になっていく。

米英関係重視の米内光政内閣の登場

明けて四〇年一月一四日、阿部内閣は総辞職し、組閣の大命は、米内光政海軍大将に降下した。

日中戦争は解決の糸口すら見出せず、対英米関係は改善するどころか、悪化し、対独伊関係では取り残され、対ソ関係では張鼓峰・ノモンハンと連年の敗北の傷は癒えず、総じて対外関係は閉塞感と重圧感に覆われ、国内経済社会は統制のみが闊歩《かっぽ》する状況の下で、三九年一二月末に議会が始まると、政党は阿部内閣不信任の動きを活発化した。阿部内閣は総辞職のやむなきに至り、後継首班が米内になったのは、宮中がドイツとの接近を好まなかったため、防共協定の強化に執拗に反対する米内に白羽の矢が立ったのだという。米内は、三〇年のロンドン海軍軍縮条約以降、艦隊派（対英米強硬派）を押さえる中心的存在となり、三七年一月、林内閣の海相に就任以来、第一次近衛内閣、平沼内閣と三つの内閣で連続して海相の地位にあって、対英米関係重視の傾向が強かった。

一月一六日に成立した米内内閣は、畑俊六陸相・吉田善吾海相は留任、外相には有田八郎の再登板、民政党から二名、政友会から二名が入るなど、斎藤・岡田の両海軍大将首班内閣に似た構成の内閣であった。

斎藤隆夫の反軍演説と政党の分裂

米内内閣が発足して間もない四〇年二月二日、衆議院本会議で民政党の斎藤隆夫が、いわゆる「反軍演説」を行った。米内内閣の初仕事は、阿部内閣が提出した総額一〇三億円、うち臨時軍事費四五億円の空前の大予算を成立させることであったが、斎藤は、政府の日中戦争処理方針を巡って二時間の大演説を展開したのである。曰《いわ》く、東亜新秩序の建設のための聖戦と、中国の独立の尊重とは両立し得るのか、中国における日本軍の行動は近衛三原則などに反しているのではないか、蒋介石を相手にせず統治能力に疑問のある汪兆銘を相手にして事変解決は可能なのか、「支那事変は最も露骨なる侵略戦争」なのに、領土も賠償も取らないで戦費や戦後の復興はどうするのか、などと厳しく追及した。弁護士でアメリカのエール大学法学院にも学んだ自由主義者である斎藤は、これまで幾多の名演説をした論客として知られていたが、この反軍演説の前は、鎌倉の海岸で何度も練習をして諳《そら》んじてしまい、当日も原稿を見ずに演説した。斎藤の元には全国から感謝や激励の手紙が多数寄せられた。

ところが、軍部は、斎藤の演説は軍を誹謗し、聖戦を汚すものだとして斎藤の除名を主張した。政党は、政友会、社会大衆党のみならず、斎藤の属する民政党も含めて、軍部の圧力に屈して除名に賛成し、議員総数四四七名中反対はわずか七名であった。もっとも、棄権・欠席も合わせて一四四名と多く（特に民政党は総数一七〇名中六九名が棄権）、斎藤演説問題を契機に各党ともに党内対立を深め、分裂騒動が起こった。その結果、三月二五日、斎藤除名に積極的に賛成した政友会久原房之助《くはらふさのすけ》派や社会大衆党の麻生久《あそうひさし》派の議員有志を中心として、聖戦貫徹議員連盟が結成された。この連盟は、「挙国一体、国策の完遂に邁進」するために全政党を解党し、「一大強力新党」を結成すべきであると提唱し、新体制運動の先駆け的役割を果たした。

ドイツ軍の電撃戦とイギリス軍の孤軍奮闘

三九年九月三日に、英仏は、ドイツに対し宣戦布告はしたものの、積極的軍事行動には出なかったため、欧州戦争の西部戦線では戦闘は始まっておらず、四〇年の春までは「不気味な静けさ」が漂っていた。短期間でポーランド征服に成功したヒトラーは自信を深め、三九年一〇月初めには、西部戦線での本格的な攻勢を構想し始めた。しかし、ドイツ国防軍幹部の間では、弾薬の準備不足などを理由に反対意見が強く、ヒトラーが、攻撃命令に固執すれば、クーデタで放逐する計画も検討されていた。同年一一月からのソ連軍の侵攻に抵抗を続けるフィンランドに対し、英仏がノルウェーを経由して援助物資を供与しようとしたため、戦争必需物資である鉄鉱の大部分をスウェーデンからの輸入に依存していたドイツにとって、その積出港ナルヴィックがあるノルウェー北部と輸送ルートを確保する軍事的重要性が一挙に高まった。

四〇年四月九日、ドイツ軍は、突如としてノルウェーとデンマークの占領を強行した。デンマークは戦わずして降伏し、ノルウェーは猛烈に抵抗したものの程なく降伏した。次いで、五月一〇日、ドイツ軍は、怒涛のような勢いでオランダ・ベルギー・ルクセンブルグに宣戦布告なしに奇襲攻撃を開始し、五月一五日にはオランダが、二八日にはベルギーが相次いで降伏した。

更に、ロンメル将軍らが指揮するドイツ軍の戦車群は、独仏国境に沿って構築されていたフランスの誇る「マジノ線」を迂回して英仏軍の背後を突き、まっしぐらに英仏海峡（ドーバー海峡）のカレーを目指して殺到した。一〇個師団三〇万のイギリス軍は、カレーの北、ダンケルクの砂浜に追い詰められて「袋の鼠」

となったが、ヨットや釣り舟など民間の小型船舶までも動員した決死の「ダイナモ作戦」によって、六月四日、装備をすべて放棄してダンケルクから無事撤退を完了した。「ダンケルクの奇蹟」と称揚された。

六月一四日、ドイツ軍は無防備都市宣言をしていたパリに無血入城した。六月一八日、フランスのド・ゴール将軍は、亡命したロンドンからの放送で対独抗戦継続を指令した。しかし、八四歳のペタン元帥（第一次世界大戦におけるヴェルダンの攻防戦の国民的英雄）を首班とするフランス新政府は、六月一七日、すでにマドリードのフランコ政権を通じて休戦を求めており、六月二二日には、二二年前に第一次世界大戦に敗戦したドイツ軍に降伏調印させたコンピェーニュの森で、全く逆の立場で屈辱の休戦協定の調印が行われた。その結果、北部フランスと中部フランスの全部がドイツの占領地帯となり、フランス新政府は、非占領地帯である南部フランスの保養地ヴィシーを首都にして、俗に「ヴィシー政権」と呼ばれた。

この間、イギリスでは、五月一〇日、チェンバレン内閣が崩壊し、それまで海相であったチャーチルの組織する挙国一致の連合内閣が発足した。また、イタリアは、ドイツの優勢が明らかになった六月一〇日になって、漸く英仏に宣戦布告した。七月初めにベルリンに凱旋したヒトラーは、国民から大歓迎を受け、それまで伍長あがりのヒトラーの軍事戦略に懐疑的であった国防軍首脳も、「軍事の天才」と称賛するようになっていた。

この段階で、ドイツとの戦争を続けたのはイギリスだけだった。チャーチル首相は、ダンケルク撤退直後の六月四日、下院演説で、イギリスがどんな犠牲を払っても戦い続ける意志を明らかにしていたが、フランス降伏後の七月一九日、ヒトラーが最後の和平呼びかけをしてきたときにも、断固として拒絶した。このため、ヒトラーは、イギリス上陸作戦を真剣に検討した結果、制海権はイギリス側が優勢のため、制空権をドイツ側が掌握するための準備的攻撃として、七月一〇日に大空襲作戦を開始した。最初は軍需生産基地を対象にした襲撃であったが、九月七日からはロンドンに対する夜間大空襲を始めた。しかし、戦闘機七〇〇機、爆撃機四〇〇機を動員して雲霞《うんか》のような大群を成して襲来するドイツ空軍機に対し、少数の「ハリケーン」や「スピットファイヤー」などの戦闘機が応戦した「バトル・オブ・ブリテン」によって、九月一五日、ドイツ空軍機のロンドン上空への侵入が阻止された。ドイツのロンドン大空襲作戦は、イギリスに決定的な大打撃を与えることによって、イギリスが和平を求めてくることを企図したものであった。この空中戦で、イギリス側が七二三機と多大な損害を受けたが、ドイツ空軍の損失も一二四四機と大きく、制空権を奪うことができなかった。

一方、イギリス空軍は、ドイツの上陸作戦用の舟艇が集結していた英仏海峡の諸港を繰り返し空襲したため、ドイツ海軍は上陸作戦に自信を持てなくなり、ヒトラーは、四〇年一〇月中旬、上陸作戦を翌年春まで延期する決断をした。しかし、その後も、イギリス側の抗戦能力や抗戦意欲を殺《そ》ぐため、ドイツ空軍による都市爆撃は、四〇年の暮れまで続いた。多数の市民が犠牲になったが、英国民はそれに耐え、抗戦意識が衰えることはなかった。

日本軍の久々の大規模攻勢作戦(宜昌作戦)

四〇年五月一日から、支那派遣軍麾下《きか》の第一一軍（岡村寧次司令官）は、湖北省で宜昌《ぎしょう》作戦を展開し、六月一二日、宜昌攻略に成功した。

湖北省の宜昌は、揚子江中流域の交通の要衝であり、蔣介石政権の首府・重慶から約四八〇キロと近く、重慶爆撃の中継地として適した地点でもある。このようなことから、先述した桐工作などによる重慶政府との和平交渉を促進する目的もあって、三八年一〇月の武漢攻略作戦以来一年半ぶりの大本営指令に基づく大規模攻勢作戦として行われた。この宜昌作戦には、日本軍は八万の兵力を投入し、毒ガス砲も使用して、奇《くす》しくも欧州戦におけるパリ陥落と同じ六月一二日に、宜昌攻略に成功した。

当初作戦計画では、兵力に余裕がないため占領後反転撤退することになっていたところ、パリ陥落の二日前には、イタリアの欧州戦への参戦もあり、陸軍中央では、武力南進論や日中戦争早期解決論がにわかに台頭したため、結局、六月一六日、宜昌を撤退することなく占領を維持確保することに決定された。撤退を開始していた第一一軍は、急遽宜昌に舞い戻って再占領を完了したのは六月二四日であった。

この作戦で国民党軍は、六万三〇〇〇余の遺棄死体を出している。宜昌の次は重慶侵攻だという情報もあり、日中戦争八年間の中で、最も危機と感じた時期と蒋介石が後に述懐している。

陸軍の枢軸強化・南進論と米内内閣倒閣

欧州戦争における四〇年五月から六月にかけてのオランダとフランスの降伏は、東南アジアの一角、蘭印（オランダ領東インド。現在のインドネシア）と仏印（フランス領インドシナ。現在のベトナム・カンボジア・ラオス）などに力の空白地帯を作りだした。それは、この年一月に日米通商航海条約が失効し、資源の不足が痛感され始めた時期でもあった。フランスのヴィシー政権がドイツの傀儡政権であることに便乗した日本側の要求を受けて、六月一七日、仏印当局は、仏印経由で武器弾薬・トラック・ガソリンを重慶の国民政府向けに輸送することを禁止した。更に、仏印当局は、禁輸を監視する日本側軍事専門家の派遣をも認め、援蒋ルートのうち仏印ルートは消滅することになった。その上、日本は、欧州戦争で余力のないイギリスの窮状に乗じて、六月二四日、イギリスの植民地ビルマ（現ミャンマー）経由の中国向け武器輸送停止を要求し、イギリスも、三カ月間、ビルマルートを閉鎖することに同意した。

日本陸軍の親独派は、ドイツの西部戦線での電撃戦の成功に勢いを取り戻し、早くドイツとの同盟を結び、ユーラシア大陸における役割分担について合意すべきとの主張が高まった。七月三日、陸軍の省部（陸軍省と陸軍参謀本部）首脳会議は南方武力進出を決意した。しかし、米内内閣は、欧州戦争不関与の方針を堅持し、対米関係の改善を優先し、ドイツとの枢軸強化に慎重な姿勢を崩さなかった。そこで、陸軍は倒閣に走った。

七月一六日、米内内閣は総辞職した。陸軍は、畑俊六陸相が単独辞任し、後任の推薦を拒否して、内閣を総辞職に追い込むことに成功したのである。また、この年三月、斎藤隆夫除名を積極的に推進した議員グループが聖戦貫徹議員連盟を結成し、全政党を解体し、一大強力新党を結成すべきことを唱導していたが、その領袖として考えていたのは近衛文麿であった。六月一〇日、この年の春から健康状態が悪化していた湯浅倉平《ゆあさそうへい》内大臣が辞職して、近衛の大学時代からの盟友木戸幸一（明治維新の元勲木戸孝允《たかよし》の養嗣子孝正《たかまさ》の長男）が内大臣に就任すると、近衛は新党結成の決意を固め、六月一八日、枢密院議長の地位を辞すると政府に伝え、六月二四日、辞職が受理されると、強力なる挙国政治体制の確立のために微力をささげたい、旨の決意表明をした。これに呼応して、六月一九日、中野正剛《せいごう》率いる東方会《とうほうかい》が解党して先鞭をつけ、七月六日、安部磯雄率いる社会大衆党が解党し、米内内閣が総辞職した七月一六日、政友会久原房之助派が解党し、既成政党の解党と新党結成の動きは本格化していた。

第二次近衛内閣の成立

四〇年七月一七日、組閣の大命が近衛文麿に降下した。近衛は、畑俊六陸相から東条英機の後任推薦を受け、吉田善吾海相から留任の回答を得、外相に松岡洋右の起用を決めた上、一九日、荻窪《おぎくぼ》の荻外《てきがい》荘に陸・海・外三相候補者の東条、吉田、松岡を招いて基本方針を協議した。この荻窪会談において、日独伊枢軸の強化、武力南進、日ソ中立条約など国防・外交の基本方針を決めた後、二二日、第二次近衛内閣が成立した。組閣早々の七月二六日には、閣議で「基本国策要綱」を決定した。この要綱では、外交については荻窪会談の基本方針と同様の内容が定められ、内政については、「強力なる新体制を確立し国政の総合的統一を図る」ための新国民組織の確立、議会制度の改革、統一と敏活を図るための行政態勢の刷新が定められた。

更に、七月二七日の大本営政府連絡会議においては、「世界情勢の推移に伴ふ時局処理要綱」が決定された。この要綱では、日独伊枢軸の強化、仏印の軍事基地化、仏印及び蘭印の主要資源の確保が定められた。特に、南進政策を推進するに当たっての武力行使については、支那事変（日中戦争）が解決していれば、対南方問題解決のために好機を捉えて武力行使する、支那事変が未解決であれば、第三国と開戦に至らない程度で施策するが、場合によっては武力行使を辞さない、武力行使はイギリスだけを対象とするよう努力するが、対米開戦を避け得ない場合もあり得るので、その準備に遺憾なきを期す、と定められた。即ち、この段階では、「英米可分論」に立って、作戦対象を専《もっぱ》らイギリスに絞っており、アメリカへの挑戦の意図はなかったが、対米開戦の覚悟と準備は必要との認識であった。近衛内閣の内閣書記官長を務めた富田健治の回想録によれば、組閣早々の近衛首相の考えを支配していた問題は、三国同盟と政治新体制問題であり、その他の問題は馬の耳に念仏であったという。

百団大戦と国共合作の事実上の崩壊

一方、中国大陸では、四〇年八月二〇日から三カ月余にわたって、中国共産党の八路軍が、山西省・河北省の一帯で「百団大戦《ひゃくだんたいせん》」を展開した。八路軍は、「政治七分、軍事三分」を標榜し、国民党軍の戦闘には積極的に協力せず、日本軍との直接交戦は極力回避することを基本とし、国民党部隊の赤化工作や民兵の組織化により独自の兵力の増強を図り、開戦時三万の兵力が、この段階で四〇万の兵力を擁するに至っていた。八路軍は、小部隊でのゲリラ戦を得意とし、日本軍が進撃して国民党軍が撤退すると、その後の権力の空白に乗じて日本軍の後を追うようにして勢力を拡大していた。

その八路軍が初めて異例の日本軍に対する積極的攻勢に出たのが、この「百団大戦」である。その名は、八路軍副総司令の彭徳懐指揮する参加兵力が百個の団（団は連隊に相当）とされることに由来する。八路軍は、この年三月の汪兆銘政権の成立、六月の宜昌作戦での国民党軍の敗北、「桐工作」の進展などにより国民党軍が逼塞状態にあるのを見て、八路軍の威信にかけて抗日意欲を高めるため、八月二〇日、一斉に山西省・河北省の鉄道・炭鉱・軍事施設などに同時多発的に奇襲を展開したのである。北支那方面軍の多田駿《ただはやお》司令官（陸士一五期）指揮する第一軍が出撃すると、抗戦を回避して分散退避し、八路軍は九月二二日から第二次攻勢に出て、第一軍への直接攻撃に踏み切った。第一軍は、一二月五日、八路軍を撃退したが、八路軍の戦力に対する認識を改め、中共（中国共産党）対策を本格的に練り直す契機となった。

明けて四一年三月以降、北支那方面軍は、華北の抗日根拠地（解放区）に対し、農作物の収奪や没収、強制買い上げなど物資と食糧の確保のため手段を選ばない討伐作戦を展開し、制圧した地域には徹底した連座制を布いて共産ゲリラに協力する農民を殺した。この作戦は中共側に「三光《さんこう》作戦」（焼き尽す・殺し尽す・奪い尽す）と呼ばれ、一時、解放区は縮小したが、八路軍は、生産運動と整風《せいふう》運動（思想上の主観主義・活動上のセクト主義・表現上の空言主義を克服し、学風・党風・文風をあらためることを呼びかけた運動）によって克服し、四二年末以降、根拠地は徐々に回復していった。

この八路軍の百団大戦は、国民党の共産党に対する警戒心を一層強めた。国民党は、四〇年一〇月、黄河以南の全共産軍に対して黄河以北に移動せよと命令するとともに、共産党の拠点・延安を中心とする陝甘寧辺区（陝西《せんせい》省・甘粛《かんしゅく》省・寧夏《ねいか》省）の包囲網を強化した。共産党は、これに反対したが、決裂を避けるために北方への移動を指令し、安徽《あんき》省南部にいた新四軍も四一年一月四日、北方への移動を開始した。移動を開始した途端、国民党軍八万が突然新四軍を急襲し、新四軍九〇〇〇のうち二〇〇〇名は逃亡したが、残りは戦死または捕虜となり潰滅した。これを皖南《かんなん》事変というが、皖南事変によって三七年九月以来の国共合作は事実上崩壊した。抗日民族統一戦線は、この皖南事変を転機として、次第に共産党を中核とするものへ転換していった。蒋介石は、援助を受けているソ連・英米からの非難に晒《さら》される羽目《はめ》に陥った。

日独伊三国同盟の締結

三国同盟については、三八年八月以来、三九年初夏まで、陸軍は、日独伊防共協定の強化問題として、三国同盟締結を執拗に主張して、七〇数回にもわたって五相会議を開かせたにもかかわらず、外務省と海軍が頑強に抵抗しているうちに、三九年夏の三つの衝撃的事件によって頓挫していた。一つは七月のアメリカの日米通商航海条約廃棄の通告であり、二つ目には八月の独ソ不可侵条約の締結であり、三つ目は五月から九月にかけてのノモンハン事件でのソ連軍に対する関東軍の大苦戦である。

この三つの事件による状況は、その後の一年でどう変化したか。日米関係の改善努力は、通商航海条約の失効の回避にまでは及ばず、四〇年一月から無条約状態になり、アメリカは状況に応じて経済制裁を自由に発動できることとなった。当時、アメリカは、日本にとって、軍事物資の最大の供給国であり、かつ輸出品の最大のマーケットであった。アメリカは、経済制裁措置をちらつかせながら対日強硬路線を明確にした。次に、独ソ不可侵条約の締結により日本を裏切ったドイツは、ソ連との密約のもとに直ちに欧州戦争を開戦し、約一年は電撃的快進撃を続けたものの、唯一の抗戦国として残ったイギリスが、四〇年九月半ばにイギリス上空において英雄的に示した「バトル・オブ・ブリテン」を分水嶺《ぶんすいれい》として、戦況展開の様相が変化しつつあった。最後のノモンハン事件は、戦車隊・重砲隊・航空隊などソ連軍の機械力の圧倒的な対日優勢を誇示された結果になったが、日本軍が、わずか一年で優劣を逆転できるはずがなく、逆に、ソ連は欧州戦争によって領土と国力を増大させていた。

このような状況変化のもと、四〇年九月七日、ドイツからリッペントロップ外相の腹心シュターマー公使が来日した。この日は、ドイツ軍がロンドンへの夜間空襲を始めた日であり、来日目的は、日本にアメリカを牽制させてアメリカの対独参戦を防ぐことにあった。吉田善吾海相は、三国同盟問題に苦しみ、体調を乱して辞任し、後任に及川古志郎《おいかわこしろう》大将が就いたのが、シュターマー来日の二日前の九月五日であった。シュターマーは、松岡外相と親密に会談して、単刀直入、アメリカの参戦を防ぐために三国同盟を結ぼう、と提案した。三国同盟を結べば、アメリカの対独参戦を抑止すると同時に、対日参戦を抑止することになる、何故ならば、アメリカがヨーロッパの戦争に参戦すれば、アジアで日本とも戦わなければならなくなるから、という論理である。松岡は、この三国同盟提案を受け入れるとともに、持論である日独伊ソ四国が同盟ならずとも協商を結ぶということで、シュターマーと意見一致をみた。

九月一二日、松岡・シュターマー会談の合意を受けて、四相会議（近衛首相、松岡外相、東条陸相、及川海相）を開いたが、就任間もない及川海相は、「原則的には同意であるが」と言いながら態度を保留した。ところが、翌一三日、海軍は首脳会議（及川海相、豊田貞次郎次官、阿部弘毅軍務局長、近藤信竹軍令部次長、宇垣纏《うがきまとめ》作戦部長出席）を開いて、一転して、現下の局面を打開するには他に名案がないとの理由で、政府に一任すると明言した。日本に自動参戦義務はない、参戦は日本の自主的判断に委ねられる、との松岡外相の説明を海軍は信じたのだという。このため、一四日の大本営政府連絡会議、一六日の臨時閣議、一九日の御前会議で日独伊三国同盟が国策として決定された。わずか一週間で、最大の植民地をもつイギリスと最大の国力を誇るアメリカを明示的に敵に回す国策が一気呵成《いっきかせい》に決定された。

米内・山本・井上の海軍トリオを中心として一年にわたって身の危険を顧みず頑強に拒絶してきた三国同盟を、いとも簡単に容認したのは、なぜか。ドイツの欧州戦争における緒戦の快進撃を過大に評価し、その快進撃がこれからも続くとの希望的観測が支配した結果というほかはない。むしろ、アメリカが明確に対日強硬路線に転じ、すでに石油や屑鉄《くずてつ》の輸出に許可制を導入したこと、母親がアメリカ人であるチャーチル首相率いる挙国一致内閣が登場したイギリスは、抗戦意欲が強く英米一体のもとにドイツに対し反転攻勢に出る兆候が現れたこと（九月一五日には、早くも「バトル・オブ・ブリテン」によりドイツ空軍はイギリス上空への侵入を阻止された）、など三国同盟をむしろ回避すべき要素が出現していたにもかかわらず、これが認識されていないか、意図的に捨象《しゃしょう》されていたのである。また、これと関連して、イギリスの敗戦は近い、そうすれば講和条約の締結交渉も近い、三国同盟を締結してドイツ側に立っていなければ、東南アジアのオランダ領も、フランス領も、イギリス領も、更には、日本が第一次世界大戦で得た委任統治領である南洋諸島もドイツの手に入ってしまうことになりかねないから、早く同盟を結んで講和の際に独伊と対等に話し合う地位を確保しておきたい、との思惑が日本側にあった。海軍も外務省も、この思惑に抗し難かったのである。

三国同盟は、九月二六日、枢密院で可決され、条約は、九月二七日、ベルリンで来栖三郎大使、リッペントロップ外相、チアノ外相の間で調印された。世論は、三国同盟を賛美した。『東京朝日新聞』は、「国際史上画期的の出来事として誠に欣快《きんかい》に堪《た》えざるところである」と称えている。一〇月一三日、東京では日比谷公園・芝公園・神宮外苑など六カ所で三国同盟祝賀国民大会が開かれた。

北部仏印進駐とアメリカの反撥

四〇年九月二三日、日本軍は、仏印（フランス領インドシナの略称。現在のベトナム・カンボジア・ラオスの地域）の北部に進駐した。

八月一日から、日本は、軍事力を背景に仏印当局との間で交渉を行い、軍事協定を締結して、仏印におけるいくつかの飛行場使用や兵力駐屯の権利を得て進駐した。仏印経由の援蒋ルートの封鎖を確実にし、重慶国民政府との直接和平によって、日中戦争の早期解決を図るとともに、蘭印などの石油や鉄の資源を確保するための橋頭堡《きょうとうほ》を築くのが、北部仏印の進駐目的であった。

しかし、日本の北部仏印進駐に対し、アメリカのハル国務長官は九月二三日、現状を破壊し、かつ威圧によって達成された結果は認めないと言明した。更に、アメリカは、九月二八日、屑鉄の対日輸出を全面的に禁止するとともに、蒋介石に対し二五〇〇万ドルの借款を供与した。この際、モーゲンソー財務長官やスティムソン陸軍長官は石油禁輸も主張したが、ハル国務長官らの慎重論で、見送られた。

当時、屑鉄製鋼法に大きく依存していた日本の鉄鋼業は大打撃を受け、鉄鋼の生産力拡充計画の根本的な改定を余儀なくされた。三国同盟締結以降の日本は、対米英依存から脱却して東アジアに勢力圏を築き、その圏内でできる限り自給自足を図る方向に進まざるを得なくなった。

既成政党の解党と大政翼賛会の結成

四〇年一〇月一二日、大政翼賛会が結成され、発会式が開かれた。

東方会の解党を嚆矢とした既成政党の解党と強力新党結成の動きは、第二次近衛内閣成立後も続き、七月二五日、民政党永井柳太郎派が解党、二六日には安達謙蔵率いる国民同盟、三〇日には政友会中島知久平派も解党、八月一五日、最後まで残った民政党も解党し、ここに全政党の解党が完了した。そこで、八月二八日から九月一七日にかけて、六回にわたって新体制準備会が開かれたが、この準備会における議論の焦点は、新体制の性格論であった。近衛は、当初、ドイツ流の一国一党（ファシズム）の新党を作り、新党に結集した国民の力で軍部を抑え、日中戦争を収拾することを目指していたが、天皇制との矛盾に気づき、また、政党専制の傾向を助長し、遂には国体に反する幕府政治を再現するもの、などの非難もあり、結局、

「緩やかな全員参加型の運動体」として発足することになった。

近衛は、大政翼賛会の発会式における総裁としての挨拶で「本運動の綱領は、大政翼賛・臣道実践という語に尽きる。これ以外には、実は綱領も宣言も不要と申すべきであり、国民は誰も日夜それぞれの立場において奉公の誠を致すのみである」と述べて、革新派を唖然とさせた。大政翼賛会は、軍部と内務省の外郭団体として、政府の方針を国民に伝え、「国民を動員する上意下達の機関」になっていった。すでに、内務省は、九月一一日、新体制の下部組織として、部落会・町内会・隣保班を整備強化する方針を打ち出し、五軒ないし一〇軒程度の隣保組織が行政の末端を担い、物資の配給、貯蓄、公債の割り当て、出征兵士の見送り、金属回収まで取り仕切るようになった。なお、大政翼賛会の政治活動は禁じられたので、旧政党側は、大政翼賛会とは別個に翼賛議員同盟を結成し、独自の政治活動を進めることになった。

「紀元二六〇〇年」という年

四〇年一一月一〇日、宮城前広場で、内閣主催の紀元二六〇〇年記念式典が盛大に挙行された。「一九四〇年」は、初代天皇である神武天皇の即位年が、西暦紀元前六六〇年であるので、皇紀二六〇〇年に当たるのである。戦前は、その神武天皇が橿原宮《かしはらぐう》で即位されたのが二月一一日であるというので、その日は「紀元節」として祝われていたが、この年は、全国一一万の神社で大祭が行われた。記念式典に合わせて「皇紀二六〇〇年奉祝曲」が作曲され、演奏されたのをはじめ、一一月一四日まで各種の関連行事が繰り広げられ、祝賀ムードが高まった。

実は、この年、紀元二六〇〇年を記念する行事として、東京オリンピックと万国博覧会が開催される予定になっていた。日本は、この年に照準を合わせてアジアで初のオリンピックの開催地を東京にすべく、三二年以来、ＩＯＣ委員嘉納治五郎を中心として招致運動を進めてきたが、三六年七月、ベルリンで開かれた

ＩＯＣ総会で、第一二回夏季オリンピックの開催地は東京と決定した。東京の開催地決定には、有力な開催候補地であったローマがムッソリーニの配慮により辞退したことが有利に作用した。その後、東京駒沢町のゴルフ場跡地を一〇万人収容のメインスタジアムとして開催準備が進められてきたが、三七年七月からの日中戦争が長期化したため、三八年に入ると、鉄鋼などの資材が逼迫《ひっぱく》するなどを理由として軍部から反対の声が挙がり、更に、その年四月にカイロで開かれたＩＯＣ総会で、英米などからも東京での開催に反対ないしボイコットの主張が出された。カイロから海路での帰国途中の「氷川丸《ひかわまる》」船上で、五月四日、オリンピック招致に重要な役割を果たした嘉納治五郎が病死した。このため、三八年七月一五日の閣議で、開催中止を決定した。なお、東京での開催中止決定後、代替地として、東京に次ぐ得票を得ていたフィンランドの首都ヘルシンキが予定されたが、これも三九年九月からの欧州戦争の勃発によって開催不能となり、結局、四〇年の第一二回夏季オリンピックは開催されなかった。この年、札幌で開催する予定であった第五回冬季オリンピックも開催中止となった。一方、万国博覧会は、三月一五日から八月三一日まで東京月島《つきしま》の四号埋立地（現在の晴海《はるみ》）をメイン会場として開催を予定されたが、これもオリンピックと同様の事情で中止となった。墨田川に架かる勝鬨《かちどき》橋は、この博覧会開催のための整備の一環として、外国人の手と資材を一切容れずに純国産の可動橋と誇るべく造られ、四〇年六月に竣工したものである。

なお、「零戦《ぜろせん》」は、正式には零式艦上戦闘機という戦闘機である。零戦は、航空母艦から発進できる航続距離二〇〇〇キロの戦闘機で、直径二〇ミリの機関銃を発射できる戦闘機として三九年三月に開発され、四〇年に正式に戦闘機として採用されたので、この年が紀元二六〇〇年に当たることから、その最後の「〇」をとって「零式艦上戦闘機」と命名されたのである。因みに、その前、三七年に採用された艦上攻撃機は、その年が紀元二五九七年に当たるので、九七式艦上攻撃機と命名されていた。

紀元二六〇〇年記念式典とその関連行事が終わると、早速、一斉に「祝ひは終わった　さあ働こう」というポスターが街角に貼られた。それは、大政翼賛会が作製したものであった。この年七月七日、奢侈品《しゃしひん》等製造販売制限規則（七・七禁令と呼ばれた）が定められ、パーマネントや華美な服装などを摘発する運動が街頭で展開され、「贅沢《ぜいたく》は敵だ！」という立て看板が東京市内に一気に一五〇〇本も立てられるような時代になっていた。

松岡外相の四国協商論

松岡外相の三国同盟締結後の課題は、ソ連を取り込んだ四国協商であった。松岡外相が登場した時点での日ソ関係は、どうであったか。軍事的には、前年五月から九月にかけてのノモンハン事件で、ソ連軍の機械化部隊によって関東軍が大打撃を受け、ソ連側には日本の軍事力に対する軽侮《けいぶ》の感覚が生じており、前年九月からの欧州戦争では、ソ連は独ソ不可侵条約と秘密議定書に基づき、東欧及び北欧で巧妙に立ち回って着々と領土拡大の成果を挙げ、軍事力にさらに自信をもつようになっていた。このような自信を背景に、米内内閣の末期、四〇年七月に、東郷茂徳《しげのり》駐ソ大使がモロトフ外相に対し中立条約を提案したところ、ソ連は原則的に同意しながら、北樺太における日本の石炭石油利権の解消を要求してきていた。

ソ中関係では、ソ連は、蔣介石の日中戦争への参戦希望には応じなかったが、日中戦争開始後まもなく、三七年八月には、中ソ相互不可侵条約を結び、その後、中国の要請に応えて、三七年から四一年にかけて、飛行機一二五〇機のほか、戦車、大砲、車両その他の供与、兵器工場の建設など総額二億五〇〇〇万ドルの援助、七〇〇名の飛行士の戦闘参加、軍事顧問団の派遣などの支援をしていた。

松岡は、今まで日本はアメリカの世界戦略に振り回されている、アメリカと対等の立場で外交を展開するためには、まず三国同盟を結び、次に、ドイツのソ連に対する影響力を利用して、ソ連を加えた日独伊ソの四国協商による枢軸を形成し、この四国枢軸の力によって対米交渉に乗り出すほかに方法はない、独ソ不可侵条約を結んだ今こそ、そのチャンスである、との持論を展開していた。この松岡の四国協商論は、独ソ関係に過大に期待を寄せ、中ソ関係を過小に評価した独断であった。

独ソ関係の険悪化

しかし、松岡外相の持論にかかわらず、欧州の情勢は大きく変化しつつあった。即ち、四〇年夏、ドイツが西部戦線に専念している間に、ソ連が、六月二八日、ルーマニアの北部ブコヴィナとベッサラビヤ（現モルダビア共和国）を占領し、八月一日から八日にかけて、リトアニア・エストニア・ラトヴィアのバルト三国を併合したことに対し、ドイツは不快の念をもった。他方、ドイツが九月二七日に日独伊三国同盟を結んだこと、北部ノルウェーに増援部隊を送ると称してフィンランドに軍隊を送ったこと、などがソ連を刺激し、独ソ関係は円滑を欠き始めていた。

そこで、一一月一二日、モロトフ外相がベルリンを訪問して、ドイツとの国交調整を図ったのであるが、二日間にわたる討議によって意見の一致をみるに至らず、その際、四国協商も話題になったが、ソ連は消極的であった。このモロトフとの交渉を通じて、ソ連との妥協は困難と判断したヒトラーは、ソ連に対する攻撃準備の最終決定を下し、一二月一八日、国防軍に準備を命じた。この時点で、ドイツ軍のイギリス上陸作戦は遠のき、当然のことながら、イギリスの敗戦も、当分あり得ないこととなったのである。また、独ソ戦は不可避となったのであるから、松岡の持論の四国協商の前提条件も崩れたのである。

日ソ中立条約

それでも、四〇年一二月のヒトラーの対ソ戦準備命令を知り得なかった日本の大本営政府連絡会議は、四一年二月、四国協商実現のために松岡外相が渡欧することを決定し、松岡は、三月一二日、対独伊ソ交渉案要綱を携《たずさ》えて渡欧の旅に出た。しかし、三月末のベルリンでの交渉で、ドイツは四国協商には全く関心を示さず、英領シンガポール攻撃を要請するばかりであった。

松岡は、失望してモスクワに向かい、ソ連に対し不可侵条約締結を提案した。これに対し、ソ連側がその条件として南樺太と千島列島の返還を要求してきたため、その要求はのめないと言明したうえ、一転、中立条約の締結を求めた。この中立条約交渉も難航したが、四月一二日、ドイツとの戦争を不可避とみていたスターリンとの会談で急転直下、妥結した。この条約は、相互の領土の保全・不可侵の尊重を定めるとともに、締約国の一方が第三国と軍事行動の対象となった場合の他方の中立を定めたものであり、有効期間は五年、廃棄のためには満期一年前の不延長の通告が必要とされた。ソ連は、日独の両面攻撃を避けるため、日本は、北方の憂いをなくして南方進出態勢を固めるとともに、米ソ・中ソの連携を断つため、この条約を結んだのである。この条約とともに、日ソ両国の平和と友好の関係を保障するため、日本はモンゴルの、ソ連は満州国の領土保全と不可侵を尊重するという声明を発表した。これは、三七年八月の中ソ不可侵条約の精神に反し、表向き、ソ連と中国とを切り離す効果をもつものであった。

四月二二日、松岡は、シベリア鉄道に乗ってウラジオストーク経由で帰国した。松岡が帰国すると、松岡邸の門前には東京市民が大挙集まって万歳三唱し、まるで凱旋将軍のようであったのは、七年前の国際連盟脱退の時と同じであった。そして、国内世論は、南進論一辺倒《いっぺんとう》に傾斜していった。

第九章　太平洋戦争

第二次世界大戦のうち、太平洋地域が戦場となった日本と米・英・オランダ・オーストラリアなど連合国との戦争で、日中戦争の行き詰まりを打開するため、四一年一二月八日、日本は、米・英に宣戦、緒戦において南方諸地域を制圧したが、ミッドウェー海戦を転機として四二年後半から守勢一方となり、アメリカの広島・長崎への原爆の投下やソ連の参戦などにより四五年八月一五日、ポツダム宣言を受諾して無条件降伏した。

一　太平洋戦争の背景と経緯

アメリカの建国以来の驚異的領土拡張

太平洋戦争における日本の主要な交戦相手国は、アメリカであった。そこで、アメリカという国の生い立ちと発展の歴史を概観しておく。

一四九二年にイスパニア女王イザベラ一世の援助を受けたイタリア生まれの航海家コロンブスによって発見されたアメリカ大陸には、一六世紀初期にスペイン人が入植を開始したが、一六〇七年に、ヴァージニアのジェームスタウンに初のイギリス植民地が建設され、ここから本格的にイギリスの北米植民地の発展が始まった。一六二〇年には、信仰の自由を求めて清教徒の一団一〇二名（ピルグリム・ファーザーズ）が「メイフラワー号」に乗ってプリマス（マサチューセッツ州東部の町）に上陸し、一八世紀に入ると、北米植民地はめざましい経済的発展を遂げた。一七七五年には、イギリスの北米植民地は東部一三州にわたり、人口は約二五〇万人に達していた。その二年前の一七七三年に、イギリス本国が経営危機に瀕した東インド会社に対し北米植民地での茶の独占販売権を与えた茶法を制定したことを契機として、ボストン港に停泊していた船に積まれていた茶を海中に投棄した「ボストン茶会事件」が起こって、イギリス本国と北米植民地との対立は高まり、一七七五年四月、遂に独立戦争に突入した。「代表なくして課税なし」が、独立に導いた理念である。一七七六年七月四日、トマス・ジェファーソンが起草した格調の高い独立宣言が発表された。

しかし、実際の独立達成は、当時、イギリス本国と植民地獲得競争で鎬《しのぎ》を削《けず》っていたフランスの応援を受け、スペインとも同盟関係を結んで、七年にわたる独立戦争を戦い抜き、イギリス軍を降伏させた上で、一七八三年九月に締結したパリ条約によってであった。ここに、東海岸の一三州の植民地（現在のアメリカの国土の約一〇分の一、日本の国土の二・五倍）のほかに、ミシシッピー河以東の領土（ケベックと東西フロリダを除く）もイギリスから割譲を受けて、アメリカ合衆国は正式に成立した。つまり、パリ条約によるアメリカの領土は、北はカナダに、南はスペイン領フロリダに接し、東は大西洋岸まで、西はミシシッピー河までであった。その後、一三州の批准を得て合衆国憲法が制定され、ジョージ・ワシントンが初代大統領に就任したのは、一七八九年四月であった。フランス革命勃発の三カ月前のことであった。

一八〇三年には、当時「世界最大の不動産取引」と言われた「ルイジアナ」の購入によって、一挙にアメリカの領土は二倍になった。「ルイジアナ」は、一七世紀後半、この地を最初に探検したフランス人がルイ一四世に因んでルイジアナと命名した由緒《ゆいしょ》ある地で、現在のルイジアナ州だけでなくモンタナ州、カナダの一部まで含む広大な地域であり、日本の国土面積の約六倍もあった。当時、ナポレオン戦争の戦費調達に苦しんでいたフランスは、背に腹は代えられずルイジアナの処分をアメリカにもちかけ、西部への拡張を望んでいたアメリカがわずか一五〇〇万ドル（二〇〇九年度換算で約二億九〇〇〇万ドル）という破格の安値で購入したのである。

更に、一八四五年一二月、九年前にメキシコから独立していたテキサス共和国（現在のテキサス州で、その住民の圧倒的多数がアメリカからの入植者）を、その同意を得てアメリカに併合した。一八四六年四月からの米墨《べいぼく》戦争に圧勝したアメリカは、一八四八年二月、リオ・グランテ川をアメリカとの国境とする和平条約を締結し、メキシコから、現在のワイオミング州からカリフォルニア州に至る広大な地域を一五〇〇万ドル（二〇〇九年換算で約四億二〇〇〇万ドル）で譲り受けた。米墨戦争は、西部への一層の領土拡大を目指すアメリカの挑発によって引き起こされた戦争であった。この米墨戦争によって、アメリカの領土は太平洋沿岸まで達するとともに、戦争が終結した一八四八年、カリフォルニアに金鉱が発見され、「ゴールド・ラッシュ」に沸いた。アメリカの領土拡張は、ここでとどまらず、次は北に向かい、一八六七年三月、クリミア戦争後の財政難に悩んでいたロシアから、クリミア戦争の中立国であった立場を利して、日本国土の約四倍のアラスカを七二〇万ドル（二〇〇九年度換算で約一億ドル）で購入した。

その次は、遂に海を渡って、一八九八年、ハワイを併合した。ハワイは、一七九五年に初代カメハメハ王がハワイ諸島を統一して作った立憲君主制の王国であったが、アメリカからの入植者が増え、パイナップルやサトウキビが重要な産業になるにつれて、アメリカの影響力が増大し、一八九三年一月、アメリカ人入植者が中心となってアメリカ海兵隊の出動を得て「ハワイ革命」を断行し、王政を廃止して暫定政府を発足させていた。暫定政府は、間もなくアメリカ政府と併合条約を締結したが、ハワイ革命の正当性を巡って上院での承認が得られず、ハワイ併合を公約の一つに掲げた共和党のマッキンレーが一八九六年の大統領選挙に勝利（就任は九七年三月）したことで、漸く併合が実現したのである。日本の韓国併合の一三年前のことであり、韓国併合に当たっては、このハワイ併合方式が日本政府部内で綿密に研究された。

一八九五年にスペインの圧政に苦しむキューバの大衆が自由を目指して立ち上がった独立闘争をきっかけに、投資・貿易の両面でキューバと深い経済関係を築いていたアメリカは、介入の機会を虎視眈々《こしたんたん》と窺《うかが》っていた。一八九八年二月、アメリカ人の保護を目的にキューバのハバナ港に停泊していた「メイン号」が爆発し、二六〇人が死亡するという「メイン号事件」が発生した。この事件が起こると、「メイン号」はスペインが仕掛けた機雷によって爆発されたという流言蜚語《りゅうげんひご》が世論を支配することとなり、このような世論を背景に、アメリカ政府は、スペインにキューバからの撤退を要求した。しかし、スペインは、撤退要求を受け入れずにアメリカに宣戦布告して、一八九八年四月二五日に米西戦争は開戦した。海軍力に勝るアメリカが圧勝して、一二月一〇日、パリで講和条約が調印され、スペインは、キューバの独立を認めるとともに、植民地であったプエルトリコ、グアム、フィリピンをアメリカに割譲した。キューバは独立したものの、事実上、アメリカの支配下に置かれ保護領と化した。

このようにして、一七七六年に独立宣言を発して以来、わずか一二〇年余りで、アメリカの国土面積は約一〇倍に膨張したのである（日本の国土面積の約二五倍）。この時代にこのような領土の急膨張を達成した国はほかにない。しかも、ルイジアナやアラスカの買収はともかく、テキサスやハワイの併合、及び米墨戦争や米西戦争による割譲は、謀略を絡めた帝国主義的武力発動による領土拡大であることにおいてヨーロッパ列強と変わりは無い。その進出の方向が基本的に西方に向いている趨勢から、日本との接触・摩擦は不可避であった。

アメリカのアジアへの進出

アメリカの東インド艦隊司令官ペリーが、フィルモア大統領の親書を携えて黒船四隻で浦賀に入港し、砲艦による威圧を背景に開国を要求したのは、アメリカの領土拡張が太平洋沿岸に到達してわずか五年後の一八五三年のことであった。翌年の日米和親条約で、日本は下田と函館の二港を開港し、更に一八五八年の日米修好通商条約で、長崎など四港の開港を追加するとともに、領事裁判権・最恵国約款（日本が任意の第三国の国民に新しい利益を与えたとき、それと同じ利益をアメリカの国民にも与えることを規定した約款）・

片務的協定税率制（関税率が、日本の輸出品は一律五％、輸入品は無税、五％、二〇％、三五％の各段階に分けられており、日本に不利な制度）という不平等規定が、「砲艦の威嚇《いかく》」のもとで取り決められた。その後、この不平等条約が先例となって、オランダ、ロシア、イギリス、フランスとの間で続々と修好通商条約が締結された。

明治政府は、この不平等条約の改正を企図して、一八七一年、岩倉遣欧米使節団を派遣したのをはじめ、歴代外務卿・外務大臣は、条約改正を最大の政策課題として取り組み、ようやく一八九四年七月、日清戦争開戦直前に、陸奥宗光外相が治外法権の廃止、最恵国待遇の相互平等化などを内容とする日英通商航海条約に調印、アメリカも、その年一一月に同様の内容の日米通商航海条約を締結した。残る関税自主権回復の問題は、日露戦争終了後、小村寿太郎外相が、日米通商航海条約の有効期限が一一年七月に到来するのを前にして改訂交渉を行い、同年三月、新たな条約を締結、日本は、悲願の関税自主権を回復した。一八五八年の条約締結から苦節五〇年余、日清・日露の二つの戦争を経て、日本は不平等条約を撤廃することができたのである。

〇四～五年の日露戦争に際しては、予め〇二年一月に、日本は当時の世界の一等国イギリスと日英同盟を結んで世界最強の陸軍国ロシアに備え、海軍の艦艇は、日本海海戦の旗艦「三笠」をはじめ専らイギリスの造船所に依存し、戦費約二〇億円の半分以上を賄った戦債の消化も、英米の協力によりロンドンとニューヨーク市場に頼った。戦争末期、兵員も弾薬も消耗して日本陸軍の力が尽きかけていた時に、アメリカのT・ルーズベルト大統領が講和の仲介に立ってくれたために、ポーツマス講和条約で、賠償金はなく南樺太の割譲を受けただけの内容に日本国民に大いなる不満を残しつつも、日露戦争を終結できたのである。

しかし、日本海海戦で日本海軍が大勝利を収めたことはアメリカ人に不安感と警戒心を呼び起こした。第一に、アメリカ政府と軍の幹部は、日本がフィリピンを奪うのではないかと警戒心を抱くようになった。アメリカは、米西戦争の結果、一八九八年、フィリピン、グアムを領有するようになって、日本がその四年前から領有している台湾とフィリピンとはルソン海峡を挟んで指呼《しこ》の間にある隣国となっていたのである。第二に、二〇世紀初頭のハワイの日系人人口は、ハワイ総人口の四割にも達していたが、一八九八年のアメリカによるハワイ併合を契機に、年間五〇〇〇人を超えるペースで日系人が米国本土に移住していった。カリフォルニアでは、日本人移民に対し、低賃金で働き、アメリカ社会の一体性を混乱させる者と決めつけ、排斥する動きが出てきた。日露戦争から二年後の〇七年三月には、上下両院で日本移民制限法が可決されるという事態に立ち至った。カリフォルニアを中心とした日本人排斥運動につき日本政府が抗議したのに対し、T・ルーズベルト大統領は日本の肩をもつような態度をとったが、それとは別に、アメリカ艦隊を大西洋から太平洋に移動させると発表し、欧米では、果たして日米戦争開始かという騒ぎになったという。根底に、アメリカ艦隊が日本艦隊を叩き潰してくれることを期待する風潮があったのである。

第一次世界大戦でのアメリカの立居振舞

一四年八月、ヨーロッパ全体が第一次世界大戦の戦争状態に入ったとき、アメリカは中立宣言をした。当時、すでにアメリカは世界最大の経済大国で、国民総生産でも鉄鋼生産でも、イギリスやドイツの二倍ないし三倍になっていた。人口でも二～一・五倍になっていた。アメリカは、一八二三年からの「モンロー主義」の伝統のもと、交戦国のいずれとも同盟関係になく、当時、メキシコその他の中米地域で軍事行動を展開していたことが、中立の主たる理由であった。しかし、アメリカ人の九割近くがヨーロッパからの移民やその子孫のため、大戦への関心は高く、しかも当時の人口の過半数はイギリス系で、ドイツ系は一割にも満たない程度であったので、中立といいながらも、多くのアメリカ人は心情的にイギリスに傾いていたのである。一七年一月に、ドイツが無制限の潜水艦攻撃の方針を発表したのを契機に国交断絶を宣言し、三月に入ると、ロシアで二月革命が起こり、ロマノフ王朝の専制体制が打倒されたため、アメリカが参戦する条件が整い、四月三日、自国の権利を守るためだけでなく、平和と正義のため、世界の人民を守るため、世界の民主主義のために戦う、と格調高く宣戦布告した。アメリカ軍が本格的に戦闘に加わったのは、一八年五月から約半年間に過ぎなかった。アメリカ軍の直接の戦死者は五万人余であったが、インフルエンザなどの病死者が六万人余、負傷者が二〇万人であった。

アメリカの第一次大戦における戦費は、三〇〇億ドル前後に達したが、そのほかに、連合国からの戦時借款の求めに応じて九六億ドルを貸し付け、結局そのほとんどが返済されなかった。しかし、アメリカは、日本を除けば、第一次大戦から利益を受けた唯一の大国であり、大戦を通じて世界最大の工業国・農業国・貿易国・金融国・債権国となった。

一九年一月、パリで戦勝国のみ二七カ国が参加して講和会議が始まった。米英仏伊日の五カ国が重要事項を決定する最高会議のメンバーとなり、一八年一月にアメリカのウィルソン大統領が提唱した「一四カ条」を基礎にして会議は進められたが、五カ月間かけてまとめられた講和条約は、フランスのクレマンソー首相の強硬な主張などにより「一四カ条」とはかなり異なったものになった。日本は、ドイツが山東半島に持っていた権益を獲得し、太平洋のドイツ領であった南洋諸島の委任統治権を得た。しかし、日本人移民に対する差別を禁ずるため、国際連盟規約の中に人種平等条項を入れるという日本の提案は、ウィルソン大統領の策動により否決された。ウィルソン大統領は、「一四カ条」が十分に実現しなかったものの、国際連盟が認められたことに満足してヴェルサイユ条約に調印して帰国した。アメリカ国民はウィルソンを凱旋将軍のように歓迎したが、当時、条約批准権限をもっている上院は野党の共和党が多数を占めており、連盟規約第一〇条によって、アメリカが国際的義務を負い、主権を制限されることになると主張して、遂に批准されなかった。二〇年一月に国際連盟は成立し、日本はイギリスなどとともに常任理事国になったが、原提案国のアメリカが加盟しないという奇妙なことになった。

ワシントン会議の主導と移民制限

二〇年の大統領選では、共和党のハーディングが「正常への復帰」というスローガンを唱えて圧勝した。アメリカ国民が、大戦前の「古き良き時代」に戻ることを願ったためといわれるが、そのような雰囲気のもとで、ワシントン会議の開催と移民制限の強化などが行われた。

ワシントン会議は、二一年一一月から二二年二月にかけて九カ国が参加して行われ、①米英日仏伊五カ国の海軍主力艦保有量を制限する軍縮条約、②太平洋及び中国における現状維持を目的とする四カ国条約、③中国に関する九カ国条約が締結された。全体としては、アメリカの門戸開放政策が貫かれ、四カ国条約の発効に伴い、二二年八月、二〇年余にわたって日露戦争でも第一次大戦でも有効に機能した日英同盟は、アメリカの要求により廃棄されることとなった。九カ国条約関係では、山東問題と対華二一カ条問題が焦点となった。米英の調停により、山東問題については、山東鉄道は日本からの一五年借款により中国側が買収し、鉱山は日中合弁とする、対華二一カ条問題については、満蒙に関する日本の特権を一部放棄することで決着した。

二四年四月には、移民制限法が強化され、国別割当法（排日移民法ともいう）が制定された。この法律は、移民の枠を国別に割り当てるものであったが、「帰化不能の外国人」つまりアメリカ市民権をとることができない者にはすべて移民を認めないという規定があり、二二年の連邦最高裁判所判決により日本人は「帰化不能の外国人」であることが確定したため、他のアジア人とともに日本人の移民を禁止する結果となった。第一次大戦の戦勝国の一員として、日本も一等国になったかと喜んでいた日本国民にとって、屈辱感とともに、反米感情をかき立てる源となった。日本政府は、これに強く抗議したが、埒《らち》はあかず、日本人がアメリカの市民権を得られるようになったのは、五二年四月、サンフランシスコ講和条約が発効した後である。

アメリカ発の世界大恐慌

二九年一〇月二四日、ニューヨーク株式市場で株価が大幅に値下がりした「暗黒の木曜日」に端を発して世界が大恐慌に突入していった。株価下落、物価暴落、工場閉鎖、企業倒産、雇用喪失、生活崩壊、貿易縮小が進行し、アメリカの株価は底の三二年六月にはピーク時の六分の一弱にまで下がり、失業者数は全労働者の四人に一人が失業という惨状になり、国民総生産も三三年には実質でピーク時の七割に減少した。

しかし、アメリカは、第一次大戦の結果、イギリスに代わって世界経済の中心国になっていたにもかかわらず、共和党のフーヴァー大統領は、その世界経済上の並外れた地位にふさわしい責任ある役割を果たそうとせず、三〇年六月に、国内産業保護という自国だけの利益のために、関税を平均一三％引き上げて五割強にするホーリー・スムート法を制定したため、各国は報復関税を導入し、世界貿易がますます縮小して、世界経済を一層悪化させた。また、アメリカの対外投資の減少は、各国の金融不安を引き起こした。翌三一年六月に発動された「フーヴァー・モラトリアム」は、手遅れで焼け石に水であった。

このような状況に対応して、イギリスは三一年九月、金本位制を離脱し、ポンドの貨幣価値は以前の三分の一に下がったが、イギリスの経済競争力は高まった。更に三二年七月から約一カ月の間、カナダの首都オタワで、イギリス、その自治領諸国、インドが集まって大英帝国経済会議を開催し、オタワ協定を結んで、自由貿易主義を放棄し、大英帝国諸国だけでブロック経済（スターリングブロック・ポンド圏）を作り、大英帝国諸国相互間では特恵関税を適用することとした。この金本位制からの離脱とオタワ協定によるブロック経済の形成によって、イギリスの景気は反転し始めた。日本も、三一年一二月には、犬養内閣の発足と同時に高橋蔵相は金輸出を再禁止し（金本位制からの離脱）、円の為替レートは急落し、イギリスと同様に輸出の増大、輸入の抑制をする作用をもたらし、積極財政と低金利政策と相まって、三二年から景気は上向き始めた。金本位制を放棄した国が二五カ国にも達した。

ルーズベルト大統領の登場と対中政策の積極化

アメリカは、三三年三月にF・ルーベルト大統領が登場して、金輸出を禁止したのをはじめ、矢次早に「ニューディール政策」を断行し、アメリカの景気も三四年から回復の傾向を見せ始めた。三六年の大統領選で、ルーズベルトは史上最高の得票差で圧勝した。

関東軍の謀略によって引き起こされた満州事変は、右に述べたようにアメリカが大恐慌の深淵に沈滞している最中の出来事であり、しかもアメリカは中国大陸に特段の権益を有しなかったこともあって、基本的に不介入政策をとり、日本軍の侵略性が顕著になった段階で、スティムソン国務長官が不承認政策（非合法手段によってもたらされるべき一切の結果は承認することができない旨の政策）の声明を発する程度の消極的な対応に終始していた。アメリカは、第一次大戦でわずか半年間の戦闘で一二万人もの戦病死者を出しており、二度とそのような戦争に巻き込まれたくないとの孤立主義が大勢を占める世論が背景にあった。このような世論を背景に、三五年八月、アメリカ中立法が制定され、武器および戦争用具をいかなる交戦国、または交戦国に再輸出するいかなる国にも売ることを禁じ、アメリカの船舶が交戦国のため武器を輸送することを非合法とした。アメリカの中立を維持し、戦争に巻き込まれるのを回避するという名目のために、交戦国を侵略国と被侵略国に分けずに対応するものであった。

しかし、果敢なニューディール政策の成功により大恐慌が収束し、ルーズベルトが三六年の大統領選で圧勝すると、対中国大陸政策の流れは大きく変わった。ルーズベルトは、一八四〇年のアヘン戦争の頃から中国とアヘンを含む貿易を手広く行って財をなした母方の祖父の影響で、幼い頃から中国文化に深い愛着を抱いており、その中国を侵略している日本に対しては強い反感を有していたという。蒋介石は、妻の宋美齢及びその実兄の宋子文を通じて、この親中派のルーズベルトとの個人的親交を深めていった。

三七年八月からの第二次上海事変の最中、ルーズベルト大統領は、一〇月五日にシカゴで、人間社会で伝染病が流行するとき、病人を隔離するように、国際社会において無法国家は隔離されなければならない、という趣旨の「隔離演説」をした。「無法国家」という言葉で、暗に日本をドイツ・イタリアとともに非難したものであった。しかし、アメリカ国内では依然として孤立主義の世論が強く、激しい世論の反発を招いた。同年一一月三日から、ブリュッセルで九カ国条約会議が開かれ、日本の国際法違反が問題とされたが、アメリカもイギリスも日中問題に直接介入することには消極的であった。また、日本の南京攻略に際し、一二月一二日、日本の海軍機が揚子江上のアメリカの砲艦「パネー号」を爆撃して撃沈するという事故を起こしたが、米国駐在の斎藤大使が直ちにラジオ放送で遺憾の意を表し、政府も直ちに米国に陳謝して、事件は速やかに落着した。

しかし、この「パネー号」事件が米国世論を硬化させたことは間違いなく、翌三八年一〇月になると、グルー駐日大使は、日本が、門戸開放・機会均等の原則を守らず、中国におけるアメリカの正当な権益を侵しているとして具体的事実を列挙した長文の抗議を寄せてきた。これに対する有田外相の回答は、一一月の近衛首相の東亜新秩序建設声明を踏まえつつ、門戸開放・機会均等原則は、もはや指導的な原則ではない、と真っ向からいとも簡単に否定した。このアメリカが一八九九年以来列国に一貫して提唱してきた対中国外交上の原則を否定し去った有田外相の回答に対し、アメリカは、一二月末、いかなる国も、自国以外の地域における秩序について他国に命令する資格はないと厳しく批判した。その少し前、アメリカは中国に対する二五〇〇万ドルの借款供与に踏みきった。イギリスもこれに追随した。

アメリカの対日経済制裁の発動

三九年四月に親日派の中国人が殺害された事件の犯人が天津のイギリス租界に潜伏しているとして日本が引き渡しを求めたのに対し、イギリス大使が拒絶したため、六月、北支那方面軍が租界を封鎖して通行人の貨物検索を実施（天津租界封鎖事件）、これにイギリスが抗議したため、東京で有田外相とクレーギー大使との間で交渉を行うことになった。イギリス側の宥和的態度により、七月二四日、日英間で協定が成立した。しかし、これにアメリカが反発して、七月二六日、かねて検討中であった日米通商航海条約の廃棄を通告してきた。アメリカでは、前年の三八年頃から、対日制裁が検討されていたが、その際、自由な通商を定めた通商航海条約が制裁の障害となることが明らかになっていた。天津租界封鎖問題を巡って日本国内で大規模な反英運動が繰り広げられ、日英関係が緊張すると、七月一八日、アメリカ上院で通商航海条約廃棄決議案が出るところまで進んでいたのである。宥和政策により独軍のズデーデン進駐を招き、ヨーロッパで厳しい立場に立たされていたイギリスではあったが、それ以上日本に対し宥和的姿勢を示すことはなかった。

明けて四〇年九月二二日、日本軍は北部仏印進駐を行った。英米を仮想敵国とした日独伊三国同盟の締結をすれば、援蒋ルートの閉鎖と将来の石油等の確保を図るため、北部仏印への進駐は不可欠と判断されたのである。これに対し、アメリカのハル国務長官は、翌二三日、現状を破壊し、かつ威圧によって達成された結果は認めないと言明し、二八日、アメリカは、日本に対する屑鉄の全面禁輸と蒋介石に対する二五〇〇万ドルの借款供与を行った。

この年一一月に行われた三期目の大統領選に勝利を収めたルーズベルトは、翌一二月の「炉辺談話《ろへん》」と呼ばれたラジオ放送演説で、アメリカが「民主主義諸国の偉大な兵器廠《へいきしょう》」になるべきと国民に訴え、四一年三月には、「武器貸与法」が制定され、大統領がアメリカの安全保障上必要とみなした国に対して軍事物資を無償ないし有償の形で貸与できることになった。「武器貸与法」は、成立後直ちにイギリス、中国などに適用され、独ソ戦開戦後は直ちにソ連にも適用され、連合国側の軍事物資供給において大きな役割を果たした。

幻の「日米諒解案」

四〇年一一月、アメリカから「日米国交打開策」と銘打った文書を携えて、ウォルシュとドラウトという二人の神父が来日した。二人の神父は、産業組合中央金庫（農林中央金庫の前身）理事の井川忠雄（元大蔵官僚）を介して近衛首相や陸海軍の首脳にも会い、特に近衛首相や陸軍軍務局長の武藤章（陸士二五期）は、この年一月に日米通商航海条約が失効して無条約状態に陥っている日米間の懸案を、この際一気に解決しようと乗り気になった。そこで、その主張に共鳴した井川忠雄と陸軍省軍務課長の岩畔豪雄《いわくろひでお》（陸士三〇期）が相前後して渡米して、二人の神父とともに、日米両政府が受け入れ可能なものとして「日米諒解案」なるものを作成した。

四一年四月一六日、ハル国務長官は、二月一一日に着任して間もない野村吉三郎駐米大使に向かって、この「日米諒解案」を出発点として、ハワイで首脳会談を開くことにしようと提案した。同時に、日米間で守らなければならない「四原則」を記した文書を野村に手渡して東京に送るよう希望した。四原則とは、①各国の領土保全と主権尊重、②他国への内政不干渉、③通商上の機会均等を含む平等の原則、④平和的手段によるほか太平洋の現状を変更しないこと、であった。しかし、この諒解案は、ハルもルーズベルトも諒解したものではなかったにもかかわらず、野村はアメリカ政府がコミットしているかのようにも受け取れる言い方で、日本政府に伝え、ハル四原則は伝えなかった。諒解案は四月一七日から一八日にかけて日本に届いたが、外務省事務次官大橋忠一は、あまりに日本に有利な内容に驚いて、閣議中の近衛首相を呼び出して伝えた。近衛はその日の大本営政府連絡会議にこれを示し、すぐに受諾の返電を打つべしという声もあったが、ソ連からの松岡外相の帰国を待つことになった。

四月二二日、日ソ中立条約を結んで意気揚々とモスクワから帰国した松岡は、日米諒解案の話を聞いて、たちまち不機嫌になって、この諒解案に異論を唱え、しかも、この諒解案をアメリカ政府案だとする誤信に基づいて、五月一二日になって対案を出した。その対案では、諒解案のうち、日本からの譲歩的部分のほとんどとハワイにおける首脳会談の開催は削除されていた。アメリカからの正式回答は、六月二一日に送られたが、この正式回答は、中国からの撤兵と三国同盟の死文化を求め、武力南進を否定する、など日米諒解案を全面的に否定するものであった。しかも、ハル国務長官の口上書（オーラル・ステートメント）が付されており、そこには、日本政府の指導者の中にはナチス・ドイツの侵略政策に深く関与する者がいる、そういう者がいる限り交渉の妥結は困難だ、と書かれており、松岡は激怒して受領を拒否するという一幕もあった。ここに至って、陸軍内の米国不信・反米主義が一挙に高まり、南進論が強硬化した。

驚愕すべき新事態・独ソ戦の開戦

ところが、四一年六月二二日、ドイツは突然三〇〇万（五〇〇万説もある）の軍隊で三方面からソ連に攻め込んだ。即ち、北方軍団がバルト三国を通過してレニングラード方面へ、中央軍団がミンスク（現ベラルーシ共和国首都）・スモレンスクを経由してモスクワ方面へ、南方軍団がキエフ（現ウクライナ共和国首都）からカフカース方面を目指して進軍した。「バルバロッサ作戦」の発動である。

この年六月五日に、駐ドイツ大使を通じて対ソ侵攻が内報されていたとはいえ、日本にとって驚愕すべき新事態である。ソ連は、今や米英連合国陣営の一員となったのである。ヒトラーは、内報するに際して、ごく短期間に対ソ戦を完遂することに確信があり、日本の対ソ参戦は日本自身の決定に委ねるとして強いて参戦を求めはしなかった。ヒトラーは、自ら、西でイギリスと東でソ連と同時に対峙する二正面作戦という愚行に突入する致命的誤りを犯した。松岡の日独伊ソ四国ブロックを作ってアメリカと対峙するという構想は脆くも崩れた。松岡は、自ら結んだばかりの日ソ中立条約を臆面もなく無視して対ソ参戦することを主張し、他方ではアメリカとの戦争も辞さないと述べるなど、支離滅裂な言動に陥った。

スターリンは、この時期の独ソ戦の開戦はないと考えていたので、周章狼狽《しゅうしょうろうばい》、茫然自失したが、一週間後には指導力を回復し、七月三日には、ラジオを通じて直接国民に語りかけ、この戦争を「大祖国戦争」と呼んで、愛国主義に基づく徹底抗戦を訴えた。

四〇年一一月からの一連の「日米諒解案」を巡る騒動は、ルーズベルトとハルの操縦の下に太平洋で演じられた時間稼ぎのための大芝居であったのである。アメリカは、三八年年五月に海軍拡張法（ヴィソン海軍法）を制定し、大西洋および太平洋における軍備拡充に努めていたが、太平洋における対日優位を確立するには四二年までかかることをルーズベルトは的確に認識していた。また、アメリカ陸軍は、三九年の時点で、一八万五〇〇〇人の軍事力しかもっていなかった。六月二一日の正式回答も、翌日の独ソ戦開始を承知の上での内容とタイミングであった。

御前会議決定、「対英米戦辞せず」

四一年七月二日、この年四回開かれた御前会議の第一回が開かれた。御前会議は、天皇臨席のもとに、内閣と軍部の首脳が重大国事に関する大方針を決める国家最高の会議である。法制上の根拠はなく、天皇は意見を聞くだけで通例は発言しない。

この日の御前会議では、独ソ戦の開始という重大な事態を受けて、「情勢ノ推移ニ伴フ帝国国策要綱」が決定された。その内容は、①独ソ戦となっても南部仏印進駐を実行する、②対英米戦の準備を整え、南方進出の態勢を強化する、③北方に対して密かに武力的準備を整え、独ソ戦の推移がドイツ側に極めて有利に進展した場合、北方に武力行使を行う、というもので、最終決定したのは南部仏印進駐のみであった。しかし、ソ連、アメリカ、イギリスに対する新たな戦争に道を開くものであった。本要綱には「本目的達成のため対英米戦を辞せず」という重大な文言が書かれたが、この段階で、英米戦の主力となる海軍側に対英米戦の覚悟があったかと言えばそうではなかった。この時期、参謀本部と松岡外相を中心に急速に高まった対ソ開戦論に対抗し、海軍軍備の充実という組織目標を合理化するための文言であった。しかし、言葉は、海軍の思惑を越えて独り歩きする。

満州に七〇万の大兵力結集

この七月二日の御前会議では、「関東軍特種演習」（関特演）と称された対ソ戦準備を密かに進めることが裁可されていた。この演習は、七月から八月第一週にかけて約三〇万の内地部隊を秘密裡に満州に送り、約七〇万の兵力を満州北部に集中させて、九月初旬までに対ソ戦準備を整えることが任務であったが、対ソ武力行使は極東ソ連軍の地上兵力が半減、空軍が三分の一に減少したときにのみ開始することになっていた。独ソ戦の開始に伴い、ソ満国境付近のソ連軍は大部分がヨーロッパに移送されるだろうから、それを好機にソ連領に侵攻して、満州国の防衛を完整にしようというのが真の狙いであって、三国同盟に基づいて、ドイツを支援するという発想は全くなかった。ところが、ソ満国境の極東ソ連軍は、ヨーロッパ戦線に訓練十分の強兵を送ったものの、それに相当する新兵力でソ満国境を固め、日本軍に乗じる隙《すき》を与えなかった。

このため、八月九日、陸軍参謀本部は、北方作戦の中止を決定し、少なくとも年内武力行使は正式に放棄された。

しかし、陸軍は対ソ戦を断念したのではなく、その作戦構想では、北方での大規模な作戦行動が不可能な冬季のうちに、英米に対する南方作戦を終了させ、翌四二年のドイツ軍の春季攻勢に呼応する形で、対ソ戦を開始することが想定されていた。そこで、関特演に動員した大兵力は、その後、駐留体制をとり、北満警備に任務が変更された。独ソ戦開戦によって一気に高まった陸軍参謀本部の北進論は、当分棚上げされ、再び、南進論に傾斜していった。

近衛は、なおも日米交渉に期待をつなぎ、対米交渉を巡って強硬姿勢を主張し、今や獅子身中の虫と化した松岡を辞職させようとして、七月一六日、一旦総辞職した。七月一七日、近衛に組閣の大命が再降下して、後任の外相には海軍の豊田貞次郎が商工相からの横滑りで起用された。豊田は、オックスフォード大学留学経験もあり、英米通であるばかりでなく、同じ海軍出身で同郷の先輩・野村駐米大使との呼吸を考慮した人事という。

南部仏印進駐とＡＢＣＤ包囲網

四一年七月二八日、日本軍は、四万以上の部隊を動員して南部仏印（サイゴン方面やカムラン湾）に進駐した。南部仏印に基地を置けば、英領マレー半島、蘭領東インド（インドネシア）、米領フィリピンへの航空攻撃が可能となるのである。事前にフランスのヴィシー政権や仏印総督との交渉を成立させた上での実行であったので、平和的に行われたが、アメリカは、これに直ちに反応した。

七月二五日、アメリカは、在米日本資産の凍結に踏み切り、更に、八月一日、綿や食料を除いて、石油を含む一切の物資の対日輸出を禁止した。アメリカは、日本と戦う覚悟を決めたのである。イギリスもオランダもアメリカに追随して同様の措置をとった。こうしてＡＢＣＤ包囲網（Ａはアメリカ、Ｂはイギリス、Ｃは中国、Ｄはオランダ）が完成した。日本は、今や石油をはじめとした戦略物資を自国の備蓄から引き出すほかない状況に立ち至ったのである。当時、日本の石油輸入量の五分の四はアメリカに依存しており、この時点での石油備蓄総量は九四〇万キロリットルであった。このまま石油禁輸が続行されれば、毎月四〇万キロリットルずつ備蓄量が減っていくのである。グルー駐日大使は、日本が「民族的ハラキリ」としての開戦に訴えることもあり得るとワシントンに警告した。

一方、ルーズベルト大統領は、七月二三日、シェンノート指揮下のアメリカ人飛行士一〇〇人・航空機五〇〇機から成る義勇空軍を中国に配置し、あからさまな対中軍事援助を実施した。更に、その三日後の七月二六日、太平洋におけるアメリカの主要な領土であるフィリピンの防衛強化を命ずるとともに、「極東陸軍」を創設し、退役していた元陸軍参謀総長ダグラス・マッカーサーを極東軍司令官に任命して太平洋陸軍の責任者とした。そして、フィリピン人部隊を派遣米陸軍の指揮下に入れ、フィリピンは、アメリカのアジア戦略の一大基地となった。

ルーズベルトとの頂上会談の模索

四一年二月の野村駐米大使の着任以来ハル国務長官との間で数カ月間続いていた対米交渉は、七月の南部仏印進駐によって完全に決裂した。そこで、近衛首相は、八月四日、ルーズベルト大統領と直接会談して行き詰まりを打開することを決意した。この頂上会談には、陸海軍首脳も同意した。近衛は、戦争の急迫を避けるため、日米首脳会談の開催をルーズベルトに提案するよう野村大使に命じた。

しかし、ハル国務長官がこの首脳会談開催に冷淡であった上、大統領がイギリスのチャーチル首相との歴史的会談（八月一四日発表の「大西洋憲章」に結実）を行うためにニューファンドランド沖に向けて航行中であったため、八月一七日まで、近衛の提案を大統領に伝えることができなかった。八月一七日、野村大使がルーズベルトに会ったところ、大統領は前向きで、開催地についてハワイは難しい、アラスカのジュノーはどうかという答えであったので、日本国内では、早速、随員の選定を行い、八月二六日の大本営政府連絡会議で、近衛のルーズベルト大統領あてメッセージが採択され、提案は正式のものとなった。

しかし、九月三日、ルーズベルトは、根本問題について予備会談を行う必要があると野村大使に述べたので、九月四日、再度、大本営政府連絡会議を開いて対米申し入れ案が決定された。これに対するアメリカから反応はなかった。申し入れ案には、三国同盟について離脱の方向は示唆されていたが、中国からの日本軍の撤兵、南進問題などの根本問題に触れていなかったのである。

期限付き対米開戦決意と天皇の希望

四一年九月六日、この年二回目の御前会議で、「帝国国策遂行要領」が決定された。この要領では、①自存自衛を全うするため、対米戦争を辞せざる決意のもとに概ね一〇月下旬を目途として戦争準備を完整する、②戦争準備に並行して米英に対し外交手段を尽くして日本の要求貫徹に努める、③外交交渉により一〇月上旬に至っても要求を貫徹し得る目途がない場合には、直ちに対米開戦を決意する、の三点が決められた。中断していた対米交渉を再開するが、対米交渉に僅か一カ月後の一〇月上旬という期限を設定して、交渉が妥結しなければ対米開戦を決意する、と期限を切ったことに重大な意味がある。にもかかわらず、近衛首相も豊田外相も、ほとんど抵抗らしい抵抗もせずに了承していた。

この当時の日米の国力の差は、山田朗によれば、アメリカは国民総生産が日本の一二倍、鋼材が日本の一七倍、自動車保有台数が日本の一六〇倍、石油産出量が日本の七二一倍もあり、アメリカの国力は圧倒的であった。陸軍の総力戦研究所も四一年八月、日米戦必敗の結論を出して近衛首相、東条陸相に報告していた。米英蘭が揃って日本に対して経済封鎖をしたこの時点では、戦略物資の備蓄以外は、蘭印の資源を確保することが頼りであるが、当時の日本の石油備蓄は、平時で三年弱、戦時で一年半とされていた。石油の備蓄が底をついた時点で日本軍は無力になることを意味した。石油がなければ軍艦も飛行機も戦車も自動車も、単なる屑鉄である。そこで、「漫然としてジリ貧に陥るよりは」とか「座して死を待つよりは」という捨て鉢的心理に支配されたと言うほかはない。日本の政府指導者は、対米戦争回避のための中国からの撤兵、三国同盟の解消、満州国の解体、中国における特殊権益の返上などは、およそ主張し得ない精神構造になってしまっていた。

　これまで中国大陸での日清・日露・日中戦争という長い戦役の歴史があるだけに、その間に犠牲になった「英霊」に申し訳が立たないという意識が先行し、日米開戦して「不敗の国」日本が敗北すればもっと「英霊」に申し訳が立たないはずにもかかわらず、唯一、ナチス・ドイツがソ連にもイギリスにも短期間で勝利することを信じて、まさしく「他力本願」で期限付きの開戦を決意したものと考えられる。実際、日米開戦までの日中戦争による戦死者は約一八万四〇〇〇人、戦傷者は約三二万人とされており、日中戦争の戦死傷者はすでに日露戦争を上回り、それまで日本が体験した戦争の中で最も多かった。しかし、ドイツの勝利は「希望的観測」以外の何物でもなかった。

　天皇は、出席者の発言が終わった後、明治天皇の次の御製（日露戦争を前に詠んだ和歌）を朗々と読み上げられた。

　四方の海　みなはらから（同胞）と思ふ世に　など波風の立ちさわぐらむ

　その上で、天皇は「余は常にこの御製を拝誦《はいしょう》して、故先帝陛下の平和愛好の御精神を紹述《しょうじゅつ》しようと努めおるものである」と発言され、しばらく満座は粛然となった。永野海軍軍令部総長が立ち、統帥部としても、外交を主とし、万やむを得ぬ場合戦争に訴える趣旨に変わりはない旨の発言をして、御前会議は終わった。

日米交渉を巡る近衛と東条の対立

天皇が日米交渉を通ずる和平を強く希望していることを思い知らされた近衛と東条は、なお数日間、情熱を傾けて日米交渉の打開に努力した。九月六日に決めた「帝国国策遂行要領」の別紙には、対米交渉における日本側の譲歩について、仏印から進出しないこと、平和確立後には仏印から撤兵すること、フィリピンの中立を保障すること、などが掲げられていたが、この程度の譲歩では、交渉の妥結は極めて難しかった。そこで、新たにアメリカ側に提案する案が検討され、九月二〇日に開かれた大本営政府連絡会議で、新たな日本案を決定した。その内容は、①仏印を基地としてその近接地域に武力進出は行わない、②ヨーロッパの戦争へのアメリカ参戦後の日本の態度は自主的に行う（三国同盟にとらわれない）、③日支間正常化後に日本は撤兵する、④支那でのアメリカの経済行動は保証する、というものだった。

これに対する一〇月二日のハル国務長官の回答は、改めて四原則を掲げ、日本側の提案は、三国同盟への態度が曖昧、支那からの撤兵時期が明確でない、などと批判した後で、首脳会談は正式に拒否した。野村大使は、近衛への電報で、焦点は日本軍の支那撤兵問題であり、それが解決すると事態は進展すると伝えた。

一〇月五日の日曜日に近衛私邸で行われた二人だけの会談以降、近衛は東条陸相と度々会談したが、東条は撤兵問題で譲歩せず、合意が得られなかった。一〇月一二日の日曜日、今度は外相・海相・企画院総裁を入れて、近衛私邸で最終的な会議を開いたが、東条は、撤兵問題では譲歩できない、戦争の見通しは前回の御前会議で議論すべきことであって、今更戦争はできないなどという近衛の発言は認められない、と主張し開戦決定を迫った。このように日米交渉を巡る近衛と東条の対立は解けず、九月六日の御前会議で設定した期限である一〇月一五日までに外交交渉の見通しが立たなかったので、一六日、近衛内閣は総辞職した。

東条内閣の登場

近衛内閣の総辞職を受けて開かれた重臣会議（歴代首相経験者と枢密院議長が出席）で、後継首相として、若槻礼次郎が宇垣一成を推し、林銑十郎が海軍関係の皇族を推したが、木戸幸一内大臣が東条陸相を強力に推して、重臣会議としては東条を推戴することが決まった。木戸は、東条であれば、九月六日の御前会議の決定内容を再検討し、陸軍の動きを押さえられることを東条推挙の理由としたが、重臣会議では、若槻が外国への影響は芳《かんば》しくないと反発したものの、近衛も岡田啓介も強いて反対しなかった。このようにして九月一七日、東条陸相に組閣の大命が降下した。

現役陸軍将官の組閣は、一八八九年の大日本帝国憲法発布以降では山県有朋《やまがたありとも》、桂太郎、寺内正毅《まさたけ》に次いで四人目であり、一六年一〇月の寺内正毅以来、二五年ぶりのことであった。前の三人は、いずれも長州閥の大将であり、首相に就任するまでに政治家としての経験豊富であったが、東条は、第二次近衛内閣以来陸相を一年半務めただけの中将であった。東条の経歴の特色は、一九年七月から三年間、第一次大戦に敗けた直後のドイツで駐在武官として務めたこと、統制派のエースであった永田鉄山の陸士一期後輩で、三五年八月の永田斬殺《ざんさつ》後は統制派の重鎮であったこと、三五年一〇月から三年近く、関東軍憲兵司令官・関東軍参謀長として辣腕《らつわん》をふるったこと、などであり、天皇に対する忠誠心が強く、勤勉で、生真面目で、几帳面《きちょうめん》な性格であったため、軍人の中では、格別、天皇の信頼が厚かった。東条は、天皇から組閣の大命を受けた後、及川海相とともに、木戸内大臣から、国策の大本を決定するについては、九月六日の御前会議の決定にとらわれることなく、内外の情勢を更に広く深く検討し、考究を加えることを要す、との聖旨（白紙還元の御諚《ごじょう》）が伝えられた。

一〇月一八日、東条内閣が成立した。東条は、陸相と内相を兼務した。陸相兼務は組閣の大命の条件であり、内相兼務は国策の変更に伴う摩擦に対処して治安を維持するためには警察権・司法権を掌握することが不可欠と判断したのである。憲兵と警察を一手に握る権力の集中は、これまでになかったことである。外相には、外務省出身で対米協調派の東郷茂徳《しげのり》を起用した。東郷は、東大独文科卒で夫人はユダヤ系ドイツ人という異色の外交官で、駐独大使・駐ソ大使を歴任し、意見不一致のため松岡外相に駐ソ大使を更迭された経歴をもっていたが、東条とは、一九年から、ほぼ同じ時期にドイツのベルリン公使館に勤務するという因縁があった。蔵相には、大蔵省出身で、近衛内閣の蔵相を経験し、その後、陸軍と関係の深い華北の北支那開発株式会社の総裁に転じていた直言居士の賀屋興宣《かやおきのり》を起用した。海相には、海軍が推し、「海軍軍備の急速な充実」と「外交の敏速」の優先を求めた横須賀鎮守府司令官の嶋田繁太郎を起用した。また、革新官僚の筆頭格で、満州国に出向して計画経済・統制経済の推進に辣腕をふるった岸信介と星野直樹を、それぞれ商工相と内閣書記官長に起用した。

対米譲歩の限界と日米交渉の決裂

東条は、九月六日の御前会議の決定にとらわれることなく日米交渉を成功させるようにとの天皇の聖慮に応えるべく、一〇月二三日から、連日、大本営政府連絡会議を開いて国策の再検討を議論した。まず、これまでの日本側の提案では妥結の見込みはないという点ではほぼ全員が一致した。次に、アメリカ側の提案を受け入れた場合には日本はどうなるかという点については、東郷外相を除いて、日本は三等国になるだろうという点で一致した。更に、日本側がどこまで譲歩すれば日米交渉の妥結の見込みがあるかという点については、三国同盟離脱、ハル四原則の承認、支那の通商無差別待遇、仏印からの撤兵、支那からの撤兵、の中でも最大の懸案は支那からの撤兵であることで一致した。しかし、東郷外相を除いて、いずれも濃淡の差はあれ支那駐兵維持を主張した。対米協調派の東郷外相が孤軍奮闘したが、杉山陸軍参謀総長は、支那からの撤兵は、支那事変の成果を喪失せしめ、陸軍の士気を阻喪《そそう》させるとして譲らず、杉山と東郷の論議は果てしなかった。

八回目の一〇月三〇日の連絡会議で、杉山と永野海軍軍令部総長は、戦機はこの一カ月以内にしかないことを理由に、この席で戦争か外交かの結論を出さなければならぬと詰め寄った。海軍が、〇七年以来、終始考えてきた対米戦争は、種々の研究や海上演習の結果、対米七割の海軍力があれば、何とか対抗できるとされていたが、対米比率が七割になるのが四一年一二月であり、アメリカの艦艇建造能力は日本の一〇倍以上もあるので、その後は、時がたつにつれて対米比率が低下し、日本の不利になるのである。ここで、東条が、①戦争を極力回避して臥薪嘗胆《がしんしょうたん》する、②開戦を直ちに決意して、諸施策をこの方針に集中する、③戦争の決意ののち、作戦準備を完整するとともに、外交施策を続行して、これが妥結に努める、の三案を示し、これを研究して、一一月一日には徹夜をしてでも決定すべきである、と締めくくって、この日の会議を閉じた。

考慮期間一日を置いて一一月一日に開かれた九回目の会議では、統帥部は、第二案の即時開戦論に傾いており、東郷外相と賀屋蔵相は第一案の臥薪嘗胆論であったが、激論の末、結局は中間案たる第三案に落ち着くほかはなく、開戦は一二月初頭とし、外交妥結の期限は一二月一日午前零時と決定した。日米交渉に臨む日本側提案の内容については、甲・乙両案が準備された。甲案は、九月六日案から幾分《いくぶん》譲歩したもので、焦点の撤兵問題について、華北、蒙彊《もうきょう》、海南島などの地域を除き、和平から二年以内に撤兵する、仏印からは和平成立後にすぐに撤兵する、などである。乙案は、日本は、南部仏印から撤兵する、日米両国は仏印以外の東南アジアと太平洋で武力進出を行わない、両国は蘭印で必要な物資が得られるよう協力する、両国は通商関係を資産凍結以前の状態に戻し、アメリカは石油を供給する、アメリカは日中和平の努力に支障を与えない、などである。乙案は、東郷外相が事前調整なしに、この日突如として提案したものに対し、陸軍の猛反対により修正が施され、当初の東郷案が骨抜きにされたものである。一六時間に及ぶ連絡会議は、終わった。

一一月五日、この年三回目の御前会議が開かれ、一一月一日の大本営政府連絡会議での結論が、そのまま承認された。会議の最後に東条が、もう一度日米交渉に全力を注ぐと約束した。

一一月一日の連絡会議で決定された甲案が、東郷外相から野村駐米大使に伝えられ、すぐにハル国務長官に届けられた。東郷は、交渉期限は一一月二五日だからアメリカ側の考えをなるべく早く引き出すよう野村に命じた。ハルは、一一月に入って、中国撤兵に触れなくなり、三国同盟を重視するような口ぶりに変わり、甲案への返答を迫る野村に、三国同盟死文化を要求してくる、というような対応ぶりであった。ルーズベルトもハルも、暗号の解読により、乙案の存在も、交渉期限が一一月二五日であることも知っていたのである。一一月二〇日、野村は、ハルを訪ねて乙案を示した。未だ甲案への回答がアメリカ側から示されていないが、受諾の見込みがないと判断した東郷外相が乙案の提示を命じたのである。乙案の提示を受けて、ハルは一一月二二日、「暫定協定案」を作成し、英・蘭・中・豪の大使に説明した。事態が進展すれば相談すると約束していたからである。「暫定協定案」には、両国が平和宣言を発し、太平洋地域で武力行使せず、日本は南部仏印から撤退し、仏印駐留の全兵力を二万五千名に制限し、これを日本が受け入れれば対日禁輸を解く、協定の有効期間は三カ月、とされていた。これに対し、日米開戦を望む蒋介石は、直ちに反対の意を表し、外交部長の宋子文、駐米大使の胡適《こてき》に対し、アメリカ政府首脳への説得を命ずるとともに、イギリス首相チャーチルに対し、我々の四年以上の抗戦も遂に無益に終わるだろう、わが国を生贄（いけにえ）にして日本に譲歩するのか、などと訴えた。中国を英米の陣営に引きつけていなければならないと考えていたチャーチルは、蔣介石の訴えに接して、その自棄的な行動が心配になり、ルーズベルトにあてて、もし中国が崩壊したら、我々の共通の危険は非常に大きくなる、と警告した。国務省では、極東問題の実力者スタンリー・ホーンベックが、日本は疲弊しており屈服は近い、と意見具申した。この結果、「暫定協定案」は日本には示されず、再度、原則的立場の表明に戻った。

「最後通牒」たるハル・ノート

四一年一一月二六日、ハル国務長官は、いわゆる「ハル・ノート」を野村大使と来栖三郎特使に手交した。「ハル・ノート」は、日本軍の中国と仏印からの全面撤退、汪兆銘国民政権と満州国政権の否認、三国同盟離脱要求など一〇項目に及び、その内容は、乙案を否定し、半年間にわたる日米交渉の経緯を無視したものであり、要するに、三一年の満州事変以前の日本に戻れという苛烈なものであった。

「ハル・ノート」は、「試案」と銘打っており、諾否についての回答期限も設定していなかったので、「最後通牒」として受け止めない余地は十分あったのであるが（現に、すでに外務省を退職していた吉田茂が「最後通牒」ではないとして交渉継続を東郷外相に訴えていた）、受け取った日本側は、東条以下、これを「最後通牒」と受け止めた。一一月二八日の閣議で、東郷外相から「ハル・ノート」の全容が紹介されると、閣僚の全員が激高《げきこう》し、開戦もやむを得ないと言い募《つの》った。開戦消極論であった賀屋蔵相でさえ、これでは日本に屈服を強いるものだ、支那事変にあれだけの努力をしてきたのが全く水泡に帰する、と声を荒げた。翌二九日には、政府と重臣（首相経験者）との懇談会が開かれ、七人の重臣が出席したが、広田弘毅、林銑十郎、阿部信行は、開戦やむなしと与《くみ》した。若槻礼次郎、岡田啓介、米内光政は、現状のまま忍苦する論を吐き、特に岡田は、アメリカと戦端を開けば半年は勝ったということになろうがその後は不安だと強調した。

翌三〇日、その年一〇回目の大本営政府連絡会議が開かれ、「ハル・ノート」は最後通牒であり日本は受諾できない、アメリカは既に対日戦争の決意をしている、という認識で一致した。杉山陸軍参謀総長と永野海軍軍令部総長が今後の外交は偽装外交に徹底しろと要求したのに対し、東郷外相が、開戦日はいつか、それを知らなければ外交はできない、と切り返し、統帥部は、「それでは言おう。八日だ」と勿体《もったい》をつけて答えた。軍部の専横ぶりと傲岸さが如実に表れている。

開戦決定の御前会議

一二月一日、この年四回目の御前会議が開かれた。冒頭、東条が、アメリカが一方的譲歩を要求して来たので、もう外交では主張が通らない、日支事変が続いている折り、大戦争に突入するのは恐懼《きょうく》に耐えないが、我が戦力は今や支那事変前に比しはるかに向上し、（中略）挙国一体、一死奉公、以て国難突破を期すべきは、確信して疑わない、と表明した。続いて、統帥部から戦争準備状況、東条内相から治安状況・取り締まり方針、賀屋蔵相、井野碩哉《せきや》農相から戦時下の財政と食料の見通しについて報告説明があり、原嘉道《はらよしみち》枢密院議長の天皇に代わる質問と応答があった。最後に、東条が再び発言を求め、「挙国一体必勝の確信を持し、飽くまでも全力を傾倒して速やかに戦争目的を完遂し、誓って聖慮を安んじ奉らんことを期する次第であります」と締めくくった。そのあと「一一月五日決定の『帝国国策遂行要領』に基づく対米交渉は遂に成立するに至らず、帝国は米英蘭に対し開戦す」を採択し、出席者一六名が署名した。アメリカは、独立戦争も、米墨戦争も、米西戦争も、第一次大戦も、つねに自国船が撃沈されたことを理由に対外戦に踏み切っている。そこに必ず策略や偽装が絡《から》まっていた。今回も日本に最初の一撃を誘発しようというアメリカ政府の意図は歴然としていた。

陸海軍の作戦開始命令と兵力

一二月一日の御前会議が終了すると同時に、杉山陸軍参謀総長は南方軍総司令官寺内寿一《ひさいち》（陸士一一期）あてに、開戦日は一二月八日、この日を期して進攻作戦を開始するように命じた。永野海軍軍令部総長は山本五十六連合艦隊司令長官に「新高山《にいたかやま》登レ一二〇八」と発信した。一二月八日午前零時より予定通り作戦行動を開始するとの意味である。

因みに、四一年の日米開戦時の日本軍の将兵数は二四二万人に膨れ上がっていた。日本軍の将兵数は、日露戦争中に一〇三万五千人に膨《ふく》れ上がったが、その後、平時の三〇万程度に戻っていた。高橋是清蔵相の軍備抑制路線のもとで三二年に三三万人であった日本軍の将兵数は、盧溝橋事件の起きた三七年には一〇八人に再び膨れ上がっていた。三七年の日中戦争開戦前の陸軍は、一七個師団体制であったが、ほぼ四年半を経過した日米開戦の時点では、三倍の五一個師団体制になっていた。開戦時における五一個師団の配置は、内地四、朝鮮二、満州一三、中国二二、南方一〇であり、兵力の配置は、内地（台湾・樺太を含む）三八万人、満州・朝鮮七三万人、中国六二万人、南方三九万人であり、依然として中国戦線には多数の兵力が張り付けられていた。総勢三九万（陸軍総兵力の二割相当）の南方軍の総司令官寺内寿一大将の麾下に、フィリピン攻略作戦の本間雅晴中将（陸士一九期）率いる第一四軍、タイ国進駐・ビルマ攻略作戦の飯田祥二郎中将（陸士二〇期）率いる第一五軍、蘭印攻略作戦の今村均中将（陸士一九期）率いる第一六軍、香港攻略作戦の酒井隆中将（陸士二〇期）率いる第二三軍、マレー半島・シンガポール攻略作戦の山下奉文《ともゆき》中将（陸士一八期）率いる第二五軍が南方作戦部隊として勢ぞろいし、一一月二五日以降、それぞれ予定出撃地点へと海軍の支援のもとに進出していた。

一方、海軍の戦力は、戦艦一〇隻、航空母艦一〇隻、重巡洋艦一八隻、軽巡洋艦二〇隻、駆逐艦一一二

隻、潜水艦六五隻、飛行機三八〇〇機で、対米比率七割であった。南雲《なぐも》忠一中将率いる機動部隊は、一一月二六日午前六時、択捉島《えとろふ》単冠《ひとかっぷ》湾よりハワイに向かって出撃していた。機動部隊は、日本海軍の擁する全航空母艦一〇隻のうちの主力六隻を集中して組織したものであり、空母の集中的利用という世界初の斬新《ざんしん》な発想に基づくものであった。南方作戦支援の近藤信竹中将率いる第二艦隊、フィリピン攻略部隊支援の高橋伊望中将率いる第三艦隊なども、二六日以降、予定海域まで進出していた。

独ソ戦の展開・短期決戦の失敗

一方、ヨーロッパにおけるヒトラーの対ソ戦は、予期したような電撃戦にはならなかった。緒戦こそ、ソ連側が全く不意を突かれたため抗戦の準備ができておらず、ソ連側に恐るべき兵員と資材の損失を与えて大成功であった。四一年八月のうちに、バルト地域、ベラルーシ、ウクライナのほぼ全域がドイツ軍の手に落ちた。九月初旬には、レニングラード（現サンクトペテルブルグ）につながる陸地の全てをドイツ軍が占領した。

この恐るべき事態を迎えて、スターリンは、ノモンハンの戦い以来信任の高まったジューコフをレニングラード方面軍司令官に任命した。ジューコフは、果断な措置でレニングラードの防衛線の回復を図り、回復に成功すると直ぐモスクワに戻った。しかも、アメリカが、独ソ戦開戦後直ちにソ連に武器貸与法の適用を決定しただけでなく、九月二八日、イギリスと共にソ連に対してアルミニウム（飛行機用の材料）・戦車・飛行機を優先的に供給する協定をソ連と結んだ。一〇月一五日には、スターリンは、南部ヴォルガ河沿いにあるクイブイシェフに中枢機関を疎開させる決定を下した。このため日本大使館をはじめ外国使節や政府機関は同地に移動し、モスクワ市内には爆薬を仕掛ける焦土作戦に打って出た。それでも、スターリン自身はモスクワに踏みとどまり、抗戦の指揮をとり続け、国民の抵抗を鼓舞した。

その後、ドイツ軍の攻撃は、レニングラードとモスクワの前面で足踏みするに至った。足踏みした要因は、冬将軍が例年より早く到来したこともあるが、ソ連軍の「たとえ包囲されても一歩も引かず最後の一人に至るまで戦う不屈の闘志」と形容された戦いぶりが、より本質的要因であった。ソ連軍の抵抗力を侮って短期での勝利を確信し、十分な冬支度もなしに戦場に送り込まれたドイツ軍部隊は極めて多数の死傷者を出した。

この結果、四一年一二月五日、モスクワ攻略を目指して戦っていたドイツ軍は、モスクワまで僅か三〇キロの地点まで攻め入ったにもかかわらず、完全に前進を阻まれた。翌六日には、ジューコフ将軍指揮するソ連軍は反撃に転じ、過去二年間無敵といわれたヒトラーの軍隊は、初めて優勢な敵軍の前に後退することになった。ソ連を短期間のうちに征服するヒトラーの計画は、完全に失敗に終わったのである。これを機に「無敵ドイツ軍」の神話は打ち破られ、士気に与えた影響は大きく、第二次大戦の大きな転換点になった。ヒトラーの期待した短期戦の成功のみが、彼の恐れた二正面作戦を回避させ得たのであろうが、今やヒトラーは長期戦に備えなければならなくなった。

翌四二年一月に入ると、スターリンは、全軍に総攻撃を命じた。これによりソ連軍は、ドイツ軍を一五〇キロから四〇〇キロ西側に押し返したが、それ以上は、進めなかった。

二　太平洋戦争の経過

真珠湾攻撃

日本時間で、四一年一二月八日午前零時をもって遂に矢は弦《つる》を離れた。まず、八日午前二時、陸軍部隊が英領マレー半島の東北部の海岸にあるコタバルに上陸を開始し、同日午前三時二〇分（現地時間七日午前七

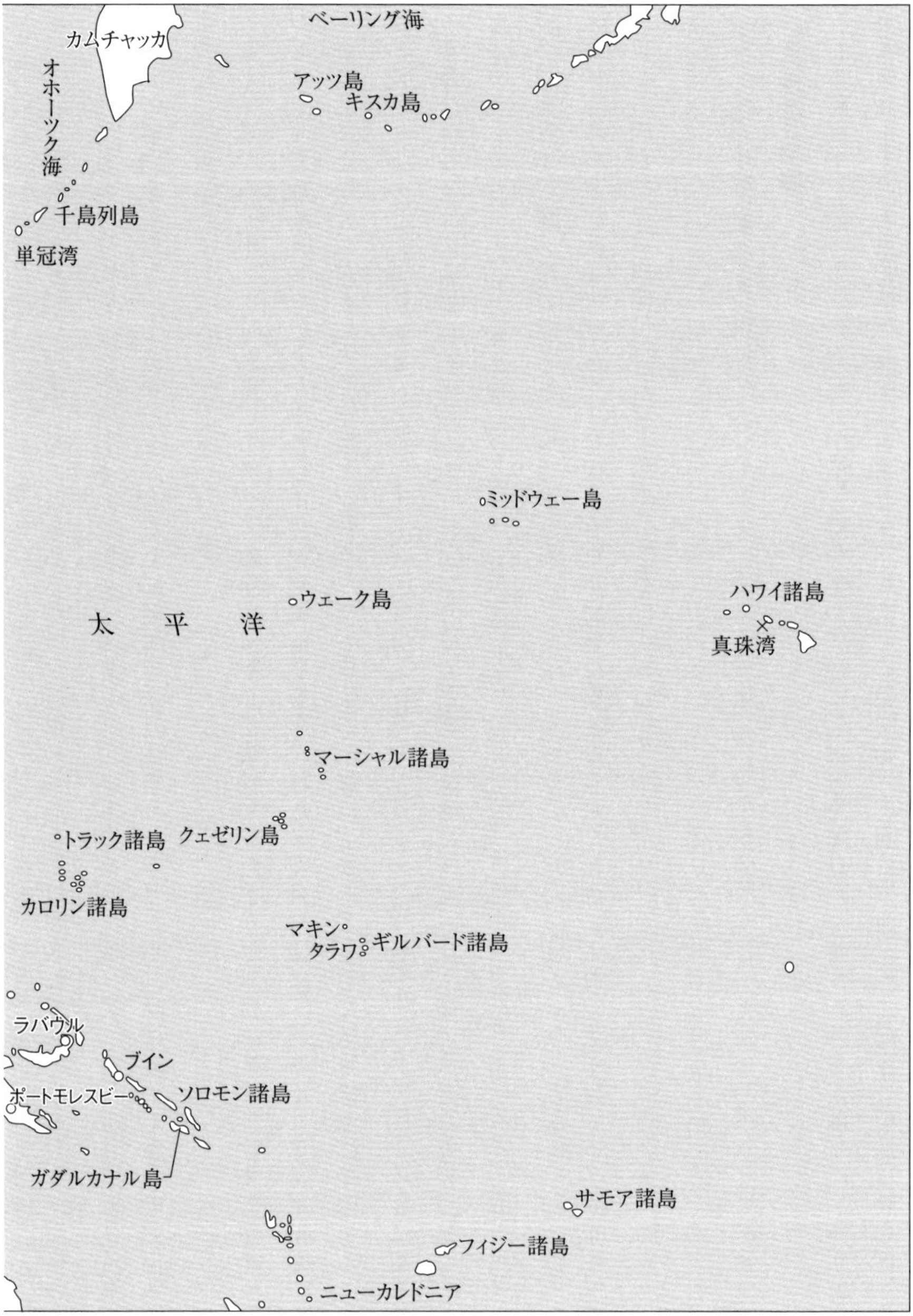
ベーリング海
カムチャッカ
オホーツク海
アッツ島
キスカ島
千島列島
単冠湾
ミッドウェー島
ウェーク島
太　平　洋
ハワイ諸島
真珠湾
マーシャル諸島
トラック諸島
クェゼリン島
カロリン諸島
マキン
タラワ
ギルバード諸島
ラバウル
ブイン
ポートモレスビー
ソロモン諸島
ガダルカナル島
サモア諸島
フィジー諸島
ニューカレドニア

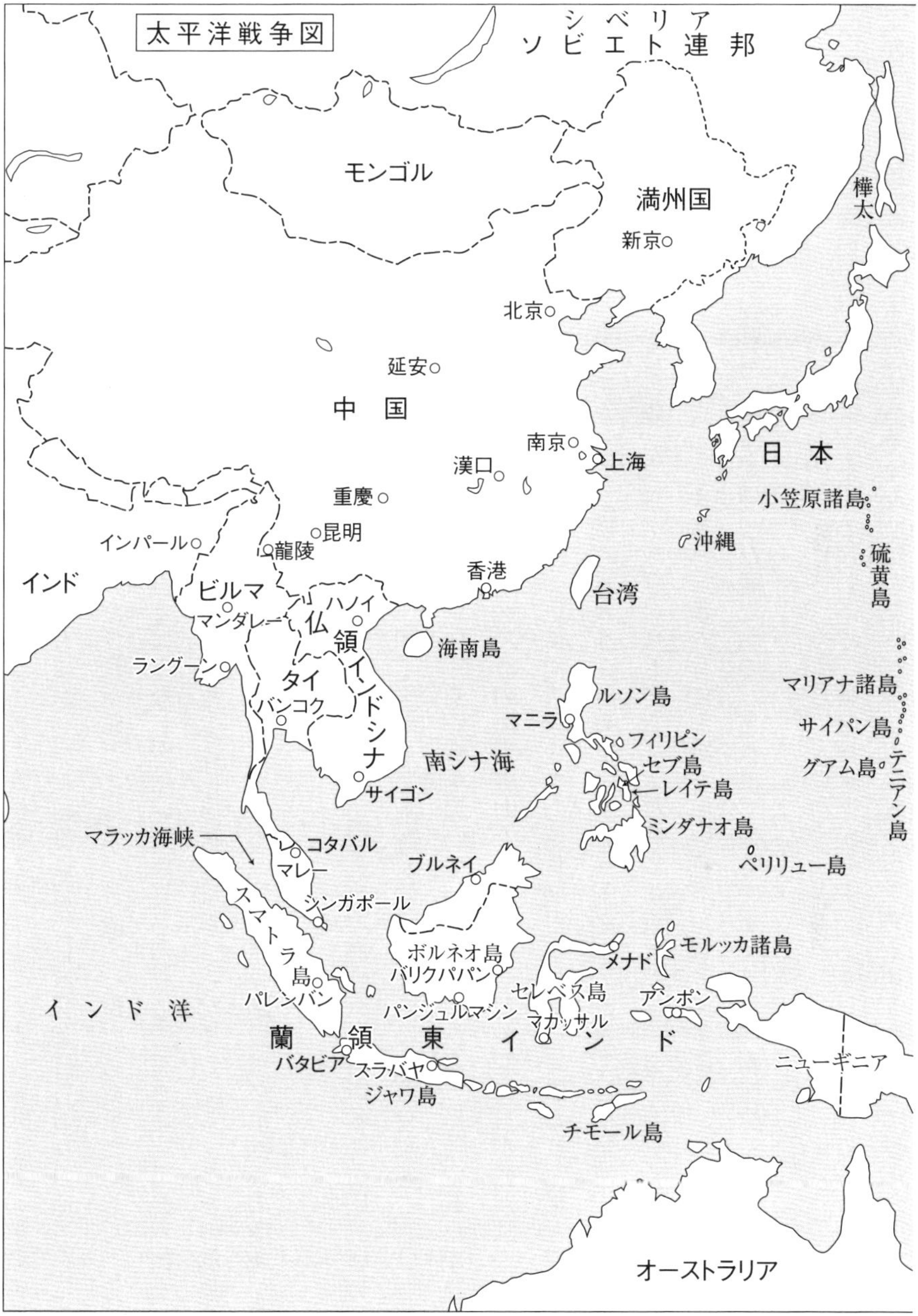
太平洋戦争図
シベリア
ソビエト連邦
モンゴル
満州国
新京
樺太
北京
延安
中国
南京
上海
漢口
重慶
昆明
龍陵
インパール
インド
ビルマ
マンダレー
ラングーン
香港
台湾
沖縄
日本
小笠原諸島
硫黄島
ハノイ
仏領インドシナ
海南島
タイ
バンコク
サイゴン
南シナ海
ルソン島
マニラ
フィリピン
セブ島
レイテ島
ミンダナオ島
ペリリュー島
マリアナ諸島
サイパン島
グアム島
テニアン島
マラッカ海峡
コタバル
マレー
ブルネイ
シンガポール
スマトラ島
パレンバン
ボルネオ島
バリクパパン
バンジュルマシン
セレベス島
マカッサル
メナド
モルッカ諸島
アンボン
ニューギニア
インド洋
蘭領東インド
バタビア
スラバヤ
ジャワ島
チモール島
オーストラリア

時五〇分）、海軍航空部隊はハワイ・オアフ島の真珠湾攻撃を開始した。ところが、暗号電報の解読や英訳に手間取り、野村吉三郎駐米大使と来栖三郎特派大使が、ハル国務長官に日米交渉打ち切りの通告をしたのがハワイの真珠湾攻撃開始の一時間あとであった。日本側としては、日清・日露の両戦争と同じく、先制奇襲攻撃に活路を求めたものであるが、宣戦布告とはみなしがたい交渉打ち切り通告でさえ「事後」になってしまった。この日本側のミスを捉えて、ルーズベルト政権は「卑怯な攻撃」「だまし討《う》ち」などの刺激的な言葉を使って、孤立主義的で開戦に消極的であった世論を一変させ、アメリカ国民はアメリカの開戦・参戦を強く支持するようになった。

真珠湾攻撃の奇襲作戦を主導したのは、山本五十六連合艦隊司令長官であった。防衛省防衛研究所の相澤淳によると、山本は、日露戦争の時の体験から、相手国の主力戦艦が停泊する港に奇襲攻撃をしかけ、停泊している艦隊を飛行機による魚雷攻撃で一網打尽にする作戦を思いついたといわれる。当時で新たな建造に一年や二年はかかる戦艦や空母を撃沈して、アメリカの海軍戦力が回復するまでの間に日本側が制空権を確保してしまおうという戦略であった。山本が、真珠湾攻撃を含む全作戦計画について天皇に説明し承認を受けたのは、四一年一一月五日であった（戦理に反する作戦として猛反対のあった海軍軍令部で正式の承認を得たのが一〇月一九日）。その際、真珠湾攻撃に関しては、「桶狭間《おけはざま》の戦に比すべき」奇襲作戦との説明がなされた。桶狭間の戦は、一五六〇（永禄三）年五月に大軍を率いる今川義元の本陣を一〇分の一ほどの軍勢しかない織田信長が急襲し、見事勝利した戦である。まさに、当時のアメリカの艦艇建造能力は、日本の一〇倍以上であった。

ところで、真珠湾は水深一四メートルの浅い湾で、戦艦は水深が七メートル以上あれば停泊させることができ、当時の常識では魚雷攻撃を受ける恐れのない安全な湾であった。アメリカの太平洋艦隊の主力艦が無防備の状態で集中して真珠湾に停泊していたのは、この真珠湾の特性にあった。当時の魚雷は重さが一トンもあって、高速の飛行機から高度一〇〇メートルから投下すると水深六〇メートルくらい沈んで、この沈んだときの衝撃で魚雷についたスクリューが回りだして海面近くまで浮上し、あとは定深度六メートルを保って目標に向かって進むのであるが、浅い真珠湾だと、魚雷は、海底に杭《くい》のように突き刺さって役に立たないのである。四〇年五月、アメリカ政府は、大規模な演習を終えた太平洋艦隊を、そのままハワイに常駐させる決定を発表していた。この発表には、アメリカの軍事力は、日本の南進をいつまでも看過《かんか》しておくわけではないという対日威圧の意味が込められていた。アメリカ側は、水深一四メートルの浅さに安心して、魚雷ネットなどの十分な防備をしていなかった。日本海軍は、水深一二メートルでも有効な浅沈度《せんちんど》魚雷を開発するとともに、四一年一一月上旬から、地形の似た鹿児島湾を真珠湾に見立てて、六〇メートル沈まないように水上五メートルまで降下して魚雷を発射する訓練をはじめ魚雷を投下する技術の訓練を、「月月火水木金金」と形容されるほどに休みなく激しく行って、決戦に臨んだのである。

真珠湾攻撃を敢行した機動部隊は、旗艦「赤城《あかぎ》」を先頭に空母六隻、戦艦二隻をはじめ、重巡洋艦、軽巡洋艦、駆逐艦、潜水艦、補給特務艦を含めて三〇隻の艦艇で編成された当時における世界最新・最強の大空母艦隊であった。南雲中将率いる機動部隊は、一一月二六日午前八時、南千島択捉島の単冠湾から出撃した。それは、奇しくもハル・ノートが発せられる日であった。出撃以来、北太平洋特有の冬の荒天にさほど悩まされることなく、三一五〇海里（約五八〇〇キロ）という長途にもかかわらず途中敵国に通報するような敵国・第三国の船舶にも遭遇しないという天佑神助《てんゆうしんじょ》もあって、一二月一日に日付変更線を越え、予定通りの時間に真珠湾に接近した。

航空隊の総指揮官である淵田美津雄中佐の指揮のもと、第一次攻撃隊一八三機が六隻の空母から次々に飛び立って二時間後に真珠湾上空に達し、攻撃を開始したのが一二月八日午前三時二〇分（現地時間七日午前七時五〇分）であった。真珠湾の上空は晴れで、軍港には靄《もや》が立ち込め、静かな日曜日の朝景色であった。第一次攻撃隊にちょうど一時間遅れて、島崎重和少佐率いる第二次攻撃隊一七〇機が真珠湾上空に到達、戦果を収めてやがて空母に引揚げて行った。

真珠湾攻撃の結果、日本側の損害は、戦死者五五名、損耗航空機二九機にとどまったのに対し、アメリカ側は、戦死者三〇〇〇名、沈没した戦艦五隻、中大破した戦艦三隻、破壊された航空機一八八機などに上り、太平洋艦隊の主力戦艦はほぼ全滅するという大戦果を上げた。しかし、真珠湾外にいた太平洋艦隊の三隻の空母は無傷で残っただけでなく（一隻は、本土サン・ディエゴ軍港で修理中、もう一隻は、ミッドウェー島へ向けた航空機輸送の任務中、残る空母「エンタープライズ」がオアフ島の西方二〇〇海里の海上にいた）、淵田中佐が、南雲中将に対して第二回攻撃の攻撃目標として意見具申した真珠湾内の修理施設や給油施設・備蓄施設に対する攻撃は、結局行われず、機動部隊は帰途に就いたため、これらの施設は温存され、このため、その後のアメリカ側の立ち直りが、非常に早くなった。

ＮＨＫのラジオは、朝七時の臨時ニュースを皮切りに、「帝国陸海軍は本八日未明西太平洋において米英軍と戦闘状態に入れり」と繰り返し放送し、赫々《かくかく》たる戦果、華々《はなばな》しい戦果を喧伝した。ニュースを聞いた多くの日本国民は、先行きの見えない重苦しい曇天《どんてん》を払いのけ、スカッとした晴れ間に出た気分に浸《ひた》った人が多かったという。

一方、アメリカは、日本に宣戦布告をする大義名分を得て、上院では八二対〇、下院では三八八対一の圧倒的多数の賛成で、対日戦争を決意し、翌八日（日本時間九日）、日本に対し宣戦布告した。これを受けて三国同盟の結果、一二月一一日、独・伊はアメリカに対し宣戦布告をしたので、アメリカは、晴れてイギリスを助けて正々堂々と参戦する大義名分も得た。

日本の真珠湾攻撃の情報に接したイギリス首相チャーチルは「米国を我々の味方に持つことは私にとって最大の喜びであった。（中略）満身これ感激と興奮という状態で私は床につき、感謝に満ちて眠りをむさぼった」とノーベル文学賞に輝いた『第二次世界大戦回顧録』に書いている。

同じ頃、日本の対英米開戦を知った蔣介石は、遂に最強の同盟国を得たことに狂喜し、「全世界の人類が空前の災厄から解放されるまで断々乎として戦おうではないか」とルーズベルトに打電した。蔣介石は、スターリンに対しても、ソ連を対日戦に引き入れるべく、「重慶での軍事会談」を提案する書簡を送っている。これに対し、スターリンは、いまソ連は主要な敵であるヒトラー帝国との戦争を断固として遂行する、軍を極東に分散する余力はない、とはっきり断っている。

ヒトラーは、日本がシンガポールやウラジオストークを攻撃することは希望していたが、強大なアメリカを攻撃し、アメリカが否応《いやおう》なしに戦争に引きこまれることになるのは希望していなかった。しかし、日本の緒戦での勝利に感動し、いずれはアメリカとは戦わねばならない運命にあると考えたヒトラーは、真珠湾攻撃の四日後、イタリアとともに対米宣戦布告を行った。

マレー半島・シンガポール攻略作戦

マレー半島からシンガポールの攻略をめざす陸軍の第二五軍は、一二月四日午前七時、山下奉文中将（陸士一八期）の指揮のもと二〇隻の輸送船団に分乗して、海軍艦艇の護衛を受けながら海南島の三亜港を進発した。

一二月八日午前二時、佗美《たくみ》浩少将（陸士二四期）率いる佗美支隊がイギリス領東北端のコタバル海岸に上陸したのを皮切りに、午前五時過ぎにタイ領シンゴラ海岸・パタニ海岸に上陸し、マレー半島の西岸沿いにマレー半島の最南端にあるシンガポールの占領を目指した。シンガポールは、イギリスの東南アジアにおける植民地支配の最大の根拠地であり、オランダ領東インドの資源への入口でもあるだけに、「東洋のジブラルタル」と呼ばれるほど難攻不落とされた要塞が築かれており、イギリス東洋艦隊の拠点であった。シンガポール攻略に当たっては、マレー半島東海岸は断崖が続き上陸地点が限られており、シンゴラなどタイの領土を進駐する必要があるため、前日の七日夕刻からタイ政府の諒解《りょうかい》をとるべく折衝をしていたが、折悪しくピブン首相不在のため手間取り、漸く八日午後一二時頃になってピブン首相の諒解を得て平和進駐協定が結ばれ、タイ国軍に停戦命令が出された。

日本軍のマレー半島上陸の報を受けて、上陸部隊を撃滅すべく、イギリス海軍の戦艦「プリンス・オブ・ウェールズ」と「レパルス」がシンガポール港を出撃したが、両戦艦は、一二月一〇日、マレー半島南端のクアンタン沖で、サイゴンから出撃した九六式陸上攻撃機と一式陸上攻撃機による雷撃と爆撃を受けて撃沈された。両艦は、一二月二日に到着したばかりの最新の戦艦で、イギリス東洋艦隊の主力であったため、これを機にマレー半島東岸の制海権は日本軍に移った。因みに、両艦の撃沈は、「行動中」の戦艦が航空機の攻撃だけで撃沈された世界初の事例であり、大艦巨砲主義の時代の終焉と航空戦力が主役となる時代の到来を告げる画期的戦闘であった。この一〇日の夕方には、タイ政府は攻守同盟締結の申し入れを行ってきたので、一二月二一日、正式に日泰《にちたい》攻守同盟を結び、共同作戦も可能な日泰関係が構築された。

マレー半島北端のタイ領シンゴラに上陸した第五師団（広島）は、半島西岸を南下してイギリス領との国境近くのジットラに到達した。ここにはジットラ・ラインと呼ばれる防御陣地が構築されており、イギリス軍は「小マジノ線」とも称し、この要塞で日本軍を三カ月は足止めできると豪語していた。ところが、第五師団は、半年にわたる演習の成果が実り、このラインを僅か一日で突破したのが一二月一二日午後五時であった。その後、イギリス領マレー半島を、当時のマスコミが「銀輪部隊」と名付けた自転車部隊を活用しながら進撃を続けた。日本軍の歩兵は自転車に乗って完全装備で一日数十キロから一〇〇キロ近くを進撃した。四二年一月一二日には、マレー半島有数の都市クアラルンプールを壊滅させ、一月三一日には、半島最南端のジョホール・バルに到達した。半島北端のタイ領シンゴラ上陸から五五日間で二五〇本の橋梁を修復しつつ一一〇〇キロを進撃したのである。驚異的な速度の進撃であった。

二月八日、日本軍はジョホール海峡を渡ってシンガポール島に上陸した。日本軍は、主要陣地を次々と奪取し、一一日にはブキッティマ高地に突入すると、そこでパーシバル将軍率いるイギリス軍の強力な砲火を受け、立ち往生してしまった。その後は消耗戦が続き、一五日には、日本軍の砲弾も底をついたとき、イギリス軍の降伏の使者が到着し、無条件降伏した。弾薬や食糧もさることながら、水源が日本軍により破壊され、給水が停止したことが、イギリス軍の抗戦断念の最大の理由であった。シンガポール攻略戦でイギリス軍の戦死者は約五〇〇〇名、戦傷者も同数、更に捕虜が一〇万人もいた。捕虜の多さは、アメリカ独立戦争における一七八一年一〇月のヨークタウンの戦以来のイギリス軍史上最大規模の降伏であり、イギリスにとって歴史的な屈辱であった。日本軍は、戦死者一七一三名、戦傷者三三七八名であった。日本軍の南方作戦は、順調なスタートを切ったのである。

フィリピン攻略作戦

四一年一二月八日正午過ぎ、台湾の台南基地から発進した尾崎武夫少佐指揮する九六式陸上攻撃機と零式戦闘機が、フィリピンのアメリカ極東空軍最大の航空基地クラークフィールドを、その約一〇分後、同じく台湾の高雄基地から発進した野中太郎少佐指揮する一式陸上攻撃機と零式戦闘機が、イバ航空基地を爆撃した。当日、台湾の早朝は濃霧のため発進が遅れたが、晴れ間が広がった九時二〇分ごろ台南基地を離陸し、三時間の航程でルソン島の両航空基地に達した。その到達時点が、日本軍機の襲来に備え上空を警戒していた米軍戦闘機部隊が燃料補給のため次々と両基地に降り立った直後であったため、最新鋭のB一七爆撃機三五機のうち一八機を地上で失ったのをはじめ、アメリカ極東空軍は、開戦初日で兵力の過半を失った。フィリピンのアメリカ軍首脳部は、当時の戦闘機の航続距離は一〇〇〇キロ未満というのが軍事常識であったため、九〇〇キロ以上離れた台湾から戦闘機を含む空襲部隊が攻撃してくるとは夢にも思わず、空襲があるとすれば、航空母艦から発進した飛行機によるものと思い込んでいたのである。米軍機は、入念な哨戒の結果、近海に航空母艦の影も見えないことを確認した上で基地に引き返したのである。いわゆる零戦の航続距離二二〇〇キロは、当時の軍事常識を打ち破る威力があったのである。濃霧のため発進が大幅に遅れたのも日本軍にとっては天佑神助であった。一二月一〇日には、日本軍航空隊はマニラ湾内のキャビテ軍港を空襲して甚大な損害を与え、この二日にわたる空爆によって制空権・制海権は日本軍が掌握した。

本間雅晴中将（陸士一九期）率いる第一四軍主力（台湾の第四八師団中心）は、一二月二二日、ルソン島西岸のリンガエン湾に上陸、二四日には第一六師団（京都）の主力も東岸のラモン湾に上陸した。ラモン湾上陸戦では、三六年のベルリンオリンピックの棒高跳で同記録の西田修平と二・三位を分かち合った大江季雄《すえお》が二六歳の若さで戦死した。アメリカ極東軍司令官のマッカーサーは、日本軍の上陸開始後、マーシャル参謀総長に、マニラ湾を挟んで向かい側にあるバターン半島とコレヒドール島に立て籠もることにつき許可を申請、参謀総長の了承を得て、二三日、アメリカ極東軍司令部とフィリピン政府もバターン半島へ移動を開始し、マニラを「無防備都市」と宣言した。マニラは、四二年一月二日午後、上陸開始からわずか一一日で陥落した。

バターン半島攻略戦は、一月九日に始まった。しかし、半島の三重にわたる防衛線は堅固で米比軍の頑強な抵抗に遭い、相当な犠牲を払いながらも戦線が膠着したため、二月八日、本間中将の指示で一旦攻勢を中断した。サイゴンの南方軍司令部や大本営とも協議の結果、兵力を増強した上で再攻勢実施と決まった。三月二四日以降、日本軍の攻撃機が連日爆撃を行った上で、四月三日、地上部隊が総攻撃を開始、四月九日、バターン半島総司令官のキング少将が降伏を申し入れ、一一日までに大半が降伏した。バターン半島攻略戦での捕虜は七万人を超えた。コレヒドール島は、バターン半島の向かいにあって、マニラ湾の入口に位置するので、スペインの統治時代から堅固な要塞が構築されていたが、アメリカは三六年から補強工事を実施、一層堅固なものになっていた。同島攻略戦は、四月一四日からの六日にわたる砲撃戦で決着をつけた後、五月五日に夜襲で上陸作戦を実施、五月六日正午、極東軍司令官ウェインライトが降伏を申し入れ、一〇日までに全軍が降伏した。四五日間でフィリピンを攻略するという日本軍の予定は、マッカーサー司令官のバターン半島・コレヒドール島立て籠もり作戦による粘り強い抵抗のため、大幅に狂い、一五〇日も要する結果となった。

日本軍がバターン半島への攻勢を中断していた三月一二日、マッカーサー司令官は、ルーズベルト大統領の命令を受けて、魚雷艇でコレヒドール島を脱出し、ミンダナオ島から飛行機でオーストラリアに向かっていた。屈辱的な退却を迫られたマッカーサーの「アイ・シャル・リターン」という有名なスピーチは、三月二〇日オーストラリアのメルボルンでなされたものである。彼は、四月一八日、アメリカ軍、オーストラリア軍、イギリス軍、オランダ軍の四国軍を指揮する南西太平洋方面最高司令官に就任した。バターン・コレヒドール攻防戦が長引いたために、アメリカの諜報機関は、日本軍の無線通信を傍受・解読・分析ができるようになり、その後のミッドウェー海戦などに備えることができたという余禄《よろく》もあった。

日本軍は、バターン半島での七万八〇〇〇名の捕虜の護送に当たって不手際があり、長期の戦闘で疲弊していた連合国の将兵が炎天下一〇〇キロもの道のりを徒歩で移動させられた結果、四〇〇〇名を超える米兵が死亡した「バターン死の行進」を引き起こし、国際的非難を招いた。第一四軍司令官本間雅晴中将と参謀長前田正実中将（陸士二五期）は、バターン半島での拙戦を理由に予備役に編入され、二度と現役に復帰することはなかった。

香港攻略作戦

四一年一二月八日午前七時、酒井隆中将（陸士二〇期）率いる第二三軍の飛行隊が、イギリス領香港の九龍半島にある啓徳飛行場への爆撃を開始、この飛行場にいたイギリス軍の飛行機一四機全てを破壊した。

アヘン戦争の結果、一八四二年の南京条約によってイギリス領となった香港は、九龍半島と香港島とから成っており、九龍半島は東西、南北ともに三〇キロ、香港島は東西一二キロ、南北一一キロで、両者に挟まれたヴィクトリア港は平均幅二キロ、最狭幅四〇〇メートルの海峡である。九龍半島の中央部一帯には、満州事変を契機に一段と強化された「ジン・ドリンカーズ・ライン」と呼ばれる要塞線が構築されており、この要塞線をいかに突破するかが、天王山と目されていた。日本側は、日中戦争の一環として三八年一〇月の広東攻略により、香港周辺の制空権・制海権を完全に握っていたことが有利な点であった。

一二月八日、空爆の後、順次国境を突破して九龍半島に侵入した第二三軍の各部隊は、九日の夜襲によりイギリス軍陣地に突入、一〇日午後からの砲撃開始によりイギリス軍の砲兵陣地を制圧、一一日未明からの歩兵の攻撃前進と相まって、同日正午までに、ジン・ドリンカーズ・ラインを突破した。イギリス軍は、その時、香港島への撤退を命令した。九龍半島での掃討戦は一三日までに終了した。日本軍は開戦後六日で九龍半島を攻略したのである。一四日から、日本軍は、香港島へ向けて砲爆撃を開始し、海岸要塞に向けて三日間で二〇〇〇発も撃ち込んだ上で、一七日、再度の降伏勧告を行ったが、イギリス軍は拒絶した。そこで、日本軍は、一八日二〇時、準備射撃を開始した後、夜間渡海作戦を敢行し、一九日の夜明けごろまでに渡海を完了した。一九日以降、イギリス軍の頑強な抵抗が続き、消耗戦に陥った二五日夕刻、突如、ヤング香港総督とマルトビイ少将が白旗を掲げた。二一日に山中で発見した貯水池からの給水を日本軍が断ったため、香港島内は全面断水となったのが決め手となったのである。日本軍の戦死者七〇五名に対し、イギリス軍の戦死者は一五五五名、捕虜は一万一〇〇〇名であった。捕虜の内訳はイギリス人五〇〇〇名、インド人四〇〇〇名、カナダ人二〇〇〇名であった。捕虜は一旦香港内に設置された捕虜収容所へ収容されたが、数多くが日本、台湾の捕虜収容所に移送され、各地で強制労働をさせられた。香港は、イギリス軍の準備不足のため、わずか一八日間で日本軍によって攻略された。

攻略後は、香港の諸外国との結節点としての重要性にかんがみ、四二年一月、日本軍は、中国通の磯谷廉介《いそがいれんすけ》中将（陸士一六期）を香港総督に任命し、中国本土とは区別した占領地行政を施行した。

蘭印攻略作戦

日本軍の蘭印攻略作戦は、四二年一月一一日、ボルネオ島のタラカン、セレベス島のメナドへの侵攻によって開始された。

オランダは、一七世紀以来、蘭印（オランダ領東インド。現在のインドネシア）を植民地支配していたが、四〇年五月、オランダ本国領土をナチス・ドイツに占領されたため、オランダ政府はイギリスに亡命し、当時、蘭印は亡命政府の統治下にあった。蘭印は、総督府のあるバタビア（現ジャカルタ）や軍事中枢のあるバンドンに代表されるジャワ島を中心として、スマトラ島、ボルネオ島、セレベス島、チモール島など多数の島から成る。日本軍の最大の目標は、蘭印の石油資源の確保であるが、蘭印は、その他に錫《すず》、ボーキサイド、ゴムなどの戦略物資も産出していた。蘭印最大の油田はスマトラ島のパレンバンで、ロイヤル・

ダッチ・シェルの製油所もあった。ボルネオ島（カリマンタン島）のバリクパパンやジャワ島の東部にも油田があり、蘭印の当時の産油量は年八〇〇万トンと、日本の年間需要量五〇〇万トンを上回っていた。日本軍の南方作戦全体が、この蘭印の石油資源の確保を目標としたものであり、真珠湾攻撃をはじめ、マレー半島・フィリピン・香港の各攻略作戦は、米英の軍事拠点を無力化し、蘭印進攻作戦のいわば踏み台ないし足場を築くためのものであった。その意味で、フィリピン攻略作戦が一五〇日もかかったのは、日本軍の戦略としては大いなる誤算であった。

蘭印攻略作戦を担当する第一六軍は、今村均中将（陸士一九期）を司令官とし、第二師団（仙台）、第三八師団（華南）、第四八師団（台湾）を主力とした。これに対するアメリカ・イギリス・オランダ・オーストラリアからなる連合軍は、四二年一月、ＡＢＤＡ司令部を設置し、蘭印へ増援部隊を送るとともに、フィリピンやマレー半島で交戦中であった部隊も蘭印へ転進させていた。

四二年一月一一日未明にボルネオ島北部の油田地帯タラカンに上陸した日本軍は、一三日までにタラカンを攻略し、二一日、タラカンを出発して、二四日未明、ボルネオ島中部の油田地帯バリクパパンに上陸した。アメリカ海軍の駆逐艦四隻による急襲を受けたものの、二五日までにバリクパパン一帯の占領を完了した日本軍は、次の目標地ボルネオ島の南端パンジェルマシンまで、陸路四〇〇キロ、そのうち一〇〇キロはジャングル地帯という行程を進軍し、二月一〇日、パンジェルマシンの飛行場を占領した。この陸軍の進攻とほぼ並行して、海軍は、一月一一日、日本軍としては史上初の空挺作戦を展開しながら、セレベス島北部のメナドへ進攻し、二四日には、セレベス島東岸のケンダリーに上陸し、これを占領、二月一〇日には、セレベス島最南端のマカッサルに上陸し占領した。これで、陸軍がボルネオ島、海軍がセレベス島を分担して同時並行的に進攻した作戦は一カ月で完了し、ボルネオ島とセレベス島の制圧に成功した。

一方、香港攻略作戦に参加していた第三八師団（華南）は、香港攻略作戦を完遂した後、一月一二日、香港を出発してアンボンを含めた蘭印攻略作戦に向かっていた。アンボンは、香料の産地モルッカ諸島の中心地で、オランダが一五九九年に基地を建設して以来、天然の良港を中心として要塞と航空基地が構築されていた。まず、真珠湾攻撃に参加して帰投した空母「蒼龍」と「飛龍」の艦載機が、一月二四日、アンボンを空襲したが、連合軍の艦艇と飛行機の存在が認められなかったので、一月三一日未明、第三八師団の主力がアンボンに上陸、同日夕刻にはアンボン市内に突入したところ、連合軍の守備隊は、二月一日未明に投降した。アンボン郊外のラハ飛行場攻略に向かった呉海軍特別陸戦隊と第三八師団の一中隊は、連合軍の抵抗が激しく苦戦しつつも、二月三日未明に飛行場に突入、同日明け方、飛行場守備隊は降伏した。日本軍の損害は軽微であった。連合軍の遺棄死体は三四〇であったが、捕虜を二一八二名も出した。

二月一〇日までに、ボルネオ島・セレベス島、モルッカ諸島を制圧した日本軍は、二月一四日、愈々《いよいよ》スマトラ島の最大の油田地帯パレンバン攻略に着手した。パレンバンは、日本軍の太平洋戦争における最重要攻略目標であったが、ムシ川の河口からおよそ一〇〇キロの内陸に位置するため、陸軍の上陸用舟艇による攻撃では川を遡上している間に油田施設を破壊される恐れがあるので、これを避けるためには空挺攻撃によって奇襲占領し、次いで地上部隊によって油田施設を確保する作戦が望ましいと考えられた。こうして、日本陸軍初の空挺作戦が敢行されることになったのである。二月一四日、マレー半島を発進した空挺団は、「加《か》藤《と》隼《うはやぶさ》戦闘隊」に掩護《えんご》されながらパレンバンに向かい、同日午前一一時三〇分、落下傘降下、パレンバンの市街地北方一〇キロにある飛行場の両側に降下した。降下部隊は、逐次集結しつつ飛行場に殺到し、連合軍の装甲車部隊と激戦となったが、二一時までに飛行場を確保した。翌一五日午後、空挺団の第二陣が降下し、空挺団第一陣と協力しつつパレンバン市街に突入、占領した。放火により油田施設の一部に火災が発生したものの、大規模破壊は免れた。第三八師団主力も一五日から一八日にかけてパレンバンに到着、周辺地域を確保して空挺作戦の目的を達成した。この二月一五日午後五時一〇分、大本営は、パレンバン空挺作戦の成功を発表、その後、陸軍落下傘部隊は「空の神兵《しんぺい》」として大いに喧伝され、映画や軍歌のヒットと合わせて国民に広く知られることになった。その後、二月一九日から二〇日にかけてのバリ島沖の海戦、二〇日未明から二三日にかけてのチモール島の戦を日本軍は制し、蘭印進攻作戦の最終目標のジャワ島に迫った。

ジャワ島を巡る攻防は、二月二七日、ジャワ島東部のスラバヤ沖の海戦で火蓋《ひぶた》は切られた。高橋伊望中将率いる第三艦隊と、ドールマン少将率いるＡＢＤＡ艦隊が、ほぼ互角の勢力で激突したが、ＡＢＤＡ艦隊は多国籍艦隊のため部隊としての円滑な行動を欠き、二八日までの交戦で、オランダの軽巡洋艦二隻、駆逐艦一隻、イギリスの駆逐艦一隻が撃沈され、司令官ドールマンも戦死した。日本は駆逐艦一隻の大破のみであった。続いて、三月一日未明、ジャワ島西部のバタビア沖で、ＡＢＤＡ艦隊のアメリカ重巡洋艦一隻とオーストラリア軽巡洋艦一隻が、小澤治三郎中将率いる南遣艦隊の重巡洋艦二隻と遭遇して交戦し、米豪の巡洋艦二隻は撃沈され、その後、イギリス重巡洋艦一隻と駆逐艦二隻も失って、ＡＢＤＡ艦隊は、壊滅した。このバリ島沖・スラバヤ沖・バタビア沖の一連の海戦で、ジャワ島近海の制海権は、完全に日本のものとなった。

三月一日、日本軍は、ジャワ島西部には第二師団（仙台）が、中部には第三八師団（華南）が、東部には第四八師団（台湾）が、一斉に上陸した。西部に上陸した第二師団は、犠牲を払いつつも五日二一時には総督府の所在地バタビアを占領し、東部に上陸した第四八師団は、六日午後には、東部の中心都市スラバヤを攻略し、蘭印軍の東部兵団司令官を降伏させた。中部に上陸した第三八師団は、バンドン要塞を目指して進撃し、蘭印軍の戦車と装甲車を連ねた反撃に苦しみながら、七日、若松満則少佐（陸士三八期）率いる挺身隊七〇〇名が要塞外部の町に電撃突入し、山頂線の重要陣地を占領した。日本軍突入の報に驚愕したバンドン地区防衛司令官は、七日二二時、降伏を申し入れ、降伏交渉の結果、九日午前、連合軍全部の降伏の指示がラジオ放送で伝達された。日本軍は、陸軍記念日の三月一〇日に、バンドン要塞に入城した。蘭印の資源地帯を確保するという日本軍の作戦計画は達成され、その後の戦争期間を通じ、蘭印は日本の戦争経済を支える資源基地として機能した。なお、連合軍はジャワ島内で八万二六一八名の捕虜を出した。挺身隊を率いて電撃突入した若松少佐は、四五年八月、武装解除後、拳銃で自決した。

ビルマ攻略作戦

四一年一二月八日未明、飯田祥二郎中将（陸士二〇期）率いる第一五軍は、タイに進駐した。タイへの進駐は、マレー半島攻略作戦を展開する第二五軍の背後を確保することが主目的であった。タイは、東南アジア唯一の独立国であり仏教国として日本に対し友好的であっただけでなく、前年一一月からの泰仏《たいふつ》戦争の解決に日本が調停の労をとったこともあり、元来、日本に対して協力的であった。進駐した一二月八日中にタイ政府の進駐諒解をとりつけた日本軍は、一三日に、第二五軍が、タイ領とイギリス領との国境近くの難関ジットラ・ラインを突破して、順調にマレー半島を南下したのを見届けた上、一五日、イギリスの植民地ビルマ（現ミャンマー）の最南端ビクトリアポイント（現コートーン）を占領した。

かねて、援蔣ルートの一つビルマルートを遮断するため、大本営陸軍部直属の特務機関「南機関」（四一年二月発足）が、アウンサンらビルマの独立運動家の青年に対し、国外で軍事訓練を施すなどの援助をしていたが、バンコクでタイ在住のビルマ人の募兵を開始し、一二月一六日、「ビルマ独立義勇軍」（ＢＩＡ）が誕生の宣誓式を行った。一二月八日に真珠湾攻撃に成功し、一二月二五日に香港攻略作戦を達成し、一月二日にフィリピン攻略作戦はマニラを陥落させ、マレー半島攻略作戦は順調にマレー半島を南下・進軍をしているという全体の戦局のもと、大本営及び第一五軍は、本格的なビルマ進攻に踏み出すことになった。

そこで、四二年一月四日、第一五軍の一部は、ビルマ南部のタボイ（現ダウェイ）に進出し、更に二〇日には、第一五軍主力はモールメン（現モーラミャイン）に進出した。その間、ＢＩＡも日本軍に同行して、道案内や宣撫工作に協力し、ビルマの青年たちは続々とＢＩＡに参入してきた。急襲を受けたイギリス軍は、準備不足で退却に移り、二月二二日、シッタン川の橋梁を爆破して退却した。日本軍は、サルウィン川とシッタン川を渡って、三月八日、首都ラングーン（現ヤンゴン）を占領した。ここに、日本軍はビルマ南部の制圧を完了した。

すでに、マレー半島・シンガポール攻略作戦を担当した第二五軍は、予定よりもはるかに早く二月一五日に作戦を完了し、翌三月九日には、蘭印攻略作戦を担当した第一六軍も予定よりも早く作戦を完了したので、兵力に余裕ができたと判断した日本軍は、余勢を駆ってビルマ援蒋ルートを遮断すべく、ビルマ全域の攻略を推進することとした。ビルマ援蒋ルートは、ラングーンの港からマンダレー経由でラシオ（現ラーショー）までの「ビルマ鉄道」とラシオから雲南省昆明に至る自動車道「ビルマ公路」（三八年七月完成）を接続した全長二三〇〇キロの輸送ルートである。四〇年六月のナチス・ドイツのパリ占領に伴い、日本政府はイギリス政府に対しビルマルートの閉鎖を申し入れて閉鎖させ、更に九月の北部仏印進駐によりハノイからの仏印ルートも閉鎖したが、アメリカの反発により、ビルマルートは再開されていた。四本あった援蒋ルートのうち、一本の新疆ルートはソ連からの細々としたルートであり、主要ルート三本の中で香港ルートは香港攻略作戦により制海権と制空権を日本軍が握って遮断し、ハノイからの仏印ルートも北部仏印進駐により遮断されているので、日中戦争を早期に有利に解決するためには、ビルマルートの遮断は日本にとって死活的に重要と判断されたのである。

このため、第一五軍は、第三三師団（中支）と第五五師団（善通寺）を基幹としていたが、これに第一八師団（久留米）と第五六師団（久留米）を増援することにした。中国も、アメリカの要請を受けてビルマルートを確保するため、ビルマ中北部に遠征軍を派遣した。

四月上旬から、両軍の戦闘はビルマ中北部の各地で激戦になった。特に四月一七日から三日間、当時イギリス領最大の油田があったエナンジョンを巡って中国軍新編第三八師と第三三師団とが激しく戦ったが、四月二九日に第五六師団が北部のラシオを占領して中国軍の退路を遮断し、五月一日に第一八師団が要衝マンダレーを占領すると、連合軍は次第に崩れ始めた。第五六師団は国境線を超えて雲南省に侵入し、五月五日には、怒江《どこう》（サルフィン川の中国名）の線にまで達した。中国軍は、怒江に架かるビルマルートの命脈「恵通橋《けいつうきょう》」を自ら爆破して退却した。連合軍は、総退却に移り、日本軍は、五月末までにビルマ全域を制圧し、イギリス軍の駆逐に成功した。これに伴い、ビルマ独立義勇軍はビルマ防衛軍に改組され、翌四三年三月には、アウンサンは、日本に招かれて弱冠二八歳で旭日章を受章し、同年八月にバー・モウを首相とするビルマ国が誕生すると、アウンサンが国防相となり、ビルマ防衛軍は、ビルマ国民軍に改組された。

なお、マレー沖海戦で主力戦艦を失ったイギリス東洋艦隊は、セイロン島へ退避していたが、南雲中将率いる海軍空母機動部隊は、ベンガル湾に進出、四月五日と九日の二回にわたってコロンボ基地とトリンコマリー軍港を空襲し、空母一隻、重巡洋艦二隻撃沈などの戦果を挙げ、イギリス海軍は、アフリカ南部の東海岸への撤退を余儀なくされた。しかし、南雲機動部隊は、セイロンまで進出しながら、飽くまでもイギリス東洋艦隊の撃滅を追求するという姿勢に欠けていた。

緒戦・南方作戦の総括

以上の作戦のほか、太平洋戦争緒戦における太平洋での戦闘としては、海軍は陸軍と協力して、一二月一〇日のアメリカ領グアム島攻略、一二月一一日から二三日にかけての中部太平洋のアメリカ領ウェーク島攻略、四二年一月二三日から二月六日にかけて南太平洋のオーストラリア委任統治領ニューブリテン島ラバウルの攻略を行った。いずれも短期に守備軍が降伏し決着がついた。

四一年一二月八日の米領ハワイ、英領マレー半島、米領フィリピン、英領香港に対する同時並行的な奇襲攻撃以来、一月一一日から蘭印への進攻、一月一八日からビルマへの進攻を繰り上げ敢行し、日本軍の南方作戦は、四二年五月七日のフィリピン攻略作戦におけるコレヒドール島の陥落により、五カ月間でほぼ所期の目的を達成して完了した。マッカーサー作戦によるルソン島におけるバターン半島・コレヒドール攻防戦の著しい遅滞を除いて、日本軍は、予定よりはるかに早い快進撃の連続で、蘭印をはじめとした石油などの資源地帯の確保という所期の目的を達成した。その間、日本軍は三六万人の兵力を投入して戦死者は一万人に満たなかった。一方で、二〇万以上の捕虜を獲得した。勝因としては、用意周到な作戦計画、入念な訓練演習、旺盛な戦意士気、陸海軍の緊密な分担協力、それに幾つかの天佑神助が挙げられるであろう。しかし、いくつかの反省すべき過誤もあっただけでなく、西はビルマから東は中部太平洋のウェーク島までという広大な防衛線を抱えることとなり、これを補給し、維持する能力が問われることになった。

南方作戦の間、国内では、一二月一〇日、大本営政府連絡会議は、大東亜新秩序の建設を目的とする戦争であるから、支那事変をも含めて今次戦争を、「大東亜戦争」と称すると決めた。海軍は、「太平洋戦争」「興亜戦争」を主張したが、陸軍の主張が通り、戦争目的を冠した戦争名称にし、その上、緒戦の戦果に幻惑されて、戦争地域を大東亜のみに限定する意味にあらずとしたのである。一二月一六、一七日に開かれた臨時国会では、陸海軍感謝決議案が提出され、総員起立で可決された。提案説明に立ったのは、かつて三月事件・一〇月事件を画策した桜会のリーダーであった橋本欣五郎（陸士二三期）であった。巷《ちまた》では、連日、日の丸の旗行列、提灯行列《ちょうちん》がにぎやかに繰り広げられ、「勝った、勝った」の歓喜に満ち溢《あふ》れていた。東条英機を英雄視し、礼賛する論調も高まって来た。

戦艦「大和」の就役

このような戦勝に湧きかえる雰囲気の中、四一年一二月一六日、日本海軍の技術の粋《すい》を結集して建造した史上最大の戦艦「大和」が、連合艦隊の第一戦に就役《しゅうえき》し、翌四二年二月から連合艦隊旗艦となった。満載排水量七万二〇〇〇トン、全長二五六メートル、幅三九メートル、最大速力二七・四六ノット（時速五〇キロ）、航続距離七二〇〇海里（約一万三三〇〇キロ）、乗組員二五〇〇名で、口径四六センチ主砲九門を据えた巨艦であった。ロンドン条約・ワシントン条約の期限切れとともに、太平洋の「無条約」時代に突入した三六年の七月に、艦隊派の悲願としてその建造が決定され、五年の歳月を経て結実したものである。

因みに、同型の姉妹艦「武蔵」は四三年一月に就役したが、この二隻の巨大戦艦は、いずれも出撃機会が少なく、さほどの戦力になることもなく相次いで撃沈された。三〇年以上も前の日露戦争における日本海海戦の大勝利に陶酔した海軍多数派の「大艦巨砲主義」という戦略思想の誤りの象徴であった。このような日本海軍の戦闘艦隊への執着は、「大和」、「武蔵」という巨艦の建造に莫大な物資を投入しながら、四一年から四三年にかけて護衛駆逐艦を一隻も建造していないところにも表れている。このため、海外の輸入物資に依存せざるを得ない宿命にありながら、日本の海軍は、自国の商船隊を護衛することができなかった。アメリカは、これと対照的に同期間に三三一隻も護衛駆逐艦を建造していた。

米不足の深刻化と食糧管理制度の確立

日中戦争開始後しばらくの間は、深刻な食糧不足は起こらなかった。むしろ食糧の豊富なことが日本の戦争経済の唯一の強みだという言説があったくらいである。しかし、三九年の朝鮮および西日本の旱魃《かんばつ》の影響を契機として、米不足が深刻化し、同年一一月、米の公定価格を引き上げてヤミの抑制を図るとともに、「米穀ノ配給統制ニ関スル応急措置ノ件」を公布して政府が米の強制買い入れをなし得る道を開き、更に仏印（現ベトナム）、タイ、ビルマ（現ミャンマー）から米八〇〇万石（一二〇万トン。当時の国内消費量八〇〇〇万石＝一二〇〇万トンの一割に相当）を輸入することとした。四〇年になると、不足は更に深刻化し、終戦まで、その不足が緩和されることはなく、むしろ深刻の度を加えた。即ち、第一に、国内生産は、徴兵や徴用による若手基幹労働力の流出と、軍需生産との競合による肥料や農機具の生産の不足のため、食糧増産の掛け声とは裏腹に、四〇年の約一〇〇〇万トンをピークに徐々に低下して四五年には八七八万トンとなり、第二に、朝鮮・台湾からの外地米の移入量は、三八年の二二五万トンをピークに、三九年一四五万トン、四〇年四八万トンと急激に減少し、戦争末期には二〇万トン前後となり、第三に、南方からの外米（日本人の嗜好に合わない細長いインディカ種の米）の輸入量も、戦局の悪化とともに輸送難に陥り、四一年の一五〇万トンをピークに、四四年以降は皆無となった。

このため、四〇年一〇月二四日には、食糧管理規則を公布して農家の自家保有米を除くすべての米を政府管理米として供出させ、これを必要な方面に配給する制度が生まれた。翌四一年四月一日からは、六大都市及びその周辺に米穀配給通帳に基づく配給制度が実施され、家庭用の場合、基準量（数え年一一〜六〇歳）は三三〇グラム（二合《ごう》三勺《しゃく》）であり、これは過去の一人当たり消費実績の七割強に過ぎなかった。以後、この制度は同年中に全国に普及していった。四〇年六月に砂糖とマッチで始まった配給制度は、四一年一一月からは魚類が、四二年二月からは衣料品と味噌・醤油が、同年一一月からは青果物が配給制に移行している。

四一年産米の買い入れ価格の決定に当たっては、供出の促進と生産者の増産意欲の刺激という観点から、二重米価制がとられた。即ち、一石（一五〇キログラム）当たり四四円の政府買い入れ価格を四五円に引き上げるとともに新たに生産奨励金として一石当たり五円を生産者に交付することにした。同時に、米の供出を早く確実に行わせるため、在村地主の保有米（飯米）の物納を除いて、全て小作米は小作人から直接政府に売り渡させ、地主に対しては小作人から一石四五円で代金納された。日本の小作料は、徳川時代から原則として米で納める現物小作料制であったが、事実上代金納制に変わったのである。しかも、その後、買い入れ価格は多少上昇したが、生産奨励金の増額が大きく、しかも生産奨励金は小作人が地主に代わって供出した分にも交付されたので、地主に対する小作料の水準が据え置かれた状況のもとでは、小作人の小作料実質負担率は、どんどん低下するという効果をもたらした（一石あたり四五年の買い入れ価格五五円、生産者奨励金三七円五〇銭）。この二重価格制は、農政史上まれにみる絶妙の行政措置との評価があるが、人手も資材も乏しい状況のもとではその効果は限定的で、食糧不足の深刻化の趨勢を覆《くつがえ》す力はなかった。

四二年二月二一日には、従来の食糧統制関係令を整理統合して食糧管理法が公布された。これにより、米以外の麦・芋などの代替食糧も主要食糧として国家管理のもとにおかれ、供出・集荷機構としての産業組合と配給機構としての食糧営団をパイプとする一元的な供出・配給体制が成立した。四五年七月に二合一勺に引き下げられるまで、二合三勺という配給基準量は形式的には変わらなかったが、米に代わって麦、芋・雑穀などが混入されるようになり、四四年一〇月には、主食配給量のうち米の占める割合は六六％にまで低下した。四五年の国民の摂取カロリーは、一七九三カロリーと三三年時点の六割に落ちていた。日本農業は労働集約型であるにもかかわらず、政府はこの点を考慮せず、工業の熟練労働者に対する召集猶予制や召集延長制の適用がなく、四四年になって初めて農業技術者にも召集猶予制が導入された。日本とは対照的に、ドイツの国土は日本以上に破壊されたが、ドイツの四五年三月のエネルギー消費量は、むしろ三三年の一～二割増しで、ドイツは国民に配給する食糧だけは絶対に減らさないようにしていた。

アメリカ社会における日系人の悲哀と栄光

四二年二月一九日、ルーズベルト大統領は、アメリカ西海岸地帯に居住していた日系人を強制的に隔離し、ロッキー山脈地帯などに設置された「転住所」という名の強制収容所に強制収容する行政命令を発した。その背景には、前年の一二月二〇日頃から行われた日本海軍の潜水艦による西海岸沖を航行中の貨物船やタンカーに対する攻撃や、明けて二月二四日の西海岸サンタバーバラの石油製油所に対する艦砲射撃、艦載機によるアメリカ本土空襲が、それまで本土への攻撃を受けたことのないアメリカ国民の世論の憤激を誘発しただけでなく、長年アメリカ社会の底流に流れていた日系移民に対する人種偏見と人種差別があった。当時、アメリカ西海岸地帯には、日系人約一二万人が居住しており、同じく母国がアメリカの敵国となったドイツ系やイタリア系の移民も居住していたが、日系人のみが、ほとんどの財産を没収されたうえ強制収容の対象となったのである。

その後、フィリピン占領の際に発生した「バターン死の行進」（連合国の捕虜が炎天下、一〇〇キロメートルの道のりを徒歩で移動させられた結果四〇〇〇名を超える米兵が死亡）やタイのバンコクとビルマのラングーン（現ヤンゴン）を結ぶ「泰緬《たいめん》鉄道」建設における大量の犠牲者発生（六万人以上の連合国捕虜や現地人が熱帯性の伝染病が蔓延する山岳地帯での労働を強制された結果、一万六〇〇〇名以上が死亡）など、日本軍による連合国側の捕虜に対する虐待の報道が、アメリカ社会の日本人に対する反感を一層増幅した面も否定できない。これに対し、日本側は、欧米のアジアに対する植民地支配を打破して「大東亜共栄圏」の樹立することを戦争目的に掲げていたばかりでなく、日系人の強制収用をアジア人に対する差別・横暴の象徴として非難し、宣伝した。

アメリカは、この日本からのアジア人に対する人種差別非難宣伝を受けて、一定の政策是正を余儀なくされた。特に、アメリカの同盟国である中国からも、かねて中国系移民に対する差別政策や中国国内における治外法権の撤廃を強く求められており、四三年に入るとアメリカ政府も領事裁判権の撤廃に同意するとともに、同年初めには蒋介石夫人の宋美齢が訪米し、全米各地を講演して差別の撤廃を強く訴え、アメリカ世論の好意的反応を得たため、四三年末には連邦議会も排華法の撤廃を可決した。

しかし、中国系以外のアジア人に対する差別は依然として存続し、合衆国への忠誠を誓わなかった日系二世は、引き続き強制収容所に拘束されたまま終戦を迎えた。日系二世の中には、強制収容は合衆国憲法に違反するとして裁判で争って、敗訴した抵抗派も存在した。日系移民の市民権取得は、五二年四月のサンフランシスコ講和条約発効まで認められなかった。その後、日系人の財産没収と人権侵害に対する補償運動が熱を帯びるようになり、漸く八八年になって、アメリカ政府はレーガン大統領が補償法に署名して、謝罪した。

また、四三年二月には、日系二世から成る四四二連隊戦闘団が創設され、合衆国への忠誠を誓った日系二世には従軍の機会が与えられた。四四二連隊戦闘団に配属された日系二世は、イタリアやフランス戦線で「ゴー・フォア・ブローク（当たって砕けろ）」がモットーの突撃精神でドイツ軍と戦って、華々しい戦功を挙げ、最も多くの大統領勲章を受けた部隊となった。太平洋戦線では、日系二世はアメリカ陸軍情報部に配属されて、通訳や翻訳業務に従事し活躍した。これらアメリカ軍に従軍した日系二世兵士は約三万三〇〇〇人にのぼり、その活躍はたびたび新聞で報道され、日系移民に対するアメリカ社会の偏見の緩和に貢献した。

日本本土初の空襲・ドウリットル隊

四二年四月一八日、日本本土が初めて空襲を受けた。アメリカ軍が反撃に転じた端緒《たんちょ》であった。それは、空母「ホーネット」から出撃したB25型爆撃機一六機が、日本上空に飛来し、東京・川崎・横須賀・名古屋・四日市・神戸の六都市を空爆したものである。空襲による損害はさほどのものではなかったが、大本営に大きな衝撃を与えた。米軍爆撃機は、燃料の制約から母艦に帰艦せずに友好国中国の飛行場に向かい、そのうち、一機は日本軍支配地域の江西省《こうせい》で墜落、一機が浙江省《せっこう》に不時着し、ドウリットル中佐指揮下の搭乗員八名が日本軍に拘束された。ドウリットル部隊による日本本土空襲には、真珠湾攻撃・フィリピン攻略への報復のみならず、先述したような日本軍のアメリカ本土に対する先制攻撃への報復という動機があったのである。

この空母艦載機による日本本土空襲は、日本側がミッドウェー島攻略作戦に踏み切る契機を与えた。対米英戦が長期化し、消耗戦となった場合には勝利はおぼつかないことを自覚しながら、日本側には、驚くべきことに、第一段階の南方作戦を達成した後の第二段階、第三段階の明確な作戦計画はなかったのである。アメリカが反撃に出る場合の拠点はオーストラリアに違いないとの想定のもと、米豪間の輸送路となる南太平洋を遮断するためにフィジー・サモア諸島を占領する作戦と、ハワイに近い中部太平洋上のミッドウェー島に進出して太平洋艦隊の空母を撃滅する作戦が浮上してきた。前者のフィジー・サモア作戦は海軍軍令部が主張し、後者のミッドウェー作戦は連合艦隊司令部が主張していたが、いずれを優先すべきか侃々諤々《かんかんがくがく》の争論となっていた。この米空母の攻撃力を立証したドウリットル本土空襲が決め手となって、ミッドウェー海戦を優先させ、その後フィジー・サモア作戦を進めることで妥協が成立したのである。

本土初空襲に大きな衝撃を受けた大本営は、米軍が中国大陸の航空基地を利用できないようにするため、五月から八月にかけて浙江・江西両省の飛行場や軍事施設を徹底的に破壊した。また、太平洋戦争の緒戦の順調な展開に伴い、支那派遣軍の中から、蒋介石軍を屈服させるため首都・重慶の攻略を目指す機運と構想が生じてきた。これを「五号作戦」と称し、大本営も当初はこれに積極的で、四二年九月には支那派遣軍に「五号作戦」の準備を指示したが、ガダルカナル島攻防戦の激化に伴い、大本営は、同年一一月、この作戦の中止を正式に指示した。それでも、米軍の反攻が本格化した四二年の段階で、陸軍の全兵力の二九％が中国（満州を除く）に配備されており、南方戦線には二一％の配備にとどまっている。四三年に入って南方戦線への配備は三一％に高まるが、依然として中国戦線への配備は二三％を占めており、実数では維持している。泥沼化した中国戦線では民族的抗戦が執拗《しつよう》に続いているため、多くの兵力を中国戦線に張り付けておかなければならなかったのである。

なお、日本軍に拘束されたドウリットル部隊の搭乗員八人は、都市の無差別爆撃と非戦闘員に対する機銃掃射をして戦時国際法に違反したとして、捕虜でなく戦争犯罪人の扱いを受け、上海軍事法廷で六人が死刑の宣告を受け、うち三人が処刑された。この日本軍による軍事裁判と処刑に関する報道が、アメリカ国民に野蛮な国日本というイメージを植え付けた。

ミッドウェー海戦

四二年六月五日午前三時三〇分頃、日本海軍の攻撃機がミッドウェー海軍基地を空爆し、ミッドウェー海戦は始まった。

ミッドウェー海戦の目的は、ミッドウェーを攻略することによって、真珠湾攻撃で撃ち漏らしたアメリカ太平洋艦隊の空母を誘い出して、これを捕捉撃滅することにあった。太平洋艦隊所属の空母は、当時四隻であったが、そのうち「サラトガ」はアメリカ西海岸で訓練中のため参戦不能であり、結局、アメリカは、「エンタープライズ」、「ホーネット」、「ヨークタウン」の三隻の空母をミッドウェー付近に配備できた。ミッドウェーは、ハワイの北西方二千キロにある太平洋中部のサンゴ礁の島であり、アメリカの太平洋における防衛拠点として絶対に手放すことができない戦略的拠点であった。このため、太平洋艦隊司令長官ニミッツは、三隻の空母を中心に最大限の海上兵力をミッドウェー防備に集中させた。その上、アメリカ海軍情報部は、五月二六日までに、日本海軍の暗号を解読することにほぼ成功していた。ニミッツは、この暗号解読によって、日本側のミッドウェー作戦に関する情報を完全に掌握していたという。これに対し、ミッドウェー海戦に当たった日本海軍連合艦隊の第一機動部隊は、「赤城」、「加賀」、「蒼龍《そうりゅう》」、「飛龍」の航空母艦四隻、戦艦二隻を基幹とした二一隻の艦艇で編成され、南雲忠一中将が旗艦「赤城」に搭乗して指揮をとった。日本海軍は、相手はミッドウェー攻略作戦を全く察知していないとの前提の上に、アメリカ艦隊の反撃はハワイから発進して来るものと判断していた。しかし、アメリカ海軍は、日本の第一機動部隊がミッドウェー近海に到達した時には、すでに全兵力を真珠湾からミッドウェー島とその周辺に移動させ、万全の態勢を整えていたのである。

六月五日午前三時三〇分頃、日本の攻撃機がミッドウェー海軍基地を攻撃した時には、同基地の全飛行機が離陸発進した後であったので、基地施設に大損害を与えはしたものの、その効果は限定的であった。しかも、アメリカ海軍の空母三隻は、ミッドウェー島の北東海域で待ち伏せし、哨戒索敵に当たっている飛行機からの通報でいつでも艦載機を発進させる態勢が整っていたのである。日本側の哨戒索敵は、アメリカとほぼ同時に開始したが、徹底を欠いて遅れをとり、アメリカ空母の存在を確認したのは、日本の四隻の空母の艦上でミッドウェー基地への第二次攻撃を展開するための準備をしている最中であった。日本側の空母確認に先んじて第一機動部隊の動静を確認したアメリカ側は、速やかに三隻の空母から攻撃隊を発進させた。五日午前六時半頃には、アメリカ空母発進の雷撃隊による第一機動部隊に対する攻撃が始まった。この雷撃隊の攻撃は、一発も魚雷を日本艦艇に命中させることができず、雷撃機の大半が日本の戦闘機によって撃墜された。

ところが、低空低速で飛行してくる雷撃機に日本軍が注意を集中させていた午前七時二〇分過ぎ、高高度から急降下して攻撃する急降下爆撃機の奇襲を受け、空母「赤城」、「加賀」、「蒼龍」の三隻が相次いで大火災を起こした。唯一残った空母「飛龍」は山口多聞《たもん》少将指揮のもと敵機の爆雷撃を巧みに交わしつつ孤軍奮闘し、「飛龍」から発進した攻撃隊によって、空母「ヨークタウン」を大破し、撃沈に導いた。しかし、その「飛龍」も残存兵力がわずかになった午後二時過ぎ、やはり急降下爆撃機の攻撃により四発の爆弾が命中し、炎上した。

ミッドウェー海戦の結果、日本海軍は投入した空母四隻全部を失っただけでなく、重巡洋艦一隻、航空機約三〇〇機を失い、致命的敗北であった。米軍の損害は、空母一隻、駆逐艦一隻、航空機一四七機にとどまった。

アメリカ軍のミッドウェー海戦における勝利の最大の要因は、優越したレーダー・無線交信の能力と暗号解読能力を駆使して、迅速的確に行った索敵認識・情況判断・作戦選択にあった。この海戦でも日本が狙った奇襲攻撃を逆に兵力に劣るアメリカが裏をかいて成功させたのである。ミッドウェー海戦に日本海軍が負けた要因は、真珠湾奇襲攻撃成功以来の連戦連勝に由来する驕慢と油断、不徹底な作戦目的（主目的はミッドウェー基地占領か空母の捕捉撃滅か）、投入可能空母など兵力の温存（「ヨークタウン」と同じ珊瑚《さんご》海海戦に参戦した空母「翔鶴《しょうかく》」、「瑞鶴《ずいかく》」を温存）、劣位にあった暗号解読などの情報能力である。

この一戦は、太平洋戦争に一大転機をもたらし、連合軍が主導権を握るきっかけとなった。オーストラリアに逃れていたマッカーサー南西太平洋方面最高司令官は、このミッドウェー海戦の勝利を機に、司令部を日本軍への反攻が容易なニューギニア東部のポート・モレスビーに移した。

六月一〇日の大本営発表は、ミッドウェー作戦の戦果を「米空母二隻撃沈、我方の損害、航空母艦一隻喪失、一隻大破」とした。虚偽報道は、この時から始まった。敗戦の情報が漏れるのを防ぐために、機動部隊生き残りの将兵は、九州の各基地に分けて缶詰にされ、下士官兵は、家族との面会も許されないまま、やがて全員南方へ転属させられた。陸軍当局者にも、敗戦の事実は伝えられても、敗戦の規模や実態は知らされなかったという。

なお、ミッドウェー海戦と同時並行的に陽動作戦として展開されたアリューシャン列島攻略作戦では、六月七日、アッツ島とキスカ島を攻略して、守備隊を配置した。しかし、アメリカ海軍は、ミッドウェー基地防備のため太平洋艦隊の全兵力をミッドウェー付近に集中させていたのであるから、いわばガラ空《あ》きの小島攻略のために日本海軍は兵力を割《さ》いていたことになる。機動部隊の三隻の空母が急降下爆撃機の奇襲を受けたとき、連合艦隊司令長官山本五十六率いる戦艦「大和」「長門」「陸奥」らは、第一機動部隊から後方五〇〇海里（約九三〇キロ）の洋上を航行中であり、アメリカ軍と交戦する機会は遂に無いまま帰投した。戦艦は主力艦として最後尾に編隊するという固定観念があったのである。ミッドウェー海戦における日本の連合艦隊の兵力は、真珠湾攻撃の際の兵力を上回り、アメリカ太平洋艦隊の全勢力よりはるかに優勢であったにもかかわらず、兵力の分散と編成過誤により有効に作動しなかったのである。

ガダルカナル島を巡る攻防

四二年八月七日午前四時、アメリカ海兵隊第一海兵師団の主力約一万三千が、機動部隊の支援のもとに、ガダルカナル島に上陸を開始した。

ミッドウェー海戦後、マッカーサーは、司令部をニューギニア南東部のポート・モレスビーに移設したが、日本軍は、これを攻略するため、ニューギニア北東部のブナに上陸するとともに、後方支援のため、海軍陸戦隊の設営隊が、ソロモン諸島最南端のガダルカナル島で航空基地の建設に着手し、あと一週間もすれば戦闘機の進出が可能となるような段階に達していた。

太平洋戦争は、「空母と航空機による戦争」であった。従って、戦闘機の航続距離（一回の給油で飛行可能な距離）を勘案して適切な位置に航空基地が配置される必要がある。日本の主力戦闘機である零戦の航続距離が約二千キロであることから、往復を考えてその半分の一千キロ未満の間隔で航空基地があるのが望ましい。日本海軍は第一次大戦の際、ドイツ領を占領して委任統治領としていたマリアナ諸島のサイパン島とカロリン諸島のトラック島に海軍基地を設けており、更に太平洋戦争開戦後間もない四二年一月二三日に、オーストラリア委任統治領のニューブリテン島のラバウルに上陸して、これを占領し、すでに日本海軍の南方前進基地として活用していた。サイパン・トラック・ラバウル間の距離は各々約一千キロであり、ガダルカナル島は、日本軍の前進基地ラバウルから南へ約一千キロのソロモン諸島の中心である。しかも、東京から六千キロ離れ、四国の三分の一ほどの小島で密林に覆《おお》われていたが、米豪の連絡を遮断する作戦上、有効な位置にあると判断されたのがガダルカナル島である。

ガダルカナル島で航空基地建設と守備に当たっていた海軍陸戦隊はわずか二千名程度であったので、八月七日のアメリカ海兵隊による無血上陸をあっさりと許すことになった。当時ラバウルにいた第八艦隊は、その翌日の八月八日、三川軍一中将の指揮のもと、旗艦「鳥海《ちょうかい》」以下重巡洋艦五隻、軽巡洋艦二隻、駆逐艦一隻の体制でソロモン海域に出撃した。第八艦隊は、八月九日、作戦海域に留まっていた連合国軍巡洋艦部隊と交戦し、重巡洋艦五隻のうち四隻撃沈、一隻大破、駆逐艦八隻の大半撃沈という大勝利を収めた（第一次ソロモン海戦）。第八艦隊は、ほぼ無傷であったにもかかわらず、全くの無防備状態にあった米国輸送船団には何ら攻撃を加えることなく、素早く引き揚げてしまった。

この時点では、日本陸海軍は、米軍が海兵隊を中心として陸海空の機能を統合して島から島へと逐次総反攻を進める水陸両用作戦（「蛙跳《かえると》び作戦」）という新たな戦法を開発していたことを、夢想だにしていなかった。従って、米海兵隊の奇襲上陸を重視せず、大本営は、わずか二千人の一木清直《いちききよなお》大佐（陸士二八期）率いる一木支隊にガダルカナル島の奪回を命じた。一木支隊は、八月二一日、陸軍の伝統的戦法である白兵銃剣《はくへい》による夜襲をかけたが、戦車と砲火で集中攻撃を浴びて全滅した。このガダルカナル島第一戦の勝利は、米海兵隊に大きな自信を与えた。米軍は、八月二〇日までに、日本が造った飛行場の滑走路を完成させ（ヘンダーソン基地）、爆撃機や戦闘機を進出させて、ガダルカナル島付近の制空権は米軍が掌握するところとなったのである。その結果、日本の輸送船はガダルカナル島への接岸が著しく難しくなった。

事態の容易ならざることに気付いた連合艦隊司令部は、第二艦隊と第三艦隊をソロモン海に投入し、八月二四日、両艦隊はアメリカ機動部隊と交戦した（第二次ソロモン海戦）。この海戦には、アメリカの空母「エンタープライズ」、「サラトガ」、「ワスプ」の三隻、日本の空母「翔鶴《しょうかく》」、「瑞鶴《ずいかく》」二隻と軽空母「龍驤《りゅうじょう》」一隻が参戦し、軽空母「龍驤」が沈没、「エンタープライズ」が大破という結果で、双方不徹底に終わった。この海戦以降、ガダルカナル島への輸送は、昼間の輸送船による大規模増援から、夜間高速を利用した駆逐艦による逐次連続輸送、いわゆる「ねずみ輸送」に切り替えられた。八月二八日から、この「ねずみ輸送」によって、川口清健《きよたけ》少将（陸士二六期）指揮する川口支隊がガダルカナル島上陸を開始し、九月七日までに陸軍五四〇〇人の上陸に成功、九月一三日、一木支隊と同じ伝統の戦法で一気に夜襲をかけたが、激戦の末、敗退した。この川口支隊夜襲戦の四日後には、海兵第七連隊四千人が到着し、米軍海兵隊の必勝の念はますます強くなった。一方、開戦以来快進撃の連続であった陸軍にとって、一木支隊・川口支隊の連敗は衝撃的であった。

そこで、大本営は、これまでガダルカナル島作戦を担当してきた第一七軍を、支隊の寄り合い世帯から、第二師団（仙台）を主力とする建制二個師団を根幹とする編成にして増強した。その上で、次の総攻撃は、夜間奇襲ではなく、堂々たる正面攻撃とし、所要の輸送は、第二師団を主力とする歩兵約一万七五〇〇人、火砲一七六門、糧食二万五千人の三〇日分などと計画した。第一七軍は、「ねずみ輸送」によって何とか予定の半分を揚陸したが、艦艇による「ねずみ輸送」では捗《はかど》らないので、輸送船による一挙輸送を海軍に要請した。この結果、優秀船六隻により「ガダルカナル島突入船団」が編成され、一〇月一四日、その輸送船団が戦略資材の揚陸作業を行っている最中に、アメリカの艦爆大編隊の空襲を受けた。このため、兵員は全部上陸できたが、糧食は半分程度、野山砲三八門、重砲僅か二門、弾薬は一～二割が揚陸されたに過ぎなかった。これでは、大火力を駆使する正攻法を採れないので、第二師団は、またもや夜間奇襲攻撃を敢行することになった。しかし、一〇月二五日夕刻より敢行された奇襲作戦は、奏功せず、米海兵隊の第一線陣地を突破することなく頓挫した。第一七軍司令官は、二六日午前六時、攻撃中止命令を出した。

一方、同じ一〇月二六日、日本の連合艦隊が第二師団によるガダルカナル島奪回作戦支援のために出動し、連合国機動部隊とソロモン海域で交戦した（南太平洋海戦）。その結果、アメリカの空母「ホーネット」（四月一八日、ドウリットル攻撃隊が日本本土空襲を行ったとき発進した空母）を撃沈し、空母「エンタープライズ」を大破したので、日本側は勝ったような気分に浸るとともに、ガダルカナル島への第三八師団（華南・編成地名古屋）の増援を決めた。しかし、この海戦で大量の航空機を失っただけでなく優秀なベテランパイロットを多数失ったことは、日本海軍にとって大損失であった。

一一月一〇日から、佐野忠義中将（陸士二三期）率いる第三八師団一万名のガダルカナル島への上陸が開始された。一方、海軍は、この第三八師団の上陸を掩護するとともに、周辺海域の制海権の確保を図るため、戦艦「霧島」「比叡」の二隻を含む第一一戦隊を派遣し、一一月一二日から一五日にかけて連合国機動部隊と交戦した（第三次ソロモン海戦）。その結果、海戦では、日本側は戦艦二隻とも失い、ヘンダーソン基地への艦砲射撃も効果があがらず、輸送船団一一隻中六隻は撃沈され、上陸できた第三八師団の兵力はわずか二千名、糧食は四日分に過ぎなかった。海戦の終了とともに第三八師団の上陸と輸送も中断した。

ヘンダーソン基地を制圧した米海兵隊がガダルカナル島付近の制空権を完全に掌握し、輸送船による補給が全く遮断された状況のもと、その後、時間が経過するにつれ、同島では日本軍の飢えとマラリアによる惨状が進行していった。しかし、陸海軍ともに、ガダルカナル島の奪回は難しいのではないかという見方が台頭しつつあったにもかかわらず、各々の面子《めんつ》から撤退の意思表示はなされなかった。

一方、剛直な主戦論者で鳴る陸軍参謀本部の作戦部長田中新一（陸士二五期）が、ガダルカナル作戦継続のため民間船舶の増徴を要求したのに対し、要求の半分しか閣議が認めないので、一二月六日、官邸で東条首相に膝詰め談判で食い下がり、なおも拒絶する東条に対し「この馬鹿者」と面罵《めんば》して更迭された。この閣議決定を受けて、海軍側は、一二月八日、駆逐艦によるドラム缶輸送（いわゆる「ねずみ輸送」）を中止するとの申し入れを陸軍側にし、これを契機に陸海軍はガダルカナル島撤収について真剣に協議し、一二月三一日、永野軍令部総長と杉山参謀総長が天皇に上奏し、明けて四三年一月四日、大本営から撤退命令が出された。ガダルカナル島撤収作業は、二月一日、四日、七日の三次に分けて毎回駆逐艦二〇隻で行われ、生き残った陸軍一万二〇〇〇名、海軍八三〇名の引き揚げを完了し、ガダルカナル島は放棄された。

ガダルカナル島に陸軍が投入した兵力三万三六〇〇人、うち戦死約八二〇〇人、戦病死約一万一〇〇〇人、そのほとんどが餓死であった。一方、作戦に参加したアメリカの海兵隊・陸軍の兵員六万人、うち戦死一五九八人、戦病死なしであった。すでに発明されていたペニシリンでアメリカ兵のマラリアなどは片端から快癒していたのである。海軍の損失は、艦艇二四隻、合計約一三万トンが沈没した。これはアメリカの損失とほぼ等しいが、艦艇建造能力の日米格差を考慮すると、日本側の実質的打撃がはるかに大きい。それだけでなく、日本は飛行機八九三機が撃墜され、搭乗員二三六二人が戦死しており、ベテラン飛行機乗りの大半を失った人的・精神的・技術的損失は甚大であった。

撤収直後の二月九日に行われた大本営発表は、「ソロモン群島のガダルカナル島に作戦中の部隊は（中略）その目的を達成せるにより、二月上旬同島を撤し他に転進せしめられたり」であった。虚偽報道の第二弾である。

なお、第二次ソロモン海戦の直後、山本連合艦隊司令長官搭乗する戦艦「大和」は、八月二八日、ガダルカナル島の北方約二千キロのトラック島の泊地に入港した。しかし、山本の郷里・新潟県長岡出身者が大勢いる第二師団所属の歩兵第一六連隊（新発田）がガダルカナル島で生死の極限状況を迎えているのを知りながら、遂にトラック島からガダルカナル島に向けて出撃掩護することはなかった。山本の心境は如何なるものであったか。「大和」は無用の長物と化していたのか。

スターリングラードの攻防

日本軍が、ミッドウェー・ガダルカナルで苦戦・敗戦を強いられた四二年の夏、欧州戦線では、ドイツは、それまでの北方のレニングラード、中央のモスクワ、南方のカフカースの三方面を同時に攻める戦術を改め、南方のカフカース油田地帯の奪取とスターリングラード（現ヴォルゴグラード）の占領、この二つを攻勢の主目標に置く作戦に切り替えていた。これらの攻勢によって、ドイツは戦争遂行に絶対必要な石油資源を確保しようとしたものである。カスピ海沿岸のカフカース地方にある当時世界最大級のバクー油田で生産された石油は、カスピ海から、ヴォルガ河を経由する輸送ルートによって供給されており、スターリングラードは、ヴォルガ河の河口に近い河港都市で、この石油輸送ルートを扼《やく》する地点であった。ヒトラーは、スターリンの名を冠したこのソ連有数の工業都市の占領による政治的効果とそれに伴うソ連軍の士気の低下を期し、必要以上の執着を抱いた。

四二年六月末から大挙して南部に向かったドイツ軍は、八月二三日には、スターリングラード前面に到達した。スターリングラードを巡る攻防戦は、この日曜日の朝、ドイツ軍の市街に対する航空機延べ二千機による絨毯《じゅうたん》爆撃によって火蓋が切られた。連日の空爆によって瓦礫《がれき》と廃墟の山と化したスターリングラードの市街に、九月一三日朝からドイツ陸軍が進攻を開始、防衛の中心を担ったソ連第六二軍の激しい抵抗を受けながらも、一一月一一日までに、市内のほとんどをドイツ側が確保した。しかし、ドイツ軍の消耗も激しく、日ごとに寒気が厳しくなる中で戦線は膠着状態に陥った。このような状況の中で、ソ連軍は、ジューコフ上級大将の指揮のもと、一一月一九日から、ドイツ第六軍に対する大掛かりな包囲作戦を展開し、二三日までに包囲環を完成した。包囲されて孤立した枢軸軍の将兵はドイツ第六軍を中心として三〇万人にのぼった。第六軍の司令官パウルスは、燃料が六日分しかないことを理由としてスターリングラードからの全軍撤退につきヒトラーの許可を求めたが、一一月二四日、ヒトラーは、撤退要請を却下し、他方、とりわけ有能な将軍として知られるマンシュタイン元帥率いるドン軍集団を第六軍救出のため派遣した。ドン軍集団は、一二月一二日から、包囲解除作戦を展開したが、ドン軍集団の動きに呼応して第六軍が中央突破に出る作戦を要請したのに対し、第六軍のパウルス司令官がヒトラーの死守命令に忠実に従って拒否したため、一二月二三日、マンシュタイン元帥は、包囲解除による第六軍救出作戦を中止した。翌日、ドイツ第六軍の将兵は、絶望的な状況のもと、ささやかな補給品でクリスマス・イブを迎えた。ヒトラーは、大戦を通じて、いかなる局面でも侵攻か絶対死守かがあるのみで、戦略的撤退もましてや降伏は絶対に許さなかった。

明けて四三年一月八日、ソ連軍は、ドイツ第六軍に対し幹部の帯剣を認めた名誉ある降伏を勧告し、これを受けたパウルス司令官はヒトラーに打電して行動の自由を求めたがヒトラーに拒否された。そこで、一月一〇日から、ソ連軍はスターリングラード戦の最終総攻撃に入り、ドイツ第六軍兵士は、零下三五度という厳寒の廃墟や雪原で戦死、さもなければ凍死か餓死、はたまた自決を迫られた。ヒトラーは、パウルス以下第六軍全員が戦死することを切望し、正規軍としての降伏を許さなかった。一月三〇日は、ナチス政権発足一〇周年の記念日であったが、ヒトラーは、パウルスを元帥に昇格させ、ドイツ軍史上降伏した元帥はいないという史実で、飽くまでパウルスに圧力をかけた。しかし、パウルス司令官以下の第六軍の幕僚は、翌一月三一日、第六軍全体の降伏ではなく司令部のみの投降という名目で、ソ連軍司令官のもとに出頭した。二月二日、最後まで抵抗を続けていた師団が投降して第六軍の抗戦は終わり、ここに、スターリングラード攻防戦は終結した。

この攻防戦での戦死者はドイツ軍および枢軸軍が約三〇万人、ソ連軍が約五〇万人、民間人が約二〇万人（当時のスターリングラードの人口六〇万人の三分の一）とされている。ドイツ軍の捕虜は九万一〇〇〇人であった。捕虜は、仮収容所まで雪道を徒歩で移動する際に落伍したものは凍死するかソ連兵に殺害され、更に仮収容所で発疹チフスが大流行し、数週間のうちに約五万人が死亡した。生存者は、その後、中央アジアやシベリアの収容所に送られ、戦後に生きて祖国に帰国できたのは約六〇〇〇人であった。スターリングラードの戦はドイツ軍の歴史上最大の敗北であったばかりでなく、第二次大戦の大きな転換点をなすものであった。これ以後は戦争の主導権はドイツの手から離れた。

ドイツ軍のスターリングラード大敗のニュースは、日本の新聞では伏せられた。スターリングラードの敗北以後、ヒトラーは鬱病状態になり、それまで食事やお茶の時間に側近を前にして文明や宗教、人種問題などを語っていた「テーブル・トーク」の習慣を止め、愛犬を脇に置いて一人で食事をとることが多くなったという。演説好きのヒトラーが人前に出ることを嫌うようになり、前線の視察も、この年九月八日を最後に止めてしまった。二日に一度は抗鬱剤を注射するようになったヒトラーは、髪は急速に白くなり、背は曲がり、眼ばかりが飛び出す状態になり、宣伝相ゲッペルスは、これを「総統の危機」と呼んだ。

北アフリカ戦線とカサブランカ宣言

一方、イタリアは、四〇年六月の対英仏宣戦以後、植民地のリビアを拠点として北アフリカでイギリスと戦闘状態に入ったが、苦戦していた。このイタリア軍支援のため、ヒトラーは、四一年二月に、対仏戦で戦功を挙げたロンメル将軍を派遣した。ロンメル将軍は、四二年五月から反転攻勢を開始し、七月には、エジプトの要衝アレクサンドリアからわずか一〇〇キロのエル・アラメインを陥落させた。

これに対し、四二年一〇月二三日、モントゴメリー将軍指揮下のイギリス第八軍が独伊枢軸軍の六倍の戦車と三倍の兵力をもって反撃を開始し、一一月二日には、南部地区を正面突破してイタリア軍を壊滅させた（エル・アラメインの戦い）。持病治療のため戦線離脱していたロンメルが復帰すると、残存部隊を救うためにヒトラーに後退の許可を要請したところ、ヒトラーは死守命令を出した。しかし、ロンメルは、ヒトラーの命令に服することなく、軍法会議にかけられるのを覚悟の上で、一一月四日、後退命令を発した。この敗北は、ヒトラーの軍隊がそれまで受けた最大の敗北であった。

その四日後の一一月八日には、アメリカの将軍アイゼンハワー（後に五三年一月から大統領二期）指揮下の米・英連合軍一〇万が、北アフリカ西部（仏領モロッコとアルジェリア）に上陸した。これが、アメリカ参戦後初めて実現した米・英合同の対独作戦であった。単独ではドイツを屈服させることができないイギリスが、四〇年五月以来の欧州西部戦線における軍事的孤立を耐え抜いて、実現した悲願の達成であった。四三年五月初めになると、独・伊軍は、米・英軍の東西からの挟《はさ》み撃《う》ちを受けて壊滅的打撃を受け、五月一二日には降伏して、二五万の将兵が捕虜となった。この降伏によって、北アフリカの戦争は連合軍の勝利となって終結した。

北アフリカとスターリングラードにおける独軍の敗勢と連合軍の勝勢を受けて、四三年一月二四日、ルーズベルト大統領は、モロッコ最大の都市カサブランカでチャーチル首相と会談した。会談の終わりに共同記者会見を行い、大統領は、独・日・伊による「無条件降伏」が将来の世界平和の合理的保障であり、それは、これら三国にある他国の征服と支配を求める思想の根絶を意味する、と宣言した（カサブランカ宣言）。それは、第一次大戦における「甘い休戦と過酷な講和」がナチス・ヒトラーの登場を許した問違いに対する反省に根差したものである。同時に、外交的には、独ソを消耗させた後に米英が世界を支配するのではないか、との疑念を抱きながら孤独を感じつつドイツと戦っているに違いないスターリンに対し、単独講和を否定してソ連への連帯をアピールし、スターリンを安心させ、励ますという効果を狙ったものであった。

しかし、この無条件降伏要求の宣言は、交渉による戦争終結を排除したものであり、資源に乏しく自力での最終勝利のない戦争を始めてしまった日本にとって、国体の変革を伴うに違いない無条件降伏は絶対に避けなければならないハードルとなった。これは、軍部の「本土徹底抗戦」の主張を誘発し、実際上は否応なしに戦争を長引かせる決定的な作用を及ぼした。カサブランカ宣言は、その意味で、日本に対しては「歴史の教訓」の誤った適用という側面があった。

山本連合艦隊司令長官の戦死

四二年一二月末のガダルカナル撤退の正式決定と同時に、大本営は、日本が死守すべき「新たな防衛線」を、ニュージョージア島、イサベル島以北のソロモン諸島と、スタンレー山脈以北の東部ニューギニアの要域と決めた。補給の限界を考慮すれば、相当思い切った戦線の縮小を図るべき段階に達していたにもかかわらず、ガダルカナル奪回の失敗の教訓に学ぶことなく、新たな防衛線は決められた。ニュージョージア、イサベルの両島は、ガダルカナルの直ぐ隣の島であり、前進基地ラバウルから東部ニューギニアへの距離は、ガダルカナルへの距離とほぼ同じであり、面子にこだわったものであった。

しかし、アメリカは、四三年に入ると、東部ニューギニアに対して戦力を増強するようになり、これに対抗するため、日本軍は、三月一日から「八一号」作戦と名づけてラバウルから大量の物資を輸送する作戦を実施したが、アメリカ軍は大型機で迎撃し、日本軍は六九〇〇名のうち三六六四名の兵隊を失い、軍需品も兵器も海底に没した。そこで、ソロモン諸島と東部ニューギニアの制空権を奪回するために、連合艦隊は、第一一航空艦隊と第三艦隊所属の艦載機三六〇機を投入して「い号」作戦を展開することになった。「い号」作戦は、山本五十六が率先してラバウルで作戦指導に当たり、四月七日、一一日、一二日、一四日と断続四日間、艦載機をラバウルやブーゲンビル島などの前進基地から発進させてソロモン諸島、東部ニューギニアの艦船と飛行場に対し総攻撃を行った。その結果、巡洋艦一隻、駆逐艦二隻、輸送艦二五隻を撃沈し、飛行機二五機を撃墜し、飛行場四カ所に大損害を与えて成功したかに見えた。しかし、日本軍は飛行機を六一機も失った。米軍のパイロット技術が着実に上達しているのに対し、日本のパイロットの錬度の低下が目立ち、戦局の先行きに暗雲が垂れこめた。

四三年四月一八日、山本五十六連合艦隊司令長官は、ラバウルを発進して、ガダルカナル戦線に最も近いショートランド島方面の基地を視察激励する目的で、一式陸上攻撃機に搭乗していたところ、ソロモン諸島の一角ブーゲンビル島上空で米軍機の邀撃《ようげき》に遭遇し、敢《あ》え無く戦死した。山本搭乗機の同行機は、同じ一式陸上攻撃機の二番機（宇垣纏《うがきまとい》参謀長が搭乗）のみで、零戦六機が護衛していたのであるが、アメリカ海軍の無線傍受と解読により十分に練った作戦のもとに展開されたＰ３８戦闘機一六機の邀撃になす術《すべ》がなかった。

山本五十六は、第一次大戦の終結後、一九年五月より二年間アメリカに駐在した際、これからの海軍軍備は航空第一主義であるべきことに目覚め、その後、海軍要職を歴任する間に、世界に誇り得る優秀機が続出する基礎を固めた。「九六式陸上攻撃機」、「零式艦上戦闘機」、「一式陸上攻撃機」などがそれであり、特に、四〇年に量産されるに至った航空母艦発進型の「零式艦上戦闘機」、いわゆる「零戦」は、当時、最大速度時速五一八キロ、航続距離二二八〇キロの「速くて足の長い」世界最高水準の戦闘機であった。

また、山本は、二五年一二月からの再度のアメリカ駐在武官在任中に、工業生産力と石油資源こそが二〇世紀の総力戦を決する要因であることを洞察するとともに、正攻法による総力戦ではどう転んでも勝ち目のない対米戦争は極力回避すべしとの基本認識をもつに至った。三六年一二月から三九年八月に及んだ海軍次官時代を通じて、対米戦争への傾斜を意味するいかなる国策の決定にも断固として反対したのは、この基本認識に基づく。ただし、三八年一月一五日の大本営政府連絡会議において、和平交渉打ち切り・戦争続行・蔣介石政権否認を主張する陸軍省に海軍省として同調したのは、いかなる深謀遠慮によるものか不明である。

三国同盟が結ばれ、南部仏印進駐が行われ、アメリカによる資産凍結と石油禁輸が行われ、最早、勝ち目のない対米戦争が避け難いとすれば、連合艦隊司令官という純軍事の現場の最高責任者として、勝ち目のない対米戦争にかすかな勝利の可能性を開く捨て身の戦法として考案したのが、真珠湾奇襲攻撃であり、この真珠湾奇襲攻撃自体はは大成功であった。

しかし、その後の山本の言動は山本らしい精彩を欠くように思われる。真珠湾攻撃の際は、広島湾上の旗艦「長門《ながと》」に搭乗して真珠湾攻撃のみならず南方作戦を含めた全体の作戦指揮に当たっていた山本であるが、ミッドウェー海戦の際は、出陣したものの、海戦現場から遠く離れた後方で旗艦「大和」に搭乗したまま交戦することもなく帰投している。ガダルカナル島の攻防に際しても、旗艦「大和」に搭乗してトラック島に入港していながら、またしても一度も出撃することなく、郷里の長岡出身者が多い第一六連隊が全滅していくのを拱手傍観《きょうしゅぼうかん》せざるを得なかった。

山本の戦死の大本営発表は、五月二一日、旗艦「武蔵」東京湾入港当日の午後に行われた。山本の死は、海軍の軍人にも、多くの国民にも、深い悲しみと戦争の前途に対する不安とを与えた。山本の国葬は、六月五日、九年前に、艦隊派の巨頭であった東郷平八郎の葬儀が行われたのと同じ日を選んで、日比谷公園内の斎場で執り行われた。

アッツ島に始まる玉砕の連続

四三年五月一二日、アメリカ陸軍第七師団一万一〇〇〇名の上陸部隊が、戦艦三隻、空母一隻、巡洋艦六隻、駆逐艦一二隻からなる艦隊の護衛を受けながら、アッツ島に上陸を開始した。

アメリカが一八六七年にロシア帝国から購入したアラスカとカムチャッカ半島に囲まれたベーリング海に浮かぶアリューシャン列島のアッツ島は、キスカ島とともに、日本海軍のミッドウェー作戦の陽動作戦として、四二年六月八日、攻略し、その後、陸軍第七師団(旭川)の米川部隊二六五〇名が進出してアッツ島守備隊となり、飛行場と陣地の建設を開始していた。この飛行場が完成すれば、アメリカ本土への攻撃の有力な拠点となることを恐れた米軍が奪回作戦に及んだものである。しかし、日本の大本営は、ミッドウェーの攻略に失敗した以上、もはやアッツ島の戦略的価値はなくなったものとして、補給も増援もしなかった。

本格的な戦闘は、五月一三日から始まった。米軍の正確で威力のある圧倒的な砲爆撃を浴びて守備隊は次第に北東部に追い詰められ、五月二九日には、終始陣頭指揮を執ってきた司令官山崎保代《やすよ》大佐(陸士二五期）の指揮のもと残存兵三〇〇名が、最後の突撃を敢行し、米軍第七師団の本陣に肉薄したものの、最後まで米軍の降伏勧告を拒否して全滅した。米軍の犠牲者は、戦死者約六〇〇名、負傷者一二〇〇名に過ぎなかった。一対四の圧倒的非勢の条件下で悪戦苦闘の末の全滅は、「生きて虜囚《りょしゅう》の辱《はずかし》めを受けず、死して罪禍の汚名を残す勿《なか》れ」との戦陣訓（四一年一月陸軍大臣示達）の模範的実践として称揚する向きが強かった。五月三〇日の大本営発表は、初めて「玉砕」という言葉を使って全滅を美化し、英雄的行為として宣伝した（実際には二九人の捕虜がいた）。山崎司令官は、死後二階級特進して中将に補された。

アッツ島の陥落に伴って北米大陸寄りのキスカ島が孤立した。キスカ島には陸海軍合わせて六〇〇〇名の守備隊が配置されていたが、アメリカ艦隊に包囲されていた。七月二九日、日本艦隊は、濃霧の最中にアメリカ艦隊が包囲を解いた隙《すき》をついて密かに撤収作戦を敢行し、いくつかの幸運も重なってアメリカ軍に察知されることなく、全員無事で奇跡の撤退を成功させた。

しかし、その後、四三年一一月にはマキン・タラワ両島守備隊（中部太平洋のギルバード諸島）、四四年二月にはクェゼリン・ルオット両島守備隊（中部太平洋のマーシャル諸島）、四四年七月にはサイパン島守備隊（南西太平洋のマリアナ諸島）、四四年九月にはグアム・テニアン島守備隊（同じくマリアナ諸島）、四四年九月一五日から一一月二四日までの戦闘で東洋最大と言われた日本軍の飛行場があったペリリュー島守備隊（南西太平洋のパラオ諸島）、四五年二月一九日から三月二六日までの戦闘で硫黄島守備隊（東京都小笠原諸島）、と各々孤立無援の島嶼《とうしょ》守備隊が次々に「玉砕」を余儀なくされ、東方と南方から日本列島への包囲網が着々と狭められていった。アメリカ軍は、ガダルカナル島への反攻上陸以来、「一八もの上陸作戦」を着実に成功させ、日本本土攻撃を目指した当初からの戦略構想を堅実に追求していった。

大東亜会議の開催と絶対国防圏

アッツ島守備隊玉砕の二日後、四三年五月三一日の御前会議で、「大東亜政略指導要綱」が決定された。この要綱では、大東亜戦争完遂《かんすい》のため、帝国を中核とする大東亜の諸国家民族結集の政略態勢を更に整備強化するとともに、大東亜各国の指導者を東京に参集せしめ、牢固たる戦争完遂の決意と大東亜共栄圏確立とを外に宣明することを決めた。

六月一五日からの第八二回帝国議会が終わると、東条首相は、大東亜会議の根回しなどのため東亜各国訪問に旅立ち、一週間余にわたって、バンコクでタイのピブン首相、シンガポールでビルマのバー・モウ首相、インド独立運動の志士チャンドラ・ボーズ、ジャカルタでインドネシア独立運動の闘士スカルノ（四五年八月から独立宣言後大統領）らに会って帰国した。これが、東条首相在任中唯一の外国訪問であったが、国際環境や戦局の好転にほとんど効果をもたらさなかった。

次いで、政略指導要綱に基づき、八月一日、ビルマのバー・モウ政府の独立を宣言すると同時に日・ビルマ同盟条約に調印し、一〇月一四日にはフィリピンのラウレル政府の独立を宣言すると同時に日比同盟条約に調印し、一〇月三〇日には中国の汪兆銘政権と日華同盟条約に調印した。なお、タイとの間では、すでに四一年一二月二一日、ピブン首相との間で日泰攻守同盟条約が締結されていた。

以上の同盟条約の上に立って、一一月五日から二日間、大東亜会議が帝国議会議事堂で開かれた。参加同盟国は、日本のほか、中華民国（南京の汪兆銘政権）。満州国・タイ・ビルマ・フィリピンの五カ国であり、インド（チャンドラ・ボーズ率いる自由インド仮政府）が陪席として参加した。会議の冒頭、東条首相は、「英米のいう世界平和とは、すなわちアジアにおける植民地搾取の永続化、それによる利己的秩序の維持にほかならない」と論断し、日本こそはその解放者であり、独立を援助する救世主だと説いた。会議は大東亜宣言を採択して終えたが、その内容は共存共栄・経済発展などの象徴的な文字を並べただけに終わった。

九月三〇日、御前会議は、「今後採るべき戦争指導大綱」を決定した。緒戦の戦果を確保拡充して長期不敗の態勢を確立するという開戦以来の戦争指導方針は、四二年五月以来の連合国軍の反撃にあって完全に破綻していた。この戦争指導大綱では、千島・小笠原・内南洋《うちなんよう》（赤道以北の中・西部太平洋）・西部ニューギニア・スンダ・ビルマを連ねる線を「絶対国防圏」とし、従来の確保地域のうち、ラバウル、中東部ニューギニア、外南洋《そとなんよう》方面を放棄して縮小するとともに、絶対国防圏の防壁を固めるため、航空機と船舶を中心とする戦力の充実に全力を挙げることとし、その目標数字も明示した。ラバウルには陸軍第八方面軍の一四万名以上の部隊の大半が配置されていたが絶対国防圏外とされたため、ニューギニア東部の部隊とともに、最早《もはや》補給を受けることもなく孤立し、自給自足を余儀なくされる運命に陥った。

航空機と船舶の増産に全力

四二年六月のミッドウェー海戦を経て、同年八月の米軍のガダルカナル島上陸を境に戦局は大きく変わり、潜水艦や航空機からの攻撃による船舶の損害が激増した。ガダルカナル奪回作戦が始まる直前に、陸海軍の船腹は、陸軍一三八二隻（九〇〇万トン）、海軍一七七一隻（五〇〇万トン）、民需用二一一二隻（四〇〇万トン）までに回復し、国民生活物資や軍需生産物資を占領地から輸送するのに必要な民需用の三〇〇万トンも満たしていた。ところが、アメリカ軍は、日本国民の生活を締め上げ、厭戦《えんせん》気分を引き出すため、四三年に入って民需用の船舶を徹底して集中的に撃沈する作戦を採用していた。同年七月現在の船腹の割当ては、陸軍用一一八万三三〇〇トン、海軍用一六七万七一〇〇トン、民需用二七三万九六〇〇トンと、民需用は国民生活に必要とされる三〇〇万トンを既に下回っていた。国民生活を無視して物量消耗戦に巻き込まれていることを物語っているだけでなく、航空機や船舶の生産の鈍化《どんか》につながることは必至であった。

そこで、四三年三月、石炭、鉄鋼、軽金属、船舶、航空機の五大重点産業を指定し、五月には五大重点産業の生産増強を打ち出し、中でも航空機と船舶の生産増強を重視した。開戦時、日本は約七〇〇〇機の航空機を有し、四一年の生産が五〇八八機、四二年の生産が八八六一機であったが、四三年には、中島、三菱、川崎、立川などの飛行機会社に女子、学徒などが大量に動員され、ほぼ倍増の一万六六九三機を達成した。四四年には、二万八一八〇機と更に増産されたが、未熟練労働力への依存は、品質の低下につながった。また、船舶の建造は、四三年度は約一一二万トンの生産を達成したが、同年度の船舶の損耗はその三倍近くにのぼった。この点からも戦争継続に赤信号が灯《とも》っていたのである。

物資がますます不足していく中で、金属類の回収が強く叫ばれるようになり、四一年九月に国家総動員法に基づく金属類回収令が施行されていたが、四三年八月には、この回収令が全面改正され、回収の対象は、鉄物件と銅物件について一般家庭の物資から事業設備にも及ぶようになった。銅像やお寺の鐘が供出されたのもこの頃のことである。しかし、回収された金属は、実際には十分武器や砲弾に利用されることなく終戦を迎えた。

四三年一一月一日、商工省と企画院に陸海軍機関の一部を統合して、軍需工業全般をつかさどる官庁として軍需省が新設された。これに伴って、商工省と企画院が廃止され、運輸通信省と農商務省が設置された。戦局の悪化に伴い、新造船の配分を巡って軍需優先を主張する陸海軍と国力造成のため民需輸送優先を主張する政府とがしばしば対立し、また、航空機の配分を巡って陸軍と海軍との間で対立が繰り返されたことに鑑み、この対立を克服して、軍需産業の一元的管理を図るべく、軍需省を新設したのである。東条首相が、自ら軍需大臣に就任して独裁的権限を掌握し、統帥権独立の原則により軍部が天皇に直属している明治憲法の制約から天皇の権威を借りて首相の決定を貫徹しようとした。

学徒出陣と銃後の労働力補充

四三年一〇月二一日、学徒出陣式が挙行され、雨がそぼ降る明治神宮外苑で、東京近在七七校の学徒が分列行進した。四一年の太平洋戦争開戦時の将兵数は二四二万人（男子人口の六・九％）であったが、大学生、高等学校・専門学校の学生は、徴集延期が認められ、卒業後に徴兵検査を受けても、検査官の配慮によって徴集されないのが普通であった。戦況の重大化と兵力の消耗が続く中で、その優遇措置が廃止され、徴兵年齢に達した学生はすべて徴兵検査を受け、それに基づいて徴集されることになった。ただし、理系の学生に対しては入営延期の特例措置が施されたため、いわゆる学徒出陣の対象になった学生は、いわゆる文系の学生である。日本の学徒出陣は、悲壮感をもって語られることが多いが、アメリカやイギリスでは、開戦と同時に学生たちは競って軍隊を志願したという。社会の伝統的価値観の相違である。

また、この年一一月には、徴集適齢を二〇歳から一九歳に引き下げ、更に翌四四年一〇月には一八歳に引き下げ、兵役年齢の上限も四〇歳から四五歳に引き上げ、健康な男子を根こそぎ動員した。その結果、終戦時の四五年八月の徴兵数は六九六万人（男子人口の二〇・五％）に膨らんでいた。

朝鮮では、三八年二月から陸軍特別志願兵制が、四三年七月から海軍特別志願兵制が導入され、更に同年一〇月からは朝鮮人学校特別志願兵制が導入された。志願兵の応募資格は、修学年限六年の小学校を卒業した者又はこれと同等以上の学力がある者のうち、年齢が満一七歳以上の者とされた。朝鮮への徴兵制の導入に基づく徴兵検査は、四四年四月から始まり、以後敗戦までに約一七万人の朝鮮人の若者が徴集され、うち四〇〇〇人余が戦死したと推定されている。このほかに、陸海軍の要望により、軍属として徴用されたものが約五万四〇〇〇人にのぼっている。

他方、銃後の生産活動を支える産業労働力も逼迫していった。学徒出陣に先立つ四三年六月二五日、閣議は、「学徒動員体制確立要綱」を定め、食糧増産、国防施設、緊急物資増産、輸送力増強の四事業に重点を置いて中等学校三年生以上の学徒の勤労動員を行うこととした（当時の中等学校は五年制）。この動員対象は、戦局の悪化に伴って、四四年七月には、中等学校低学年と国民学校高等科に拡大され（四一年四月から従来の六年制の尋常小学校は国民学校初等科に改組、その上に二年制の国民学校高等科を設置）、一人の動員期間も当初年間六〇日であったのが、四四年一月には四カ月に、同年三月には決戦非常措置として一年間の通年動員となった。遂には、四五年三月には、本土決戦に呼応して「決戦教育措置要綱」が公布され、国民学校高等科から大学に至る全校の授業停止が決定された。

また、労働力不足の深刻化に伴って、特定部門での男子就業を制限ないし禁止し、これをより緊急な部門に配置換えすることが必要になった。四三年七月、政府は、女性動員を容易にするため、労務調整令を改正し、事務職・車掌・調理人・理髪師など一七の職種について一四歳以上四〇歳未満の男子の就業を制限ないし禁止した。戦争が、さまざまな生産現場に女性を動員し、大勢の女性たちを社会に進出させる契機となったことは否めない。もっとも、戦時における女性の職場進出は、総力戦の様相が強くなった欧米の方が先行しており、現イギリス女王エリザベスですら、一九歳の時、イギリス陸軍において技術将校に任官して軍車両の整備や弾薬管理などに従事した。

更に、四四年八月に入ると、政府は、「女子勤労挺身隊」を結成し、未婚女性の労働力をより徹底した形で駆《か》り出すこととした。即ち、新規女学校卒業者は同窓会を単位として、その他の一四歳以上の女子は部落会、婦人会などを単位として、勤労挺身隊を結成し集団的に軍需工場等に出勤させたのである。

戦時労働力の補充のため、朝鮮半島から朝鮮人労働者が、台湾・満州・華北から中国人労働者が集団的に内地に送り込まれ、炭鉱、鉱山、土木建築などの現場で肉体労働に従事した。三九年以降終戦時までに集団移入または徴用された朝鮮人は約八〇万人、中国人は約五万人と推定されている。特に石炭産業では、四五年三月には、一四万五千人の朝鮮人・中国人が就業しており、全炭鉱労働力の約三五％を担っていた。四四年九月からは、徴用制に切り替えられ、強制移送された朝鮮人・中国人労働者は、日本人労働者より劣悪な条件と民族的差別のもとで労働を強いられた。彼らの抵抗と反発は、消極的には「逃亡」、積極的には「蜂起・暴動」という形態で示された。三九年から四五年三月まで連行された朝鮮人のうち二二万人が逃亡した。四五年六月の秋田県花岡鉱山における蜂起事件（中国人犠牲者四二〇名）をはじめ、終戦とともに北海道や常磐《じょうばん》の炭鉱を中心に蜂起が相次いだ。

イタリアの無条件降伏と二つの三国首脳会談

四三年五月に北アフリカを制圧した米英連合軍は、北アフリカを拠点として、七月、ヨーロッパ戦線の下腹と目される地中海のイタリアに対する攻撃に着手した。七月一〇日、米英連合軍は、シチリア島に上陸し、独伊枢軸軍の抗戦に梃子摺《てこず》りながらも、八月一二日にはシチリア島を制圧し、メッシナ海峡を越えて、九月にはイタリア半島に進撃した。連合軍の南イタリア進撃は、イタリア王室をはじめファシズムに対する反対勢力のムッソリーニ打倒のための結集を誘発した。その結果、ファシスト党は解散し、七月二五日、ムッソリーニは、首相の座を追われ、逮捕された。バドリオ元帥を首相とする新政府は、連合国と秘密交渉をし、九月三日には単独休戦協定を結び、九月八日、イタリア国王エマヌエレ三世とバドリオ政権はローマから南イタリアに逃れて連合国に無条件降伏した。この時、イタリアは、枢軸国から脱落し、却《かえ》って同年一〇月にはバドリオ政権はドイツに対し宣戦布告した。

国王らが脱出した後のローマには、間髪を入れずドイツ軍が進駐してイタリア軍の武装を解除し、九月一三日、空挺部隊がムッソリーニを救出、ムッソリーニは、北イタリアのみに限定されたヒトラー傀儡政権

「イタリア社会共和国」の首班として、四五年四月二八日に共産パルチザンによって逮捕処刑されるまで、生き延びた。米英連合軍は、四三年一〇月一日、ナポリを占領し、四四年五月一二日から、総攻撃を開始すると、独軍は、六月四日にはローマを放棄した。それはノルマンディー上陸作戦の二日前のことであった。四五年一月から、米英連合軍がイタリアで総攻撃を再開すると、四月二九日、独軍は、休戦を申し入れ、五月二日、降伏し、イタリアの戦いは終結した。

なお、米英連合軍がシチリア島に上陸した頃、ドイツ軍は、四三年七月四日から、モスクワの南方約三〇〇キロの要衝クルスクでソ連軍と対決していた。クルスクの戦は、史上最大の戦車戦といわれており、戦車六六〇〇両（独軍三〇〇〇両）、歩兵二一〇万（独軍八〇万）航空機五〇〇〇機（独軍二一〇〇機）が大平原で激突した空前の規模の戦闘であった。戦闘は、七月四日、ドイツの先制攻撃によって始まり、大激戦となったが（戦車の損耗はソ連軍五〇〇両、独軍三〇〇両）、米英合同軍のシチリア上陸の報を受けたヒトラーは、地中海戦線の崩壊の危機を感じ、七月一八日、クルスク攻略作戦を中止して、戦力を南方に移動させた。クルスクの戦は、独ソ戦で独軍が積極的に攻勢に出た最後の戦闘であり、その後、独ソ戦の主導権は完全にソ連軍が握った。独軍は、ソ連軍の追撃を受けて、順次ハリコフ、ポルタワ（いずれもウクライナ東部）から撤退し、一一月六日には、ドニエプル川を越えて要衝キエフ（現ウクライナ共和国首都）からも撤退した。

一一月二八日から一二月一日まで、ルーズベルト・チャーチル・スターリンが、カスピ海の沿岸に近いイランの首都テヘランで三国会談を開いた。枢軸を形成した独日伊三国は遂にイタリアが脱落するまで三国首脳会談を開くことさえ一切無かったが、連合国はここに三国首脳が一堂に会して、ドイツ軍を壊滅させるため、ルーズベルトとチャーチルは翌四四年五月までに英仏海峡のフランス沿岸に「第二戦線」を開くことをスターリンに約束するとともに、スターリンは、ドイツ降伏後のソ連の対日参戦に同意した。スターリンは、四一年六月以来、西方同盟国の助力なしに独軍の侵攻に耐え、スターリングラードからキエフにまで独軍を押し戻すことに成功したが、その間、再三にわたってヨーロッパ大陸の西部沿岸への「第二戦線」の形成をルーズベルトとチャーチルに要求していたのである。なお、アメリカは、ソ連に対し東部戦線への兵力の投入による助力はしなかったが、四一年一〇月から四五年四月までの間、ソ連に対する援助物資として、トラック四二万台、戦車一万三〇〇〇台、航空機六七〇〇機、砲弾三二〇〇万発、銃弾九億九〇〇〇万発、ガソリン四七万六〇〇〇トンなどを供与していた。そして、四五年五月のドイツ降伏の四日後には、事前通告なしに、ソ連に対する武器援助を打ち切った。

テヘラン会談が開催される前日の一一月二七日には、カイロ宣言が出されていた。カイロ宣言は、ルーズベルト・チャーチル・蒋介石の三首脳が一一月二二日からエジプトの首都カイロで会談を開き、第一次大戦以後に日本が奪った地域の剥奪、満州・台湾の中国への返還、朝鮮の独立などを決め、日本の無条件降伏まで三国は協力して戦うことを宣言した。カイロ宣言の趣旨は後にポツダム宣言にとりいれられた。

ソ連軍の怒涛の西進とドイツ軍の撤退

四二年一一月からのソ連軍の反撃で、四三年二月に独軍はヴォルガ河下流域のスターリングラードで惨敗して撤退を開始、東部戦線の流れは大きく転換し、ドイツの敗北は時間の問題となった。独軍は、四三年三月に、マンシュタイン将軍の活躍により一旦ウクライナ有数の都市ハリコフを奪還したものの、同年七月、クルスクの史上最大の戦車戦で敗退し、ロストフからも撤退、八月にはハリコフから再撤退、九月にはボルタワ・スモレンスク、一一月にはドニエプル川を越えて要衝キエフからも撤退していた。

四三年一一月末からのテヘラン会談で、ルーズベルトとチャーチルから四四年初夏の英仏海峡のフランス沿岸での攻勢の約束を取り付けたスターリンは、ドイツ軍に対する追撃に拍車をかけた。スターリンは、四二年から四五年にかけての時期だけ、恐怖政治を中止し、戦争の遂行に全力を傾注した。対ソ戦は三カ月以内に決着がつかなければ負けたのも同然とヒトラー自身が予想していたように、ドイツは長期戦への準備ができておらず、ドイツの航空機生産は、四一年で四〇〇〇機、四二年、四三年ともに一万機もソ連よりも下回っていた。四四年の戦車の生産台数も、ソ連の二万九〇〇〇台に対し一万一〇〇〇台も少なかった。四一年一二月のモスクワでのソ連軍の反撃は、電撃戦になることを覆し、長期持久戦に持ち込む決定的に重要な意味をもっていた。結局、資源と工業生産力の格差が軍需生産力の格差となり、全面戦争における戦力と持久力を規定したのである。

四四年一月一四日、ソ連軍は、四一年九月以来二年四カ月にわたってレニングラードを包囲していた独軍に対する攻勢を開始、同月二七日には独軍の包囲を突破したのをはじめ、一月には、旧ポーランド領に、三月にはルーマニアに進軍した。

このようなソ連軍の怒涛《どとう》の進撃に呼応して、四四年三月四日には、ベルリンに対して米軍機による初空襲が行われた。五月九日には、独軍は四二年七月以来占領していた黒海に突き出たクリミア半島の要衝セバストポリからも撤退し、この時点で、独軍はソ連領からほぼ全面的に撤退した。

無益だった大陸打通作戦

四四年一月、大本営陸軍部は、支那派遣軍に対し、日本軍最後の大作戦「大陸打通作戦」（正式作戦名は「一号作戦」）の実施を命じた。参謀本部作戦課長服部卓四郎大佐（陸士三四期）が中心となって企画したこの作戦の目的の一つは、中国大陸西南部にある米軍航空基地を占領して本土空襲を阻止すること、もう一つは、日本本土と南方資源地帯を結ぶ海上交通路が切断されつつある状況のもとで、中国大陸を南北に結んで南方との陸上交通路を確保すること、であった。作戦は、支那派遣軍指揮下の二五個の師団と一一個の混成旅団のうち歩兵師団一七個、戦車師団一個、混成旅団六個を投入して、参加兵力四一万名、作戦距離二〇〇〇キロに及ぶ大作戦であった。四月に始まった作戦は一二月までの間に、京漢線（華北の北京と華中の漢口を結ぶ鉄道）・粤漢《ユエハン》線（華南の広州と華中の漢口を結ぶ鉄道）の全線占領に成功して北京から広州までの中国大陸縦断の鉄路を確保し、更に米空軍基地のある広西省桂林、柳州、南寧を制圧し、仏領インドシナにある南方軍との連絡に成功した。

このように日本軍は、形の上では作戦目的を達したが、米空軍基地は既に奥地の四川省成都などに移動していただけでなく、マリアナ諸島のサイパン・テニアン・グアムに建設された航空基地が日本本土空襲のための主要基地となり、南方との陸上交通路も、国民党軍による鉄道・道路の徹底した破壊や米軍航空部隊の活動によって既に交通路としての機能を失っており、結果として大陸打通作戦は実益のない作戦であった。

国民党軍は、湖南省の衡陽《こうよう》で激しく抗戦したのみで、総じて戦意に乏しく、後退作戦をとったため、日本軍は表向き作戦成功を収めたのである。中国戦線の崩壊が太平洋における米軍の対日作戦に大きく影響する事態を憂慮したルーズベルト大統領は、七月、蔣介石に書簡を送り、在華米軍・国民党軍・共産軍を統合した指揮官にスティルウェル将軍を任命するよう提案したが、蔣介石は、これを峻拒《しゅんきょ》した。蔣介石は、日米開戦によって中国が連合国の一員となり、日中戦争が世界大戦の一環に組み込まれた段階から、対日戦争に消極的になり、専ら来《きた》るべき共産党との決戦に備えて軍事力を温存し、ひたすら米英軍の勝利を待つ態度をとっていたのである（「曲線救国」）。しかし、外国人に国民党軍の指揮を委ねることは民族的屈辱として断乎拒否するという民族意識は堅持していた。それに引き換え、四五年に入って日本本土の都市が空襲で破壊されかかったときでさえ、まだ、中国には一〇〇万、満州にも七〇万を超える日本軍の兵力が張り付いていたのである。大本営の戦略の誤りである。

東条の賭け・インパール攻略作戦

四四年三月八日、ビルマ方面軍（司令官河辺正三中将）に属する第一五師団（豊橋）・第三一師団（タイ）・第三三師団（中支・編成地仙台）の三個師団を主力とする第一五軍は、インパール攻略作戦を開始した。

インパールは、ビルマの国境を越えたインド北東部アッサム地方の主要都市で、かつ、インドに駐留するイギリス軍の重要な策源地であり、援蒋ルートの拠点でもあるので、これを攻略すれば、中国の国民党軍を著しく弱体化できると考えられた。しかし、この時期に戦線を拡大しても補給の見通しは無いうえに、そもそも四一年九月の対英米蘭戦争指導計画策定時にインドに戦線は広げないとの諒解があった。現に、四二年一月からのビルマ攻略戦が予想を上回る早い終結を見た直後に、南方軍が「二一号作戦」として東部インドへの侵攻作戦を上申し、大本営も戦争の早期終結につながることを期待して、四二年八月下旬、作戦準備を命じた時、第一五軍司令官牟田口廉也《むたぐちれんや》中将（陸士二二期。当時第一八師団長）は、雨季の補給困難と乾季の徴発困難を理由に反対し、東条首相自身も、四三年八月頃まではインパール作戦に反対していたのである。

にもかかわらず、ビルマの防衛を主要任務とするビルマ方面軍が、その任務の範囲を越えたインパール攻略作戦を敢行した背景には、一つには、敗退に次ぐ敗退で不人気になりつつある東条内閣への国民の信頼を回復するための一発逆転の政治的意図、二つ目には、インド独立の志士チャンドラ・ボーズの熱意に報いるのが大東亜会議共同宣言の具現を図る道との政治的野心、があった。陸軍内部にあった慎重論・反対論を押し切って、四三年の末頃から作戦計画が進められ、四四年一月七日、天皇の裁可を得たのである。牟田口司令官は、一年後には変心して現地におけるインパール作戦の主導者となっていた。

この作戦は、緒戦においては日本軍は華々しい戦果をあげ、嶬峨《ぎが》たるアラカン山脈を突破してインパールに接近した（実は、事前に日本軍の急襲突進戦法を見抜いた英印軍が後退戦術を採用した結果に過ぎない）。しかし、四月に入ると、三週間の糧秣《りょうまつ》しか携行していない日本軍は補給に悩み、制空権を掌握し空中補給によって兵力を増強した英印軍の前に苦しい戦闘を強いられるようになった。四月末頃には日本軍の戦力は当初の四割前後に低下し、撤退した方が得策という段階に至った。ビルマは、五月を過ぎると雨季に入り、厳しい山岳地帯の中で撤退もままならない環境に陥るので、可及的速やかに作戦を中止すべきであるという戦況になった。第三一師団長の佐藤幸徳《こうとく》中将（陸士二五期・統制派）は、第一五軍牟田口司令官に対し再三撤退を進言したが、牟田口はこれを拒絶し、作戦続行を厳命した。しかし、五月末、遂に佐藤師団長は、死刑を覚悟して抗命し、無断で退却して更迭された。第三三師団長柳田元三《げんぞう》中将（陸士二六期）・第一五師団長山内正文《まさふみ》中将（陸士二五期）も相次いで同様の進言をしたが、牟田口の逆鱗《げきりん》に触れて、相次いで更迭された。帝国陸軍始まって以来の師団長による抗命《こうめい》事件であり、天皇によって親補された中将が現地司令官によって罷免されるという異例の事態となった。

しかし、事ここに至っても、河辺ビルマ方面軍司令官も牟田口第一五軍司令官も、体面と意地から作戦中止・撤退の決断を下さず、食糧・弾薬の補給もない状況のもとで将兵は飢えとマラリアなどの疾病に苦しみ、犠牲者が続出した。牟田口は、六月下旬になって漸く作戦中止の決意を固めて上申し、大本営の認可を得て七月四日、正式に作戦中止を決定した。それは、サイパン島玉砕の三日前のことであり、二週間後の一八日には、東条内閣は総辞職のやむなきに至った。そもそも余りにも無謀な作戦であった上に、余りに遅かった作戦中止の決定であったため、八万六千人の投入兵力が帰還時には一万二千人に激減していた。

インパール攻略作戦は、牟田口第一五軍司令官の主導で進められた。河辺ビルマ方面軍司令官と牟田口とは、日中戦争の発端となった盧溝橋事件勃発当時の旅団長と連隊長の関係であり、親しい間柄である。牟田口は、河辺に対し「閣下と本職は、この戦争の根因となった支那事変を起こした責任があります。この作戦を成功させて、国家に対して申し訳が立つようにせねばなりません」と言ったという。参謀本部の秦彦三郎《はたひこさぶろう》次長（陸士二四期）が現地に出向き、戦況判断をして、五月二〇日頃、「インパール作戦の前途は極めて困難である」との帰朝報告をし、婉曲ながらも作戦中止を示唆した。しかし、この年二月二一日以来陸軍参謀総長も兼任し、政権維持をインパール作戦の成功に賭けつつあった東条首相兼陸相兼軍需相は、秦次長の「弱気」を叱責し、却って作戦続行を命じたのである。インパール攻略作戦の失敗は、多大な犠牲者を出し、悲惨な結果を招いただけでなく、ビルマ防衛全体の破綻を招いた。

四五年三月には、ビルマの独立はまやかしだと悟ったアウンサン将軍（ミャンマーの最大野党・国民民主同盟の議長アウンサン・スーチー女史の実父）率いるビルマ国民軍が、日本軍に離反して連合国と連携し、抗日戦を展開して、同年六月一五日には対日戦勝利を宣言した。戦後、イギリスに裏切られて、ビルマは再びイギリスの植民地となったが、アウンサン将軍は飽くまでも完全独立を求める活動を続けたため、四七年七月一九日、暗殺された。享年三二歳。ビルマの独立は、翌四八年一月四日に遂に達成された。アウンサン将軍は、「ビルマ建国の父」としてミャンマー国民の敬愛を受けている。

ノルマンディー上陸作戦

四四年六月六日午前零時一〇分頃、米英加三国の連合軍は、将兵一七万六〇〇〇人、艦艇五三〇〇隻、航空機一万四〇〇〇機を投入して、「史上最大の上陸作戦」ノルマンディー上陸作戦を開始した。この作戦は、四三年一一月にテヘランで行われた米英ソ三国首脳会談で、四四年五月までに開くことを約束された「第二戦線」の開設であり、これまで東部戦線を単独で戦い抜き、更にドイツ軍を押し戻してきたソ連のスターリンが度々米英両国に対し強く要求してきたものである。連合軍の上陸地点は、カレー地方、ノルマンディー地方、ブルターニュ地方のいずれかが予想されたが、ヒトラーと西部方面軍総司令官ルントシュテットは、イギリスから最短距離にあるカレー地方を予想し、そこにトーチカを構築し、有力部隊を配備していた。北アフリカ戦線敗北後、四四年一月から海岸防備を担当するB軍集団司令官に任命されていたロンメル将軍は、ノルマンディー地方を上陸地点と予想し、海岸での水際防御を提言したが、ルントシュテットによって却下されていた。上陸の時期については、六月上旬は海が荒れることが多いので、連合軍の上陸作戦は無いと想定したロンメル将軍は休暇を取ってドイツに帰っている最中であった。ドイツ軍首脳にはヒトラーをはじめ作戦開始時に就寝中の者が少なくなかった。この意味で、六月六日未明のノルマンディー上陸は、独軍にとっては不意打ちとなった。

上陸作戦は、まず、空挺師団がパラシュートないしグライダーでノルマンディー地方一帯に降下着陸し、独軍が築いた砲台陣地などの破壊工作と攪乱工作を行い、次に航空機による爆撃、艦艇からの艦砲射撃により準備攻撃を加え、続いて上陸用舟艇と水陸両用戦車を配備した第一次上陸隊が五つのビーチ（海浜）から一斉に上陸を開始したのが午前六時三〇分であった。連合軍は、それぞれのビーチごとに様相は異なるが、独軍の抵抗を排してその日の夕刻までに海岸に橋頭堡を確保することに成功した。独軍の予備兵力は、連合軍の制空権のためノルマンディーへの迅速な移動が阻まれ、また、カレーに配備していた有力部隊は、連合軍のカレーへの上陸の可能性を考慮して温存したままになって、結局、独軍は兵力の集中を図れなかった。

連合軍は、ノルマンディー海岸の橋頭堡からコタンタン半島に進撃し、六月二六日には戦略的補給の拠点となるシェルブール港を占領した。ヒトラーは、どんなことがあっても部署を死守せよと厳命していたが、独軍は、重大な損害を受けて退却することを余儀なくされた。

七月一五日、ドイツ軍人で最も人望のあったロンメル将軍はヒトラーに長文の報告を書き、「ドイツ軍は勇敢に戦っているが、対等でない戦闘は終わりに近づきつつある」ことを指摘し、最高司令官としての然るべき結論（戦争終結の意）を求める、いわば最後通告を述べたが、ヒトラーは無視した。その直後の七月一七日、ロンメルは、ノルマンディー戦線から司令部に帰る途中、連合軍の戦闘機の攻撃を受け重傷を負って動けなくなった。一方、戦争の前途に見切りをつけ、ヒトラーを排除することにより、ドイツが総崩れにならぬうちに米英との和平を取り付けようとする計画がドイツ軍内で秘密裡に練られ、七月二〇日、鞄《かばん》にしのばせた時限爆弾によってヒトラーを総統本営で爆殺する計画が実行された。時限爆弾は予定通り爆発したが、ヒトラーはもたれかかっていた厚い机に守られた形で命拾いをし、首謀者の徹底した探索を命じた。実行者である国内予備軍総司令部参謀長のシュタウフェンベルグ大佐は、すぐに逮捕処刑され、計画に深く関与していた退役上級大将ベックは自殺し、その後、約七〇〇〇人が逮捕され、四九八〇名が処刑されたといわれる。ロンメル将軍も暗殺未遂事件に関係あることが判明したが、ヒトラーとしてはドイツ国民に最も人望ある将軍を処刑することをためらい、一〇月一四日、服毒自殺を強要したうえで、国葬にした。このようにして、軍隊内の反ヒトラー勢力は一掃され、ナチスの独裁体制の解体と戦争の終結は、外からの軍事力によるほかは期待できない状況となった。

ノルマンディーに上陸した連合軍の進撃に呼応してフランス各地にレジスタンス（ナチス・ドイツに対する地下抵抗勢力）が蜂起し、八月二五日には、アメリカ第三軍によってパリが解放された。翌日、ド・ゴール将軍が、自由フランス軍を率いてシャンゼリゼ通りを行進し、パリ解放を宣言した。四年二カ月ぶりに蘇ったパリの解放であった。

ノルマンディー上陸は、東部戦線の展開にも大きな影響を与えた。独軍が西部戦線に縛《しば》り付けられた結果、ソ連は最も有利な状況のもとで総攻撃を仕掛けることが可能となり、七月中には、ドイツとの戦線をミンスク（現ベラルーシ共和国の首都）、レンベルク（現ウクライナ共和国のリボフ）まで押し返した。

マリアナ沖海戦とサイパン失陥

四四年六月一五日、アメリカ軍は、マリアナ諸島のサイパン島への上陸を開始した。

米軍は、四二年後半から、陸海空軍の共同作戦のもとに太平洋の島々を飛び飛びに確保しながらフィリピンを目指す「蛙跳び作戦」を採用しており、更に四三年末からは、中部太平洋を西進してくる海軍と海兵隊の大機動部隊による攻撃が始まっていた。「蛙跳び作戦」の総指揮官がマッカーサーであり、大機動部隊の総指揮官がニミッツである。四四年二月には、米軍の大機動部隊が、日本連合艦隊最大の根拠地であるカロリン諸島のトラック島を攻撃して、日本軍は、航空機二七〇機、艦船四〇数隻を失うという大損害を蒙り、トラック島は完全に基地機能を失った。更に、サイパン島を失えば、ヨーロッパですでに活躍しているアメリカの超大型爆撃機Ｂ２９によって日本本土空襲が行われるのは必至である。日本海軍は、四三年半ばから、戦力を極力温存して搭乗員の養成に努め、来るべきアメリカ大機動部隊との一大決戦に備えていた。東条首相は、四四年五月一九日の大本営政府連絡会議で、天皇を前にして、サイパンは、「絶対国防圏」の要《かなめ》と位置付けられる戦略的に重要な拠点だけに難攻不落の防御態勢を整えたとして、「サイパンは占領されることはない」と豪語した。

しかし、米軍の用意周到な作戦と両軍の大きな戦力差により、日本の防御態勢は一蹴された。まず、五月二七日、米軍は西部ニューギニア沖合のビアク島へ上陸を開始した。日本軍は、このビアク島救援のため、マリアナ方面に備えていた第一航空艦隊の約五〇〇機の航空機から約一九〇機を転用した。次の米軍の攻撃対象はマリアナ諸島ではなくパラオ諸島と想定した日本側の誤判断に基づく措置であった。しかし、米軍のビアク島上陸は、誤判断を誘引するための陽動作戦であった。六月一一日午後、米軍は、サイパン島に対して艦載機約一一〇〇機により奇襲的大空襲を浴びせて制空権を奪った。更に、翌日の一二日からは、戦艦八隻、巡洋艦一一隻を含む艦隊がサイパン島に接近、約一八万発もの艦砲射撃を行い、水際にあった日本軍の陣地はすべて半壊し、サイパン基地の日本軍航空機すべてが失われた。これらの準備攻撃をしたうえでの上陸であったので、六月一五日の米軍のサイパン島上陸はいとも簡単に遂行された。飛行場はたちまち占領され、その日のうちに海岸に橋頭堡が築かれ一七時までに海兵隊二万名以上の上陸が完了した。この日、豊田副武《そえむ》連合艦隊司令長官は、第一機動艦隊及び第一航空艦隊に対し、アメリカ空母機動部隊を迎撃・撃滅を目的とする作戦（あ号作戦）発動を命令した。

六月一九日早朝、マリアナ沖海戦は始まった。アメリカ海軍機動部隊を迎撃する連合艦隊の第一機動部隊は空母九隻、戦艦五隻をはじめ全戦力を投入した決戦であった。アメリカ艦隊は、これに対し空母一五隻、戦艦七隻と数的に大きく上回っていた。その上、日本軍の作戦は、基地航空隊と空母航空隊との一体となった連携攻撃によってアメリカ艦隊を撃滅するというものであったが、ビアク島救援のための転用や直前のサイパン島空襲による滅失などによって基地航空隊の戦力は大きく低下し、日本軍の作戦構想は早くも崩れていた。また、航空機のパイロットの錬度・技量も太平洋戦争開戦時と比べるとはるかに劣っていた。一方、アメリカ艦隊には高性能のレーダーがあり、日本軍の攻撃機接近を的確に捉え、四五〇機の戦闘機が迎撃態勢をとっていた。その結果は、「マリアナの七面鳥撃ち」と呼ばれた一方的戦闘となり、日本海軍は惨憺《さんたん》たる敗北を喫した。日本は、空母九隻のうち三隻を失っただけでなく、一年がかりで養成した飛行機部隊も三九五機を超す艦載航空機の損失によりほとんど壊滅した。

マリアナ沖海戦における日本海軍の惨敗によりサイパン島をはじめマリアナ諸島の孤立無援は必然となっ

た。六月二二日・二三日と二日間、陸海軍統帥部がサイパン島奪還につき意見調整を行ったが、空母と航空機を失った現状では奪還は不可能という結論となり、二個師団の増援部隊を送ってサイパンの奪還を図ろうとした東条の意見も容れられなかった。翌二四日、東条・嶋田両総長は、天皇に拝謁してこの結論を上奏したところ、天皇はこれを裁可せず判断を留保し、この戦争始まって以来初の元帥会議を開くよう命じた。翌二五日、急遽、伏見宮、梨本宮（閑院宮は病気で欠席）、永野修身《おさみ》、杉山元の各元帥が集まって協議し、サイパン失陥が避けられぬという両総長の上奏はやむを得ないと天皇に伝えた。東条は、五月一九日の陛下の御前での自らの「サイパンは占領されることはありません」旨の奏上と照らし合わせ、自分は天皇の信任を失ったのではないかとの困惑と焦慮に捉われたに違いない。

大本営がサイパン島放棄を決めた時点での現地兵力は、斎藤義次《よしつぐ》中将（陸士二四期）率いる第四三師団四〇〇〇名、その他部隊が二〇〇〇名程度に減少していた。その後、日本軍は徐々に追い詰められ、遂に七月七日、斎藤中将は、残存する陸海軍部隊約三〇〇〇名に総攻撃を命じ、万歳突撃を敢行してほぼ全滅した。南雲忠一中部太平洋方面艦隊司令長官、斎藤義次中将をはじめ高級指揮官は自決し、一部の兵員が投降し、サイパンの日本軍は全滅した。

サイパン島を巡る攻防では、日本軍守備隊四万四〇〇〇名のほか、日本の民間人一万二〇〇〇人と先住民のチャロモ人・カナカ人数百人が、戦闘に巻き込まれて戦没した。日本の民間人の多くは沖縄県からの移民であり、サイパン戦は、太平洋戦争中、多数の民間人を巻き込んだ最初の地上戦となった。島の北部に追い詰められた民間人は、米軍による攻撃や捕捉を避けるため、「バンザイ・クリフ」などの断崖絶壁から投身する者が続出した。他面、サイパン戦では兵士の戦意・士気の低下がはっきりと現れ始めた。実に二三〇〇名という多数の日本兵が捕虜となり、この中には少佐・中佐クラスの高級将校も含まれていた。『戦陣訓』

の威令も地に墜ちた。

補給もない絶望的な戦闘の後、九月二七日には、グアム・テニアン島守備隊も玉砕した。マリアナ諸島のこれらの島々はいずれも、米軍の長距離大型爆撃機Ｂ２９の前進基地と化した。マリアナ諸島陥落をもって、日本は太平洋全域の制海権・制空権を失うとともに、サイパン島から二〇五〇キロ離れた東京をはじめ日本全土が、遂にＢ２９の爆撃圏内に入った。更に、米軍は、マリアナ諸島を基地とする航空機と潜水艦によって日本の海上補給路に対する全面的攻撃を開始し、日本本土と南方、更に中国大陸との海上交通は事実上遮断され、軍需生産に必要な戦略物資も、国民生活維持に必要な物資も途絶するに至った。物動的にみて、日本の敗戦は、もはや時間の問題となったのである。因みに、日本の無条件降伏の決定的契機となった原爆は、マリアナ諸島のテニアン基地から発進したＢ２９によって広島・長崎に投下されたものであった。

東条英機の退陣

四四年七月一八日、東条内閣は総辞職した。

日本軍は、四三年二月のガダルカナル島撤退から、四四年七月のサイパン島陥落に至るまで連戦連敗を重ね、四三年一一月に軍需省を新設して自ら軍需相も兼務し、独裁的権限を掌握し、更には四四年二月、嶋田海相とともに参謀総長・軍令部総長を兼任して国務を統帥に従属させ、軍部独裁を実現しながら、戦局は一向に好転しなかった。サイパン陥落後、敗勢に陥らせた東条の責任を問う動きが急速に高まった。岡田啓介、米内光政、高木惣吉《そうきち》らの海軍グループ、近衛文磨らの重臣・宮中グループによる倒閣運動のみならず、岸信介・重光葵二人の現職閣僚の離反や青年代議士グループによる血判書運動などもあって、東条は、七月一七日に至り最早、天皇の信任に応えることができなくなったと観念して、辞意を固めた。

翌一八日午後四時から始まった重臣会議には、首相経験者七人全員と枢密院議長、内大臣が集まった。戦時下であり、後継首班は、政治的手腕もある陸軍軍人が望ましいとして、寺内寿一（陸士一一期）、小磯国昭（陸士一二期）、畑俊六（陸士一二期）の順に名前が挙がった。重臣会議からの報告を聞かれた天皇は、侍従武官長蓮沼蕃《はすぬましげる》（陸士一五期）に命じて、折りから梅津美次郎参謀総長（陸士一五期）の親補式に随行するため参内していた東条に、南方軍総司令官の寺内の首相就任によって作戦上の無理は生じないかを訊《たず》ねさせられた。東条は、蓮沼の質問に対し、第一線の総司令官を一日でも空けることは不可能であり、内地の政治情勢を前線に反映させるのでは士気が落ちてしまう、と答え、寺内に反対し、朝鮮総督の任にある小磯が望ましいことを示唆した（畑俊六も支那派遣軍総司令官として第一線の総司令官であったので不適格ということになる）。この東条答弁は、木戸幸一、岸信介ら長州閥人士に失脚のきっかけを画策されたと邪推した東条の意趣返《いしゅがえ》しだと、後日、取沙汰された。

東条が退陣した頃、ドイツでは、七月二〇日、ヒトラー排除を画策する陸軍将校グループによるヒトラー暗殺未遂事件があったが、実は、日本でも参謀本部の津野田知重《つのだともしげ》少佐（陸士五〇期）が東亜連盟（石原莞爾を思想的指導者として日・満・支の大同団結を目指した運動体）系の柔道家牛島辰熊《たつくま》（当時の柔道日本一決定戦である明治神宮大会で二五年から三連覇達成・「木村の前に木村無し、木村の後に木村無し」と言われた柔道家木村政彦の師）と共謀して、四一年三月から予備役に編入されて当時山形に隠棲していた石原莞爾と相談のうえ、東条暗殺計画を進めていた。日本を救うためには、東条を倒して終戦内閣を樹立することが不可欠との確信のもとに、決行日は七月二五日とし、宮中での閣議の往復を狙って秘密兵器を投げる手はずになっていたのである。この計画は、津野田を通じて三笠宮や高松宮にも伝わっていた。計画が実行される前に東条内閣が崩壊したので、不発に終わった。

七月二二日に成立した小磯内閣は、重臣たちの意を体して、海軍の長老米内光政を海相に配し、外相に重《しげ》光葵《みつまもる》、国務相（情報局総裁）に緒方竹虎《たけとら》（前朝日新聞社副社長）を起用した戦争遂行内閣であった。即ち、八月四日の閣議で、一億総武装を標榜し、兵役年限を満一八歳以上編入に引き下げ、台湾人の徴兵制を実施した（朝鮮人については既にこの年四月から徴兵検査を実施）。八月五日には、三七年一一月に第一次近衛内閣時代に設けられた大本営政府連絡会議を廃止し、最高戦争指導会議が設置された。この会議は、首相・外相・陸相・海相・参謀総長・軍令部総長の六名で構成され、戦争指導方針及びその他の最高国策を討議決定する会議で、国務と統帥の緊密化を一歩進めたものであった。しかし、国務と統帥の矛盾は依然として解消されず、統帥権の独立は最後まで維持された。小磯首相は、国務と統帥を制度的に一体化するため、「大本営内閣」（首相が大本営に列し、戦争指導にもあたる内閣）の必要性を強調したが、軍部の反対にあって実現しなかった。

レイテ海戦（比島沖海戦）と特攻隊の登場

四四年一〇月二三日から二五日まで三昼夜にわたって、レイテ海戦が繰り広げられた。

レイテ海戦は、東西六〇〇カイリ（約一一一〇キロ）、南北二〇〇カイリ（約三七〇キロ）という日本全土の一・一倍に相当する広大な海域において、日本側では、四つの艦隊が別々の海域で時を同じくして戦闘に参加し、その艦隊総勢力は、戦艦九隻、空母四隻、重巡洋艦一三隻、軽巡洋艦六隻、駆逐艦三一隻であり、これは当時の連合艦隊勢力の八割に相当するものであった。対する米国艦隊は、戦艦一二隻、空母一七隻、重巡洋艦一一隻、軽巡洋艦一五隻などであり、まさに「史上最大の海戦」であった。この作戦の目的は、フィリピンへの米軍の進攻を阻止して、南方の資源地帯と日本本土との間の供給路を確保することにあり、フィリピンが米軍に奪還されれば、南方からの石油その他の戦略資源の輸送が不可能となるだけでなく、台湾、沖縄への侵攻も時間の問題となり、本土上陸も現実のものになると考えられた。六月のマリアナ沖海戦の敗北で大量の艦船と航空機とパイロットを失い、「絶対国防圏」が崩壊した日本軍は、最後の決戦場をフィリピン、台湾及び南西諸島（琉球・沖縄）、北東方面（千島、樺太、北海道）の四つの地域のいずれかの地域に求めることを検討した。大本営は、七月一八日から三日間、陸海軍合同研究を行い、乾坤一擲《けんこんいってき》の決戦構想を決定した。これが、「捷号《しょうごう》」作戦と呼称される作戦計画の基本構想となった。日本軍は捷号作戦の効果的遂行のために夜を日に次いで鋭意準備を進めたが、米軍のフィリピン進攻の準備は予想をはるかに上回るスピードで進められた。

その上、米機動部隊は、九月九日、ミンダナオ島、一二日にはセブ島、二一、二二日には首都マニラ、二四日にはセブ島と神出鬼没《しんしゅつきぼつ》の襲撃を加え、日本軍は再建途上の陸海軍航空隊が甚大な打撃を受けた。更に、一〇月一〇日には、米機動部隊は、沖縄本島を中心とする南西諸島を艦上機延べ九〇〇機で空襲し、引き続いて一二、一三、一四日には米機動部隊の延べ二七〇〇機による大空爆が台湾を襲い（台湾沖航空戦）、日本側は航空機だけで五五〇〜六〇〇機を一挙に失った。このような一連の空襲により日本軍は航空兵力を七〇〇機以上も損失した段階で、米軍の本格的なフィリピン進攻が始まったのである。米機動部隊による一連の空襲は、レイテ海戦への陽動作戦であり、日本軍航空兵力の消耗を強いる作戦でもあった。

一〇月二〇日、二時間にわたる艦砲射撃の後、午前一〇時から連合軍主力の四個師団が、レイテ島北東部のタクロバン、ドラグ方面に上陸を開始し、一八時までに六万名が上陸した。その間、日本軍は、有効な阻止行動を展開し得なかった。この一〇月二〇日、小沢治三郎《じさぶろう》中将率いる第一機動部隊（小沢艦隊）は、漸く艦載機を補充して大分を離れ、レイテ沖を目指して南下を開始したばかりであった。

レイテ海戦の日本軍側の最大の目的は、第一遊撃部隊によるレイテ湾突入と、それによる敵軍水上部隊と上陸部隊の殲滅にあったが、その主役である第一遊撃部隊は、二〇日当時は、ボルネオ島のブルネイに入泊して燃料補給をしていた。第一遊撃部隊は、二二日午前八時にブルネイを出撃して、途中、栗田健男《たけお》中将率いる栗田艦隊と、西村祥治《しょうじ》中将率いる西村艦隊に分かれ、主力の栗田艦隊は、二五日黎明《れいめい》に、戦艦「大和」、「武蔵」を主軸とした水上部隊によって、北方からレイテ島タクロバン地方に突入する予定になっていた。志摩清英《しまきよひで》中将率いる第二遊撃部隊（志摩艦隊）は、二〇日当時、奄美大島を出撃して、レイテ沖を目指していた。この志摩艦隊は、レイテ沖で西村艦隊と合流して共に南方からレイテ湾に突入し、突入の時期は、北方から突入する栗田艦隊と同時という予定になっていた。機動力のある小沢艦隊は、優勢な連合軍の機動部隊を、主力の栗田艦隊から逸《そ》らすために囮《おとり》となって北方へ誘い出す役割を演ずることとされていた。更に、航空部隊は、それに先立って敵の空母群を攻撃しレイテ湾への突入部隊に対する敵の航空攻撃を出来る限り阻止する役割を担っていた。この連合艦隊の捷号作戦を、大岡昇平が『レイテ戦記』で「日本的巧緻の傑作」と評したが、それだけに一つ狂えば作戦全体が空中分解する脆弱さを孕《はら》んでいた。

九月九日以来の米機動部隊による神出鬼没の空襲によって、レイテ海戦に突入する前に既に日本軍の航空兵力は著しく減殺されていただけでなく、ブルネイを三二隻で出撃した主力の栗田艦隊は、一〇月二五日、レイテ湾突入を目前にしたときには、すでに旗艦「愛宕《あたご》」や主力戦艦「武蔵」を失い、一六隻と半減していた。その上、敵の執拗な空襲と魚雷攻撃により予定より六時間以上も栗田艦隊の進行は遅れていた。結局、栗田艦隊は、レイテ湾を目前にしながら、二五日一二時半頃、北方海域にいると見立てた敵の機動部隊と決戦するため独断で反転北上し、事実上、この作戦は終わった（実際は、北方海域には敵機動部隊は存在しなかった）。日本海軍は、空母四隻、戦艦三隻、重巡洋艦六隻など多数の艦艇を失い、「起死回生」どころか、組織的攻撃能力を失った。旗艦「愛宕」と主力戦艦「武蔵」を失い、主力戦艦「大和」は生き残ったものの連合艦隊の昔日《せきじつ》の面影は完全に失った。

明けて四五年一月九日、レイテ島を攻略したマッカーサー司令官率いるアメリカ軍は、ルソン島西岸のリンガエン湾に反攻上陸を開始、二月三日には、マニラに突入、ルソン島守備に当たっていた第一四方面軍司令官山下奉文《ともゆき》中将（陸士一八期・皇道派）が、艦砲射撃の届かない北部山岳地帯に拠って持久戦に持ち込む方針を採ったこともあり、日本軍を一方的に圧迫して、フィリピン全体の奪還に成功した。四五年九月三日に無条件降伏するまでの間に、日本軍はルソン島で二九万人の兵力を投入し、二〇万人もの戦病死者を出した。山下司令官は、本土を守るため持久戦で米軍をできるだけルソン島に引きつけておくのが第一四方面軍の使命と称して、投降を厳禁していた。米軍は、すでに四四年一一月二四日から、マリアナ諸島の基地を発進した大型爆撃機Ｂ２９によって東京空襲を開始していたのであるから、結果として無益な抗戦を長引かせただけだった。

　レイテ海戦は、航空機、艦艇、パイロットが払底《ふってい》する絶望的状況の中で、神風特攻隊を生み出すことになった。「特攻の父」と呼ばれている大西滝治郎《たきじろう》中将が、軍需省航空兵器総局長から南西方面艦隊司令部付に配置替えになってマニラに着任したのが四四年一〇月一七日で、その三日後の一〇月二〇日、米軍のレイテ島上陸作戦が開始された。まさに、その日に大西自身、第一航空艦隊司令長官に任命されるとともに、特攻隊が編成されたのである。初の特攻隊は、関行男《せきゆきお》大尉を隊長として、敷島《しきしま》隊五機・大和《やまと》隊六機・朝日《あさひ》隊二機・山桜《やまざくら》隊二機という布陣であり、隊名は、江戸時代後期の国学者本居宣長の歌「敷島の大和心を人問《と》はば朝日に匂《にお》ふ山桜かな」に因んだものであった。初の特攻隊は、レイテ海戦の実質的な決着の日となった一〇月二五日にルソン島のマバラカット基地を飛び立ち、再び帰らなかった。

　一〇月二八日、海軍は、神風特攻隊を「志願による」壮挙と公表した。大西は、離京に当たり、米内海相にフィリピンを最後にするという条件で特攻の承認を得ており、マニラでは、特攻をやれば天皇も戦争をやめろと仰《おっしゃ》るだろう、犠牲の歴史が日本を再興するだろう、と現地の幕僚に対して説得していた。しかし、「志願による」という名目のもとに、爆弾を抱いた航空機による敵艦船への体当たり攻撃＝特攻は、四五年四月に米軍の沖縄上陸作戦が始まると、陸海軍を問わず、日本航空部隊の主要な攻撃法となり、同年八月一五日まで続けられた。特攻によって散華《さんげ》した若者は、海軍二六三二人、陸軍一九八三人に上った。同年八月一六日、大西は割腹自殺した。享年五四歳。

ヤルタ会談とドイツの無条件降伏

四五年二月四日から八日間、クリミア半島南岸の黒海に面した保養地ヤルタで、米英ソの首脳ルーズベルト・チャーチル・スターリンが会談を行った。

前年六月に英米軍がノルマンディーに上陸すると、もはやヒトラーの同盟国は持ちこたえられなくなり、八月にはルーマニアの親独政権が倒れ、九月にはブルガリアにソ連軍が入り、翌四五年一月には、ポーランドのワルシャワをソ連軍が占領した。ポーランドの場合、四四年八月にワルシャワでポーランド人抵抗勢力による対独蜂起が起きると、ソ連は援助の要請を受けたにもかかわらず、これを無視し、ドイツ軍による弾圧によって蜂起が鎮圧された後、ワルシャワに対する攻撃を開始し、これを占領したのである。スターリンは、四三年にドイツ軍が旧ソ連領のカチンの森で発見した大量のポーランド人将校の射殺死体（ソ連によるカチンの森事件の犠牲者）を巡る確執《かくしつ》から、ロンドンの亡命ポーランド政権と絶交状態にあったので、この亡命政権と結びついたワルシャワのポーランド人抵抗勢力を見殺しにしたのである。

ヤルタ会談では、ドイツが間もなく降伏することを前提に置いて、主として対独戦終結後の戦後処理問題を協議し、ドイツの非軍事化と米英ソ仏四国による分割管理、国際連合設立のための連合国会議招集などを決定し、公表した。ソ連の対日参戦について、ルーズベルトは、四三年一一月のテヘラン会談のときから要請していたが、このヤルタ会談の中でスターリンに対し更に強く協力を要請した。スターリンは、帝政ロシアが日露戦争の敗北によって失った諸権益のすべてを復活することを条件にこれを応諾した。この結果、ソ連は、ドイツ降伏後三カ月後に対日宣戦を行うこと、その条件としてソ連への南樺太返還・千島列島引渡しなどを定めた秘密協定が結ばれた。四一年四月締結の日ソ中立条約が存在する以上、秘密協定にせざるを得なかったものであり、この協定の存在は戦後明らかになった。

戦後、五五年から五六年にかけての日ソ国交回復交渉で日本は南千島（いわゆる「北方四島」）の返還を要求したが、ソ連は、この協定を根拠として拒否した。アメリカは、この秘密協定が領土移転の法律的効果をもつものではないとして日本を支援した。なお、秘密協定上も、日露戦争によって日本が獲得した南樺太（北緯五〇度以南の樺太）については、「返還」という概念を使い、一八七五年の千島樺太交換条約によって平和的に日本領土と確定した千島列島については「引渡し」という概念を使って、南樺太と千島列島とを明確に区別していることに、北方領土問題の解決に当たって留意する必要がある。この秘密協定は、当時誰も抗《あらが》えない程の権力と威信とを持っていたルーズベルトの個人外交の所産で、副大統領や国務長官でさえその内容を知らされていなかった。ヤルタ会談の二カ月後の四月一二日、ルーズベルト大統領は病気のため急逝し、副大統領のトルーマンが昇格した。

独軍の敗退は、四三年二月のスターリングラード敗退以来始まっていたが、四四年六月のノルマンディー上陸によって東西の二正面作戦を強いられるようになった独軍は、一層苦境に立ち、ヤルタ会談の頃には、ハンガリー、チェコスロヴァキア、ユーゴなどのソ連軍による制圧も時間の問題となっていた。また、四五年に入ると、連合軍は、西部で完全に制空権を握り、ベルリンをはじめ各都市への激しい空襲を加えた。三月になると、米軍は、ライン河を渡河し、四月二五日には、エルベ河畔のトルガウで初めてソ連軍と出会って握手した（エルベの誓い）。

ヒトラーは、四五年一月一六日に西部戦線からベルリンに帰った後は、総統官邸の地下約一五メートルの防空壕に籠って暮らし、四月二三日、ソ連軍がベルリン地上攻撃を開始すると、さすがに軍事的転換の可能性に絶望したのか、四月三〇日、自殺した。五月二日、ベルリンが陥落し、五月七日、ドイツは無条件降伏した。ドイツは、アメリカ、イギリス、フランス三国が西部地域を、ソ連が東部地域を支配する形に分割占領された。

本土空襲の本格化と学童疎開

四五年三月九日夜にマリアナ諸島を発進した三三四機の米軍の大型爆撃機Ｂ２９が、日付が一〇日に変わった直後に、東京の下町を中心に焼夷弾《しょうい》による無差別絨毯爆撃を行った。東京の下町は焦土と化し、約一〇万人が焼死し、二六万七〇〇〇戸の建物が破壊され、一〇〇万人を超える住民が罹災《りさい》した。

米軍のＢ２９による本土への空襲は、四四年六月一五日夜、中国四川省成都を発進したＢ２９が北九州を空襲したのを嚆矢《こうし》とし、次いで同年一一月二四日、マリアナ諸島を発進したＢ２９が東京を初空襲し、その後、マリアナ諸島を基地とした日本本土への空襲が本格化する。当初は、軍需産業を標的の中心にした一万メートルという高高度からの精密攻撃（ピン・ポイント攻撃）を行っていたが、ドイツ空襲で活躍したルメイ中将がマリアナ方面の指揮官に赴任したのを機に、早速日本の家屋の特性に着目して、爆撃方針を大きく転換し、都市部に対する夜間低空飛行による焼夷弾の無差別絨毯爆撃に踏み切った。八日後の三月一八日、天皇は深川地区を視察し、「（二三年九月の）関東大震災の時より無惨《むざん》で、胸が痛む、東京も焦土となったね」、と侍従長に語りかけ、その後は言葉を失われたという。

東京大空襲は、その後も、四月一三日、五月二五日と三回にわたり、東京の大半は焼け野原になった。殊に、五月二五日深夜の大空襲は、五〇二機による猛攻で、東京駅、乃木神社、海軍省、陸相官邸、大宮御所、三笠宮邸、秩父宮邸、首相官邸など日本の中枢部が炎上した。鈴木首相は、官邸防空壕に夫人らとともに避難して無事であった。三月一二日には名古屋、一四日には大阪、一七日には神戸と三月中旬から六月にかけて他の大都市も繰り返し大空襲を受け、七月には地方中小都市にも空襲が及んだ。

大空襲の全国への波及は、都市を焦土と化しただけでなく、日本国民の戦意・士気を打ち砕き、厭戦気分の蔓延《まんえん》の端緒となり、無力な日本軍の防空部隊に対する不信感を高め、軍や政府の指導者に対する批判を沸騰させた。

話は遡るが、マリアナ海戦直後の四四年六月三〇日、閣議は、本土空襲の本格化を予想し、かつ本土決戦に備えて、重要都市の国民学校初等科児童（現在の小学校一～六年生に相当）を地方に疎開させる方針を決定した。疎開には、親類などの伝《つて》を頼って疎開する縁故疎開と、学校ごとの集団疎開があったが、健康上あるいは経済上の理由で都市に残留する児童も少なくなかった。四四年八月四日には、集団疎開の第一陣が東京上野駅や品川駅を出発したが、最終的には、約四六万人の児童が集団疎開し、親許《おやもと》を離れて地方の社寺や旅館で生活した多くの疎開児童と付添教員は、異郷の地で孤独と飢餓に悩まされる苦難の日々を過ごした。

沖縄戦を控えた沖縄県知事に対しては、政府から「本土決戦に備え、非戦闘員である老人・婦女・児童計一〇万人を本土又は台湾へ疎開させよ」との命令が通達されていた。往路は軍事輸送に、復路は疎開輸送に当たる任務に就いていた「対馬丸」（日本郵船所属六七五四トン）が疎開学童らを乗せて、那覇港から長崎港にむけて五隻の船団で出航したところ、八月二二日夜一〇時過ぎ、老朽船で最も船足の遅い対馬丸は、鹿児島県悪石島沖で米軍潜水艦の魚雷攻撃三発を受けて沈没し、疎開学童七七九名を含む一四七六名の犠牲者を出した。生き残った学童はわずか五九名であった。同一船団の僚船は、米軍潜水艦の魚雷攻撃の餌食《えじき》となることを避け、遭難者の救助に当たることもなく、ひたすら目的地に向かって無事到着した。

大平洋戦争中最大の地上線・沖縄戦

四五年四月一日、シモン・バックナー将軍率いるアメリカ第一〇軍主力の四個師団は、戦艦一〇隻、巡洋艦九隻、駆逐艦二三隻、砲艦一一七隻を含む一三〇〇隻以上の艦船を投入して、沖縄本島中西部の嘉手納《かでな》海岸に上陸作戦を開始した。ほとんど無防備に近い海岸であったので、一時間も要せずに四個師団が並列して一万六〇〇〇名以上の将兵が上陸し、昼頃までに嘉手納飛行場（中飛行場）と読谷《よみたに》飛行場（北飛行場）を占領、日没までに十分な橋頭堡を確保し、約六万名を超える将兵の上陸を完了した。

米軍は、この上陸作戦を展開するに先立って、マリアナ海戦やレイテ海戦の場合と同様の流儀で、まず、三月一八日から二一日にかけて九州沖航空戦を行って日本海軍の航空戦力を大きく消耗させ、次に、二三日早朝から南西諸島に対し延べ三五〇機の航空機による攻撃を加え、更に、二四日には、戦艦以下三〇余隻の艦隊が沖縄本島南部地域に対し艦砲射撃を加えた上で、二六日には沖縄本島西方の慶良間《けらま》列島に上陸を開始していた。この三月二六日、豊田連合艦隊司令長官は、航空機攻撃により米機動部隊、特に上陸部隊の輸送船団を本島上陸以前の段階で撃滅すべく、「天一号」作戦の発動を命令した。しかし、この時点での出動可能な航空戦力は、海軍は、九州沖航空戦で消耗したため、約二二〇機、陸軍が第六航空軍を根幹として約二〇〇機程度に過ぎず、米軍の上陸前に有効な攻勢をとり得なかった。従って、上陸後六日まで、米軍は、日本軍の有効な航空攻撃を受けることなく作戦を遂行できたのである。

米軍を迎え撃つ日本軍は、第三二軍である。大本営は、日本海軍連合艦隊の根拠地であったトラック島が、四四年二月一七、一八日の米機動部隊の来襲により陥落したことに衝撃を受け、絶対国防圏の後方要域の防衛強化を図ることとした。その一環として、四四年三月二二日、沖縄本島を中心とする南西諸島を担任地域として創設された部隊が第三二軍である。第三二軍は、大本営直轄で発足したが、五月には、西部軍（中国・四国・九州を管轄し、司令部は小倉）に編入され、七月上旬にマリアナ海戦の後サイパン島が陥落すると、台湾軍（後の第一〇方面軍）に編入され、元来大本営直轄を強く望んでいた第三二軍に、大本営の統帥に対する不信感を潜在させるようになったといわれている。同時に、大本営は、乾坤一擲《けんこんいってき》の作戦態勢として、南西諸島を台湾とともに「捷二号《しょう》作戦」の戦場と想定し、第三二軍には、三個師団、混成一個旅団の大兵力が充当され、司令官牛島満《みつる》中将（陸士二〇期）以下第三二軍の将兵の戦意は昂揚していた。しかし、同年一〇月、「捷一号作戦」の発動としてレイテ海戦が始まると、大本営は、レイテ海戦に転用された台湾駐留軍の補充部隊として沖縄本島にある最精鋭の一兵団を抽出することを第三二軍に通告してきた。その結果、第九師団（金沢）が台湾に移動することとなり、再び、第三二軍の大本営への不信を募らす結果となった。明けて四五年一月二二日、大本営陸軍部は、第三二軍に対し補充戦力として第八四師団（姫路）を派遣する内示をしたが、新任で最後の陸軍参謀本部作戦部長である宮崎周一（陸士二八期）が梅津参謀総長の諒解を得て、翌日には、派遣中止を打電してきた。この朝令暮改は、第三二軍首脳の大本営に対する不信感をさらに増幅した。

そこで、第三二軍は、日本の航空戦力には、最早、航空決戦を遂行する主体的力量は無いと判断し、大本営や第一〇方面軍（旧台湾軍）との調整を一切行うことなく、現有の第二四師団（ハルピン）・第六二師団（華北）と独立混成第四四旅団合わせて二・五個師団の基幹兵力を前提として、地上戦重視の戦略持久作戦の方針をとり、戦術的には、本島南部の島尻地区を主陣地とし、本島中部の嘉手納・読谷の両飛行場は主陣地外に放置することになった。従って、米軍が沖縄に上陸を開始した時、ほとんど無抵抗で、その日のうちに両飛行場は米軍の占領するところとなったのは、第三二軍にとっては予定の作戦展開であったのである。

米軍が、沖縄本島上陸早々に両飛行場を占領し、短時日のうちに米軍は両飛行場を修復し供用する見込みとの報告を受けた大本営、第一〇方面軍、連合艦隊などは、一様に大きな衝撃を受けた。そして、第三二軍は両飛行場の奪回のために積極的な攻勢に打って出るべしとの圧力が各方面から高まった。このため、第三二軍司令部内に大きな亀裂が生まれた。即ち、上級司令部からの作戦要求に順応しようとする長勇《ちょういさむ》参謀長（陸士二八期。桜会の中心人物で三月事件、十月事件を主謀。南京攻略戦や張鼓峰事件に参加）と、比較を絶して優勢な米軍に対し出撃するのは自殺行為に等しくかねてからの戦略持久の根本方針を堅持すべきであると主張する八原博通《やつはらひろみち》高級参謀（陸士三五期。アメリカ陸軍付駐在武官を二年余務めたアメリカ通）の意見が真っ向から対立した。結局、第三二軍は、四月七日夜、両飛行場方面で攻勢発動することに決した。しかし、敵艦接近情報で、この攻勢は中止となり、更に第一〇方面軍からの攻勢督促により四月八日夜に予定した攻勢も、敵艦の来襲により再び中止となった。なおも、上級司令部との関係で一度は攻撃を敢行しなければ第三二軍の面目を保てないと考える長参謀長は、八原高級参謀の不同意を押し切って、四月一二日夜の攻撃に踏み切った。しかし、この攻撃は奏功せず、大きな損失を蒙《こうむ》っただけに終わり、以後、第三二軍は、攻勢に出ることはなく、本島南部地域を主陣地とした元来の持久態勢に戻った。

沖縄本島における地上戦は、六月二三日の本島最南端の摩文仁《まぶに》陥落まで三カ月にわたって続いた。「太平洋戦争の中で最大の地上戦」であった。戦死・行方不明者は、日本軍が約一〇万人、米軍約一万二〇〇〇人であり、沖縄民間人の犠牲者が約一〇万人に上った。その中には、沖縄師範学校女子部と県立第一高等女学校の生徒たちにより負傷兵の看護要員として編成された「ひめゆり学徒隊」や「白梅学徒隊」の犠牲者も含まれる。米軍の戦死者の中には、六月一八日、日本軍の砲撃で戦死した第一〇軍司令官シモン・バックナー中将も含まれる。彼はアメリカ戦史上戦死した最上位階級の将校であり、沖縄戦の激戦の様相を象徴的に物語っている。

一方、日本軍の航空機による連合軍の艦隊・輸送船団に対する大規模攻撃は、漸く四月六日から始まった。海軍による菊水一号作戦には特攻機を含む約三九〇機、陸軍による第一次航空隊攻撃には約一三〇機が投入され、特攻機などの攻撃により、連合軍艦艇六隻を撃沈したが、日本軍機は二〇〇機以上も失われ、劣勢は覆うべくもなかった。連合艦隊司令部は、この菊水一号作戦に連動させる形で、世界最大級の戦艦「大和」を中心とした第一遊撃部隊（司令官伊藤整一中将。軽巡洋艦一隻、駆逐艦八隻などで編成）を沖縄西方海域に「海上特攻隊」として出撃させた。しかし、艦隊には直衛戦闘機を随伴していなかっただけでなく、大分・豊後水道付近にさしかかった頃には米潜水艦に視認され、艦隊の行動は筒抜《つつぬ》けになっていた。四月七日一二時半頃、「大和」は、鹿児島県坊の岬沖で、空母九隻を基幹とした米軍機動部隊から発進した艦上攻撃機の迎撃に遭遇し、二時間近くの間、空爆と雷撃を受けて、午後二時二〇分頃、大爆発とともに海中に沈んだ。敵の完全な制空権のもとでの直衛機を随伴しない進撃は、壮大な自滅作戦というほかない。それでもなお、日本海軍は、特攻機を中心とした攻撃を続行し、六月二二日の菊水一〇号作戦を最後に延べ二八六七機の特攻機を出撃させ、航空機による攻撃は終わった。面目にとらわれて、戦局の転換に全く効果のない出撃を惰性によって続けたとしか形容しようがない。

沖縄方面根拠地隊司令官の大田実海軍少将は、海軍次官あてに「沖縄県民ハ斯《か》ク戦ヘリ県民ニ対シ後世特別ノ御高配ヲ賜《たまわ》ランコトヲ」という訣別電報を打った後、六月一三日に自決した。このような精神が軍国主義の下で圧殺されていたのである。

本土決戦論と戦争終結論のせめぎあい

サイパン島が陥落し、レイテ海戦に敗北し、ルソン島の攻防で悲惨な戦闘を強いられ、本土への空襲が度重なり、連合軍勢力が日本本土に肉薄しつつある状況になっても、なお日本軍と政府は、戦争継続論・本土決戦論に支配されていた。それは、日ソ中立条約があり、独ソ戦の決着がついていない状況では、ソ連の参戦は無いであろうという希望的観測と、四三年一月のカサブランカ宣言がある以上無条件降伏以外には戦争終結の途はありえないという前提に立って、物量の劣勢は精神で凌《しの》ぐという日本古来の伝統を恃《たの》みにしたものであった。四五年二月中旬、ナチス・ドイツが最後の段階を迎えつつあり、ヤルタ会談で米英ソが大局的一致を明確にし、ソ連が日ソ中立条約を破棄して対日参戦する見込みがあるとの情報がもたらされても、戦争継続論・本土決戦論の支配は、変わらなかった。

四五年四月五日、ソ連が日ソ中立条約の廃棄を通告してきた。条約は、一方の締約国の廃棄通告後一年は有効と規定しているが、もはやその通り受け止めている国民はいなかった。この日、天皇は、レイテ海戦以来三月一七日の硫黄島陥落に至るまで軍事的敗退を繰り返してきた小磯首相を叱責して、小磯内閣を更迭した。

二日後、即ち戦艦「大和」が撃沈された四月七日に、鈴木貫太郎内閣が成立した。鈴木は、三六年の二・二六事件のとき重傷を負った元侍従長で、天皇の信任が厚い七八歳の海軍老提督であったが、組閣に当たって、陸軍から「最後まで戦うことを約束せよ」と注文をつけられ、軍部大臣現役武官制のもと、それに対し応諾の返事をせざるを得なかった。陸軍が推挙した陸相は、阿南惟幾《あなみこれちか》大将（陸士一八期）であった。阿南は、統制派にも皇道派にも属しない軍人で、鈴木の侍従長時代に侍従武官として宮中に二年余りの間勤務しており気心の知れた間柄ではあった。この頃になると、さすがに指導層は鈴木内閣に戦争終結を期待するものが多くなりつつあったが、軍部が本土決戦を強く主張している手前、本土決戦を戦い抜く内閣として出発するほかなかった。現に、阿南陸相は、就任早々「本土決戦訓五カ条」を布告する一方、四月一五日には、戦争終結を訴えた近衛文麿の上奏文を流布させたなどの容疑で、憲兵隊が、吉田茂を逮捕した。吉田は、六年前に駐英大使を最後に退官していたが、この勇気ある戦争終結運動や三国同盟反対に示された「反軍部」の姿勢がマッカーサーに評価されたこともあって、戦後、外相や首相となる。

しかし、鈴木内閣の発足後、日本を取り巻く状況は大きく急速に展開していった。四月一二日には、無条件降伏政策の権化《ごんげ》ともいうべきアメリカのルーズベルト大統領が急逝して、アメリカの政策変化が期待された。鈴木首相は、敵国の大統領の死を悼んで弔電を打ったが、トルーマン大統領は前任者の政策を踏襲することを言明したので、期待は急速に凋《しぼ》んだ。しかし、最終的には、修正されたのである。次いで、四月三〇日、ジューコフ元帥指揮するソ連軍がベルリンに進攻して市街戦が熾烈《しれつ》を極めている中、ヒトラーが地下壕で自殺し、五月七日にはドイツが無条件降伏して、ドイツ第三帝国が崩壊した。イタリアは、四三年九月に早々と無条件降伏しているので、今や、世界で連合国と戦っているのは日本のみという状況になった。日本が敢えて対米英戦に踏み切った最大の前提は欧州戦線における「ドイツの勝利」であったが、その前提が崩れたのである。後は、いかに降伏するかの問題となり、鈴木内閣は、戦争終結の方途を真剣に追求する内閣に変身すべき時機到来と思われた。しかし、まだ沖縄では大激戦が続行中であることに鑑《かんが》み、五月九日、日本政府は「大東亜戦争完遂」を声明し、依然、表向きは「徹底抗戦」を標榜した。一月後の六月八日の御前会議も、天皇が一言も発言しないまま、「戦争完遂」が決まった。

六月九日、満州・中国の視察から帰朝した梅津美治郎参謀総長が、「満州と支那にある兵力はすべて合わせても、米国の八個師団ぐらいの戦力しかない。弾薬保有量は近代式大会戦でやれば一回分しかない」と天皇に正直に報告した。三日後の一二日には、天皇の特命で三カ月かけて日本本土の兵器廠や四鎮守府（横須賀・呉・佐世保・舞鶴）、航空基地を視察してきた長谷川清海軍大将が、天皇に対し、本土決戦を遂行する戦力は無くなっている海軍の現状を天皇に率直に報告した。この二人の報告を聞いて、天皇は愕然《がくぜん》とし、六月一四・一五日の二日間、天皇は病んで表御座所に姿を見せず、政務を休まれた。政務を休まれたのは、開戦以来初めてであった。しかし、これを契機に、天皇は明確に戦争終結を志向するようになったと思われる（沖縄での決戦に期待をつないでいた天皇は、五月五日に第三二軍の最後の総反撃が失敗し、五月七日にドイツが無条件降伏した段階で、最終的に戦争終結の決意をしたという説もある）。六月二〇日、天皇は、東郷外相に「最近受け取った報告によって統帥部の言っていることとは違って、日本内地の本土決戦準備が全く不十分であることが明らかになった。なるべく速やかに戦争を終結せしめることに取り運ぶよう希望する」と言われた。

六月二二日、天皇が自ら召集して最高指導会議が開かれた。最高指導会議のメンバーは、鈴木首相、東郷外相、阿南陸相、米内海相、梅津参謀総長、豊田軍令部総長の六人である。冒頭、しきたりを破って、まず天皇が「戦況は極度に悪化している。今後の空襲の激化などを考えると一層の困難が予想される。この時に当たって飽くまで戦争を継続するのは当然であろうが、また一面においては戦争終結についても、この際、今までの観念にとらわれることなく、速やかに研究することも必要ではなかろうかと思う。これについて、皆はどう考えているか」と発言された。鈴木首相は、飽くまで戦争を最後までやることは頑張らねばならないと思うが、それと並行して外交的な方法をとることも必要と考える、旨を答えた。米内海相は、実は、五月半ばにこの最高指導会議のメンバー六人が極秘の懇談会で和平の方法などを相談したが、それを具体的に進めることにする、旨を答えるとともに、ソ連を仲介とする和平の構想を説明した。「では、外交的解決の日はいつを予定しているか」との天皇の更なる御下問に対しては、東郷外相が、連合国はベルリン郊外のポツダムで七月半ばに会議を開くと発表しているので、その前に七月初めまでに協定に達したい、旨を答えた。この会議が、天皇をはじめ日本の最高指導者が戦争終結・和平に真剣に取り組む契機となった。

翌二三日、沖縄戦は日本軍の壊滅をもって終了した。にもかかわらず、二日後の二五日の新聞は、沖縄戦に関し、「玉砕」の言葉を使わず、「軍官民一体の善戦敢闘三カ月、二〇日敵主力に全員最後の攻勢」などと報じた。また、六月九日から開かれた第八七回帝国議会で、本土決戦に備えて成立した戦時緊急措置令と義勇兵役法が、それぞれ二二日と二三日に公布された。遂に国民を根こそぎ戦場にかりだすことになり、表向きは依然として最後の一兵まで徹底抗戦の建前を貫いた。「国民は皆兵士」と唱道され、女性も竹槍訓練を始めた。

同じ頃、アメリカ軍部は、日本本土上陸作戦を立案し、六月一八日に大統領の承認を受けて準備を進めていた。それは、南九州上陸作戦と関東平野侵攻作戦とから成り、南九州上陸作戦は、大規模な軍隊の上陸のために平坦な海岸線が続く宮崎平野を主たる上陸地と想定し、志布志湾、薩摩半島の三方から総上陸して南九州を制圧して陸上基地を設定するというもので、一一月一日に九州に上陸する計画になっていた。南九州の陸上基地からの攻撃で、日本本土への空襲、鉄道網の寸断、大陸との交通の遮断などを行って日本側の抗戦能力を著しく低下させた後、四六年三月に関東平野侵攻作戦を開始、平坦な海岸線が続く房総半島の九十九里浜を中心に大軍を上陸させ、二週間後には相模湾からも別働隊が湘南海岸に上陸し、二方から首都東京に進撃し、中枢部を制するというもので、作戦終了は四六年末の予定であった。この上陸作戦は、ドイツと同様に日本に文字通り無条件降伏を強制する計画であり、結局、幻の作戦に終わったが、実行されれば、日本はさながら惨憺《さんたん》たる修羅場と化したであろう。

六月二二日の御前会議以降、日本政府は鈴木首相を筆頭に対ソ外交の進展に全てを賭けた。しかし、この年二月のヤルタ会談で、ドイツの降伏後三カ月以内のソ連の対日参戦が約束されており、しかも、六月二四日には、モスクワの赤の広場で、大祖国戦争勝利（対独戦争をソ連では大祖国戦争と称した）を祝して、大元帥スターリンを頂点とした赤軍の凱旋パレードが行われ、既に対日参戦の決意を固めたスターリンは、「撃滅すべき次の目標は日本陸軍である」と赤軍兵士に向かって獅子吼《ししく》して叱咤激励していたのである。四月五日には既に日ソ中立条約破棄の通告をしてきたソ連に和平の仲介を要請するのは、些《いささ》か筋違いの感があるにもかかわらず、日ソ中立条約の有効期間はなお一年あること、戦後の世界運営で米英対ソ連の対立相克が予想されること、などを考慮すると、政策の宜しきを得れば、無条件降伏ではない有利な講和も不可能ではないのではないかという一縷《いちる》の望みに日本の最高指導者たちは託したのである。間もなく、広田弘毅元外相とマリク駐日大使との会談が東京で始まったが、会談を重ねても交渉は一向に進展せず、七月半ばに連合国首脳がポツダムで会談を行う時期が迫って焦慮した東郷外相は、七月七日、広田・マリク交渉に見切りをつけた。

七月一〇日、最高戦争指導会議は、天皇からの親書を携えた近衛文麿元首相を特使としてモスクワに派遣して、直接交渉を行うことを決定した。これを受けて外務省は佐藤尚武駐ソ大使宛て打電をした。打電を受けた佐藤大使は、早速モロトフ外相に会見を申し込んだが、ポツダムへの出発準備に追われていてその時間がないと断られた。やむなく佐藤大使は外務次官に会って、これは天皇の内意による近衛特使派遣であることを含みおかれたい、と強く要望し、外務次官は「スターリンとモロトフがポツダム到着後に連絡を取り、一日も早く返事をするでありましょう」と回答した。しかし、漸くポツダム会談開催の翌日七月一八日になってソ連政府から届いた回答は、天皇のメッセージを受け取ったことをソ連政府は確認する、ただし、内容は一般論でありすぎ特使の使命も不明であり、ソ連政府としては確たる回答をすることは不可能である、というものであり、実質上、特使受け入れ拒絶の回答であった。翌日、東郷外相は、天皇の意向を体して、日本政府は講和案を事前に明らかにできないことを踏まえて更に特使受け入れ実現に努力せよ、旨の訓令電報を佐藤大使に打った。東郷外相は、天皇の意を体して、ポツダム宣言発表後の八月二日、八月七日にも佐藤大使宛て督励の訓電を打ったが、遂にソ連政府からの正式回答は来なかった。八月八日の対日宣戦布告がソ連の日本への正式回答であった。

藁《わら》をも掴《つか》むような心境で行った五〇日近くにわたる日本の努力は、全く徒労に終わった。しかし、七月一五日に近衛によって取りまとめられた「和平交渉の要項」では、「国土に就いては、なるべく他日の再起に便なるに努めるも、止むを得ざれば固有本土を以て満足す」とあり、この「要項」の「解説」においては「固有本土の解釈については、最下限沖縄、小笠原島、樺太を捨て、千島は南半分を保有する程度とすること」とされたのであるから、仮に、近衛特使による対ソ交渉が実現していれば、著しく国益を損じ、国辱的結果に終わった可能性が高い。

なお、佐藤大使は、七月二〇日、東郷外相あて電報で、国家は倒壊寸前にあり、速やかに降伏すべきである、国体保持の問題は国内問題として講和条件から除外するのも一つの方法である、との意見具申をした。

ポツダム宣言と日本政府の「黙殺」

七月一七日から、ベルリン郊外のポツダムで、米英ソ三国の首脳トルーマン、チャーチル（途中から政権交代によりアトリー）、スターリンによる会談が開かれた。この会談では、対独戦後処理方針と対日終戦条件および戦後処理方針が協議され、七月二六日、対日終戦条件については、中国の同意を得て、「ポツダム宣言」として発表された。主な内容は、①軍国主義者・戦争指導勢力の排除、②連合軍の軍事占領、③日本の主権を本州・四国・九州・北海道と連合国の決定する諸小島に制限、④戦争犯罪人の処罰と民主化に対する障害の除去、⑤再軍備と軍需産業の禁止、などであり、これらの目的が達成されれば連合軍は撤収することとされていた。「ポツダム宣言」には、「日本国家の無条件降伏」ではなく「日本全軍隊の無条件降伏」のみが記されており、しかも国体や天皇の地位・天皇大権などに関しては一切言及がなく、ソ連はポツダム会談に参加しながら、ソ連首相名を連ねていなかった。それは、その時点でソ連が対日参戦をしていなかったのであるから当然と思われるが、日本の外務省は、ソ連が名を連ねていないのは、このまま中立を維持するということであろう、そうであれば現在行われている対ソ交渉を袖にして「ポツダム宣言」を即時受諾するのは好ましくないのではないかと考え、併せて国体あるいは天皇の地位について不明瞭であることも勘案し、しばらく「静観」して事態の推移を見守るのが賢明な策との結論に達し、東郷外相は、その旨天皇にも報告した。七月二七日に開かれた閣議では、この外務省の結論が、政府の方針となった。

翌二八日の新聞記者会見では、鈴木首相は、「私は、三国共同声明はカイロ会談（宣言）の焼き直しだと思う。政府としては何ら重大な価値あるものとは思わない。ただ黙殺するのみである。我々は断乎戦争完遂に向けて邁進するのみである」と発言した。「黙殺」は、ノー・コメントないしは黙過する程度の意味であったというが、この発言は、「拒否」の意味にとられ、全世界に放送され、後の原爆投下やソ連の対日参戦の正当化のための口実に使われた。しかし、「静観」ないし「黙殺」は、この宣言には何ら時日の制限がないことを前提にしていたが、この宣言の末尾には「われらは右条件より離脱することなかるべし」と言明して、右条件以外はいかなる交渉にも工作にも応じないとの連合国の最後通牒の意思が込められており、時日を制限していないのは、むしろイエスかノーか即答を迫る趣旨であったのである。対ソ交渉への期待に発した錯誤というべきか。時を移さず、可及的速やかに応諾の結論を出すべきであったのである。

原爆実験の成功と投下命令

四五年七月一六日、アメリカは、ニューメキシコ州アラモゴードで人類初の原爆実験を行い、成功を収めた。

アメリカは四二年八月、多くの有能な学者を集めて極秘裡に原爆開発計画・マンハッタン計画を発足させていた（計画名は、その初期の研究がニューヨーク州のマンハッタンで行われていたことに因む）。この研究は、三九年一〇月、つまり、第二次世界大戦が勃発した直後に、当時、アメリカに亡命していたノーベル物理学賞受賞者のアインシュタイン（ドイツ生まれのユダヤ人）が、ルーズベルト大統領に対し、巨大な破壊力をもつ兵器・原爆をナチス・ドイツが開発する前に、アメリカが開発すべきことを進言したことに端を発する（原爆の製造原理は三八年一二月のドイツ人化学者オットー・ハーン博士らのグループにより核分裂から新たなエネルギーが発生する現象が実証されたことに基づく）。計画は、スティムソン陸軍長官の統括のもとに、グローブス少将を総指揮官、物理学者オッペンハイマー博士を科学部門の責任者として進められ、三年間に約二〇億ドル（当時の政府歳入の四％に相当）もの巨額の予算がつぎ込まれ、一二万人もの科学者や技術者が動員された。四三年五月頃には原爆製造の目途がつき、四五年には実用段階に入りつつあった。しかし、五月七日にはドイツが無条件降伏したので、アメリカが原爆攻撃にさらされる危険性は当分なくなった。

ルーズベルトの急逝後、四月二五日に副大統領から大統領に昇格したトルーマンは、就任後初めてマンハッタン計画の存在を知ったが、就任早々、原爆を日本に投下するか否かの決断をしなければならなかった。六月一六日、オッペンハイマーなど四人の科学者から成る科学委員会は、その総意としてアメリカ人兵士の犠牲を少なくするため、原爆を投下しなければならないと勧告したこともあって、七月一六日の原爆実験が行われたのである。わずか五トンの原子爆弾が、ＴＮＴ火薬二万トンに相当する凄《すさ》まじい威力をもつことが判明した。そのため、原爆実験の翌一七日、科学者七〇名が連名で、日本に対して原爆を使用する前に、戦後の日本の処遇を公にし、日本が降伏できる機会を与えるべきだ、もし、日本が降伏しなければ原爆投下もやむを得ない、との嘆願書を大統領宛て提出している。この日は、ポツダム会談の初日であり、会談開催中に、原爆実験成功の情報と共に、この嘆願書がトルーマンに届いたかどうかは定かではない。

七月二五日、ポツダムにいるトルーマン大統領の承認を得て、マーシャル参謀総長から戦略空軍総司令官スパッツ将軍に対して原爆の投下命令が出された。投下命令は、八月三日以降、天候が目視飛行を許す限り、なるべく速やかに広島・小倉・新潟・長崎の目標の一つに投下せよとの内容である。また、直後の七月二六日に出されたポツダム宣言には、「右以外の選択は迅速かつ完全なる壊滅」であると結ばれていたが、原爆に関する明示的警告は一切書かれていなかった。しかし、ポツダム宣言を受け取った日本政府は、受諾する意思を全く示さないどころか、二八日の新聞記者会見で、鈴木首相が「黙殺」する旨の発言をし、これを受諾拒絶と受け止めたアメリカは、原爆投下の準備を急いだ。六月一八日に既に承認されていた日本本土上陸作戦を実行すると、直前の硫黄島の戦闘や沖縄戦における日本軍の激しい抵抗から推定すれば、トルーマンやスティムソン陸軍長官は、五〇万〜一〇〇万の米兵の犠牲者が出ると予想していた。また、ナチス・ドイツ打倒のため協調してきた米英とソ連であったが、欧州戦末期から、ドイツ降伏後のポーランドの東部国境をどこに引くかという問題をはじめ、戦後の国際秩序の形成を巡ってソ連が自国本位・領土膨張的主張を強め、米英との角逐が表面化しつつあり、この際、ソ連の対日参戦前に、つまりソ連の軍事力に依存することなく、日本を降伏させる方途を講ずるのが得策であるとの考えがアメリカに台頭してきていたのである。

トルーマンは、原爆投下命令が出される前日の七月二四日、ポツダム会談の席上で、ソ連のスターリンに対し、破壊力の大きな新型兵器（原爆）を開発したことについて、それとなく告げていた（実は、スターリンはスパイ活動によって既にその情報を得ていた）。ソ連の行動を牽制する意図で告げたものであろうか。

広島・長崎への原爆投下とソ連の対日参戦

四五年八月六日午前八時一五分、広島に原爆が投下された。第一目標広島、第二目標小倉、第三目標長崎として、投下命令を受け、マリアナ諸島のテニアン基地から発進した大型爆撃機Ｂ29の「エノラ・ゲイ」号は、雲一つない快晴で視界の良い広島に原爆を投下、爆弾は地上約五七〇メートル、ほとんど広島市の中心地で爆発、爆心は太陽の三〇〇〇倍以上の閃光《せんこう》を放ち、直径一五〇メートルの巨大な火の玉が広島を覆った。火の玉は熱放射線を放ち、人間、樹木、家屋を瞬時に焼け焦《こ》がした。熱せられた空気が上昇すると、冷たい空気を呼び込んで、火炎の嵐となり、その旋風によって燃え盛った炎は、数時間のうちに約二〇平方キロを焼き尽くした。広島への原爆投下による死者は、約一〇万人であるが、その後も、原爆症に侵されて死亡する人々が今も続いている。

八月六日午前八時三〇分に、呉鎮守府から、敵がいまだかつてない大きい破壊力をもつ高性能爆弾を使用したことを伝える第一報が海軍省に届いた。翌七日午前三時頃には、トルーマン大統領が、ラジオ放送を通じて、「六日、広島に投下した爆弾は戦争に革命的変化を与える原子爆弾であり、日本が降伏に応じない限り、更に他の都市にも投下する」との声明を全世界に流したことが伝わり、第二の原爆投下の予告を受けて、一刻も早く戦争を終結しなければという焦りを感じつつも、この日は、政府はなお原子爆弾とは認めず、理化学研究所の仁科芳雄《にしなよしお》博士を随伴した調査団を現地に派遣したにとどまった。翌八日、現地調査団の報告によって、政府は初めて原爆であることを確認し、翌九日午前一〇時に最高戦争指導会議を開くことを決定した。このような日本政府の緩慢極まる対応に対し、連合国は容赦する理由はなく、仮借《かしゃく》ない攻勢をかけた。

八月八日午後一一時過ぎ（モスクワ時間午後五時過ぎ）、ソ連は、日本がポツダム宣言受諾を拒否したことを理由として、「八月九日午前零時を期してソ連は日本と戦争状態に入る」旨、宣戦布告した。広島への原爆投下の情報に接したスターリンは、日本時間の七日午後一〇時三〇分に、「八月九日、満州の国境を突破すべし」との攻撃開始命令を発していた。ソ連の満州進攻は、当初八月下旬の予定であったが、アメリカの原爆実験の成功と製造の進捗が判明した時点で八月一五日に繰り上げ、それでも遅いと焦ったスターリンは一一日に繰り上げていたが、広島への原爆投下によって更に繰り上げて、断固八月九日に侵攻すると決めたのである。モロトフ外相は、宣戦布告後の外国人記者との会見の場で、ドイツの降伏から三カ月後に太平洋戦争に参戦するとの連合国との約束を厳格に守って参戦を決意したことを強調した。

ヨーロッパ方面から極東へのソ連軍の移動は、四四年一二月頃から秘密裡に進められていたが、四五年五月のドイツ降伏後は急ピッチで兵力の輸送が行われ、七月五日にはチタの極東軍総司令部に総司令官のワシレフスキー元帥が着任した。こうしてソ連軍は、八月までに地上八〇個師団、飛行三二個師団を含む兵員約一七四万人、戦車・自走砲約五二〇〇輛、飛行機約五〇〇〇機をソ満国境に展開させていた。

これに対し、日本の関東軍は、太平洋戦争開戦時に一三個師団、兵員七〇万人を満州に擁していたが、南方戦線での日本軍の敗勢に伴い、四三年六月から、連隊単位での南方への転出が相次ぎ、四四年二月からは、師団単位での転出がなされるようになり、四五年三月には、開戦時に満州に駐屯していた一三個師団すべてが姿を消した。この間、関東軍は、在満部隊の改編や抽出された師団の残部を基幹にして一四個師団を編成し（うち三個師団は朝鮮半島南部に転出）、四五年五月には中国戦線から四個師団、朝鮮半島から一個師団が編入され、一六個師団となったが、六月には、在満日系男子四〇万人のうち、行政・警備・運輸などに必要な一五万人を除く二五万人を「根こそぎ動員」して、新たに八個師団を編成し、七月末までに二四個師団、兵員七八万人、戦車一六〇輌、飛行機二三〇機をそろえた。しかし、これらの部隊は満足な装備はなく、銃すら配給されない丸腰の兵士が一〇万人もいた上、銃を持つ者も弾丸一人一〇〇発と制限されており、錬度も極めて低く、実際の戦力は八個師団にも満たない状態であった。彼我の戦力格差は如何ともしがたいものがあった。

その上、クレムリン城でモロトフ外相から宣戦布告状の手交を受けた佐藤尚武駐ソ大使が、急ぎ日本大使館に帰ると、日本大使館の電話線は切られ、無線機は秘密警察の手で没収されており、やむなく通常の国際電報によって日本外務省に伝えるほかなかった。このため、その夜のうちに日本政府や軍部はソ連の宣戦布告を知ることができなかった。

八月九日午前一時前、ソ連軍の満州侵攻の火蓋は切って落とされた。①東部国境からは第一極東方面軍と第二極東方面軍の主力、②北東国境からは第二極東方面軍の第二赤旗軍、③北西国境からはザバイカル方面軍の第三六軍、④西部国境（内蒙古国境）からはザバイカル方面軍の主力、が相次いで満州に侵攻した。ソ連軍は、前日まで国境付近の動きに異常を見せないように細心の注意を払っていたので、それは、ソ満国境地帯の日本軍守備隊にとって寝入り端《ばた》を衝いた不意打ちとなり、「奇襲」そのものであった。日本軍は、ソ連軍の侵攻はまだ先のことと判断して、関東軍司令官山田乙三《おとぞう》大将（陸士一四期）は、この日は遼東半島南端の大連に出張中であった。また、東部国境防衛を任務としていた第一方面軍第五軍司令部は、ソ連軍侵攻を想定した高等司令部演習を実施するべく、麾下の各師団長に、参謀長や主要参謀、主要直轄部隊長を国境から一二〇キロ後方の軍司令部所在地である掖河《えきが》に派遣させていた。このため、対ソ防衛上最重要要塞と目されていた虎頭《ことう》要塞を守る第一五国境守備隊の部隊長西脇武大佐も任地の虎頭を留守にして一〇〇キロ以上離れた掖河にいた。

八月九日午前一一時二分、長崎に二発目の原爆が投下された。第一目標小倉、第二目標長崎としてテニアン基地を発進した大型爆撃機Ｂ２９「ボックスカー」は、小倉上空に到達した時、小倉上空は雲に覆われており、しかも陸軍芦屋《あしや》基地と海軍築城《ついぎ》基地から戦闘機が緊急発進してきたので、第二目標の長崎に向かった。長崎も雲に覆われていたが、雲の切れ間から一瞬長崎市が目視できたので、長崎に投下した。このため、原爆は、市街地の中心部から三キロほど北に逸れた地点に投下された。長崎に投下された原爆は、プルトニュウム二三九を使ったもので、「ファットマン」と呼ばれ、広島に投下されたウラン二三五を使った「リトルボーイ」の一・五倍のＴＮＴ火薬二万二〇〇〇トン相当の威力があった。しかし、長崎は周《まわ》りが山に囲まれているため、熱線や爆風が山に遮《さえぎ》られたことと、爆心が市街地の中心から逸れていたこともあって、広島より被害が軽減され、原爆による即死者は約四万人であった。その日、トルーマン大統領は、ポツダム会談を伝えるラジオの全国放送でアメリカ国民に対し、次の通り演説した。

我々が開発した爆弾を使用した。真珠湾で我々に通告することなく攻撃を行った相手に、アメリカ人捕虜を飢餓に晒《さら》し、殴打し、処刑した相手に、そして、戦時国際法を遵守する素振《そぶ》りさえかなぐり捨てた相手に、原爆を投下した。我々は戦争の苦しみを早く終らせるために、数多くの命を、数多くのアメリカの青年を救うために、原爆を投下したのである。

ポツダム宣言受諾を巡る第一回御前会議

八月九日午前一〇時から、最高戦争指導会議が開かれた。

冒頭、鈴木首相は、単刀直入に切り出した。「広島の原爆といい、ソ連の参戦といい、これ以上の戦争継続は不可能であると思う。ポツダム宣言を受諾し、戦争を終結させるほかはない。ついては各員のご意見を承りたい」数分間、重苦しい沈黙が議場を包んだが、米内海相が、ポツダム宣言を受諾するとなれば、これを無条件で鵜呑みするのか、こちらから希望条件を提示するのかを論議する必要がある、と口火を切った。議論は、結局、二つの説に収斂《しゅうれん》した。一つは、天皇の国法上の地位を変えないことだけを条件として受諾すべしと主張する米内海相・東郷外相の説と、もう一つは、天皇制を守るためには、その他に、①占領は小範囲、小兵力、短期間であること、②武装解除と、③戦犯処置は日本人の手に任《まか》せること、の三条件付加を主張する阿南陸相・梅津参謀総長・豊田軍令部総長の説であり、鈴木首相の意見は海相・外相説に近かった。この会議の途中、長崎に第二の原爆が投下されたのであるが、遂に結論は出ず、次に閣議が予定されていたため午後一時過ぎに休憩に入った。閣議は、午後二時半から三時間、夕食を挟んで、午後六時半から一〇時まで開かれたが、閣議でも意見はまとまらなかった。鈴木首相は、閣議を一旦休憩し、もう一度最高戦争指導会議を開き政戦略の統一を図り、再度閣議を開くことにした。

八月九日午後一一時五〇分、ポツダム宣言受諾を巡る御前会議が、皇居地下防空壕で開かれた。出席者は最高戦争指導会議のメンバー六人のほかに平沼枢密院議長であり、内閣書記官長と陸海軍務局長が陪席した。会議は、東郷・米内・平沼の一条件説と、阿南・梅津・豊田の四条件説に分かれ、一〇日午前二時を過ぎても意見はまとまらなかった。ここで、鈴木首相が、やおら立ち上がって徐《おもむ》ろに発言した。「議を尽くすこと、既に二時間に及びましたが、遺憾ながら三対三のまま、なお議決することができません。しかも事態は一刻の遷延も許さないのであります、この上は、誠に異例で恐れ多いことでございまするが、御聖断を拝しまして、聖慮をもって本会議の結論といたしたいと存じます」

天皇は静かに語りだした。

それならば、私の意見を言おう。私は外務大臣の意見に同意である。空襲は激化しており、これ以上国民を塗炭《とたん》の苦しみに陥れ、文化を破壊し、世界人類の不幸を招くのは、私の欲しないところである。私の任務は祖先から受け継いだ日本という国を子孫に伝えることである。今となっては、一人でも多くの国民に生き残っていてもらって、その人たちに将来再び起ちあがってもらうほか道は無い。勿論、忠勇なる軍隊を武装解除し、また昨日まで忠勤を励んでくれた者を戦争犯罪人として処罰するのは、情において忍び難いものがある。しかし今日は耐え難きを耐え、忍び難きを忍ばなければならぬ時と思う。明治天皇の三国干渉の際の御心持ちを偲び奉り、私は涙を呑んでポツダム宣言受諾に賛成する。

八月一〇日午前二時半過ぎに御前会議は終わり、閣議は、御前会議の決定をそのまま採択して、午前四時近く散会した。午前七時には、「天皇の国家統治の大権に変更を加ふる要求を包含し居らざることの了解の下に」ポツダム宣言を受諾する旨の電報が中立国のスイスとスウェーデンの日本公使に送られた。スイス公使から米・中へ、スウェーデン公使から英・ソへそれぞれ通告された。

八月一〇日午前九時には、阿南陸相は、陸軍省の高級部員を集めて「厳粛な軍紀のもとに一糸乱れず団結せよ。この上は、ただただ大御心《おおみこころ》のままに進めるほかはない。和するも戦うも敵方の回答のいかんによる」と訓示し、冷静な対応を求めた。午後一時から重臣会議が開かれ、ほとんどの重臣（首相経験者）が天皇制の存続さえ保証されるならばポツダム宣言の受諾に異存はないと政府の方針に賛同したが、東条と小磯は反対した。しかし、「一体誰の考えによるものか」という小磯の問いに「大命に基づいたものである」と東郷外相が答えると、小磯も東条も矛《ほこ》を収めた。

八月一〇日午前九時（日本時間同日午後一一時）、トルーマン大統領は、スティムソン陸軍長官、バーンズ国務長官、フォレスタル海軍長官、リーヒ統合参謀本部議長の四人を集め、対日回答について協議した。知日派のスティムソンは、硫黄島や沖縄における物凄い流血を再現しないために、天皇制の保証を求める日本の申し入れを受け入れようと主張し、フォレスタルもリーヒもこれに同調したが、バーンズが強硬で

「我々は何度も無条件降伏を宣言している。何故に日本に譲歩する必要があるのかと」と主張し、国務省で対日回答案を起草して午後になって再び協議して承認した。英中ソ三国の承認を得て、八月一一日正午、バーンズ国務長官名の連合国の返書が打電された。

ソ連軍の南樺太・千島列島への侵攻

四五年八月一一日、ソ連軍は、南樺太（日露戦争の結果、〇五年九月のポーツマス講和条約によりロシアから割譲を受けた領土）への侵攻作戦を開始した。日本政府が、九日から一〇日にかけての御前会議の決定を受けてポツダム宣言受諾の通告を連合国側に対して行った直後のことであり、南樺太での戦闘は八月二五日まで続いた。

八月一六日、スターリンはトルーマン大統領に対し、ソ連に対する日本軍の降伏区域に、千島列島全部のほかに、北海道島北半（北海道島のうち釧路市から留萌《るもい》市に至る線以北）を含めることを要求していた。その理由は、一八年八月からのシベリア出兵に際し、日本軍は全ソビエト極東を占領下に置いたのであるから、日本本土のいずれかの部分に占領地域をもたなければロシアの世論が大いに憤慨するというものであった。これに対し、トルーマンは、翌一七日、千島列島にアメリカのための航空基地を設ける権利をもちたい、と要求した後、日本本土のすべての島にある武装兵力はマッカーサー将軍に降伏するものと考えており、これに関して措置が取られている、と述べ、断乎として日本本土の分割占領を拒絶した。

八月一八日には、ソ連軍は千島列島北端の占守島《しむしゅる》への上陸作戦を開始した。一三日から一四日にかけての御前会議の決定を受けて、直ちに連合国側へのポツダム宣言の最終的受諾の通告を行っていたにもかかわらず、千島列島への米軍の進駐を本気で恐れたスターリンが、突如、千島列島占領の命令を発したのである。占守島への上陸作戦は準備不足のまま強行されたこともあって、日本軍の激しい反撃に遭遇して三〇〇〇人もの大きな損害を受けた。以後、ソ連軍は択捉《えとろふ》島、得撫《うるっぷ》島、色丹《しこたん》島を無血占領し、降伏文書の調印式の九月二日には国後《くなしり》島を、三日には歯舞《はぼまい》諸島を占領して千島列島の占領を完了した。ソ連の勢力圏拡大のための仮借なき軍事行動であった。

二度目の「聖断」への道

八月一二日午前二時頃、日本政府は、サンフランスコ放送によってバーンズ回答の内容を知った。バーンズ回答は、「天皇統治の大権」に直接の言及をせず、①降伏時より天皇と日本政府の国家統治の権限は連合国最高司令官の制限の下におかれること、②天皇は、政府・大本営に降伏文書への署名を命じ、軍隊を武装解除すること、③連合国捕虜・抑留者の移送、④最終的な日本政府の形態は、ポツダム宣言に従い、日本国民の自由に表明される意思により決定されること、⑤連合国軍隊による保障占領をすること、の五項目からなっていた。つまり、「国体護持」について直接的な回答を避け、間接的に天皇制が戦後にも存続する余地を残したのである。しかし、この回答に対して、天皇と日本政府が最高司令官の「制限の下に」おかれるのは「帝国の属国化」を意味する、政治形態を国民の自由意思により決定するのは「国体」に悖《もと》る、として陸軍だけでなく海軍も平沼枢密院議長も猛反対した。一二日午後三時から開かれた閣議では、即時受諾の東郷外相説、全面反対の阿南陸相説、国体護持のための再照会説に分かれ、閣議の流れは再照会説に傾こうとしていたが、そこで、東郷外相が正式のバーンズ回答が届くまで休憩を提議して、閣議は中断した。

八月一三日午前九時から、最高戦争指導会議が開かれた。阿南陸相、梅津参謀総長、豊田軍令部総長の三人は、回答に対し再照会し、神聖な天皇の地位は確実に保証されなければならない、そのために武装解除は自主的であるべきだ、と主張し、東郷外相、米内海相、平沼枢密院議長は、再照会は交渉の決裂を意味する、として即時受諾を主張した。会議は、三対三のまま途中食事の時間を挟んで、実に五時間に及んだ末、鈴木首相は散会を宣した。午後四時から閣議が開かれたが、議論は果てしなく繰り返されて、合意に至ることができず、鈴木首相は「本日の閣議のありのままを申し上げ、明日午後に重ねて聖断を仰ぎ奉る所存である」と言明し、これがこの閣議の結論となった。日本側の逡巡を見越した米軍は、一三日夕刻、日本政府が条件付きでポツダム宣言を受諾したこと、それへの連合国側回答全文を載せたビラを散布した。一四日朝、事態を国民に隠蔽していた政府は驚愕し、ことに天皇は陸軍内のクーデタ必至と判断し、参謀総長や軍令部総長の了解をとらないまま、天皇の名において御前会議の召集に踏み切った。

八月一四日午前一〇時五〇分、御前会議が開かれた。最高戦争指導会議と閣議の合同会議に天皇が出席する異例の形式で、宮中地下防空壕において開かれた。冒頭、鈴木首相が、九日の御前会議以来の経緯を説明した後、「反対の意見ある者より親しくお聞き取りの上、重ねて何分の御聖断を仰ぎたく存じます」と結んだ。これを受けて、梅津陸軍参謀総長、阿南陸相、豊田軍令部総長が見解を述べたが、特に新しい見解は何一つなかった。しばし静寂が流れた後、大元帥服に身を固めた天皇が静かに立ちあがって口を開かれた。

私の考えは、この前申したことに変わりはない。国体問題についていろいろ危惧もあるということであるが、先方の回答書は悪意をもって書かれたものとは思えない。要は、国民全体の信念と覚悟の問題であると思う。この際、先方の回答をそのまま受諾してもよいと考える。

このように聖断が下された。更に、天皇は、

国民が玉砕して君国に殉ぜんとする心持ちもよくわかるが、しかし私自身はいかになろうとも、万民の生命を助けたいと思う。

などと情理を尽くし万感を込めて説諭された。一人として異を唱える者もなく一同感涙にむせぶ中、御前会議は終わった。

一四日午後一時から開かれた閣議において、迫水久常書記官長が用意し安岡正篤《やすおかまさひろ》（思想家・大東亜省顧問）が校閲した終戦の詔書などについて審議し、延々と夜まで続いたが、とにかく終戦の詔書は閣議決定され、午後一一時、「天皇陛下は日本のポツダム宣言受諾に関する詔書を発した」旨の電報がスイスに打電された。

抗戦派の青年将校グループがクーデタ計画を準備していることを危惧していた阿南陸相は、「承詔必謹《しょうしょうひっきん》」の大方針を打ち出した。それでも、近衛師団司令部と陸軍省軍務局の一部の青年将校グループは、その夜、最後の抵抗を繰り広げ、近衛師団長森赳《たけし》中将（陸士二八期）を殺害し、偽命令書を発して一時宮城を占拠したが、いわゆる玉音放送用録音盤を奪取することもできず、叛乱は短時間で終息した。

阿南陸相は、一五日午前五時、「一死以テ大罪ヲ謝シ奉ル」との遺書と辞世の歌を残して自刃していた。

大君の　深き恵に浴《あ》みし身は　言ひ遺《のこ》すべき片言《かたこと》もなし

その後、将官の自決は十数人に及んだ。

一五日午前六時（ワシントン時間一四日午後午後四時）、バーンズ国務長官は、日本政府の発した最終回答を受け取り、直ぐにロンドン、モスクワ、重慶との間の無線電話をつながせた。トルーマン大統領は、マッカーサー元帥を連合国軍最高司令官に任命し、日本降伏の今から天皇の国家統治の権限は司令官に属することを明らかにした。

話は一日遡るが、八月一四日、中ソ友好同盟条約が調印された。この年二月のヤルタ秘密協定において、米英首脳は、ソ連がドイツ降伏後三カ月以内に対日参戦する見返りに、ソ連への南樺太の返還及び千島列島引渡しのほか、①大連商港におけるソ連の優先的利益、②旅順海軍基地の租借権、③東清・南満州鉄道の中ソ合弁化、④外モンゴルの現状維持、という中国に関する権益を蒋介石に無断で承認していたが、この問題に関する蒋介石政権とソ連の交渉は難航した。しかし、ソ連の対日参戦によりソ連軍と中国共産党が結託する事態を恐れた蒋介石は、ソ連が国民政府を唯一の正統政府と認める代わりに、この友好同盟条約を結んで、ヤルタ秘密協定によるソ連の権益を容認した。当時、スターリンは、中国共産党より蒋介石を信頼し、中国共産党に対し、共産軍を解体して蒋政権に参加するよう勧告していた。

玉音放送と東久邇宮内閣の発足

八月一五日正午、天皇が、国民に向かってラジオ放送で終戦詔書を読み上げられた。

当日朝のラジオ放送は、全国民に、重大な発表があるから正午のラジオ放送を聞くように呼びかけていた。甲《かん》高い肉声で語られる天皇の「玉音放送」で、天皇の肉声を初めて聞いた国民が多かった。

朕《ちん》は帝国政府をして米英支蘇四国に対し其の共同宣言を受諾する旨通告せしめたり

で始まり、共同宣言の内容には何も言及せず、共同宣言受諾の理由を「人類の文明を破却から救はむが為に、（中略）万世の為に太平を開かむと欲す」と格調高く述べ、最後の段落で次のように結んで、国内の団結を求められた。

朕は茲《ここ》に国体を護持し得て忠良なる爾《なんじ》臣民の赤誠に信倚《しんい》し、常に爾臣民と共に在り。若し夫《わ》れ情の激する所、濫《みだ》りに事端《じたん》を滋《しげ》くし、或は同胞排擠《はいせい》、互に時局を誤り、信夫れ義を世界に失うが如きは朕最も之を戒む。宜しく挙国一家子孫相伝へ、確《かた》く神州の不滅を信じ、任重くして道遠きを念《おも》ひ、総力を将来の建設に傾け、道義を篤くし、志操を鞏《かた》くし、誓て国体の精華を発揚し、世界の進運に後《おく》れざらむことを期すべし。爾臣民其れ克《よ》く朕が意を体せよ

午前一一時から、宮城内で枢密院会議が開かれていた。ポツダム宣言受諾をするに当たって、予め枢密院会議に諮詢すべきところ、急を要するので、枢密院議長を御前会議に出席させることに留めていたことに諒

承を得る必要があったのである。会議の途中、玉音放送が始まり、一旦中断した後再開した会議では、「日本国民の自由に表明する意思」となると、果たして国民は天皇制を支持するだろうか、それが心配だ、という意見が一枢密顧問官から出され、同感の意を表する枢密顧問官も少なくなかった。しかし、敗戦のお詫《わ》びのために皇居の二重橋に集まって、玉砂利の上に土下座して宮城を拝する人で埋まった。

午後二時から、臨時閣議が開かれた。鈴木首相から阿南陸相の自刃の報告と弔意の表明があった後、東郷外相から終戦処理に関する長い報告があり、一旦閣議を閉じた。午後三時半から、この日二回目の閣議が開かれ、閣僚の辞表を取りまとめの上、鈴木内閣は総辞職した。直ちに、天皇から後継首班選定の下命を受けた内大臣の木戸幸一は、前例を踏襲せず、重臣を集めることなく平沼枢密院議長とだけ協議し、午後六時三五分からの拝謁で、東久邇宮稔彦王《ひがしくにのみやなるひこ》を首班とし近衛文麿に補佐させる内閣案につき、天皇の嘉納（諒承）を得た。

東久邇宮は、久邇宮朝彦親王《くにのみやあさひこ》の九人の子の末の子として生まれ、陸大卒業後に明治天皇の娘（大正天皇の妹）聡子《さとこ》と結婚したので、昭和天皇の叔父にあたる。二〇年からフランスに留学し、六年間陸軍士官学校で学んだあと、政治法律学校で幅広く社会科学を学び、その間、ペタン元帥、クレマンソーら軍人・政治家のみならず、モネ、ルノアール、ドガら画家・文人とも交流し、自由主義思想の持ち主として二七年帰国した。帰国後は、第二師団長、第四師団長、陸軍航空本部長、華北の第二軍司令官を歴任後、太平洋戦争中は防衛総司令官・陸軍大将であった。四一年一〇月の第三次近衛内閣の後継首班として近衛も東条も推したが、木戸内大臣が皇室に累が及ぶ恐れを理由に反対して沙汰やみとなった経緯があった。今回は、敗戦という未曽有《みぞう》の危機的状況のもとで、人心の混乱を早急に治め、不穏な動きのある陸軍を統御するためには、皇室の伝統的権威と陸軍大将の制度的権威の双方の動員が必要との判断が、内閣史上初の皇族内閣、宮様内閣の誕生を導いたのである。

八月一七日に成立した東久邇宮内閣は、国務大臣副総理近衛文麿、外相重光葵、海相米内光政、国務大臣兼内閣書記官長緒方竹虎、陸相は首相兼任（後に下村定）が主な布陣であった。早い時期から戦争終結運動を展開していた近衛を副総理とし、朝日新聞社副社長を辞めて鈴木内閣の顧問を務め東久邇宮と肝胆相照《かんたんあいて》らす仲であった緒方を内閣書記官長として、首相を補佐させ、米内を引き続き海相に起用したのが特色であった。新首相は、組閣後、直ちに前例のないラジオ放送を行い、国民に向かって政府の基本方針を述べるとともに、天皇のお諭《さと》しを一人残らず体するよう求め、「世界の進運に遅れざる最高度の文化の建設を期する次第であります。（中略）そのためには特に活発なる言論と公正なる与論に期待するところ大なるものがありますので、私は今後建設的なる言論の展開を促し健全なる結社の自由を認めたい」と述べ、国民に対し希望と解放感を与えた。

東久邇宮内閣発足の日、八月一七日に、天皇は「陸海軍人に賜りたる勅語」を渙発《かんぱつ》した。前日の一六日の早朝、マッカーサー連合国軍総司令官が、天皇・日本国政府・大本営に対し「連合国の降伏条件を受諾せるにより、連合国軍総司令官は、ここに日本軍による戦闘の即時停止を命ず」との命令第一号を発したので、同日午後四時、大本営は即時戦闘停止命令を発したのであるが、改めて「勅語」という形式で、アジア、太平洋全域の戦場で戦闘を停止し武装を解除するために、徹底を期したものである。この勅語では、ソ連参戦を降伏決定の第一理由として強調するとともに、国体護持を講和の目的として掲げていた。しかし、八月二〇日には、国体護持を貫徹するためと称して、関東の陸軍少壮軍人による皇居占拠計画が持ち上がり、その首謀者に対し、東久邇宮首相自らが気迫を込めて説得に当たり、事なきを得た。また、精鋭で知られた厚木《あつぎ》飛行場の海軍航空隊は、マッカーサーの搭乗機に体当たりしてやると意気軒高で、八月二四日まで連日、東京上空で抗命と示威の飛行を繰り返していたが、海軍大佐であった天皇の次弟・高松宮が説得に当たることとなり、事態は収まった。

一方、早くも八月一八日、内務省は、全国の警察に対し、性の防波堤として連合国軍の将兵向けの慰安所の設置を指令し、二〇日には、近衛国務相が特殊慰安施設協会の設置を決め、二七日に東京大森海岸に第一号の「小町園」が設置されたのを皮切りに日本各地に慰安所が設置された。大義名分は、連合国軍の将兵による性犯罪から日本子女の貞操を守るため、であり、新聞広告を通じて「日本女性の貞操を守る犠牲として愛国心のある女性」を募集し、五万五〇〇〇名が集まったという。翌四六年三月二六日には、性病の蔓延問題もあり、「民主化」に反するとして、公設の連合国軍将兵向け慰安所は廃止された。しかし、公認民営の「赤線」の売春婦として形を変えて、その後も実質的には存続した。なお、戦時中のいわゆる「従軍慰安婦」と連合国軍将兵向け慰安所の女性との違いは、設置の時期と場所が戦時前線か占領後の占領地か、接遇対象が日本軍将兵か連合国軍将兵か、調達方法が主として周旋業者の媒介によるか公募によるか、調達対象が外国人女性（日本植民地または占領地の女性）が主か日本人女性が主かの違いであり、その本質は変わらないと言えよう。なお、いわゆる「従軍慰安婦」の調達における公権力の関与の有無及び態様の如何に関しては、日本政府の公式見解は、「強制連行」があったことを立証する資料は発見されていないとしているが、これに反する数多くの証言があり、韓国政府などは、これを不当不服として強く抗議・非難をしている。

満州の悲劇

八月九日午前一時過ぎにソ連軍が満州に侵攻を開始したのに対し、それまで「対ソ静謐《せいひつ》確保」（ソ連を挑発せず、挑発に乗らず、静かにしていること）を徹底していた関東軍総司令部は、漸く午前六時になって、「対ソ静謐確保」を解除し、関東軍作戦計画に基づき敵を撃破すべし、との作戦命令・戦闘命令を全軍に下達した。総参謀長秦彦三郎《はたひこさぶろう》中将（陸士二四期）は、大本営からの正式命令を待つことなく、作戦命令を発したのであるが、陸軍全体としていかにも緩慢極まる対応であった。大本営が午前一一時過ぎに発した正式命令は、攻撃命令でなく作戦発動の準備命令であった。「泣く子も黙る」と言われた関東軍は今や「案山子《かかし》の軍隊」になり果てているのだから所詮ソ連軍を撃退する能力はなく、敵軍の出方を見極めて対処する方が犠牲を少なくできると考えたのか、いずれにしても、居留民保護の任務を全く没却していたというほかない。

八月一〇日早朝、大本営は、関東軍総司令部に対し、対ソ全面作戦の発動を命ずるとともに、「朝鮮を保衛すべし」と命じた。国体護持の一条件のみでポツダム宣言を受諾するとの聖断が下った五、六時間後の命令とはいえ、関東軍本来の任務である満州国防衛は顧みられることなく、朝鮮の防衛が任務となったのである。同時に、この命令に基づく参謀総長の指示は、「作戦の進捗に伴う総司令部の適時転移」を許可した。これを受けた新京の関東軍総司令部は、同日朝、①総司令部は明一一日夜、南部の通化《つうか》に移転する、②大空襲や新京防衛戦が数日後に予想されるゆえ、居留民婦女子を急いで後方輸送し、同時に満州国皇帝と満州国政府を通化に移す、の二点を決めた。敗戦を覚悟した軍隊が最優先で取り組むべきは、非戦闘員である居留民の安全確保というのが国際常識であるにもかかわらず、総司令部の退避が優先されている。しかも、朝鮮に近い南満州の山岳地帯の中心である通化は、総司令部としての機能を果たせるような条件整備ができていない状態で、一二日午後二時に小型飛行機で通化に飛んだ山田総司令官以下の幹部幕僚は、一五日に天皇陛下の放送があるとの連絡が入ると、一四日日没頃には、新京に帰還するという首尾一貫しない始末であった。新京の居留民の避難輸送は、軍人家族、大使館などの官吏家族、満鉄関係家族が優先され、取り残された一般市民の不満と怨嗟《えんさ》の声は凄まじかった。このような事例は新京駅のみならず、他の駅でも見られた光景であった。

また、細菌戦の研究と人間を使った生体実験を行っていた石井四郎中将（京都帝大医学部卒）率いる七三一部隊（関東軍防疫給水部）は、八月一〇日の参謀総長からの指示により、ハルピン郊外の平房《へいぼう》にあった本部内の引き込み線から特別仕立ての列車で、朝鮮半島の釜山《ふざん》港に向けて逸早く逃げ出した。出発に先立って、施設は破壊され、証拠隠滅が行われた。八月二七日、釜山港から出たチャーター便の乗客は、七三一部隊の関係者ばかりであったという。二八年に発効したジュネーブ議定書では、「安くて最も効率的な」生物兵器や化学兵器の戦場での使用を禁止していたが、研究・開発は禁じていなかった。七三一部隊では、外国人捕虜やスパイ容疑で逮捕された外国人などを「丸太」と称して実験材料に供していた。

満州国皇帝溥儀と張景恵ら満州国政府首脳は、山田関東軍総司令官の勧告に基づき、八月一一日、新京を離れ、一三日午後、臨江郊外の大栗子溝《だいりつし》に到着した。しかし、後ろ盾の日本が、無条件降伏したので、張景恵総理ら満州国政府首脳は、一七日、国務院会議において満州国解体を決議、一八日午前一時、皇帝溥儀は、満州国解体と皇帝退位の詔書を読み上げた。一三年続いた満州国の寂しい終焉であった。日本への亡命を希望した溥儀は、弟の溥傑《ふけつ》と共に奉天まで飛んで大型機に乗り換えて日本に向かう予定であったが、一九日正午過ぎに奉天飛行場に到着したちょうどそのとき、ソ連軍の先遣部隊が進駐してきたため、ソ連軍に拘束され、そのままソ連機に乗せられ、極東ソ連軍総司令部のあるチタに連行された。これと相前後して、張景恵ら満州国旧首脳もソ連軍に一網打尽にされてチタに移送され、後に溥儀らと共にハバロフスクの収容所に入れられた。五〇年八月一日に、溥儀らは中国共産党に引き渡された。

八月二〇日朝、「昼は関東軍司令部が満州を支配し、夜は、甘粕が満州を支配する」とさえ言われた甘粕《あまかす》正彦は、青酸カリを仰いで自ら命を絶った。二三年九月の関東大震災直後の大杉栄《おおすぎさかえ》殺害事件で知られる憲兵大尉甘粕は、二九年に満州に渡った後は、関東軍と呼応して特務工作に従事し、満州国建国工作ではハルピンで謀略を実行したほか、溥儀の警護など多方面で暗躍し、建国後は、満州映画協会（満映）理事長として、日中両国で絶大な人気を博した「歌う女優」李香蘭《りこうらん》などを輩出し、満州国統治に隠然たる発言力を持ち続けた実力者であった。満映理事長室の黒板になぐり書きされていた文句は「大ばくち　元も子もなく　すってんてん」であった。

なお、李香蘭は、二〇年、遼寧省撫順《ぶじゅん》で生まれ、一三歳の時、父の親しい友人・李際春《りさいしゅん》将軍との名目上の養子縁組をして「李香蘭」の中国名をつけられた日本人で、本名は山口淑子《よしこ》であった。満映が制作した「支那の夜」など数多くの映画に出演し、「蘇州夜曲」、「支那の夜」、「夜来香《イエライシャン》」などの大ヒット曲を出し、四一年二月一一日、紀元節の日に、東京・有楽町の日本劇場で「歌ふ李香蘭」が催されたときは、群衆が日本劇場に殺到し、その行列が七回り半も劇場を取り巻き、混乱を収拾するため騎馬警官隊まで出動する事態に至り、「日劇七回り半事件」と称される事件に発展した。戦後は、「漢奸《かんかん》」（祖国を裏切った中国人）容疑で中華民国の軍事裁判にかけられたが、日本人であることの立証が認められて国外追放処分となり、四六年三月、日本への帰国を果たし、翌四七年から本名山口淑子に戻って銀幕（映画界）に復帰した。数々の映画に出演した後、五八年、結婚のため銀幕を引退し、七四年から九二年まで参議院議員を務め、政界引退後は、九五年に設立された「女性のためのアジア平和国民基金」の副理事長として、いわゆる「従軍慰安婦」問題にも取り組んだ。

満州には、敗戦時、一五〇万人の民間日本人と五〇万人の関東軍兵士合わせて約二〇〇万人の日本人がいた。終戦時、海外にいた日本人は六八八万人（民間人三二一万人、陸海軍人三六七万人）とされているので、その約三割が満州にいたことになる。国策として三二年以来送り込まれた開拓移民の終戦時における在籍者は二七万人である。二〇〇〇万人のうち、ソ連の侵攻後に亡くなった人は二四万五四〇〇人、そのうち開拓団在籍者の死亡者は七万八五〇〇人とされており、開拓農民の犠牲者の多さが際立っている。その基本的要因としては、関東軍がソ連軍侵攻を受けて居留民保護の任務を事実上放棄したこと、国境地帯付近に入植した開拓団が多くソ連が国境を突破して侵入してきたため避難する時間的余裕がなかったこと、関東軍の根こそぎ動員により若者や一家の大黒柱が徴兵され老人と婦女子がほとんどの開拓団が多かったこと、などが挙げられる。『満州開拓史』によれば、ほとんどが全滅あるいは犠牲者一五名以上を出した開拓団は七七に及ぶが、ここでは二つの事例を挙げよう。

満州東北部のソ満国境から約四〇キロの東安省鶏寧県哈達河《ハタホ》に入植していた哈達河開拓団は、八月九日、突如としてソ連軍侵攻の報に接し、翌一〇日朝、婦女子がほとんどの団員一三〇〇名が隊列を組んで、虎頭と林口を結ぶ鉄道虎林線に沿って西方の要衝林口を目指して、馬車と徒歩で退避を開始した。途中、度々ソ連の飛行機の容赦ない機銃掃射《きじゅうそうしゃ》を受けながら、また激しい豪雨にも見舞われながら、泥濘《でいねい》の道を二晩三日強行して炭坑の街鶏寧《けいねい》・滴道《てきどう》（現黒龍江省鶏西市）を経由し、一二日、辿り着いたのが麻山《まさん》である。開拓団を追い抜いてゆく日本軍や後退してくる日本軍をつかまえては、団長が「せめて一個小隊でもつけて安全地帯まで護衛してもらえないか」と懇願しても、全て拒絶された。ところが、やっとの思いで辿り着いた麻山付近には、すでにソ連極東方面軍第五軍の機械化部隊が砲門を開いて立ちはだかっており、後ろからはソ連軍の戦車が迫っていて、開拓団は袋鼠の状況に陥った。そこで、団長が中央集団を集めて、情況を説明の上、解散して個別脱出を図るか、生きるも死ぬも最後まで行動を共にするか、意見を求めたところ、重苦しい沈黙の後、「私たちを殺して下さい」との女たちの声が上がった。同時に僅かな数しかいない男子団員からも「自決だ」の声が上がり、「日本人らしく死のう」「死んで護国の鬼になるんだ」などという言葉が次々に発せられた。結局、一二日午後四時頃、団長と婦女子四〇〇余名が集団自決し、四〇数名の男子は、小銃を用いてその介錯《かいしゃく》をするとともに、ソ連軍に対し一矢《いっし》を報いるべく決死の斬込隊《きりこみ》を結成した。最大の集団自決の悲劇といわれる「麻山事件」である。

吉林省扶餘《ふよ》県五家站《ごかたん》は、ハルピンと新京（長春）を結ぶ京浜線の陶頼昭《とうらいしょう》駅から西北方向二八キロの満州のほぼ中央部に位置しており、ここに熊本県鹿本郡来民《くたみ》町（現山鹿市）M地区の被差別部落民が分村計画に基づき、四一年五月の先遣隊の入植から四五年四月の第四次本隊までの入植により形成したのが来民開拓団八二所帯、三一六人であった。来民の人々にとって満州はまさに希望の大地であった。差別と貧困から解放され、一戸当たり平均四反半の小作農家が、五年後には数一〇町歩の自作農家になれるのである。しかし、五家站には電気はなく入植者はカンデラ生活であり、ラジオもなく新聞が月に数回本部に届けられるだけの情報過疎であったので、八月一三日になってもソ連軍侵攻の情報などは届いていなかった。「明一四日午前八時、全員本部に集合。午前一〇時、陶頼昭に向かって出発、荷物は緊急用一つ」との連絡が全ての団員に届いたのは一三日の日暮れ後であった。一四日になって、団員が入植している七村のうち二村の団員が開拓団本部に姿を見せず、この二村が中国人の襲撃を受けていることが判明し、救援の青年隊が派遣された。この救援隊は、翌日になって本部に帰還したが、多くの者が負傷していた。午前八時には中国人警官が開拓団本部を訪れ「引揚げの応援に三〇台の馬車を貸すから取りに来い」と告げたので、副団長以下三人の男子が警察に向かったが、そのまま拘束され、午前一〇時には扶余県の中国人官吏が来て「出発を中止して待機すべし」との県命令を伝え、正午には中国人警官が「団長は警察に出頭しろ」と命令したので、団長以下男子三人が警察に出頭すると、「開拓団にある銃と弾薬を引き渡せば、拘束中の三人を釈放し開拓団員を警察の手によって保護してやろう」と告げられた。すべてが開拓団の窮状につけ込んだ罠《わな》だった。警察から開拓団本部に戻った団長は、団員全員に対し、武器を手にした中国人が本部に向かっている状況を説明した上、拘束されている三人の命を救うために銃と弾薬を渡すことを提案した。激しくこれに異議を唱える団員もいたが、涙ながらに説得して、銃と弾薬を中国人に引き渡し、三人の人質が本部に戻ってきた。その頃には、棍棒《こんぼう》、鎌、刀、銃を手にした中国人が本部を囲むようにして高粱《こうりゃん》畑に潜んでいた。午後四時、もはや生きて脱出することは不可能と判断した団長は、全団員に自決の決意を求め、訣別の水杯《みずさかずき》を交わした。午後一〇時、遂に中国人の襲撃が始まった。応戦する開拓団側の男子は四〇人程度で、あとは女性と子供であった。中国人の群れは二〇〇〇人を超えるように膨れ上がり、必死になって開拓団側は防戦したものの、一七日未明からの中国人の総攻撃を受けて、午後七時過ぎ、団長が「万歳」と叫び、火を放った。これを合図に二七〇余人全員が一斉に自決した。別れの水杯を交わした際、団長から「あんただけは生き残って真相を内地に伝えてくれ」との特命を受けた一人の男子団員が、集団自決を見届けた後、首尾よく本部を脱出し運良く陶頼昭駅で日本軍に保護され、翌年、故郷来民に引揚げることができたため、真相が今日に伝えられたのである。中国人の襲撃の根底には、開拓団に配分された土地の強権的な収奪に対する怨恨と日本人の中国人に対する侮蔑・差別への憤激があったと思われる。

満州の曠野《こうや》で地獄の苦しみを嘗《な》めた老幼婦女子たちの引揚げの第一陣の船が錦州近郊の葫蘆島《ころとう》（奉天軍閥張学良が建設した港）から祖国に向かって出航したのは、四六年五月一五日のことであった。最も遅い中国本土の日本軍隊の帰国よりも遅かった。四八年八月までの間に、満州在留邦人一五〇万人のうち三分の二が内地に引き揚げた。

ソ連軍の怒涛のような侵攻、日本国や日本人に対し怨恨を抱く中国人の暴民化、関東軍の居留民保護任務の放棄という状況のもとで、若者や一家の大黒柱無き年寄りや女子供のみの避難を余儀なくされた人々の中には、生きていくために、中国人に預けられた子供たち、女の子は五〇〇円、男の子は三〇〇円で売れと強要されて中国人に買われた子供たち、現地の中国人の妻となった女性たちがいた。これらの満州に残された日本人は、その後の歴史の激動の中で幾多の辛酸をなめたに違いないが、八一年三月以来の数次にわたる訪日調査で肉親捜しが行われはしたものの、現在でも、中国残留孤児や残留婦人の問題として、いまだに解決されていない。

関東軍の終焉

八月一七日早朝、関東軍総司令部は、前夜の大本営からの停戦命令を受けて、麾下の全部隊に対し停戦命令を出した。しかし、通信網がずたずたに分断され、混沌たる状況にある各部隊に徹底せず、戦闘は続けられた。ソ連軍も進撃と猛攻を続けた。

八月一八日、参謀本部は、停戦命令を徹底させ、続出する無用の犠牲を防ぐべく、大元帥命令を全軍に発令し、全ての作戦任務を解き、同時期以降は自衛行動を含め一切の武力行使の停止を厳命した。

関東軍は、一六日夜から懸命にソ連軍司令部との連絡をとろうとしたが、要領を得ず、一九日午前三時三〇分になって、漸くソ連軍と直接交渉のための会談を第一極東方面軍の戦闘司令部で開くことができた。日本側は秦彦次郎総参謀長、ソ連側はワシレフスキー総司令官を代表とし、瀬島龍三《せじまりゅうぞう》作戦参謀（陸士四四期）が随行した。数項目にわたる応酬の後、この日のうちに「停戦協定」が成立した。関東軍は、この協定を「停戦協定」の認識であったが、ソ連側は正式の「停戦協定」と認識していなかった。

八月一九日、チチハル、ハルピン、新京、奉天など全満州の主要都市にソ連軍の先遣隊が飛来し、日本軍部隊の武装解除と捕虜の逮捕が始まった。

八月二二日午後、新京の関東軍総司令部庁舎がソ連軍から明け渡しを強要され、山田総司令官以下は退去し、ソ連の国旗が掲げられた。新京は「長春」と元の呼称に戻り、大同広場はスターリン広場に変わり、児玉公園の児玉源太郎大将の銅像の首がはねられた。ソ連軍は、戦車隊を先頭に乗り込み、強盗、略奪、暴行、強姦を恣《ほしいまま》にした。これは、新京に限らず、満州到《いた》るところの街で容赦なく展開された光景であった。これに対し関東軍は今や全く無力な存在であった。

八月下旬になると、ソ連は満州各地の工場から機械その他を押収してシベリアに運び始めた。満州の工場は、日本の対ソ戦準備の重要な軍需要素となっていたのであるから、大砲や飛行機と同様に戦利品として受けとっているに過ぎないとソ連は弁明した。

シベリア抑留

四五年八月二四日、スターリンは捕虜の移送に関してワシレフスキー司令官に対し全く新しい命令を発した。日本軍の捕虜のうち極東とシベリアの気象条件の中で労働可能な身体強健な捕虜を最低五〇万人選抜して、これを移送先ごとに人数・職種などを割り当てて移送せよ、というものであった。

スターリンは、四五年二月のヤルタ会談でドイツの戦後処理に関し現物賠償を強く主張し、その結果、ヤルタ協定で、現物賠償は、国民資産の撤去、生産物の引渡し、労働力の使用の三つの方式によって取り立てられることが定められた。このヤルタ協定はポツダム協定に引き継がれた。この労働力使用方式による現物賠償の規定を日本に援用するのは理の当然というのがスターリンの論理であった。しかも、第二次世界大戦におけるソ連軍の将兵の戦死者は、実に二四六〇万人に達していたのである。スターリンとしては、これらの喪失した厖大な労働力の穴埋めとして捕虜を活用し戦後の復興に役立てなければ、とても国民の支持を得られないと考えた末の結論が、二四日の捕虜移送の命令である。〇七年一〇月に締結されたハーグ条約では、平和克復の後は、なるべく速かに俘虜を本国に帰還せしむべし、と規定されており、ソ連は、これを完全に無視したわけであるが、日本側は、八月一九日の停戦交渉の際に、捕虜送還の時期や手続きに関し何らの主張をしていなかった。

八月二四日にスターリンの命令を受けたワシレフスキーは、極秘裡に、捕虜となった日本人将兵の「北進」ならぬシベリア移送を開始した。ソ連の前線司令部は、スターリンの命令どおり屈強な男子五〇万人以上を確保するため、日本軍将兵に限らず　二〇歳以上四五歳ぐらいまでの日本人男性を片端から拘束することとし、通行中の男子を捕え、民家に押し入って拉致し、苛烈な「人狩り」を断行した。

結局、厚生省調査によると、シベリアに送られた将兵は、約五六万三〇〇〇人、官吏・警察官・技術者など約一万二〇〇〇人、総数約五七万五〇〇〇人である。これらの捕虜は、東は沿海州から西はモスクワ近郊までソ連国内に散在する数多くの収容所に送られて、極寒の地で満足な食事も与えられず、鉱山、鉄道・道路・ダム・発電所・工場の建設、森林伐採などの重労働を強いられた。四六年一二月から、抑留者の引き揚げが始まったが、引き揚げのペースは緩慢で、最後の引揚船「興安丸」が舞鶴港に入港したのは、五六年一二月二六日であった。無事にソ連から引き揚げてきた人は約四七万三〇〇〇人であるので、一〇万人近い人がシベリアの地に眠っていることになる。

国防の牙城・虎頭要塞の最期

四五年八月二六日、国防の牙城《がじょう》として最大の期待をかけられた虎頭要塞が終焉の時を迎えていた。

虎頭要塞は、東部のソ満国境を画するウスリー河に臨み、ハバロフスクとウラジオストークのほぼ中間点に位置し、シベリア鉄道を望見できる満州領の唯一の高地にあり、強力無比の永久要塞といわれていた。山腹をくりぬいてコンクリートで固めた巨大な地下要塞が概成したのが三八年、四一年には、東京湾の富津《ふっつ》要塞にあった陸軍最大の威力をもつ巨砲・四〇センチ榴弾砲を分解輸送し、四二年一月には、虎頭要塞に配備完了していた。

この虎頭要塞に対するソ連の第一極東方面軍第三五軍の砲撃が、八月九日に関東軍総司令部が受けたソ連軍侵攻の第一報であった。虎頭要塞を守る第一五国境守備隊一四〇〇名は、孤立無援の状態のまま、ソ連軍の絶え間のない攻撃に対し勇戦し、報復射撃や白兵斬込みを断続的に敢行した。しかも、虎頭要塞には、八月一七日早朝の関東軍総司令部の停戦命令も届かなかった。ソ連軍の猛攻に次ぐ猛攻で、猛威をふるった四〇センチ榴弾砲も砲身は炸裂、砲塔は崩落して、一八日頃には発射不能となった。一九日には守備隊は壮烈な自爆を開始し、二六日のソ連軍の総攻撃により永久要塞は全滅した。脱出し得た者は僅か五〇名内外であった。

大興安嶺山中の第一〇七師団の降伏

四五年八月二九日、満州北西部の大興安嶺《だいこうあんれい》山中に、ソ連軍の進撃を留めんとして停戦に応じない大部隊がいた。安部孝一《あべこういち》中将（陸士二六期）指揮する第一〇七師団である。「白河線興安トンネルその他を破壊して敵の前進を妨害し、なるべく速やかに新京（現長春）付近に至り、第三〇軍の指揮下に入るべし」との軍命を忠実に守り、ザバイカル第三軍の怒涛の猛攻を受けながら山中を転戦しつつ、この日まで頑強に戦い抜いてきたのである。第一〇七師団にも正式の停戦命令が届いていなかった。

ソ連軍から至急停戦させよとの要請を受けた関東軍が、飛行機で捜索して発見したのがこの日正午頃で、終戦の詔勅と関東軍の正式の停戦命令書を受け取って、初めて安部中将は武装解除の決意を固めた。夕刻、日ソ両軍の師団長による停戦交渉を行って、安部は、転戦中に捕獲したソ連軍の軍旗をソ連軍の師団長に返還して矛を収めた。関東軍の戦闘はこれをもって全て終わった。その後、安部師団長はシベリアに抑留され、五六（昭和三一）年一二月に最後の引揚船で漸く復員した。

マッカーサー進駐と降伏文書調印式

四五年八月三〇日、連合国最高司令官マッカーサー元帥が、連合国の軍事占領を進めるため、日本に到着した。愛機「バターン号」で厚木飛行場に着陸したマッカーサーは、サングラスをかけコーンパイプを片手に、丸腰で悠然かつ傲然《ごうぜん》としてタラップを降りた。袖井林二郎によれば、彼は一日前から、沖縄戦の際に米軍海兵隊が最初に上陸した嘉手納海岸に近い読谷飛行場に来て、完璧な情報収集活動によって厚木の受け入れ準備状況を確認した上で、厚木に飛んだようである。マッカーサーの立居振舞は、戦争が終わり平和が回復したことを象徴するものであり、勝者の余裕であった。

彼は「メルボルンから東京まで、思えば長い道のりであった。しかし、遂に来たのだ。日本側の武装解除は、何ら血を見ることなく、既に終わった」と語った。日本に乗り込んだ飛行機の名称「バターン号」と談話における「メルボルン」からの道のりには、彼の格別の感慨と自己顕示、敗者への威圧が込められていると思われる。太平洋戦争の緒戦であるフィリピン攻略作戦において彼がマニラを明け渡して日本軍を引き込んだのがバターン半島立て籠もり作戦であり、バターン半島から退避したのがメルボルンであり、「アイ・シャル・リターン」と呼号したのもメルボルンであり、「バターン死の行進」の悲劇を招きながらも、日本軍の暗号の解読に成功するなど反撃の足掛かりをつかんだのもバターン半島の攻防であった。それから三年余りの長い道のりを経て勝者の代表として東京に乗り込んだのであった。蛇足ながら、オリンピックの開催地が、五六年のメルボルンの後、ローマ、東京、メキシコ、ミュンヘンと、メキシコを挟んで伊・日・独と旧枢軸三国の都市が続き、四都市とも対米戦の敗戦国の都市であるのは、単なる偶然であろうか。

九月二日、東京湾上に停泊中のアメリカ戦艦「ミズーリ号」艦上で降伏文書調印式が行われた。日本側全権は、天皇と政府を代表して重光葵外相、大本営を代表して梅津美治郎参謀総長の両名であった。重光は、シルクハットと礼服の出で立ちで、三二年四月の上海爆弾事件で左脚を失った不自由な体を艦上に運んだ。

冒頭、マッカーサーが、「対立する理念とイデオロギーを巡る争いは、世界中の戦場において既に決着をみた」と宣言した上で、「我々はここに不信と悪意と憎悪の念に動かされて参集したのではなく、むしろ勝者と敗者を超えて、我々が共に奉じようとする自由と寛容と正義の崇高な目的に適った高い尊厳の為に立ちあがろうと集まったのである」と格調高く演説した。その後、日本側両全権が降伏文書に調印し、続いてマッカーサーはじめ英中ソなど各国代表が署名して、日本の無条件降伏が法的に確定した。内容は、一切の戦闘行為の停止と日本のポツダム宣言の正式受諾を述べ、「天皇及び日本国政府の国家統治の権限は、本降伏条項を実施する為適当と認むる措置を執る連合国軍最高司令官の制限の下に置かれるものとす」と締めくくられた。ポツダム宣言受諾に際してバーンズ国務長官が日本側に発した回答文の最重要箇所がここで再確認された。

三　太平洋戦争の影響

体制の正統性を賭けた総力戦の総括

満州事変・日中戦争・太平洋戦争を含めて第二次世界大戦は、広範な地域を対象に長期にわたって展開された総力戦であった。即ち、北米大陸を除いた全ての大陸を戦場とし、期間は、中国では一五年、ヨーロッパでは六年、東南アジアや太平洋では四年間の長きにわたり、ファッシズム・軍国主義と民主主義の正統性を賭けた総力戦で、敵の軍隊のみならず、敵の軍事産業や一般国民の戦闘意欲まで破壊してやまない戦闘であった。総力戦的様相は第一次世界大戦に既に芽生えていたが、その後の爆弾と航空機の発達によって第二次世界大戦は徹底した総力戦となった。

その結果、国際政治学者クインシー・ライトの研究によると、死者は、兵士が一六九三万人（枢軸国五六六万人、連合国一一二七万人）に対し、民間人三四三二万人（枢軸国一九五万人、連合国三二三七万人）で、民間人の犠牲者が兵士の二倍以上、連合国では三倍近くに上っており、五〇〇〇万を超える総数は、第一次世界大戦の三倍から五倍の間と推定されている。国別では、断然多いのがソ連で、二〇〇〇万人を超え、二八〇〇万人説もある。この犠牲者の多さが日本人シベリア抑留の背景とされ、ソ連では五九年になっても、三五歳から五〇歳にかけての男性四人に対して女性は七人であった。次いで、中国が多く、八二〇万人を超え、うち民間人が四四〇万人を超える（中国共産党は民間人二〇〇〇万人を主張）。三番目にドイツが多く、七〇〇万人を超え、九〇〇万人説もある。四番目がポーランドで、兵士は二四万人であるが、民間人五四〇万人説がある。日本は三一〇万人で、そのうち兵士が一八六万人である。フランス五五万人、イギリス四五万人、アメリカ四一万人である。

戦争による資本的資産の損失は、ソ連が戦前の二五％、ドイツが一三％、フランスが七％、イギリスが三％、アメリカは零％で、ソ連の場合、戦争の実質的な経済的効果は完全にマイナスであった。日本の場合、経済安定本部の資料により「国富」（建物、港湾、運河、鉄道、船舶、車両、工業用機械器具、電気・ガス・水道設備、電話その他の通信設備、家財道具等の物的資産のすべて）の被害率をみると二五・四％であった。

他方、戦争はアメリカ経済にとって良い結果をもたらした。アメリカは、一四年に既に世界最大の工業経済国であったが、まだ支配的な経済国というわけではなかった。第二次大戦では、戦場から遠く離れたところにあって、同盟国の大兵器庫となっていたため戦争特需があったこと、効率的に生産の拡張を組織化する経済能力を備えていたことから、アメリカの国民総生産は、三九年の八八六億ドルから四五年には一三五〇億ドルに伸びた。列強のうちで、アメリカだけがずば抜けて豊かになった。終戦当時、アメリカの金準備高は二〇〇億ドルで、世界の総金準備高三三〇億ドルの三分の二を占めていた。更に、世界の工業生産の半分以上がアメリカで占められ、船舶は、世界の船舶トン数の半分を保有するまでになっていたのである。他の交戦国が疲弊し、弱体化する中で、アメリカは世界の経済的支配者となった。

終戦時の軍事力でも、アメリカは図抜けていた。一二五〇万人の兵力を有し、そのうち七五〇万人が海外に派遣されていた。海軍は、空母を中心とした一二〇〇隻の軍艦を擁し、これに匹敵する国はなかった。更に、二〇〇〇機余りの重爆撃機や一〇〇〇機の超長距離爆撃機Ｂ２９に加えて、Ｂ３６のようなジェット補助推進式戦略爆撃機をもち、「制空権」で他国を圧しているばかりでなく、他国が有しない原子爆弾をもっていた。「アメリカの支配による平和」（パックス・アメリカーナ）の時代が到来したのである。

ＧＨＱの占領統治の始動

四五年九月二日、ＧＨＱ（連合国軍最高司令官総司令部）は、降伏文書調印式後直ちに、日本の陸海軍を武装解除・解体し、一切の軍事施設を接収するとともに、軍需工業の停止を命令した。ここに、日本軍国主義は崩壊した。

九月三日早朝、重光外相は焼け野原を走ってマッカーサーを訪ね、軍政施行を思いとどまるよう要請した。ポツダム宣言では、占領下での日本政府の存続を許す間接占領・間接統治の方針を採っていたにもかかわらず、前日の調印式後、外務省はＧＨＱから軍政布告の命令を受けて驚愕したのである。重光は、占領軍が軍政を布き直接に行政責任をとることは、却って日本政府の占領政策の遂行責任を解除し、混乱を招くかもしれない、と理を尽くして説得した。もともと、ＧＨＱ内部に知日派の主張に基づく間接統治方式が占領方式の選択肢として有力に存在していたので、マッカーサーはこれを聴き容れ、間接統治方式に修正した。つまり、日本政府を通じて占領政策は遂行されることになったのである。二日の軍政布告は、筋違いを意識しつつ日本側の反応をみるために出されたものと考えられる。重光は、記者会見で、この日のマッカーサーとの会談内容を公表し、軍政布告が撤回され、間接統治方式に軌道修正されることになった旨を明らかにした。このため、重光はGHQの信を失って更迭され、九月一七日に、吉田茂が外相に就任した。

九月六日、トルーマン大統領は、「降伏後におけるアメリカの初期の対日方針」をマッカーサーに通知した。方針では、占領目的を「日本が再びアメリカの脅威となることを阻止し、アメリカの目的を支持すべき平和的かつ責任ある政府を究極的に樹立すること」とし、指導原理を、①日本の民主化・非武装化、②軍国主義の根絶、③基本的人権の確立、④経済の民主化・非軍事化、の四つとし、飽くまでもアメリカの占領目的達成を促進するという限定付きながら、天皇を含む現存の日本の統治の枠組みと機構を通じて彼の権限を行使するよう指示していた。

九月一一日、GHQは、突如、東条英機以下三九名を戦争犯罪人容疑者として逮捕するよう命じた。阿南惟幾陸相が八月一五日未明に自決したのをはじめ将官の自決が一〇数人に及び、外地から帰還した佐官クラスの将校が敗戦の責任をとって自決するよう東条に勧めたことがあるが、この時点では、東条は、生きて天子様（天皇様）の御徳を傷つけないように機に応ずる、との決意がはっきりしていた。しかし、九月上旬にGHQが戦争責任者数十人を逮捕するかもしれないという情報が重光外相ルートで東条にも伝えられると、九月五日頃から一〇日までの間、東条の胸中は、自らの名で布告した『戦陣訓』の一節「俘虜《ふりょ》ノ辱《はずかし》メヲ受ケズ潔ク死ヲ選ブ」のとおり自決するか、それとも戦争責任者として潔く連合軍の裁きを受けるか、揺れ動いていた。東条は遺書三通を書き、人を介して徳富蘇峰（ジャーナリスト・歴史家）に添削を頼み、机にしまい込んでいた。九月一〇日には、東条が自決を覚悟しているとの情報に接した下村定陸相（陸士二〇期・東久邇宮首相と陸士同期）が、陸相官邸の貴賓室に東条を呼んだ。下村は、軍事裁判では戦争責任の所在を追求することになろうが、それを語れるのは貴方しかいない、累を陛下に及ぼし奉るような事態になったら、それこそ申し訳ないではないか、天皇の為に貴方の命は必要なのだ、と説得し、東条は、考え直してもいい、と答えて世田谷・用賀の自宅に戻った。結局、九月一一日当日、自宅を数十人のMP（米国陸軍憲兵）に包囲された東条は、左手に握った拳銃で自決を図ったが、彼が左利きであったことと、発射の瞬間に拳銃が持ち上がったことで、弾丸は心臓から僅かに逸れた。東条は、横浜・本牧米軍の仮設病院に運ばれて一命をとりとめた。自殺未遂に終わった東条に対する世間の反応は厳しかった。やはりこの頃に自決した杉山元（元陸相・参謀総長）夫妻の見事な割腹自殺と比べて「武士としての心構えがない」などと嘲笑ないし愚弄の言葉が浴びせられた。

九月二〇日、政府は、明治憲法第八条に基づく緊急勅令を発し、連合国最高司令官の要求を実施するのに必要な場合には、命令により所定の措置を定め罰則を設けることができることとした。この緊急勅令に基づいて発せられた命令を「ポツダム命令」と呼んだ。日本の占領が間接統治の方式で行われることになったため、占領軍の要求は日本の法律の制定により実施する必要があるが、早急な実施を必要とする占領軍の要求には、議会の審議・採決を要する法律制定では間に合わない場合が生ずるので、このような勅令が定められたのである。広範囲な委任立法で、占領終了までの間に、五二〇本のポツダム命令が出され、公職追放令、財閥解体関係政令、警察予備隊令など重要な政策が、法律と同等の効力を有するこのポツダム命令形式により実施された。ポツダム命令は、新憲法制定後もなお有効とされたが、講和条約発効後は廃止された。

マッカーサーと天皇の初会見

九月二七日朝、天皇は、シルクハットをかぶり正装のモーニングに身を包んでアメリカ大使館に赴き、マッカーサーを表敬した。

その一〇日前の一七日に、ＧＨＱは横浜の税関ビルから皇居の真向かいにある濠端《ほりばた》の第一生命ビルに進出し、同じ日に重光に代わって吉田茂が外相になると、政府とＧＨＱとの関係は円滑になり、二〇日には、マッカーサーは吉田外相に対して、天皇による非公式訪問は望ましいことを伝えた。このマッカーサーの意向を受けて、第一回のマッカーサー・天皇会談が行われたが、占領下で一一回行われた両者の会談はすべて天皇が足を運ぶ形で行われた。

天皇は、マッカーサーと並び立つ写真を撮影した後、特別に用意された部屋で日本人通訳を介してではあったが、約四〇分間膝を突き合わせて話をした。もともと会談前から、マッカーサーは、占領政策を進めるに当たって、天皇の権威、裏を返せば国民の天皇に対する信頼を利用する意向であった。天皇が自らの戦争責任問題に言及したのに対し、マッカーサーは同情的発言を行ったうえ、聖断一度下って日本の軍隊も日本の国民もすべて整然とこれに従って見事な有様、と称えた。また、天皇が、ポツダム宣言を正確に履行し平和の基礎の上に新日本を建設するための協力を約束したのに対し、マッカーサーは、陛下程、日本を知り日本国民を知る者は他にいない、天皇からあらゆる意見と助言を求めたい、と語り、天皇を日本占領における主要パートナーとして重要視する方針を固めた。両者の間には相互に敬意と協力の精神が打ち立てられた。

しかし、アメリカ側の撮影係が撮影した写真、そこには、メガネをかけた天皇が正装のモーニングコートと縞の入ったズボンを着用し、ネクタイをきちんと締め、両手を真下に伸ばして、直立不動の姿勢を保って立っている姿があり、その傍らに、頭一つ背の高いマッカーサーが、ネクタイも勲章もつけない夏の略式軍装で、後ろに回した両手は腰のポケットに突っこまれているように見え、無頓着に立っている姿が写っていたが、日本政府は、この写真の公表を禁じた。天皇がマッカーサーに従属しているという印象が余りにも衝撃的であったからである。ＧＨＱは、会談の翌日の新聞記事に写真が掲載されていないことを知って外務省に抗議した。抗議の翌日、即ち、九月二九日の新聞各紙は、検閲済みの写真を掲載したが、山崎巌《いわお》内務相は、直ちにこれに介入し、写真は皇室を冒瀆《ぼうとく》し、国民に好ましくない影響を与えるとの理由で、これらの新聞を発禁にしただけでなく、内務省は『ニューヨーク・タイムズ』の記者に会談内容をリークし、なおかつ最高司令官と天皇の対等性を印象付ける粉飾を施して記事を掲載させた。ここに、ＧＨＱと東久邇宮内閣との間で対立が生じることになった。

このＧＨＱと東久邇宮内閣の対立は、ＧＨＱの「人権指令」（自由指令ともいう）の発出と内閣の総辞職によって決着はついた。即ち、一〇月四日、ＧＨＱは、「人権指令」を発して、①全政治犯の釈放、②治安維持法・国防保安法など思想・信教・集会・言論の自由を制限する全ての法令や制度の廃止、③天皇・皇室制度・政治に対する批判の自由、④思想警察（特別高等警察）の廃止を命ずるとともに、山崎内相以下内務省・警察首脳約四〇〇〇名の罷免を発表した。この「人権指令」は、国体護持と終戦処理を任務として発足した東久邇宮内閣への不信任（を意味する）と受け止めた内閣は、翌五日、終戦事務の一応の完了を名目として総辞職した。なお、一〇月一〇日には、人権指令に基づく措置として政治犯三〇〇〇名が出獄し、解放された。

幣原内閣の発足とＧＨＱの改革加速

一〇月九日、幣原喜重郎《しではらきじゅうろう》内閣が成立した。

突然の東久邇宮内閣の総辞職の原因が、ＧＨＱとの軋轢《あつれき》・対立にあったことに鑑みれば、後継首班は、ＧＨＱとの関係を良好かつ円滑に律することができる人物でなければならないが、その観点からみれば、吉田茂が最適任と内大臣木戸幸一は考えた。「戦争で負けて外交で勝った歴史はある」との信念をもつ吉田は、外相になった時、終戦時の首相鈴木貫太郎を訪ねて敗戦国の外相としての心得を訊ねたところ、鈴木が

「戦争は勝ちっぷりも良くなくてはいけないが、負けっぷりも良くなくてはいけない。鯉は俎板《まないた》の上に乗せられてからは、包丁を当てられてもびくともしない。あの調子で負けっぷりも良くやってもらいたい」と言ったのが気に入って、打ちひしがれた敗者としてではなく、占領軍に対して言うべきことは言い、それでも聞かれなければ占領軍の命令に従うという方針で、占領軍との交渉に臨んだ。そのため、マッカーサーとの間で親愛の情が生まれ、民政局長などは素通りして、マッカーサーと直接会って話をつけてきた。木戸は、そういう吉田の内意を訊ねたことがあった。

ところが、その吉田は自分はその任ではない、として、幣原喜重郎を木戸に推した。吉田は、早くも戦争が終結する前の六月から、多摩川畔に疎開していた七三歳の幣原への説得を開始していたのである。地に墜ちた日本の国際的信用の回復を図るためには、満州事変以前に民政党政権において五度外相となり、英米協調外交を築いた幣原の出蘆《しゅつろ》（隠遁《いんとん》していた人が再び世に出て官職に就くこと）を願うほかはない、と吉田は認識していたのである。吉田のみならず、終戦前後から幣原の出盧を求める人が少なくなかった。一〇月六日午後、天皇に拝謁した幣原は、老齢と内政問題への無知を語り、この難局を処理する自信が持てないと辞退の口上を述べたが、天皇は、「今日の難局に処して、一体確信のある者が何処にいるだろうか。誰も確信はなかろう」と応じ、天皇の御心痛の様子に動かされた幣原は、決心した。毀誉褒貶《きよほうへん》はおろか、自分の生命も眼中にない心境であったという。

幣原内閣では、吉田茂が外相として留任し、主だった閣僚は、渋沢敬三蔵相、松村謙三農相、小林一三復興担当国務相、松本烝治無任所国務相などであった。渋沢敬三と小林一三は、民間実業家であり、松本烝治は、民商法の大家であった。

一〇月一一日、幣原内閣発足後初の幣原・マッカーサー会談が行われた。

ＧＨＱは、一〇月二日に軍政局を廃して、民政局を設ける編成替えを行っていた。民政局長には、マッカーサーの分身とまで言われるほどの理解者で協力者であったホイットニー少将が就いたが、「ニューディーラー」と呼ばれた急進改革派のケーディス大佐らが、実務の中枢である行政課長（四六年八月より民政局次長）などを占め、アメリカ国内と連合諸国の厳しい対日世論を背景に、非軍事化と民主化を断行せよと迫るワシントンからの指令を実施する体制が作られていた。これを契機に、ＧＨＱの日本政府に対する姿勢は厳しくなり、一〇月四日の人権指令に始まり、会談の前日、一〇月一〇日には政治犯三〇〇〇名を解放するとともに、日本のシンボル「日の丸」の掲揚を禁じていた（もっとも、もともと天皇の治世を称える讃歌であり、日清・日露の戦間期に事実上の国歌として扱われるようになった「君が代」の斉唱には特に制約を課さなかった）。

この日の会談では、マッカーサーは、憲法の自由主義的改革を求めた上で、民政局が作成した五大改革（婦人の解放と選挙権の付与、労働組合の結成奨励、学校教育の自由主義化、専制政治の廃止、経済機構の民主主義化）を要求する文書を読み上げた。これに対し、幣原は、五大改革の実施を約束した上、民意の反映を本質とするデモクラシーは、その社会の環境によって多様な形態をとり得るものであるから、性急にアメリカ型デモクラシーを強要するのでなく、自主的な「日本型デモクラシー」の形成を見守ってもらいたい、と外務省随一といわれた英語力を駆使して熱弁をふるい、マッカーサーの賛同を得た。幣原内閣は自主自尊の改革を決意し、選挙法改正、労働組合法の制定、農地改革などに向けて、新生日本にふさわしい理想像に近いものを見出すべく奮闘した。しかし、幣原は、国の基本法たる憲法を外部支配者のもとで決定することは自主自尊の観点から好ましくないとの考えに立ち、一〇月二五日、民商法の大家・松本烝治国務相を長とする憲法調査委員会を発足させたときも、慎重な調査を延々と続け、実際には憲法改正を行わないことを、吉田外相・松本国務相と共通了解事項としていた。

陸海軍の解体と戦犯容疑者の逮捕

四五年一〇月一五日、陸軍参謀本部と海軍軍令部が廃止された。八月二五日の天皇の軍人への勅諭により、日本軍人はすっかり武器を置き、陸海軍の戦闘部隊は解体され、陸軍省・海軍省の業務は復員業務だけとなっていたが、九月一三日には、七年三カ月にわたって存続した大本営が廃止され、この一〇月一五日までに、内地にいた陸海軍部隊の復員が完了していたのである。更に、一一月三〇日、陸軍省・海軍省が廃止され、天皇が統帥してきた軍隊は四五年末には存在しなくなった。

ＧＨＱは、この軍隊の解体と踵《きびす》を接するように、矢継ぎ早に戦犯容疑者の逮捕命令を発した。即ち、戦犯容疑者の逮捕は、九月一一日の東条英機ら三八名の第一次逮捕を皮切りに、一一月一九日には、小磯国昭・荒木貞夫以下一一名の第二次逮捕、一二月二日には梨本宮守正・平沼騏一郎以下五九名の第三次逮捕、一二月六日の近衛文麿・木戸幸一以下九名の第四次逮捕の命令に及び、軍人から始まって皇族・文民にわたり、一一〇余名に達した。

近衛は、東久邇宮内閣が総辞職する前日の一〇月四日、内閣副総理としてマッカーサーと会見した時、憲法改正の指導に当たるよう激励され、翌日の内閣総辞職で一私人になった後もマッカーサーから新たな政治的地位を与えられたものと思い込んで、憲法学者の佐々木惣一《そういち》と共に憲法改正作業に取り組んでいた。しかし、近衛が内外から戦争責任を問われるようになると、一一月一日、マッカーサー連合国軍最高司令官は、東久邇宮内閣の副総理としての近衛に期待したのであって、今や一私人たる近衛は信任しているわけではない、とＧＨＱは声明を出していた。一二月六日、ＧＨＱから逮捕命令が出され、近衛はＡ級戦犯として極東国際軍事裁判で裁かれることが最終的に確定した。近衛は、巣鴨拘置所に出頭すべしと命じられた期限の一二月一六日未明、荻窪の荻外荘《てきがい》で青酸カリを服毒して自殺した。

雨後の筍のような新党の結成と選挙法改正

四五年一一月二日、戦前の無産政党各派が大同団結して日本社会党を結成した。所属代議士は一七名に過ぎなかった。党首である委員長は空席のまま結党して片山哲《かたやまてつ》が書記長に就任し、西尾末広・水谷長三郎・平野力三ら右派が主導権を握り、日本労働組合総同盟を基盤とした。

一週間後の一一月九日、戦前の立憲政友会久原房之助《くはらふさのすけ》派の流れを受け継ぐ保守政党として、日本自由党が結成された。鳩山一郎が総裁に、河野一郎が幹事長に就任し、所属代議士は四七名に過ぎなかったが、官僚、学者、ジャーナリストを発掘しようとして清新なイメージを醸《かも》し出した。

更に一週間後の一一月一六日、戦前の立憲民政党が主流となり、旧立憲政友会の中島知久平《ちくへい》派などを糾合して、日本進歩党が結成され、幣原内閣の与党となった。衆議院議員二七三名の大会派であったため総裁を決定できず空席のまま結党したが、議会解散の日に旧立憲民政党の長老幹部であった町田忠治が総裁に就任した。

一二月初めになると、戦前に非合法化されていた日本共産党が合法政党として再建された。一〇月一〇日のGHQの政治犯釈放により五〇〇人近い共産党の政治犯が出獄し、徳田球一《とくだきゅういち》・志賀義雄らの出獄幹部を先頭に活動を再開した。翌四六年一月には、中国共産党の根拠地である陝西省延安に亡命していた野坂参三が、モスクワ経由で一六年ぶりの帰国を果たして、その柔軟路線によって共産党人気は高まった。

一二月一八日つまり衆議院の戦後初の解散の日に、この年三月に翼賛政治会を脱退していた船田中、赤城宗徳らが中心となって、協同組合主義による修正資本主義を目指す中道政党として、日本協同党が結成された。所属代議士は、二三名であった。

以上の五党の結党ないし再建により、戦後の幕開けを飾る政党はほぼ出揃った。新生日本の門出にふさわしく五党すべてが「日本」を党名に冠した。GHQの人権指令や五大改革指令のもとで、特に所属代議士零で再発足した日本共産党は、天皇を公然と批判し、長期にわたった無益な戦争に関する天皇の法的、政治的、道義的責任を厳しく追及し、天皇制の廃止を要求し始めた。

一一月二六日に戦後初めて開院した帝国議会では、衆議院議員選挙法を改正して、一二月一七日に公布し、翌一八日には衆議院を解散した。新選挙法は、大選挙区・制限連記制（各都道府県を一選挙区とし、定員一〇名までは二名連記、一一名以上は三名連記）を採用し、選挙権年齢を二五歳から二〇歳に、被選挙権年齢を三〇歳から二五歳に引き下げ、婦人に参政権を与えるもので、大改革であった。この大改革は、幣原内閣による立案がGHQの支持を得て実現したものであるが、幣原内閣としては、総選挙は早晩免れ難いものの、GHQの指令を受けて実施するのは得策ではないと考え、生活の困窮や戦争責任の問題から国民の政治的要求が高まってくる前に、解散・総選挙を実施するのが望ましいとの判断に立って、選挙法の改正を急ぎ、解散したのである。ところが、一二月二〇日、GHQは、解散から三〇日以内に実施することになっていた選挙期日の延期を指令してきた。

財閥解体と大企業の分割

四五年一一月六日、GHQは、財閥解体の基本指令を発した。

アメリカなど連合国には、財閥が、日本の軍国主義を支援し、戦争に駆り立てた大きな要因とする認識が基本的にあり、日本の非軍国主義化を占領目的の中心にする以上、財閥の解体は必要不可欠と考えた。このような認識を反映して、九月二二日にアメリカ政府が発表した「降伏後における初期の対日方針」では、日本の民主化、基本的人権の確立などと並んで、「日本の商業及び工業上の大部分を支配してきた産業上及び金融上の大コンビネーションの解体を促進する」ことを明記していた。これが、占領政策の基本方針として、マッカーサー連合国軍司令官に指示されたのである。九月下旬には、GHQ経済科学局のクレーマー局長が、三井、三菱、住友、安田の四大財閥の代表を召集して財閥解体の方針を伝え、自発的な解体計画の提出を指示した。当初、財閥解体に消極的であった日本政府も、GHQの強硬姿勢に「財閥解体やむなし」の方向に傾き、一〇月一五日に、まず安田財閥が、持株会社である安田保善社の解散、安田一族の保善社及び傘下企業役員からの退陣、一族保有株式の公開などを骨子とする解体計画を公表した。GHQは、この安田財閥の解体計画に修正を加えた財閥解体プランを本国に送ってその承認を求める一方、他の三大財閥に自発的解体計画の提出を迫った。住友財閥は、これに応じたが、三井財閥は三井本社を純粋持株会社として残すことに固執して抵抗したものの、クレーマー局長は解体命令を出すと威迫して屈服させた。イギリスのケンブリッジ大学を卒業した三菱財閥の四代目総帥・岩崎小弥太《こやた》は、病床にありながら「国策の命ずるところに従い、国民としてなすべき当然の義務に全力を尽くしたのであって顧《かえり》みて何ら恥ずべきことはない」として、頑強に自発的解体を拒絶した。結局、事態の混乱を恐れた日本政府は三菱財閥説得に努め、三菱側は日本政府から命令が出されたものと了解して一〇月二九日、解体に応じた。

一一月六日付のGHQの財閥解体に関する基本指令は、アメリカ本国からの財閥解体プランの条件付き承認を得て、これに基づいて、日本政府に「持株会社解散に関する覚書」を提出させ、これを承認する形で発せられたのである。この基本指令で、四大財閥の解体が決定され、更に、①中小財閥の解体、②兼任重役制と法人持株による企業支配の解体、③独占禁止法の制定などの計画提出が日本政府に指示された。一一月二四日には企業の解散や資産処分を大蔵大臣の認可制とする「制限会社令」が公布され、財閥系企業など約一二〇〇社の解体逃れの動きが封じ込められた。

翌四六年八月には、財閥解体の執行機関として持株会社整理委員会が活動を開始し、九月から五回にわたって八三の企業が持株会社に指定された。浅野、中島、古河、大倉、鮎川、大原、片倉などの中小財閥の本社は解散、現業部門のある持株会社は、持株・社債を処分し、企業再建整備法による再建計画を独占排除の趣旨に従って作成することになった。一一月には、会社証券保有制限令が出されて、指定持株会社以外の企業の持株処分、企業間の重役兼任が禁止された。更に四七年二月には、財閥家族五六人に対して持株の処分が命じられ、四月には独占禁止法が公布され、七月には同法に基づき公正取引委員会が設置された。また、この間に公職追放（パージ）が進行し、経済界のパージは、南満州鉄道、台湾銀行など植民地企業の役員から始まって、三井物産・三菱重工業の役員など内地の大企業の役員などにも拡大され、主要な財界人は一斉に退陣を強制された。このようにして四七年春までの間に、財閥を構成していた二つの要素、人的な結合と持株による結合とを解体する基本的枠組みは出揃った。

しかし、なおアメリカ政府は「経済の民主化・非軍事化」の方向を目指す政策強化の手を緩めなかった。四六年一月から来日して精力的に調査した「日本財閥調査団」の報告書に基づいて「日本の過度経済力集中に対する米国の政策」と題する政策文書を作成して、四七年五月に極東委員会に提出した。この政策文書は、大企業の分割を強力に推進する政策を提案していたが、ＧＨＱは、これを財閥解体の新しい方針と受け止め、日本政府に対し、独占禁止法とは別に過度経済力集中排除法の制定を指示した。ＧＨＱの強い圧力の下、過度経済力集中排除法は四七年一二月一八日には成立公布された。翌四八年二月には、鉱工業二五七社、配給・サービス業六八社を過度経済力集中の審査対象に指定した。これらの企業の払込資本金合計は、全国の株式会社のそれの約六六％を占めた。従って、これらの企業が分割されることになれば日本経済は大混乱に陥ることが予想された。

ところが、四六年三月五日、訪米中のイギリスの前首相チャーチルが、「今やバルト海のシュテッティンからアドリア海のトリエステまで鉄のカーテンがおろされている」という有名な「鉄のカーテン」演説をして冷戦の警鐘を鳴らしたのを導火線として、翌四七年三月一二日にはトルーマン・ドクトリンが発表され、ギリシア、トルコに対し反共的立場から軍事・経済援助に乗り出し、六月五日には国務長官マーシャルは全欧州復興のためのマーシャル・プランを発表し、それに対しソ連が参加を拒否するなど、米ソ冷戦の様相は強まった。

この冷戦の進行とともに、アメリカ政府は、対日占領政策を「非軍事化」から「経済自立の促進」に転換した。これに伴って過度経済力集中排除政策についても緩和の方針を打ち出し、四八年五月には、五人の委員から成る集中排除審査委員会を日本に派遣し、この五人委員会は、「競争を阻害することが歴然たる場合」に限って適用するという原則を示した。この結果、日本製鉄、三菱重工業など一八社を過度経済力集中と認定し、その内一一社に企業分割、四社に持株の処分、三社に一部工場の処分を指令するにとどまった。この五人委員会の活動が終わった四九年夏までに、財閥解体と大企業分割の措置はほぼ完了した。

その後、この財閥解体や大企業分割で無傷を保った銀行を中心とした企業集団が登場し、さらに、この銀行が、平成の時代に入ると、財閥系銀行を中核とした三大メガバンクに再編統合される過程で旧財閥系企業の再編成も進んできた。

労働の民主化・労働三法の制定

四五年一二月上旬、労働組合法案が衆議院に提案された。

一〇月一一日の幣原・マッカーサー会談において示された「五大改革」指令の一環として、労働組合の結成奨励が要求されていた。担当の芦田均《あしだひとし》厚生相は、早速、労務法制審議委員会で精力的に検討を進めた。この委員会は、労・使・学識経験者・国会議員・政府委員の五者構成であったが、民法の大家で日本における労働法学の創始者である末弘厳太郎《すえひろいずたろう》の意見書を基盤として超スピードで原案が作成され、総会での審議は、終始、学識経験者によってリードされた。その内容は、団結権・団体交渉権・争議権を認め、不当労働行為制度、三者構成による独立的行政委員会の性格をもつ労働委員会制度の導入など画期的なものであった。

労働組合法は、一二月二二日公布され、四六年三月一日施行となった。労働組合は、今や合法的に諸般の活動ができるようになり、労働組合法制定時に三八万人であった労働組合員数が、法施行後二カ月にして一挙に三〇〇万人に膨張した。戦時体制下で逼塞させられていた組合指導者や活動家は、一斉に組織活動に乗り出したのである。四六年八月一日には、戦前の旧総同盟系（右派）、旧全評系（左派）、旧組合同盟系（中間派）の三派が協力して、日本労働組合総同盟を結成し、旧総同盟系の松岡駒吉が主事に就任した。組織人員は八五万人、傘下組合数は一六九九であった。大会では、日本社会党の支持、労働条件の改善、技術の練磨、産業民主主義が決議された。一方、アメリカのＣＩＯ（産業別労働組合会議）を参考にして、化学、通信、教員、新聞、電力、鉄鋼、炭鉱、鉄道など二一の産業別組織が結集して、四六年八月一九日、全日本産業別労働組合会議（産別会議）が結成された。この産別会議の組織人員は一六三万人であり、総同盟とは対照的に、政治的には中立を建前としたが、特に初期段階では、日本共産党の強い影響下にあった。

労働組合法が実現した段階で、ＧＨＱは、労働民主化政策の重要な支柱として「労使紛争解決機関の設置と手続き」の制定を位置づけて強力に推進するようになり、日本政府は、これに対応して二六年制定の労働争議調停法に代わる労働関係調整法の立案に着手し、労務法制審議委員会で起草を進めた。まだ労働運動の経験が浅かった我が国の労働組合は、労働関係調整法の制定を「不要」とか「時期尚早」として反対ストを打つ組合もあったが、その反対を押し切って、労働委員会による斡旋・調停・仲裁の三種の手続きを中心に制度化した。労働関係調整法の制定に当たっては、わが国で初めて「公聴会」が開かれたのが注目された。本法は、四六年九月二七日、公布され、一〇月一三日から施行された。

四六年七月、日本政府は、労働基準法制定につき代表的労使団体からアンケート方式で意向を聞いた後、労務法制審議委員会に起草を依頼した。起草作業は厚生省の寺本広作（後の労働事務次官・参議院議員・熊本県知事）を中心として進められた。この法律では、拘束八時間労働制・週休制・深夜業の禁止・使用者の災害補償責任制の採用を中心とし、時間外労働・休日労働の制限・割増賃金制・有給休暇・女子の生理休暇・産前産後の休業・一五歳未満の児童の就労禁止などを規定し、労働省に労働基準局・労働基準監督署を設けてこの法律の実施を監督することとした。労働組合は、労働基準法の制定を期待する雰囲気が強く、公聴会でも好評を博した。本法は、四七年四月七日に公布され、同年九月に施行された。九月一日に、厚生省から分離独立して労働省が設置された。

このようにしていわゆる労働三法が国際水準をクリアするものとして整備され、戦後の民主的労働関係の基礎が出来上がった。

幻の第一次農地改革

四五年一二月四日、農地調整法改正案が衆議院に提出された。この法案が、いわゆる第一次農地改革の法案である。

一〇月九日、幣原内閣の農相に就任した松村謙三《けんぞう》は、就任当日の記者会見で、戦前からの農政通で徹底した自作農主義者らしく「土地の問題は自作農を広く作っていくことを考えている」として、農地改革など本格的な農政を展開する意欲を示した。農林省には、二〇年に小作制度調査委員会が設置されて以来、農地問題に関し徹底した現状の把握と分析に基づく政策論の蓄積があり、数次にわたる小作立法（憲政会・民政党が熱心）や自作農創設立法（政友会が熱心）の企図立案が挫折を余儀なくされながらも、二四年の小作調停法の制定、三八年の農地調整法の制定として結実した。更に、戦争遂行のための食糧増産と農村平和の維持の観点から、国家総動員法に基づき、三九年の小作料統制令、四一年の臨時農地価格統制令、臨時農地等管理令が勅令として制定され、小作料・農地価格の統制や農地の潰廃《かいはい》・権利移動の統制を行い、いずれも土地所有者の立場を制限し、これらの措置は戦後の農地改革に道を開くものであった。

松村農相は、四五年一〇月二四日には、五年前の農林省農政課長在任中に企画院事件に連座して逮捕され、この年九月に無罪の宣告を受けたばかりで休職中の和田博雄を農政局長に任命して、東畑四郎農政課長（後の農林事務次官）とのコンビで農地改革を担当させた。早くも一一月一六日には、閣議に「農地改革に関する件」を付議し、同月二二日には、閣議で二点の修正を加えた上、農地改革の要綱が決定された。この要綱の特色は、地主的土地所有制度が農業停滞の要因であることを認め、これを根本的に改革せんとする姿勢を明示したことにある。すなわち、不在地主の小作地全部と在村地主の五町歩（五ヘクタール）を超える小作地を強制譲渡の対象として、自作農を広汎に創設するとともに、高率の現物小作料制を金納化することを柱とした画期的なものであり、二〇年に設置された小作制度調査委員会以来の農林省の研鑽努力の集大成であった。

しかし、一〇月一一日にGHQが発した人権確保のための五大改革指令の中で、「経済機構の民主化」が掲げられているものの、農地改革を積極的に進める意図があるか否かは明らかでなく、GHQからは農地改革に関し何らの指示もなく、農林省が自発的に立案したものだけに、閣議での議論は難航した。閣議での論議の中心は、在村地主の小作地保有面積で、原案は三町歩であったが、中小地主が日本農村の中心であり、三町歩という保有面積ではその存在を危うくするので、農村の指導者を温存する意味で保有面積を引き上げるべきだという意見が松本烝治国務相を中心に強く出され、幣原首相の斡旋により五町歩に修正された。もう一つの修正点は、農家の土地購入資金について、農家の手持ち資金を原則とし、やむを得ない場合に長期年賦償還方法による政府資金の融通が受けられると改められた。松村農相の在村地主の小作地保有面積の持論は一町五反であったが、省内の事務方との議論で譲歩して三町歩で閣議にかけたにもかかわらず、更に閣議で五町歩と重ねての妥協を強いられた口惜しさは微塵《みじん》も出さず、閣議決定されたときの農相談話は、「終戦後の今日、農村の発展は独《ひと》り食糧確保の問題のみならず新日本の再建のために絶対必須となってきた。今日この新しい現実を直視して農村を考えるとき、その本《もと》を培《つちか》う健全明朗な農村を建設することが何より急務である」と格調の高いものであった。

いわゆる第一次農地改革は、農地調整法の改正法案として立案された。一一月二六日に召集された臨時国会は、会期が二週間とされたが、一二月四日に法案は提出された。翌五日から審議が始まった衆議院の大勢は法案に賛成でなかった。衆議院で様々な重要論点について連日白熱した論議がなされている最中、一二月九日に、突如ＧＨＱから「農地改革に関する覚書」が発せられた。覚書は、覚書の趣旨、指令の目的、指令の内容の三項目からなっていたが、農地改革の必要とその後の農政の大要をとりあえず宣言しただけであり、農地改革について地主の保有面積、譲渡の方法などいずれの事項も日本政府の四六年三月一五日までの回答を待つ態度をとっていた。実は、この時点でＧＨＱは農地改革について具体的な構想をもっていなかったのである。この覚書を農林省ではＧＨＱが法案の審議に対して応援したものと理解した。与党議員も同様であった。そこで、最低限の修正を加えて、一二月一五日衆議院本会議で可決され、一二月一九日、貴族院も本会議で可決して、一二月二八日公布された。そして、小作料金納化に関する規定は四六年産米から適用するため四六年四月一日から、その他自作農創設、農地委員会に関する規定などは同年二月一日から施行することとなった。

ところが、明けて四六年一月一三日、農地改革に情熱を傾けて陣頭指揮をとっていた松村農相が、公職追放によって農相を辞任し、更に農林省の期待に反してGHQが第一次農地改革に反対であることが明らかになってきた。また、四六年早々からアメリカ農務省随一の極東・日本農業専門家のラデジンスキーが来日するなどGHQの農地改革担当官も充実してきて、現地調査や識者との意見交換を通じて農地改革に関する具体的な構想が次第に固まってきた。

片や、農林省は、第一次改革の施行準備を進めつつ、三月一五日の政府回答案を長いこと慎重に検討していた。結局、その政府回答では、第一次改革に沿った形で施行し、その実施経過に徴して、在村地主の保有面積の縮小などを今後の検討事項とするとして、政府の積極的姿勢を示したつもりであった。

しかし、GHQは、この政府回答の了承を拒絶した。更に、日本政府は、農地改革の実施機関である市町村農地委員会の選挙の実施を優先的に考えていたが、GHQは、市町村農地委員会の構成に不満があるのでGHQの返答があるまで選挙を延期するよう指示したので、四月一〇日に行われた衆議院総選挙の直後の一二日に、選挙の無期延期を通達した。その後もGHQから農地改革の内容の変更を命ずる措置もなく、問題は連合国対日理事会(連合国軍最高司令官マッカーサーの諮問機関。米英中ソの四カ国代表で構成。米国代表が議長)の審議に移り、第一次改革は幻の改革として挫折したのである。

徹底的な第二次農地改革

対日理事会は、第二次農地改革の立案について、四六年四月三〇日、五月二九日、六月一二日、六月一七日の四回討議を行った。日本の地主制度が小作人に苛酷なため、農村の貧しさを生み、日本の海外進出を戦闘的なものにしたという考え方は海外に広く行きわたっていた。五月二九日の理事会に、英国とソ連の提案がなされ、六月一二日の理事会に英国案の修正案が出され、六月一七日の理事会で、中国代表から英国提案を討議の基礎としたい旨の発言があり、議長（米国代表）もソ連代表もこれに賛成した。その上で、中国代表は、三点の修正を提案し、この三点について英国代表も異議がない旨を表明したので、英中の合意が成立した。ここで、ソ連代表が、先に提出したソ連案よりも穏和で英国案の要素を取り入れた妥協的な提案をした。これにより英中ソの三代表の足並みが揃い、英国案の骨子の実施をマッカーサーに迫る圧力となった。

英国案の骨子は次のとおりである。

① 在村地主の小作地保有面積は北海道四町歩、都府県平均一町歩に縮小する。

② 土地所有の限度は自作農であっても北海道一二町歩（中国修正案は一〇町歩）、都府県平均三町歩とする。

③ 小作人の買受け面積は家族（中国修正案は世帯）を維持するに足るだけに制限する。

④ 土地買収委員会を設置して土地譲渡事業を管理する。

⑤ 土地買収委員会は土地を買収して小作人に売り渡す。土地の買収代金は国債で支払われ、小作人の償還に応じて二四年賦で償還される。

⑥ 地主からの土地買収の期間は三年（中国修正案は二年）に短縮する。

対日理事会の討議が本格化しようとする五月二二日、吉田茂内閣が誕生し、吉田は、意表をついて和田博雄農政局長を抜擢して農相に起用した。農政局長の後任には山添利作（後に農林事務次官）が就任し、山添局長は、英国案を基礎として第二次農地改革の内容を固めつつあるＧＨＱに対し申し入れを行い、小作人の買受け面積を制限しないこと、農地の買収、売り渡しの実務を市町村農地委員会に担当させること、などがＧＨＱに受け入れられた。六月二六日、マッカーサーは、ＧＨＱの担当部局であるＮＲＳ（天然資源局）の準備した第二次農地改革の覚書の内容を了承したが、日本政府が指令によらず説得によって行動することを望んだ。六月二八日、マッカーサーの指示により、NRSのスケンク局長は和田農相を招き、覚書案を示し、これによって日本政府が自発的に農地改革案を作成し、一カ月以内にGHQに提出されたいと語った。その後、農林省は、連日GHQとの交渉、与党との調整に努力し、七月二六日、第二次農地改革の要綱が閣議決定され、八月六日、自作農創設特別措置法案および農地調整法改正法案が閣議決定された。自作農創設特別措置法案の大要は次のとおりである。

農地改革の目的は、「耕作者の地位を安定し、その労働の成果を公正に享受させるため、自作農を急速かつ広汎に創設し、もって農業生産力の発展と農村における民主的傾向の促進を図る」ことと、端的に示された。

不在地主の小作地のすべてと在村地主の北海道四町歩、都府県平均一町歩を超える小作地は政府が買収する。在村地主の所有小作地がこれ未満であってもその自作地と合計して北海道一二町歩、都府県平均三町歩を超える場合は、超過する部分の小作地は買収する。保有面積の計算は個人単位でなく世帯単位とする。

第一次改革では凡《およ》そ自作地は強制譲渡の対象にならなかったが、耕作の業務が適正でないものの所有する自作地について北海道一二町歩、都府県平均三町歩を超える部分を買収する。

第一次改革では地主・小作人の協議から出発し、農地委員会の裁定により強制譲渡する方式であったが、市町村農地委員会が作成した農地買収計画を都道府県農地委員会が承認し、都道府県知事が買収令書を交付したとき、計画に定められた価格・買収時期によって農地の所有権が政府に移転するという政府買収方式となり、迅速的確になった。

買収対価は、第一次改革と同じく田は賃貸価格の四〇倍（全国平均反当七五七円）、畑は賃貸価格の四八倍（全国平均で反当四四六円）を限度として農地委員会が定める。

買収される農地について北海道一二町歩、都府県平均三町歩の自作地制限面積まで田は反当二二〇円、畑は一三〇円を基準として定める額が報償金として交付される。

政府の対価・報償金の支払いは、三〇年以内の年賦支払いの国債（農地証券）で行うことができる。実際の取り扱いとしては少額の部分は現金で行うこととした。

政府の買収した農地は買収の時期における小作人で自作農として精進する見込みのあるものに売り渡され、買受け人は年三・二％、三〇年以内の年賦で対価を支払うことができる。現実にはインフレが農地改革の後を追って進行したので、農家の大部分は現金払いで農地を買受け、年賦払いとした者も繰り上げ償還した。

開拓適地の未墾地も、原則として都道府県農地委員会が作成した買収計画に基づいて買収することができる。買収対価は近傍類地の農地の時価を勘案して決定する。

農地調整法の改正案の大要は次の通りである。

目的は、「耕作者の地位の安定及び農業生産力の維持増進を図るため農地関係の調整を為す」こととした。

農地に関する権利の設定・移転は国を当事者とする場合など特殊の例外を除いてすべて統制することとし、違反した行為は、処罰されるばかりでなく、法律上無効とした。農地の潰廃も都道府県知事の許可を要することとした。

農地の賃貸借について、解約・更新の拒絶のみならず当事者の債務不履行を理由として行われる解除も、知事の許可を必要とし、許可のない行為は罰せられるばかりでなく、法律上無効とした。ここに、明治民法制定時以来の小作人の悲願であった「耕作権の確立」が法律上達成された。しかし、わが国が高度経済成長を遂げ、農村が変貌するにつれ、この規定が農地の流動化を阻むことになった。

小作料の金納化と小作料の統制は、第一次改革と同様であり、小作契約については文書化する訓示規定を置いた。

市町村農地委員会の権限は第一次改革の時よりさらに大きくなり、現場における農地改革の実施機関となったが、委員会構成について小作五、地主三、自作二として、土地所有者と小作人を同数として均衡させた。

二法案の審議は、四六年九月七日に衆議院本会議において始まり、慎重極まる審議のうえ、一〇月五日の本会議で原案通り可決された。貴族院の審議は一〇月七日に始まり、一〇月一一日、本会議において全会一致で可決成立した。

マッカーサーは、農地改革二法案が成立するに当たり、声明を発し、「農地改革法の議会通過は、経済的に安定し政治的に民主的な社会を生み出しつつある日本がこれまで到達した最も重要なものの一つである」と述べ、「健全穏健な民主主義を打ち立てるためにこれより確実な根拠はありえず、また過激な思想の圧力に対抗するためこれより確実な防壁はありえない」と結んだ。なお、大和田啓気によれば、マッカーサーがこれほど農地改革に深い関心をもったのは、反ソ反共の政治的立場からだけでなく、元帥の少年時代からの体験に基づくものであったという。一つは、フィリピンのアメリカ軍司令官であった父君とともに少年時代を過ごしたフィリピンで農民の貧しさに深刻な衝撃を受けたこと、もう一つは陸軍士官学校で歴史を学び、ローマ帝国の支配者が植民地の農業と農民をまるで無視したためにローマ帝国が崩壊したことから教訓を学び、土地は農民が所有すべきだということを真剣に考えるようになったという。

第一回の農地の買収は、四七年三月三一日に行われ、四八年一二月三一日の第一〇回買収までで累計一六二万六六八六町歩が買収された。五〇年七月二日の第一六回買収までに累計一七四万一九五五町歩の買収が行われたが、四八年までで凡《およ》その農地の買収は終わったのである。農地の売り渡しは買収よりやや遅れて進められたが、順調に進捗し、五〇年八月には一八九万九二六九町歩になった（買収農地より多いのは、売り渡し対象農地には、買収農地のほかに財産税として物納された農地や旧皇室財産・旧軍用地・国有林などで農地改革のために所管替えないし所属替えされた農地を含むからである）。

農地改革の結果、全国の耕地面積のうち自作地と小作地の割合は、四五年に五四％と四六％であったのが、五〇年には九〇％と一〇％となった。自小作別農家数をみると、自作農（経営面積の九割以上が自作地の農家）が四五年の一七二万九千戸が、五〇年の三八二万二千戸へと二倍以上に増え、総農家数に占める割合は三一％から六二％へと増加している反面、小作農（経営面積の自作地が一割未満の農家）は二八％から七％へと大幅に減少している。このように、農地改革は、農地の面からも農家の面からも大きな構造変化をもたらし、食糧の増産と農村の民主化に大きく寄与した。しかし、戦後の復員や海外からの引き揚げ等による農家数の増加の影響もあって、この時期には、小規模農家の増加、大規模農家の減少という過程が進行した。

ＧＨＱの神道指令

四五年一二月一五日、ＧＨＱは神道指令（正式には、国家神道、神社神道に対する政府の保証、支援、保全、監督並びに弘布の廃止に関する指令）を発した。

明治維新政府は、天皇の神権的権威確立のため、一八六八年三月から四月にかけて、神社所属の僧侶の還俗《げんぞく》、社前の仏像・仏具の撤去、神職及びその家族の神葬の励行を命じるなどにより、従来習合していた神道と仏教を分離する政策をとり、「祭政一致」の国柄の復活を目指した。加えて、翌六九年六月、兵部省は、国事及び戦争殉難者の慰霊をする神社として東京九段に東京招魂社を建立して、幕末以来の戊辰戦争における官軍の戦死者三五八八人を合祀《ごうし》した。それから一〇年後、七九年六月、陸軍省・海軍省は、東京招魂社を靖国《やすくに》神社と改称し、宮内省から御饌幣帛料《ごせんへいはく》を受けるなどの特権をもつ別格官幣社《かんぺいしゃ》に格付けした。また、一八八二年には太政官布告を出して、神社神道は「国家の祭祀《さいし》」として位置づけられ、「神社は宗教にあらず」として「祭教分離」が図られ、伊勢神宮を頂点とする神社神道《しんとう》は国家神道となった。一方、各県にも招魂社が建立され、一九三九年には、その一部は護国神社として政府が保護する体制ができた。靖国神社には、戊辰戦争以来近代日本国が行ったあらゆる戦争の戦死者が祭神として合祀されているのである。陸軍省・海軍省所管の国家機関として、大元帥たる天皇陛下が自ら祭主として戦死者の勲功を称え、その英魂を慰めることによって、次の戦争で国家のために命を捨てても戦う兵士の精神を調達する役割を果たしたのである。

ＧＨＱは、戦前戦中の神社神道が、このように国家神道となって、事実上の国教と化し、日本国が「神国」なるが故に他国に優《まさ》るという軍国主義的ないし過激なる国家主義的イデオロギーと結びつき、侵略戦争に乗り出し、他国との紛争解決の手段として武力行使を謳歌するに至ったという認識に立って、国家と神道、政治と宗教の分離を図ったのである。事実、戦時中、「神国」「神州不滅」、「神風」、「神兵」などの語が戦意高揚を煽《あお》る標語として盛んに使われた。神道指令の結果、靖国神社は四六年九月、単立の宗教法人として東京都知事の認可を受けて存続し、戊辰戦争以来近代日本国が行ったあらゆる戦争の戦死者約二五〇万柱の祭神を合祀している。また、この指令により内務省の外局・神祇院《しんぎいん》が廃止され、その業務を引き継ぐ形で、四六年二月、神社本庁が設立された。神社本庁は、伊勢神宮を本宗とし全国に約八万ある各地の神社を包括する宗教法人となり、神社神道の中核組織として活動するようになった。

天皇のいわゆる人間宣言

四六年一月一日、年頭に当たって「新日本建設に関する詔書」（いわゆる人間宣言）が発表された。明治憲法上、天皇については、「大日本帝国は万世一系の天皇之を統治す」（第一条）、「天皇は神聖にして侵すべからず」（第三条）、「天皇は国の元首にして統治権を総攬し此の憲法の規定により之を行ふ」（第四条）などと規定されているが、「現人神《あらひとがみ》」や「現御神《あきつみかみ》」などとは規定していない。天皇自身も、「朕は神なるぞ」と宣言したこともない。しかし、「神国」の語は、『日本書紀』（七二〇年成立。神代から持統天皇までの歴史の勅撰）のいわゆる神功《じんぐう》皇后の新羅《しらぎ》征討物語で日本の兵船を見たときの新羅王の言葉として初めて登場して以来、各種文献に散見されるが、特に鎌倉時代以降、各種文献に頻繁に登場するようになった。室町時代から近世に至るまで「日本は神国」という文句がほとんど定型句として流布してくるが、その意味合いは、菅野覚明によれば、①神の祭祀《さいし》が優先する国、②神が守護する国、③神の後裔《こうえい》たる天皇が治める国、の三つにまとめることができ、鎌倉時代後半のいわゆる蒙古襲来を契機に、②と③による神国の意味づけが目立つようになった。つまり、日本は天照大神《あまてらすおおみかみ》の後裔（神裔）たる天皇が治める国であり、神の加護があるから外敵を寄せつけない、というものである。この神国の捉え方が戦時中のいわゆる「神州不滅」の軍国主義的イデオロギーの遠い背景となっている。

三五年の天皇機関説問題、翌三六年の二・二六事件の後、三七年に発出された文部省通達では、「天皇は、皇祖皇宗《こうそこうそう》の御心のままに我が国を統治し給う現御神であらせられる。この現御神あるいは現人神と申し奉るのは、いわゆる絶対神とか全知全能の神とかいうが如き意味の神とは異なり、皇祖皇宗がその神裔であらせられる天皇に現れまし、天皇は皇祖皇宗と御一体であらせられ、永久に臣民、国土の生成発展の本源にましまし、限りなく尊く畏《かしこ》き御方であることを示すのである」として国民思想の統一を図ろうとした。この文部省通達では、天皇は西欧的意味での神ではないことを明確にしているが、天皇を皇祖皇宗の神裔とし、皇祖皇宗との一体性を強調し、「限りなく尊く畏き御方」としているところに超国家主義思想に結び付く「神聖性」と「優越性」の根基があった。

これに対し、いわゆる人間宣言では、まず、明治天皇が初めて国是として天地神明に対して誓った「五箇条の御誓文」の全文を引用し、その趣旨に則り、平和主義に徹して、新日本を建設しなければならないと述べた。次に、

朕と爾等《なんじら》国民との間の紐帯《ちゅうたい》は、終始相互の信頼と敬愛とに依りて結ばれ、単なる神話と伝説とに依りて生ぜるものに非ず。天皇を以て現御神とし、且《かつ》日本国民を以て他の民族に優越せる民族にして、延《ひい》て世界を支配すべき運命を有すとの架空なる観念に基くものに非ず。

と述べ、現御神としての天皇と、優越民族としての日本国民や超国家主義思想との結合を架空の観念として否定した。その上で、結びとして、心を一つにして、人類福祉の向上に貢献する新日本建設のために奮励努力をしようと国民に呼びかけられた。

いわゆる人間宣言は、先に述べたGHQの「神道指令」と軌を一にするものであるが、天皇自らがその神格と超国家主義思想との結合の否定を内外に宣言したところに意義がある。しかし、天皇は、皇祖皇宗つまり天照大神の末裔であること自体は否定せず、立憲君主制の基礎を天皇と国民との間の信頼と敬愛の絆に置いた(その意味で「人間宣言」という表現は、正鵠《せいこく》を射《い》たものとはいえない)。マッカーサーは、間髪を入れず、「この勅語によって、天皇が日本国民の民主化に指導的な役割を果たすことが明らかにされ、自由主義路線に沿う将来の天皇の立場が正当かつ明確にされた」と積極的に評価する「歓迎声明」を発表した。マ

ッカーサーは、天皇のイメージを戦争のシンボルから民主化のシンボルへと一八〇度転換させ、自らの「権力」と天皇の「権威」による「上からの民主化」路線を内外に宣言したのである。

公職追放と戦後初の総選挙

四六年一月四日、GHQは、軍国主義者、超国家主義者などの公職追放を指令した。即ち、連合国軍最高司令官覚書を発し、A戦争犯罪人、B陸海軍の職業軍人、C超国家主義団体の有力分子、D大政翼賛会等の政治団体の有力指導者、E海外の金融機関や開発組織の役員、F満州・台湾・朝鮮等の占領地の行政長官、Gその他の軍国主義者・超国家主義者を「公職に適せざる者」として追放することとした。この覚書を受けて、同年二月二八日、「就職禁止、退官、退職等に関する件」が勅令として公布施行された。GHQの公職追放の狙いは、当初、該当者の衆議院総選挙への出馬阻止にあった。だからこそ、四五年一二月の段階で、選挙法の改正と衆議院の解散を許容しながら、年末の一二月二〇日になって総選挙の延期を指令して、公職追放の準備作業を優先させたのである。翼賛選挙推薦議員全員をD項該当者として追放の対象としたのである。

この結果、幣原内閣の閣僚のうち次田書記官長をはじめ松村農相、堀切内相ら五名の重要閣僚が追放された。また、進歩党は、二七四名の現職議員中二六〇名が、自由党は現職議員四三名中三〇名が、社会党は現職議員一七名中一一名が追放対象となった。追放該当者は、公選公職候補者になることができず、恩給・年金の受給資格を喪失し、該当者の三親等内の親族及び配偶者は、公選公職を除き、該当者の指定があった日から一〇年間は該当者が該当者として退職した公職の就任が禁止されたのである。病床にあった幣原首相は、マッカーサーの仕打ちに怒りを募らせ、一月一一日には、内閣の総辞職の意向を閣議に伝えた。天皇とマッカーサーは、幣原首相を信任し、内閣改造による政権続行を求めたが、幣原首相は首肯《しゅこう》しなかった。しかし、松村農相が次田書記官長とともに病床にある幣原首相を訪ねて、条理を尽くして翻意《ほんい》を説得し、遂に幣原は政権続行を決意するという一幕があった。

戦後初の総選挙は、四六年四月一〇日に行われた。この総選挙は、婦人の参政権を認め、選挙権年齢を二五歳から二〇歳に引き下げ、被選挙権年齢を三〇歳から二五歳に引き下げ、大選挙区制・制限連記制を採る新選挙法の下で、初めて行われる総選挙であり、しかも、憲法改正草案要綱の公表をはじめ戦後の諸改革が進行中であり、公職追放により政界の重鎮がことごとく立候補できないという環境の下で行われた選挙であった。公職追放を受けた現職議員は、世襲候補や秘書を身代わりで擁立し、議席を守ろうとした。結果は、当選者四六四名中、鳩山一郎総裁率いる自由党が一四〇議席を得て第一党となり、元民政党総裁町田忠治率いる進歩党が最も公職追放の打撃を受けて九四議席しか獲得できずに第二党に転落したが、保守二党で過半数を得た。社会党は九二議席を得て一一議席から一躍第三党に大躍進、協同党は二三議席中二一名が公職追放を受けて壊滅的打撃を蒙り一四議席に激減、共産党は五議席にとどまった。諸派と無所属で計一一九議席も占め、安定政権樹立の上で厄介な問題であった。当選議員四六四名中、新人が三九七名、婦人が三九名を占め、清新の気が横溢《おういつ》した議院構成となったことは間違いない。

幣原内閣の与党・進歩党が敗北した以上、憲政の常道からすれば、幣原内閣は総辞職して、第一党に躍進した自由党の総裁鳩山一郎を首班として組閣するのが順当である。しかし、GHQ民政局は、戦前の政友会を主流とする自由党及びその総裁たる鳩山一郎の政権を忌避して、第二党の進歩党と第三党の社会党の連立による政権を模索すべく、フランス・ソルボンヌ大学出身で四〇歳と春秋に富む幣原内閣の書記官長楢橋渡《ならはしわたる》を使嗾《しそう》して、選挙結果の出た四月一一日、幣原内閣総辞職せずとの談話を出させた。ところが、社会党が幣原内閣の居座りに反発して他党に呼びかけて幣原内閣打倒運動を展開するに至り、しかも、それが世論の支持を得て盛り上がりを見せたので、一九日には、有力閣僚の芦田厚相が単独辞表を出して、二二日には、遂に幣原内閣は総辞職せざるを得なくなった。

翌二三日、幣原首相は、鳩山自由党総裁に対して政権樹立工作を要請した。鳩山は、社会党との連立を模索したが、社会党首班論を主張する社会党左派が頑強なため、社会党との連立を断念し、進歩党との連立をしないことを条件に、社会党の閣外挙力の約束を取り付け、少数単独内閣を決意した。ところが、五月四日、突如としてGHQから公職追放令が下った。鳩山に関しては、総選挙前に、楢橋書記官長を長とする公職資格審査委員会は非該当の判定をしていたのであるが、GHOが、曖昧なG項「その他軍国主義者・超国家主義者」に該当するとして、宇垣一成元陸相・外相ら八〇〇有余名とともに、追放の対象としたのである。

追放の告知を受けた鳩山は、前外相の吉田茂に政権担当を要請し、吉田は、一旦固辞したものの、鳩山に対しいくつかの条件を付けた上で結局引き受けた。吉田は、五月一六日に組閣の大命降下を受けて、更に組閣に七日もかけ、五月二二日に第一次吉田内閣が発足した。幣原内閣の総辞職から吉田内閣の発足まで、約一カ月を要した政権交代劇であった。吉田が、農地改革を担当する農相に農政のプロである和田博雄を抜擢しようとしたのに対し、自由党内から河野一郎幹事長をはじめ猛烈な反対が起こったが、政権担当を引き受けるに当たっての条件を盾に吉田は押し切った。

明けて四七年一月四日、「公職に関する就職禁止、退官、退職等に関する勅令」（第二次公職追放令）が公布され、前年の勅令が全面改正されて、「公職」を「国会の議員、官庁の職員、地方公共団体の職員及び議会の議員並びに特定の会社、協会、報道機関その他の団体の特定の職員の職等」と定義して、地方議員、市町村長、マスコミ関係者、有力企業幹部などに範囲が拡大された。この第二次追放令を受けて、中央・地方に公職適否審査委員会が設置され、追放旋風がますます吹き荒れることになった。その結果、四八年五月までに二〇万人以上が追放されることになった。公職追放によって政財界の重鎮が急遽引退し中堅層に代替わりすることによって日本の中枢部が一気に若返った。創業者でもオーナーでもなく重役になる見込みのなかった若手の社員たちが企業の重役に昇格し、「サラリーマン重役」と呼ばれるようになった。一方で、政敵を追い落とすために「公職追放」を利用するなどの恣意的運用もあった。

冷戦の進展に伴い対日占領政策の見直しも始まり、「非軍事化・民主化」を重視する政策から、「経済の復興」を重視する政策への転換を反映し、四八年五月には、公職適否審査委員会は廃止され、新たな公職追放は無くなった。

マッカーサー憲法草案

四六年二月一三日、GHQ民政局長ホイットニーは、吉田茂外相と松本蒸治国務相に対し、日本政府の憲法案は受け入れられないと宣言し、GHQ側で起草した「マッカーサー草案」を手交《しゅこう》してその基本的受諾を求めた。

前年の一〇月一一日、マッカーサーから「五大改革」要求の前置き的に「憲法の自由主義的改革」を求められた幣原首相は、一〇月二五日、松本蒸治国務相を主任として憲法問題調査委員会を発足させたが、国の基本法を外部支配者のもとで決定することは自主自尊の観点から好ましくないとの考えに立ち、慎重な調査を延々と続け、実際には憲法改正を行うつもりはなかった。しかし、GHQは、そのようなまやかしを許さず、一一月一日、声明を発して「最高司令官は幣原首相に対し憲法改正を命じた。近日中に日本政府の憲法改正案が発表される」と明言した。このため、松本国務相は明治憲法に必要最小限の手直しを加えることによって対応しようという姿勢に転換し、①天皇が統治権を総攬する原則は変更を加えない、②議会の権限を拡大し、その結果として大権事項を制限する、③国務大臣の責任を国務の全部に及ぶものたらしめ、国務大臣は議会に対して責任を負うものとする、④人民の自由・権利の保護を強化し、その侵害に対する救済を完全ならしめる、という四つの方針を立てて、憲法草案を起草した。四六年一月、松本草案は閣議で検討のうえ、日本政府案としてマッカーサーに提出された。しかし、「天皇の国家統治の大権を変更する要求を包含せざることの了解」の下にポツダム宣言を受諾した以上、日本政府としての憲法改正案には限界があり、松本草案は、二月一日、『毎日新聞』にスクープされたが、国民世論にも不評であった。

一方、在野では、元東京帝国大学教授の高野岩三郎の呼びかけで憲法学者の鈴木安蔵、評論家の室伏高信、社会思想家の森戸辰男らが参加した「憲法研究会」が、早くも四五年一二月二六日、「憲法草案要綱」を発表し、同時に政府とGHQに届けていた。この要綱は、国民主権を明記するとともに、天皇制について象徴天皇制に近い定義づけをし、社会権や生存権にも言及するなど革新的記述が目立ち、GHQも草案検討過程でこれを相当重視した模様である。

GHQ民政局は、日本政府案（松本案）が明治憲法の手直しに過ぎず、これを受理して修正を加える応酬を試みれば膨大な時間を浪費することになると判断した。実は、前年の四五年一二月の米英ソ三国による外相会議において、日本管理のための極東委員会（連合国の占領政策決定機関としてワシントンに設置。米英ソ中四国のほかオーストラリアなど七カ国計一一カ国で構成。四大国が拒否権保有）の設置が決定され、憲法改正問題の決定権限は、極東委員会が掌握し、四六年二月二六日に活動を開始するすることとなってい た。GHQは、この極東委員会の活動開始前に、連合国軍最高司令官たるマッカーサーが憲法改正について最大限の主導権を発揮しようとの方針を固めたのである。

そこで、二月三日の日曜日に、マッカーサーはホイットニー民政局長と二人で集中討議をして「マッカーサー三原則」をまとめ、一週間で憲法草案を作成するように民政局に命じた。二月一三日に予定されている日本政府との会見で草案を日本政府に手交すれば、二月二六日の極東委員会の開会に先手を打つことになり、四月に行われるであろう総選挙において民意を問うこともできるのである。

三原則の第一は、天皇制についてであり、天皇は「国の元首の地位」を与えられるが、その職務と権限は憲法に従って行使され、ここに示される国民の基本的意思に応えるものでなければならない、とされていた。年頭のいわゆる人間宣言が発表されて程ない一月一一日、アメリカ本国から発せられた日本国憲法改正に関する指令では、天皇制を廃止するか、より民主的な路線に沿って改革するかをマッカーサーに迫っており、天皇制に対する国際的な世論の風当たりも厳しくなっていた。これに対し、天皇制の存続と昭和天皇の在位を望むマッカーサーは、一月二五日、当時のアイゼンハワー陸軍参謀総長に機密電報を送り、立憲君主制下の君主として行動した天皇を戦犯とすべき理由は、あらゆる証拠に照らしてないと断じ、天皇を戦犯として告発すれば、天皇制への保証を得てポツダム宣言を受諾したと信じている日本人は、だまし討ちと受け止めて必ずや大騒乱を引き起こすであろう。この場合は、一〇〇万の軍隊が必要となる、と悲惨な結末を予言して恫喝《どうかつ》していた。なお、天皇制については、草案起草の段階で、ワシントンからの指令との妥協が図られ、天皇は統治権の総攬者たる地位を失い、実権を伴わず形式的・儀礼的役割のみの君主の地位は、「象徴」という概念こそが適切であるとして「元首」から「日本国の象徴であり日本国民統合の象徴」に修正された。太平洋戦争終結に当たって、大日本帝国としてあれほど固執した「国体の護持」は「天皇制の護持」にすり替わり、更に実権の伴わない「象徴天皇制の護持」にすり替わったのである。憲法上、天皇が日本国の象徴であり、日本国民統合の象徴として位置づけられるが故に、天皇に関する規定は、主権在民の原理などを規定した「前文」の直後に第一章を設け、第一条から第八条にかけて規定された。

第二の原則は戦争放棄についてであり、侵略戦争も自衛戦争（自国の安全保持のための戦争）もすべて放棄することを指示していた。その上、安全保障を「今や世界を動かしつつある崇高な理想」に委《ゆだ》ね、併せて戦力不保持と交戦権の否定を指示する、という徹底したものであった。戦争放棄については、ケーディス民政局次長によって重要な変更が加えられた。放棄の対象から自衛戦争を削除したのである。勝者が占領下の敗者に自衛権の否定まで強いるのはいかがなものか、現実への適合性を欠いた条項を強いれば、それはやがて欠陥占領憲法とみなされ、独立後の日本は速やかに憲法全体を捨て去ることにならないか、ケーディスはこのように考えて侵略戦争のみを放棄する修正草案を二人の上司に上げたところあっさり容認された。二八年のいわゆる不戦条約では、「国際紛争の解決のために戦争に訴えることを不法とし、その相互関係において国家の政策の手段としての戦争を放棄する」ことを宣言したが、その趣旨は侵略戦争を放棄するというものであり、この不戦条約の原則は、その後、多くの国の憲法によっても採用された。その典型的なものが、三一年のスペイン憲法であり、三五年のフィリピン憲法であった。フィリピンのケソン大統領の軍事顧問であったマッカーサーは、三五年のフィリピン憲法に「侵略戦争の放棄」条項を挿入するのを助けたことがあった。

第三の原則は封建制度の廃止であり、日本の民主化を求めるものであった。

以上の三原則のもとで、あとはすべて民政局に任せるというのがマッカーサーの意向であった。ケーディスが実務責任者となり、二五名の民政局員が分担し予定通り一週間で草案を作り上げ、二月一〇日にマッカーサーに提出した。

マッカーサー草案は、国民主権を原理とし、戦争の放棄、軍備の撤廃を定め、基本的人権の保障を定めたものであり、二月一三日、草案を受け取った幣原内閣は、非常な衝撃を受けた。二月一九日の閣議は大荒れとなったが、マッカーサーと頂上会談を急ぎ行いたいという幣原首相提案を了承した。二月二一日の幣原とマッカーサーの会談は三時間に及んだ。マッカーサーは、アメリカ案が日本案との間に越ゆべからざる溝があるとは信じない、アメリカ案の譲ることのできない根幹（ベーシック・フォーム）は天皇制と戦争放棄にあるが、むしろアメリカ案は天皇制護持のために有効なものであり、主権在民の原則に基づき国民の信頼に支えられた天皇制は、天皇の権威を高からしめる、日本案のように軍に関する条項を保存すれば、諸外国は必ずや日本の再軍備を疑い日本の安泰を期待することはできない、むしろ日本のために国務の遂行のためにする戦争（国権の発動としての戦争の意か）を放棄すると声明して、道徳的指導性（モラル・リーダーシップ）を握るべきだ、と説いた。

翌二二日の閣議では、幣原首相は、単に前日の頂上会談の客観的報告にとどまることなく、熱誠をもってマッカーサー草案への閣議の理解を求めるものであった。この閣議の後、幣原首相は参内《さんだい》して、マッカーサー草案の基本的認容について天皇の許可を受け、励まされた。松本案は全く葬られてしまい、マッカーサー草案は、多少の修正を経て（もっとも大きな修正は、国会を衆議院一院制にしていたのを二院制に改め、衆議院の参議院に対する優越性に関する規定を置いた点である）、三月六日、内閣憲法改正草案要綱として公表された。

この要綱公表に当たり、天皇は「勅語」を出し、明治憲法の規定により天皇が憲法改正を欲し、内閣がそれに基づいて憲法草案を起草したという体裁《ていさい》をこしらえた。マッカーサーは「声明」を発し、この憲法は自分が全面的に承認したものであることを明らかにしたうえで、本憲法制定の意義をさながら原提案者のように詳説し、満足の意を表した。幣原首相は、「談話」を発表し、この大典が、明治憲法に根本的改正を加え、民主的平和国家建設の基礎を定めよとの昭示《しょうじ》（発意）に基づくものであることを述べるとともに、

GHQとの「緊密な連絡の下に、憲法改正草案要綱を発表する」とし、GHQとの緊密な連絡の下に起草したものであるかのような演出がされた。日本国民は、この三月六日発表の草案要綱によって初めて新しい憲法がどんなものになるかを知ったのであり、四月一〇日に行われた戦後初の衆議院総選挙では、専らこの要綱に基づいて、新しく作られる憲法についての意思を表示することができたのである。マッカーサーは、この衆議院総選挙において草案要綱という形で憲法を争点とすることによって、日本国民の投票による信認が得られたという正統性を極東委員会に対して確保できたのである。

内閣の憲法改正草案と帝国議会での審議

総選挙が終わった後、政府は、四月一七日、憲法改正草案要綱を条文の形に整理したものを「憲法改正草案」として公表した。その際、内容にも多少の修正を加えたが、何よりも、それまでの片仮名交じりの文語体をやめて、平仮名交じりの口語体を採用したのが注目された。これを機に、日本のあらゆる種類の公文書がすべて平仮名交じりの口語体で書かれるようになった。この「憲法改正草案」は、直ちに枢密院（明治憲法における天皇の最高諮問機関で、元勲及び練達の人から成る枢密顧問官と閣僚により構成）の諮詢に付された。しかし、総選挙後も、幣原内閣は新憲法を成立させる責任があるとして居座っていたが、四党による倒閣運動に抗しきれず、四月二二日、幣原内閣が総辞職し、一カ月の政治空白を経て漸く五月二二日、第一次吉田茂内閣が成立した。吉田内閣は、憲法改正については全く幣原内閣の方針を踏襲したため、六月八日、枢密院は多数をもって政府案を可決した。政府は、六月二〇日、第九〇回帝国議会の衆議院に勅書をもって、その憲法改正草案を提出した。

衆議院の審議は、六月二五日に始まり、約二カ月費やして審議し、若干の修正を加えて八月二四日可決し、貴族院に送付した。修正で最も重要な点は、内閣総理大臣は、国会議員の中から指名されるべく、国務大臣は、内閣総理大臣が任命できるものとし、国務大臣の過半数は、国会議員中から選任すべきものとした点である（六七条・六八条）。

貴族院の審議は、八月二二日に始まり約一カ月半その審議に費やし、国務大臣は文民でなければならないとする規定を設けるなどGHQの要望による若干の修正を加えて一〇月六日、これを可決した。

貴族院が可決した日の翌一〇月七日、衆議院は、貴族院の修正に同意を表明し、ここに明治憲法第七三条の定めるところに従い帝国議会の議決が成立した。両議院においては、それぞれ総議員の三分の二以上出席の上、出席議員の三分の二以上の多数で可決された。両議院では、活発な質疑応答が行われ、批判的な見解も数多く示されたが、両議院のいずれでも反対者は極めて少なかった。

帝国議会を通過した政府の憲法改正草案は、帝国議会で修正されたので、改めて枢密院に付議され、一〇月二〇日、そこで可決された後、天皇の裁可を得て、一一月三日、官報に公布され、それから六カ月を経過した四七年五月三日に施行された。これが日本国憲法である。四六年五月一三日に、極東委員会が全会一致で可決した「日本新憲法採択に関する諸基準」において示された三つの基準の一つが、「明治憲法から新憲法に至る完全な法的連続性の確保」であったため、明治憲法に定める改正手続きを遺漏なく履行した新憲法の制定であった。

極東国際軍事裁判

四六年五月三日、極東国際軍事裁判が、東京市ヶ谷の旧陸軍省の建物で始まった。

太平洋戦争が始まった翌年の四二年には、早くも主要な戦争犯罪人の処罰が連合国の公式の戦争目的となっていた。この点は、四五年七月のポツダム宣言においても確認され、同年八月八日にロンドンで署名された国際軍事裁判所憲章は、連合国の戦争犯罪政策を明確に示していた。同年九月一一日、着任早々のマッカーサーが、東条英機以下三八名の戦犯容疑者の逮捕を命ずると、翌々日の一三日、重光葵外相が自主裁判の実施を認めるようGHQにかけあったが、GHQはこれを拒絶した。そして、GHQは、一一月一九日には小磯国昭・荒木貞夫以下一一名、一二月二日には梨本宮守正・平沼騏一郎以下五九名、一二月六日には近衛文麿・木戸幸一以下九名を戦犯容疑者として逮捕命令を発し、戦犯容疑者は一一〇余名にのぼった（うち近衛文麿は逮捕前に自殺）。

戦犯容疑者は、当初、東京大森の収容所に収監されていたが、真珠湾攻撃の日である一二月八日に東京巣鴨に移送された。国際検察局は、一二月から、東京有楽町にあるビルを本部として構え、アメリカのキーナンを首席検事として、極東委員会の構成国一一カ国の三八名の検事が検察活動を開始した。

明けて四六年一月一九日、マッカーサー連合国軍司令官は、先行した欧州戦争に関するニュルンブルグ裁判（ナチス・ドイツの重要戦争犯罪人に対する軍事裁判。四五年一一月から一〇カ月間開催）の根拠となった国際軍事裁判所憲章を参照して極東国際軍事裁判所憲章を定め、この中で三つの戦争犯罪概念、即ち、①「平和に対する罪」（侵略戦争もしくは国際法、条約、協定、誓約に違反する戦争の計画、準備、開始、遂行またはこれらの行為のいずれかを達成するための共同計画もしくは共同謀議への参加。A級戦争犯罪）、②通例の戦争犯罪（戦時国際法における交戦法規に違反した行為。B級戦争犯罪）、③「人道に対する罪」（一般人民に対する殺人、殲滅、奴隷的虐待その他の非人道的行為。C級戦争犯罪）を規定した。一月下旬から、検事の戦犯容疑者たちへの本格的で執拗な尋問が始まった。たとえば、東条に対する尋問は、四月二二日までの間に五二回にのぼるもので、そのうち五一回はアメリカの一人の検事が担当し、最後の四月二二日の尋問だけをソ連の検事が担当した。

GHQ側の特別な関心事は、天皇であり、天皇を戦犯訴追から守ることにあった。マッカーサーの腹心であるフェラーズ准将は、彼に同行して来日した直後から、特命を受け、検察官でないにもかかわらず戦犯容疑者への尋問を重ねる中で、天皇が訴追から免れるような筋書き作りに腐心した。特に、開戦時の首相兼陸相である東条と海相である嶋田繁太郎が開戦の意思決定の全責任を負うべく、両人に、御前会議において仮令《たとえ》陛下が対米戦争に反対せられても自分は強引に戦争まで持っていく腹を決めていた、と言わせる画策を綿密に講じた。この結果、東条は、供述書と法廷での証言において、四一年の開戦時に天皇が果たした役割について、天皇が権限を委任した輔弼《ほひつ》者・輔翼《ほよく》者で構成する国家の最高機関が、これより外に道はないと決定したので、天皇は開戦決定を裁可する外はなかったとし、輔弼者・輔翼者だけが当時の決定に責任を負い、天皇に責任はない、という趣旨の陳述をしたのである。結局、極東国際軍事裁判に付される「平和に対する罪」を犯した容疑者（A級戦争犯罪人容疑者）として、天皇をリストアップしたのはオーストラリアのみで、ソ連もアメリカに追随し、中国の蒋介石は、天皇の存在が共産主義勢力の拡大を阻止すると考えて天皇を訴追しない決断を下した。

天皇誕生日である四六年四月二九日、巣鴨の収容所に収監されていた戦犯容疑者のうち二八名が、一室に集められ、極東国際軍事裁判所検察局は、A級戦争犯罪人として起訴することに決定したことを告げ、各自に分厚い起訴状を手交した。起訴状では、二八年（第二次、第三次山東出兵・張作霖爆殺事件の年。不戦条約締結の年）から四五年までの一七年間において、日本の対内対外政策は、犯罪的軍閥に支配せられ、かつ指導せられ、二八名の者は、軍閥そのものか軍閥の共同謀議に加わった者ばかりであると決めつけて、全体として五五の訴因（例えば南京事件、ノモンハン事件、広東攻撃を一つの訴因として捉えた）を掲げ、それぞれの被告ごとに訴因を明示した。二八名は、陸軍軍人が荒木貞夫、土肥原賢二、橋本欣五郎、畑俊六、板垣征四郎、木村兵太郎、小磯国昭、松井石根、南次郎、武藤章、大島浩、佐藤賢了、鈴木貞一、東条英機、梅津美治郎の一五名、海軍軍人が永野修身、岡敬純、嶋田繁太郎の三名、元外相が松岡洋右、広田弘毅、重光葵、東郷茂徳の四名、元内閣書記官長の星野直樹、元蔵相の賀屋興宣、元内大臣の木戸幸一、重臣の平沼騏一郎、元駐イタリア大使の白鳥敏夫、民間右翼の大川周明であった。満州事変の首謀者であった石原莞爾が被告から除外されたのは、東条と対立し、東条内閣打倒を試みた点がキーナン首席検事の心証を良くした結果と考えられた。

東京裁判の法廷は、正面に判事団席（極東委員会を構成する一一カ国からの判事一一名、裁判長はオーストラリアのウェッブ）、右側に検事団席（一一カ国からの検事三八名、首席検事はアメリカのキーナン）左側に弁護団席（日本人とアメリカ人とから成り、弁護団長は後の衆議院議長・清瀬一郎）、判事団に向かい合って被告席、それを取り囲むように貴賓席と記者席があり、二階が傍聴人席であった（後に一階の貴賓席・記者席の後方にも傍聴人席が設けられ、傍聴人席は一〇〇〇席になった）。開廷が宣せられると検事団の起訴状朗読が延々と続けられたが、パジャマ姿で出廷し、東条の後ろの被告席で合掌を続けていた大川周明が、突然、東条の頭を平手で叩いた。東条は一瞬不快気に振り向いたが、大川の挙動に精神の平衡を失っているのを見てとったのか、平然としていた。ところが、大川は再び東条の頭を叩いて、法廷から連れ出され、その後二度と出廷することはなかった。

三日後の五月六日に開かれた第三回法廷では、各被告の弁護人が紹介された後、被告の罪状認否が行われた。被告たち全員が、全ての容疑について無罪を主張した。その後、清瀬一郎弁護団長が立って動議を申し立て、三点の主張を展開した。第一に、日本はポツダム宣言という条件によって降伏したのであり、連合国もこれを守らなければならない、従って、法廷は「平和に対する罪」、「人道に対する罪」については裁く権限はない、第二に、二八年から四五年までの行為について起訴されているが、四一年一二月からの大東亜戦争（太平洋戦争）前の行為はこの法廷では裁くことはできない、第三に、日本はタイ国との間に戦争状態にはなかったので、訴因のいくつかは除去することができる、というものであり、この法廷のもつ基本的問題点を剔抉《てっけつ》するものであった。キーナン首席検事は、即座に反論し、日本の降伏は、無条件のものであったと主張した。結局、弁護側の動議は却下された。戦前、犬養毅と行動を共にし革新倶楽部、政友会の代議士であった清瀬一郎は、むしろ陸軍とは距離を置いた存在であったが、東京裁判の法廷が開廷されることになると、弁護団に入り、特に陸軍関係の弁護人となった。東条の弁護人は日本人では清瀬以外に引き受ける者はいなかった。

六月四日のキーナン首席検事の「世界・人類・文明・破滅からの救済・断乎たる闘争」をキー・ワードとした劇的な冒頭陳述を皮切りに、検察側の論告が連日二〇〇日にわたって行われ、翌四七年　月二四日に漸く終わった。その間、検察側は、一〇九人の証人を召喚して口頭で証言させ、五六一人の陳述書、宣誓供述書、尋問調書などの書面を提出した。証人の中でも、特に若槻礼次郎と幣原喜重郎は、陸軍の事実上の独立、「警察国家」体制、そして一九三〇年代の政治の精神構造を説明し、彼らの証言によって、軍国主義者たちが事件を目論み、歴代内閣の権威に挑み、次第に権力を強めていった印象を深めた。

次いで、四七年一月二七日から、弁護団の弁論に入った。弁護団は、法廷の違法性を衝き、公訴却下の動議、被告の釈放を求める動議を提出したが、いずれも却下された。二月二四日、弁護団を代表して清瀬一郎が三時間にわたる冒頭弁論を行い、まず、被告らが陰謀団を作って、かかる手段（武力行動）によって全世界、東亜、太平洋、印度洋、支那、満州を制覇するために共同謀議したという事実はない、と主張し、次に、太平洋戦争の原因については、その第一は、経済的圧迫であり、第二は我が国が死活の争いをしている相手方・蒋介石政権に対する援助であり、第三にアメリカ、イギリス及びオランダが中国と提携して我が国の周辺に包囲的体形をとることであり、これらが日本を「自衛」のための戦争へと追い込んだと主張した。弁護側は各被告の無罪を立証するために一一カ月という時間を費やし、その期間はニュルンブルグ裁判の全期間より長かった。その間、三一〇人の証人が法廷に立ち、二一四人の書面による証言が提出された。

四七年九月一一日から、一般弁論から個人反証に移り、ＡＢＣ順に荒木貞夫から始まった。一二月二六日午後から、焦点の東条英機の個人反証が始まり、東条自らが書いた五万字もある口供書が、三〇日午後までの法廷で四日間も読み続けられた。三〇日の午後から、各被告の弁護人の東条への尋問が始められ、更に検察側の反対尋問があり、翌四八年一月七日まで東条の弁論は続いた。東条の弁論は、今次の戦争は、自衛戦争であり国際法に違反しない戦争である、このような戦争をしたことをもって国際犯罪として弾劾するのは不当であると主張し、開戦責任は当時の総理大臣たる自分にあるとして天皇の開戦責任を否定することで一貫させた。

四八年二月一九日から検事の論告があり、三月三日から各被告の弁護人が検事の論告に対し反駁したが、東条だけは自ら弁論に立ち、大東亜政策は世界平和の政策であり、大東亜宣言は大西洋宣言と相並ぶものだ、日本に軍閥が存在したという事実はなかった、と最後の主張を展開した。四月一六日、法廷は一切の審理を終え、判決言い渡しの日まで休廷が宣言された。

四八年一一月四日、法廷は再開され、一二一二頁に及ぶ膨大な判決文の朗読に入った。五日、六日を除いて、朗読は連日続けられ、一二日に朗読が終わって、二五名の被告全員が有罪となった（松岡洋右と永野修身は公判途中死亡、大川周明は精神障害で訴追免除）。土肥原賢二、広田弘毅、板垣征四郎、松井石根、武藤章、木村兵太郎、東条英機の七名が絞首刑、平沼騏一郎、木戸幸一ら一六名が終身刑、東郷茂徳が二〇年の禁固刑、重光葵が七年の禁固刑であった。有罪被告二五名のうち、二三名が「平和に対する罪」で有罪になり、「人道に対する罪」で起訴された被告はいなかった。いわゆる「南京虐殺事件」の責任者松井石根も「人道に対する罪」では訴追されなかったのである。「平和に対する罪」で有罪を否定された二人は、松井石根と重光葵で、ともに共同謀議に参加していないことが認められたものであるが、それでも松井が絞首刑になったのは、中支那方面軍司令官としての南京事件の責任を重く考量されたものである。ニュルンブルク裁判では被告二四名中一九名が有罪、一二名が死刑であったのと比して、東京裁判は、有罪率では高く死刑率では低い結果となった。

判決文は、六対五の多数決により評決が行われ、五人の少数意見者のうち、インドのパール判事、フランスのベルナール判事、オランダのレーリンク判事が個別反対意見書を提出した。特に、パール判事は、判決文よりもさらに長い意見書を発表し、事後法によって裁くことはできないこと、司法裁判所は政治目的を達成するものであってはならないことを力説、「勝者の裁き」を非難し、全被告を無罪とした（レーリンク判事の見解もパールの見解に近かった）。

四八年一二月二三日、七名の絞首刑は執行された。その日は、昭和天皇の長男明仁親王（現天皇）の誕生日であった。その翌日、ＧＨＱは、東条内閣の商工相として対米開戦宣言に署名した岸信介、右翼団体の領袖であった児玉誉士夫・笹川良一ら一九名のＡ級戦犯容疑者の釈放を発表し、以後は軍事裁判を中止すると約束した。

因みに、五二年四月に発効したサンフランシスコ講和条約では、日本は極東国際軍事裁判などの軍事裁判の結果を受け入れることが規定されており、法的には、日本は国家としてこの判決を受け入れて、戦後の独立を達成し国際社会に復帰したのである。なお、日本のＢ級・Ｃ級戦犯は、ＧＨＱによって横浜、南京、マニラなど世界四九カ所（うち中国には一〇カ所）に設けられた軍事法廷で裁かれ、約一〇〇〇名が死刑に処せられた。処刑されたB級・C級戦犯は、B級・C級戦犯容疑で拘置中に獄死した者とともに、五九年に、「昭和殉難者」として靖国神社に合祀された。A級戦犯として処刑された者七名と獄死した者七名は、日中平和友好条約が調印された七八年の一〇月に、当時の宮司松平永芳（福井藩主で幕末の政治総裁職であった松平春嶽の孫・元海軍少佐）によって密かに合祀された。このことは、翌七九年四月の新聞報道によって世間周知の事実となった。戦後の天皇の靖国神社親拝は、節目の年に限って行われていたが、終戦三〇周年の節目の年である七五年の一一月二一日に行われた親拝を最後に、その後は行われていない。なお、八五年八月の終戦記念日における中曽根康弘首相の公式参拝後、中国・韓国はA級戦犯を合祀する靖国神社への参拝を激しく非難するようになった。

加藤陽子によれば、戦後、昭和天皇の退位論は、二度大きな波があったという。その一度目が、四八年一一月一二日、極東国際軍事裁判の判決が出た日であった。天皇の弟・高松宮は、次兄秩父宮を摂政として天皇の退位を望む皇族の一人で、末弟三笠宮や東久邇宮らの皇族も早期退位を支持していた。哲学者田辺元《はじめ》たちの知識人グループや東大総長の南原繁《なんばら》も公然と天皇の退位を求め、又は勧めた。著名な詩人の三好達治は、出征した兵士の立場に立って可及的速やかな退位がなければ「世に道理が廃《すた》れる」との随筆を発表し、反響を呼んだ。このような状況の下で、マッカーサーは、東京裁判の判決を機に天皇が退位するのではないかと予測し、退位することに伴う占領政策の動揺を恐れて、同日付けで宮内府長官田島道治からマッカーサーあての書簡という形式をとって、退位をしないとの文言をとりつけた。二度目は、天皇自身の在位が二五年（摂政の期間を含めると三〇年）を超え、しかも明仁《あきひと》皇太子（現天皇）が成人を迎える五二年の四月二八日のサンフランシスコ講和条約が発効する日の後に予定される式典の日であった。これに先立って、元内大臣木戸幸一が巣鴨の拘置所から式部長官松平康昌を通じて天皇に退位を勧めたのである。この時は、当時の首相吉田茂が退位反対論者であり、退位の必要はないが国民への謝罪の文言は必要と考えていた田島宮内府長官との間で妥協がなされ、皇居前での式典での天皇の「お言葉」にすべてを託すこととされた。天皇自身は、祖先から受け継いだこの国を子孫に伝えることが自分の任務であり、（退位せず）苦難に堪えて日本再建に尽くす方が国家に忠を尽くすことになる、と考えておられたのである。

一〇〇〇万人餓死説も乱れ飛んだ食糧危機

四六年五月一九日、皇居前広場で「食糧メーデー」が開かれ、主催者側発表によると二五万人が参加した。

敗戦の年、四五年は大凶作の年であった。この年のコメの作柄は、夏の冷害と初秋の風水害、それに戦時からの田園荒廃が祟《たた》って、平年作の三分の二に落ち込み、〇五（明治三八）年以来四〇年ぶりの不作であった。しかも、朝鮮・台湾・満州からの「移入」は、敗戦のため全く期待できなくなっていた。需要面では、四五年七月から主食の配給量が一割削減されて成人一人当たり二合一勺（二九七グラム）となっていたが、軍人の復員者や海外からの引揚者の新たな需要も加わるため（四五年の人口七二一四万人が四六年には七五七五万人と一挙に三六一万人も膨張）、陸海軍貯蔵食糧を放出して四五年中は何とか凌《しの》げても、四六年産の収穫・出回りまでの間に深刻な食糧危機の訪れが予想され、一〇〇〇万人の餓死者が出るという観測さえ乱れ飛んだ。

四六年五月になると配給基準量の維持さえ困難となり、全国的に欠配・遅配が生じた。都会生活者は、自衛のため近郊の農村に「買い出し」に出かけた。この頃は、モノ不足でインフレが激しかったので、物々交換が主流となり、買い出しに行く度毎に身辺の貴重な品物が衣類、時計、カメラなどと消えていった。このような暮らしぶりをタケノコの皮を一枚ずつ剥《は》いでいくのにたとえて「タケノコ生活」と呼んだ。また、食糧難を乗り切るため、日本中が畑作りに精を出し、焼け跡は耕されて空腹を癒す作物としてムギ、イモ、カボチャなどが植えられ、国会議事堂の前にも続々と畑が出現した。畑作りは同時に、泥棒との知恵比べであったという。全国各地で米兵がジープで乗り込むと、子供たちが目聡《めざと》く見つけては寄ってたかってチョコレートやキャンデーをもらい、「ハロー」や「サンキュー」を逸早く自然に覚えた。

食糧メーデーは、このような配給の欠配・遅配、買い出し、タケノコ生活などに象徴されるような深刻な食糧危機を背景にしたものであった。メーデーのスローガンに「憲法より食糧を」があったが、これは日常的・生存的次元の要求が政治的次元の要求に優先するという切羽詰まった心情と時代状況をよく表している。デモ隊の一部は首相官邸を包囲し、塀《へい》を乗り越えて官邸に入り、組閣中の吉田内閣の二人の閣僚予定者を部屋に閉じ込めた。翌二〇日、マッカーサーは、「秩序なき暴力行為は、今後絶対に許容されない」と警告した。

政府は、コメの買い入れ価格の大幅引き上げ、生産資材の特別配給により農家の米の供出意欲を高める「アメの政策」をとるとともに、「ムチの政策」として供出成績の悪い農家に強制収容命令を出す強権供出の措置をとっていた。そのうえで、この食糧危機を乗り越えるためにＧＨＱに食糧輸入を懇請していた。翌二一日夜、マッカーサーは吉田茂を司令部に招き、「自分が司令官である限り、日本国民は一人も餓死させない」と言明した。吉田は、翌二二日、組閣を完了した。七月以降、輸入食糧が計画的に放出され、東京都の場合、四六年七、八月には配給食糧のうち九割以上を輸入食糧が占めるほどになった。輸入食糧のおかげで、大量餓死は現実のものにならずにすんだが、食糧事情が一挙に好転したわけではない。四六年の作柄は、コメもイモも良かったが、海外からの復員軍人や引揚者が続々帰国してきて人口が増えたのみならず、国民を安心させようと四六年一一月から主食配給量を一挙に二合五勺（三五五グラム）へ引き上げたので、再び四七年には遅配が広がり、四七年秋にまとまった量の輸入食糧が放出されて漸く配給事情も改善され、国民は一息つくことができた。

この時期の食糧輸入は、主としてガリオア資金（米国政府が占領地の飢餓、疾病、社会不安などを防ぐために準備した援助資金）に依存して行われた。この資金によって買い付けられた物資をガリオア物資といい、ガリオア物資には、食糧のほか肥料、燃料、医薬品などがあった。この占領地救済資金は、工業原料や機械を対象としたエロア資金（占領地経済復興援助資金）とともに、日本の復興のバネとなり、国会は感謝決議までした。

ガリオア・エロア物資の払い下げ代金は、当初、他の資金と混同して貿易資金特別会計において処理され、実質的に輸出入補助金的な作用を果たしていたが、四九年、ドッジ・ラインによる財政処理の一環として、対日援助見返資金特別会計が創設されて、復興金融金庫債の償還や公企業向け（国鉄、電信電話公社、日本開発銀行など）及び私企業向け（電力、造船など）の投融資に充てられた。講和条約発効とともに対日援助も終わったので、五二年五月で、この特別会計への繰り入れも打ち切られ、これに伴い、私企業貸し付け分を日本開発銀行に引き継ぎ、その余の資産は五三年八月発足の産業投資特別会計に受け継がれた。ところが、五三年になって米国は両資金の返済を求めてきた。結局、六二年一月九日、日米政府は返済協定に調印し、日本は、援助額一七億五〇〇〇万ドルのうち四億九〇〇〇万ドルを返済することになった。

学校給食の実施とアメリカの食糧戦略

四六年一二月二四日、クリスマス・イブのこの日から東京・神奈川・千葉三都県の国民学校で二五万人の児童を対象として試験的に学校給食が開始された。この年五月に、国連救済復興機関の代表として食糧事情調査のため来日した元米国大統領フーヴァーは、子供たちの栄養状態の悪さにいたく驚き、マッカーサー司令官に学校給食を早期に開始するよう進言していた。これを受けて、この年一〇月、GHQから日本政府に学校給食の実施を援助するとの申し出があり、双方で協議した結果、三都県を皮切りに実施することが決まった。ただし、給食の対象は副食だけであり、子供たちは自宅から主食を持参し、学校で調理された副食を食べた。明けて四七年一月二〇日からは、全国の都市部で待望の学校給食が始まり、明るい話題として歓迎された。四九年にはユニセフ（国連児童救済緊急基金、現国連児童基金）から大量の脱脂粉乳（牛乳からクリームを分離した残りを乾燥し、粉末化したもの）が寄贈され、これを使って全国の五五校でモデル的なミルク給食が行われたことがある。

その後、学校給食は、ユニセフなどの支援も受けて急速に拡大し、五〇年五月には一万九九五校、七四〇万人に達した。同じ年の七月から九月にかけて、まず八大都市でそれまで副食だけであった給食にパンを加え、いわゆる完全給食が始まった。五四年六月には学校給食法が制定され、「粉食」を基本とする学校給食の普及拡大を図ることが法制化された。このようにして、まず子供たちの世界からパン食が定着していった。アメリカの食糧援助には、単に人道的見地からの飢餓救済にとどまらず、余剰物資たる小麦の在庫を減らして国際市況の低落を防ぐこと、更には共産主義の浸透に対する防波堤の役割を狙う思惑が込められていた。

戦後、日本人の食生活は著しい変化を遂げた。すなわち、コメ、野菜、魚を三本柱として雑穀で補う日本人の食生活は、戦後、パン、畜産物を加えて飛躍的に豊かになった。その端緒となったのが、パンとミルクを中心とする学校給食である。子供の頃の食事はその後の食生活に決定的な影響を与えるのである。その結果、日本はアメリカ農産物の安定的な輸入国となった。アメリカの長期戦略であった。麦の輸入が増加し、麦の国内生産が縮小するとともに、六〇年代半ばからはコメの消費の減退を招き、七〇年代からはコメの本格的な生産調整（生産縮小）を余儀なくされることになった。「豊葦原瑞穂の国《とよあしはらみずほのくに》」の農村の活力は減退した。

頻発する労働争議と二・一ゼネスト

敗戦直後の極度のインフレと低賃金、多数の失業者の滞留のため、労働争議が頻発した。

戦前の三五～三七年の平均を一〇〇とする工業生産指数は、終戦の月には何と八・五にまで落ち込み、四六年九月には三〇・四まで回復したものの、その後、再び低落を始めた。また、四五年九月を一〇〇とした東京都卸売物価指数は、四六年一二月には九一一と鰻上《うなぎのぼ》りに上昇していた。一方、賃金は同じく四五年九月を一〇〇とした場合、四六年一二月には、六三九と上昇してはいるものの、物価の上昇にはるかに及ばない状況であった。完全失業者数も四六年六月に五六〇万人（総人口約七五〇〇万人）と報告されている。このような極度の経済事情の悪化に加えて、占領政策の結果もたらされた労働組合結成の公認と国民の権利意識の高揚の下で、労働争議が頻発した。労働争議の戦術は、ストライキ・サボタージュ・ロックアウト・生産管理など多岐にわたったが、遂に倒閣・反政府運動にまで高まってきたのが、四六年一二月一七日の国民大会であった。その先頭に、共産党の徳田球一書記長の凄《すご》みをもって廃墟に響き渡る声があった。革命前夜の観さえあったという。

明けて四七年元日のＮＨＫ放送の年頭の辞で、吉田首相は、労働運動指導者を捉えて、悲しむべき経済状態を利用し経済建設を破壊しようとする「不逞《ふてい》の輩《やから》」と非難した。しかし、この「不逞の輩」発言は反政府運動に油を注ぐ結果となった。一月一五日には、三三団体、六〇〇万人を結集した全国労働組合共同闘争委員会（全闘）が結成され、三日後の一八日には、全官公労共闘が二・一ゼネスト決行を宣言した。吉田首相は、社会党右派を取り込んで自由党・進歩党・社会党の連立政権によって危機回避しようとしたが、連立工作は失敗に終わり、吉田内閣はスト攻勢をまともに受けることになった。一月二八日には、内閣打倒をより前面に打ち出して反政府姿勢を尖鋭化した吉田内閣打倒・危機突破国民大会が開催され、主催者発表によると三〇万人が参加していた。翌二九日には中央労働委員会の会長代理末弘厳太郎（前東大教授・労働法の草分け的法学者）が、現行五五六円から一八〇〇円への平均賃金引き上げ要求に対し、一八歳で最低賃金六五〇円、平均で一〇〇〇円にするという調停案を出したが、共産党の徳田球一は平均一二〇〇円を要求し、他の共闘委員も同調したため、末弘は平均一二〇〇円で政府に勧告した。政府は調停案を受け入れるとしながら、当分は平均九六四円とする条件を付けたため、共闘は受け入れを拒否した。このまま、二・一ゼネストが実行された場合、鉄道・電信・電話・郵便・学校が全て停止し、国民生活は大混乱に陥ることは必至であった。

一月三一日、マッカーサーは、「現下のごとく窮乏に喘《あえ》ぎ衰弱した日本で、かかる致命的な社会的武器に訴えることは許さない」としてゼネスト中止を命令した。当日午前八時には、占領軍はゼネストが強行された場合に備えて厳戒体制に入っていた。民主化を進め、労働者の権利意識を向上させてきたＧＨＱも、占領政策に抵触する場合や共産主義の浸透を感じた場合には、労働者の味方ではないことが、この中止命令によって明らかになった。占領軍を「解放軍」として規定していた共産党は、これを契機に、労働組合運動の中での求心力を失い、しばらく迷走した揚句《あげく》、五一年から暴力革命路線へ転換した。労働組合は社会党支持へと傾いていった。四八年七月には、マッカーサー指令に基づく政令によって、国家公務員と地方公務員のストライキが禁止され、団体交渉権も剥奪された。

石炭・鉄鋼に重点を置いた傾斜生産方式

四六年一二月二七日、「石炭増産非常対策」と「昭和二一年度第四四半期基礎物資需要策定並びに実施要領」が閣議決定され、経済施策を石炭・鉄鋼の増産に集中する傾斜生産方式が開始された。

四六年秋頃には、鉱工業生産が依然停滞している中で、一時小康状態にあった物価が再び猛烈な上昇傾向を示した。戦後の工業原材料の輸入途絶という状況の中で生活物資の充足とインフレ阻止のため原材料はもっぱら消費財生産部門に投入され、経済再建の根幹となる基礎資材の生産は停滞したままであった。このため、政府や民間の手持ち原材料ストックは、四六年秋頃になると次第に乏しくなってきたのである。そこで、四七年春には経済的破局が訪れるという三月危機説さえ唱えられるに至った。当時、エネルギー供給の太宗は石炭が担っており、生産拡大の現物的隘路《あいろ》は石炭供給の不足にあるとみられていた。

　吉田内閣は、従来の年二三〇〇万トンの出炭ペースを一挙に三〇〇〇万トンに引き上げるという目標を掲げ、この目標を達成するための軌道設定のため、四六年一一月五日、吉田首相の特命で、外務省内に石炭特別小委員会（委員長有沢広巳《ありさわひろみ》、委員稲葉秀三、大来佐武郎《おおきたさぶろう》、茅誠司《かやせいし》、東畑精一、中山伊知郎、吉野俊彦ら）を発足させた。学者好きで有名な岳父・牧野伸顕の人脈と戦前の企画院時代からの和田博雄農相の人脈が生かされ、当代第一級の錚々たる学究が毎週「昼めし会」に集まり、この問題について鳩首凝議《きゅうしゅぎょうぎ》したのである。討議の中で石炭増産を阻む最大の隘路が、戦前の一割以下に落ち込んでいた鉄鋼の供給不足にあることが明らかになった。石炭の増産にはまず鉄鋼の増産が必要であり、鉄鋼の増産のためには何よりも石炭の増産が必要という関係になっており、しかも鉄鋼は工業全般にとって根幹的地位を占める基礎資材であるので、石炭と鉄鋼の増産をあらゆる施策に優先して、資金・資材・労働力を両産業に重点的に配分することとした。これが、「傾斜生産方式」と呼ばれるものである。この「昼めし会」による政策形成は、戦後のブレイン政治の濫觴《らんしょう》であり、大転換期において大きな役割を示した。これらの高い知性と公共精神を兼備した学究は、その後七〇年代に至るまで「斯界《しかい》の泰斗《たいとう》」として重大局面でリーダーシップを発揮した人が多い。

　四七年一月二四日、復興金融金庫が設立され、傾斜生産に必要な傾斜金融を担当することとなった。復興金融金庫は、政府出資四〇億円を資本金として発足し、その後も所要資金は全額政府出資の資本金で賄うことになっていたが、実際には政府出資額は十分でなく、資金の大部分は復興金融金庫が債券を発行し、それを日銀が引き受ける形で調達された。貸出先は、石炭・電力・肥料・鉄鋼などの基幹産業に集中しているが、特に石炭には融資総額の、四六年度には三五%、四七年度には三八%を貸出していた。復興金融金庫が活動を停止した四八年度末における石炭業の設備資金借入残高の九八%は復興金融金庫からの借入残高であった。一方、鉄鋼業は、四七年七月以降、公定物価体系の補給金の最重点対象産業となり、この面から巨額の政府資金の支持を得たので、石炭業ほど、復興金融金庫に依存する必要はなかった。四八年度末における復興金融金庫債の発行残高は一〇九一億円うち日銀保有分は七九七億円であった。四七年度に石炭生産量三〇〇〇万トンにするという目標はほぼ達成され、復興金融金庫の使命は一応果たしたが、他面において、究極の目的であるインフレの克服という課題には、日銀引き受けによる通貨発行の増大を招き、逆行する結果となった。歴史的使命を終えた復興金融金庫は、五一年四月に廃止され、全額政府出資で新設された日本開発銀行（九九年に設立された日本政策投資銀行の前身）にその一切の資産は承継された。

教育改革

四六年一二月二七日、教育刷新委員会は、六年の初等教育に続く三年の中学校を義務制とし、これを翌四七年四月から実施するという思い切った答申を行った。

この年三月に訪日したアメリカ教育使節団は、同月末に報告書を提出し、男女共学、六・三・三制、文部省の権限を縮小するための都道府県と市町村における公選制の教育委員会の設置などを勧告した。この報告書の勧告に基づき、八月に教育刷新委員会が設けられたのである。この委員会は、文部省の影響を排除するため、内閣総理大臣の直属の機関として設けられ、安倍《あべ》能成《よししげ》（哲学者・旧制第一高等学校校長・幣原内閣の文相）が委員長、南原繁《なんばらしげる》（政治学者・東大総長）が副委員長となり、教育の民主化にについて理想を求めて審議が進められた。その間、ＧＨＱにも、文部省にも、教育刷新委員会にも、日本各地から多くの手紙が寄せられ、異口同音に「日本を復興させるものは教育以外にない。自分たちは戦争によって国を荒廃させ、何も子孫に与えるものは持っていないが、せめて立派な教育だけはしてやりたい」という気持ちを伝えていた。戦後の窮乏の中で日々の生活を維持するための努力を懸命に続けながら、日本を文化国家として再生することを願う国民が多かったのである。

四六年一二月の教育刷新委員会の答申を受けた政府は困惑した。財政が窮迫している最中であったため、石橋湛山蔵相は頭から反対であった。戦災による多数の校舎の消失という実情を知る田中耕太郎文相も強く反対した。吉田首相をはじめ政府関係者は、中学校の義務教育制は三年間、六・三・三・四制全体については一〇年間、くらいの間に実施する心積りであった。しかし、日本国民の心情を多くの手紙によって知っていたＧＨＱは強硬で、政府に対し早期実施を強く指示した。結局、政府は、教育基本法案と学校教育法案を国会に提出し、四七年三月三一日に、二法は公布された。義務教育としての六・三制は四七年度から実施し、その後、四八年度に三年制の高校の改革、四九年度に四年制の大学の改革を実施することになった。

明けて四八年七月一五日には、教育委員会法が成立し、教育の民主化・地方分権化・官僚統制からの脱却を目的として、都道府県と市町村に公選制による教育委員会（委員は都道府県七名、市町村五名）が設置されることとなった。教育委員会は合議制で、教職員の任命権、教育予算の編成権など広範な権限をもち、教育長を任命して事務を総括させた。四八年度から都道府県と大市に、五〇年度から市町村に教育委員会が成立した。

しかし、委員会の独自性に対する保守勢力の反対が強まり、教育委員選挙の低投票率という問題もあり、五六年一〇月、教育委員会法が改正され、公選制を廃止して首長の任命制に切り換えるとともに、教育委員会の権限を縮小し、文部省の中央統制が復活強化された。この法案の国会審議の過程で、会期切れの前日の六月二日、参議院の審議は大混乱に陥り、同日深夜、松野鶴平議長は警官隊五〇〇名の出動を要請し、うち三〇名を本会議場に入れて議長席を守らせ、採決を強行した。戦後の「乱闘国会」のはしりである。

総選挙での社会党大躍進と片山内閣

四七年四月二五日、新憲法の下での初の衆議院総選挙が行われた。社会党一四三、自由党一三一、民主党一二一、国民協同党二九、共産党四、諸派一三、無所属一三という獲得議席となった。社会党が第一党に躍進したが、保守勢力の優位は動かなかった。共産党が躍進するどころか一議席ながら議席を減らしたのが特徴であった。共産党の急進的主張が忌避されたのである。

四七年は、「選挙オンパレード」と言っても過言でない年であった。まず、二月二四日に参議院議員選挙法が公布され、定員二五〇名（うち全国区一〇〇、地方区一五〇）、任期六年（三年ごとに半数改選）となり、四月二〇日に第一回参議院議員選挙が行われた。結果は、社会党四七、自由党三八、民主党二八、国民協同党九、共産党四、諸派一三、無所属一一となり、五日後に行われる衆議院総選挙の前哨戦として総選挙の帰趨を占なうにふさわしい結果が出ていた。また、衆議院総選挙に二〇日先んじて四月五日に、第一回知事選挙・市町村長選挙が一斉に行われ、総選挙の五日後には地方議会議員選挙も一斉に行われた。

衆議院議員選挙法は、四五年一二月に改正され、四六年四月に初の総選挙が行われたばかりであったが、最後の帝国議会であった第九二回帝国議会の会期切れ間際の四七年三月二七日に、突如、選挙法改正案が提出され、自由党と進歩党が共同して強行採決で成立させ、三月三一日に公布された。この改正は、総定数を四六六として二名増加させつつ、大選挙区・制限連記制から戦前の中選挙区・単記制に戻し、選挙運動の規制を強化するもので、革新派の議会進出阻止を狙ったものであった。この改正案が成立した直後、三月三一日に、衆議院は解散し、一八九〇年以来の帝国議会は、五七年の歴史をもって幕を閉じた。

なお、協同組合主義による修正資本主義を目指す中道政党・日本協同党は、前回の総選挙後、他の諸政党を糾合《きゅうごう》して協同民主党を結成していたが、今回の総選挙を控えた四七年三月、同じ中道政党の国民党と合同して国民協同党を結成し、三木武夫が書記長になっていた。前回の総選挙で第二党に転落していた日本進歩党は、幣原喜重郎を総裁として再建が図られたが、四七年三月三一日、帝国議会終焉の日に、進歩党を中心に、自由党、国民協同党からの参加者を含めて、改革的保守政党を目指す民主党が結成された。しかし、新党結成に反対の立場をとっていた幣原喜重郎は、顧問に棚上げされ、総裁を決められないまま、民主党は総選挙を迎えた。日本社会党は、委員長片山哲《かたやまてつ》、書記長西尾末広の左派・右派コンビで、戦前・戦中を通じて非合法政党であった日本共産党は、書記長徳田球一、志賀義雄、野坂参三の出獄組・帰国組のトリオでそれぞれ総選挙に臨んだ。

総選挙の結果が出ると、マッカーサーは声明を発し、「日本国民は共産主義的指導を断乎として排し、圧倒的に中庸の道を選んだのである」と意義づけた。吉田首相は、選挙の結果を受けて、「憲政の常道」に則って、連立工作などをせずに、さっさと第一党になった社会党に政権を譲り渡した。社会党から自由党への連立工作に対しても、社会党内に容共の左派がいることを理由として、これをはっきり断り野に下った。

政権政党としての計画も準備もないまま第一党になった社会党の組閣は難航し、総選挙以来一カ月近くを経た五月二四日、民主党・国民協同党の協力を得て三党連立の片山内閣が成立した。閣僚の配分は、社会党七、民主党七、国民協同党二、その他一であった。総選挙後に民主党総裁に就任した芦田均が交渉手腕を発揮して、外相と蔵相は民主党のポストとなった。社会党右派から、国務相兼官房長官に西尾末広、農相に平野力三が就任して片山体制を支え、更に、GHQから「もっと強力な機関とし経済企画の中枢的機関とする」よう指示されていた経済安定本部の本部長（正式には総務長官）に、吉田第一次内閣の農相で、農政のみならず経済全般に通じていた和田博雄を参議院緑風会から任命した。新憲法下で登場した社会主義者片山哲を首班とする内閣は、実質的には中道政権であり、組閣翌月の『毎日新聞』の世論調査では、六八・七％という極めて高い支持率で、この高い支持率は、九三年七月の総選挙で自由民主党が大敗して、いわゆる「五五年体制」が崩壊し細川護煕内閣が誕生したときまで破られることがなかった。

片山内閣の経済安定本部は、和田本部長の下に、都留重人、大来佐武郎、下村治らの経済学者、日本製鉄の永野重雄、倉敷紡績の大原総一郎らの民間経済人、通産省の山本高行、大蔵省の大平正芳、農林省の東畑四郎らの官僚など官民の俊秀を集め、経済参謀本部ともいえる強力な権限を持つ官庁として、猛然として始動した。六月一一日には「経済危機突破緊急対策要綱」を発表し、七月四日には「経済実相報告書」を公表し、七月五日には一八〇〇円ベース賃金など「新物価体系」を公表した。このような経済安定本部の精力的活動もあって、日本経済は再建の方向に動き始めた。しかし、物価を戦前比六五倍とするのに対し賃金は戦前比二七倍に抑える物価・賃金政策をとったため、労働運動の強い反撃を招き、社会党左派がこれに呼応した。他方、片山内閣は、GHQ民政局の強力な支持の下、地方自治制度・警察制度・国家公務員制度の変革、民法・刑法の改正、内務省の解体と労働省の新設など民主化のための諸改革を成し遂げた。

しかし、社会党内閣として唯一社会主義的色彩をもつ炭坑国家管理政策に関し、民主党の反対で社会党は大幅な譲歩を余儀なくされ、その上、一一月二五日の衆議院本会議の採決に際して、民主党の幣原派二四名が反対票を投じて幣原らは「同志クラブ」を結成し、民主党は分裂した。また、内閣の要である和田経済安定本部長官と平野農相との米価増額要求を巡る政策対立を契機として、一一月四日、片山首相が新憲法に基づく閣僚罷免権を初めて発動して平野農相を罷免した。結果として、社会党政権は、平野力三派の衆参合わせて二〇名前後の右派議員団を一挙に失った。その後任に社会党左派の野溝勝《のみぞまさる》を起用しようとしたところ、今度は、民主党のみならず国民協同党も強硬に反対して中間派の波多野鼎《はたのかなえ》を起用することにした。ところが、野溝勝の入閣を拒否された鈴木茂三郎ら社会党左派七八名は、一二月一三日、党内野党宣言を発表した。片山内閣は、今や内憂外患を抱え、求心力を失っていた。極め付きは、明けて四八年一月一九日、社会党大会が、連立内閣の基礎となる政策協定破棄を決定し、二月五日には、社会党左派の鈴木茂三郎が委員長の衆議院予算委員会が、官公庁職員の生活補給金支給のための財源を鉄道運賃と郵便料金の倍額値上げに求める補正予算案を、人民負担が過重となるとして否決したことである。事ここに至って、二月一〇日、片山内閣は総辞職した。

新憲法制定に伴う民法の大改正

新憲法は、第二四条において、民主主義の基本原理である個人の尊厳と両性の本質的な平等の原則を、婚姻その他の家族生活について定めた。

これを受けて、民法が改正され、四七年一二月二七日に公布された。民法は、第一編総則、第二編物権、第三編債権、第四編親族、第五編相続から成るが、このうち、第四編親族および第五編相続の規定が根本的に改正され、牢固《ろうこ》として厳存していた「家《いえ》」の制度が廃止された。

婚姻に関しては、改正前の明治民法（一八九八年七月施行）では、家族の婚姻には戸主の同意が必要であり、一定の年齢（男は三〇歳、女は二五歳）未満の子の婚姻には家にある父母の同意が必要であったが、新民法では、これらの要件をすべて廃し、未成年の子の婚姻については、少なくとも父母の一方の同意を必要とした。「離婚」について、明治民法は、協議離婚についても二五歳未満の者がこれをなすには父母の同意が必要とされ、裁判上の離婚については、妻の姦通は離婚原因とされ、夫の姦通は離婚原因にならなかったが、新民法では、協議離婚についての父母の同意要件を廃止し、裁判上の離婚については夫の不貞行為も、妻のそれと同様、離婚原因とした。

夫婦の財産関係に関しては、明治民法では、妻はいわゆる無能力者とされ、戸主または家族のいずれに属するか明らかでない財産は、戸主の財産と推定され、夫婦のいずれに属するか明らかでない財産は夫または女戸主の財産と推定され、夫は妻の財産を管理し、夫は婚姻から生ずる一切の費用を負擔《ふたん》する義務を負擔し、夫または女戸主はその配偶者の財産の使用及び収益する権利を有し、更に、妻がある種の財産上の行為をなすには夫の許可が必要とされたが、新民法は、これらの規定をすべて廃止した。

相続に関しては、明治民法では、家督相続において、法定推定家督相続人が原則として独占的に相続し、その法定推定家督相続人を決める場合に、長子は幼子に優先し、男子は女子に優先するとされていたが（長子一括相続制）、新民法では、「家」の廃止に伴い、家督相続は消滅し、遺産相続だけが相続として認められ、相続の順位を決める場合に、同じ親等の直系卑属・直系尊属または兄弟姉妹の間で相続分を定める場合にも、長幼または男女によって差別されることなく、全て平等に取り扱われることになった（均分相続制）。ただし、配偶者はそれ以外の相続人より相続分が優遇されている。配偶者相続分優遇は、被相続人の財産が、その家族、特に配偶者の協力によって獲得され維持されたと見るべき場合が多いこと、被相続人の死後の配偶者の生活の安定を考慮すべきこと、などによる。

なお、新民法の公布に先んじて、四七年一〇月二六日、新刑法が公布された。新刑法では、新憲法の制定を受けてその制定の趣旨に適合するように、不敬罪などの皇室に対する罪、安寧秩序に対する罪、姦通罪の削除などが行われた。

芦田均内閣

四八年三月三日に、民主党・社会党・国民協同党の三党間政策協定が成立し、一週間後の一〇日に芦田均内閣が成立した。閣僚ポストの配分は、民主党六、社会党八、国民協同党二であった。首班を出した民主党が少ないのは、民主党から脱党者が続出した上、芦田自身が外相を兼任したためである。社会党からは西尾末広が副総理、左派の加藤勘十と野溝勝が労働相と国務相として入閣した。総じて適材適所には程遠く、迫力に欠ける布陣であった。

芦田内閣の看板政策は、「外資導入による経済再建」であり、導入した資金によって生産と貿易を拡大し、五年間に国民の生活水準を戦前ピーク時の水準に戻し、経済の自立を図ろうとするものであった。しかし、アメリカの要求する外資導入の前提条件を満たすべく全力を挙げたが、奏功せず、外資導入はほとんど実現されなかった。吉田第一次内閣以来の傾斜生産方式を実質的に継承しつつ、低ベース賃金による物価政策を強行したため、官公庁労組などの反対闘争激化を招いた。これに対し、七月二二日、マッカーサーは芦田首相あてに書簡を送り、公務員の団体交渉権・争議権を否認する国家公務委員法の改正と、鉄道・専売事業の公共企業体化を命じた。芦田内閣は、いわゆる「ポツダム政令」で、即日施行した。加藤勘十労相は、社会党左派でありながら、これに対して抗議の辞職をする構えさえ見せなかった。

結局、芦田内閣は、「贈収賄事件」によって瓦壊《がかい》した。一つは、副総理の西尾末広が、片山内閣時代に土建業者から受けた献金が問題となり、六月一一日に最高検察庁が起訴を決定したのを受けて、七月六日、内閣の重鎮である副総理を辞任した。二つ目は昭和電工疑獄事件である。六月二三日に昭和電工の社長日野原節三を逮捕して発覚した本事件は、日野原が、肥料工場の増設資金を復興金融金庫から復興資金として借りるために、政治家・官僚・ＧＨＱの要路《ようろ》に金品を湯水のごとくバラまき、接待工作を行ったというもので、多くの政府関係者が逮捕された。九月三〇日には、栗栖赳夫《くるすたけお》経済安定本部長官が、一〇月六日、西尾前副総理が逮捕され、芦田首相にも追及の手が伸びた。このため、一〇月七日、芦田内閣は総辞職した。総辞職後に、芦田均自身も逮捕され、六四名が起訴されたが、栗栖長官が執行猶予つき有罪となっただけで、ほかは無罪となった。真相は詳《つまび》らかでないが、この頃、台頭著しかったＧＨＱのウィロビー少将率いる参謀第二部の黒幕説もある。この事件を契機に、片山・芦田の中道連立政権の守護神のごとく絶大な権勢を誇っていたＧＨＱ民政局のケーディス次長は、収賄を取り沙汰されて失墜し、占領政策の変更を説得するためにワシントンに行脚《あんぎゃ》したが、その不可能を悟って四九年五月辞任して失脚した。ケーディスとウィロビーはＧＨＱ内で対抗関係にあった。

第二次・第三次吉田内閣

四八年一〇月一五日、第二次吉田内閣が成立した。

芦田内閣が成立した直後の四八年三月一五日、吉田茂が率いる自由党は、民主党を脱退した幣原喜重郎、斎藤隆夫らの同志クラブ（合流直前に民主クラブと党名変更）をはじめ幾つかの小党派と合流して民主自由党を結成し、第一党の座を占めていた。同党は、総裁吉田茂、幹事長山崎猛、最高顧問幣原喜重郎という布陣で、一五三名の代議士を擁する勢力となった。芦田内閣が瓦解した後、民主党は、ＧＨＱの民政局（ＧＳ）の了解のもとに、民主自由党の幹事長山崎猛を首班とする挙国連立内閣を作ろうとしていたが、ＧＨＱの参謀二部（ＧⅡ）の横槍と吉田茂の不退転の闘志を露《あら》わにしたマッカーサーとの直談判で、この山崎首班構想は頓挫した。一〇月一四日の衆議院本会議での首班指名投票では、民主党が白票を投じて白票が二一三になり、一八五票を得た吉田が民主自由党単独少数内閣を組織することになった。しかし、民主自由党は、老齢化と公職追放のため人材難であった。官房長官には、まだ議席のない元運輸事務次官の佐藤栄作

（A級戦犯容疑者岸信介の実弟）を抜擢し、蔵相には、日銀総裁・蔵相経験者である池田成彬の推挙で泉三六を起用したものの、泉は泥酔して国会内で婦人議員に接吻して、わずか二カ月で辞任する体《てい》たらくであった。

四八年一二月二三日、時あたかも七名のA級戦犯が絞首刑に処せられた日、衆議院本会議は内閣不信任案を可決し、衆議院は解散した。世論は明確に吉田内閣を歓迎していたので、吉田首相は、一刻も早く少数内閣から脱却すべく衆議院の早期解散・総選挙を望んでいた。しかし、GHQ民政局（GS）は、憲法上、政府に解散権はないとの見解を示していたので、吉田は、恥を忍んで野党が提出した内閣不信任案を可決して、解散・総選挙に持ち込んだのである。このため、この解散は「馴合《なれあ》い解散」と呼ばれた。

明けて四九年一月二三日に行われた戦後三回目の総選挙の結果は、民主自由党二六四（一四二）、民主党六九（九〇）、社会党四八（一一一）、国民協同党一四（二九）、共産党三五（四）と（括弧書きは改選前議席数）、中道三党が大きく凋落《ちょうらく》し、民主自由党が絶対多数を獲得した。共産党が歴史的大躍進を遂げたが、社会党に幻滅した革新票が共産党に流れたに過ぎず、革新勢力全体としては退潮した。高坂正堯によれば、国民は改革と混沌に倦《あ》き、安定と復興を望んでいたのである。吉田は、池田勇人（大蔵事務次官）、岡崎勝男（外務事務次官）、佐藤栄作（運輸事務次官）、前尾繁三郎（大蔵省造幣局長）ら多数の敏腕官僚を、民主自由党に入党させて、ことごとく初当選させることに成功した。吉田は、四八年夏から高級官僚を集めて勉強会を開き、まじめな政策論議を行っていたのである。これが「吉田学校」の始まりであり、そこから優秀な人材が育ち、戦後保守政治の中核が輩出された。

四九年二月一六日、第三次吉田内閣が成立した。

民主自由党は絶対多数を確保したにもかかわらず、吉田は、前途に横たわる講和条約締結と経済復興の問題に対処するには、保守勢力の統一と長期安定政権の確保を図る必要があると考え、民主党の犬養健《いぬかいたける》総裁（犬養毅の三男）に連立を呼びかけた。二月一〇日、吉田と犬養の二人は、マッカーサーを訪ねた後、保守連立の共同声明を発表し、保守合同に対するマッカーサーの支持を裏書きした。しかし、保守連立を巡る民主党の内部対立が激しく、民主党からは二名を入閣させるにとどまった。犬養が連立を強行したため、民主党は、組閣後一カ月にして連立派の犬養派（四一名）と野党派の幣原派（六六名）に分裂した。

組閣に当たり、講和問題を抱える外相は、吉田が自ら兼務し、経済政策の要となる蔵相には初当選の池田勇人を、官房長官には当選二回で内務省出身の増田甲子七《かねしち》を起用した。第三次吉田内閣は、五二年一〇月まで三年八月も続く長期安定政権であったが、ワンマン吉田の閣僚罷免権の駆使による閣僚の首のすげ替えが臨機応変に行われ、終始一貫その座にあったのは池田蔵相だけであった。

経済安定九原則とドッジ・ライン

第二次吉田内閣の末期の四八年一二月一八日、ＧＨＱは、アメリカ政府の指令による「経済安定九原則」を発表した。

この年三月、財界出身の陸軍次官ドレーパーと、マーシャル・プランの推進に貢献した後に国務省政策企画本部長に就任したケナンが、踵を接するように来日した。「経済安定九原則」は、この二人が、日本の現況とマッカーサーの意向を確かめた上で、帰国後提出した報告書に基づき、国家安全保障会議（ＮＳＣ）の決定と大統領の承認を得て、マッカーサーへの勧告として発せられたものである。九項目は、①財政の均衡、②徴税の強化促進、③融資制限、④賃金の安定、⑤価格統制の強化、⑥貿易・為替管理の改善、⑦輸出の振興、⑧重要原料などの増産、⑨食糧供出の改善である。これは、日本経済の復興による経済の自立と対日経済援助の軽減を目的とし、単一為替レートの設定とインフレの収束に重点があった。この年は、ヨーロッパでは六月にソ連がベルリンを封鎖し、東アジアでは、九月には朝鮮民主主義共和国が北朝鮮に成立し、一二月には中国人民解放軍（共産党軍）が国民党軍（蔣介石軍）を排除して北京に無血入城を果たすなど冷戦の激化と共産主義の浸透が進行していた。これらの要因が、占領政策の重点を非軍事化・民主化から経済の復興へと、移行を促進したのである。

四九年二月一日、ドッジ公使がロイヤル陸軍長官とともに来日した。ドッジ公使は、財界出身のドレーパー陸軍次官が「経済安定九原則」を実現するためにロイヤル陸軍長官やトルーマン大統領に推挙した人物である。苦学力行してデトロイド銀行総裁となり、終戦直後にドイツにおける米軍司令部の経済顧問となって通貨改革を含む経済政策で辣腕《らつわん》を振るい、四七〜四八年には全米銀行協会会長も務めた信念の人であった。ドッジは、古典的な自由経済論者であり、厳しい財政均衡論者であった。

三月七日、ドッジは、日本経済安定策（「ドッジ・ライン」）を明示した。この中で、何よりの必要な対策として、まず財政と金融を引き締めてインフレを抑えなければならない、結論として、①米国民の税金からの援助で生活を支えてゆくことは許されない、②日本人は自らの手でより安い生産費で生産し、貯蓄と節約によって資本を蓄積しなければならない、と言明した。更に補足して、「日本の経済は両足を地につけずに竹馬《たけうま》に乗っているようなものだ。竹馬の片足は米国の援助、他方は国内の補助金機構である。竹馬の足を余り高くし過ぎると、転んで首を折る危険がある」と警告した。要するに、日本国民に耐乏生活を求めたのである。

大蔵省が用意した四九年度予算案は、ドッジによって、補給金が廃止され、復興金融金庫債の新規発行が停止されるなど大幅に修正され、四月一五日、歳出を歳入以下に抑える超均衡予算となった。

四月二三日には、一ドル三六〇円の単一為替レートが設定され、二五日から実施することになった。日本側も、この頃、三三〇円を覚悟していた輸出業者が多かったので、三六〇円ならやっていくことができると内心安心した者が多かったようである。現に、この年に入って輸出は伸び始めたのである。この三六〇円レートは、七一年八月のニクソン・ショックによる変動相場制への移行まで続いた。

財政と金融の超健全化を一挙に実現することによって、戦後の凄まじいインフレも収束に向かった。「ドッジ・ライン」は、インフレの収束には成功したが、その副作用としてデフレ効果をもたらした。このため、中小企業の倒産や失業者が増大し、加えて四九年七月には下山事件、三鷹事件、八月には松川事件と不気味な事件が相次ぎ、社会不安が一気に高まった。これに対処するため、政府・日銀は、四九年度半ばから金融緊縮から金融緩和に政策転換を行ったが、容易にデフレ圧力を抑え切ることができず、結局、五〇年六月の朝鮮戦争の勃発による戦争特需に助けられることになった。その意味で、朝鮮戦争は日本にとっては正《まさ》しく「僥倖《ぎょうこう》」であった。

税制改革に関するシャウプ勧告

四九年五月一〇日、シャウプ使節団が来日した。同使節団はコロンビア大学教授シャウプを団長に七名で構成されていたが、いずれも財政学あるいは租税法の専門家であった。この使節団は、当時の猛烈なインフレによって制度の基盤そのものを失っていた日本税制の全般的見直しのために来日したのである。使節団は、「世界で最も優れた税制を日本に構築する」との理想に燃えて、到着後四カ月間にわたり真剣な調査と研究を積み重ねた上で、八月二六日、税制改革案を公表し、九月一五日、ＧＨＱが最終的に全文を「日本税制報告書」として発表した。これが、いわゆる「シャウプ勧告」である。

「簡素かつ公平」を基本理念としたシャウプ勧告の特徴は、①所得税を中核に据えた直接税中心主義（戦時中の戦費調達を目的とした間接税の新設と強化のため、税制は複雑となり四六年度の税収の間接税比率は四四%となっていたが、間接税を大胆に整理）、②地方財政の強化（戦前は国税の比率が高く、地方税は国税の付加税的性格のものが多く、地方自治体は国からの補助金に頼っていたが、固定資産税や付加価値税を独立税として創設するなど地方税源を拡充強化するとともに、平衡交付金により財源の偏在を是正）、③税負担の公平性の徹底（所得税の最高税率を引き下げる代わりに富裕層には資産に対し富裕税を課税、非課税であった有価証券譲渡益に新たに課税、家単位の課税を個人単位の課税に移行など）にあった。シャウプ勧告は、五〇年度税制において、かなりの程度実施されたが、都道府県税としての付加価値税は、世界に前例がなく当初から不評で実施が延期され、遂に五四年度には、一度も実施されないまま廃止されてしまった。八九年度に消費税が導入されるまで、直接税中心主義は変わらなかった。富裕税は、運用上の困難から五三年度に廃止された。

原爆の拡散と原子力の平和利用

四九年八月二九日、ソ連が、カザフスタンの西北部にあるセミパラチンスクの実験場で初の原爆実験に成功し、九月二四日には、原爆保有を宣言した。

スターリンは、四五年七月、ポツダム会談の途中、トルーマン大統領から「異常な破壊力を持つ新兵器」を完成した旨をそれとなく告げられた後、ただちにソ連の原爆開発の責任者であるクルチャトフ（核物理学者）に開発を急ぐよう指示していた。スターリンは、それ以前から、同じグルジア出身の最側近である国家保安委員長ベリアの監督のもとに「シャラーシカ研究所」を設置し、資金に制限を付けずに原爆開発を急がせるとともに、アメリカの核兵器プロジェクトの諜報活動を潜行させていた。クルチャトフは、このスターリンの指示を受け、アメリカと同じタイプの原爆製造に邁進し、遂に実験に成功したのである。アメリカの原爆独占体制は僅か四年で打破された。

この予想を上回る社会主義陣営の核兵器開発の急追は、自由主義陣営の心胆を寒からしめ、イギリスも、原爆開発に拍車をかけ、五二年一〇月、原爆実験に成功した。米ソの東西両陣営に対し「第三の極」を目指したド・ゴール大統領のフランスも、彼の強いリーダーシップのもとに開発を進め、六〇年二月に原爆実験に成功し、第四番目の核保有国となった。六〇年以降ソ連との間の対立が徐々に進行する中で、独自に開発を進めざるを得なくなっていた中国は、ソ連との対立が決定的になった六四年一〇月に原爆の実験に成功した。それは、東京オリンピック開催の真っ只中に照準を合わせたものでもあったが、発展途上国の旗頭《はたがしら》を自認する中国は、核兵器による先制攻撃はしないと公約した。

その後、六八年七月に、既保有五カ国の核軍縮と五カ国以外の国の核兵器の製造・取得を禁止する「核拡散防止条約」（ＮＰＴ）に六二カ国が調印し、同条約は七〇年三月には発効したにもかかわらず、七四年にインド、九八年にパキスタン、二〇〇六年に北朝鮮が、それぞれ核実験を行った。今や核兵器保有国は、国連常任理事国である五大国のほかに、核兵器保有宣言三カ国と拡大している（イスラエルは核兵器保有を肯定も否定もしない政策をとっている）。非西欧国の一部は、核拡散防止は覇権者である西欧の利益にしかつながらないと考え、核兵器さえあれば「世界の警察官」をもって任ずるアメリカも戦争を仕掛けてこないと考えている。通常兵器劣勢国である非西欧国にとって、核兵器は、安上がりの魅力的な兵器なのである。

その間、アメリカは、五四年三月一日に太平洋マーシャル諸島のビキニ環礁で、水爆の実験を行った。この水爆は、原爆の核分裂を起爆剤として核融合を起こさせ、更に水爆の周りを包んだ天然ウランを水爆のエネルギーで核分裂させる構造になっているタイプのもので、その爆発力が広島型原爆の約一〇〇〇個分の威力を持つだけでなく、放射性降下物、つまり、「死の灰」を大量に発生させる特徴があった。静岡県焼津港を出港して中部太平洋で操業していたマグロ延縄《はえなわ》漁船「第五福竜丸」（九九総トン）は、南西方向の水平線上に閃光を見、数分後に爆発音を聞いた約三時間後、白い灰が船上一面を覆い、翌日から頭痛、吐き気、下痢などの症状を訴える船員が続出、三月一四日には焼津に帰港した。二三人の乗組員は全員が東大付属病院と国立第一病院に入院し、放射能症と診断された。そのうち、久保山愛吉《くぼやまあいきち》無線長は東京国立第一病院で、九月二三日死去した。第五福竜丸は、被曝当時、ビキニ環礁の東約一四〇キロにあり、アメリカが前年に設定した危険水域の境界から約三五キロ離れた海域にあったにもかかわらず、同船が積み帰ったマグロなど二トンの魚は強い放射能が検出されたため、東京・築地市場に掘られた深さ三メートルの穴に埋められた。同じ海域で操業していた漁船八五六隻の漁獲物のうち、四五七トンが廃棄され、「原爆マグロ」の恐怖心から、消費者のマグロ離れが一気に進行した。

この悲劇の報道に接した東京・杉並の読書サークルの女性たちによって、「水爆実験禁止」の署名運動が始められ、八月には、原水爆禁止署名運動全国協議会が結成されるに至り、一〇月には署名は一〇〇〇万人を超えた。九月下旬の久保山愛吉の死は、この署名運動に拍車をかけ、年末までに二〇〇〇万人、最終的には三三〇〇万人（総人口八八〇〇万人）に達し、翌五五年八月六日に広島で第一回原水爆禁止世界大会を開催する原動力となった。

日本では、四一年四月、陸軍航空技術研究所長の安田武雄中将（陸士二一期）が、理化学研究所の大河内《おおこうち》正敏所長に原爆製造の研究を依頼した。大河内所長は、直ちに、日本で初めてサイクロトン（荷電粒子を加速する装置）を完成させた仁科芳雄《にしなよしお》に原爆製造の研究を指示した。仁科グループは、二年かけて、ウラン二三五を熱拡散法で「濃縮」すれば原爆を製造することができるとの結論に達した。その報告書を受けた安田中将は、陸軍航空本部の直轄で原爆製造プロジェクトを進めるよう命じた。海軍も原爆研究に触手を伸ばしたが、いずれも戦時研究としての緊迫感も予算も、米ソと比べて雲泥の差があり、研究が軌道に乗る前に敗戦を迎えた。

戦後、ＧＨＱは、日本の非軍事化の一環として、基礎研究と応用研究とを問わず日本における原子力分野でのすべての研究を禁じた。ようやく、五二年四月の講和条約の発効に伴って、原子力研究も全面的に解禁された。原子力の平和利用も核兵器の開発も、使用目的が異なるだけで科学的原理は同じであり、平和目的の原子力利用技術の軍事転用は比較的容易である。発電のための「ウラン濃縮」や「使用済み核燃料の再処理によるプルトニウム抽出」の技術は、ウラン型原爆やプルトニウム型原爆の製造に使うことも可能である。このような特質をもつが故に、原子力研究が全面的解禁されても、日本の科学者は、唯一の被爆国として原子力研究に積極的に取り組むことなく一年半程度を徒過《とか》した。

五三年一二月八日、パールハーバー記念日にアメリカのアイゼンハワー大統領が国連総会で「アトムズ・フォー・ピース」と題する演説を行い、核開発競争の脅威を指摘した上で、原子力の平和利用のために国際原子力機関（ＩＡＥＡ）を作ろうと呼び掛けた。更に五四年二月一七日に、アイゼンハワーは、特別教書で、核物質・核技術の国際移転を二国間ベースで行う政策を表明した。これを契機に、中曽根康弘や斎藤憲三ら改進党の代議士が、与党第一党の自由党が過半数割れのもとで予算成立のキャスチング・ボートを握っている立場を奇貨《きか》として、予算修正案を練り、五四年三月二日、自由党、改進党、日本自由党、三党共同の五四年度予算修正案がまとまり、その中に原子炉築造費を中心とする総額二億六〇〇〇万円の原子力予算が含まれ、三月四日の衆議院本会議で可決された。この原子力予算が四月に成立すると、日本学術会議は、公開・民主・自主の「原子力平和利用三原則」を掲げて、政府の原子力政策が危険な方向に進まないように歯止めをかけようとした。この三原則は、五五年一二月に中曽根らが中心となって議員立法で制定された原子力基本法に盛り込まれた。

五五年五月に、アメリカから原子力平和利用使節団が来日して、水力発電がすでに割高になっている日本にとって、原子力発電の活用が有効であることを強調した上で、経験と情報の提供など助言を惜しまないとのメッセージを発表した。半年後の一一月には、日米両政府は原子力協定を結び、この協定による濃縮ウランを受け入れ、原子炉の基礎研究を行う機関として、財団法人日本原子力研究所が設立された。その頃、一一月から一二月にかけて、東京の日比谷公園で「原子力平和利用博覧会」が開かれ、四二日間で総入場者は三六万人に達する盛況であった。

明けて五六年元旦には、原子力の最高意思決定機関として原子力委員会が発足して、国務大臣正力《しょうりき》松太郎が委員長に就任、委員には中間子理論で四九年にノーベル物理学賞を受賞した湯川秀樹ら四人が就任し、事務局は総理府原子力局が担当した。一月四日の初会合で「五年後には実用規模の発電炉を建てる」との委員会声明案文が配られたため、基礎研究から積み上げて独力で原子力を育てようと考えていた湯川は、「こんなことなら私は原子力委員をやめます」と激怒した。そこで、声明文を「米ソ両国は既に実験に成功している前例もあり、我々も今後五カ年間で原子力発電の実現に成功したい意気込みであります」と修正して、湯川を一応説得するという一幕があった。しかし、湯川は翌五七年三月、病気を理由に委員を辞職した。

なお、内務省警察官僚であった正力は、警視庁警務部長時代に二三年一二月の「虎の門事件」（無政府主義者難波大助が、摂政宮裕仁（昭和天皇）を杖銃で狙撃し失敗した事件）で引責退官し、翌二四年、経営不振に陥っていた読売新聞社を買収して社長に就任、戦後、A級戦犯容疑者として逮捕されたが、不起訴となり、巣鴨拘置所で元内務相の後藤文夫らとともに原子力問題に関心を深めたと言われている。正力は、五五年の総選挙で政界に進出し、腹心の政治部記者渡辺恒雄を連絡役として中曽根康弘との盟友関係を築いた。

財団法人日本原子力研究所は、五六年五月に、総理府原子力局を母体として科学技術庁が発足するに伴って、特殊法人に衣替えし、茨城県東海村に広大な敷地を確保して本拠を構えた。前年に岡山県と鳥取県の県境にある人形峠でウラン鉱床が発見されたのを受けて、五六年八月には、核燃料物質の探鉱や核燃料の生産加工を担う「原子燃料公社」が特殊法人として設立され、二つの特殊法人が、原子力発電の技術開発の推進機関となった（現在では、曲折を経て独立行政法人日本原子力研究開発機構に一本化）。

五七年九月、日本最初の商業炉は、日本原子力発電株式会社（原電）が、イギリスの黒鉛炉を導入して東海村に設置することに決定した。原電は、田中角栄らが議員立法によって制定した電源開発促進法に基づいて五二年九月に設立されていた特殊会社「電源開発」と九電力会社が一対四の割合で出資して五七年一一月に設立された会社である。東海原発は、六〇年一月に着工し、六五年五月、ようやく初臨界に達し、発電事業を開始した。六〇年代半ばに、米国製軽水炉ブームが到来し、各電力会社による原発建設ラッシュが始まる。

国共内戦と中華人民共和国の成立

ポツダム宣言の受諾直後、マッカーサーは、中国東北地方（旧満州）を除く中国大陸、北緯一七度線以北のインドシナ及び台湾にいた日本軍に対して、中国戦区最高司令官何応欽《かおうきん》への降伏を命じた。これを受けて、四五年八月一八日、帝国陸軍参謀総長は、支那派遣軍に対し、国民党軍への降伏と同軍による武装解除を明確に指示した。更に、八月二二日には、外地の派遣軍に全面的な停戦を命じながら、支那派遣軍に対してだけは、局地的自衛の措置を実施することを認めていた。それは、国民党軍と共産党軍の双方が支那派遣軍に対して投降と武装解除を命じてきていたからであり、日本軍の保有していた大量の武器・弾薬の行方《ゆくえ》は、双方の軍事的力関係に大きな影響を及ぼすからである。この結果、山西省では国民党の閻錫山《えんしゃくざん》軍と日本軍が実際に共産党軍と戦ったし、国民党軍の到着が遅れた山東省、江蘇省などの華北では武装解除を要求する共産党軍と日本軍の激戦が続いた。三七年から四五年までの八年間の日中戦争での日本軍の戦死者は四〇万五〇〇〇名であったが、「終戦後」に二二八〇名の日本兵が中国戦線で戦死した。

終戦時の兵力は、国民党軍四三〇万人に対し共産党軍一二〇万人と国民党軍が圧倒的に優勢であり、終戦時点では、連合国の主軸である米英ソ三国は、中国での内戦勃発を回避し、蔣介石率いる国民政府の下に統一された安定的な中国を作るという点に関しては、合意していた。ソ連は、八月一四日、国民政府と「中ソ友好同盟条約」を結び、ヤルタ協定で合意された在華権益を承認させる代わりに、国民政府を唯一の正統政府と認め、対中援助は国民政府に供与することを約束していた。

終戦直後から、蔣介石は、毛沢東に三たび電報を送って会談を申し入れたが、八月二八日、毛沢東、周恩来らの中共代表は、アメリカ大使ハーレーに伴われて重慶に乗り込み、「国共会談」を行った。しかし、この会談は難航を極め、四〇余日かけた交渉の末、一〇月一〇日、「長期に合作し、断乎として内戦を避け、独立・自由・富強の新中国を建設し、徹底的に三民主義を実行すること」と「政治協商会議を開いて平和建国方案と国民大会召集問題を討議すること」の二点だけが合意され、「双十協定」として発表された。共産党軍は、四八個師団を二〇個師団に縮減し、華中・華南の軍隊を華北に引揚げるという譲歩を行い、内戦回避の姿勢をアピールした。その結果、明けて四六年一月一〇日には停戦協定が成立、同日、政治協商会議を開いて新しい統一政府のための五項決議を採択した。

しかしながら、四月一四日より、ソ連軍が中国東北部（旧満州）から撤退を開始すると、その後に国民党軍がすかさず進駐を開始し、既に大幅に増強されていた共産党軍との衝突が各地で頻発するようになった。その上、三月に開催された国民党の中央委員会では、一月の政治協商会議での合意を覆すような決定が行われていた。これに対し、毛沢東は、四月には、「蔣介石の下に統一された中国」を拒否する姿勢を示し、五月四日には、「五・四指示」を発して、地主の土地没収と農民への分配による「土地改革」を指示した。土地改革は、国民党の農村における支持基盤である地主に対する最大の痛打であり、国民党との対決を決定的なものにした。更に、ソ連軍の満州からの撤退は、五月に完了し、その撤退に際し、総額二〇億ドル相当の工業施設を「戦時没収品」として持ち帰ったが、その撤退時期は、内戦の危機に拍車をかけるタイミングとなった。遂に、六月二六日、蒋介石は、国民党正規軍一六〇万を動員し全面進攻の命令を発し、翌七月から全面的な内戦が始まった。

全面的な内戦に突入して約一年間は、国民党軍が圧倒的な勢いで進撃した。既に述べた兵力の差だけでなく、装備も国民党軍は米軍の最新の装備をもっているのに対し、共産党軍は日本軍から奪った旧式装備が中心であり、アメリカは、国民政府に二〇億ドルの援助を与え、軍事顧問団を派遣し、余剰軍事物資を放出し、移動する国民党軍の輸送をするなどの支援をしたのである。国民党軍は四六年一〇月には、万里長城の入口である河北省の張家口《ちょうかこう》を占領し、四七年三月には、共産党が一〇年間首都としてきた陝西省の延安《えんあん》を占領し、国民党軍による中国統一は間近であるかの様相を呈した。しかし、これは毛沢東の作戦方針に基づく予定の展開であったのである。四六年七月、毛沢東は全党に向けて、①持久戦を準備せよ、②運動戦を中心とし、地域を固守するな、③広範な人民大衆の支持を獲得せよ、と指示し、一時的に都市や解放区を放棄して深く敵を誘い込む方針を採ったのである。日中戦争における戦法と同様の戦法を採ったのである。

四七年に入ると、共産党軍は「人民解放軍」と改称し、六月末から人民解放軍の反攻が開始された。一〇月には「中国土地法大綱」を公布し、地主や富農の土地や財産を没収し、それを貧農や土地なし農民に均分して「耕す者が田畑を持つ」という孫文の政策を徹底的に進めた。この「土地革命」により中国の人口の大半を占める農民の共産党に対する支持は、絶対的となり、農民は続々と人民解放軍に加わった。

明けて四八年に入ると、両軍の形勢は明らかに逆転した。この年九月から翌四九年一月にかけて、国共内戦の帰趨《きすう》を決めた「三大戦役」が展開された。まず四八年九月から、林彪《りんぴょう》率いる東北野戦軍による「遼瀋《りょうしん》戦役」が開始され、一〇月には錦州・長春（新京）を攻略、一一月二日瀋陽（奉天）が陥落して、東北全部が解放された。国民党軍はこの戦役で四七万人の兵力を失い、数の上でも劣勢に立たされるようになった。次いで一一月から、劉伯承《りゅうはくしょう》・鄧小平《とうしょうへい》・陳毅《ちんき》らの中原・華東両野戦軍による「淮海《わいかい》戦役」が展開され、一〇〇万を優に超す人命を巻き込みながら華中の要衝徐州《じょしゅう》を占領した。これと並行して、林彪率いる兵員一三〇万強の東北・華北両野戦軍による「平津《へいしん》戦役」が展開され、華北に配備された六〇万の傅作儀《ふさくぎ》総司令率いる国民党軍を制圧して四九年一月一五日、中国第三の都市・天津《てんしん》が陥落し、一月三一日、人民解放軍は北平《ほくへい》（北京）に入城した。この「三大戦役」で、国民党軍は一〇〇万を超える兵力を失った。

四九年一月一日、蒋介石は総統を辞任して副総統李宗仁《りそうじん》（元広西省軍閥の領袖）を代理総統として和平交渉に当たらせたが、共産党が事実上無条件降伏を要求したので、国民党はこれを拒否した。四月二〇日、毛沢東は全人民解放軍に総進撃を命令した。翌日、人民解放軍は一斉に長江（揚子江）渡河作戦を敢行し、二三日には国民政府の首都南京《なんきん》を攻略、五月二七日には中国最大の都市上海《しゃんはい》を占領、更に潰走《かいそう》する国民党軍を追って南下を続けた。八月には、台湾の対岸にある福建省の省都福州《ふくしゅう》も陥落した。

八月には、アメリカは「中国白書」を発表し、国民党政府は独裁的体質と腐敗によって自壊したとの見解を述べ、中国の事態への直接介入を断念することを示唆した。国民党政府は、首都南京陥落後、広東省の広州《こうしゅう》、四川省の重慶《じゅうけい》、成都《せいと》と転々とした挙げ句、一二月八日、台湾の台北《たいほく》に移動、蒋介石も一二月一〇日、台北に到着して、翌五〇年三月一日、総統職に復帰し、「大陸反攻」を呼号した。これに伴い、一〇〇万を超える人口が約六五〇万人の台湾に流入した。流入した人々は、「外省人」と呼ばれ、在来の居住者である漢族の「本省人」と区別され、外省人による支配体制が構築され、戒厳令が布かれた体制が八七年まで続いた。

国共内戦の帰趨が明らかになった四九年一〇月一日、毛沢東は、北京の天安門広場に集まった三〇万人民大衆を前に、天安門の楼上から中華人民共和国の成立を宣言した。五億五〇〇〇万という世界最大の人口の中国に誕生した新政権は、中国共産党と八つの党派から成る連合政権の形態をとっていたが、真の権力は、四五〇万の党員を擁し、強大な人民解放軍を掌握した共産党がもっていた。

この年一二月一六日には、毛沢東は初めてソ連を訪れ、モスクワに長期滞在してスターリンらと会談を重ね、翌五〇年二月一四日、中ソ友好同盟相互援助条約に調印した。同条約では、日本またはその同盟国から攻撃を受けた場合における共同防衛義務を規定するとともに、この条約と同時に締結された協定で、ソ連から中国に対し五年間に三億ドル規模の借款を供与する代わりに、中国はソ連が四五年八月に国民政府との友好同盟条約によって獲得した長春・旅順港・大連に関する権益を保証した。

その後、五〇年末までに、東欧諸国、モンゴル、北朝鮮などの社会主義諸国のほか、インドネシア、ビルマ、インド、パキスタン、アフガニスタンなどのアジアの新興諸国、イギリス、オランダ、スイス、北欧三国など二五カ国が新中国を承認した。日本は、アメリカの要求に応じて五二年四月に台湾の中華民国との間で日華平和条約を結んで、中華民国との間では国交回復したが、七二年九月の日中共同声明による国交正常化が達成されるまでの間、「政経分離」の政策の下、中華人民共和国とは貿易だけを行う関係が続いた。

因みに、欧州東部戦線のソ連軍は、四三年二月のスターリングラードでの勝利後、西進を続け、特に四四年一月からは、枢軸国側に立っていた国（ハンガリー、ルーマニア、ブルガリアなど）やドイツ軍の占領地（ポーランド、チェコスロヴァキア）を全面的に解放又は奪還して、これらの地域に続々と親ソ政権を樹立させた。この結果、ソ連軍が分割占領したドイツ東部地域に四九年一〇月に成立したドイツ民主共和国（東ドイツ）と合わせ、ポーランド、チェコスロヴァキア、ハンガリー、ルーマニア、ブルガリア、アルバニアの七つの共和国が東欧社会主義国として誕生した（チトー率いるユーゴスラヴィア共和国も社会主義国であるが、成立の経緯も政策路線も七カ国とは異なる）。東アジアには、中華人民共和国のほか、朝鮮民主主義人民共和国（北朝鮮）、ヴェトナム民主共和国（四五年建国宣言・北ヴェトナム）と合わせて三カ国が社会主義国として成立した。五九年一月にカストロ指導するゲリラ軍がキューバ革命に成功し、六一年四月に社会主義革命宣言をして、最後に社会主義国の仲間入りをした。従って、最盛期には、社会主義国は東欧が九カ国、東アジアがモンゴル共和国を含めて四カ国、中米が一カ国と一四カ国を数え、人類の三分の一の人口が社会主義体制のもとに暮らし、資本主義に代わるより良い社会の創造を目指して体制の正統性を競った。これら社会主義国相互の関係も、その後の冷戦の進行、米ソの平和共存、緊張の緩和、冷戦の終結の過程で変化し、八九年の冷戦終結後、解体し、又は社会主義から離脱した国も少なくない。

朝鮮戦争の勃発

五〇年六月二五日、朝鮮半島の三八度線全域で戦端が開かれた。

四三年一〇月の米・英・中の三国首脳会談の結果発表されたカイロ宣言は、朝鮮の将来的独立を認めていた。四五年八月九日、対日参戦をしたソ連は、満州に侵攻したのみならず、間島省（現吉林省）の琿春《こんしゅん》から豆満江《とうまんこう》（図們江《ともんこう》）を渡河して、太平洋艦隊の援護射撃のもとに、八月一二日には北朝鮮の雄基《ゆうき》・羅津《らしん》の両港を占領し、日本海に沿って南下し清津《せいしん》方面に進撃していた。一方、米軍はまだ沖縄に膠着して朝鮮への派遣が遅れ、軍事情勢の自然の推移にまかせれば、朝鮮全体がソ連軍に占領されるところであった。日本がポツダム宣言を受諾すると、八月一五日、マッカーサーは、急遽、連合国軍最高司令官として、三八度線以北の日本軍はソ連軍が、以南の日本軍はアメリカ軍がそれぞれ武装解除させるものと決めた。三八度線が境界とされた形式的根拠は、もともと日本陸軍の朝鮮駐留師団である第一九師団と第二〇師団の分担境界であった。米軍も、その後一カ月足らずで南朝鮮に進駐した。

この米ソによる分割占領にかかわらず、朝鮮内部では、呂運亨《ろうんきょう》などの独立運動のリーダーを中心として逸早く八月一五日には朝鮮建国準備委員会を結成し、九月六日には「朝鮮人民共和国」の成立を宣言するなど朝鮮の即時独立を求める動きが南北の両方で展開された。しかし、李承晩《りしょうばん》、金九《きんきゅう》などの独立運動の最高指導者は、国外亡命中であり（李承晩はアメリカ、金九は、中国四川省の重慶）、意見集約は難航した。九月九日に、降伏の調印式が開かれ、米側代表は沖縄第二四軍団長ホッジ中将と第五七機動部隊司令長官キンケード大将、日本側は朝鮮総督阿部信行大将（陸士九期）と朝鮮軍管区司令官上月《こうづき》良夫中将（陸士二一期）が、降伏文書に署名した。朝鮮人代表の立会はなかった。つまり、朝鮮の統治権は、日本の朝鮮総督府からアメリカに引き継がれたのであり、そこには、朝鮮政府ないし統一した組織の朝鮮人代表の介在は全くなった。朝鮮人民共和国は、朝鮮政府としては否認されたのである。

その上、四五年一二月にモスクワで開かれた米・英・ソの三国外相会議において、朝鮮における政権構成の具体的過程を米ソ合同委員会に委ねること、および五年を限度とする米・英・中・ソ四カ国の信託統治を経て、朝鮮を独立させることが決定された。これを契機に、即時独立論が強かった朝鮮内部で、政党間の対立が激化し、却って事態は混乱した。その結果、米ソの合意は困難となり、政治の分極化が進行した。四七年には、アメリカは、米ソ合同委員会を完全に決裂させ、同年一一月には朝鮮問題を国連総会に持ち込む戦術に転換した。

四八年五月一〇日、国連の権威によって南朝鮮だけで選挙を強行し、戦後アメリカから帰国した親米派の李承晩が初代大統領に当選した。八月一五日には、京城で大韓民国の樹立が宣言された。これに対し、北朝鮮では、四五年八月にソ連軍とともに帰国した抗日パルチザンの指導者金日成が、ソ連の支援の下に、徐々に権力を掌握しつつあったが、九月九日、平壌で、金日成を首相とする朝鮮民主主義人民共和国の成立が宣言された。一二月には、ソ連軍が北朝鮮から撤退したのに対応し、翌四九年六月、米軍も南朝鮮から撤退し、軍事顧問団だけを残した。一方で、五〇年一月二五日には、米韓相互防衛援助協定を締結したので、朝鮮の南北分断は固定化されていった。その直後、五〇年三月、北朝鮮の金日成が秘密裡にモスクワを訪問して、朝鮮半島の武力統一方針についてスターリンの同意を得た。金日成は前年の三月以来、武力統一の時機が到来していることを説いていたが、アメリカとの対決を恐れたスターリンは、アメリカの介入の口実を与えることになるとして支持しなかったのであるが、その後、アメリカ軍が四九年六月までに朝鮮半島から撤退し、一〇月一日には中華人民共和国が成立し、翌五〇年一月一〇日にアメリカのアチソン国務長官が、アメリカの安全保障の線は、アリューシャン列島・日本・沖縄・比島を結ぶ線と言明する（韓国はアメリカの安全保障義務の外側にあるとの憶測を誘発した）、という一連の情勢変化を踏まえて、金日成は一段と強くスターリンに対し武力統一への支持を迫ったのである。スターリンは、これに同意するに当たって、中国の同志が朝鮮半島の武力統一に賛成することを条件とした。これを受けて、五月、金日成は北京に毛沢東を訪れて、もしアメリカが戦争に介入した場合は中国は北朝鮮に軍事援助を与える旨の回答を引き出した。その上で、北朝鮮は六月初めに二度にわたり韓国に対し平和統一の提案をしたが、李承晩はいずれも拒否した。

五〇年六月二五日、三八度線を超えて進攻した北朝鮮軍に対し、韓国軍は戦闘らしい戦闘もなしに南への敗走を続け、六月二八日には、早くも首都京城が陥落する有様であった。アメリカのトルーマン大統領は、六月二七日、海空軍を韓国に派遣するとともに、台湾海峡に第七艦隊を派遣した。また、翌二八日に緊急に招集された国連安全保障理事会に、アメリカは、北朝鮮の行為を「平和に対する侵犯」とみなし、三八度線以北に撤退を要求する決議案を提出し、ソ連が欠席していたので、可決された。ソ連は、前年一〇月に中華人民共和国が成立した後も台湾の国民党政府が常任理事国の地位を譲らない事態に抗議して欠席を続けていたのである。日本列島を基地として出動した米軍は、安保理の決議によって「錦《にしき》の御旗《みはた》」を得た。しかし、北朝鮮軍は依然として進撃をやめなかったので、六月三〇日、トルーマンは地上軍の投入を決定した。更に、七月七日、国連は、米軍を中心とした国連軍を派遣することを決定し、韓国軍を国連軍の指揮下に編入の上、マッカーサーを国連軍最高司令官に任命した。それでもなお北朝鮮軍の優勢は続き、八月に入ると、国連軍は、朝鮮半島の南端の釜山《ふざん》近郊に追い込まれた。

九月一三日、マッカーサーは、兵站《へいたん》の伸び切った北朝鮮軍の中央部を直撃するため仁川《じんせん》上陸作戦を発動すると、形勢は一気に逆転して、国連軍は京城を奪還し、一〇月一日には三八度線を越えて北進し、急速に朝中国境に迫る勢いを示した。ソ連はこの間なぜか傍観者的であった。米ソの直接対決を避けたのであろう。裏では北朝鮮軍に武器の供与などを行っていた。

一〇月二五日、国連軍が中朝国境に迫ったことに危機感を抱いた中国は、「抗米援朝」を旗印に掲げて、大量の義勇軍を朝鮮戦線に出動させた。中国義勇軍の支援を受けた北朝鮮軍は一挙に優勢となったため、国連軍は総崩れとなり、一一月末には、戦線は三八度線付近まで押し返された。そこで、一一月三〇日、トルーマンは、態勢立て直しのため「原爆の使用も考慮する」、と示唆した。このトルーマン言明に衝撃を受けた西欧諸国は、朝鮮戦争が米中戦争に拡大し、更にソ連の参戦を招けば、西欧諸国もソ連の攻撃目標になることを恐れた。イギリスのアトリー首相は急遽ワシントンを訪れて、原爆を使用しないで戦争目的を限定するよう説得した。結局、トルーマンは戦争目的を三八度線の回復に置き直した。

その後、朝鮮戦争は一進一退を繰り返し、翌五一年三月頃から三八度線付近で膠着状態に入った。マッカーサーは、膠着状態を打開するため、中国本土への爆撃や台湾の国民党軍による大陸侵攻を主張してトルーマンと対立した結果、四月一一日、国連軍最高司令官を解任された。一方、アジアや英連邦諸国を中心に休戦を求める国際世論が高まる中で、ソ連のマリク国連代表が、六月二三日、停戦を提案、国連軍側もこれを受け入れたが、実際の停戦交渉は、休戦委員や捕虜交換の問題などで難航し、漸く五三年七月一七日、停戦協定が成立した。

国連軍側が九三万、北朝鮮軍側が中国義勇軍を含めて一〇〇万の兵力を投入した朝鮮戦争は、両軍合わせて一四六万人もの死傷者を出しながら、戦争前の状態に復帰しただけの結果に終わった。ローラーの如く戦線が往復したため朝鮮戦争は南北の民衆に計り知れない傷跡を残した。南朝鮮の京城などの一般市民の犠牲者は直接戦闘員のそれよりもはるかに多かった。南北に多くの離散家族が生まれ、いまだに解消されていない問題として残されている。

朝鮮戦争が日本に与えた影響

朝鮮戦争が日本に与えた影響としては大きく捉えて四点ある。

一点目は、警察予備隊の創設とレッド・パージ、公職追放解除である。

在日米軍が朝鮮半島に出払う前に、五〇年七月八日、マッカーサーは、七万五〇〇〇名の警察予備隊の創設と海上保安庁八〇〇〇名の増員を吉田内閣に命じた。占領改革によって日本の警察力が弱体化され過ぎたことにかねて不安を覚えていた吉田首相はこれを歓迎した。八月一〇日には、ポツダム政令として警察予備隊令を公布し、「平和日本はあなたを求めている」という謳《うた》い文句によって隊員募集が行われた。警察予備隊は、従来の警察組織とは別組織であり、必要に応じて随所に出動し、相当規模の機動力をもつものであって、再軍備の第一歩であったが、吉田首相は、国会での憲法第九条違反との野党の追及に対し、「目的は国内治安の維持であり、性格は軍隊ではない」という答弁で躱《かわ》した。この警察予備隊は、講和条約発効後の五二年一〇月、保安隊に編成替えされ、更に五四年九月には、保安隊と海上警備隊を改組し、航空部隊を新設して、自衛隊が発足した。

マッカーサーは、朝鮮戦争の勃発を契機として、共産党に対する規制を強化した。すでに朝鮮戦争直前の六月六日に、共産党中央執行委員二四名全員の公職追放を、翌七日に機関紙「アカハタ」の編集幹部一七名の公職追放を日本政府に指令していたが、七月二八日には、新聞・通信・放送関係の職場からいわゆる「レッド・パージ」が始められ、以後、政府機関や民間企業に波及し、五〇年一一月末までに約一万二〇〇〇名が追放された。

他方、同年一〇月一三日には、約一万人の大量追放解除が行われたのを皮切りに、五一年六月には、マッカーサーの後任司令官リッジウェイは、行き過ぎた占領政策の見直しの一環として、日本政府に対し公職追放の緩和・復帰に関する権限を認めた。この措置によって同年中に三木武吉・石橋湛山・鳩山一郎らの政治家をはじめ続々と追放解除され、各界の被追放者の大部分が解除された。翌五二年に入ると、宇垣一成・鈴木貫太郎・野村吉三郎・重光葵などの元閣僚級も解除され、残った岸信介ら東条内閣の五閣僚を含む五七〇〇名も四月二八日、講和条約の発効とともに追放令廃止によって自動的に解除され、被追放者約二一万名の全てが解除された。政財界には戦前派の大物が返り咲き、旧軍人は五〇年八月に創設された警察予備隊の幹部に送り込まれ、旧特高警察官や旧思想検察官も反共活動家の能力と前歴が買われて公職に復帰し、総じて保守勢力は強化された。

二点目は、朝鮮特需と経済復興である。朝鮮特需は、朝鮮戦線に出動する国連軍の将兵に供給する物資や役務サービスの買い付けを指すが、第八軍司令部や在日米軍調達部から発注され、主としてドルで対価は支払われた。朝鮮戦争の三年間における特需の発注額は約九・八億ドルを数え、休戦交渉段階に入ってからは、韓国復興特需が増えていった。また、世界各国が軍備拡張と物資買い付けに一斉に乗り出したことから、日本の輸出も伸長した。この特需の大量発生と輸出の伸長によって、ドッジ不況下で累増していた国内滞貨はたちまち一掃され、生産水準も急上昇した。鉱工業生産指数は、五〇年一〇月には戦前水準（三四～三六年平均）を突破し、実質国民総生産も、五一年度には戦前水準に達し、外貨保有高も、五一年末には四九年末の約四・五倍の九・四億ドルにも累増した。日本経済の復興は軌道に乗った。アメリカの対日経済援助は、五一年六月末をもって打ち切られた。

三点目は、李承晩ラインと領土主張である。五二年一月一八日、韓国大統領李承晩は、突如として、一方的に海洋主権を宣言し、日本海・東シナ海の公海（当時は領海三海里の外側の水域）に境界線（李承晩ライン）を設定し、その水域内では韓国籍漁船以外の漁船の操業を禁止した。戦後の日本漁船の操業は、まず、四五年九月一四日付けGHQ覚書をもって、日本沿岸から一二海里の水域に限って認められたが、九月二七日、いわゆるマッカーサー・ラインが設定され、一二海里水域外でもこのラインの枠内で日本漁船の操業が認められた。その後、四六年六月、四九年九月、五〇年五月の三次にわたってマッカーサー・ラインの拡大設定がされ、その結果、母船式マグロ漁業は赤道以北東経一八〇度以西までの海域で出漁可能となった。その間、韓国は、四九年一月七日、対馬領有を宣言し、日本に対馬返還を要求した（日本はもちろん拒否）。更に、五一年七月一九日、韓国政府は、①日本の在朝鮮半島資産の韓国政府及びアメリカ軍政庁への移管、②竹島、波浪島（実在しない島）を韓国領とすること、③マッカーサー・ラインを継続すること、の三点を求める要望書を、対日講和条約草案を起草中の米国政府に提出した。これに対し、同年八月一〇日、米国政府はラスク書簡を発し、①のみを認め、②及び③は拒否した。このラスク書簡の一カ月後の九月八日にサンフランシスコ講和条約の調印式が行われ、翌五二年四月二八日に条約は発効する予定となっており、この発効と同時にマッカーサー・ラインは廃止される予定となっていた。この講和条約発効の三カ月前の、日本の主権が回復しておらず、海上自衛隊の前身である海上警備隊も発足しておらない状況の下で、しかも、韓国が講和条約調印式に招請されなかった状況の下で、突如として、マッカーサー・ラインに代わるものとして宣言したのが「李承晩ライン」である。

　李承晩ラインは、韓国の海洋資源の独占と領土拡張を企図したものであるが、四六年から五二年にかけて、アルゼンチンを筆頭にパナマ・チリ・ペルー・コスタリカ・エルサルバドル・ホンジュラス・エクアドルの南米諸国が漁業資源に関し自国民による排他的な独占権を一方的に宣言した、一連の囲い込み行動に触発された面があることは否定できない。これらの宣言は国際社会に容認されておらず、日本政府は、李承晩ラインに対して強く抗議したが、日本の主権が回復していない状況や、主権回復後も六五年の日韓基本条約までは日韓の正式の国交が開かれていない状況の下では、埒《らち》が明かなかった。アメリカも、李承晩ライン宣言後直ちに、サンフランシスコ講和条約に反するものとして抗議し、五四年には、竹島は講和条約で日本領として残したこと、一方的な李承晩ラインの宣言は違法であることを韓国政府に伝達しているが、この問題は日韓二国間の問題として取り扱い、積極的に介入しなかったことから、六五年の六月二二日の日韓基本条約の締結と同時に締結された日韓漁業協定の締結により李承晩ラインが廃止されるまで、解決しなかった。この一三年間に、韓国により拿捕《だほ》された日本漁船は三二八隻、日本人抑留者は三九二九人、死傷者は四四人に上った。一方、韓国は、五三年四月から竹島（韓国名は独島）に「独島警備守備隊」を駐屯させ、宿舎、灯台、監視塔などを設置し、年々「実効支配」を主張するための条件整備を進めた。日本政府は、五四年九月に竹島の帰属問題につき国際司法裁判所に付託することを提案したが、韓国はこれを拒否した。六五年六月の日韓国交正常化に際しても、竹島の帰属問題については両国の意見一致が見られず、問題解決を先送りした。

四点目は、対日講和条約促進であるが、以下別項で触れることとする。

サンフランシスコ講和条約への道

講和条約交渉は、冷戦の進行を背景として、日本の再軍備と米軍への基地提供の検討と並行して進められた。

終戦直後の四五年一一月二一日、外務省は条約局長の下に部局横断的に平和条約問題研究幹事会を設置した。幣原内閣の外相吉田茂が、同じく外交官として一九年のパリ講和会議に参加した外務省ＯＢである重光葵、芦田均と共に「日本はヴェルサイユ条約で過酷な条件を押しつけられたドイツの二の舞を決して演じてはならない」と説教したのを受けて設けられたものである。第一次大戦後にドイツが体験した「命令された平和」の再現にならないように、外務省は早くから研究に着手していたのである。

四七年春から夏にかけて、つまり三月にトルーマン・ドクトリンが発表され、六月にはマーシャル・プランへのソ連の参加拒否が明らかになることによって、冷戦構造が不可逆的になる時期に当たって、アメリカは早期対日講和への動きを示した。七月一六日、アメリカは極東委員会一一カ国による対日講和予備会議の開催を提唱した。これに対応し、片山内閣の芦田均外相は、七月から八月にかけてアチソン外交局長、ホイットニー民政局長、ボール英連邦代表らと相次いで会見し、講和をめざす日本政府の希望を記した文書を手交したが、アチソンとホイットニーは他の諸国を刺激するからという理由で返却してきた。また、芦田外相はアメリカへ帰国するアイケルバーガー第八軍司令官に同じ文書を託したが、アイケルバーガーはアメリカの要路にその文書を手交した形跡はない。一方、ソ連は、アメリカの七月の一一カ国による対日講和予備会議の提案に対し、大国一致の原則を無視したものであるとして激しく非難し、一一月二七日、拒否権のある対日講和四カ国外相会議の開催を提案し、対日講和を巡る連合国の足並みは乱れた。このため、予備会議は実際には開催されなかった。このようにして四七年の早期講和は頓挫した。しかし、この頓挫が、日米両国が西側中心の「片面講和」(多数講和)を追求する契機となった。

四九年の夏、中国の内戦において国民党軍が敗北したため、アメリカは、極東政策の中心を日本に移し、極東における反共体制を構築しようとした。そのためには、日本との間に早く講和を結ぶ必要があり、四大国方式を主張して譲らないソ連の同意がなくても、対日講和条約を締結する可能性を検討し始めた。日本国内でも、多数講和か全面講和かの対立した議論が展開された。憲法第九条によって戦争を放棄した日本の安全は、国際連合を中心とする世界の世論と国際社会の承認に基づく安全保障によるほかないのであるから、米ソの対立を激化させる多数講和は避けるべきであるとするのが、全面講和論の論拠であった。これに対し、吉田首相の考えは、国際政治の現実を直視して、敗戦国日本の安定と復興を一刻も早く達成する国益を実現するためには、むしろ戦勝国である米ソの対立に乗じて、有利な形で早期に講和条約を締結するという現実主義に立脚したものであった。しかし、吉田は、焦らず、この時期の国会での論戦では、全面講和か単独講和(多数講和)かを決めるのは戦勝国だ、と述べながら、「全面講和への一つの道」として単独講和でもよいとの意見を述べるにとどめた。

また、四九年四月に、西側一二カ国による軍事機構として北大西洋条約機構(NATO)が成立したのをはじめ、九月から一〇月にかけて戦敗国のドイツでドイツ連邦共和国(西ドイツ)とドイツ民主共和国(東ドイツ)が相次いで成立し、九月にはソ連が原爆保有を宣言し、中国大陸では一〇月に共産党軍による中華人民共和国が成立する、など冷戦の深化を象徴するような一連の出来事があった。これらの出来事を背景として、五〇年に入ると講和を巡る動きは急速に高まった。

即ち、五〇年一月一日、マッカーサーは、年頭の辞で「日本国憲法の規定は、侵略攻撃に対する自己防衛の不可侵の権利を否定したものとは絶対に解釈できない」と強調した。これに符節を合わせて、吉田首相は、一月二三日、国会における施政方針演説で、「戦争放棄は自衛権の放棄を意味しない」と述べた。また、一月一〇日、アチソン国務長官は、アメリカの安全保障の線（防衛ライン）はアリューシャン列島から日本・沖縄を経てフィリピンに至る線であると言明し、同月三一日来日したブラッドレー統合参謀本部議長は、沖縄の強化と日本の基地強化の声明を発した（この日、前年九月のソ連の原爆保有宣言を受けて、トルーマンは水爆製造を指令した）。その間、英連邦外相会議は、一月一一日、対日早期講和で一致していた。

四月六日には、トルーマン大統領の民主党政権のもとで、共和党員の弁護士ダレスが、アチソン国務長官の特別顧問に任命され、足踏みしていた講和条約交渉が再開されるという観測が東京とワシントンで生まれた。共和党員であるダレスを起用したことに、対外政策における挙国一致を図ろうとするトルーマンの政治意思が伺われたのである。このワシントンの空気を読みとった吉田首相は、四月二五日、池田蔵相を「アメリカ経済財政の視察」の名目で訪米させ、日本政府としては早期の講和を望み、独立後の安全保障に関し米軍を日本に駐留させる必要があるならば、日本側からオファー（提案・申し出）してもいいという趣旨の極秘のメッセージをアメリカ政府に伝達させた。池田蔵相の訪米は、戦後初の日本政府閣僚の対米派遣であった。当時、マッカーサーは、沖縄を極東の軍事戦略拠点として確保することを前提に、日本本土に米軍基地を置くことに反対し、「日本は将来いかなる戦争があろうとも中立を保たなければならない」、「再軍備は侵略をやめさせるよりも却ってこれを誘引するであろう」などと発言して「日本は極東のスイスたれ」との主張を展開していたので、マッカーサーの同意を得ないままになされた、沖縄に限定しない米軍の日本駐留容認の極秘メッセージの発出は、「暴虎馮河《ぼうこひょうが》の勇《ゆう》」的リスクの要素を孕《はら》んでいたのである。何故ならば、吉田の権力の基盤は、マッカーサーの強力な支持であったのであるから、自ら墓穴を掘る結果となる惧《おそ》れがあった。吉田が、中立、全面講和を唱えた東大総長南原繁を「曲学阿世《きょくがくあせい》の徒《と》の空論」と非難したのは、五月三日のことであった。

六月二二日、ダレス国務長官特別顧問は、占領を終結させる講和条約と日米安全保障条約の全面的交渉のために来日し、早速、吉田首相と第一回の会談をもった。それは、朝鮮戦争勃発の三日前のことであった。朝鮮戦争は、アメリカの防衛ラインの要《かなめ》としての日本列島の戦略的価値の重要性をワシントンと東京の当事者に痛切に認識させる重大な契機となった。やがて、ワシントンにあった、早期講和を求める国務省と占領を続けようとする国防総省の対立は氷解していった。

九月一四日、トルーマン大統領は、極東委員会一一カ国との対日講和予備交渉開始を指令した。ダレス国務長官特別顧問が主導して、九月一〇日、国務・国防両省に対日講和条約締結の方針を決定させ、大統領の承認を得ていたのである。ダレスは、講和担当の大使に任命され、九月二二日、オーストラリア外相と対日講和予備交渉を開始したのを皮切りに、関係各国との個別折衝を精力的に展開した。これらの予備交渉を踏まえて、一〇月二四日、アメリカ政府は対日講和七原則を宣明し、ソ連を含む関係一一カ国に配布した。その四日前に、ソ連は対日講和予備討議に参加する旨を通告してきており、一〇月二六日に、対日講和問題で米ソ会談が行われたが、不調に終わった。一二月二八日には、アメリカは、ソ連が参加せずとも対日講和を推進すると通告した。これらの米ソの応酬は、一〇月二五日に中国の義勇軍が参戦し、一一月末には三八度線付近まで戦線を押し返し、一一月三〇日にはトルーマンが原爆使用を考慮すると言明した、朝鮮戦争の戦況の推移を反映している。

明けて五一年一月二五日、ダレス講和使節団が来日し、一月二九日、三一日、二月七日と三回にわたってダレス・吉田会談が行われた。焦点は講和後の「米軍の駐留」と「日本の再軍備」の問題であった。米軍の駐留（日本の基地提供）については、前年四月の池田蔵相訪米の際、日本の安全保障のため早々と米軍への基地提供を提案していたこともあり、吉田は文句なしに同意した。しかし、ダレスの要求する日本の再軍備については、朝鮮戦争勃発に伴う前年七月の七万五〇〇〇名の警察予備隊の創設命令に応じた吉田首相も、国内治安は自力で全うするが、対外的安全保障については、憲法第九条の思想と国内世論を盾に国連、特に米国の協力を求め、再軍備を行えば経済の自立が不可能になるとして、強く抵抗した。吉田の抵抗にダレスは苛立《いらだ》ったが、冷戦下の国際社会の現実の中で、恒久的に非武装を貫徹することの不可能も悟っていた吉田は、三回目の会談で、参謀本部的中枢機能を備えた「五万人の保安隊」を警察予備隊とは別に創設することを提起した。ダレスは、これを評価し、吉田はこれを極秘とすることを求めた。ダレスは、これに同意し、条約のどこにも日本の再軍備に触れず、米国は日本に再軍備を強制しないことを約束した。

トルーマン大統領による突然のマッカー解任の五日後、四月一六日に、ダレスは三度目の来日を果たし、一週間の滞日期間中、吉田首相と二回会談して最終調整するとともに、随員の陸軍次官と外務省条約局長との間で日米安全保障条約の草案を作らせた。その後、アメリカは、日米合意を基礎にイギリスと交渉して草案を調整し、七月二〇日には、対日講和会議招請状を関係国に発送した。ただし、最大の被害を受けた中国や朝鮮には、招請状は発送されなかった。代表権問題で米英間の意見が一致しなかったためとされている。アジアの大国インドとビルマは、不参加を表明し、インドのネール首相は、八月三一日、アジア講和会議の開催を提唱した。

九月四日、対日講和会議はサンフランシスコで開催され、五二カ国が参加した。講和会議の議事は米英のお膳立《ぜんだ》て通りに運ばれ、ソ連・ハンガリー・チェコスロバキアは条約草案に反対して修正案を提出したが、取り上げられなかった。九月八日に、参加五二カ国中、四九カ国が調印して講和会議は終わった。この講和条約は、前文と二七カ条から成るが、その特徴は、①日本の個別的・集団的自衛権を認め、日本の再軍備と外国軍の駐留を許容したこと、②朝鮮の独立と台湾・膨湖諸島、千島列島、南樺太の領土権の放棄を規定されたが、放棄された領土の帰属を規定しなかったこと、③沖縄・小笠原についてはアメリカを施政権者とする信託統治下に置くためのアメリカの国連への提案に日本は同意し、それまではアメリカが施政を行うこと、④連合国は、対日賠償請求権は放棄するが、希望する連合国に対して日本が行う賠償は役務賠償とすること、などである。

この講和条約は、批准手続きを経て翌五二年四月二八日に発効し、日本は晴れて独立国となり、国際社会に復帰した。史上類を見ない程の「寛大な講和」は、日本の奇跡的な経済復興の基礎となった。しかし、この「寛大な講和」は、「アメリカの冷戦戦略の結果」としてもたらされたものであって、日本と他の戦争当事国ないし戦争被害国との「真摯な交渉による和解への到達」に基づくものではなかった。これが、「奇跡的な経済復興」とともに、「対米依存」体制への安住体質をもたらし、侵略戦争および植民地支配の歴史的認識・評価の問題を今日まで未解決のものとして抱《かか》え込む根基となった。

講和条約調印のわずか五時間半後に、日米安全保障条約（正式名称は「日本国とアメリカ合衆国との間の安全保障条約」）の調印が行われた。この条約は、前文と五カ条から成り、①日本は有効な自衛力をもたないから米軍の駐留を認めること、②アメリカは日本の自衛力漸増を期待すること、③米国駐留軍は、「極東における平和と安全」のため、日本政府の要請に応じて日本の内乱や騒動を鎮圧するため、外部からの武力攻撃に対して日本の安全に寄与するためという三つの目的のために出動することができること、（米軍の日本駐留と出動はアメリカの「権利」として規定され、アメリカは、日本の独立と安全を保障する「義務」は条約上負っていない）、③駐留軍の配備などの細目は日米行政協定に委ねられること、などが規定された。この安保条約も翌五二年四月二八日に発効した。日米安保条約は、戦後日本の軽武装・経済中心主義路線の大きな支えとなった。

両条約の調印と発効に伴う最大の問題は、ソ連・中国との戦争は終結せず、その限りで平和は回復しなかったことである。ソ連とは、鳩山一郎内閣の時代に五六年一〇月一〇日、日ソ共同宣言に調印して国交回復したものの、北方領土問題はいまだに解決せず、平和条約は締結されていない。また、現実主義者の吉田首相は、中共政権との関係を決定的に悪化させたくないと考えていたが、アメリカのダレスから、講和条約の批准権を持つアメリカ議会上院の批准が危うくなるとの脅しを含んだ要求に応じて、五二年四月の講和条約発効の日に、日本は、日華条約の適用範囲を中華民国政府の支配下にある地域（台湾及び膨湖諸島）に限定した上で、日華平和条約に調印し、中華民国との戦争は終結した。しかし、このために、中華人民共和国との間の国交回復は阻害され、二〇年後の田中角栄内閣の時代になって七二年九月二九日、ようやく日中共同声明に調印して国交正常化を達成した。日本は、中華人民共和国政府を唯一の合法政府と認め、中国は両国国民の友好のために、日本に対する戦争賠償請求を放棄した。日本の侵略戦争で膨大な人的・物的損害を受け、しかも経済的には開発途上国段階にあった中国が賠償請求を放棄した意味は大きい。だからこそ、日本は中国に対し巨額の経済協力を行う旨約束して実行したのである。しかし、この歴史的事実が、日中両国の国民に共有されている現状にないことは憂うべきことであり、この時に棚上げされた尖閣《せんかく》列島（中国名・

釣魚島《ちょうぎょ》）の領土を巡る問題は未解決のままである。

第二の問題は、沖縄を日本から分離してアメリカの施政権の下に置き、数多くの米軍駐留基地が存続し治外法権下に置かれたことである。佐藤栄作第三次内閣の時代になって、七〇年六月の日米安全保障条約の延長などと併せて、七二年五月一五日、「核抜き・本土並み」の施政権返還が実現した。それは、日本が独立を達成して二〇年余を経過したときのことであった。しかし、現在も、国土面積の〇・六％の沖縄県には、在日米軍施設面積の七四％が集中し、その面積は沖縄県の面積の約一〇％を占めており、在日米兵（空母乗り組み要員を含む）五万人の約半分の二万六〇〇〇人の米兵が駐留している。基地周辺の住民は、人命の危険、騒音障害、所得水準の低迷などのハンデイを背負って生きることを余儀なくされている。

第三の問題は、日米安保条約が不平等かつ片務的な条約であることであった。その上、日米安保条約が発効する二カ月前の五二年二月二八日には、安保条約に基づく日米行政協定が調印されたが、その内容は、①米軍の駐留基地は、本土と沖縄とを問わず、地理的範囲は限定されず、②在日米軍の軍人・軍属及びその家族の犯罪は、その犯罪行為が基地の内外、公務中であるか否かを問わず、アメリカ側が専属的裁判権をもち、③日本は年額一億五五〇〇万ドル（六五〇億円）の防衛分担金を負担する、など一方的・植民地的なものになった。この結果、全国各地で激しい反基地闘争が展開されることになった。この反基地闘争が、沖縄への「しわ寄せ」となり、一九六〇年までに本土の米軍基地が四分の一に縮小した代わりに、沖縄の基地は倍増したのである。

六〇年六月の日米安保条約改定の際、①「日本の施政下にある領域」におけるいずれか一方に対する武力攻撃があった場合に両国が共同防衛すること、②在日米軍の配置の重要な変更、装備の重要な変更、戦闘作戦行動につき事前協議制を設けること、③両国が経済的協力を促進することなどを新たに規定すること、④

内乱鎮圧のために米軍の力を借りるという、いわゆる内乱条項を削除すること、などにより平等性と双務性に一定の前進が見られた。反面、この条約改定により、米軍が日本の施政下にない「極東」で行う一方的行動の結果として、在日米軍の基地が第三国によって攻撃された場合に、日本が参戦義務を負い、戦争に巻き込まれる危険性を惹起したのである。しかも、その「極東」の範囲は、曖昧模糊としているのである。しかし、この日米間における集団的自衛権の成立に伴う本質的問題が、その後、国民的論議の俎上に乗せられた形跡はない。同時に、日本国憲法第九条が「戦力」と「武力行使のための海外派兵」を許さない状況の下では、真に日米対等のパートナーシップは成立し得ない限界があることも知らなければならない。

ブレトンウッズ体制と国際連合への参加

四一年八月一四日、アメリカのルーズベルト大統領とイギリスのチャーチル首相は、戦後の世界構想について八項目から成る「大西洋憲章」を発表したが、その第四項で「通商の自由化」を、第八項で「一般的安全保障機構の確立」を謳っていた。アメリカは、同年一二月の参戦後は、ハル国務長官の下に戦後外交政策諮問委員会を発足させ、政治・領土・安全保障・国際組織・経済再建などをテーマとする小委員会に分け、立案を具体化させていった。

戦後の経済体制の中核となる国際通貨金融機構案については、モーゲンソー財務長官の下で、ホワイトを中心として検討が進められ、ノルマンディー上陸作戦が成功した翌月の四四年七月一日から、ニューハンプシャー州のブレトンウッズで四五カ国が参加した会議が招集された。会議では、ドルを基軸通貨とするアメリカ案と、著名な経済学者で当時イギリスの大蔵大臣経済顧問となっていたケインズが提案した、新通貨を創設しこれを基軸通貨とするイギリス案が鎬《しのぎ》を削ったが、当時の世界の金保有高の大半を集中させていたアメリカの圧倒的な優位が物を言って、アメリカ案に基づいてブレトンウッズ協定が調印された。その結果、戦後世界では、「国際通貨基金」（ＩＭＦ）と「国際復興開発銀行」（ＩＢＲＤ・通称世界銀行）を設置して、世界的規模で通商の自由化が推進されることになった。

国際通貨基金は、四五年一二月に設立され、加盟国の外国為替制限を除き、国際多角決済方式の確立を目的とし、金とドルを基準とする為替体制を打ち出した。日本は、講和条約発効直後の五二年八月に加盟し、六〇年から貿易の自由化の準備を進め、六四年四月にＩＭＦ八条国（国際収支の悪化を理由とした為替制限のできない国）に移行した。このＩＭＦ八条国への移行と同じ四月に行ったＯＥＣＤ（経済協力開発機構。経済成長、発展途上国援助、自由貿易の拡大を目標として六一年九月に欧米先進二〇カ国で構成した機構）への加盟は、日本が国際経済社会において一本立ちになったことを世界に闡明《せんめい》する記念碑的意味をもった。

一方、世界銀行は、戦後の先進国の経済復興と発展途上国の開発に必要な長期資金の貸し付けを目的として四六年六月に開業した。日本は、講和条約発効直後の五二年八月に加盟し、翌年から電力・製鉄に対する借款を受け、当初は、この両分野のプロジェクトが世銀借款の中心であった。五六年には北海道の根釧《こんせん》原野を機械開墾で開発する根釧パイロットファーム事業などに借款を受け、五七年には知多半島に農業用水を導水する愛知用水事業に借款を受け、六一年には東海道新幹線の建設に六〇〇〇万ドルの借款を受け、六三年からは東名高速道路の建設プロジェクトが借款を受けるなど、六一年からは交通インフラ投資が中心となった。五三年から六六年まで、日本は三一のプロジェクトについて総額八億六〇〇〇万ドルの借款を受け、九〇年には、全額返済した。

四七年一〇月三〇日には、ジュネーブで二三カ国が参加して開かれた国際貿易会議において、「関税貿易一般協定」（ＧＡＴＴ）が調印された。ＧＡＴＴは、関税障壁と輸入制限を撤廃し、国際貿易の拡大を目的とするもので、「自由・無差別・多角」を三原則として、戦後世界における貿易自由化を推進する中心的役割を担った。日本は、五五年九月一〇日、GATT加盟を果たしたが、当時の貿易自由化率は一四％に過ぎなかった。その後、少しずつ自由化率を高め、六〇年には四〇％にまで達したが、日米安保改定を実現した岸信介内閣の最後の仕事として、六〇年六月二三日、「貿易・為替自由化計画大綱」が閣議決定され、自由化率を三年後に九〇％に高めることとされた。これは、アメリカの相対的地位の低下に伴う国際収支の悪化とドルの流出を背景としたアメリカの強い要求に基づくものである。その後もアメリカの自由化圧力は間歇《かんけつ》的に高まり、ケネディ・ラウンド、東京ラウンド、ウルグアイ・ラウンドの三つの多角的貿易交渉を経て、九五年一月一日には、GATTに代わるWTO（世界貿易機関）が発足した。その間、さまざまな自由化対策が講じられつつも、第一次産業をはじめ国際競争力の弱い産業分野の苦境は深まっていった。

四五年四月末からサンフランシスコで連合国五〇カ国が参加した国際連合創立総会が開かれ、六月二六日、国際連合憲章が調印され、所定数の批准を得て、一〇月二四日、国際連合が成立した。なお、ポーランドについては当初米英とソ連との間に対立があったため参加を認められなかったが、妥協の末に連合政権が樹立されてから参加が認められ、加盟国は五一カ国となった。いずれにしても、国際連合は、戦前の国際連盟に代わるより強力な機構として構想されたのであるが、連合国を母体として発足したのである。

国連憲章は、世界の平和と安全の維持、平和への脅威に対する集団的措置、国際問題の平和的解決と国際協力の推進、基本的人権の尊重などを謳い、その組織は、総会、安全保障理事会、経済社会理事会、信託統治理事会、国際司法裁判所、事務局から成り、その下に多くの補助機関・専門機関がある。主権平等原則の総会と大国主導の安全保障理事会という二本立てであり、かつ、米・英・仏・ソ・中の五大国が常任理事国として拒否権を有する安全保障理事会が、侵略者に対し軍事力による制裁を決定するなどの強力な権限を与えられている点が最大の特徴である。創立総会で、中小国からこの大国の拒否権を制限する修正案も提案されたが、否決され、ソ連を国連につなぎとめる妥協の産物として無制限となった。このため、大国が関与した紛争に対して安全保障理事会の機能は麻痺することになった。このような事態を想定して、安全保障理事会が有効な措置をとるまでの間に限って、加盟国は個別的・集団的自衛権の発動が容認されている（国連憲章第五一条）。その後、米ソの冷戦の激化とともに、北大西洋条約機構（ＮＡＴＯ）をはじめとして世界各地に集団的安全保障条約網が張り巡らされてゆき、国際連合の形骸化を招いた。

日本は、講和条約発効直後の五二年六月に国連に加盟申請したが、同年九月の安保理で一〇対一の圧倒的多数で加盟承認がなされたにもかかわらず、ソ連が拒否権を発動したため否決された。同年一二月の総会では、日本が国連憲章に定める加盟条件を満たしていることを認め、日本の加盟を承認すべきと決定し、その決定を安全保障理事会が了知するよう要請する決議を採択した。結局、五六年一〇月の日ソ共同宣言に基づき、領土問題と平和条約を棚上げしてソ連との国交が回復した二カ月後の一二月一八日、国連総会で全会一致により加盟を承認された。日本は、八〇番目の加盟国として、国際社会で本格的な地歩を占めることになった。同じ敗戦国の東西両ドイツが加盟承認されたのは七三年九月であった。なお、その前々年の七一年一〇月、中華人民共和国の加盟が認められ、中華民国（台湾）は脱退し、中華人民共和国が安保理常任理事国となった。

東南アジア諸国への賠償

サンフランシスコ講和条約では、無賠償を原則としつつも、要求国と日本との個別交渉により役務賠償を支払うことが規定された。これは、無賠償原則に対して、著しい戦争被害を受けた東南アジア諸国の強い抵抗があり、冷戦激化の環境下で東南アジア諸国を西側に引きとめ、共産化を防ぐためであった。現実には、講和に参加した多くの国は賠償請求権を放棄し、参加しなかったインドも別途五二年六月の日印平和条約で請求権を放棄した。最大の戦争被害を受けた中国は、サンフランシスコ講和会議に招請されなかったが、中華民国（台湾）との間では、五二年四月に日華平和条約が結ばれ、中華民国は、中華民国政府が正統な政権として認められるのが先決と判断して、請求権を放棄した。蒋介石は、「怨《うらみ》に報いるに徳を以てする」とコメントしたが、内実は、自らの政権の正統性のアピールを当面の経済的実益に優先させたのである。中華人民共和国との間では、七二年九月の日中共同声明により、中華人民共和国も請求権を放棄した。中華人民共和国の請求権放棄の判断に当たっては、すでに台湾政府が賠償請求を放棄していたという事実は重要な要素となったと思われる。なお、ソ連との間では、五六年一〇月の日ソ共同宣言により、国交が回復されるとともに、相互に請求権を放棄した。

このようにして、対日賠償請求国は、一応フィリピン、インドネシア、南ヴェトナム、ビルマの四カ国のみとなった。その要求額は合計約三〇〇億ドルに達し、その賠償交渉は容易に妥結しなかった。まず、講和会議に参加しなかったビルマは、しばらくフィリピンやインドネシアと日本との賠償交渉を静観していたが、五四年八月に、賠償二億ドル、無償経済協力一・四億ドル、一〇年払いとし、他国との協定が成立した場合は再検討する条件で協定が成立した。フィリピンとの交渉は、五五年に入ってマグサイサイ大統領と鳩山首相の間で交渉促進が合意され、翌五六年五月、賠償五・五億ドル、二〇年払いで協定が成立した。インドネシアとの交渉は、五七年一一月のスカルノ大統領と岸首相の会談で、賠償四億ドル（戦後の対日入超焦げ付き債権約一・七七億ドルの棒引きを認めて純賠償額二・二三億ドル）、経済協力四億ドル、一二年払いの協定が成立した。最後に残った南ヴェトナムとの交渉は、五九年五月に三九〇〇万ドル、五年払いの協定が成立した。四カ国との賠償協定がすべて成立した後、ビルマから再検討が要求され、六三年三月に、一二年間に一・四億ドルの経済協力を行う協定が成立して、四カ国への賠償は一応決着を見た。

太平洋戦争中、フランスの統治下にあったラオス、カンボジアに対しては、準賠償ともいうべき無償資金協力が行われることとなり、五八年一〇月にはラオスとの間で一〇億円、五九年三月にはカンボジアとの間で一五億円の協定が成立した。

日中戦争・太平洋戦争を通じて、日本の統治下にあり交戦国関係になかった朝鮮との間では、六五年六月に大韓民国との間に日韓基本条約が締結され、日本が朝鮮に投資した資本及び日本人の個別資産のすべてを放棄するとともに、一〇年間で無償経済協力三億ドルのほか二億ドルの有償経済協力と三億ドル以上の民間借款を行う協定が成立した。

日本は、七六年七月二二日、フィリピンに最後の賠償を支払い、太平洋戦争後の賠償支払いをようやく完了した。日本が、五五年から七六年にかけて各国に支払った賠償総額は一〇億一二〇八万ドル、無償経済協力は四億九五七六万ドルにのぼる。これらの賠償支払いは、東南アジア各国に対する「償い」であったばかりでなく、戦後日本の東南アジアへの経済進出の最初の足掛かりでもあった。

ヘルシンキオリンピックの晴れ舞台

五二年七月一九日から開催されたヘルシンキオリンピックに、日本選手団は、戦後初めて参加した。

四〇年に開催を予定された東京オリンピックは、日中戦争が終結しなかったため開催を返上し、その代替開催を予定されたヘルシンキも、欧州戦争の激化のため開催が返上され、結局、四〇年にはオリンピックは開催されず、次の四四年に開催を予定されたロンドンオリンピックも、第二次世界大戦の激化のため開催されなかった。四八年七月二九日から開催されたロンドンオリンピックが、戦後初の「平和の祭典」・オリンピックとなり、五九カ国・地域が参加して行われた。戦敗国である日本とドイツは、ロンドン大会への参加が認められなかった。このため、日本水連は、ロンドンオリンピックと同じ競技日程で日本選手権大会を行い、一五〇〇メートル自由形で古橋広之進が当時の世界記録を大幅に上回る記録を出し、ロンドンオリンピックの金メダルを獲得したアメリカの選手の記録をも上回り、「幻の金メダル」と呼ばれた。翌四九年八月にロスアンゼルスで開かれた全米選手権大会に古橋選手らは招待され、古橋選手は、四〇〇、八〇〇、一五〇〇メートル自由形の三種目で世界新記録を出して優勝し、アメリカの新聞は、「フジヤマのトビウオ」と絶賛した。古橋選手の三三回に及ぶ世界新記録の連発は、この年一〇月に湯川秀樹博士が中間子理論の提唱でノーベル物理学賞を日本人として初めて受賞したことと並んで、敗戦国日本の国民に大きな希望と勇気と誇りを与えた。

ヘルシンキオリンピックは、オリンピック初参加のソ連・中華人民共和国を含め六九カ国・地域が参加して行われたが、日本選手団にとって、三六年の第一一回ベルリンオリンピック以来一六年ぶりのオリンピックの晴れ舞台となり、日本の国際社会への復帰を象徴する出来事であった。日本の金メダルは、レスリング・フリースタイルバンタム級の石井庄八の一個にとどまったが、銀メダル六個（水泳男子二個、体操男子二個、レスリング一個）、銅メダル二個（体操男子二個）を獲得し、金メダル六個、銀メダル四個、銅メダル八個を獲得したベルリンオリンピックの成績をかなり下回ったものの、各競技ともに国際大会から遠ざかること久しかったことを考慮すれば、将来に大きな希望を抱かせる成績であった。ナチス・ドイツにより三九年三月に国家が解体され、四五年にソ連によって解放されて復活したチェコスロヴァキアのザトペック選手が陸上長距離三種目（五〇〇〇メートル、一〇〇〇〇メートル、マラソン）で金メダルを獲得し、「人間機関車」の異名をとったのが圧巻《あっかん》であった。

多くの日本国民から期待を寄せられていた古橋選手は、選手力量のピークを越えていたためメダルに届かなかった。かつてマラソンで世界記録を度々塗り替え、一二年の第五回ストックホルムオリンピックに日本人として初めて出場して以来、三大会に出場しながら遂にメダルに縁がなかった金栗四三《かなくりしぞう》選手の例に見られるように、四年に一度しか開かれないオリンピックでメダルを獲得することは、至難の業《わざ》である。金栗選手の場合も、第一次世界大戦の激化のため開催されなかった一六年の第六回ベルリンオリンピックの頃が選手力量としてピークであったのである。八〇年に開催されたモスクワオリンピックは、開催国ソ連が前年の七九年からアフガニスタンに侵攻していたため、日本は英米などとともに参加をボイコットし、その結果、金メダル獲得の有力候補であった柔道の山下泰裕やマラソンの瀬古利彦などが出場できなかったのも類似の例である。若人の平和の祭典であるオリンピックは、戦争と裏腹の関係にあることを如実に物語っている。

戦後、四五年一一月六日に文部事務次官通牒「終戦に伴う体錬科教授要綱の取り扱いに関する件」が発せられ、学校における「体錬科」（柔道・剣道など）の授業が禁じられ、学校外においても校友会の武道に関する部班の編成も禁じられた。また、翌四六年一〇月三一日、武道（柔道・剣道・弓道）の振興・教育・顕彰を目的として武道の総本山的役割を担っていた大日本武徳会は、GHQ指令により解散させられた。武道がGHQに軍国主義の温床と目されたためである。五〇年に入って、六月に朝鮮戦争が勃発し、八月に警察予備隊が発足すると、九月には学校における武道も復活し、その後の柔道の国際化の進展とともに、六四年に東京で開かれたオリンピックでは、初めて柔道が競技種目に加わり、日本にとって大量の金メダルの獲得が期待される競技となった。「戦後最強の柔道家」との呼び声の高かった山下泰裕は、モスクワ大会の四年後、八四年に開かれたロスアンゼルスオリンピックにおいて、二回戦で軸足の右足を負傷しながらも金メダルを獲得し、七七年一〇月から七年半にわたり国内大会・国際大会を含めた公式戦で二〇三連勝、生涯対外国人無敗、全日本選手権九連覇の偉業を達成して現役を引退した。「平和の賜物」でもある。

あとがき

戦争の申し子をもって任ずる筆者としては、日本が戦った九つの戦争の歴史を曲がりなりにも集大成し、歴史認識の礎《いしずえ》となる叩き台を作出するとの使命を果たすことに漕《こ》ぎつけた今、そこはかとない達成感に浸《ひた》っている。特に、国民文化や国民精神生活面に与えた各戦争の影響への言及が不足していることは自覚しているが、これは、偏《ひとえ》にこの方面における筆者の膂力《りょりょく》の不足に起因するものであり、今はひたすら世の中の俊秀による補完を期待し、他日を期することとしたい。

折しも、二〇一五年五月一四日、第二次安倍内閣は、集団的自衛権の行使容認など、自衛隊の海外での活動を飛躍的に拡大する安全保障法制の関連法案を閣議決定し、翌日、国会に提出した。この安全保障法制関連法案は、平和主義を基本理念とした現行憲法のもと、これまでの「専守防衛」を旨とした日本の安全保障政策を、安全保障環境の変化に即応して「積極的平和主義」の名のもとに大転換させることを企図しているが、戦争と平和の問題に関する国民的論議を尽くすことが不可欠である。その際、過去の戦争に関する歴任認識を踏まえない論議は空理空論であり、国家の進路の選択を誤ることになろう。

本書は、畏友《いゆう》渡辺誠君に励まされながら執筆を進めていたが、本年二月二三日、幽明境を異にすることとなった。衷心からその冥福を祈りたい。住民税非課税世帯に甘んじながら、筆者の心身の健康を支えてくれた妻ミヨに感謝の誠を捧げたい。本書は大勢の方々の研鑽と協力と激励によって成っている。逐一、御芳名を掲げることを割愛しつつ、本書の上梓をもって満腔《まんこう》の謝意に代えさせて頂きたい。

末筆になったが、高城書房社長の寺尾政一郎氏には、筆者の無理なお願いを寛厚な精神をもって聞き入れて頂き、前著『西郷隆盛』に引き続いて上梓を実現されたことに対し、重ね重ね御礼を申し上げる。

二〇一五年五月一五日（筆者が祖国の土を初めて踏んだ日）

上木　嘉郎

《主要参考文献》

石井良助『天皇』講談社学術文庫　二〇一一
笠原英彦『歴代天皇総覧』中公新書　二〇〇一
尾藤正英『日本文化の歴史』岩波新書　二〇〇〇
礪波護・武田幸男『隋唐帝国と古代朝鮮』中央公論社　一九九七
李進煕・姜在彦『日朝交流史』有斐閣選書　一九九五
梶村秀樹『朝鮮史』講談社現代新書　一九七七
小室直樹『韓国の悲劇』光文社　一九八五
杉山正明・北川誠一『大モンゴルの時代』中央公論社　一九九七
佐伯弘次『モンゴル襲来の衝撃』中央公論新社　二〇〇三
貝塚茂樹『中国の歴史』下　岩波新書　一九七〇
周婉窈『図説　台湾の歴史』平凡社　二〇〇七
岸本美緒・宮嶋博史『明清と李朝の時代』中央公論社　一九九八
小川剛生『足利義満』中央公論新社　二〇一二
海音寺潮五郎『加藤清正』文芸春秋　一九八三
村上隆『金・銀・銅の日本史』岩波新書　二〇〇七
本郷和人『戦の日本史』角川選書　二〇一二
北島万次『秀吉の朝鮮侵略と民衆』岩波新書　二〇一二
並木頼寿・井上裕正『中華帝国の危機』中央公論社　一九九七
小島晋治・丸山松幸『中国近現代史』岩波新書　一九八六
江口圭一『日中アヘン戦争』岩波新書　一九八八
中西輝政『大英帝国衰亡史』ＰＨＰ研究所　一九九七

吉澤誠一郎『清朝と近代世界』岩波新書　二〇一〇
岡本隆司『李鴻章』岩波新書　二〇一一
坂野潤治『日本近代史』ちくま新書　二〇一二
加藤陽子『それでも日本人は戦争を選んだ』朝日新聞社　二〇〇九
猪木正道『軍国日本の興亡』中公新書　一九九五
ドナルド・キーン『明治天皇』上下巻　新潮社　二〇〇一
笠原英彦『明治天皇』中央公論新社　二〇〇六
松本健一『明治天皇という人』毎日新聞社　二〇一〇
瀧井一博『伊藤博文』中公新書　二〇一〇
坂本多加雄『明治国家の建設』中央公論社　一九九八
戸部良一『逆説の軍隊』中央公論社　一九九八
原田敬一『日清・日露戦争』岩波新書　二〇〇七
御厨　貴『明治国家の完成』中央公論新社　二〇〇一
横手慎二『日露戦争史』中公新書　二〇〇五
土肥恒之『ロシア・ロマノフ王朝の大地』講談社　二〇〇七
佐々木克『明治官僚国家への道』ＮＨＫ出版　二〇一一
藤井省三『魯迅』岩波新書　二〇一一
海野福寿『韓国併合』岩波新書　一九九五
エリック・ホブズボーム『極端の時代　二〇世紀の歴史』三省堂　一九九六
ポール・ケネディ『大国の興亡』下巻　草思社　一九八八
有馬　学『「国際化」の中の帝国日本』中央公論新社　一九九九
木村靖二・柴宜弘・長沼秀世『世界大戦と現代文化の開幕』中央公論社　一九九七
山本七平『昭和天皇の研究』祥伝社　一九八九

山本七平『裕仁天皇の昭和史』祥伝社　二〇〇四
ハーバート・ビックス『昭和天皇』上下　講談社　二〇〇二
松本健一『畏るべき昭和天皇』毎日新聞社　二〇〇七
福田和也『昭和天皇』全六巻　文芸春秋　二〇〇八〜二〇一五
有馬　学『帝国の昭和』講談社学術文庫　二〇一〇
半籐一利『昭和史』平凡社　二〇〇四
有沢広巳監修『昭和経済史』上中下　日経文庫　一九九四
松元　崇『大恐慌を駆け抜けた男　高橋是清』中央公論新社　二〇〇九
半籐一利・加藤陽子『昭和史裁判』文芸春秋　二〇一一
北岡伸一『政党から軍部へ』中央公論新社　一九九九
加藤陽子『とめられなかった戦争』NHK出版　二〇一一
加藤陽子『昭和天皇と戦争の世紀』講談社　二〇一一
Hマウ・Hクラウスニック『ナチスの時代』岩波新書　一九六一
加藤陽子『満州事変から日中戦争へ』岩波新書　二〇〇七
入江曜子『溥儀　清朝最後の皇帝』岩波新書　二〇〇六
山室信一『キメラ　満州国の肖像』中公新書　一九九三
太平洋戦争研究会『図説　満州帝国』河出書房新社　一九九六
高橋幸春『絶望の移民史』毎日新聞社　一九九五
大杉一雄『日中一五年戦争史』中公新書　一九九六
児島襄『日中戦争』（第二巻）文芸春秋　一九八四
井上寿一『日中戦争下の日本』講談社選書メチエ　二〇〇七
御厨　貴『挫折した政党政治』NHK出版　二〇一一
五百旗頭真『戦争・占領・講和』中央公論新社　二〇〇一

半藤一利『ノモンハンの夏』文春文庫　二〇〇一
吉田　裕『アジア太平洋戦争』岩波新書　二〇〇七
瀬島龍三『大東亜戦争の実相』ＰＨＰ研究所　二〇〇〇
松元　崇『持たざる国への道』中公文庫　二〇一三
保坂正康『東条英機と天皇の時代』文春文庫　一九八八
杉田米行『知っておきたいアメリカ意外史』集英社新書　二〇一〇
ハミルトン・フィッシュ『日米開戦の悲劇』ＰＨＰ文庫　一九八五
半藤一利『真珠湾の日』文芸春秋　二〇〇一
阿川弘之『山本五十六』（上）（下）新潮文庫　一九七三
横手慎二『スターリン』中公新書　二〇一四
富田浩司『危機の指導者チャーチル』新潮選書　二〇一一
張戎『マオ　誰も知らなかった毛沢東』上下　講談社　二〇〇五
高文謙『周恩来秘録』上下　文芸春秋社　二〇〇七
油井大三郎・古田元雄『第二次世界大戦から米ソ対立へ』中央公論社　一九九八
戸部良一ほか『失敗の本質』ダイヤモンド社　一九八四
半藤一利『聖断』文芸春秋　一九八五
半藤一利『ソ連が満州に侵攻した夏』文芸春秋　一九九九
中村雪子『麻山事件』草思社　一九八三
石田　徳『ルソンの霧』朝日新聞社　一九七一
高坂正堯『宰相吉田茂』中公叢書　一九六八
高橋哲哉『靖国問題』ちくま新書　二〇〇五
東畑四郎・松浦龍雄『昭和農政談』家の光協会　一九八〇
大和田啓気『秘史　日本の農地改革』日本経済新聞社　一九八一

岸　康彦『食と農の戦後史』日本経済新聞社　一九九六
山岡淳一郎『原発と権力』ちくま新書　二〇一一
豊下楢彦『安保条約の成立』岩波新書　一九九六
サミュエル・ハンチントン『文明の衝突』集英社　一九九八
若林正丈『台湾の政治』東京大学出版会　二〇〇八
白石　隆・ハウカロライン『中国は東アジアをどう変えるか』中公新書　二〇一二
阿部謹也『物語ドイツの歴史』中公新書　一九九八
小沼　勇『漁業政策百年』農山漁村文化協会　一九八八

上木　嘉郎　（うえき　よしろう）

1945年中国遼寧省生まれ。1953年日本に帰国後熊本県で育ち、1969年東京大学法学部卒業。
農林省入省後、鹿児島県農政課長、農林水産省大臣官房予算課長、参事官等を歴任。
1998年退官。帰郷後、熊本県宇城市松橋町に在住。
主な著書に、
『詳解　農業振興地域整備法』（大成出版社）
『肥後の大野に春立ちて』（シモダ印刷）
『西郷隆盛』（高城書房）

日本が戦った九つの戦争

平成27年8月15日初版発行

著　者　上木　嘉郎
発行者　寺尾政一郎
発行所　株式会社高城書房
鹿児島市小原町32-13
TEL 099-260-0554
HP http://www.takisyobou.co.jp
振 替 02020-0-30929
印刷所　大同印刷株式会社

ISBN978-4-88777-157-4　C0021